와인교육기관 수료검정 시행
와인소믈리에 자격검정 시행
와인소믈리에 경기대회 시행

wine & grape

와인과 포도

한국와인아카데미협의회(KWAC) 교수진 감수
한국와인아카데미연구소(KWAI) 교수진 감수

한올출판사

머 · 리 · 말

중근동 국가에서 발원하여 서양에서 보편화된 와인이 최근 들어 현대인들에게 관심과 사랑을 받게 되면서 와인을 중심으로 다양한 교육기관과 사회단체, 동호회 모임 등이 활성화하고 있습니다.

와인은 건강학적인 측면과 세대와 세대를 연결하는 문화적인 측면에서 중요한 매개체(媒介體) 역할을 하고 있으며, 식생활 측면에서도 음식과 조화를 이루는 중요한 음료로서 모든 사람들에게 중요한 부분으로 자리매김 하고 있습니다.

국가 경제가 발전을 거듭하면서 현대인들의 식생활은 양적인 측면보다는 질적인 측면 즉, 어떻게 하면 건강한 음식과 음료를 먹고 마실 수 있을까 고민하게 됩니다.

수천년 동안 사람들은 다양한 음식과 음료를 경험하면서 어떤 음식과 음료가 건강에 좋은지 문헌적으로 정리하고 전수하였습니다.

그 가운데 와인은 우리의 건강과 생활에 지대한 영향이 있었음을 발견하게 합니다. 로마시대 세계를 주름잡던 로마군정은 사라지고 역사의 흔적만 남았지만 와인은 끈질기게 이어져 오늘날 하나님이 주신 최고의 선물로 우리와 함께 하고 있습니다. 과거 일부 계층이나 권력계층에서 누려온 와인의 혜택은 이제는 누구나 공유할 수 있는 음료인 동시에 고대인들로부터 시작된 와인의 숨결과 역사를 느끼며 발전을 거듭하고 있습니다.

와인은 척박한 자연환경에서 재배된 포도를 압착하고 발효하여 오랫동안 숙성과정을 거친 후에 우리의 식탁에 제공됩니다. 이 귀한 와인을 어떻게 하면 최고의 상태에서 음식과 함께 마실 수 있을까 하는 고민을 하게 됩니다.

과거 우리는 와인을 서양의 전유물처럼 생각하고 와인과 우리의 음식과는 어울리지 않는다고 생각하였지만, 최근 들어 와인의 연구가 활발해지고 많은 와인 교육기관과 단체, 동호회 등에서 발표한 한식과 와인의 조화에 관한 자료에 의하면 우리의 음식과 와인이 잘 어울리고 있음을 알 수 있습니다.

이러한 사회적인 경향에 따라 본 교재는 와인에 대해서 경험하지 못한 일반적인 상식과 전문지식을 학습할 수 있도록 집필하였으며, 대학을 포함한 모든 와인교육기관 및 동호회 모임 등에서 활용될 수 있도록 체계적이고, 알기 쉽게 정리한 와인 전문서적으로 손색이 없다고 생각합니다.

특히, 이 책은 다른 와인 전문서적에서는 찾아 볼 수 없는 역사적인 측면과 기초적인 측면, 활용적인 측면을 중점적으로 조사 분석하여 와인에 대한 기본적인 지식을 깊이 있게 학습 할 수 있도록 정리하였습니다.

앞으로 본 교재는 와인과 포도를 시작으로 와인과 음식, 와인과 소믈리에, 와인과 레스토랑, 와인과 국가를 정리하여 출판할 예정이며, 계속적으로 발전하는 교재가 될 수 있도록 지속적인 관심과 조언을 부탁드립니다.

끝으로 본 교재가 출판되기까지 조언과 감수를 담당 해 주신 많은 관계자 분들과 한국와인아카데미연구소 연구원들에게 진심으로 감사드립니다.

2009년 3월 1일

저자 씀

차 · 례

I. 와인의 역사

Chapter 1. 와인의 정의 / 2

Chapter 2. 와인의 역사 / 6

Chapter 3. 고대 와인문화 / 24

II. 포도의 재배환경

III. 포도의 품종

IV. 와인의 양조

Chapter 2. 화이트와인의 양조과정 / 414

Chapter 3. 레드와인의 양조과정 / 420

Chapter 4. 로제와인의 양조과정 / 433

V. 코르크와 오크통

I. 와인의 역사

NE & GRAPE WINE & GRAPE WINE & GRAPE WINE & GRAP

Wine & Grape

01 와인의 정의

1. 용어의 정의

오늘날 사용하고 있는 wine의 용어는 영어 구어인 win[win]에서 유래된 것으로 그 당시 wean[wiːn]으로 발음 하였다.

영국의 유명한 시인 Chaucer(1340~1400)[1]가 win을 wyn[win]으로 발음하였다는 기록이 있으며, Shakespeare(1564~1616)[2] 시대에서는 wine[wain]으로 사용한 것으로 기록되어 있다. 영어 구어시대의 win[win]은 라틴어의 비눔(vinum)에서 파생되었는데, '포도나무로 만든 술' 이라는 의미이다.

와인은 각 나라마다 다르게 표기하고 있는데, 프랑스에서는 뱅(vin), 이탈리아는 비노(vino), 독일에서는 바인(wein), 영국과 미국은 와인(wine)이라고 말한다.

2. 와인의 정의

영어의 'wine' 을 정의하면 포도로 만든 술로서 일반적으로 이야기하는 포도주이다. 그러나 엄격한 주류 문화적 관점에서 와인과 포도주는 다른 의미를 갖고 있는데, 와인은 모든 과실의 열매를 원료로 발효과정에서 추출된 알코올음료를 지칭하는 것이며, 포도주는 오직 포도열매를 원료로 발효과정에서 추출된 알코올음료를 말하는 것이다.

1) Geoffrey Chaucer(1340~1400), 영국의 시인 : The Canterbury Tales의 저자
2) 영국이 낳은 세계 최고 극작가로서 희 · 비극을 포함한 37편의 희곡과 여러 권의 시집 및 소네트집이 있다.

술은 인류의 역사와 더불어 존재하고, 나라마다 풍습과 역사를 가지고 있는데, 고대인들은 술을 신에게 바치는 신성한 음료로 전승해 왔으며, 나라마다 대표적인 술이 존재하였다. 대부분의 유럽 국가들은 술 하면 와인, 영국은 위스키, 러시아는 보드카, 중국은 백주, 일본은 청주, 한국은 막걸리로 인식되고 있는 차이점을 갖고 있다.

1) 넓은 의미의 '와인'

발효주로서 포도의 즙뿐만 아니라 그 외 과실이나 열매의 즙을 발효시켜 양조한 알코올성 음료수는 물론이며, 향이 나는 꽃이나 약초의 과당을 발효시켜서 만들어진 모든 알코올성 음료수를 포함할 수 있다.

2) 좁은 의미의 '와인'

"신선한 포도를 수확해서 그 즙으로 그 지역의 전통적인 방법으로 발효시켜 양조한 알코올 성분의 음료" 이다.

그러나 우리나라에서의 '포도주' 는 포도를 원료로 해서 발효시켜 양조한 알코올 성분이 있는 음료수이며, 일반적으로 와인도 포도주와 동일한 의미로 사용하고 있다.

3. 와인에 대한 법령화

1) 프랑스

프랑스는 1905년 어떤 음료도 싱싱한 포도나 포도즙의 발효에 의하지 않고는 포도주(vin)라는 이름으로 보관되거나 판매할 수 없도록 법령화하였다.

2) 이탈리아

이탈리아는 1925년 프랑스보다 20년 후에 와인에 대하여 '싱싱한', '약간 마른', '포도액을 발효시킨 것' 을 비노(vino)라고 규정하였다.

3) 독일

독일은 1930년 프랑스보다 25년 후에 엄격한 규정으로 프랑스의 와인에 대한 규정을 따르고 있다.

4. 와인과 발효주

술은 인류가 마시는 음료 가운데 가장 오래된 것으로 나라와 민족, 지역과 마을마다 그들 나름의 전통적이고 독특한 방법으로 전통주를 빚어왔다. 술은 인간의 삶 가운데 기쁨과 슬픔, 환희와 축제 속에서 사람들에게 고난을 이길 수 있는 힘이 되었고, 위안이 되게 한 신비의 역할을 하였다.

우리나라에서는 텁텁하고 걸죽한 막걸리가 있었고, 독일에는 거품이 가득한 맥주가 있었으며, 프랑스와 이탈리아는 와인이 있었다. 이처럼 우리나라와 독일에서 전통적으로 빚어왔던 전통주가 있었던 것처럼 프랑스와 이탈리아도 와인을 빚어 왔던 것이다.

음료의 분류를 살펴보면, 막걸리와 맥주, 그리고 와인은 모두 같은 범주에 속하는 알코올성 음료의 양조주 즉, 발효주(fermented liquor)에 속한다.

음료는 크게 알코올성 음료와 비알코올성 음료로 구분되어지며, 알코올성 음료는 양조주, 증류주, 혼성주로 분류된다. 양조주는 과일이나 곡물, 식물의 수액 등을 발효시켜 양조한 것이며, 증류주는 발효시켜 양조한 양조주를 증류하여 숙성시킨 술이다. 증류주는 증류과정을 거치게 되므로 양조주보다 알코올 도수가 상당히 높다. 또한 혼성주는 양조주와 증류주를 혼합하거나 증류주에 향료식물이나 과즙 등을 혼합한 술을 말한다.

각 나라의 지역마다 다르게 생산되는 양조주들은 해당 지역에서 가장 많이 생산되는 농작물을 이용하여 만들어지기 때문에 그 지역의 특색이 함축된 고유한 전통주로 탄생된다. 이러한 이유로 틀에 박힌 격식이나 규정에 얽매이지 않고 편하고 자유스럽게 마시는 경향이 있어 그 나라와 그 지역에서 가장 사랑받는 음료가 되는 것이다.

세계 각국에서 그들만의 전통주가 생산되고 있지만, 와인이 다른 양조주보다 사랑을 받는 이유는 다음과 같다.

첫째, 와인의 색과 맛, 향이 아주 다양하다는 것이다.

동일한 국가와 지역에서 생산된 와인이라고 할지라도 매년 포도작황의 상태에 따라 다르고,

양조자의 기술에 따라 다른 와인은 와인을 마시는 소비자에게 매력적이지 아닐 수 없다.

둘째, 어느 민족의 음식과도 잘 어울린다는 것이다.

와인은 취하기 위해서 마시는 술이 아니며, 음식과 함께 마시므로 음식을 더 한층 맛있게 하고 소화와 혈액순환을 촉진하게 한다.

셋째, 상업성이 우수하고, 예술적가치가 있다는 것이다.

와인은 고대시대에 투자의 대상이었으며, 현대에 와서도 희귀한 와인들은 상업적 투자가치가 있는 대상으로 알려져 있다. 또한 와인을 예술적 · 문화적 가치로 승화시켜 와인을 창작품의 극치라고 표현하기도 한다.

넷째, 사람과 사람의 가교 역할을 촉진한다.

처음 만나는 사람들이라도 와인을 주제로 대화를 하게 되면 고향사람을 만난 것처럼 친숙해지고 인적교류와 모임의 분위기가 화기애애해 진다.

다섯째, 서양문화를 이해하는 중요한 창구역할을 한다.

한국인의 정서를 이해하려면 발효문화 즉, 대표적으로 김치문화를 이해하여야 하는 것처럼 서양인의 정서를 이해하려면 와인을 이해하는 것이 무엇보다도 중요하다.

이러한 이유들로 인하여 전 세계적으로 와인이 사랑을 받고 있으며, 앞으로도 지속적으로 와인을 애호하고 사랑하게 될 것이다.

Wine & Grape

02 와인의 역사

1. 전설 속의 와인의 역사

고대 페르시아의 샘시드(Jamshid)왕은 궁궐의 정원에 야생 포도나무를 옮겨 심고, 여기서 수확한 포도를 자신의 식탁에 올리게 하였다. 샘시드 왕은 왕비와 함께 시종들이 야생 포도나무에서 따온 잘 익은 포도를 식탁에서 매일 매일 즐기게 되었다.

특히, 늦게까지 포도나무에 달려 있던 포도는 그 색깔이 진홍색을 띠면서 맛이 아주 꿀처럼 달았다. 수확기가 끝날 무렵 샘시드 왕은 "오랫동안 포도를 먹을 수 있도록 모든 포도를 수확하여 지하실의 큰 통에 담아서 저장하라"고 명령을 하였다.

그러나 큰 통에 담아 둔 포도들이 서로 눌리면서 포도주스가 흘러나오게 되었고, 자연발효 때문에 지하 저장고에서는 진기한 냄새가 끊이지 않고 밖으로 새어 나오게 되었다. 이러한 포도의 발효과정을 이해하지 못하는 사람들은 포도의 이상한 냄새가 "왕을 독살하려는 악령의 짓" 이라고 생각하게 되었다. 이런 소문은 전국으로 퍼져 나가 이 소문을 들은 샘시드 왕은 공포와 두려움에 떨며 이 저주 받은 지하 저장고 부근에 일반인들의 통행을 금지시켰다.

어느 날 왕비가 심한 두통으로 몇 일간 고생을 하게 되었는데, 너무나 머리가 아파 고통을 참지 못하고, 차라리 죽는 것이 고통을 잊을 수 있다고 생각한 후 악령이 살고 있다는 포도 저장고의 출입금지 명령을 어기면서 지하 저장고에 들어가 소문으로 듣던 그 이상한 독약을 마셔 버린 후 취기에 잠시 잠이 들었다.

그러나 놀랍게도 왕비는 잠에서 깨어나 보니 죽기는커녕 온몸에 생기가 도는 것을 느끼면서 참을 수 없었던 두통마저 씻은 듯이 깨끗이 사라지고 아주 평온하고 행복한 시간이 찾아오게 되었다. 왕비는 너무 기쁜 나머지 샘시드 왕에게 달려가 이러한 사실을 고하여 "그 지하 저장고의 포도주스는 악령이 아니며, 선한 영이 떠다니고 있다"고 말하였다.

왕비의 말을 들은 샘시드 왕도 그 마법의 포도주스를 마시고는 즐거워하였다는 전설이 전해지고 있다.

2. 역사 속의 와인의 역사

역사적인 기록으로는 인류가 언제부터 와인을 마시기 시작했는지는 정확히 알 수 없지만, 고고학자들이 발굴한 유적에 의하면 선사시대부터 인류가 포도를 먹었을 것이라는 추측이 있다.

와인의 역사는 B.C. 4000년경에 수메르(sumer)인[1]에 의해 최초로 양조되었다는 기록이 있으며, 맥주보다는 양조의 역사가 늦지만 아마도 비슷한 시기에 소아시아[2] 지방에서 양조된 것으로 추측하고 있다.

다마스쿠스(damascus)[3]의 남서쪽에서 발굴된 유물 중에는 B.C. 6000년경에 과일과 포도를 압착하는데 사용하였던 것으로 추측되는 압착기가 발굴되었으며, 메소포타미아[4] 지역에서는 B.C. 4000년경에 와인을 보관하는데 사용한 항아리의 마개로 추측되는 유물이 발견되었다.

고대 이집트의 벽화와 아시리아(assyria)[5]의 유적에 의하면, B.C. 약 3500년에 이미 와인이 많이 음용되고 있는 벽화들이 있으며, 또한 바빌로니아(babylonia)[6]의 상형문자(pictograph)[7]에서 발견되고 있는 자료들을 유추하여 해석할 수 있다.

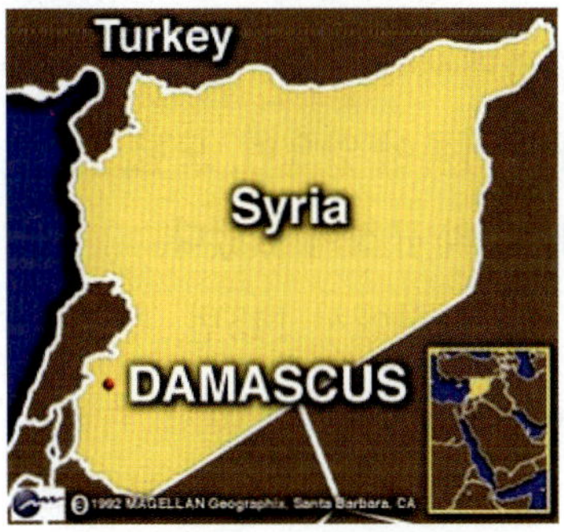

그림 1-1 다마스쿠스

그림 1-2 네페르티티 왕비

1) 바빌로니아 남부에 위치하며 세계 최고(最古)의 문명이 발상한 지역 · 민족, 또는 그 문명의 명칭. 지금의 이라크 지방에 해당한다. 수메르는 티그리스 · 유프라테스 두 강으로 형성된 지방으로 B.C. 5000년경부터 농경민이 정주하여 B.C. 3000년경에는 오리엔트 세계 최고의 문명을 창조하였다.
2) 아시아 대륙의 서쪽 끝, 흑해 · 마르마라해 · 에게해 · 지중해 등에 둘러싸인 반도
3) 다마스쿠스(damascus)는 시리아의 수도로 세계에서 가장 오래된 도시이다.
4) 서아시아 티그리스 강과 유프라테스 강 사이의 지역 일대를 가리키는 명칭. 현재의 이라크를 중심으로 시리아의 북동부, 이란의 남서부가 포함된다.
5) 이라크 북부에 세워졌던 국가
6) 고대메소포타미아 남부의 수메르 · 아카드지방을 일컫는 말. 이란고원의 남서부를 둘러싼 자그로스산맥과 아라비아대지 사이에 전개되는 비옥한 메소포타미아 평원은, 바그다드를 경계로 하여 상 · 하의 2지역으로 나뉜다.
7) 물체의 모양을 본떠서 만든 글자. 일반적으로 문자분류의 한 부문에 대한 용어로서 쓰이는 경우와, 특히 고대 이집트문자(히에로글리프)에 대해 쓰이는 경우가 있다.

그림 1-3 테베에서 발견된 와인양조에 관한 벽화

B.C. 3000년경에는 이집트의 파라오[1]들이 이미 와인을 양조했으며, 아름다운 왕비였던 네페르티티(Nefertiti)[2]왕비는 와인을 기초 향수로 사용하였고, 그 당시의 파라오들이 죽었을 때 그들의 피라미드[3] 안에 포도 씨를 같이 묻었는데, 이것은 내세에 가서도 와인이 부족하지 않도록 하기 위한 것 이었다고 한다.

이집트의 테베(thebe)[4]에서 발견된 벽화에 쓰여 진 글에 의하면 "나에게 18잔의 와인을 주시오. 내가 취해야 되겠소. 나의 속은 짚과 같이 말라 있소"라고 쓰여 있을 정도로 사후 세계에까지 와인 마시기를 소원하였다.

중국에서도 B.C. 약 2000년경에 와인을 양조하였다는 기록이 있으며, 성서에서도 팔레스타인[5]에서 포도를 재배했다는 기록이 있고, 최근에 고고학자들이 기브온(gibeon)[6]에서 B.C. 2600년 전으로 추측되는 거대한 와인 양조장의 유적을 발굴한 바 있다.

고대 바빌로니아의 "길가메시 서사시[7]"에는 목수들이 화이트와인과 레드와인을 마시면서 7일 만에 배를 건조하였다는 기록이 있으며, 또한 "함무라비 법전"[8]에는 "주벽이 나쁜 자에게는 와인을 팔아서는 안 된다" 등의 규정이 있었다.

성서에는 포도나무를 구약성서에서 145번, 신약성서에서 7번 구절에 언급하고 있고, 포도주를 구약성서에서 143번, 신약성서에서 31번 구절에 언급하고 있으며, 포도원을 구약성서에서 81번, 신약성서에서 19번 구절에 언급하고 있다.

대표적으로 창세기 9장에는 "노아[9]가 그의 방주[10]가 앉은 아라라트 산(mount ararat)[11]에

---

1) 고대 이집트왕의 칭호. 큰 집, 즉 왕궁을 뜻하는 고대 이집트어 페르오(Per-O)에서 유래한 그리스어이며, 성서에서는 특정한 왕을 말하였다.
2) 이집트 제18왕조의 왕 아크나톤의 왕비
3) 피라미드(pyramid) 고대 이집트에서 국왕 · 왕족들의 무덤으로 건조된, 큰 돌을 사각뿔 모양으로 쌓아 올린 탑의 유적. 금자탑(金字塔)
4) 그리스 중부의 보이오티아에 있던 옛 도시
5) 지중해 동쪽 해안의 이스라엘 · 요르단 · 이집트로 둘러싸인 지역. 지중해 연안의 가자지구와 요르단 강 서안으로 되어 있다.
6) 고대 예루살렘 북서쪽에 있던 팔레스티나의 도시
7) 고대 바빌로니아의 서사시. B.C. 2000년 무렵 쓰인 세계에서 가장 오래 된 서사시이다.
8) 고대바빌로니아 제1왕조 제6대 왕 함무라비 왕이 제정한 설형문자로 된 법전. 세계에서 가장 오래된 성문법이며, "눈에는 눈, 이에는 이를" 이라는 동태복수법(同態復讐法)으로 유명하다.

포도나무를 심었더니 포도주를 마시고 취하여 그 장막 안에서 벌거벗은지라….”라는 구절이 있다.

또한, B.C. 600년경 페니키아인[1]들이 포도와 와인을 고대 그리스에 전래하였고, 로마시대의 학자였던 플리니우스(Gaius Plinius Secundus, B.C. 23~B.C. 79)[2]는 당시 그리스에는 91가지 포도품종이 있었다고 기술하고 있으나 현재는 약 8,000가지 포도품종이 재배되고 있는데, 이 중에 양조용 포도품종으로는 약 80여종 정도에 불과하다.

그리스의 철학자 플라톤(Platon B.C. 428~B.C. 347?)[3], 소크라테스(Sō kratés B.C. 470?~B.C. 399)[4], 아리스토텔레스(Aristotelēs B.C. 384~B.C. 322)[5]와 시인인 아이스킬러스(Aeschylus)[6] 등은 와인을 진정으로 사랑하였고, 또한 와인으로부터 영감을 얻었다고 하였다. 그리스의 여류 시인 사포(Sappho B.C. 612?~?)[7]도 와인을 노래하였으며, 그리스(hellenic republic)[8]는 와인을 생산한 최초의 유럽 국가이고, 로마에 와인을 전해준 최초의 국가였다. 특히, 로마 제국[9]은 유럽을 점령한 후 그 지배 국가들에게 포도재배와 와인양조를 중요한 농업의 하나로 만들었다.

그 후 로마제국은 유럽을 점령하면서 부대 주둔지 주위에 적군이 숨어있지 못하도록 부대 인근 지역의 나무를 베어내고 포도나무를 심었다.

이러한 이유 외에 이들이 포도나무를 심은 또 하나의 이유는 로마 군인들이 이들 지역에서

---

9) 아담의 직계 제10대손이며, 족장 셈 · 함 · 야벳의 아버지로, 이 세 아들은 각 민족의 조상이 되었다(창세기 10).

10) 구약성서, 창세기 : 6~8장에 나오는 이야기로, 여호와가 타락한 인류를 홍수로 심판하기 위해 노아에게 만들도록 명한 배. 성서의 기록에 의하면 이 배는 길이 약 135m, 나비 약 23m, 높이 14m의 사각형의 배로, 위에서 약 50㎝ 아래에 천창(天窓)이 1개 있었다.

11) 아르메니아공화국 북서부에 위치한 화산. 해발고도 4,090m. 아라라트 평야 북부 예레반시 북서쪽에 있다. 아르메니아공화국과 자카프카스 고원 중의 최고봉이다. 중앙 분화구 구릉은 빙식 되어 날카로운 꼭대기를 이루고 빙하로 덥혀 있다.

1) 지중해 동안(東岸)의 한 지방에 대한 고대지명. 또한 그 지방의 여러 도시를 거점으로 하여 해상교역에 종사한 민족을 가리키기도 한다.

2) 고대 로마 학자 · 정치가. 코뭄(지금의 코모) 출생

3) 그리스 철학자. 아테네 출생

4) 고대 그리스 철학자. 아테네 출생

5) 그리스 철학자. 스승인 플라톤이 초감각적인 이데아의 세계를 중시한 데 반해서, 아리스토텔레스는 인간이 감각할 수 있는 세계를 중시하고 이것을 지배하는 모든 원인을 인식하고자 하는 유물론적 입장을 취하였다.

6) 인류 최초의 본격적인 비극작가

7) 고대 그리스 시인. 레스보스섬 미틸레네 출생

8) 유럽 남동부, 발칸반도의 남단에 위치한 공화국. 정식명칭은 그리스공화국(hellenic republic)

9) 이탈리아반도의 중앙부, 지금의 이탈리아 테베레 강에서 도시국가로서 역사상 최대의 제국을 세웠던 고대국가의 역사. 2세기 초 최대 판도에 달했을 때는 오늘날의 동 · 서유럽대륙 대부분 및 중근동(中近東), 북아프리카와 영국의 잉글랜드와 웨일스, 유고슬라비아, 루마니아, 불가리아, 알바니아, 그리스, 아조프해 주변과 지중해의 여러 섬, 모로코, 알제리(북부), 튀니지, 리비아, 이집트, 터키, 시리아, 이스라엘, 레바논, 요르단, 이라크의 대부분과 이란 북부, 소련령 카프카스 등 광대하였다.

좋지 못한 식수를 마시고 배탈이 나는 것을 방지하기 위하여 레드와인을 많이 마시게 하였으며, 와인을 본국에서 수송해 오는 것이 어려웠기 때문에 부대 인근에 포도를 심어 여기서 생산되는 와인으로 수요를 충당했던 것이다. 이 때문에 여러 지역으로 포도재배가 확산되었으며, 실제로 이 시대 로마의 속국이었던 유럽의 거의 모든 나라들은 포도재배에 적당한 기후인 지중해성 기후[1]였다.

A.D. 500~1400년까지는 유럽이 세계 와인 생산의 중심지였으며, 중세의 음유 시인들은 와인을 노래하였고, 와인을 찬양하는 시를 많이 창작하였다.

이 시대에는 좋은 식수를 구하기 어려웠으므로 식사 때에 와인을 음료로 사용하였으며, 유럽의 와인 소비국들은 빵이나 육류와 같이 와인을 인생의 중요한 부분으로 생각하였다.

당시 유럽 국가에서는 와인을 얼마나 중요시했는지, 상당량의 와인을 가지고 있지 못하면 어떤 계약도 성사시킬 수 없을 정도로 와인은 재정적으로 큰 역할을 담당하였으며, 세금도 와인으로 대용하였고 부채도 와인으로 정산하기도 하였다.

수백 년 동안 포도의 양조가 계속되면서 수도원[2]들의 노력으로 대형 와인공장들이 생겨나게 되었다. 또한 배고픔과 고통이 보편적이었던 이 시대에 와인은 단지 음료로서만 쓰인 것이 아니라, 시대적인 괴로움을 없애주는 용도로도 사용되었다.

중세시대부터 유럽의 다른 지역에서는 전혀 다른 맛의 와인이 생산되기 시작하였는데, 호두맛이 나는 쉐리(sherry)[3]가 스페인에서 생산되었고, 포르투갈에서는 짙은 색깔의 포트(port)[4]가 생산되었으며, 보르도와 부르고뉴는 훌륭한 레드와인으로 그 명성을 높였다.

1679년 오빌러 수도원의 수사인 돔 뻬리뇽(Dom Perignon 1639~1715)은 샴페인을 개발하여 새로운 전기를 마련하였다.

콜럼버스(Christopher Columbus 1451~1506)[5]가 아메리카 대륙을 발견한 지 26년 후에 멕시코 정복자인 스페인인 코르테스(Hernán Cortéz 1485~1547)[6]가 신대륙에 포도 심을 것을 명령한 것을 시작으로 북미 지역과 남미 지역으로 와인이 전파 되었고, 17세기에는 남아프리카, 18세기에는 오스트레일리아와 미국의 캘리포니아에 전파되었다.

---

1) 온대기후의 일종. 지중해식 기후 또는 온대하계건조기후라고도 한다.
2) 그리스도교의 수사 · 수녀가 일정한 계율 아래 금욕적인 공동생활을 하면서 수행을 쌓는 장소. 수도생활은 가톨릭교회나 동방정교회에서 행해지고 있는 것이며, 프로테스탄트 여러 교회에서는 거의 찾아볼 수 없다.
3) 스페인 남부 헤레스지역 일대에서 만들어지는 화이트와인. 특유의 감칠맛과 플로르향이라는 독특한 향기가 있다.
4) 와인의 양조공정 중에 알코올 도수를 40° 이상, 때로는 80° 가량의 브랜디 또는 알코올을 첨가하여 와인 전체의 알코올 도수를 16~22° 정도까지 높여 맛에 힘을 갖게 하고 와인 자체의 보존성을 높인 와인이다.
5) 이탈리아 항해자 · 신대륙 발견자. 제노바 출생
6) 에스파냐 정복자. 에스트레마두라 출생

19세기 중반에 발생한 필록세라(포도나무뿌리진딧물)의 창궐로 세계의 거의 모든 포도원이 황폐화되었다.

19세기 말에 이르러서 필록세라 문제가 해결된 후 산업화와 교통수단의 발달 덕분에 와인의 생산과 교역이 활발해짐에 따라 각 국가별로 나름대로 와인양조 규정을 제정하여 제품의 차별화와 고급화를 통한 상품의 가치를 높이는데 관심을 갖게 되었다.

1935년 프랑스에서는 와인에 관한 규정을 제정하여 포도의 재배와 와인의 양조 과정을 엄격히 관리하여 좋은 품질을 유지함으로써 국제적으로 프랑스 와인이 우수하다는 명성을 얻게 되었다.

이후에는 다른 여러 나라에서도 프랑스와 유사한 와인법을 제정하여 실시해 오고 있는데, 최근에 와서는 농업 기술의 발달로 포도의 생산량은 늘어나는 반면, 유럽 국가들을 중심으로 1인당 와인의 음용량이 감소하는 추세에 있어 와인판매에 어려움을 겪는 나라들이 많아지고 있는 실정이다.

그러나 아시아 지역 개발도상국들의 경제가 성장함에 따라 와인의 소비가 점차 증가하고 있어 와인 생산국들은 자국에서 과잉 생산된 와인을 아시아 지역에 수출하기 위해서 활발한 판촉행사를 벌이고 있다.

전반적으로 전 세계의 와인이 과잉 생산되고 있는 실정이지만 연도별, 지역별로 기후가 나쁜 경우에는 가끔 고급 와인의 생산량이 감소하여 이들 와인의 가격이 인상되는 경우도 있다.

오늘날 전 세계 약 50개국의 850만 헥타르(hectare)[1]의 포도원에서 연간 250억 병의 와인이 생산되고 있으며, 점차적으로 많은 국가들이 와인을 생산하기 위하여 부단한 노력을 경주하고 있어 앞으로 더 많은 국가와 지역에서 다양한 와인들이 생산될 것으로 예상되고 있다.

3. 와인의 역사적 해석

와인의 역사에 관해서는 고고학자들, 사학자들, 포도주 연구가들 사이에 견해의 차이를 보이고 있는데, 아직도 인류의 조상 중에 누가 최초로 와인을 만들어 마셨는지에 대한 기록은 발견되고 있지 않다.

---

1) 미터법 넓이 단위. 국제단위계와 잠정적 변용이 인정된 단위로 $10^4 m^2$에 해당한다. 즉 1변이 100m인 정사각형 넓이가 1헥타르이다. 기호는 ha. 넓이의 단위 아르(a)의 기호에 10^2을 의미하는 헥토(hecto)의 기호 h를 붙인 것이다.

구약시대 창세기 성서에 의하면, 노아(Noah)가 지구상의 첫 번째 포도원의 소유자 이었으며, 포도주를 만들어 마시고 취한 첫 번째 사람으로 기록하고 있는데, 이를 근거로 약 7000년 전에 흑해 주변의 터키[1]북쪽, 그루지야(georgia)[2], 아르메니아(armenia)[3] 이란 사이의 코카시아(caucasia)[4] 남부 지역과 아라라트 산(창세기 8:4)[5] 지역에 첫 번째 포도원이 있었던 것으로 추측하고 있다.

또한, 캐나다 토론토 대학의 버지니아 발더(Virginia Balder)는 이란에서 발견된 B.C. 3500년의 것으로 추정되는 용기 안에 포도주가 들어 있었던 확실한 흔적이 있다고 하였다.

고대인들은 가을에 익은 야생포도를 오래 저장하기 위하여 통에 넣어 보관하였는데 얼마 후에 통을 열어보니 통 밑의 포도들은 눌려져 즙이 되었고, 그 즙은 이상한 향과 맛을 내는 묽은 액체로 변한 것을 발견하였다.

이 묽은 액체를 마신 사람들이 몽롱한 상태에서 기분이 좋은 것을 느꼈다는 기록으로 미루어 보면, 인류가 와인을 계획적으로 양조하여 마셨다기 보다는 자연발생적으로 생긴 산물을 더 발전시켜 오늘날의 와인이 탄생했을 것이라는 이론이 가장 타당하다고 하겠다.

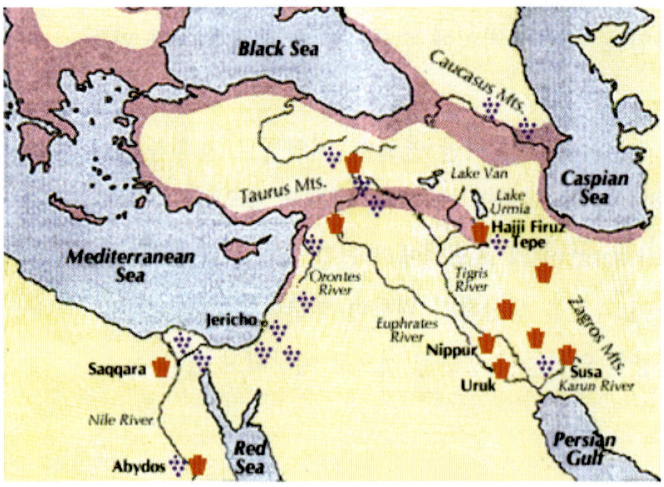

그림 1-4 고대 포도재배지역

최근 고고학자들은 고대인들이 정착해서 포도를 경작했는지 아니면 야생포도에서 나온 씨앗인지는 확실하지 않으나 출토된 포도씨앗과 타르타르산(tartaric acid)[6]을 조사한 결과 포도를 재배하였다는 사실을 추정하고 있다.

B.C. 6000~4000년 신석기 시대에 토기가 등장하면서 고대인들은 어느 한 곳에 정착해서 농사를 짓고, 음식물을

1) 소아시아반도로 이루어진 아시아쪽 영역은 아나톨리아, 유럽쪽 영역은 트라키아로 불리며 면적의 97%, 인구의 90%가 아나톨리아에 속한다. 아나톨리아의 동부 · 남동부는 그루지야 · 아르메니아 · 이란 · 이라크 · 시리아, 트라키아의 서쪽 끝은 불가리아 · 그리스와 접해 있다. 북쪽은 흑해, 남쪽은 지중해가 있다. 수도는 앙카라

2) 흑해 동남쪽 카프카스산맥 기슭에 있는 나라. 정식명칭은 그루지야공화국

3) 서남아시아 대(大)카프카스산맥 남쪽에 있는 나라. 정식명칭은 아르메니아공화국(hayastani hanrapetut' yun)

4) 러시아 연방 남서부 지역. 흑해와 카스피해 사이에 있다.

5) 아르메니아공화국 북서부에 위치한 화산. 해발고도 4,090m. 아라라트 평야 북부 예레반시 북서쪽에 있다. 아르메니아공화국과 자카프카스 고원 중의 최고봉이다. 중앙 분화구 구릉은 빙식되어 날카로운 꼭대기를 이루고 빙하로 덥혀 있다.

6) 비대칭 탄소원자 2개를 지니는 카르복시산의 하나. 주석산(酒石酸) · 디히드록시숙신산이라고도 한다.

보관한 것으로 보아 포도농사를 지어 그 즙으로 와인을 만들어 토기에 보관했을 가능성이 높다는 것이다.

다른 한편으로는 메소포타미아(mesopotamia)[1] 역시 최초의 포도재배 중 하나로 추정하고 있는데, 영국 대영박물관에 소장되어 있는 우르(ur)[2] 유적지에서 그 흔적을 찾을 수 있다. 우르 유적지는 이라크의 유프라테스 강(euphrates)[3] 하류에 위치한 고대 바빌로니아[4]의 도시로서 20세기 초에 왕의 묘와 주거유적이 발굴되었는데, 우르 유적지에서 발굴된 왕조시대의 술 마시는 장면이 담긴 판화를 볼 때 B.C. 3500~3000년에 와인을 마셨을 것으로 추정하고 있다.

인류가 최초로 포도나무를 재배하기 시작한 시기에 보리와 같은 곡식은 몇 개월 이내에 수확할 수 있지만, 포도나무는 다년생으로 그 열매를 얻으려면 최소한 3년 이상 기다려야 하므로 유목민이 아닌 정착민으로서 농사를 짓기 시작한 신석기 시대(neolithic period)[5] 이후부터이다.

지금으로부터 6000년 전에서 4000년 대 중엽(B.C. 4000~2000년)에 이르기까지 많은 사

그림 1-5 고대 우르 판화의 술 마시는 장면

1) 티그리스 강과 유프라테스 강 사이의 지역에 대해, 고대 그리스인이 붙인 지역명. 그리스어로 '두 강의 사이'를 뜻한다. 메소(mezzo)는 이탈리아말로 '반 또는 중간을 뜻하는 말이다. 이 두 강은 아르메니아 지방에서 발원하여 터키를 지나가며, 두 강은 페르시아 만에서 160km 올라간 지점서 만난다. 두 강으로 인하여 이 지역은 자주 바뀌었다. 이곳에 퇴적층이 발달하고 비옥하여 일찍 문명이 형성되었다. 역사가들은 이곳을 '인간의 요람'이라고 한다.

2) 고대 메소포타미아 남부의 도시. 현재는 이라크 남부, 바그다드 남동 약 350km에 있는 유적지로서, 텔무카이야르(瀝靑의 언덕이라는 뜻)라고 불리고 있다.

3) 서아시아 최대의 강. 전체길이 약 2,800km. 터키 · 시리아 · 이라크의 3개국을 흐르며, 티그리스 강과 더불어 티그리스-유프라테스 강이라고 불리는 경우가 많다.

4) 고대메소포타미아 남부의 수메르 · 아카드지방을 일컫는 말. 이란고원의 남서부를 둘러싼 자그로스산맥과 아라비아대지 사이에 전개되는 비옥한 메소포타미아 평원은 바그다드를 경계로 하여 상 · 하의 2지역으로 나뉜다.

5) 고고학상의 구분에 의한 문화 발전 단계의 하나로, 석기시대의 한 단계. 석기시대는 먼 옛날의 역사를 셋으로 구분한 석기시대 · 청동기시대 · 철기시대 가운데 하나이며, 흔히 구석기시대 · 중석기시대 · 신석기시대로 나누어진다.

람들이 유목생활을 포기하고 농경생활을 위하여 한 곳에 정착하게 되었는데, 이 때 포도농사도 소아시아를 거쳐 이집트까지 전파되었다.

이렇게 중근동(中近東)지방에서 발생한 와인 문화는 인류문명의 중심국으로 이동하면서 세계화의 기틀을 마련하였다. 즉, 중근동에서 이집트로 전해지고 다음으로 크레타(crete 지중해에 있는 희랍의 섬)를 거쳐 그리스로, 그리스에서 로마를 거쳐 유럽의 프랑스, 독일, 오스트리아, 헝가리, 영국 등지로 전파되었다.

16세기 이후에는 스페인, 포르투갈, 네덜란드, 영국 등이 신세계를 찾아서 아프리카 대륙, 오스트레일리아, 남미 등을 정복하면서 포도재배 영역이 전 세계로 전파되기 시작하면서 확대되었다.

1) 고대인의 포도재배와 양조

고대인들의 포도재배에는 많은 제약 요인이 있었는데, 이 가운데 기후 조건이 가장 큰 요인으로 작용하였다는 것을 추정할 수 있다. 수천 년 전의 기후는 오늘날과 많은 부분에 있어 차이가 있는 것으로 추측할 수 있는데, B.C. 3000년경에는 세계적으로 기후가 습하여 다른 곳에 비해 건조했던 지방에서도 포도재배가 가능했다고 추측할 수 있으며, 포도재배 지역이 한정된 것도 오늘날과 비슷하여 다음과 같이 추정 할 수 있다.

첫째, 북반구의 경우 와인을 양조하기 위해 알맞은 포도재배지역은 위도 30~50° 사이였을 것이다.

이들 지역은 봄과 여름에 일조량이 넉넉하고 기온이 따뜻하여 와인을 발효시킬 수 있는 충분한 기후조건으로 포도의 당도를 높이기에 적합한 자연조건을 갖추고 있기 때문이다.

둘째, 고대인들이 만드는 와인은 지금보다 알코올 도수가 낮았을 것으로 추정된다.

포도재배 기술이 지금보다 낙후되었고, 야생포도의 당도는 재배된 품종의 절반 정도에 불과하기 때문이다. B.C. 7000년 전에 최고급으로 꼽혔던 와인을 지금의 와인과 비교해 본다면 아마도 최하급 와인에 해당될 것인데, 이는 고대 와인들이 대부분 허브, 꿀, 기타 첨가물을 혼합하여 와인을 양조하였기 때문이다.

2) 고대 와인문화의 이동

중근동 지방에서 최초로 발생한 와인 문화는 오랫동안 번영을 누리지 못하고 인류의 문화와 함께 다른 대륙으로 이동하게 되었다.

B.C. 5000년부터, 로마제국이 멸망한 A.D. 500년까지 포도재배와 와인산업이 지중해 연안국들과 동유럽에까지 전파되었는데, 그 이유는 크게 다섯 가지로 구분할 수 있다.

(1) 문화교류의 산물

포도재배 방법은 서로 다른 문화의 교류와 함께 전파된 정보와 기술의 일부분에 속하여 전래되었다.

포도나무가 성장하는 지역을 여행한 사람들은 포도 재배법과 와인 양조법을 묘목과 함께 가지고 갔으며, 포도재배와 와인 양조를 위한 필수 원예전문가와 와인 생산자들을 직접 데리고 가거나 심지어 납치하는 일도 있었다.

(2) 종교적 의미

고대의 거의 모든 문명권에서 와인은 신을 연상하게 만드는 음료였으며, 제례의식[1]에서 없어서는 안 될 중요한 품목이었다.

당시 제사를 지냈던 제사장들은 처음에 사람을 제물로 바쳤으나(아브라함[2]이 이삭[3]을 번제로 드림), 나중에는 양으로 대신하였다. 이때 피는 신비스러운 의미를 가졌는데 나중에 피의 제사도 레드와인으로 바뀌었다. 이로써 와인이 피의 역할을 대신하면서 신성함을 상징하게 되었다. 또한 메소포타미아, 이집트, 그리스, 로마에서도 자국에서 신봉하는 여러 신에게 와인을 바치는 것이 관례였다.

신은 포도나 와인과 밀접한 관계를 맺고 있었으며, 와인은 죽음과 부활의 상징이었고, 고대 이집트와 그리스도교에서는 와인을 신이 흘린 피로 여겼다.

(3) 문화적 의미

와인은 단순한 알코올음료이기 이전에 색, 향, 맛을 음미하며, 그 조화를 즐기는 고급 기호품으로서 일찍이 유럽의 왕실과 상류사회의 일상과 사교계에서 중요한 자리를 차지하였다. 또한 와인은 이집트, 그리스, 로마에서는 남녀의 애정 표현이기도 하여, 남녀가 함께 마시면 다산(多産)의 의미로 표현되기도 하였다.

---

1) 신명(神明)을 받들어 복을 비는 의례. 제사(祭祀)라고도 한다.
2) 구약성서, 창세기에 기록되어 있는 이스라엘인의 시조. 그는 신의 명령과 약속에 따라서 바빌로니아에서 북시리아를 지나 팔레스타인으로 이주한 유목민족의 우두머리이다.
3) 이스라엘 족장(族長). 구약성서 : 창세기에 따르면 아브라함의 아들이자 에서와 야곱의 아버지이다.

(4) 수익성 상품

와인이 수익성과 경제성이 매우 높은 상품 및 사치품으로 간주되는 지역에서는 생산량에 한계가 있음에도 불구하고 희소성 때문에 몇몇 지역의 경제에 미치는 영향은 실로 막대하였다.

와인은 수세기 동안 아프리카, 아시아, 지중해와 유럽까지 대규모 수출입 상품으로 부의 상징이 되었으며, 이탈리아, 스페인, 프랑스의 몇몇 지방에서는 와인산업이 장기적인 경제 성장과 번영에 기여하였다.

(5) 와인의 시장형성

와인이 종교 생활뿐만 아니라 일상생활에서 차지하는 영역이 넓어지고, 그 수요가 급증하면서 시장을 형성하는 요인이 되었다.

고대 메소포타미아와 이집트에 와인이 정착되었던 시대에는 특권층만 와인을 마실 수 있었기 때문에 그 전파되는 속도가 빠르지 않았지만, 로마제국[1]에서는 모든 계층이 와인을 즐기게 되었다. 따라서 와인의 생산량과 거래량이 꾸준히 증가하여 와인시장이 형성되게 되었다.

4. 성경 속의 와인의 역사

술에 대한 의견은 사람에 따라 각양각색이지만, 대체로 개신교[2]는 술에 대해서 엄격하고, 카톨릭[3]은 약간 관대한 태도를 보이는 듯하며, 개인의 신앙심과 취향에 따라서 여러 가지 반응으로 나타나고 있다, 이것은 성경 자체가 술, 특히 포도주에 대해서 긍정적인 면과 부정적인 면을 함께 보이기 때문일 것이다.

---

1) 이탈리아반도의 중앙부, 지금의 이탈리아 테베레 강에서 도시국가로서 역사상 최대의 제국을 세웠던 고대국가의 역사. 2세기 초 최대 판도에 달했을 때는 오늘날의 동 · 서유럽대륙 대부분 및 중근동(中近東), 북아프리카와 영국의 잉글랜드와 웨일스, 유고슬라비아, 루마니아, 불가리아, 알바니아, 그리스, 아조프해 주변과 지중해의 여러 섬, 모로코, 알제리(북부), 튀니지, 리비아, 이집트, 터키, 시리아, 이스라엘, 레바논, 요르단, 이라크의 대부분과 이란 북부, 소련령 카프카스 등 광대하였다.

2) 16세기 M. 루터 · J. 칼뱅 등의 종교개혁에서 비롯된 그리스도교회. 가톨릭을 구교(舊敎)라고 하는데 대해 신교(新敎) · 개신교(改新敎)라고도 한다. 한국에서는 특히 이 신교만을 일컬어 기독교라고도 부른다. 로마 가톨릭교회 및 동방정교회(東方正敎會)와 더불어 그리스도교의 3대 교파를 이룬다.

3) 사도(使徒) 베드로의 후계자로서의 교황을 세계교회의 최고 지도자로 받들고 그 통솔 밑에 있는 그리스도교의 교파

성경에서 전도서의 한 구절을 보면, "너는 가서 기쁨으로 네 식물을 먹고 즐거운 마음으로 네 포도주를 마실찌어다. 이는 하나님이 너의 하는 일을 벌써 기쁘게 받으셨음이니라"(전도서 9:7). 즉, 하나님의 축복 속에서 즐겁게 포도주를 마실 것을 권유하고 있는 문구이다. 그렇지만 잠언에서는 이렇게 충고하고 있다. "포도주는 붉고 잔에서 번쩍이며, 순하게 내려가나니 너는 그것을 보지도 말지어다"(잠언 23:31).

같은 포도주를 언급하는 내용이지만 이렇게 다른 해석으로 인해 다양한 의견이 있을 수밖에 없지만, 성경의 구약성서와 신약성서에는 포도나무에 관한 단어가 구약성서에서는 145구절에서 나오고, 신약성서에서는 7구절에서 나온다. 또한 포도주에 관한 단어는 구약성서에서 143구절에서 나오고, 신약성서에서는 31구절에서 나온다. 포도원에 관한 단어는 구약성서에서 81구절에서 나오고, 신약성서에서는 19구절에서 나온다.

1) 포도농사

성경에서 최초로 포도주에 대해서 언급한 구절은 대홍수가 끝나고 노아가 정착하여 농사를 시작할 무렵이다. "노아가 농업을 시작하여 포도나무를 심었더니 포도주를 마시고 취하여 그 장막 안에서 벌거벗은지라"(창세기 9:20~21).

노아는 그의 식구들과 함께 홍수가 끝난 뒤에 하나님으로부터 몇 가지 지시사항을 받고 농업을 시작하였는데, 다른 농작물에 대해서는 구체적으로 언급된것은 없지만 포도나무를 심었다는 사실은 구체적으로 기록하고있다.

노아는 그가 재배한 포도나무를 가지고 포도주를 만들어 마시고 취한 사건을 통하여 노아 이전의 고대 인류도 포도나무를 재배하고 포도주를 마셨으며, 고대인들의 생활에서 포도주는 필수적인 품목이었거나, 적어도 생활의 일부분으로서 중요한 품목이었으며, 노아의 방주에는 포도나무 또는 포도씨앗 정도는 보관되어 있었을 것이라는 것을 추측할 수 있다. 이는 포도의 원산지를 노아의 방주가 도착한 아라라트 산이 있는 소아시아로 보는 학계의 견해를 어느 정도 뒷받침한다고 할 수 있다.

그림 1-6 술 취한 노아

2) 포도주와 생활

포도나무는 기름진 토양에서 재배하는 작물이 아니며, 조금은 척박하고 건조한 석회질 토양의 겨울이 춥지 않은 환경에서 잘 자란다. 고대인들도 중근동지방에 정착한 뒤 오늘날과 같이 포도나무를 기르고 가지를 묶어 주며 흙으로 덮어서 겨울을 지내고, 봄이 오면 흙을 걷어내고 가지를 쳐주면서 포도를 수확하고 포도주를 담았을 것이다.

"우리가 일찌기 일어나서 포도원으로 가서 포도 움이 돋았는지, 꽃술이 퍼졌는지, 석류꽃이 피었는지 보자 거기서 내가 나의 사랑을 네게 주리라"(아가 7:12).

또한, 성경에서는 여자들이 포도를 재배하고 있었음을 보여주고 있는데, 잠언에서는 "누가 현숙한 여인을 찾아 얻겠느냐 그 값은 진주보다 더 하니라 그런 자의 남편의 마음은 그를 믿나니 산업이 핍절치 아니하겠으며, 그런 자는 살아 있는 동안에 그 남편에게 선을 행하고 악을 행치 아니하느니라. 그는 양털과 삼을 구하여 부지런히 손으로 일하며, 상고의 배와 같아서 먼데서 양식을 가져오며, 밤이 새기 전에 일어나서 그 집 사람에게 식물을 나눠주며, 여종에게 일을 정하여 맡기며, 밭을 간품[1]하여 사며, 그 손으로 번 것을 가지고 포도원을 심으며"(잠언 31:10~16). 이 구절로 미루어 포도주는 옛날부터 이들 생활에서 중요한 위치를 차지하였다는 사실을 알 수 있다.

"만군의 여호와께서 이 산에서 만민을 위하여 기름진 것과 오래 저장하였던 포도주로 연회를 베푸시리니 곧 골수가 가득한 기름진 것과 오래 저장하였던 맑은 포도주로 하실 것이며"(이사야 25:6)라는 구절은 이 시대에도 포도주는 축제, 손님접대, 종교행사 등과 관련이 있었고, 그 품질도 꽤나 따지고 있음을 엿볼 수 있다. 즉 예수님이 탄생하기 700년 전에도 품질 좋은 포도주가 오래 저장한 맑은 것이라는 점을 강조하고 있다.

3) 포도주 양조

성경에 나오는 포도주와 포도나무는 생활의 비유에 많이 인용되는 것으로 등장하지만 그 비유를 통해서 어떻게 포도주를 담았는지, 포도주를 담아본 사람이라면 쉽게 유추할 수 있다. "어찌하여 네 의복이 붉으며, 네 옷이 포도주 틀을 밟는 자와 같으뇨"(이사야 63:2).

이 구절은 예수님의 고통을 예견한 이사야의 예언이지만, 포도즙을 짤 때 포도주 틀(압착기)에 포도를 넣고 발로 밟아서 작업을 할때, 일하는 도중에 붉은 포도즙이 옷에 묻어 엉망이 되

1) 看品: 품질의 좋고 나쁨을 살펴봄

어있는 모습을 상상할 수 있다. 예나 지금이나 포도주를 만드는 방법에 근본적인 차이란 있을 수 없지만, 현대적인 차이라 한다면 최신방법으로 자동화된 기계를 사용하여 양조를 하고, 양조 원리를 명확히 알고 한다는 것뿐이다.

붉은 포도주는 포도를 수확하여 발로 으깨어 발효시키고, 발효가 진행되면 압착기로 그 즙을 짜서 온도가 일정한 곳에 보관하면서 찌꺼기를 가라앉히고 숙성시킨다.

"모압은 예로부터 평안하고 포로가 되지 아니하였으므로 마치 술의 그 찌꺼기 위에 있고, 이 그릇 저 그릇으로 옮기지 않음과 같아서 그 맛이 남아있고 냄새가 변치 아니 하였도다"(예레미아 48:11). 물론 이 구절도 비유에 사용된 것이지만, 포도주를 담고 나서 찌꺼기를 조심스럽게 취급해야 된다는 점을 충고하고 있다. 요즈음 같이 여과 기술이 발달해도 찌꺼기를 다루는데 상당히 신중을 기해야 하는데, 고대에는 찌꺼기가 없는 맑은 포도주를 만들려면 상당한 끈기와 숙련된 기술이 필요했을 것이다. 그렇기 때문에 포도주를 이 그릇 저 그릇 옮기면 찌꺼기가 가라앉지 않고 맛과 냄새가 변한다고 간접적으로 이야기하고 있는 것이다.

4) 포도주 저장

"새 포도주를 낡은 부대에 넣는 자가 없나니 만약 그렇게 하면 새 포도주가 부대를 터뜨려 포도주와 부대를 버리게 되리라, 오직 새 포도주는 새 부대에 넣느니라 하시니라"(마가복음 2:22).

이 비유는 왜 새 술을 낡은 부대에 넣으면 터지는지 그 이유를 아는 사람은 드물다. 지금은 기술이 발달하여 포도주를 담는 용기가 다양하지만, 예수님이 살았던 시대에는 포도주를 항아리 같은 큰 그릇에 넣고 발효를 시켰고, 완성된 포도주는 가죽부대에 넣고 다니면서 필요할 때 마시거나 운반하는 수단으로 사용하였다.

그런데 과거에는 당분이나 알코올을 측정하는 방법으로 혀나 코의 감각을 이용했기 때문에 새 포도주에는 알코올 발효가 덜 된 상태로 당분이 남아있는 경우가 많았다. 다행히 새 포도주를 온도가 낮은 곳에서 보관하였다면 별 문제가 없지만, 온도가 높은 곳에 보관하였다면 다시 발효가 일어나 탄산가스가 나오게 된다. 부드러운 새 가죽부대에서는 어느 정도 가스가 차더라도 부대가 팽창하여 여유가 있지만, 오래되어 딱딱한 가죽부대는 쉽게 터지게 된다. 특히, 한낮의 온도가 높은 중근동 지방에서는 쨍쨍 내리쬐는 햇볕에 포도주가 다시 발효를 시작하여 헌 가죽부대를 터뜨리는 일이 허다했을 것이다. 이 구절은 포도주에 관한 전문지식이 있는 사람이나 포도주가 생활의 일부분을 차지하는 서양 사람들이라면 누구나 이해 할 수 있는 내용일 것이다.

5) 포도주와 결혼

성경에서는 포도주 때문에 일어나는 윤리적인 사건도 다루고 있다. 당시 포도나무는 신선한 과실을 제공하는 것은 물론, 그것으로 포도주를 만들 수 있는 유용한 자원이었다. 이러한 이유로 포도나무는 세대를 거듭하면서 재배되어 왔고, 재산으로서 상당한 비중을 차지하였다.

열왕기에는 유명한 포도밭 사건이 기록되어 있는데, 나붓이란 사람이 좋은 포도밭을 가지고 있었지만 이 포도밭을 탐내는 왕에게 죽임을 당하고 포도밭을 뺏긴다(열왕기상 21:1~16)는 성경에서 가장 유명한 포도밭 소유권에 관한 기록이 있다.

또한, 포도주에 물을 섞는 사례도 많은 것 같다. "네 은은 찌끼가 되었고 너의 포도주에는 물이 섞였도다"(이사야 1:22).

과거 우리나라도 막걸리에 물을 섞는 일이 자주 있었고, 물을 섞은 술은 손님이 취한 다음에 내 놓아야 발각되지 않는다. "말하되 사람마다 먼저 포도주를 내고 취한 후에 낮은 것을 내거늘 그대는 지금까지 좋은 포도주를 두었도다 하니라"(요한복음 2:10). 이 일은 예수님이 세상에 오셔서 처음 행한 기적으로 결혼식 피로연에서 포도주가 다 떨어지자 연회장이 예수님께 물로 만든 포도주를 마셔보고 신랑한테 하는 말이다. 직접 언급되어 있지는 않지만 여기서 '낮은 것' 이란 물을 섞은 포도주란 것을 쉽게 짐작할 수 있다. 이런 사건은 포도주에 물을 타서 그 양을 부풀려 많은 돈을 벌어보고자 하는 인간의 탐욕이 부른 시대적인 현상임을 알 수 있다.

6) 포도나무 비유

포도나무는 적절한 관리를 해야 잘 자라며, 포도나무 성장을 방해하는 여러 가지 요소가 많기 때문에 구약에서는 포도나무와 포도밭은 이스라엘을 상징하는 비유로 많이 사용되었다. 좋은 예가 시편 80편에 나오는데 "주께서 한 포도나무를 애굽에서 가져다가 열방을 쫓아내시고 이를 심으셨나이다. 주께서 그 앞서 준비하셨으므로 그 뿌리가 깊이 박혀서 땅에 편만하며, 그 그늘이 산들을 가리우고, 그 가지는 하나님의 백향목 같으며, 그 가지는 바다까지 뻗고 넝쿨이 강까지 미쳤거늘 주께서 어찌하여 그 담을 헐으사 길이 지나는 모든 자로 따게 하셨나이까, 수풀의 돼지가 상해하며 들짐승들이 먹나이다"(시편 80:8~13).

여기서 포도나무란 모세[1]가 이집트에서 출애굽[2] 한 이스라엘 백성들이며, 큰 포도나무란 왕국을 의미한다. 곧 요르단 강에서 바다까지 차지한 이스라엘을 의미하는 것이다.

---

1) B.C. 13세기 무렵 고대 이스라엘민족의 지도자. 이스라엘민족 유일신 종교의 기틀을 제시했다.
2) 이스라엘 민족의 지도자 모세의 인도로 이집트에서 탈출한 사건

하나님은 이스라엘을 벌하는데 먼저 담을 허물어 버리는 것부터 시작한다. 이스라엘의 포도밭은 돌담으로 둘러싸여 사람과 짐승의 침입을 막고, 수확기에는 높은 망대를 세워 밤새 감시하는 것이 보통이었다. 지금도 프랑스 포도원 중에서 '클로(clos)' 라는 이름을 가진 것은 단어 그대로 해석하면 '담으로 둘러싸인 포도밭' 이란 뜻이다. 담이 허물어지면 사람이나 들짐승이 마음대로 침입하여 해를 당할 수밖에 없다. 즉, 나라의 멸망에 대한 애처로운 음률은 가엾은 포도나무가 밟히고 파괴되는 것으로 표현하였다.

7) 예수의 생애와 포도주

신약에서 포도주는 기독교 신앙의 가장 중요한 핵심인 '예수님의 피' 를 상징한다. 최후의 만찬에서 예수님은 떡과 포도주로 축복하고 자신의 죽음에 대해서 제자들에게 넌지시 암시하지만 제자들은 눈치를 채지 못한다.

"저희가 먹을 때에 예수께서 떡을 가지사 축복하시고 떼어 제자들에게 주시며 가라사대 받으라 이것이 내 몸이니라 하시고 또 잔을 가지사 사례하시고 저희에게 주시니 다 이를 마시매 가라사대 이것은 많은 사람을 위하여 흘리는바 나의 피 곧 언약의 피니라"(마가복음 14:22~24).

예수님은 최후의 만찬에서 떡과 포도주 두 가지 삶의 요소를 설명하시므로 포도주는 예수님 생애의 극적인 정점에서 필수 불가결한 요소로 작용하였다.

또한, 예수님이 세상에 오신 후 처음에 행한 기적도 포도주를 이용한 것이었다. "예수께서 저희에게 이르시되 항아리에 물을 채우라 하신 즉 아구까지 채우니 이제는 떠서 연회장에게 갖다 주라 하시매 갖다 주었더니 연회장은 물로 된 포도주를 맛보고 어디서 났는지 알지 못하되 물 떠온 하인들은 알더라. 예수께서 이 처음 표적을 갈릴리 가나에서 행하여 그 영광을 나타나시매 제자들이 그를 믿으니라"(요한복음 2:7~11). 이처럼 예수님의 사역을 통하여 구약시대나 신약시대 이스라엘 사람들이 포도주를 즐겨 마셨다는 점은 부인할 수 없다. 포도주는 종교의식과 윤택한 생활에 꼭 필요한 것이었으며, 예수님의 피로서 종교행사 때마다 중요한 역할을 하였다.

8) 포도주와 포도주스

사람에 따라서는 성경 속의 포도주를 강조하는 것이 음주를 정당화시킨다고 못마땅하게 생각할 수도 있을 것이다. 그리고 번역이 잘못되어 포도주스를 포도주라고 한 것이 아닌가 의문을 제기하는 사람도 있지만, 옛날에는 포도주스가 없었다. 포도는 그 껍질에 발효를 일으키는 효모가 묻어있기 때문에 포도를 으깨어 주스를 짜내면 하루 만에 알코올 발효가 일어나 술이 되고 만다.

오히려 포도주스는 그 수명이 하루 또는 이틀정도 밖에 유지할 수 없으므로 고대인들이 포도주스를 보관하기란 거의 불가능하였다. 포도주스는 적절한 살균방법이나 첨가제 그리고 밀폐된 용기를 개발한 근대 과학의 혜택을 받고 난 이후에 탄생된 것이며, 우리가 과일주스를 보편적으로 마시기 시작한 것은 100년도 채 되지 않았다. 다만, 고대인들은 추운 겨울에 보관했던 사과를 주스로 만들어 차가운 곳에 보관해 가며 마셨을 것으로 추정된다.

9) 성경 속의 음주경고

포도주가 성경에서 중요한 위치를 차지한 만큼 그에 대한 올바른 음주법, 포도주에 대한 비판, 그리고 과음에 대한 꾸짖음 또한 준엄하다. "술 취하지 말라, 이는 방탕한 것이니 오직 성령의 충만함을 받으라"(에베소서 5:18).

"아침 일찍 일어나 독주를 따라가며 밤이 깊도록 머물러 포도주에 취하는 그들은 화 있을진저"(이사야 5:11).

그리고 통치자의 음주에 대한 경고도 있다. "르무엘아 포도주를 마시는 것이 왕에게 마땅치 아니하고 왕에게 마땅치 아니하며 독주를 찾는 것이 주권자에게 마땅치 않도다. 술을 마시다가 법을 잊어버리고 모든 간곤한 백성에게 공의를 굽게 할까 두려우니라. 독주는 죽게 된 자에게 포도주는 마음에 근심하는 자에게 줄찌어다. 그는 마시고 그 빈궁한 것을 잊어버리겠고, 다시 그 고통을 기억지 아니하리라"(잠언 31:4~7).

성경에서는 올바른 음주에 대하여 경고하면서 술 취하지 말며, 포도주에 취하므로 화가 있을 것이라고 이야기하고 있다. 과음을 통해서 부절적한 행동이 나오고 백성들에 대한 공의가 깨지는 것을 경고하고 있는 것이다. 당시에도 술을 마시며 부탁하는 자리가 많았다는 것을 알 수 있는데, 현대인들이 경각심을 가지고 주의 깊게 받아들여야 할 대목일 것이다.

10) 성경 속의 포도주 약효

포도주가 건강에 좋다는 것은 최근 들어 과학적으로 증명되고 있는데, 이제 알 만한 사람은 다 알고 있는 사실이다. 사도 바울은 초기 기독교의 엄격한 전도자였지만, 2000년 전에 이 사실을 간파하고 그의 젊은 친구 디모데에게 다음과 같은 편지를 보냈다. "이제부터는 물만 마시지 말고 네 비위와 자주 나는 병을 인하여 포도주를 조금씩 쓰라"(디모데전서 5:23).

포도주에는 폴리페놀[1]이라는 성분이 있어서 알코올과 상승작용으로 순환기, 소화기 계통의 질병을 치유 또는 예방하는 효과가 있다. 그리고 포도주는 무엇보다도 정신건강에 미치는 영향이 크기 때문에 시편에서도 이렇게 표현하고 있다.

"사람의 마음을 기쁘게 하는 포도주와 사람의 얼굴을 윤택케 하는 기름과 사람의 마음을 힘있게 하는 양식을 주셨도다"(시편 104:15). 이 구절은 포도주가 사람의 몸과 마음을 건강하게 유지하는 의학적인 효용성을 가지고 있다는 것을 말해주고 있으며, 아울러 "조금씩 쓰라"는 전제의 중요성을 강조하고 있다는 점도 잊어서는 안 된다.

11) 포도주에 대한 이해와 해석

성경에서는 포도주를 마시는 것이 좋은 것인가, 나쁜 것인가 흑백논리로 명쾌하게 답변을 내리지 않고 있다. 신앙을 갖고 있는 사람이라면 그 상징적인 의미를 깊이 받아들일 것이지만, 그렇지 않는 사람이라면 단편적인 구절을 인용하여 교인이라도 술을 마셔도 괜찮다는 의견이 있을 것이다.

개인의 지적 수준, 종교적인 신앙심과 믿음의 정도에 따라 포도주에 대한 다양한 의견이 있을 수 있지만, 포도주는 하나님이 인간에게 베푸신 귀한 선물임에 틀림없다. 그러나 술로 인한 해독으로 하나님이 주신 귀한 선물을 더럽히는 일이 있어서는 안 된다. 사도바울의 충고대로 "조금씩 쓰라"는 구절과 "술 취하지 말라 이는 방탕한 것이니, 오직 성령의 충만함을 받으라"(에베소서 5:18) 하는 구절을 잘 새겨들어야 할 것이다.

1) 방향족 히드록시화합물 가운데 히드록시기(基)를 2개 이상 가진 화합물. 다가(多價)페놀이라고도 한다.

Wine & Grape

03 ▸▸▸ 고대 와인문화

1. 이집트의 와인문화

B.C. 3000년경에 인류의 문명이 지중해 연안국들을 중심으로 꽃을 피우기 시작하였는데, 이즈음에 포도재배와 와인문화도 이집트의 나일강[1] 주변으로 이동되었다.

나일강은 매년 홍수로 기름진 땅에서 풍요로운 농사를 지었는데, 한발(旱魃)[2]이 계속되고 나일 강이 범람하지 않으면 그 해의 농사는 풍작이 되었다.

이집트인들은 포도주가 호리우스(Horius)의 아버지이고, 농업신인 오시리스(Osiris)[3]가 최초로 양조를 하였다고 믿었으며, 여러 신들 중에 곡식과 포도농사를 관장하는 '오시리스' 신에게 해마다 봄이 되면 기우제(祈雨祭)[4]를 드렸다.

오시리스 신은 농경의례와 결부되어 신앙의 대상이 되었으며, 자연의 신이자 죽음과 부활의 신이라 불렀고, 포도나무의 신이기도 하였다. 또한 오시리스신은 보리로 술을 빚는 법을 가르쳤다고도 한다.

이집트에서는 와인을 부활의 상징으로 여겼는데, 그 이유는 해마다 범람하는 나일 강이 철을 함유한 퇴적층으로 인해 와인과 같은 붉은색을 띠었기 때문이라는 설도 있으며, 또한 포도나무는 겨울이 되면 잎이 지고 밑동이가 말라 죽은 것처럼 보이다가도 봄이 오면 소생하는 것

---

1) 총길이 6,690㎞. 유역면적 300만 7,000㎢. 총길이는 남반구의 부룬디 · 탄자니아 국경 부근에서 강어귀까지이며, 유역면적은 아프리카대륙의 약 1/10을 차지한다.
2) 장기간에 걸친 물 부족으로 나타나는 기상재해이며, 가뭄이라고도 한다. 증발산(蒸發散)에 의하여 대기 중으로 손실된 물의 양이 강수량보다 부족할 때 나타난다.
3) 고대 이집트에서 사자(死者)의 신으로 널리 숭배한 신. 이집트어로는 우시르라 한다.
4) 비 오기를 비는 주술 종교적 의례. 비를 기원하는 의례는 수렵민 · 목축민 · 농경민을 불문하고 세계 각지에서 볼 수 있는데, 특히 열대건조지역일수록 많으나, 다우지역에서는 날 개이기를 비는 의례가 있다.

을 보고 '부활' 의 의미를 두게 되었다.

그래서 이집트 사람들은 귀족이나 왕족이 사후에 땅에 매장될 때 와인 항아리를 장묘품으로 넣었으며, 무덤의 벽화에도 포도나무를 그려 넣어 부활을 기다렸다.

고대 이집트에서는 와인의 소비는 물론이고 포도밭을 소유하는 것까지 상류층의 특권이 되었으며, 따라서 와인의 생산량은 극히 한정되어 있었고, 와인의 값은 맥주의 다섯 배까지 비싸게 판매되었다.

와인을 마시는 계층은 왕족, 귀족, 거부, 제사장들 정도였고, 제사장의 경우에는 와인 판매가 주 수입원이 되기도 하였다.

와인은 신에게 바치는 헌주(獻酒)가 되거나 망자(亡者)[1]와 함께 묻히는 등 제례의식[2]에도 사용되었던 것으로 왕의 지하실이나 무덤에서 와인 단지들이 발견되는 경우는 많았다.

그 중에도 가장 대표적인 유물은 1922년에 발굴된 '투탕카멘(tutankamen) 묘' [3]에서 나온 단지들이다.

B.C. 1348년 10세의 나이로 즉위한 투탕카멘왕은 9년 후에 사망하면서 36개의 단지가 그와 함께 묻혔는데, 36개의 단지 중에서 26개에는 밀봉용 진흙에 와인 제작 연도와 만든 사람의 이름이 쓰여 있었다.

그 중 한 단지에는 "즉위 4년, 생명, 번영, 건강을 상징하는 아톤(Aton)[4] 신전에서 빚은 달콤한 와인, 양조인은 아페르에르쇼프(Apererhop)"로 적혀 있었다.

그림 1-7 투탕카멘 묘에서 발견된 와인 항아리

이집트인들은 커다란 범포자루에 포도송이를 집어넣고 밟아 으깬 뒤 막대기로 자루를 비틀어 즙을 짠 다음 지하창고에서 발효시켜 술을 만들었다. 또한 세관원들은 포도주의 품질을 면밀히 검사하고, 용기뚜껑 위에 포도농원, 수확인, 포도즙을 짠 날, 색깔, 양조자 이름과 상표를 새겼다.

이러한 이유로 인하여 무덤에서 발견되는 포도주 항아리에서 후일 고고학자들에게 귀중한 역사학적 자료가 밝혀지고 있다. 이렇게 발견된 포도주의 일부는 무덤에 묻히기 2세기 전에

1) 죽은 사람. 死者(사자), 죽은 이의 혼백이 성불(成佛)하지 못하고 명도(冥途)에서 헤매고 있는 것, 망하는 자
2) 신명(神明)을 받들어 복을 비는 의례. 제사(祭祀)라고도 한다.
3) 이집트 테베 서쪽 '왕가(王家)의 계곡' 에 있는 이집트 왕 투탕카멘의 묘. 어린나이로 숨진 소년 왕으로 이집트 제18왕조 제12대 왕(재위 B.C. 1361~1352) 투탕카멘왕의 유물이다.
4) 고대 이집트 신. '태양원반(太陽圓盤)' 을 뜻하며, 동시에 태양신으로서 라신(Ra神)과 동일시되었다.

양조되었으며, 망자가 자신의 집에서 가장 값진 물건을 함께 지니고 사후세계로 떠난다는 이집트인들의 관습을 보여 주고 있는 사례이다.

이집트인들은 시신을 포도주로 깨끗이 씻고 장기를 적출한 후 신체의 내부도 정결히 닦았는데, 이는 포도주를 얼마나 신성시 하였는지를 알 수 있다.

또한, 팔레스타인과 시리아에서 품질 좋은 포도주를 수입하여 자국산 포도주의 품질을 개선하고자 노력하기도 하였는데, 이는 이집트인들이 얼마나 포도주를 사랑하였는가를 알 수 있게 한다.

구약성서의 기록에 의하면, "너의 제조품이 많고 각종 보화가 풍부하므로 다메섹이 너와 통상하였음이여 헬본 포도주와 흰 양털을 가지고 너와 무역하였도다"(겔 27:18).

성서의 내용으로 보아 당시 동지중해 지역에서 포도주 교역이 활성화되고 있었음을 알 수 있는데, 이는 포도주가 국가 간의 무역품으로 유용하게 사용된 것을 알 수 있게 한다.

2. 그리스의 와인문화

1) 포도나무의 역사

그리스에 포도나무가 유입된 시기는 트로이 성(트로이 전쟁[1])이 함락되기 훨씬 전인 B.C. 1184년에 에게 해(aigaio pelagos)[2] 지역이었다. 그리스 인들은 자국뿐 만 아니라 정복한 식민지와 해외의 상업 전진기지에도 포도나무를 보급하였고, 이베리아반도(iberian peninsula)[3]에는 B.C. 600년에 옮겨 심었다.

당시 이탈리아에는 이미 포도나무가 자생하고 있었는데, 이탈리아 남부 식민지 마그나 그레시아(magna grecia)는 이미 대규모 포도 산지였으며, 에노트리아(enotria)는 포도주의 땅이라고까지 하였다.

이 시기에 중국에 포도주가 전파되었는데, 중국 장군 장치엔(Chang Chien)이 서유럽에 사명을 띠고 B.C. 128년 박트리아(bactria)에 1년 동안 체류한 후에 귀국하면서 포도주 양조를 위한 기술과 종자를 가지고 중국에 건너가 중국황제에게 바치므로 전래되었으나 실제 포도주를 양조하여 맛을 본 시기는 A.D. 627~649년 이었다.

1) 고대 그리스인들에게 전승되어 내려오는 그리스와 트로이간의 전쟁
2) 지중해 동부의 해역. 남북 640㎞, 동서 320㎞
3) 유럽 남서쪽 끝 지중해의 입구를 막는 듯 한 형태로 대서양에 돌출되어 있는 반도. 면적 58만 336㎢

2) 그리스 신화와 포도주

그리스 3대 비극시인 중 하나인 에우리피데스(Euripides, B.C. 484?~406)[1]는 그리스의 주신 디오니소스(dionysos)[2]가 "포도의 선물인 와인을 부유한 자와 가난한 자에게 똑같이 나누어 주었다"라는 표현을 하였는데, 제우스신의 아들 디오니소스는 포도주의 신으로 그리스인들의 후원자이었으며, 모든 그리스인들은 열광적으로 포도주를 즐겼다.

유년시절 니세이데스라는 님프(Nymph)[3]에게 소년시절까지 자란 디오니소스는 장성하여 포도나무를 재배하는 일을 하였고, 포도에서 즙을 짜는 방법까지 개발하여 백성들에게 포도나무 배양법을 전수하고, 더 나아가 아시아까지 그 기술을 전수하였다.

그리스인들은 공개적인 모임이나 가정, 선술집 등에서 포도주를 마셨는데, 좌담회를 의미하는 심포지엄(syposium)[4]은 그리스어로 심포시온(symposion)에서 나온 말이며, '공공토론과 함께 마신다' 라는 의미이다.

그리스 시대에 이르러 포도주는 삶과 죽음, 영원의 상징이 되었고, 디오니소스라는 주신도 나타나게 되었는데, 디오니소스 주신은 풍요와 성장을 관장하는 자연의 신이지만, 널리 알려지기는 주신으로 알려져 있다.

한 손에는 포도주를 만드는 포도송이를 들고, 다른 한 손에는 풍요를 상징하는 곡식을 들고 있는데, 사람들은 풍요로운 포도주 생산을 위해 매년 12월(소제)과 다음해 3월(대제)에 디오니소스에게 제사를 지내게 되었으며, 이 기간에 모든 사람들은 일주일간 술에 취할 정도였다.

고대 의학의 아버지 히포크라테스(Hippocrates, B.C. 460?~370?)[5]는 술로 배고픔을 달랠 수 있다고 하였다. 그리고 와인과 소화 기능의 관계를 설명하며 "와인은 열을 내고 건조시키는 성질이 있어서 자체적으로 정화성분을 가지고 있다"라고 하였다. 또한, 그는 "사람들은 적당한 시기에 적당량의 와인을 마시면 질병을 멀리 할 수 있다"라고 하였다.

그리스의 철학자 플루타르코스(Plutarchos, A.D. 46?~120?)[6]도 포도주에 대해서 "와인은 음료수 중에서 최고요, 약으로서는 제일 맛이 있는 것이요, 모든 음식 중에서는 제일 달콤한 것이다"라고 와인을 높이 평가하였다.

1) 고대 그리스 비극시인. 아테네 출생
2) 그리스신화에서 매우 이색적인 성격을 가진 신. 로마신화에서는 바쿠스라고 한다.
3) 그리스신화에 나오는 자연계의 요정. 그리스어 님페(Nymphe)의 영어명이다.
4) 공개토론회 형식의 하나. 그리스어 심포시온(symposion ; 술을 함께 마신다는 뜻)에서 유래된 말로, 보통 강단토의라고 해석된다.
5) 고대그리스 의학자. 에게 해 코스섬 출생
6) 고대 그리스 말기의 문인. 보이오티아 카이로네이아 출생

그리스의 철학자 플라톤(Platon, B.C. 428~347?)[1]은 "포도주는 신이 인간에게 내린 최고의 선물이다"라고 격찬하므로, 그리스에서 포도주를 긍정적으로 평가한 최초의 인물이었다. 그는 "포도주가 인간인 우리에게 벌을 내리고 광란하게 한다고 하지만, 그것은 영혼의 정숙, 건강, 심신의 강건함을 제공할 목적으로 주어진 값진 약이다"라고 포도주에 대해서 찬양하였다.

그리스의 대 서사시 '일리아드(Iliad)[2]' 와 '오디세이아(Odysseia)' [3]에서도 와인이 자주 등장하는데, 저자 호메르스(Homers)[4]는 '물 한 방울 안 들어간 이 음료는 그야말로 신이 내린 선물이다.' 라고 격찬하며, 하인은 물론 그 집안의 어느 누구도 "와인을 숨겨둔 곳을 자기 이외에는 알지 못하게 하였다"고 한다. 그리고 꿀같이 달콤한 맛과 숙연해질 정도로 그윽한 향을 가진 와인 맛을 모르는 사람들은 곧 인생의 멋을 모르는 사람으로 여겼다.

반면, 에리고네(Erigone)는 디오니소스가 에리고네를 유혹하기 위하여 스스로 자신이 포도송이로 변하여 포도주에 심취하였다고 하였으며, 에리고네의 아버지 이카리우스(Icarius)는 아티카(attica)에 온 새로운 신 디오니소스를 환대하고 포도주 마시기를 권하였다고 하였다. 그리고 아테네 사람들은 포도주를 너무 마셔 취해버렸고, 결국 모두가 술에 중독되었으며, 포도주를 소개한 이카리우스는 불행이도 죽음을 당하였고, 에리고네 역시 아버지의 무덤 곁에서 목매어 자살하였다고 역설하며 포도주에 대한 맹목적인 평가를 비판하였다.

3) 그리스의 포도주와 양조기술

아리스토텔레스의 제자 테오프라스투스(Theophrastus)는 B.C. 287년 포도재배 지침서를 내놓았으며, 그리스의 많은 지역은 서(西)지중해와 흑해에서 식료품과 잡화를 수입하고, 그 대신 포도주를 수출하였다. 또한 포도주 항아리, 컵 등의 제조기술과 운반 · 저장 · 혼합기술이 개발되어 포도주가 생산되는 모든 지역에 보급되었다.

그리스인들은 발로 밟아 포도즙을 짜던 방식을 개선하여 금속압착기를 발명하였으며, 특이한 것은 항아리 내부에 송진을 발라서 포도주에 특이한 맛을 가미시켰는데, 이것은 오늘날 그리스의 레치나(retsina)로 알려져 있다.

---

1) 그리스 철학자. 아테네 출생
2) 호메로스의 작품이라 여겨지는 고대 그리스의 영웅서사시. 전편(全篇)이 1만 5,693행, 24권으로 되어 있는데, 24권으로 나눈 것은 후세(B.C. 3세기 무렵)의 일이다.
3) '일리아드' 와 함께 호메로스 작이라고 전해지는 고대 그리스의 영웅서사시. 오늘날에는 이 서사시가 '일리아드' 보다 약 한 세대 늦은 B.C. 8세기 말에 쓰인 것이고, 그 작자도 '일리아드' 의 작자와 같은 사람이 아니라고 하는 설이 있다.
4) 호메로스, 호머 '고대 그리스의 서사시인; iliad 및 odyssey의 작자라고 함'

그 당시 그리스인들은 농축 포도주를 테라코타(terracotta)[1] 항아리에 저장하였는데, 높이 3m 이상 되는 무거운 용기의 내부는 포도주의 증발을 막기 위해 송진을 발랐다. 그러나 일상용 포도주는 염소가죽이나 돼지방광에 담았고, 이것 역시 독특한 향을 지니게 되었다.

그리스인들은 양조 직후에 즉시 마실 수 있는 술도 개발하였는데, 이 술은 오늘날 프랑스의 보졸레 누보(beaujolais nouveau)[2]와 비슷한, 거의 발효되지 않은 포도 주스나 다름없었지만, 당도가 높으며 향 또한 매우 부드러웠다.

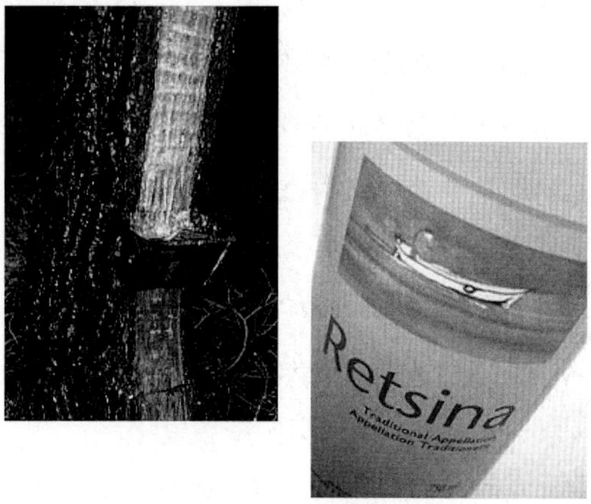

그림 1-8 레치나 와인

자신투스(zacynthus)와 레우카디아(leucadia)산 포도주는 술의 맑기를 보존하기 위해 석고처리를 하였는데, 이 또한 로데스(rhodes)와 코스(cos)처럼 농도가 진한 술에는 바닷물을 첨가하여 마셨다.

그리스인들이 마시는 술은 항상 그리스산 포도주만은 아니었는데, 레바논, 팔레스타인, 이집트, 마그나 그레시아(magna greda), 남부 이탈리아산도 많았다.

르네상스시대 이탈리아의 부유층들은 지하창고에 항상 그리스 포도주를 저장해 놓고 있었는데, 밀라노(milano) 공작들은 특히 그리스 포도주의 애호가들이었다.

메디치가(家)[3]의 로렌초(Lorenzo de Medici)[4]는 그리스산 말름세이(malmsey)[5]를 모든 병을 이길 수 있는 만병통치약으로 생각하였는데, 1466년, 심포지엄이라는 문집에서도 로렌초는 "포도주와 사냥을 자기생애의 최대 즐거움으로 생각 한다"고 토로하기까지 하였다.

그리스인들은 포도주를 실로 다양하게 이용하였는데, 포도주의 신맛을 제거 하는 기술을 터득했던 그리스인들은 허브를 가미하여 포도주를 약으로도 활용하였고, 꿀이나 소아시아산 사탕수수 액을 첨가해서 진하게 만들어 소스, 연고, 화장품과 용매(solvents)로도 이용하였다.

이집트의 경우처럼 그리스에서도 정상적으로 구매된 포도주 항아리의 손잡이에서 상인의

1) 원어는 구운 흙, 점토구이라는 뜻. 이소(泥塑 ; 진흙 인형) 다음에 개발된 원시적인 소조(塑造)로 석기시대부터 병행하여 만들어진 것으로 보인다.
2) 매년 9월에 수확한 포도를 약 2개월간 숙성시켜 11월 셋째 주 목요일부터 출시하는 프랑스의 햇포도주. 누보는 프랑스 어로 '새롭다'는 의미이고 보졸레는 부르고뉴지방의 보졸레산 포도주를 가리킨다.
3) 15~18세기에 피렌체를 중심으로 번영한 이탈리아의 가문. 르네상스 보호자의 가계(家系)로서도 알려졌다.
4) 이탈리아 정치가 · 시인. 피렌체공화국의 사실상의 군주였고 15세기 후반 이탈리아반도의 정세 속에서 가장 중요한 위치에 있었다.
5) 포르투갈의 마데이라(madeira)섬에서 생산되는 포도주로 스페인의 쉐리와인 처럼 맛이 강하고 달다.

직인과 용기를 검사하는 지방 관리의 서명이 발견되었는데, 당시 관리들은 그리스 도시국가의 명예를 수출한다는 취지에서 특히 해외 판매용에는 엄격한 규제를 가하였다.

4) 그리스의 포도주와 축제

고대 그리스에서는 아가페(agape)라는 축제가 있었는데, 아가페 축제에서는 포도주에 물을 타지 않고 농축액 그대로 축제 객들에게 제공되었으며, 주빈이 잔을 비우기 전에는 그 누구도 입술에 잔을 댈 수 없었다.

영어에서 종종 '연회(banquet)' 라고 번역되는 심포지엄은 그리스시대에 음주파티를 의미하는 것이며, 이 파티에서 손님들은 소파에 기대어 꽃으로 머리를 장식하고, 노예들에게 발을 씻기게 하고 한가로이 술잔을 기울였다.

그리스 연회에는 두 단계로 이루어지는데, 첫 번째로 미식을 즐기고, 두 번째로 맥주, 벌꿀술 그리고 포도주를 마시며 즐기는 심포지엄으로 이루어졌다.

손님들은 포도주에 물을 섞어 마시면서 그 곳에 참석하지 않은 친구를 제물 삼아 험담을 늘어놓으며, 즐기거나 특별한 철학적인 주제를 가지고 진지한 토론을 벌였다.

플라톤의 유명한 향연(symposium, B.C. 385)은 '연애론(on love)' 이라고도 하는데, 이것은 시인 아가톤(Agathōn B.C. 446?~401?)[1]이 심포지엄에서 벌인 정신적 연애의 진지한 논쟁이었다.

아테네 시민들이 그토록 자랑스럽게 여겼던 "심포지엄" 모임의 핵심은 술과 대화였다. 의장은 정한 주제를 놓고 토론을 진행하였는데, 술을 마시기 전의 사고와 마신 후의 완전히 자유로워진 사고로 의사표현을 한다는 것이었다.

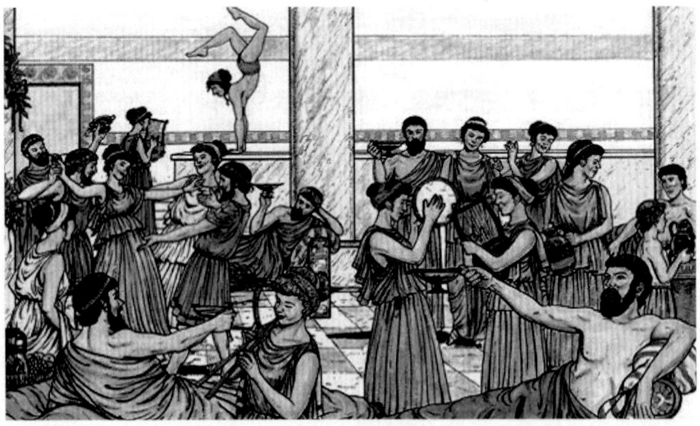

그림 1-9 심포지엄(Symposium)

심포지엄의 첫 순서는 '데이프논(deipnon)' 이라 해서 서론을 말하고, 두 번째 순서는 '포토스(potos)' 인데, 이때 사람들은 다 같이 어우러져 술을 마시며, 의사일정대로 주제에 관해 각자의 견해를 허심탄회하게 발표할 수 있었다. 그래서 이를 두고 "와인 속에 진실이 있다(In Vino Veritus)" 라는 말이 생겨나게 되었다.

1) 고대그리스 비극작가. 3대 비극시인의 후계자로서 활동하였다.

또한, 심포지엄에서는 소크라테스의 연설이 절정을 이루었는데, 주량이 대단했던 그는 다음 날 아침까지 연설을 계속했다고 한다. 이렇듯 지혜가 점차 육감을 발달시켜 완전한 분별력을 갖출 수 있는 경지에 이르게 되면, 완벽해진 철학자의 목소리가 인간사의 희비극을 모두 지배하기에 이르렀다고 한다.

결국, 그리스의 예술과 문학을 도운 술의 신을 디오니소스(Wine helped civilization and culture in old greek times)라고 말하지 않을 수 없었다.

그리스의 고전 중의 백미인 그리스극이 발달하고 극 시인이 많이 배출된 것은 실로 이 축제 때문이라고 말할 정도로 디오니소스가 인류의 역사와 문화에 공헌한 바가 크다고 말할 수 있다.

B.C. 487년 아테네의 '도시 디오니소스 축제'에서 희극은 3일간의 비극상연에 이어 하루 동안 공연을 하게 되었는데, 5명의 작가가 각기 한 작품씩 경연하였다.

5) 그리스의 와인무역

B.C. 3000년경 그리스 크레타(crete) 섬[1]은 지중해 연안국가들 중에서 상업의 중심지였으며, 동서양 간의 곡물거래가 이 섬을 통해 매우 활발하게 이루어졌다.

B.C. 2500년부터 이집트와의 와인무역도 그리스의 크레타 섬을 중심으로 시작되었다. 그 후 B.C. 2200년경에는 포도 재배도 크레타 섬을 통해 본토인 그리스로 퍼지게 되었으며, 해상 무역의 용이한 점을 이용하여 포도 재배도 해안지방에서 주로 이루어 졌다.

그림 1-10 고대 그리스의 와인무역경로

1) 에게 해 남단부 중앙에 있는 그리스 령의 섬

이집트에서는 오랜 기간 동안 특권층을 중심으로 와인 소비가 이루어졌으나, 그리스에서는 처음에 특권층에서부터 시작되어 점차 서민층으로 확대되었으며, 더 나아가 노예까지 확산되었다.

3. 로마의 와인문화

1) 종교행사와 포도주

그리스 신화는 로마시대에 들어와 그 시대에 맞게 변형되었다. 즉 전통을 받아들이고 보전한다는 것을 보여주기 위해 그리스 신화가 로마화 되었다. 그 밖에도 동방의 종교들이 로마제국 여러 지역에 전파되었는데, 주로 노예들과 바빌로니아(babylonia)[1]의 '칼데아인(chaldeans)[2]들, 군인과 상인'에 의해 널리 전파되었다.

이런 종교들은 대부분 매우 장엄하고 극적인 종교행사와 함께 제사 때 광신상태에 이를 만큼 술을 마시는 주신제 같은 예식을 치렀다. 이런 종교들은 에트루리아(etruria 고대 북부 이탈리아)[3]에서 로마까지 전염병처럼 퍼져나갔고, 급기야 이 문제는 원로원(senatus)[4]에 까지 회부되었다(B.C. 186년 법령 선포). 그러나 로마제국 말기에 '루시우스 타르키나으스 수페르부스 황제'가 이 법령을 철회하여 로마 시민들은 다시 마음대로 술을 마실 수 있었다.

그 후 로마공화국 시대에 공표된 12동판 법(B.C 450년경 제정된 고대 로마의 최초의 성문법, 후세 법률의 기초가 됨)은 포도주를 장례의식에 사용하는 것도 허락하였는데, 이 때문에 자유롭게 술을 마실 수 있었지만 백성들은 자제력을 잃게 되었다.

B.C. 4~3세기 무렵 그리스의 후원 하에 남부 이탈리아는 상당한 수준의 와인산업이 육성되었다. 그러나 북부 이탈리아는 에트루리아 인들의 정착으로 지중해의 동쪽국가들 또는 중근동에서 부터 직접 전수된 와인산업이 남부보다 한발 앞선 위치에 있었다.

세기 초 로마인은 약 100만명 정도였는데, 와인의 소비는 폭발적으로 늘어나 1인당 매일

---

1) 고대메소포타미아 남부의 수메르 · 아카드지방을 일컫는 말. 이란고원의 남서부를 둘러싼 자그로스산맥과 아라비아대지 사이에 전개되는 비옥한 메소포타미아 평원은, 바그다드를 경계로 하여 상 · 하의 2지역으로 나뉜다.

2) B.C. 1000년 무렵 바빌로니아 남부에 살던 셈계 종족. 칼데아인이 등장하는 최초의 기록은 아시리아왕 아슈르나시르팔 2세 (B.C. 883~859)의 연대기이다.

3) 이탈리아 중앙부 티레니아 해 쪽 테베레 강과 아르노 강 사이에 있는 지방의 옛 이름. 구리 · 납 · 철 · 은 등의 광물과 비옥한 경작지가 많아서 B.C. 1세기초 로마에 병합될 때까지 에트루리아인의 본거지였다.

4) 고대 로마 왕정시대의 통치기관. 민회 · 집정관 이하의 정무관과 함께 국정을 장악하였다.

약 0.5리터를 마신 것으로 파악되었다. 그 결과 '도미티아누스(Titus Flavius Domitianus 51~96)'[1] 황제는 A.D. 92년에 포도농사로 인해 곡물 부족 현상이 발생하자 더 이상 포도를 심지 못하도록 법령을 선포하기까지 했는데, 이 법령은 280년이 지난 후에야 폐기되었다.

고대 로마인들은 그리스의 신화에 나오는 주신 디오니소스를 그들 나름대로 바카스(Bacchus)[2]라 불렀으며, 이 바카스 주신을 위해 매년 축제를 열게 되었는데 이 축제를 박카날리아(bacchanalia)라 불렀다.

바카스 주신은 와인을 만드는 방법을 알았으며, 사람들에게 포도나무를 재배하는 방법을 가르쳤다고 한다. 바카스 주신은 사람들이 와인을 취할 때까지 많이 마시는 것을 원하지 않았고, 와인으로 인해 기분이 좋아지고 서로 친밀하게 지내기를 원했다고 한다.

그리스를 통해 와인산업을 전수 받게 된 로마인들은 1세기 무렵 로마제국의 모든 지역에서 포도재배와 와인을 생산하였는데, 이 무렵 프랑스 남부 프로방스(provence)와 랑그독(languedoc)의 대부분 지역도 포도재배지가 되었다.

2) 포도주와 로마군대

오늘날 로마의 몬테 테스타치오(monte testaccio)는 포도주 항아리 파편으로 이루어진 150피트 높이의 동산인데, 이곳은 당시에 로마시민들을 위해 수입된 저가의 스페인산 포도주의 양이 얼마나 많았는지를 보여 주는 좋은 예이다.

지중해를 로마의 호수로 만들어 버린 용맹한 로마군단은 해외 원정 시에 항상 포도주를 휴대하였다. 로마 군인들은 공중위생의 관념이 철저했고, 그들이 출정한 낯선 외국 땅에서 먹게 될 물보다는 포도주가 훨씬 안전하고 위생적임을 잘 알고 있었다. 물보다 포도주가 더 안전하다는 생각은 공중위생의 관념이나 미생물 또는 박테리아가 발견되기 전인 19세기까지도 일종의 공인된 상식으로 통하였다.

포도주 공급을 확실히 하기 위해 군인들은 출정시에 포도나무를 가지고가서 야영지 주변에 직접 심기도 하였다. 이 나무들은 군인들을 위로하는 위무(慰撫)기능을 수행함으로서 전략적으로도 중요한 역할을 하였다.

포도나무는 1년 내내 손을 봐주어야 하는 식물이어서 골(gaule)과 게르만지역의 많은 주민

1) 로마황제(81~96). 베스파시아누스황제의 아들
2) 그리스 · 로마신화, 바커스 '주신(酒神); cf. Dionysos'

이 로마인들의 포도재배에 고무되어 유목생활을 포기하고 정착하였다. 사람들은 포도밭 일에 종사하므로 로마제국에 반기를 들거나 무기를 손에 들 마음이 줄어들었고, 확실히 더 평화적으로 변모하였다.

3) 포도주와 양조기술

로마의 정치가인 카토(Marcus P. Cato Censorius B.C. 234~149)[1]는 B.C. 200년경 최초로 라틴어로 기록된 농업론(de agri cultural)에서 당시의 포도재배에 관한 내용들을 저술하였다.

로마의 황금시대에 포도경작은 괄목할 만한 수준에 이르렀는데, 플리니오(Plinio)와 코루멜라(Columela) 작가는 포도농사에 전념하면서 각종 나무열매가 잘 맺는 방법과 양조법을 심도있게 연구하였다. 오늘날 자주 쓰이는 원산지 명칭의 관념은 이때 더욱 확산되었으며, 로마인은 팔레르노(falerno)와 마르멘티노(marmentino) 같은 유명산지의 포도주를 선호하였고, 이때 이미 포도의 수확기가 좋은지 나쁜지에 대한 관념도 확고하게 성립되었다.

세기 초에 프랑스의 보르도, 론, 그리고 독일의 모젤계곡이 포도재배의 중심지로 변모하자, 도미니티아누스 황제는 92년에 칙령을 선포하여 이베리아반도와 골지역의 포도밭을 모조리 없애고, 이탈리아 포도를 살리려고 하였다.

로마인들은 포도재배 방법을 철저하게 연구하여 느릅나무 또는 포플러에 포도를 접목하는 기술도 개발하였다.

그림 1-11 돌리아

로마인들의 포도주 양조과정은 포도를 발로 으깨자마자 첫 번째 압착에서 나온 즙은 물숨(mulsum)이라는 식전주(식전에 마시는 술) 용도로 잘 보관하였다. 그 후 버드나무가지로 짠 바구니에 걸러진 나머지 즙은 돌리아(dolia)라는 항아리 속에서 발효시켰다. 그러나 이때까지도 포도주 통은 존재하지 않았다.

그리스인들처럼 로마인들도 포도주를 맑게 하기 위해 포도주에 재, 진흙, 석고

1) 고대 로마 공화정 중기 장군 · 정치가. 대(大)카토로 알려져 있다.

를 첨가하였는데, 바닷물 역시 간혹 첨가하여 먼지, 찌꺼기가 모일 수 있도록 물고기의 아교, 젤라틴, 피 또는 역청을 이용하는 기술도 있었다. 이러한 포도주는 역청을 바른 항아리 안에 2~3년 동안 저장 · 숙성되었다. 그리스 식으로 항아리 입구는 석고로 봉인했으며, 유리병의 사용은 B.C. 1세기부터 확산되었다.

지중해 인들의 발명품인 유리컵 역시 4000년 동안 사용되어 왔지만, 그 당시에 유리제품은 매우 고가품이었기 때문에 성찬식에만 주로 이용되었다. 유리병과 함께 코르크 마개도 등장하였는데, 편리한 스크루식 압착기도 발명되어 수확부터 포도주 양조까지의 과정이 한결 수월해 졌다.

로마의 포도주 항아리에 새겨진 피타키움(pittacium)은 내용물의 원산지와 제조연도를 표시하였는데, 당시 항아리는 지하에 저장되지 않았다. 수세기가 지난 후 수도승들이 환란이나 전쟁 시 지하에 무거운 술항아리를 숨겨 두었지만, 로마인들은 아포테카(apotheca)라는 집의 맨 위층 방에 보관하였다. 이곳은 주로 굴뚝 옆에 있었으며, 그리스도 이와 유사하였는데, 굴뚝의 따뜻한 온기와 접촉한 포도주는 연기 향을 띠게 되었다.

그림 1-12 아포테카

4) 포도주와 연회

대연회에서 포도주를 마시는 의식은 그리스와 마찬가지로 먼저 주피터 신에게 드리는 헌주로 시작되었다. 그리스시대의 심포지엄은 라틴어로 번역되어 코미사티오(comissatio)가 되었는데, 이때 그들이 얼마나 먹고 마시고 흥청 거렸는지 당시 기록에 잘 나타나 있다.

술 마시고 흥청대는 로마인들은 대연회가 진행되는 동안에 여러 차례 깃털로 목구멍을 간질하게하여 토해냈고, 결국은 노예 등에 업혀 귀가하였다. 세네카(Seneca)는 이러한 로마인들의 방만한 행동을 "Vomunt ut edant, edant ut voment." 즉 그들은 먹기 위해 토하고 토하기 위해 먹는다고 비난하였다.

음식과 포도주를 토한 후 식탁에서 하는 트림(belching)은 예절의 표시였으며, 클로디우스(Claudius) 황제는 식탁에서 방귀뀌는 것을 정당화하도록 제안하였는데, 이는 방귀를 참으려고 애쓰다가 건강에 위협을 받았던 사람에 관한 일화를 듣고 난 후 취해진 조처였다.

전설적인 부를 자랑하던 해방노예 트리말키오(Trimalchio)의 대연회에서 오케스트라는 적기에 알맞은 음악을 연주함으로서 모두가 참았던 방귀를 뀌도록 신호를 해 주었다.

어떤 주당들은 술에 취해 혼미해졌을 때, 공공연히 대동한 노예의 도움으로 사람들 앞에서 요강에 오줌을 누기도 하였는데, 이는 포도주가 배뇨를 촉진하는 특징이 있었기 때문이었다. 그래서 후일 프랑스에서는 "몽마르트(montmartre) 포도주 한 홉을 마시면 오줌을 네 번 눈다."라는 말도 생겨날 정도였다.

또한, 연회에서는 주빈(host)이 그날의 보조자를 선택하게 되는데, 그날 밤 보조자의 이름이 카이우스 율리우스 케사르(Caius Julius Caesar)로 17자이면, 손님들은 그의 건강을 위해 포도주 17잔을 마셔야 했고, 이때 사용하는 컵의 용량은 대략 0.45ℓ이었다.

1박 2일 동안 한시도 쉬지 않고 포도주를 마셨던 폼포니우스 플라쿠스(Pomponius Flaccus)와 리키우스 피소(Lucius Piso) 양인에게 보답하기 위해 티베리우스(Tiberius Claudius Nero Caesar B.C. 42~A.D. 37)[1] 황제는 폼포니우스 플라쿠스를 시리아 총독과 리키우스 피소를 로마시장에 각각 임명 할 정도였다.

터베리우스 황제는 그의 짧은 생애를 통해 어찌나 먹고 마시기를 즐겨 했던지, 그의 아내가 그를 독살하지 않았다면 알코올 중독으로 죽었을지도 모를 정도였다.

로마시대에는 포도주를 표현한 문구들이 많이 회자되었는데, 클레오파트라의 죽음을 알고 시인 호라스(Horace)는 "자 이제는 마실 시간이다(nuncest bibendum)" 라고 외쳤고, 음유시인 오비드(Ovid)는 "포도주의 주인 바쿠스 신이여! 당신은 예술의 적이다"라는 명언을 남겼다.

4. 와인의 암흑기

B.C. 3~5세기경에는 날로 번창하는 로마제국의 확대에 따라 유럽에서도 포도재배가 화려한 꽃을 피우면서 전 지역으로 확산되었다.

독일의 모젤 강, 프랑스의 센 강, 욘 강, 루아르 강 등의 많은 지역에서 포도재배가 확실하게 자리를 잡은 것도 로마제국이 유럽과 아프리카, 중근동지역을 통치하던 시기였다.

그러나 점차적으로 게르만족의 세력이 강성해지고 로마제국이 게르만족의 산발적인 공격을 받다가, 5세기에는 게르만족의 대대적인 침략으로 인해 로마제국이 멸망하므로 번창했던 와인문화의 미래도 암울한 그림자가 드리우기 시작하였다. 팍스 로마나(pax romana)[2] 말기에

1) 제2대 로마황제(14~37). 아버지 티베리우스 클라우디우스 네로와 어머니 리비아 사이의 맏아들로 태어났으나 이혼한 어머니가 옥타비아누스(나중의 아우구스투스황제)와 재혼하자 어머니를 따라갔다.

2) 지중해세계를 제패한 고대 로마 지배 하에서의 평화의 시대 및 그 상태. 흔히 원음대로 '팍스 로마나' 라고 한다. 시대적으로 넓게는 아우구스투스의 천하평정 이후인 A.D. 1~2세기, 좁게는 5현제(賢帝)의 시대를 가리킨다.

경제활동은 급속도로 약화되고 포도경작도 위축되기 시작하였다.

로마의 몰락, 게르만 민족의 대대적인 대이동, 흉노[1], 무슬림 세력과 바이킹[2]의 침공은 영국, 북프랑스, 스와비아(swabia), 동부 바바리아(bavaria)지역의 포도경작지를 황폐화시켰다.

자연히 포도주 기술도 퇴보하였고, 코르크 병마개도 사라졌으며, 항아리에 저장하던 와인이 나무통에 저장하게 되어 와인을 오랫동안 보존할 수 없게 되었다.

따라서, 포도주를 빨리 마셔야 했고, 미처 마시지 못한 포도주가 식초처럼 시큼하게 변하는 것을 방지하기 위하여 허브와 같은 향신료를 첨가하기도 하였다. 이러한 이유로 당시의 포도주는 젊으면 젊을수록 좋다고 이야기 하였다.

전쟁 기간 동안에 포도밭은 황폐화되었고, 게르만 민족은 긴 시간을 요하는 와인산업보다는 단시간 내에 생산하는 맥주산업을 더 권장하였다.

그러나 이보다 더 심각한 위기 상황은 7세기 이후의 금주를 강화하고 이를 교리로 내세운 이슬람 국가의 등장이라 하겠다.

코란에서 와인은 기분을 들뜨게 만들고 건강에 좋은 음료라고 이야기하고 있는 반면 다른 한편으로는 "신도들이여, 와인, 도박 그리고 우상 같은 것은 사탄이 만들어 낸 가증스러운 습관이니, 너희들은 이와 같은 습관을 멀리해야 번영을 누릴 수 있다."라고 부정적으로 이야기하고 있다. 그리고 "사탄은 와인과 도박을 통해 너희들의 마음속에 원한과 증오를 불어넣고 나아가 기도문을 잊게 만든다."라는 구절을 근거로 금주령이 내려져 10세기 초까지 와인의 암흑기를 맞이하게 되었다.

5. 와인의 부흥기

로마의 몰락이후 기독교 문화가 전파되는 곳에는 어김없이 포도가 재배 되었는데, 이는 로마시대부터 중세를 거쳐 20세기에 이르기까지 교회는 와인문화의 중심 역할을 담당하였기 때문이다.

10세기와 11세기에 이슬람 세력이 쇠퇴하여 이베리아 반도를 빠져 나간 것과 동시에 스페인에서는 폭발적으로 와인생산이 증가하였다.

1) B.C. 3세기 말에서 A.D. 1세기 말까지 중국의 북방에서 활동한 기마유목민족. 인종은 투르크계 · 몽골계 · 아리아계 등 여러 설이 있으나 투르크 계통이라는 설이 가장 유력하다.

2) 8세기 말부터 11세기 후반 사이에 해상에서 유럽 각지에 침입한 북게르만민족(노르만인)의 별칭. 바이킹은 영어식 발음이므로 관용적으로 쓰이지만 '비킹' 이라고 하는 것이 옳다.

프랑스는 지주들이 숲을 개간하고 늪을 메워 포도밭을 개간하였으며, 불모지까지 포도밭으로 활용하기 시작하였다. 그리고 독일도 같은 방법으로 포도밭을 개간하였으며, 영국에서도 같은 현상이 일어났는데, 1300년대 초반에 이르자 동유럽 헝가리까지 포도생산이 확대되었다.

1000~1300년까지 300년 동안 유럽 대륙의 인구는 4천만에서 8천만 명으로 두 배가 늘어났는데, 이런 현상도 포도 생산을 증대하기 위해 일꾼들을 타 지역에서 유입한 결과라고 할 수 있다. 또한 중세기를 거쳐 20세기에 이르기까지 와인을 예수님의 피로 상징하는 기독교 문화가 확장되면서 와인은 다시 부흥기를 맞이하게 되었다.

이처럼 와인 문화가 기독교 문화와 접목되면서 와인은 오늘날 전 세계에서 미사주로 사용하고 있으며, 기독교의 수도원(monastery)[1]은 중세 이후 19세기까지 와인산업의 중추적인 역할을 담당하였다.

1) 고대 프랑스의 포도주

B.C. 500년 전 페니키아인(phoenicia)[2]들은 오늘날 마르세유(marseille)[3] 지역에 식민지를 건설하고, 골(gaule)인의 땅에 최초로 포도나무를 들여왔다. 이로써 최초의 포도단지가 플라트(platte) 언적 위에 펼쳐졌는데, 이곳은 아직도 감미로운 로제와인의 산지로 유명하다.

그 후 로마세력이 확대되면서 프로방스지방에 포도나무가 많이 심어지고 번창하였지만, 정작 생산자들은 자신들의 노동에 대한 대가를 제대로 얻지 못하였다. 이는 골인이 생산한 와인의 대부분이 정복자 로마인들에게 소비되었기 때문이었으며, 그리스인은 골인에게 포도재배방법을 소개하고, 로마인은 그것을 확고히 정착시켰다.

이처럼 골인은 타고난 재능과 노력으로 오늘날 프랑스 와인을 탄생시키는데 기초를 마련하였다.

디종(dijon)의 고고학 박물관에 있는 2세기 말 갈로(골의 라틴명) 로마사회의 조각품에는 옛 프랑스의 일상생활상이 잘 묘사되어 있는데, 이 그림에는 장화를 신고 소매 없는 외투를 입은 한 고객이 포도주 파는 상인에게 손잡이 달린 주전자를 내밀고, 상인은 작은 항아리에 포도

1) 그리스도교의 수사 · 수녀가 일정한 계율 아래 금욕적인 공동생활을 하면서 수행을 쌓는 장소. 수도생활은 가톨릭교회나 동방정교회에서 행해지고 있는 것이며, 프로테스탄트 여러 교회에서는 거의 찾아볼 수 없다.

2) 지중해 동안(東岸)의 한 지방에 대한 고대지명. 또한 그 지방의 여러 도시를 거점으로 하여 해상교역에 종사한 민족을 가리키기도 한다.

3) 프랑스 남부 부슈뒤론주(州)의 주도(州都). 인구 79만 7,486(1999). 지중해 북서의 리옹만(灣)에 있는 프랑스 최대의 항구도시이며 파리 다음가는 대도시이다.

주를 채워 준다. 카운터에는 밑받침달린 컵들이 즐비하게 놓여 있으며, 이것은 고객들이 주점에서 술을 마실 수 있다는 것을 의미하였다.

18세기까지 유효했던 프랑스 법에 의하면 포도주는 주막에서 팔기만 했을 뿐, 마시지는 못하도록 금지되어 있었다.

포도주통(barrel)은 프랑스인이 특히 자랑스럽게 여기는 골인의 발명품인데, 프랑스어 토노(tonneau)는 영어의 톤(tun)과 같은 어원으로 켈트어에서 유래하였다. 통 만드는 직업은 원래 맥주와 더욱 깊은 연관이 있었는데, 밤나무와 참나무로 만드는 통은 포도주를 즐기는 남쪽보다 북쪽의 맥주 마시는 지역, 즉 골의 북쪽에서 더 많이 생산되었으며, 남부에서는 항아리가 상당기간 포도주 저장에 사용되었다가 통으로 바뀌었다.

골인들의 지하세계의 신이며, 인류의 아버지인 쉬셀뤼(Sucellu)는 발 옆에 항상 나무망치와 작은 술통을 휴대하고 있었는데, 그의 사명은 술을 통해 인간세상이 보다 더 윤택한 삶을 누리도록 해 주는 것이었다. 이를 위한 최고의 촉매역할을 하는 것은 맥주였고, 다음으로 포도주였다. 따라서 그는 디오니소스처럼 포도주의 신으로까지 간주되지는 않았지만, 중세 말까지 통 만드는 일은 한센병[1] 환자들에게나 허용된 극소수 직업 중의 하나였다.

그러나 점차로 통제조업은 중요한 산업으로 입지를 굳혔고, 중세 최대의 조합을 구성하였는데, 16세기에는 포도주통 제조조합에서 신진장인 우두머리(master 또는 프랑스어의 maître)가 걸작품을 만들면 길드에서 실력과 기술을 완전히 인정받았고, 이때 동료들에게 원하는 만큼의 음식과 포도주로 한 턱을 냈다고 한다.

갈로로마사회[2]에서는 포도주를 물에 타지 않았고, 통에서 숙성시켜 마실 때도 희석시키지 않았는데, 이러한 술을 메룸(merum)이라고 하였다. 종종 술에는 역청[3]과 향이 가미되거나 알로에 주스를 섞는 경우도 있었는데, 키케로(Marcus Tullius Cicero B.C. 106~43)[4]는 "골인들은 포도주에 물을 타서 마시면 그 자신들이 독살되는 것이 아닌가 두려워하는가 보다"라고 빈정대기도 하였다.

또한, 로마인들은 "골 지방의 물은 결코 나쁘지 않다. 다른 어떤 나라도 프랑스처럼 신선하고 맑으며, 치료능력을 지닌 천연의 온천수를 가진 곳은 없을 것이다. 그러나 물은 물이고 포

1) 나균(한센간균)에 의한 만성감염증. 한센병 또는 레프라라고도 한다. 주로 피부와 말초신경에 침입하며, 경과가 대단히 긴 질환이다. 1871년 노르웨이의 G.H.A. 한센이 나환자의 나결절 조직 내에 결핵균과 비슷한 세균이 집합하여 존재하는 것을 발견, 1874년에 Bacillius leprae라고 명명하여 발표했다.

2) B.C. 3세기 말부터 A.D. 5세기 후반까지의 로마에 의한 갈리아 지배시기

3) 석유의 감압증류 · 용제탈력(溶劑脫瀝) 등에 의해 얻어지는 중질(重質) 유분(留分). 검은색이며, 점조(粘稠)한 반고체 상으로 비튜멘 · 석유아스팔트라고도 한다.

4) 고대 로마 웅변가 · 정치가 · 사상가. 로마시 아르피눔 출생

도주는 포도주다"라며, 품질에서 로마 것이 월등히 우수하다는 것을 은근히 과시하였다.

고대 프랑스인들의 전통은 연회에 모인 손님들이 탐욕스럽고, 시끄럽고, 유쾌하게 떠들며 먹고 마시는 것이 보통이었는데, 연회에 활력을 불어넣기 위해 싸움도 즐겼으며, 은장식으로 된 뿔이나 해골, 주발 등을 건네며 술을 마셨다.

프랑스에는 유리보급이 상당히 늦은 편이었으나, 부유한 상류층은 로마귀족들의 사치를 모방하거나 아예 그들을 능가할 정도였다. 골의 유리 제조업자들이 만든 병은 인간 형태를 닮거나, 모래시계 비슷한 모양의 매력적인 것들이 많았다.

유명한 공예가 프롱티 뉘(Frontinus)는 작은 나무통 모양의 유리통을 만들었는데, 이것은 아직도 라인지역과 노르망디 무덤에서 출토되고 있으며, 이러한 매장습관은 저승세계에서도 포도주를 즐긴다는 의미로 해석할 수 있다.

두세 사람이 모여 축배를 들 때 컵을 부딪쳐 '쨍' 울리는 행위(clinking glasses)는 옛날 사발의 불투명성에서 유래하였는데, 원래는 서로 잔을 부딪쳐 소리 내는 것이 아니라, 신에게 드리는 헌납의 의미로 머그잔이나 주발을 높이 치켜드는 일종의 예의를 표하는 예식행위였다.

과거에는 잔, 주발, 뿔잔 등의 불투명성으로 인해 다른 사람의 잔 안에 들어있는 내용물을 볼 수가 없어 건배할 때 서로의 잔을 들어 올려 자신이 진짜로 마신다는 것을 상대방에게 보여주는 제스처였다. 그러나 이러한 행위는 후일 일종의 기분풀이 또는 일체감의 표현 등으로 성행하게 되었다.

2) 수도원과 포도주

중세의 포도주는 교회라는 막강한 보호자를 얻게 되었는데, 종전의 포도산업의 보호자였던 로마 장군들은 패전하여 없어지고, 대신 경영자로 변모한 주교들에 의해 포도농장이 경영되었다. 이로써 수도원은 새로운 포도주 생산중심지로 확고히 자리 잡았는데, 그 한 예로서 클뤼니 시토(cluny citeaux) 수도회는 부르고뉴 포도재배단지의 발전과 안정에 지대한 공헌을 한 곳이었다.

무엇보다도 교회의 제반의식에 필요한 포도주를 생산한다는 명분에서 교회는 포도재배를 전폭적으로 지원하였는데, 이 시기에 포도주 양조는 고전적 기술의 완만한 회복기라고 할 수 있다.

또한, 맥주애호가였던 켈트족의 로마화, 이베리아 반도, 프랑스와 독일 일부지역의 음주문화의 변화로 인해 포도주의 일반 선호도가 훨씬 높아졌으며, 프랑스의 대문호였던 빅토르 위고(Victor Hugo 1802~1885)는 "신께서는 물을 만드셨지만, 인간은 포도주를 만들었다"고 하며 포도주에 대하여 찬양하였다.

인내심 많고 꼼꼼하며 근면의 상징이었던 수도사들은 그들 자신이 계몽적인 포도주 양조자요, 포도재배의 대가임을 입증하였다.

미각도 매너도 없는 프랑크족(franks)[1]의 침공으로 인해 위태로운 시기가 있었으나, 수도사들의 꾸준한 노력으로 프랑스에서는 게르만족이 수도원을 공격하지 않고 십자가를 피해가기 시작하였으며, 특히 서고트족(visigoths)[2]은 성 베네딕투스의 위엄에 위축되었다.

그러나 로마제국의 몰락과 더불어 침체 일로에 있었던 이탈리아에서는 그러한 행운이 따라주지 않았다. 롬바르드(lombard)족[3]은 몬테카시노를 약탈하고, 포도농원은 가차 없이 유린되어 결국 다음 세기에 가서야 복구되었다.

약탈자로부터 식량을 숨길 필요성 때문에 지하의 방 안에 술통을 몰래 감추는 관습이 생겼고, 마침내 포도주는 이상적 공간인 지하저장실(cellar)을 찾게 되었다. 다락방에 포도주를 저장하는 것은 전혀 도움이 되지 않았기 때문에, 지하저장실의 발견은 포도주 산업에 있어 실로 혁명적인 사건이었다.

서유럽 문명의 수도원에서 행한 가장 위대한 업적은 포도주 양조와 증류인데, 지금도 라인강변의 베네딕트 수도원, 모젤 계곡, 프로방스와 랑그독 지방의 시토 수도회가 포도주 생산에 노력을 기울이고 있다.

칼뱅과 헨리 8세는 스위스와 영국에서 프로테스탄트 개혁이 이루어졌을 때 포도주 양조를 멈추도록 명했으나, 수도사들은 공산체제가 세력을 장악하는 곳에서도 계속 포도주를 생산하였다. 수도원은 공산집단에 소속되었고, 신의 포도주는 단지 인민의 포도주로 변했을 뿐이었다.

포도주의 라벨 중에서 클로(clos), 클로스터(kloster), 에르미타쥐(hermitage), 생 아베(st. abbaye), 프리외르(prieuré 수도원, prieure 수도사), 그리고 코망드리(commandrie) 등은 산지가 수도원이라는 뜻이다.

오늘날도 프랑스에는 109개, 독일 45개, 오스트리아 27개, 이탈리아 17개, 스위스 12개, 포르투갈 9개, 영국 4개, 그리고 미국 10개 이상의 수도원과 선교사들이 포도나무를 가져가 정

---

1) 게르만족 중에서 서게르만 계통에 속하는 여러 부족의 부족명. 프랑크족(라틴어로는 franci로 자유로운 사람 또는 용감한 사람)은 라인 강과 베저강의 중간지역에 거주하던 게르만족의 호칭으로서 3세기 중엽부터 사용되었다.
2) 민족이동시대에 활동한 동게르만계 고트족의 한 분파. 고트족은 원래 스칸디나비아반도에 거주하고 있었는데, 남하하여 2세기 중엽부터 3세기에 다뉴브 강 북안에 정주한 서고트족과 흑해 북안에 정주한 동고트족으로 나뉘었다.
3) 고대 게르만민족의 한 부족인 랑고바르드족이 이탈리아로 침입하여 세운 왕국. 롬바르디아왕국이라고도 한다.

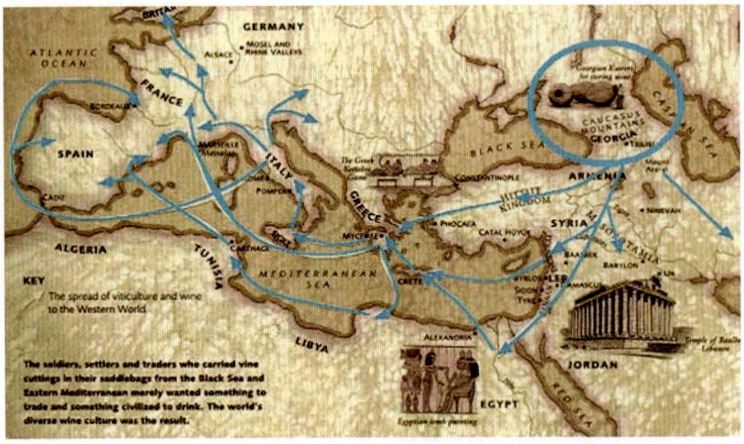

그림 1-13 와인의 전래

착 발전시켰으며, 또한 그들의 기술을 완벽하게 옮겨 놓은 칠레, 아르헨티나, 호주, 뉴질랜드 등은 여전히 훌륭한 포도주를 생산하고 있다.

특히, 생-드니(saint-denis)와 생-제르맹(saint-germain)의 대수도원들은 파리지엥(parisien 파리 시민)의 갈증을 풀어 주는데 만족하지 않고, 센 강변을 따라 해협을 통과해 영국에 루아르, 부르고뉴, 랑그독 지방의 포도주를 수출하고 있다.

백년전쟁 전에 영국부자들은 아키텐(aquitaine), 즉 보르도의 포도주를 선호하였는데, 영국인들은 전통적으로 보르도 포도주를 매우 좋아해서 이 술에 클라레(claret), 즉 맑은 포도주라는 이름도 붙여 주기도 하였다. 한편 남서부 지역에서도 수도원의 수도사들은 8세기에 무어인(moor)[1]들이 파괴한 포도농원을 다시 일구었고, 메독(medoc) 지방의 습지도 개간하여 훌륭한 술을 생산하였다.

1) 아프리카 북서부에 사는 이슬람교도로서 8세기에 이베리아 반도를 침략하여 그곳에 정착한 베르베르인과 아랍인의 혼합 민족. 그들이 당시 모리타니지방에서 왔으므로, 라틴어로 마우리(mauri), 에스파냐어로는 모로스(moros), 영어 · 네덜란드어로는 무어(moor)라 한다.

Wine & Grape

04 근대 와인문화

1. 근대의 와인문화

1) 16세기의 와인

16세기 이후부터 세계의 포도재배는 북반구[1]에서 남반구[2]로 그 범위가 점차 확대되는 시기였으며, 르네상스 시대로의 변화를 준비하고 기반을 다지는 시대적 환경으로 인해 포도주 산업에도 많은 영향력을 발휘하였다.

르네상스(renáissance)는 유럽인들의 생활과 사고방식이 중세에서 근대로 변화하는 모습을 한 마디로 묶어 표현한 용어로서 종래에 취급되어 왔던 개념으로부터 변화하는 것을 의미하였다.

아직 완벽하다고는 할 수 없으나, 정치, 종교 등으로부터 과거 고대, 중세시대보다 자유로워졌고 문학적 사고의 폭이 확대되고 일상생활에서의 문화생활이 보다 더 자유롭게 이루어졌던 것은 근대에 들어서 큰 변화였다.

이 시기에는 주요 포도산지가 산발적이고 제한적인 형태에서 규모와 형태의 윤곽이 드러나기 시작하였으며, 유럽문명의 팽창과 신세계의 발견으로 인해 포도주 생산의 새로운 시대를 맞이하게 되었다.

유럽인은 아메리카에 도착하였을 때, 몇 종류의 야생 포도나무를 발견하였지만, 지중해 연안의 품종과 다른 것으로 포도주 양조에는 별로 적합하지 않아 유럽품종을 아메리카로 가져와

1) 지구의 적도 이북의 부분
2) 지구의 적도 이남의 부분

서 콜럼버스(Christopher Columbus 1451~1506)[1]가 아메리카 대륙을 발견한지 26년 이후, 멕시코 아스텍 문명[2]을 정복한 스페인의 정복자 코르테스(Cortes)[3]의 지시로 멕시코에 아메리카 최초로 포도나무를 심었다.

예수회 선교사가 그 곳에 정착한 백인지주들에게 그 땅에 사는 원주민 100명을 위해 향후 5년 간 매년 1,000그루의 나무를 심도록 요청하여, 멕시코에서 캘리포니아 반도까지 해안을 따라 포도나무를 심었다. 이후 프란시스코(francisco) 수도회에서 그 재배지를 더욱 확대하여 결국 그들이 이룩한 성공이 오늘날 포도재배업자들에게 그대로 계승되고 전해져 기후와 지형 조건에 따라 40~50여종이 성장하고 있으며, 인근 중남미 지역에서도 신부들은 포도재배를 위해 중요한 역할을 수행하였다.

2) 17세기의 와인

17세기 영-불 전쟁으로 인해 영국이 프랑스산 와인 수입을 금지시키고, 프랑스산 와인 대신 포르투갈산 와인과 포트와인의 수입을 확대하면서 포르투갈 와인산업이 크게 발전하는 계기가 되었는데, 1703년 영국과 포르투갈 간의 체결된 메수엔 조약(methuen treaty)[4]으로 특혜관세가 적용된 포트와인은 영국의 주도하에 발전하게 되었다.

그림 1-14 포트와인 교역

프랑스에서는 중세에 이르러 교회가 많은 포도원을 소유하게 되고, 와인의 판매를 통하여 교회의 유지비를 충당하는 과정에서 많은 수도사들이 포도재배의 기술자나 사업가로 활약하여 와인의 품질이 급성장하게 된 영향으로 17세기 말, 루이 14세 때에는 부르고뉴 와인이 세계적으로 유명하게 되었다.

1) 이탈리아 항해자 · 신대륙 발견자. 제노바 출생. 초기 신대륙 발견에서 가장 중요한 역할을 했다. 4번에 걸친 그의 항해(1492~1493, 1493~1496, 1498~1500, 1502~1504)는 유럽인들이 신대륙을 탐험 · 개발 · 정착하는 계기를 마련했다.
2) 16세기 초 에스파냐인의 멕시코침입 전까지 멕시코 중앙고원을 중심으로 번영했던 원주민 문명. 남아메리카의 잉카문명과 함께 아메리카대륙의 선(先)에스파냐기 문화 가운데 가장 고도의 발전을 이룩하였다.
3) 스페인의 정복자. 아스텍 제국을 멸망시키고(1519~1521) 멕시코를 스페인 왕의 영토로 만들었다.
4) 13세기에는 영국인들이 보르도(bordeaux)의 레드와인(vin roǔge)을 "클라렛"이라고 부르며 즐겨 마셨으나, 영불전쟁이 영국의 패배로 끝난 이후에는 영국은 프랑스 와인 대신 스페인에서 와인을 수입하려하였으나, 스페인 왕가 또한 프랑스의 bourbon 왕가와 결연을 맺게 되어 공동으로 영국에 대항하였다. 이로 인해 영국은 포르투갈과 "메수엔조약(methuen-treaty)"을 맺어 포트 와인을 본격적으로 수입하였으나 와인의 품질이 프랑스산에 비해 떨어져 인기를 얻지 못하였다.

3) 18세기의 와인

18세기 영국에서 일어난 산업혁명은 기계의 등장으로 산업의 기술적 기초가 바뀌어 작은 수공업적 작업장들이 기계설비에 의한 자본주의적 성격의 큰 공장으로 전환되었던 일대 변혁이었다.

농업 문명사회로부터 공업 문명사회로의 이행을 뜻하여 보통 이를 '공업화' 라 불렸고, 생활의 모든 부문에 있어 놀라운 변화가 일어나게 되었다.

와인산업 또한 산업혁명 이후 유리병이 대량 생산되면서 코르크 병마개도 널리 사용되기 시작하여 본격적인 와인산업의 부흥이 시작되는 시기였다.

유리병의 대량생산과 코르크 병마개의 사용은 생산자의 대량생산을 위해 기반을 마련하는 것과 더불어 와인을 소비하는 소비자들에게 쉽고 편리하게 와인을 수용할 수 있는 기술적 변화를 가져오게 되었다.

와인을 유리병에 담기 전에는 와인이 산화작용으로 인해 변질될 것을 염려하여 생산 후 빠르게 소비해야 한다는 압박감이 있었으나, 유리병과 코르크 마개의 생산으로 이러한 걱정을 덜게 되었다.

이로써 와인생산의 가장 큰 제약이었던 산화작용으로 인한 변질의 상태를 억제할 수 있는 유리병의 개발은 와인산업에 있어 대량생산을 촉진하고, 장기간 보관 할 수 있는 와인을 개발하는데 큰 역할을 하게 되었으며, 지역과 국가 간의 와인유통이 보다 더 활발해 지고 국제적인 교류가 더한층 활성화되는 계기가 되었다고 할 수 있다.

또한, 18세기 유럽의 인구는 200년 전과 비교했을 때 상당히 많은 인구가 늘어났는데, 이로 인하여 와인의 생산과 소비가 급격히 늘어나는 현상을 보였다.

그리고 1756년 포르투갈에서 세계 최초로 원산지 규제에 관한 법률을 만들어 체계적인 와인생산의 기틀을 마련하였는데, 이러한 와인의 법적인 체계는 우수한 품질의 와인을 생산하기 위한 기초가 되는 제도 정비로서 장차 서유럽 국가의 와인규정에 관한 법제화에 영향을 미치게 되었다.

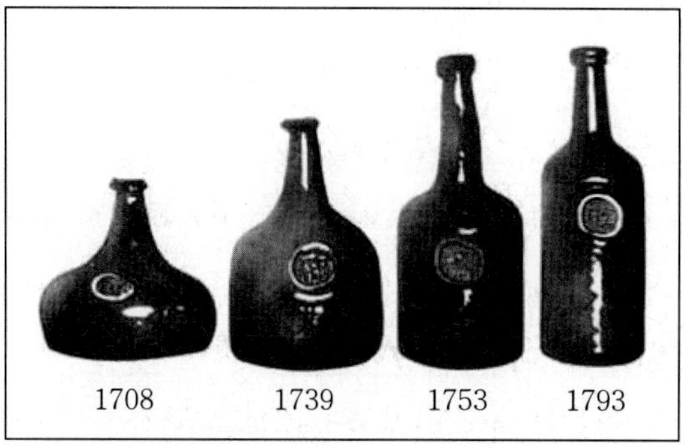

그림 1-15 유리병의 개발

4) 19세기의 와인

19세기 중반 프랑스의 과학자 파스퇴르(Louis Pasteur 1822~1895)[1]의 새로운 학설[2]에 의해 와인 생산에 획기적인 품질개선으로 소비를 촉진하게 되었다.

파스퇴르는 1854년 릴대학(lille university hospital)의 교수가 되어, 1857년 젖산균(lactic acid bacteria)[3]에 의한 젖산 발효와 1860년 효모에 의한 알코올 발효(alcoholic fermentation)[4]를 증명하여 발효의 의의를 확립하였다.

1861년 비등점[5]에서 공기를 단절한 플라스크(flask)[6] 안에서는 물질이 썩지 않음을 증명함으로써 생물의 자연발생설을 부정하였으며, 1862년 아세트산의 발효(acetic acid fermentation)[7]와 알코올(alcohol)[8]에서 아세트산(acetic acid)[9]으로 변하는 것을 연구하여 식초의 새로운 공업적 제법을 확립하였다.

1865년 포도주의 산패(酸敗 rancidity)[10] 원인균을 연구하여 약 60℃의 저온살균법[11]을 고안함으로써 프랑스의 포도주제조에 크게 공헌하였다.

---

1) 프랑스 화학자 · 미생물학자. 쥐라주 돌 출생
2) 파스퇴르의 연구의 중심은 "산소의 역할"이었다. 그의 연구에 따르면 "발효는 산소가 없는 환경에서 가장 잘 이루어 졌고, 와인이 산소와 접촉하면 박테리아(아세트산 균)가 증식하면서 와인 내의 여러 가지 산이 아세트산, 즉 초산으로 변한다"라는 주장이었다.
3) 당류(糖類)를 분해하여 젖산을 만드는 작용(젖산 발효)을 하는 세균의 총칭. 젖산 발효를 일으키는 중요한 세균은 공 모양인 스트렙토코쿠스속(屬)과 막대모양인 락토바실루스속이다.
4) 미생물에 의한 포도당의 무산소적 분해현상(발효)의 일종. 주정 발효(酒精醱酵)라고도 하는데, 젖산 발효와 더불어 대표적인 발효의 하나이다. 당(糖) 또는 다당으로부터 최종적으로 에틸알코올(에탄올)과 이산화탄소가 생성되는 반응이다.
5) 액체 표면으로부터 증발이 일어날 뿐만 아니라, 액체 내부로부터 기화가 일어나 기포가 올라가기 시작하는 온도를 말한다. 끓는점은 액체의 증기압이 외부의 압력과 같아지는 온도이므로 외부의 압력에 따라 변화하게 되며, 일반적으로 외부의 압력이 커질수록 끓는점은 높아지지만 보통 1 기압 하에서 끓는 온도를 그 액체의 끓는점이라고 한다.
6) 부피측정 · 반응 · 증류 등에 사용되는 이화학 실험용 기구
7) 산화발효의 일종으로, 알코올을 호기적(好氣的)으로 산화시켜 아세트알데히드를 거친 뒤 아세트산으로 되는 과정. 초산발효라고도 한다.
8) 탄화수소의 수소원자를 히드록시기-OU로 치환한 화합물의 총칭. 일반식 R-OH로 표시한다. 좁은 뜻으로는 주류(酒類)의 성분인 에탄올(에틸알코올)을 가리키기도 하지만, 일반적으로는 알코올류의 총칭으로서 사용된다.
9) 화학식 CH_3COOH. 식초의 주성분으로서 대표적인 지방산의 하나. 분자량 60.1. 초산(醋酸)또는 에탄산이라고도 한다. 명칭은 라틴어의 〈시큼하다〉를 의미하는 acer에서 파생된 acetum(식초), acidus(시다)에 유래한다.
10) 유지(油脂)가 공기 · 열 · 빛 등에 노출된 채 저장되는 동안에 변질되어 좋지 않은 냄새가 나고 맛이 변하는 현상. 이것은 주로 유지의 자동산화(대기 중의 산소분자에 의한 완만한 산화)때문이며, 미생물의 작용에 의한 것도 있다.
11) 식품을 60~65℃의 저온상태에서 살균하는 것. L. 파스퇴르가 포도주의 변질 · 부패를 방지하기 위하여 고안한 방법으로, 파스퇴리제이션(pasteurization)이라고도 한다.

19세기후반 전 세계적으로 와인산업의 최대의 위기가 있었는데, 그것은 미국에서 전 세계로 전염된 포도뿌리혹벌레 또는 포도나무뿌리 진딧물의 필록세라(phylloxera)였다.

필록세라의 원래 명칭은 라틴어로 phylloxera vastatrix, 즉 파괴자란 뜻이며, 필록세라는 포도나무 뿌리의 즙을 흡착하여 고사하게 만들어 포도재배에 치명적인 타격을 주는 해충으로서, 유럽을 포함하여 전 세계적으로 퍼져 와인산업의 기반을 흔들어 놓은 주목받는 해충이었다.

필록세라는 미국 동부지역 포도에 기생하는 해충으로 원산지는 로키(rocky)산맥[1] 동쪽으로 미시시피(mississippi)계곡에서 자생하는 야생 포도나무 즉, 사막포도, 돌밭포도(vitisrupes tris), 강변포도(vitis riparia) 등에서 발견되었으나, 미국 동부의 포도나무는 필록세라에 저항력이 있어 그 피해가 미미하기 때문에, 1860년대 프랑스에서 이 존재가 밝혀질 때까지 아무도 의식하지 못하였다.

1840년대 유럽 포도밭에 흰가루병(oidium, powdery mildew)[2]이 유행하여 프랑스 포도의 80%가 오염되었는데, 이때 유럽에서 흰가루병 방제를 위해서 실험용으로 미국종 비티스 라부르스카 종(vitis labrusca) 대목을 수입하였을때 필록세라가 함께 묻어온 것으로 보고 있다.

필록세라는 1863년 랑그독 지방에서 먼저 발견되었지만, 별로 주목을 받지 못하다가 1868년 필록세라가 프랑스 보르도 지방에서 발견되면서 문제가 되기 시작하였고, 이때부터 프랑스 전역으로 퍼지기 시작하여 순식간에 저항력이 없는 유럽포도품종인 비티스 비니페라(vitis vinifera)를 공격하여 프랑스의 포도밭은 완전히 재앙으로 뒤덮이게 되었는데, 이를 두고 학자들은 1870년에 일어난 보불전쟁(franco-prussian war)[3]의 피해보다 더 컸다고 이야기할 정도였다.

필록세라 재앙은 프랑스는 물론, 이후 20년 동안 유럽 전역의 포도밭을 황폐화시켰고, 이어서 바다 건너 남아프리카, 오스트레일리아, 뉴질랜드까지 전염되었는데, 이때부터 국가 간 동식물이 이동할 때는 반드시 오염상태를 조사하는 검역이 필요하게 되었으며, 생물학적 관리의 중요성을 깨닫게 되었다. 그 동안 농약살포, 침지, 유럽종과 미국종의 교잡종 묘목, 심지어는 전기 쇼크까지 수많은 시도가 있었으나 효과를 보지 못하여, 1873년까지 프랑스 정부는 이 문제를 해결하기 위해 현상금 30,000프랑을 걸었지만 아무도 해결하지 못하였다.

캘리포니아에서는 뒤늦게 1873년에 소노마에서 필록세라의 존재를 발견하고 그 전까지 유

1) 북아메리카 대륙 서부에 있는 큰 산맥. 멕시코 중부에서 시작하여 미국, 캐나다를 가로질러 멀리 알래스카까지 이른다. 최고봉은 높이 4,395미터의 엘버트(elbert) 산, 길이는 4,500km

2) 식물의 잎이나 어린 줄기에 흰 가루를 뿌린 듯 한 반점이 생겨 퍼지는 병. 백분병(白粉病)이라고도 한다.

3) 프로이센의 지도하에 통일 독일을 이룩하려는 비스마르크의 정책과 그것을 저지하려는 나폴레옹 3세의 정책이 충돌해 일어난 전쟁

럽의 포도밭이 황폐된 특수를 보고 있었으나, 정작 필록세라의 발견된 후 미국 동부에서 왔는지 아니면 프랑스에서 왔는지 전염경로를 두고 원인규명에 나서기도 하였지만, 양쪽 모두 해당된다는 설이 지배적이었다.

문제의 해결은 1880년 프랑스, 미국 양국 과학자들의 협동으로 이루어졌는데, 당시 프랑스의 유명한 원예학자인 피에르 비아라(Pierre Viala)와 미국종 포도 전문가로 알려진 텍사스의 문손(T.V. Munson) 두 사람의 협동과 노력으로, 필록세라에 저항력이 강한 미국종 대목(臺木)[1]에 유럽종 포도를 접목하는 방식으로 해결하기 시작하였다.

그보다 먼저 1871년 보르도의 레오 라리만(Leo Laliman) 역시 최초로 미국종 대목에 접목을 제안했던 것으로도 알려져 있으며, 뒤늦게 캘리포니아에 침투한 필록세라를 해결하기 위하여 이미 유럽에서 개발한 대목을 수입하는 등 양국 모두 필록세라 문제 해결에 협조적이었다.

그러나 지방에 따라 접목에 따른 와인의 품질에 대한 확신이 없어 일부 유명 샤또(château)들은 1차 세계대전까지 접목을 하지 않았고, 심한 경우 로마네 꽁띠 도멘(domaine de la romanee-conti)은 2차 세계대전 후에야 비로소 접목을 하였다.

아직까지 필록세라 문제는 완벽한 해결책이 나온 것은 아니며, 저항력이 있는 대목이란 것이 필록세라의 공격에 면역성을 완벽하게 대비한 것이 아니고 단지 해충에 견디는 힘이 강하다는 것뿐이며, 최근에는 필록세라의 돌연변이 등으로 또 다른 타입(biotype B)이 나타나 기존 저항력을 갖춘 대목에 침입하는 일이 발생하고 있어서 끊임없는 연구가 요구되고 있는 실정이다.

2. 현대의 와인문화

와인은 포도열매와 자연조건이 어우러져 이루어 낸 자연발생적 산물이지만 인류문화와 함께 오랜 세월 동안 꾸준히 발전을 거듭해 오고 있다.

오늘날에는 서양인들의 전유물로 여겨졌던 와인이 전 세계로 퍼지게 되면서 이제는 와인문화를 서로 공유하게 되는 글로벌 시대를 맞이하고 있다.

최근 세계의 스포츠 의학, 와인 연구소에서 와인과 건강에 관한 연구가 활발히 진행되자 세계인들이 와인에 대하여 비상한 관심이 집중되고 있으며, 와인의 소비 또한 폭발적으로 증가하고 있는 추세이다.

1) 접붙일 때 바탕이 되는 뿌리 달린 나무. 접본(接本)

1) 20세기의 와인

1914년에 발생한 1차 세계대전[1]과 1939년에 또다시 시작된 2차 세계대전[2]을 치르면서 세계 각국의 와인산업은 시련을 겪어야 했다.

1960년대를 기점으로 전후 세계의 경제가 다시 회복되면서 프랑스, 이탈리아, 스페인 등의 구세계 와인국가들을 비롯하여 기타 포도재배 국가들의 와인산업은 완전히 복구되었다.

세계의 경제는 대량생산과 소득 재분배로 중산층이 형성되어 와인 소비는 더욱 증가하게 되었으며, 특히 미국의 와인산업은 캘리포니아 대학(U.C. Davis)의 연구팀이 제공하는 최첨단의 과학적인 포도재배 방법과 양조 방법에 의해 과거 구세계에서 그 예를 찾아 볼 수 없는 우수한 품질의 와인을 생산하는 기초가 되었다.

1991년 미국 CBS의 60분 인기 토크쇼에서 프렌치 페러독스(french paradox)[3]를 방영한 이후 미국을 비롯해 전 세계는 와인이 단순한 음료, 알코올이라는 개념을 뛰어 넘어 건강에 유익한 음료라는 인식이 급속하게 자리 잡게 되었다.

1994년 8월 22일 미국 캘리포니아 대학 포도주학 연구원인 앤드류 워터하우스(Andrew Waterhouse)는 레드와인 속에 함유되어있는 항산화 화합물(polyphenol or penolics)이 혈액 속에 흡수되어 동맥경화[4]를 지연시킨다고 발표하였다.

연구에 의하면, 사포닌(saponin)[5]이라 불리는 포도당을 기본으로 하는 화합물이 포도 속껍질에서 발견되었는데, 이것은 포도주스에는 존재하지 않는 것이며, 인체에 순환하는 LDL 콜레스테롤(동맥경화증을 유발하는)을 낮출 것이라고 하였다.

---

1) 유럽국가 대부분과 러시아, 미국, 중동 및 그 밖의 지역에 있는 나라들이 대거 참여한 국제적인 전쟁(1914~1918). 동맹국(주도국은 독일 · 오스트리아 · 헝가리 · 터키)과 연합국(주도국은 프랑스 · 영국 · 러시아 · 이탈리아 · 일본이며 1917년부터 미국도 가담)이 맞서 싸운 이 전쟁은 동맹국의 패배로 끝났고, 4개의 거대한 제국(독일 · 러시아 · 오스트리아 · 헝가리 · 터키)의 몰락을 가져왔다. 그 결과 러시아에서는 볼셰비키 혁명이 일어났고, 유럽의 불안정은 제2차 세계대전의 불씨가 되었다.

2) 세계 경제공황 후 모든 강대국들이 참여한 전쟁(1939~1945). 주요참전국은 독일 · 이탈리아 · 일본(추축국 樞軸國)과 프랑스 · 영국 · 미국 · 소련 · 중국(연합국)이었다. 제1차 세계대전이 해결하지 못한 채 남겨둔 분쟁이 20년 동안의 불안한 잠복기를 거쳐 다시 폭발한 제2차 세계대전은 여러 면에서 제1차 세계대전의 연장이었다.

3) "프렌치 페러독스(french paradox)"란 프랑스인들은 많은 흡연, 버터, 치즈, 육류 등 동물성 지방질 섭취가 많은데도 불구하고 심장질환에 의한 사망률이 낮은 생활현상을 가리켜 프렌치 페러독스라고 한다. 프랑스의 1인당 평균 와인 소비량은 연간 63ℓ이다. 근대 의학의 아버지라 불리는 히포크라테스(2500년 전)는 '알맞은 시간에 적당량의 와인을 마시면 인류의 질병을 예방하고 건강을 유지 할 수 있다' 고 하였다.

4) 동맥벽에 비후(肥厚)나 조직의 변성(變性)이 일어나서 경화(硬化)하는 질환

5) 식물에 널리 존재하는 배당체(配糖體 ; 당류와 탄수화물의 복합체)이며, 탄수화물의 부분이 질소를 함유하지 않은 여러 고리화합물로 되어 있는 것의 총칭. 수용액은 거품이 일기 쉽고, 콜로이드용액을 만들며, 특히 동물에 대해서 여러 가지 강한 생리활성을 나타낸다.

구체적인 연구방법에 의하면, 사포닌이 와인에 존재하는지를 증명하기 위해 연구자들은 6개의 냉동건조 와인 샘플을 조사하였는데, 둘은 화이트와인이었고 넷은 캘리포니아산 레드와인이었다.

사포닌은 진판델(zinfandel, 87mg[1]/ml[2])과 삐노 누아(pinot noir, 43mg/ml)에서 가장 높게 나타났고, 다음으로 시라(syrah, 24mg/ml), 까베르네 쏘비뇽(cabernet sauvignon, 22mg/ml) 순이었으며, 반면 화이트와인에서 가장 적게 나타났는데 샤르도네(chardonnay)는 12mg/ml 이었고, 쏘비뇽 블랑(sauvignon blanc)은 8mg/ml 이었다.

이처럼 레드와인과 화이트와인에서의 차이는 레드와인이 발효 때 포도껍질과 접촉하는 것이 가장 큰 이유라고 하였다.

평균적으로 레드와인 한 잔은 사포닌 2.2mg~8.7mg을 포함하지만 화이트와인 한잔은 단지 1.2mg을 포함하고 있으며, 1990년 유럽 임상영양학회지(european journal of clinical nutrition)에 실린 영국의 연구에 따르면, 사람들은 하루 평균 사포닌 14.6mg을 섭취한다고 하였다.

1990년대 중반부터 고도주(spirits)를 중심으로 급격한 소비증가를 이끌던 일본, 한국, 중국, 대만, 홍콩, 싱가포르 등 아시아 국가들의 음주 문화는 저알코올의 와인 문화로 서서히 변화하고 있는 상황이다.

또한, 1998년의 WTO(世界貿易機構 World Trade Organization)[3] 발족에 의해 각국의 관세장벽이 무너지면서 과거 고율의 주세를 부과했던 각국의 주세도 서서히 내려가고 있는 실정이며, 세기말 전 세계적으로 유행하고 있는 웰빙(well-being)[4] 문화 속에서 건강음료인 와인의 소비는 계속 늘어가고 있는 실정이다.

2) 21세기의 와인

세계의 와인산업과 문화는 7000년 동안 자국의 경제력에 의해 세계의 중심국가가 되기도 하고 또는 변방국가로 전락되기도 하였다. 그러나 분명한 사실은 와인산업과 문화가 인류와 함께 발전되고 새로운 형태로 현대인에게 다가오고 있다는 점이다.

---

1) 밀리-그램(milligram), 질량의 단위. 1그램의 1000분의 1.(기호는 mg)
2) 밀리-리터(milliliter), 1리터의 1000분의 1.(기호는 ml)
3) 1994년 4월 모로코의 마라케시에서 열린 〈관세 및 무역에 관한 일반협정(GATT)〉 우루과이라운드(다자간 무역협상) 각료회의에서 설립된 세계무역추진 및 무역 분쟁처리를 위한 기구. 약칭 WTO
4) 육체와 정신의 조화를 통해 행복하고 안락한 삶을 지향하는 삶의 유형 또는 문화 현상

(1) 최근의 와인산업

21세기 와인을 모르면 과연 정상적인 사회생활을 할 수 있을까 할 정도로 와인문화가 대중화되고 보편화되고 있는 실정이며, 폭발적인 와인 소비의 대중화로 인하여 와인을 생산해 내지 못하는 국가에서도 자국만의 와인을 생산하기 위하여 포도재배와 와인양조에 대한 연구가 꾸준히 이루어지고 있으며, 학문적으로 보편화된 연구과제로 자리매김하고 있다.

특히, 현대인들의 건강에 대한 관심과 열정은 와인에 대하여 더욱더 시선이 집중되고, 학문적 · 산업적 연구를 시작하는 계기를 마련하였으며, 생활의 주변에서는 와인을 중심으로 한 동호회 모임과 행사가 다양하게 이루어져 와인문화 확산에 크게 이바지하고 있는 추세에 있다.

오늘날 와인은 애호가들뿐만 아니라 일반 대중적 차원에서도 삶의 질을 풍요롭게 해주는 '웰빙음료' 또는 '라이프스타일 생산품(lifestyle product)' 으로 인식되고 있다. 서구 문명사에서 와인은 오랜 역사를 지니고 있지만 전 세계의 대중적 차원에서 와인문화가 확산된 것은 비교적 20세기 후반 최근의 일이다.

와인산업의 발전사라는 측면에서 볼 때 지난 세기의 마지막 20년에서 30년은 역사상 일찍이 경험하지 못한 눈부신 변화와 발전의 시기였다. 영국의 와인 전문가인 잰시스 로빈슨(Jancis Robinson)도 2002년 7월 비엔나에서 열린 국제 심포지엄에서 지난 30년간 와인산업의 발전사를 한마디로 표현한다면 그것은 변화의 폭과 속도가 보여준 '가속화(acceleration)' 라고 규정한 바 있다.

로버트 파커(Robert M. Parker)는 미국의 월간지 Food & Wine 2003년 9월호에 기고한 "와인과 함께 한 25년"에서 지난 25년은 세계 와인 역사상 가장 급진적인 변화를 경험했다고 회고하면서 와인산업의 급진적 변화를 크게 네 가지로 구분하여 설명하였다.

① 우수한 일류 와인 산지들(Classic Wine Regions)의 탄생

1978년의 경우만 보더라도 프랑스의 보르도(bordeaux), 부르고뉴(bourgogne), 상파뉴(chmpagne), 그리고 이탈리아 피에몬테(piemonte), 바롤로(barolo)와 바르바레스코(bar baresco), 토스카나(toscana) 정도가 구세계(old world) 양대 와인강국의 '클래식' 와인산지였다. 그러나 그 이후 프랑스의 론 밸리가 재발견되고 이탈리아에서는 토스카나의 '슈퍼 토스칸(super tuscan)' 와인들을 비롯하여 중부와 남부의 와인 산지들이 새롭게 부상하였다. 로버트 파커는 특히 1980년대에 시작되어 1990년대를 거쳐 오늘에 이르는 기간을 통해 새롭게 재평가된 대표적 와인산지를 하나로 묶어 '선 벨트(sun belt)' 라고 불렀는데 가장 눈부신 변화를 보인 캘리포니아는 1980대 들어 '론 레인저(rhone ranger)' 라는 말이 생겨났는데, 이는 캘리포니아의 중부 및 남부 해안가를 따라 재배된 프랑스 론 밸리의 포도품종으로 일조량이 많고 따뜻한 마이크로 클라이미트(warm microclimates)가 특징인 지역을 뜻한다. 이러한 '선 벨트'는 스페인, 프랑스 남부, 이탈리아 중부 그리고 캘리포니아의 중부 및 남부를 잇는 와인산지의 띠를 지칭하고 있다. 가격대비 품질이 뛰어난 와인들이 이 지역에서 많이 생산되고 있기 때문에 로버트 파커는 '선 벨트'를 밸류 와인의 주산지(value zones)라고도 부른다. 이 와인들은 풍부한 과일과 스파이시한 풍미로 와인 애호가들의 입맛을 사로잡고 있으며, 또한 나파 밸리와 소노마 카운티에서는 새로운 고유 브랜드의 보르도 스타일 블랜드 와인들(proprietary bordeaux style blends)이 생산되었다. 조셉 펠프스(Joseph Pheips)의 인시그니아(insignia)를 필두로 오퍼스 원(opus one), 도미누스(dominus), 트릴로지(triology), 베리테(verite), 인피니티(infinity), 아리에타(arietta), 저니(journey), 루버콘(rubicon) 등의 명품 와인들이 대거 등장하였다. 이러한 흐름은 캘리포니아의 컬트 와인(cult wines)들과 함께 캘리포니아 와인생산의 수준을 한 단계 끌어 올렸다.

신세계 국가들 가운데 최대 와인 수출국으로 부상한 호주 와인산업의 발전도 괄목할 만하다. 1970년대 말 호주는 세계무대에서 그다지 비중 있는 와인 강국이 아니었다. 당시 미국 시장에서는 호주가 자랑하는 펜폴즈 그레인지(penfolds grange) 조차도 일반 와인 애호가들에게 잘 알려지지 않았을 정도였다. 그러나 오늘날 호주는 적어도 40여개 안팎의 월드 클래스 와인들을 보유한 와인 강국으로 로버트 파커는 특히 바로사 밸리(barossa valley)와 맥래런 베일(mclaren vale)과 같은 지역에서 생산되는 강건하고 과일 맛이 농축된 최상급 시라즈(shiraz) 와인들을 높이 평가하였는데, 이는 가격대 전반에 걸쳐 고른 경쟁력을 갖추었기 때문이다.

이 밖에도 지난 사반세기 동안 독일, 프랑스의 알자스, 오스트리아의 드라이 리슬링(dry riesling) 와인의 품질 향상에 따른 수요가 늘어났으며, 남미의 칠레와 아르헨티나가 글로벌 와인 시장에 신흥 와인 강소국으로 등장하였다. 그러나 로버트 파커는 1990년대 중반 이후 빠른 속도로 발전하고 있는 뉴질랜드와 남아프리카공화국 와인산업의 변화에 대해서는 별로 언급을 하지 않았다.

② 포도원과 와이너리의 혁명

포도재배 기술의 발전은 포도원 관리에 혁명적 변화를 가져다 주었다. 겨울과 봄철에 과감한 가지치기(pruning), 적은 소출을 겨냥한 포도송이 잘라내기(crop thinning), 포도 알이 햇빛에 잘 노출될 수 있도록 포도 알을 잘라 내거나 통풍을 고려한 캐너피 매니지먼트(canopy management)등이 도입되어 건강하고 잘 익은 포도를 생산하는데 크게 이바지 하였다. 최상의 와인은 포도밭에서 시작된다는 믿음이 굳게 자리 잡기 시작하였으며, 유기농 재배 및 바이

오다이내믹(biodynamic) 방식의 친환경적 지속가능한 영농법을 채택하는 포도원도 점점 더 늘어나기 시작하였다.

이 시기에 와이너리에 도입된 양조기술의 발전도 주목 할 필요가 있는데, 일부 선진적 와인 메이커들은 1970년대 후반에서 1980년대에 걸쳐 유행했던 온도조절 스테인리스 스틸 발효탱크 대신에 개방형(open top) 온도조절 목조 발효 조를 사용하기 시작하였다. 또한 파쇄와 발효에 들어가기에 앞서 잘 익은 건강한 포도만을 엄격히 선별하기 위해 분리대를 도입하였다. 양조의 전 과정에 걸쳐 보다 자연스러운 와인을 만들기 위해 인위적 조작을 억제하는 이른바 '비개입적 와인 메이킹(non interventionist winemaking)' 이 사려 깊은 양조방식으로 각광받기 시작하였고, 이전과는 달리 청정(non fining)과 여과를 하지않은(non filtered) 와인들이 생산되기 시작한 것이다.

③ 미디어 혁명

미국에서 와인 소비자들과 업계를 대상으로 한 와인 전문잡지들이 1970년대 후반부터 창간되기 시작하였다. Wine Spectator가 1976년 창간호를 선보였고, 1978년에는 The Wine Advocate가 창간되었다. 1980년대에 들어서는 스티븐 텐저(Stephen Tanzer)의 Interna tional Wine Cellar가 1985년에 나왔으며, 1988년에 Wine Enthusiast가 창간되었다. 이러한 잡지들은 와인문화 보급의 새로운 기수로 떠올랐으며, IT혁명이 인터넷 세상을 열어 놓으면서 와인과 관련된 모든 것을 공유하고 전파시키는데 와인 저널리즘이 주도적 역할을 담당하게 되었다.

④ 와인판매점과 레스토랑의 양적 · 질적인 변화

영국에서는 런던을 비롯하여 주요 도시에 수백 년의 역사를 자랑하는 유서 깊은 와인 전문점들이 존재하지만, 미국에서는 1980년대 이후에 이르러서야 비로소 전문성을 갖춘 와인 수입상과 판매점이 개점하기 시작하였다. 레스토랑의 와인 리스트도 전문적 식견을 지닌 소믈리에들이 근무하게 되면서 1980년대 이전과는 비교가 되지 않을 정도로 다양한 와인들을 고객들에게 제공하기 시작하였으며, 와인과 음식을 매칭(matching)하는 식도락이 하나의 추세로 자리 잡게 되었다.

로버트 파커는 지난 25년에 걸쳐 글로벌 와인혁명이 가능할 수 있었던 것은 무엇보다도 창의적 정열과 비전을 지닌 수많은 와이너리 소유주와 와인 메이커들 그리고 전문성을 갖춘 와인 수입상 덕택이라고 강조하였다. 1978년 이후 매년 평균 1만병의 와인을 시음 해 온 로버트 파커는 25년 동안 25만병을 시음했다면서 결론적으로 2003년 시점에서 볼 때 와인의 품질은

25년 전보다 월등하게 향상되었다고 하였다. 그리고 이러한 추세가 지속될 것이기 때문에 와인의 장래를 매우 낙관적으로 본다고 전망하였다.

(2) 세계의 와인산업

세계의 와인산업은 하루가 다르게 급변하고 있으며, 소비와 생산에서 과거와 다른 양상을 보이고 있다. 특히 구세계 와인과 신세계 와인은 상호 경쟁과 협력을 통하여 발전하고 있는 추세에 있으며, 신흥개발 지역과 아시아지역의 와인소비는 매년 폭발적인 증가추세를 보이고 있다.

반면, 전통적인 와인소비국가인 유럽지역에서의 와인소비가 점차 하락하고 있는 현상은 와인생산량이 줄어들고 있지 않은 상태에서 소비가 급감하는 현상으로 전 세계적인 와인소비 형태의 변화를 예고하고 있으며, 생산과 소비의 변화를 일으키는 현상으로 작용하고 있다.

구세계지역에서 감소된 와인의 소비를 만회하기 위하여 아시아지역으로의 판로를 개척하기 위한 마케팅전쟁이 구세계와인국가와 신세계와인국가 간에 치열한 경쟁이 일어나고 있는 가운데, 아시아 지역의 와인 시장은 매년 괄목할만한 성장을 이룰 것으로 예상하고 있다.

또한, 과거에 경험하지 못한 우수한 와인이 다양하게 수입되어 와인 본래의 맛을 체험 할 수 있는 기회가 많아질 것으로 예상된다.

다음은 최근 와인산업의 현상을 통하여 장차 와인산업의 전망을 하면 다음과 같다.

① 와인 생산국간의 품질경쟁의 가속화

최근에는 전통적인 와인 생산국인 프랑스, 이탈리아, 스페인, 독일 등의 국가에서 양적인 증가보다는 품질개선에 더 많은 노력을 할 것으로 예상되며, 그동안 구소련의 통제하에 있었던 동유럽국들과 신흥국가들도 생산량 증대와 함께 품질향상에 큰 노력을 경주하고 있다.

② 구세계 와인과 신세계 와인의 품질 평준화

구세계 와인과 신세계 와인의 품질 평준화와 함께 모든 와인 가격이 경쟁적으로 인하되는 현상이 초래될 것이며, 이러한 현상은 더욱더 심화될 것으로 예상하고 있다.

③ 신흥 개발 국가에서의 소비증대

구미 선진국의 와인소비는 완만한 하락세를 보이는 반면, 신흥 개발 국가들의 와인소비는 경제적인 발전과 함께 지속적으로 증가할 것으로 예상된다.

④ 포도재배지의 증가

구세계의 포도재배지역은 그 증가 현상이 둔화 또는 감소할 것으로 예상되나, 신세계재배지역과 아시아재배지역은 증가되는 추세에 있는데, 그 예로 미국의 와인 생산은 지난 10년간 과감한 포도재배지역 확충으로 매우 빠르게 증가하고 있다.

⑤ 구세계 와인의 재고누적 현상초래

신세계 와인의 생산이 증대되어 저렴하면서도 품질 좋은 와인이 소비자들에게 좋은 반응을 보이면서 상대적으로 구세계 와인의 판매가 위축되고 구세계 와인의 재고가 증가되는 현상으로 나타날 것이다.

⑥ 구세계 와인과 신세계 와인과의 기술제휴

구세계 와인 지역에서 신세계 와인 지역으로 와인 생산을 위한 기술 및 자본이 이동하는 것은 구세계 와인의 수출 부진의 대안으로 신세계 와인 지역에서 저렴하고 우수한 품질의 와인을 생산하여 수출하는 협력적 관계가 이루어질 것이다.

3. 한국의 와인문화

한국의 와인산업은 유럽 국가들에 비해서 그 역사가 매우 짧으며, 이는 와인을 생산하기 위한 포도나무의 자연적인 조건이 적당하지 못하고, 와인생산에 적합한 포도품종이 많지 않아 어려움이 많기 때문이다. 그러나 1987년 와인 수입자유화 및 1988년 서울 올림픽개최, 정부의 개방정책과 국제화 추진 노력, 세계규모의 국제회의 개최 등의 영향으로 지난 10여 년 전부터 와인소비량이 크게 증가하였다.

1997년 말에 IMF위기로 인하여 국민의 소비환경이 크게 위축되어 와인 소비량이 급격하게 감소하였으나, 2000년부터 점차적으로 소비량이 회복되고 있는 실정이며, 이러한 추세는 계속적으로 지속 할 것으로 예상하고 있다.

최근의 소비량 증가는 향상된 경제 여건도 있지만, 대중매체의 신문이나 잡지, 공중파 방송 등에 와인에 대한 소개와 다양한 정보들이 고정적으로 소개되고 있고, 와인전문 매장, 와인바, 와인 관련서적의 출간, 와인관련 동호회모임 행사 등이 눈에 띄게 많아졌기 때문이다. 뿐만 아니라 와인 전문가를 육성하는 와인교육기관이 대학 및 사설학원에 개설되어 더 한층 와인문화 대중화에 큰 역할을 하고 있다.

와인의 조속한 대중화를 앞당기기 위해서는 와인 가격이 더욱 더 저렴하게 책정되어야 하는데 이를 위해서는 주세를 낮추는 방안도 모색해야 할 것이며, 건전한 와인문화를 위해서 와인 수입상들도 지나친 이윤 추구보다는 적정 이윤을 책정하여 와인시장이 오래 지속될 수 있도록 하여야 할 것이다. 또한 와인을 전문으로 판매하는 상점들이 전국적으로 확대 개점되고, 와인 소비자들에게 전문적인 지식과 품질 좋은 와인을 제공할 수 있도록 사명감을 가져야 한다. 그리고 와인 소비자들이 허식이나 왜곡된 와인 정보를 기반으로 와인을 소비하는 일이 없도록 정확한 정보를 제공해야 한다.

아직 한국의 와인산업이 확고히 정착되기 위해서는 정비해야 할 부분이 많지만, 2000년을 기점으로 다시 성장을 시작한 한국의 와인산업의 미래는 밝다고 할 수 있다.

1) 와인산업의 현황

1990년도 말 KBS 4부작 프랑스 와인산업을 소개하는 프로그램이 방영되고, 와인과 건강, 와인과 음식에 관한 프로그램들이 여러 대중매체를 통하여 일반대중에게 알려지므로 와인에 대한 이해와 관심이 높아지게 되었다.

최근에는 대중매체와 드라마에서 와인에 관한 기사와 장면들이 많이 등장하고 있어 와인 문화가 우리들의 생활과 밀접한 관계가 있다는 것을 발견할 수 있게 한다.

현재 한국의 국민 1인당 와인 소비량은 연간 0.35~0.50ℓ 수준인 것으로 파악되고 있으며, 일본(2.45~3.0ℓ수준)과 비교해서 아직 낮은 수준이지만 최근의 와인소비동향과 관심으로 미루어 매년 괄목할 만한 성장이 이루어질 것으로 예상하고 있다.

국내 생산량은 현재 약 29,000ha(8,700만평)의 포도원에서 대부분 캠벨 어얼리(campbell early) 등의 식용포도로 약 1,900,000ℓ의 와인을 생산하고 있다.

2) 와인산업의 전망

한국은 이미 OECD(Organization for Economic Cooperation and Development)[1]와 WTO(世界貿易機構 World Trade Organization)의 회원국으로 경제적인 위상으로는 이미 선진국대열에 있다고 할 수 있는데, 앞으로 와인 소비문화는 경제개발의 중추적인 세대(30~40대)들과 최근 들어 와인에 대한 관심이 많아지고 있는 여성과 젊은층(20대) 또한 와인

1) 유럽경제협력기구(OEEC)를 개발도상국 원조문제 등 새로 발생한 경제정세변화에 적응시키기 위해 개편한 기구. 약칭 OECD

소비와 대중화에 일익을 담당할 것으로 예상되고 있다.

그리고 와인을 일부 계층만이 소비하는 것으로 생각하거나, 토종 주류에 반하는 것으로 생각하는 것을 완전히 극복한다면 한국의 와인문화는 급속히 정착되고 애음되는 주류가 될 것으로 예상된다.

긍정적인 측면으로 2007년까지 국민 1인당 소득이 2만 달러에 이르고, 생활양식과 음주형태가 선진국 형으로 전환됨으로 인해 매년 와인의 소비가 증가될 것으로 예상하고 있다.

2005년 한국의 와인시장의 외형적인 규모가 약 2,500~3,000억원 규모 이었던 것을 감안한다면 매년 약 25%의 성장을 보이고 있는 한국의 와인 시장이 1조원규모가 달성되는 시기가 멀지 않을 것으로 판단된다.

3) 와인산업의 과제

매년 급성장을 하고 있는 한국의 와인산업에 있어 건전한 와인 소비문화 정착을 위하여 생산과 유통, 소비, 교육, 전문가 양성 등의 다양한 분야에서 해결하고 준비해야 할 분야들이 많아지고 있다.

다음은 한국의 와인산업의 발전적인 방향을 위한 과제와 해결방안이다.

① 와인산업의 육성

국내 와인생산회사에서 장기적인 계획으로 국산와인을 대량 생산하는 시스템을 구축해야하며, 대기업이나 소규모 기업이 제한 없이 포도농사를 할 수 있도록 농지법이 개정되어 다양한 규모의 포도재배 단지가 형성되어야 한다.

한국의 농업 구조조정 계획에 와인산업을 육성하는 방안이 수립되어 농가 수익에 공헌하는 산업으로 성장할 수 있도록 정부의 적극적인 지원이 필요하며, 1차 농수산물 형태의 저부가가치의 농사에서 2차 가공 산업으로의 와인산업을 육성해야 한다.

② 와인소비의 외적변화

한국과 칠레간의 자유무역 협정[1] 체결로 와인에 대한 수입관세가 인하되어 값싸고 품질 좋

---

1) 두 나라 이상 다국 간에서 무역에 관한 관세 · 비관세 장벽을 없애 자유무역 촉진을 지향하는 협정. 약칭 FTA. 한국정부는 2004년 5월 자유무역협정체결절차규정을 제정해 FTA정책을 추진하고 있다. 2004년 4월 1일 한국과 칠레간 FTA 발효를 시작으로 싱가포르, 일본, 동남아시아국가연합(ASEAN), 유럽자유무역연합(EFTA)과 협상을 시작했다. 캐나다와는 2005년 1월 FTA 추진에 관한 사전협의를 개최하는 한편, 브라질, 아르헨티나, 파라과이 및 우루과이가 참여하는 남미공동시장(MERCOSUR)과도 무역협정에 관한 공동연구를 실시했다.

은 와인이 소비자들에게 소개되어 와인 소비에 긍정적인 효과를 나타내고 있다. 지속적으로 여러 국가와 자유무역 협정을 체결하여 저가의 농수산물과 더불어 와인도 수입되어 품질이 우수한 와인이 소비자들에게 선보이는 긍정적인 현상이 나타날 것이라고 예상된다.

또한, 와인에 대한 인식이 건강과 사업에 유익하다는 사회적인 인식변화로 인해 점차적으로 와인에 대한 편견이 사라지면서 와인소비는 증가할 것이다.

③ 와인문화의 저변확대

와인의 대중화 시대에 와인 전문가들이 부족한 형편이므로 와인 전문교육기관이 개설되어 와인 전문가들을 육성하여야 하며, 대학에서는 정규 교육과정에 와인 관련 학과 및 과목이 신설되고 전문적인 교육이 실시될 것이다.

또한, 국가공인 와인 전문가 자격증 제도가 정착되어 와인전문가들이 건전한 와인 문화를 알리고 와인관련 기업 및 전문판매점에 취업되어 와인에 대한 선입견을 개선하고, 소비촉진에 기여할 것이다.

④ 주류소비도 패션

1945~1960년대에는 한국의 주류시장이 막걸리가 대부분이었지만, 1970~1980년 말까지는 맥주와 소주가 높은 비중을 차지하였는데, 1980~2000년대에는 위스키와 코냑 등 고도주의 선호도가 높았다.

그러나 2000년 이후부터는 저알코올 주류가 주류시장을 주도할 것으로 예상되고 있으며, 저알코올의 대표적인 주류라 할 수 있는 와인이 주종이 될 것이다.

와인의 경우 1990년도 말까지는 감미와인을 선호하였지만, 2003년부터는 드라이한 고품질의 레드와인을 선호하는 추세로 변화하고 있다.

Wine & Grape

05 구세계 와인

1. 중근동지역

B.C. 5세기경에 그리스에 의해 포도재배가 전수된 지중해 연안지역과 B.C. 3세기~A.D. 4세기에 이르기까지 로마제국에 의해 지중해 연안국, 서유럽국가와 동유럽 국가를 중심으로 포도재배가 전수된 지역을 통틀어서 구세계와인이라고 한다.

일반적으로 구세계 와인은 포도재배와 양조기법에 있어서 전통적인 방법에 그 의존도가 높으며, 떼루아(terroir)[1]라는 개념은 프랑스, 독일, 이탈리아 등지에서는 매우 중요한 포도재배의 미세 환경 요건으로 철저하게 과학적인 연구를 토대로 확립되었다.

그리고 구세계에서는 지리적인 환경조건을 양조, 시설 등 인위적인 기술보다 더 중요시 하고 있으며, 구세계 포도재배 국가로는 그루지야, 레바논, 이스라엘, 터키, 이집트, 그리스, 키프로스, 이탈리아, 스페인, 포르투갈, 프랑스, 오스트리아, 독일, 스위스, 영국, 헝가리, 루마니아, 슬로바키아, 슬로베니아, 불가리아, 체코, 러시아, 크로아티아, 우크라이나, 몰도바 등이 있다.

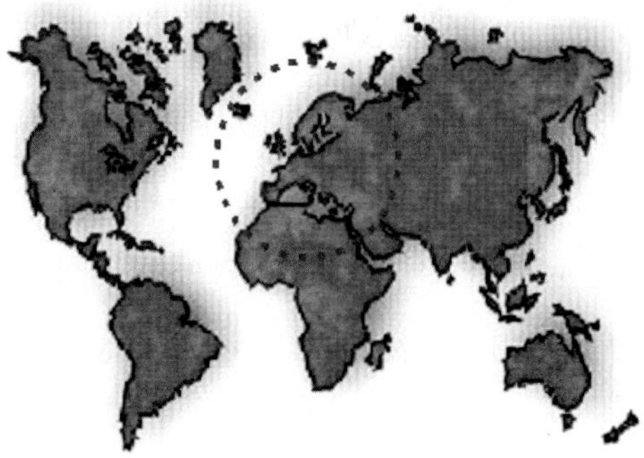

그림 1-16 구세계 와인 생산지역

구세계 와인 중에서 와인산업이 무슬림(muslim)[2]에

1) 지정된 포도밭의 특징을 결정짓는 자연적 요소의 전반을 의미하며, 즉 자연환경, 토질의 구조, 방향, 위치, 지정학적 조건, 포도밭이 속해있는 미세기후대(micro-climate) 등의 기후에 의해서 포도재배에 영향을 미치는 모든 자연 조건을 의미한다.

2) 7세기 초 마호메트가 아라비아반도 메카에서 유일신 알라의 예언자로서 세운 종교. 유대교 · 그리스도교에서 유래한 일신교(一神敎)이다.

의해 황폐화되어 한때 중단되었다가 최근에 다시 복원되고 있는 대표적인 국가는 이스라엘 와인과 레바논 와인이 있다.

1) 그루지야(Republic of Georgia) 와인

B.C. 4000년경 양조용 포도 씨앗이 트빌리시(tbilisi) 지역에서 발견된 것으로 보아 그루지야 최초의 포도재배 지역으로 볼 수 있다. B.C. 1세기경에는 유럽 전 지역에 포도 재배법이 전파하기 시작하였으며, 역사적 문헌을 보면 최초 포도재배 지역이 터키, 이집트 등 다양한데 이것은 현재 그루지야의 영토가 과거에 터키가 차지하고 있었던 지역이였기 때문이다. 이후 점차 포도재배 면적이 증가하다가 1868년 필록세라에 의해서 생산량에 치명적인 손상을 입게 되었다. 이때 미국 품종과 토착 품종을 기반으로 포도 생산을 다시 늘려갔으나 1910년 소련에 합병되면서 공동 생산으로 인해 근로 의욕이 줄어들면서 생산량이 다시 줄어들었다.

B.C. 10,000년경에 현재 그루지야인이 와인을 마셨다는 기록이 그루지야 문헌상에 나타나 있는데, 이것이 인류가 최초로 와인을 마셨다는 것으로 보고 있다. 이때의 와인은 현재의 와인과는 많은 차이가 있는데, 특히 포도가 아닌 다른 과실로 만든 과실주로 볼 수 있다고 이 문헌은 전하고 있다. 트빌리시에서는 B.C. 7000년경에 쓰였던 것으로 추측되는 와인 제조 통이 발견되었다. B.C. 3000년경에는 클레오파트라가 그루지야의 와인을 마시고 눈물을 흘렸다는 기록이 그리스 신화에서 발견되었고, A.D. 3세기경에는 전 세계를 주름잡았던 로마의 영향으로 인해 그루지야의 와인이 전 세계에 전파되기 시작하였다. 또한 13세기경 그루지야 조상들이 최고의 지역 명품인 사페라비(Saperavi)를 최초로 생산하기 시작하였다.

그루지야는 1921년 소련 군납용으로 많은 양의 와인을 생산하는 재배지로 이용되었고, 현재는 러시아에서 독립되어 많은양의 와인을 생산하고 있다.

그루지야는 세계에서 가장 오래된 와인 생산지 중에 하나인데, 약 65,000ha의 포도원에서 1,326,000hl의 와인을 생산하고 있고 국민 1인당 연간 와인 소비량은 31.88ℓ로 세계 9위를 차지하고 있다.

자생 포도품종이 1,000여종으로 많으나 실질적으로 재배되어 와인을 생산하는 품종은 많지 않으며, 포도품종으로는 아페라비(aperavi), 트시난다리(tsinandali), 구드쟈니(gurdzhaani), 트소리코우리(tsolikouri), 치누리(chinuri), 무르크라누리(murkhranuli) 등이 있다.

2) 레바논(Lebanon) 와인

레바논 와인의 경우 B.C. 1500년경에 페니키아, 시리아, 이집트 등 중동지역에서 활발한 와인교류가 있었다. 이웃나라인 다마스쿠스(damascus)의 남서쪽에서 발견된 유물 중 B.C. 6000년경에 사용된 과일과 포도 압착기가 발굴되었고, 메소포타미아 지역에서는 B.C. 4000년경에 와인을 담그는데 쓰인 항아리 마개로 사용된 것으로 추측되는 유물이 발견되기도 하였다. 이를 통해 레바논 와인의 역사 역시 오래 되었다고 추측할 수 있으나, 문헌적인 근거는 없다.

B.C. 800년경 구약성서 호세아 14장에 "The scent thereof shall be as the wine of Lebanon"이라는 구절이 나온다. 성경내용은 저희는 곡식같이 소성할 것이며 포도나무같이 꽃이 필 것이며 "그 향기는 레바논의 포도주같이 되리라"이다. 이를 통해서 포도주 즉, 와인이 생산되고 있었으며, 레바논의 포도주 같다는 것은 감미로운 포도주의 향기같이 퍼질 것이라는 뜻으로 해석되어 그 향이 좋았다는 것을 알 수 있다.

또한, 성경에서 레바논 와인의 역사를 찾아볼 수 있는데, 신약성서의 요한복음 2장에서 예수님은 가나의 결혼식에서 물을 포도주로 바꾸는 첫 번째 기적을 행하셨던 장소가 레바논이라고 성경에 기록되어 있다. 레바논의 바알베크(baalbek)는 베이루트 북동쪽으로 85km 떨어진 베카계곡에 위치해 있는데, 그곳에서 와인의 흔적을 발견 할 수 있다. 페니키아의 신 바알의 이름에서 유래되었고, A.D. 2~3세기경 로마인들에 의해서 주피터 신의 예배 장소로 만들어진 곳으로 이곳의 바커스 신전은 로마 시대 와인의 신 바커스의 신전이며, 그 안에 있는 모자이크 장식에서 와인을 들고 있는 모습을 볼 수 있다.

그 이후로는 와인에 대한 기록이 남아있지 않는데, 그 이유는 무슬림에 의해 와인 생산이 황폐화되고 중단되었기 때문이다. 이슬람교에서는 인간의 행위를 다섯 가지로 나누는데 그 중 다섯 번째에는 금지된 것을 행하면 알라의 벌을 받는 것이다(haram 하람)라고 나와 있다. 예를 들어, 돼지고기를 먹거나 음주를 하거나 하는 일은 하람에 해당되었다. 따라서 강력한 종교적인 금주로 인하여 와인산업은 발전할 수 없었다.

그러나 근대에 와서 1857년 레바논의 예수회 수사들에 의해서 베카계곡에 와이너리 크사라(ksara)가 설립되어, 4700에이커에서 19,000hl의 와인을 생산하고 있고 오랜 전쟁에도 끄떡없이 지켜왔으며, 레바논의 가장 큰 와이너리이다. 그리고 1930년대 중반에 그리스도교인인 가스톤 호차(Gaston Hochar)에 의해 샤또 무사르(château musar)가 시작되어, 1959년 프랑스 보르도에서 훈련받은 그의 아들 세르지(Serge)가 물려받았다.

이 시기에는 국가의 전쟁으로 포도 수확량이 적었음에도 불구하고 와인은 생산되었다. 그리고 현대에 와서는 1982년 케프라야(kefraya), 1997년 끌로 생 토마스(clos St. Thomas) 1998년 마사야(Massaya)가 설립되었다.

레바논에는 약 16,000ha의 포도원에서 195,000hl의 와인이 생산되고 있으며, 1인당 연간 와인 소비량은 약 4ℓ정도이다.

재배되고 있는 포도품종으로는 생소(cinsault), 까리냥(carignan), 무르베드르(mour-vedre), 그르나슈(grenache), 알리칸데(alicante), 까베르네 쏘비뇽(cabernet sauvignon), 시라(syrah) 등 주로 흑포도품종이 있다.

3) 이스라엘(Israel) 와인

히브리인(hebrew)들이 고대 이집트를 떠나 가나안(canaan)으로 향하고 있던 때에 모세는 약속의 땅을 정탐하려 12인의 정탐꾼을 보냈다. 그들이 돌아왔을 때 2인의 정탐꾼들은 2개의 막대기 사이에 끼워야 겨우 운반할 정도의 거대한 포도 한 송이를 메고 왔다.

이처럼 포도주는 이스라엘에서 적어도 성경시대부터 양조되었으나 최근까지는 내세울만한 와인을 생산하지 못하고 있다. 고대 이집트로 운반된 포도는 품질이 나빠서 꿀, 후추, 로뎀나무 열매를 첨가해 구미에 맞게 만들어야 했고, 로마시대에 로마와 잉글랜드로 보내진 것들은 아주 진하고 달기만 해서 근대의 와인애호가들이 인정해 줄 수 없을 정도였다.

구약성서에서 "젖과 꿀이 흐르는 곳"으로 표현되는 이스라엘은 기원전부터 와인산업의 요람으로 기독교에서 와인을 활성화 시켰으나 A.D. 636년 무슬림에 의해 모든 포도원들이 파괴되었다. 그러나 A.D. 1100~1300년 십자군(crusaders)에 의해 와인산업이 재건되었으나 그 후 유대인의 추방으로 다시 중단되고 말았다.

19세기 말부터 시작된 유대인의 귀환운동(zionism 시오니즘)[1]에 따라 1882년 시온(rishon le zion)[2]지역에 포도원이 조성되었으며, 1882년 프랑스의 유대인 재벌이며 와인생산업자인 바롱 에드몬 드 로칠드(Baron Edmon de Rothschild)는 당시 6,000만 금화를 들여서 농업 정착민들로 하여금 포도원을 조성하는데 기여하였다.

1967년 이스라엘과 아랍간의 6일 전쟁에서 이스라엘이 승리하자 이스라엘은 골란 고원(golan heights)[3]에 포도나무를 재배하면서 승리를 축하하였다.

1) 19세기 말 유럽에서 시작된 유대인국가 건설을 목표로 한 사상 및 운동. 시온은 성지 예루살렘 남동쪽에 있는 언덕 이름이다.

2) 원래는 여부스인의 성읍 예루살렘 남동쪽의 언덕. 그러나 B.C. 10세기 다윗이 이 도시를 여부스인에게서 빼앗고 왕도로 정하고서부터(구약성서, 사무엘하서 5:7) 시온은 이스라엘 민족의 종교적 중심이 되었으며, 이후 전시(全市)의 총칭으로 '하나님의 도성'을 뜻하게 되었다(시편 48:2, 69:35 등).

이 포도들이 오늘날에 황금알을 낳는 산업인 것을 시리아(syria)[1]는 일찍이 감지하지 못하였으나, 최근 1980년에 골란 고원을 개간하여 포도원이 조성되었고, 1993년에는 고대 유대언덕(judean hills)에 도멘 드 카스텔(domaine du castel)이 엘리 길버트 벤-자켄(Eli Gilbert Ben-Zaken)의 가족에 의해 현대화 된 포도원이 조성되어, 2000년 말에는 세계 50대 명품와인으로 선정되기도 하였다.

재배되고 있는 포도품종으로는 까베르네 쏘비뇽(cabernet sauvignon), 메를로(merlot), 시라(syrah), 까리냥(carignan), 아르가망(argaman), 쁘띠 시라(petite Syrah), 루비 까베르네(ruby cabernet), 진판델(zinfandel), 템프라니요(tempranillo), 산지오베제(sangiovese), 네비올로(nebbiolo) 등의 흑포도품종이 있고, 샤르도네(chardonnay), 쏘비뇽 블랑(sauvignon blanc), 게뷔르츠트라미너(gewürztraminer), 알렉산드리아 뮈스카(alexandria muscat), 쎄미용(sémillon), 프렌치 꼴롱바(french colombard), 에메랄드 리슬링(emerald riesling), 슈냉 블랑(chenin blanc) 등의 청포도품종이 있다.

4) 터키(Turkey)와인

터키의 양조용 포도생산의 역사를 정확히 추정하기에는 매우 어려운 문제이나 히타이트(hittite) 문명의 유적에 의하면, B.C. 약 4000년경에 이미 포도를 재배한 것으로 추정되며, 일반적으로 터키산 포도는 기후와 토양 면에 있어 이웃국가인 그리스와 유사한 것으로 전문가들은 파악하고 있다.

아나톨리아(anatolia)[2] 지역은 터키내의 와인생산 중심지로 와인생산은 B.C. 3000경으로 추정되지만, 오토만 제국시대의 엄격한 통제로 인해 와인 생산업자는 명맥을 유지하기 매우 힘들 정도였다.

오토만 시대부터 무슬림국가의 율법에 따른 금주령으로 400년 동안 포도는 주로 과일과 건포도로만 사용되었지만, 1637년 당시 이스탄불[3]에 160개의 선술집과 6,000개의 와인 샵이 있었다는 기록이 있다.

1923년 터키공화국 설립과 더불어 와인양조의 규제가 풀리게 되면서 터키 와인산업은

3) 시리아 남서부 쿠네이티라현에 있는 평균 해발고도 1,000m의 구릉지대. 헤르몬산 남쪽 기슭에 위치하고, 시리아의 하우란 평야와 이스라엘의 티베리아스 계곡을 지배하는 전략적으로 중요한 지점이다.

1) 아시아에 있는 나라. 정식명칭은 시리아아랍공화국(al-Jumhūrīya al-' arabīya as-sūrīya)

2) 터키의 소아시아반도 내륙 부를 차지하는 분지모양의 고원. 아나톨리아란 터키령 아시아의 명칭이며 터키어로는 아나돌루(anadolu)라고 한다.

3) 서아시아 보스포루스해협 서안에 있는 터키 도시. 옛 이름은 콘스탄티노플

1970~1980년대에 들어서 관광객들의 대규모 소비로 인해 빠른 성장세를 보이고 있다.

1980년대 중반 일부 와인 생산업체는 양적인 성장에서 질적인 성장으로 방향을 전환하면서 세계적인 와인 경쟁업체로 성장하게 되었다.

현재 와인 생산업체들이 연간 5천만 리터를 생산하고 있으며, 주류와 담배를 생산하는 터키 국영업체인 테켈(tekel)사는 전체 와인 생산량의 60%를 차지하고 있다. 테켈사를 제외한 아나톨리아 지역의 카박클르데레(kavaklidere)와 돌루자(doluca)가 있으며, 최근에는 터키 제1의 재벌그룹인 사반씨 그룹(sabanci group)이 "G"라는 브랜드 이름으로 고품질의 와인생산을 시작하였다.

터키의 포도 주산지는 마르마라 해(sea of marmara) 지역, 중앙 아나톨리아 지역, 에게 해(aegean sea)[1] 연안으로 터키는 세계 4위의 포도 생산대국이지만, 생산량의 2%만이 와인생산에 이용되고, 나머지는 수출되거나 건포도 등으로 가공되고 있다.

터키는 화이트와인, 레드와인, 로제와인을 생산하고 있으며, 토착 포도품종으로는 보가쯔커(bogazker), 오쿠쯔고쭈(ŏkuzgŏzŭ), 호로즈카라시(horozkarasi), 세르기 카라시(sergi karasi), 파파즈카라시(papazkarasi), 딤니트(dimnit), 부르부르(burdur) 등의 흑포도품종이 있고, 되퀼겐(dŏkŭlgen), 하산데데(hasandede), 에미르(emir), 케이세리(kayseri), 니이네(nigde), 난쎄(narnce), 루미(rumi), 카바르칙(kabarcik) 등의 청포도품종이 있다.

난쎄 품종은 북부 아나톨리아의 토카트(tokat) 지방에서 생산되는데, 다른 터키산 와인에 비해 연령이 오래될수록 맛이 있어 라이트 한 화이트와인 양조에 적합하며, 외래품종에서는 쏘비뇽 블랑이 터키에 적합한 것으로 알려져 있다.

현재 터키는 지역원산지 증명을 실시하고 있지 않지만, 다른 와인생산국은 생산에 따른 규제와 표준을 실시함으로써 포도생산지 및 원산지 품질증명을 실시하고 있다. 따라서 터키 와인양조업체는 수출 등 국제시장에서 경쟁을 하기 위해서는 원산지 품질 증명 및 표준을 실시해야 한다고 주장하고 있으며, 포도생산지의 투자를 통해 자체적으로 품질관리를 하고 있다.

와인양조업자는 현재 상태로는 와인 생산량의 증가 및 고품질의 와인생산, 미국시장의 판로개척 등 국제시장의 진출은 어렵다고 밝히고, 다른 국가처럼 정부차원의 지원이 필요하다고 언급하고 있다.

터키의 와인생산량은 최근 수년간 큰 변동을 겪어왔는데, 터키의 와인소비량은 다른 유럽국가에 비해 상대적으로 적은 편이지만, 알코올음료는 와인을 두 번 증류해서 양조한 전통주인

1) 지중해 동부의 해역. 남북 640㎞, 동서 320㎞. 영어로는 aegean sea라고 한다. 동쪽은 소아시아 연안제도, 남쪽은 크레타 섬이 끝이 되며, 서쪽은 그리스반도, 북쪽은 마케도니아 및 트라키아지방이 둘러싸고 있다. 북동부의 차나칼레 해협을 거쳐 마르마라 해로 통한다.

라키(laki 45°)가 전체 소비량의 70% 이상을 차지하고 있으며, 맥주는 12%, 와인은 8%를 차지하고 있다.

터키의 1인당 와인 소비량은 0.5ℓ정도로 1병에 못 미쳐 연간 1인당 65병을 소비하는 프랑스와 비교하여 현저히 낮은 편이다.

그러나 최근 들어 와인의 품질향상에 힘입어 소비가 증대되고 있으며, 그 결과 터키산 와인이 국제적인 명성을 얻고 있는 실정인데 예를 들어, 돌루자(doluca)는 국제품평회에서 금메달을 차지할 정도로 그 품질이 매우 우수하다.

5) 이집트(Egypt) 와인

고대 이집트의 벽화와 아시리아(assyria)[1]의 유적에 의하면, B.C. 약 3500~3000년에 이미 메소포타미아와 이집트에까지 퍼지게 되었고 많이 음용되고 있었으며, 사원의 의식에도 이용되었다. 이러한 유적과 바빌로니아의 상형문자에서 발견되고 있는 것을 토대로 이집트에서는 파라오(pharao)[2]들이 나서서 와인을 양조할 목적으로 포도를 재배하였고, 와인을 애음하였는데, 이는 와인 양조방법이 그려진 당시의 벽화나 피라미드(pyramid)[3]에서 발견된 포도씨 등을 통해서 미루어 알 수 있다.

고대 이집트벽화에는 포도를 발로 으깨어 포도즙을 항아리에 담는 그림 등이 남아 있으며, B.C. 1000년경 현재와 비슷한 제조법으로 만들어지면서 와인은 일반적인 술이 되었다. 이집트 제1왕조의 분묘에서 포도 씨가 발견되었고, 제18대왕조의 나쿠토 벽화에는 포도를 따거나 포도즙을 짜는 풍경 등 포도주를 제조하는 모습이 그려져 있다.

이집트인들은 와인의 신맛을 적게 하기 위해 와인에 물을 섞어 마시기도 했는데, 포도재배와 양조기술을 본격적으로 발전시킨 것은 이집트인들이었다. 로마인들은 이집트인들의 기술을 받아들여서 골(gaul) 지방(오늘날의 프랑스)을 중심으로 포도나무를 심기 시작하였다. B.C. 3000~4000년경 고대 이집트에서는 포도재배 기술과 와인제조가 학문으로 발전하였으

1) 티그리스 강 중부유역의 아수르시(市)에서 일어난 셈족의 국가. B.C. 3000년대 후반부터 B.C. 610년까지 존속하였다.

2) 구약성서에 자주 나오며, 어원은 큰 집이라는 뜻을 가진 '페르오' 이다. 파라오는 고왕국(古王國) 시대에 이미 호루스(太陽神), 2여신(女神), 황금의 호루스, 상 · 하 이집트왕(卽位名), 태양의 아들(誕生名)의 다섯 칭호를 가지고 있었다. 왕은 신의 화신으로서 혈통의 순수성을 유지하기 위해서 혈족결혼이 행해졌으며, 사후에도 신으로서 숭배되었다. 또 이념상으로는 모든 토지와 인민은 파라오에 속하였다. 파라오는 최고 신관(神官)임과 동시에 전쟁에 있어서는 최고사령관이기도 하였다.

3) 돌이나 벽돌로 만들어진 사각뿔모양의 건조물. 고대이집트를 대표하는 건축 양식이며, 이집트 · 수단 · 에티오피아 · 멕시코 등 세계 각 지역에서 건조되었다.

며, 재배전문가들이 포도나무를 가꾸었고, 노예들은 수확한 포도로 즙을 짰다. 이집트의 와인은 카라반(caravane)이나 배를 통하여 그 당시의 주요 도시들로 운반되면서 화폐, 무역, 계약, 재판 등 현대경제의 기반이 형성되었다.

2. 지중해연안 지역

1) 그리스(Hellenic Republic, Greece) 와인

B.C. 600년경에는 페니키아(phoenicia)[1]인들에 의해 지중해 동쪽 해안가로부터 포도나무를 가져와 그리스로 전파되었는데, 그리스는 포도와 와인이 상륙한 유럽 최초의 국가로서 찬란했던 그들의 문화와 더불어 와인도 크게 번성하였으며, 이후 로마에 와인을 전해주어 와인이 유럽 전역에 확산되게 하는데 크게 공헌하였다.

그리스는 유구한 전통과 긴 역사를 지닌 와인 생산국이며, 오늘날 그리스로 알려진 크레타(creta)섬[2]에서 체계적으로 포도나무가 경작 되어졌다. 현재 지구상에서 가장 오래된 와인 관련 서적은 B.C. 17세기경 미노스(minos)문명[3]으로 거슬러 올라간다.

에게 해(aegean) 북쪽에 자리 잡은 타소스(thasos)섬[4]에서 와인을 보관하던 것으로 추정되는 항아리에서 와인 흔적이 발견됨으로써 와인의 기원이 어디인지를 알 수 있게 해 주었는데, 이것은 그로부터 2~3세기 후 프랑스에 의해 소개된 와인계통 명칭보다 앞서는 것이었다.

이러한 발견은 고대 그리스의 와인 양조기술이 얼마나 뛰어났는지를 보여주는 증거이며, 고대 그리스는 와인 양조에 있어 세계 최고로 지중해를 통해 각국에 무역을 통해 전해 주었다. 또한, 프랑스의 론 밸리(rhone valley)에 포도나무를 전해 주기도 하였고, 와인을 특별히 숭상

1) 지중해 동안(東岸)의 한 지방에 대한 고대지명. 또한 그 지방의 여러 도시를 거점으로 하여 해상교역에 종사한 민족을 가리키기도 한다.

2) 지중해 동부, 에게 해 남부에 있는 그리스령 최대의 섬. 면적 8336㎢, 인구 53만 6,980(1991). 크레타는 옛 이름이며, 현대 그리스어로는 크리티(kriti), 별칭은 칸디아(candia)이다. 지중해 4위의 섬으로 카네아주에 속한다. 석회암질의 산지가 동서방향으로 뻗어 가로로 길게 누운 모양(길이 254㎞)이며, 2/3가 불모의 암석으로 이루어져 있다.

3) 지중해 동부의 에게 해 주변 지역에서 번영한 고대문명. 이 지역은 지중해형의 온난한 기후로 공기가 맑고, 섬들이 늘 시야에서 사라지지 않아 안전하게 항해할 수 있었으므로, 선진 오리엔트 문화권과 해상교통으로 연결되어 유럽의 다른 지역보다 훨씬 일찍 고도의 문명이 개화되었다.

4) 그리스 에게 해 북쪽 끝 카발라만(灣) 입구에 있는 섬. 면적 379㎢. 인구 1만 3,111(1981). 중심지는 타소스(옛 이름 리민)이다. 산지가 많고 삼림으로 뒤덮여 있으며 최고봉은 프사리오산(1,203m)이다. 올리브유 · 포도주 등을 산출한다.

하며 재배와 종교의식에 있어 매우 중요하게 생각하였다. 그들은 반의식 상태의 경험을 가능하게 해주는 위대한 선물로 숭배시 되는 와인의 신, 디오니소스를 창조해 내었다.

그리스에서는 고대 그리스 유물들이 많이 발굴되는데, 이 가운데 B.C. 3세기로 추정되는 압착기와 유리잔 등이 크레타 섬에서 발견되기도 하였다.

포도 경작은 비잔틴(byzantine) 문명에 의해 계속 이어져 왔으며, 맘지(malmsey)[1]와 같은 특별한 와인은 오늘날 가장 주목 받게 되었으나, 1453년 오트만족에 의한 콘스탄티노플(constantinople)[2] 정복과 이어서 비잔틴 제국[3]의 몰락은 그리스의 와인 무역에 쇠퇴를 가져왔다.

13~16세기에 유럽 국가들의 침입으로 많은 포도재배 지역이 여러 나라에 의해 점령되었는데, 특히 터키의 그리스 점령은 그리스에서 와인생산과 소비가 크게 억제되는 요인으로 작용하였다. 그러나 그리스의 수도원에서 포도재배의 명맥을 유지하여 그리스 고유의 포도품종이 이어져 내려오게 되었으며, 1821년 터키로부터 400년간의 통치에서 벗어난 후로 와인생산이 다시 증가하기 시작하여 오늘날 그리스 고유의 품종이 다양하게 생산되고 있다.

그리스의 오늘날 국경은 도데카네스 제도(dhodhekánisos)[4]의 소유권을 회복한 1946년에서야 비로소 확정되었으나, 이후 두 번의 시민전쟁과 7년의 독재를 경험하여야 했다. 이러한 불안정한 시기는 활발한 와인 양조발전을 저해하는 요인이 되었는데, 그리스에 본격적인 평화와 번영의 시기를 맞이한 때는 1981년 유럽공동체의 회원국이 된 최근 30년 전부터라고 할 수 있으며, 이 시기가 바로 그리스 와인 양조의 부활의 시기라고 할 수 있다. 고대 그리스 고유의 포도품종이 무려 250여 가지가 변하지 않고 계속 이어져 내려오고 있고, 외국에서 와인공부를 하고 돌아온 와인 양조자들이 양조장을 세우고, 새로운 장비를 설치하여 그리스 고유의 와인을 현대적인 방법과 기술로 생산하고 있으며, 또한 특색 있는 마케팅방법으로 그리스 와인을 세계시장에서 높은 지위를 차지하도록 만들어 주고 있다.

2) 키프로스(Republic of Cyprus) 와인

키프로스의 와인의 역사는 약 4000년 전으로 알려져 있으며, 키프로스는 세계적으로 이름

1) Madeira 원산의 독하고 단 화이트와인
2) 서아시아 보스포루스해협 서안에 있는 터키 도시. 옛 이름은 콘스탄티노플
3) 콘스탄티노플(지금의 이스탄불)을 수도로 한 중세 로마제국. 동로마제국이라고도 한다.
4) 에게 해(海)에 있는 한 무리의 섬. 면적 약 2,670㎢. 인구 14만 5,071(1981). 주도(主島)는 로도스이며, 12개의 주요 섬으로 구성되며 이 중 로데스섬과 코스 섬의 토양만이 비옥하다. 16세기 이래 오스만제국의 지배를 받다가 제2차 세계대전 이후 그리스에 귀속되었다.

이 알려진 코망데리(commanderie)가 있는데, 그 기원은 1191년 영국의 국왕이던 리차드 1세가 십자군 전쟁시대에 이 섬을 구입하였다가 성당 기사단에게 매각하게 하였으며, 그 이후 이곳에서 솔레라(solera) 시스템으로 와인을 만들어 코망데리 와인을 생산하기 시작하였다.

키프로스에서는 18,000ha의 포도원에서 503,000hl의 와인이 생산되고 있으며, 1인당 연간 와인 소비량은 15.16ℓ이다.

주요 포도재배 지역으로는 마라타사 아파메스(marathassa afames), 피트실리아(pitsilia), 마헤라스 마운틴(maheras mountains), 트뢰도스 마운틴(trodos mountain), 메사오리아(mesaoria) 등이 있다.

3) 이탈리아(Italy) 와인

3000년의 오랜 와인역사와 더불어 이탈리아는 세계에서 가장 많은 와인을 생산하는 것으로 유명하며, 포도나무는 이탈리아 전국에서 잘 자란다. 기록상 B.C. 800년 에투리아인이 지금의 토스카나(toscana) 지방에서 포도를 재배하였으며, 그 후 B.C. 750년경에 그리스인들이 현재의 나폴리(napoli)[1]에 상륙하여 포도를 재배하였는데, 로마시대에는 그리스와 에투리아인들의 포도재배와 양조방법을 받아들여 발전시켰다.

그 후 이탈리아 북쪽까지 포도재배가 확대되어 중세에 와서는 이탈리아 전역에서 포도재배가 이루어져 와인을 널리 애용하게 되었으며, 2세기경에는 로마의 점령지인 프랑스 남부지역으로부터 북쪽과 모젤지방으로도 와인을 수출하고, 포도재배와 와인 양조기술을 전파하였다.

옛날부터 그리스인은 토스카나 지방을 '와인의 땅(oenotria)' 이라고 불렀을 정도로 와인을 많이 생산하는 지역이었으나, 이탈리아 사람들은 프랑스인들이 약 250년 동안 좋은 포도품종을 육종하고 심혈을 기울여 고급 와인을 생산하고, 많은 생산지명을 몇 개로 분류하여 소비자들이 쉽게 이해할 수 있도록 꾸준히 노력한 반면 대체적으로 와인의 품질관리에 노력하지 않고, 와인을 식품의 일부로서 생각하였다. 또한 오랜 세월 도시국가로 분열되어 있어서 범국가적으로 와인에 대한 정책을 세우지 못하므로 프랑스나 독일보다 와인의 품질이 뒤지게 되었다.

이탈리아 와인의 잠재력은 크지만, 전반적으로 체계화 되지 않은 느낌이 있으며, 프랑스처럼 소비자들의 선망의 대상이 되는 고급 와인 생산지가 소비자들에게 널리 알려지지 않았다. 그러나 생산량이 가장 많고 가장 많이 와인을 수출하고 있는데, 세계에서 생산되는 와인의 20%는 이탈리아 와인이며, 총 920,000ha에서 50억hl를 생산하고 있다.

---

1) 이탈리아 남부 캄파니아자치주 주도. 공업 · 항만도시이자 관광도시

프랑스는 유명한 와인 생산지역이 대부분 정해져 있지만, 이탈리아는 전 국토에서 와인이 생산되기 때문에 다양한 종류의 와인이 많아 소비자들에게 혼란을 일으키는 경우가 많다.

이탈리아는 전형적인 지중해성 기후[1]의 영향으로 포도의 당분 함량이 높고 산도가 약하며, 전근대적인 방법으로 와인을 양조하는 곳이 많아서 와인의 품질이 일정하지 않다. 경우에 따라 우수한 와인을 싼값에 구입할 수 있는데, 기후의 영향으로 대부분 레드와인(65%)을 생산하며, 레드와인도 오크통에서 오래 숙성시켜 묵직하고 텁텁한 남성적인 풍미를 가진 것이 많다.

3. 서유럽지역

1) 스페인(Espña, Spain) 와인

스페인에는 로마시대 이전부터 포도가 재배되었고, B.C. 1100년경에는 페니키아인들이 스페인 남부에 있는 '카디즈(Cadiz)' 에 와서 포도를 재배하였는데, 이는 포르투갈과 비슷한 시기이며, B.C. 200년경에 로마의 통치 하에 와인산업이 활성화 되었다. 당시 스페인의 와인은 로마군이 주둔하고 있는 곳에 엄청난 물량이 운송되었으며, 711년 구아달레트(guadalete)전투 이후 무어족(moor 아프리카 북서부 지역의 이슬람교도들)이 이베리아 반도를 거의 점령하면서 약 500년 동안 코란에 따라 많은 포도밭을 파괴하였지만, 스페인에서는 와인산업이 황폐화 되지 않고 명맥을 유지하여 왔다.

기독교와 이슬람교도간의 전투가 시작되고 1492년 무어족이 그라나다(granada) 전투에서 최종적으로 패배한 이후 기독교도가 스페인을 다시 장악하게 되므로 본격적으로 포도재배가 다시 시작되었다.

1250년부터 영국이 스페인의 북단에 있는 빌바오(bilbao) 항을 통해 엄청난 양의 와인을 수입하였으나, 1850년대에 카타로니아(catalonia)[2]에서 시작한 오이디움(진균류)균과 밀디우

---

1) 온대기후의 일종. 지중해식 기후 또는 온대하계건조기후라고도 한다. 유럽 지중해연안 지방에서 전형적으로 볼 수 있으므로 붙여진 명칭이다. W.P. 쾨펜의 기후분류에서는 Cs기후(온대하계건조기후)에 해당한다. 기후의 특징은 온대기후 중에서 강수의 배분이 겨울에 많고 여름에 적은 점으로, 쾨펜은 겨울의 최다우월(最多雨月) 우량이 여름의 최소우월 우량의 3배 이상 되는 곳으로 한정하고 있다.

2) 에스파냐 북동부의 역사적 지방. 면적 3만 2,113㎢, 인구 614만 8,000(1998). 피레네산맥 동부의 남쪽 경사면, 지중해 연변의 해안산맥 및 그 뒤의 저지대로 이루어졌다. 헤로나 · 바르셀로나 · 레리다 · 타라고나 등 4주로 구성되어 있다.

(노균병)병에 의하여 많은 포도원이 피해를 당하였으며, 1878년 말라가(malaga)[1]에서 시작된 필록세라에 의해서 거의 모든 포도원이 피해를 입게 되자 많은 포도재배 농부들이 남아메리카로 이민을 가게 되었다.

19세기말 유럽의 전 지역이 필록세라로 포도밭이 황폐화 되었을 때 프랑스의 보르도 상인들이 거리상 가까우면서도 필록세라 병의 피해가 없는 리오하(rioja) 지방까지 와서 와인을 구입하기도 하였다.

그리고 이곳에 와인공장을 세우고 프랑스의 포도재배 기술과 와인 양조기술을 전수해 주면서 스페인의 와인산업은 기술적으로 급격하게 발전을 이룩하였다. 스페인은 포도재배 지역이 밀집되어 있지 않고 넓은 지역에 산발적으로 산재해 있어 필록세라의 전파가 다른 유럽지역에 비하여 늦게 전파되었는데, 리오하 지방에 필록세라가 출현하게 된 시기는 1901년경 이었다. 이때는 이미 필록세라에 대한 대처방안이 개발된 이후여서 스페인의 포도재배에 큰 영향을 주지 못하였고, 영향을 전혀 받지 않은 지역도 있었다.

스페인은 포도재배 면적이 워낙 넓기 때문에 포도생산이 많아 유럽 공동체에서조차 생산량을 줄이도록 할 정도이며, 현재 포도 재배지로 세계 1위이며, 연간 와인 생산은 약 38,000,000hl로 이탈리아와 프랑스 다음으로 세계 3위의 생산국이다. 생산되는 와인의 비율은 화이트와인이 50%, 레드와인이 30%, 로제와인이 20%를 차지하고 있다.

2) 포르투갈(Portugal) 와인

B.C. 12세기에 페니키아인들이 북아프리카를 거쳐 포르투갈에 들어오면서부터 포도재배가 시작되었으며, B.C. 8~11세기 동안에는 무어족들이 이 지역을 점령하면서 종교적인 이유로 와인생산을 금지시켰다.

12세기까지 스페인의 식민지로 소속되어 있다가 독립한 포르투갈 와인의 역사는 스페인과 거의 같으며, 로마가 지중해를 지배할 당시 로마인들이 스페인을 거쳐 포르투갈의 북동쪽 도우루(douro)와 남부의 알렌떼쥬(alentejo)지역에 와서 포도재배가 시작되었다.

12세기경부터는 이미 북서쪽의 미뉴(minho)지방에서 와인산업이 활발하였으며, 일부 와인을 영국으로 수출하였다.

1386년 포르투갈과 영국이 맺은 윈저조약(windsor 불가침 조약)이후 포트와인 산업이 육

1) 에스파냐 남부 안달루시아지방의 항만도시로 말라가주(州)의 주도(州都). 인구 54만 9,000(1996). 지중해에 접한 말라가만(灣)에 면하며 과달메디나강(江) 하구의 동쪽에 중심시가가 있다. 고대부터 항구를 중심으로 상업이 번성했고, 시가지 북동쪽 언덕 위에는 페니키아인이 세운 요새를 그라나다왕국 시대에 재건한 성(城)이 있다.

성되어 수출증가로 이어졌으며, 17세기 영 · 불 전쟁으로 인해 영국이 프랑스산 와인 대신 포르투갈산 와인과 포트와인의 수입을 확대하면서 포르투갈 와인산업이 크게 발전하는 계기가 되었다.

1703년 영국과 포르투갈 간의 체결된 메수엔 조약(methuen treaty)으로 특혜관세가 적용된 포트와인은 영국의 주도하에 발전하게 되었다.

1756년 세계최초로 원산지 규제에 관한 법률을 만들었으며, 2003년 말 현재 포르투갈의 와인산업은 약 380,000ha의 재배지에서 10,000,000hl의 와인을 생산하는 세계 9위의 생산국이다.

국민 1인당 연간 와인소비량은 47.34ℓ로써 세계 6위에 해당하며, 2002년에는 전체인구의 약 15~20%가 와인산업에 종사하고 있다 .

생산되는 와인은 레드와인이 전체 생산량의 59%를 차지하고 있고, 화이트와인이 41%를 차지하고 있으며, 그 중 강화와인인 포트와인과 마데이라(madeira)가 약 8%를 생산하고 있다. 포르투갈은 1986년 EU[1]에 가입한 것을 계기로 제2의 와인산업의 부흥을 맞아 포도재배에서부터 양조에 이르기까지 선진기술을 도입하면서 조용한 혁명이 일어나고 있다.

3) 프랑스(France) 와인

B.C. 600년경 그리스인들이 갈리아(gallia)[2]의 마르세유(marseille)[3] 지방에 상륙하여 포도를 재배하기 시작한것이 프랑스에서 포도재배의 시작이 되었다. 그러나 본격적으로 프랑스에서 와인이 양조되기 시작한 때는 B.C. 1세기 로마가 이 지역을 지배하면서, 주민을 그 지역에 정착시키기 위해 의도적으로 와인양조를 장려하였기 때문이었다.

프랑스를 점령한 로마군은 당시 교통이 편리한 바다와 강을 따라 점령지를 확대하고 있었는데, 점령지에는 포도원을 많이 만들도록 권장하여 1세기경에 이르러서는 남부의 랑그독-루씨용 지방과 론지방, 2~3세기경에는 현재 널리 알려져 있는 보르도, 부르고뉴, 상파뉴 지방이 3대 와인 명산지로 나타나게 되었고, 5세기경에는 파리부근까지 확대되었다.

---

1) 유럽공동체(EC)가 1993년 11월 1일 발효된 유럽통합조약(마스트리히트조약)에 따라 재탄생한 연합기구. 약칭 EU

2) 로마인이 갈리아인 이라고 불렀던 사람들이 거주한 지역의 총칭(고대명). 갈리아키살피나와 갈리아트란살피나로 크게 구별한다.

3) 프랑스 남부 부슈뒤론주(州)의 주도(州都). 인구 79만 7,486(1999). 지중해 북서의 리옹만(灣)에 있는 프랑스 최대의 항구도시이며 파리 다음가는 대도시이다. 이곳의 운하는 론 강과 이어지며 특히, 유럽에서 가장 오래된 항구로 이미 B.C. 600년에 그리스인에 의하여 발견되어 마살리아라고 불리었다.

중세에 이르러 교회가 많은 포도원을 소유하게 되고, 와인의 판매를 통하여 교회의 유지비를 충당하는 과정에서 많은 수도사들이 포도재배의 기술자나 사업가로 활약하여 와인의 품질이 급성장하게 되었다.

17세기 말, 루이 14세 때에는 부르고뉴 와인이 세계적으로 유명하게 되었고, 18세기 중반 루이 15세 때부터 보르도 와인과 샴페인이 인기를 얻게 되었다. 그러나 1864년에 시작된 필록세라의 피해로 10년 동안 전국토의 포도밭이 황폐해지면서 어려움을 겪기도 하였다.

그러나 1800년대에 접어들어 프랑스 와인은 품질이나 생산량에 있어 최고로 인정을 받게 되었고, 그 명성을 세계시장에서 확고히 하게 되었는데, 이러한 명성은 역사적 배경과 특별히 혜택 받은 자연환경으로 인해 최적의 환경 가운데 포도가 성장 할 수 있어 세계 최고의 와인생산국으로 자리매김하고 있다.

프랑스에서는 북부의 일부를 제외하고 전 국토에서 와인이 생산되고 있으며, 큰 강을 중심으로 강의 좌우 유역에서 주로 생산되는데, 이에 따라 보르도, 부르고뉴, 론, 루아르, 알자스, 꼬뜨 드 프로방스, 랑그독-루씨용, 샹파뉴의 8개 지역으로 구분된다.

각 지방별, 포도품종, 토양, 기후에 차이가 있어 독특한 개성의 와인이 생산되므로 그 산지가 어디인지에 따라 그 와인을 평가하는 중요한 기준이 되기도 한다.

보르도와 부르고뉴 지방에서는 샤또(chataeu)[1]가 잘 발달되어 있는데, 보르도 지방에는 약 3,000여 개의 샤또가 있으며, 역사가 깊은 샤또는 성곽과 아름다운 조화를 이루고 있어 많은 관광객이 방문하고 있다.

4) 오스트리아(Republic of Austria) 와인

오스트리아는 스위스 동쪽에 위치한 국가로서 B.C. 750년경에 이미 포도를 재배하였던 것으로 알려져 있으며, B.C. 100년경에는 로마인들에 의해서 포도재배 및 와인생산이 본격적으로 시작되었다.

5세기에 접어들면서 로마의 쇠퇴로 인하여 오스트리아에서 여러 나라로 분열되고 전쟁으로 인하여 포도재배가 쇠퇴할 수밖에 없었다. 이후 800년경 오스트리아를 장악한 샤를마뉴 대제[2]에 의하여 포도재배가 다시 증가하게 되었으며, 중세 수도원을 중심으로 포도원이 증가하기 시작하였다.

---

1) 성곽이나 장원의 대저택을 말하는 용어이나 오늘날에는 와인과 관련한 포도원을 말한다.

2) 카롤링거왕조의 제2대 프랑크 국왕(재위 768~814)로서 카를대제 또는 카롤루스대제라고도 한다. 샤를마뉴는 742년경 4월 2일 단신왕 피핀 3세의 맏아들로 태어났다. 이때는 피핀과 그의 형 카를로만이 함께 프랑크 왕국

1784년 요셉 2세가 외국에서 수입되는 와인에 관세를 부과하는 등 18세기까지 와인 생산이 활발하게 이루어지다가 필록세라로 인해 포도원이 황폐화 되었다.

1888년 최초로 와인에 관한 규정을 만들었으며, 1974년에는 와인법이 제정되어 여러 차례 개정을 거듭하고 있다.

알프스(alps)[1] 지역의 동쪽 경사지와 평야에 포도원이 조성되어 있는데, 49,000ha의 포도원에서 약 2,351,000hl의 와인을 생산하고 있으며, 재배면적으로는 세계 19위, 생산량으로는 14위, 1인당 연간 와인 소비량은 33ℓ인 세계 9위의 와인 소비국이다.

5) 독일(Deutschland) 와인

독일 와인의 역사는 B.C. 100년경 고대 로마시대로 거슬러 올라가는데, 로마군대가 독일을 점령하고 주둔지 주변에 포도원을 조성하여 군에 필요한 와인을 공급하게 하면서 모젤(moselle) 와인과 라인(rhein) 와인이 이때부터 생산되기 시작하였다.

중세시대에는 수도원에서 훌륭한 포도원들이 만들어지고 포도나무와 와인들을 극도로 신경을 써서 재배하고 취급하여 고도로 발달한 독일 포도 재배학의 기준이 되었다.

4~6세기경에는 게르만 민족의 대이동으로 와인 생산량이 급속하게 감소하다가 8~9세기경 프랑크 왕국(frankenreich)[2]의 칼 대제 때부터 와인 생산이 증가하기 시작하였다. 칼 대제는 라인 강가의 잉겔하임(ingelheim) 궁전 강 건너편 남향의 구릉지가 눈이 빨리 녹는것을 보고 포도재배에 적합하다고 판단하여 그곳에 포도나무를 재배 할 것을 명령하게 되었는데, 이곳이 바로 라인가우(rheingau) 지방이다.

그 후 프랑크 왕국의 확장과 가톨릭 수도원의 확장으로 인해 포도재배 면적이 늘어나 현재의 3배에 이르는 넓은 지역에서 포도재배가 이루어졌으나, 1618년부터 시작된 30년 전쟁으로 거의 모든 포도원이 황폐화되어 이때부터 북부지방과 바이에른 지방에서는 포도재배를 하지 않게 되었다.

1803년 교회 소유였던 포도원들은 나폴레옹이 라인지방을 정복할 때 개인 소유주들과 각

의 궁재가 되어 프랑크 왕국 정부를 장악한 직후였다. 나중에 샤를마뉴의 이름을 따서 카롤링거 왕조라고 부르게 된 이 가문은 메로빙거 왕조의 궁재가 되어 프랑크 왕국 전체에 대한 지배권을 장악했다. 샤를마뉴의 할아버지 카를 마르텔은 분열 직전에 처한 왕국을 재건했고, 힘없는 메로빙거 왕조가 유일하게 갖고 있던 이름뿐인 국왕의 대권을 침해하지 않은 채 사실상 왕국을 아들인 피핀과 카를로만에게 세습하듯 물려주었다.

1) 유럽 중부와 남부에 호(弧)모양으로 이어져 있는 큰 산맥. 영어로는 알프스라고 하지만, 독일어로는 Alpen, 프랑스어로는 Alpes, 이탈리아어로는 Alpi라고 한다.

2) 옛 게르만족 가운데 서게르만 계통 프랑크족이 세운 왕국(486~987). 부족국가에서 발전하여 차츰 다른 여러 게르만 부족을 정복, 통합하여 피레네산맥에서 엘베 강에 이르는 서유럽 대부분을 포함하는 나라를 이루었다.

주의 소유로 팔리면서 나뉘어 졌는데, 현재까지도 이러한 포도원들과 와인들은 지속적인 발전과 명성을 지니고 있다.

와인 생산국으로는 가장 북쪽에 위치한 독일은 이 세상에서 가장 사랑스러운, 가장 가벼운 그러면서도 가장 섬세한 화이트와인을 생산하고 있다.

알코올 도수는 낮으면서 절묘하게 균형을 이루는 매력적이고도 미묘한 느낌을 주는 와인들이며, 다른 와인 생산국에서도 같은 포도품종인 리슬링을 재배하여 같은 와인들을 만들려고 노력하지만 단지 흉내에 그치고 있을 정도이다.

독일 와인의 유일하고도 독특한 성격을 이루는 다른 중요한 요소들이 있다면 이것은 토양의 구조와 기후조건이 되고 있다.

독일에서 생산된 와인들은 계절의 유사성을 가지고 있으면서도 아주 다양하여 라인가우지역 와인에서 모젤지역 와인까지의 미묘한 차이가 있으며, 리슬링에서 실바너(silvaner)까지 단순한 테이블 와인에서부터 늦게 수확된 와인들 까지 다양하다.

6) 스위스(Swiss Confederation) 와인

포도는 신석기 시대부터 재배되어 왔는데, 뉴샤텔(neuchatel)에서는 이 시대에 포도가 압축되었던 증거가 있으나, 이것으로 포도를 발효시켜 와인을 만들었는지 확실히 알 수 없다. B.C. 3000년경부터 포도가 자생하고 있었다는 이야기도 있으나, 와인의 역사는 로마시대부터 시작된 것으로 알려지고 있다. 스위스는 알프스산맥과 호수의 영향으로 인근 지역의 기후가 상당히 온화한 편이어서 포도재배에 적당한 지역이다.

강수량이 적은 편이므로 관개시설을 이용하고 있지만 단위 면적당 생산량은 프랑스의 2배 정도로 평균 1ha에서 80hl의 포도를 생산하고 있으며, 많은 경우에는 1ha에서 120hl의 포도가 생산되기도 한다.

포도원은 호수연안에서부터 700m 고지까지 다양하게 조성되어 있고, 지방에 따라서는 1,200m 높이까지 분포하기도 한다. 토양으로는 점판암(clay slate)[1]이 분해된 빙퇴석[2]과 석회암(limestone)[3], 진흙과 모래 등으로 구성되어 있다.

---

1) 셰일 또는 이암이 약한 광역변성작용을 받아 편리(片理)가 잘 발달하여, 편리를 따라 얇게 판 모양으로 쪼개지기 쉬운 성질을 갖는 변성암. 비록 변성암이지만 재결정 정도가 매우 약하고 세립 질이어서 퇴적암으로 취급하기도 한다.

2) 빙식으로 운반된 크고 작은 암설(岩屑)이 빙하의 하류부에서 퇴적되어 생긴 지형. 빙퇴석 또는 모레인이라고도 한다.

스위스 언어가 불어, 독어, 이탈리아어 3가지로 통용되는 것처럼 와인 또한 세 가지 스타일로 만들어지고 있다.

최고급 와인은 주로 프랑스 스타일이고 불어권 지역에서 생산되고 있으며, 이 지역에서는 샤슬라(chassela)로 만들어진 화이트와인과 가메(gamay)나 삐노 누아(pinot noir)를 블렌딩하여 만든 레드와인이 있으며, 발레(valais) 지역에서는 고급 샤르도네(chardonnay)와 시라(syrah)를 재배한다.

독일어권 지역에서는 주로 뮐러-투르가우(müller-thurgau), 리슬링(riesling), 실바너(sylvaner)를 이용한 화이트와인이 만들어지며, 이탈리아어 권에서는 가끔 부드럽고 인상적인 메를로(merlot) 와인을 생산하기도 한다.

7) 영국(United Kingdom of Great Britain) 와인

로마시대이전 영국에서는 야생포도를 이용하여 와인을 양조하였는데, 이는 영국의 남부지역에서 암포라(amphora)[1]와 은제 와인 잔이 발견된 것을 미루어 추측할 수 있다.

로마의 침입 이전에 벨기에인(belgian)에 의해 와인문화가 일부 전해졌지만, 이 당시 사람들은 와인보다 맥주, 미드(mead 꿀을 발효한 술)를 더 선호하였으며, 이탈리아, 프랑스와 무역도 활발하였다.

A.D. 43년 로마 침입이후, 포도재배 기술과 양조기술이 전파되어 노샘프턴셔 (northampton shire)[2]에 포도원이 설립되고 와인이 제조되었으며, 4세기 기독교의 전파로 인해 와인이 널리 보급되었는데, 이는 종교적인 영향이 컸다.

5세기에 주트인(jutes)[3]의 침략으로 와인의 암흑기가 도래하였는데, 주트인은 포도밭을 가

---

3) 탄산칼슘을 주성분으로 하는 퇴적암의 일종. 주로 방해석으로 이루어지며 일반적으로 세립 · 덩어리모양의 암석으로 흔히 화석을 포함하고 있다.

1) 그리스 도기(陶器)의 일종. '쌍족자리(쌍손잡이)' 라는 뜻이다. 원통모양의 목 부분과 크게 팽창한 몸통(胴部, 동부), 수평으로 안정된 대부(臺部), 거기에다 목 부분에서 몸통에 걸쳐 수직으로 된 2개의 손잡이(把手, 파수)가 있는 그릇이다. 대부분 꼭지잡이(乳頭形把手 유두형파수)가 있는 뚜껑이 있었다. 그리스 도기 가운데 가장 용도가 많은 그릇으로서, 물 · 포도주 · 기름 등의 저장용으로 쓰였는데 품질이 좋은 것은 식기(食器)로도 쓰였다. 특수한 것으로는 판아테나이 제전에 쓰였던 것으로, 바닥(底部, 저부)이 가늘게 된 흑회식(黑繪式)암포라가 있다. 몸통에는 그림을 그렸다.

2) 영국 잉글랜드 중부의 주(州). 면적 2,367㎢, 인구 62만 9,676명(2001). 주도(州都)는 노샘프턴. 주 전체가 낮고 평탄한 케스타지형(層崖地形 층애지형)을 보이고 있다.

3) 본래 유틀란트반도에 있었던 게르만인의 한 파. 유트인이라고도 한다. 일찍이 프리슬란트로부터 라인 강 하류지방으로 이동하였다. 프랑크 국가에 인접해 있었던 유치(eucii)족이라는 설도 있다. 5~6세기 무렵 앵글인 · 색슨인과 함께 브리튼으로 건너가, 특히 켄트 · 와이트 섬 등 잉글랜드 남동부에 정착하여 오늘날 영국인의 한 원형을 이루었다.

꾸지도 않고 육성하지도 않았으며, 그 당시 사람들은 그들의 침입을 피해 포도를 기르기에 부적합한 내륙 깊숙이 후퇴하였다.

6세기에 주트인으로 부터 다시 세력을 되찾아 그동안 잃었던 와인제조 기술이 회복되고 포도원도 다시 설립하여 와인을 포함한 유럽본토와의 무역량이 급속도로 증가하였다.

8세기 말, 바이킹(viking)[1]의 침략으로 많은 수도원과 포도원이 파괴되었지만, 9~10세기에는 킹 알프레드(King Alfred)가 기독교를 재보급 시키고 서남부 지역에 포도재배를 장려하였다.

노르만 시대(norman period) 1066년에는 포도재배가 두드러지기 시작하였고, 더 나아가 와인양조에 경험이 있는 수도사들을 프랑스에서 데려오기까지 하였다.

당시 12개의 포도원이 수도원에 소속되어 있었고, 포도원 대부분이 귀족들의 소유물이었으며, 대표적인 지역으로 글로스터셔주(gloucestershire)[2], 헤리퍼드셔주(herefordshire)[3], 우스터셔주(worcestershire)가 있었다.

이 때 만들어진 와인은 그 해 겨울에서 봄 사이 모두 소비되었는데, 이는 날씨가 따뜻해지면 와인이 산화되어 식초로 변했기 때문이며, 수입된 와인도 마찬가지였다.

20세기 중반 영국의 포도재배는 점차적으로 쇠퇴하기 시작하였는데, 이는 상업적으로 생존하기에 적합한 다른 작물을 선호하여 대체작물 재배가 증가하였고, 흑사병으로 노동인구가 감소하여 농업에 큰 변화가 일어났으며, 시원한 여름과 온화한 겨울기후의 이상기온 현상으로 포도에 질병이 많아졌기 때문이었다.

헨리 2세(Henry II 1133~1189)[4] 때에 보르도에서 와인이 전해졌는데, 운송수단의 향상으로 와인이 좋은 상태로 도착하여, 와인 값도 저렴해졌으며, 이로 인해 영국의 와인시장이 수입와인과 경쟁에 직면하게 되었다.

1300년대 중반 클라렛(claret)[5], 포트(port)[6], 마데이라(madeira)[7], 쉐리(sherry)[8], 호크

---

1) 8세기 말부터 11세기 후반 사이에 해상에서 유럽 각지에 침입한 북게르만민족(노르만인)의 별칭. 바이킹은 영어식 발음이므로 관용적으로 쓰이지만 '비킹' 이라고 하는 것이 옳다.

2) 영국 잉글랜드 남서부의 주(州). 면적 2,643㎢, 인구 56만 4,559명(2001). 주도(州都)는 글로스터. 지형은 코치월드구릉, 세번강 유역 및 딘삼림지대로 구성되며, 에이번강 · 와이강도 흐르고 있다.

3) 잉글랜드 서부의 옛주; 1974년 Hereford and Worcester주의 일부가 되었다.

4) 영국 플랜태저넷왕조 초대 왕(1154~1189). 프랑스의 르망 출생. 헨리 1세의 딸 마틸다와 프랑스의 앙주 백작 제오프르 사이의 아들이다.

5) 프랑스 보르도 지방의 로제와인

6) 강화와인. 와인에 알코올을 첨가하여 알코올 함량을 높인 와인.

7) 대서양 포르투갈 마데이라 섬에서 생산되는 쉐리(sherry)와 같은 디저트 와인의 이름. 호박색, 캐러멜 향을 가지고 있는 강화와인

8) 스페인 헤레즈(jerez)지방에서 만들어진 식전주

(hock)[1], 모젤(mosel)[2] 등 최고의 와인이 런던 항을 통해 수입되었는데, 이는 수입와인들과 경쟁해야 했으므로 영국의 포도재배에 큰 어려움으로 작용하였다.

영국의 와인 부흥기 때에는 조합단위로 새로운 품종을 개발하고, 재배기술 연구와 포도품종 연구(ray barrington brock), 와인관련 서적 출판(edward hyam) 등이 이루어 졌으며, 프랑스에서 삐노 뫼니에(pinot menier)품종을 들여와 당함량이 높고, 성숙기간이 짧은 품종(wrotham pinot)을 개발하여 번식시켰다.

또한, 조지 오디시(George Ordish)는 프랑스 샹파뉴에서 유학 후 돌아와 샴페인 방식의 스파클링 와인제조를 시도하여 와인산업에 크게 기여하였는데, 이는 영국에서도 좋은 품질의 화이트와인을 생산해 낼 수 있다는 것을 보여줌으로서, 영국의 많은 와인업자에게 용기를 얻게 하였다.

영국의 기후는 해양성 기후로서 강수량이 많은 편이고 남저 · 북고의 지형에 따라 북서부(선선한 여름과 온화한 겨울)와 북동부(선선한 여름과 추운 겨울), 남서부(더운 여름과 추운 겨울)의 기온이 차이가 있어, 포도재배는 주로 남동부에서 이루어지고 있다.

영국은 유럽지역 가운데 와인 생산지로는 그다지 유명하지 않지만, 세계 무역과 금융의 중심지인 만큼 와인 통상에 있어서 큰 영향력을 행사하고 있는데, 전 세계에서 이루어지는 모든 고급와인 경매 중 영국의 경매 시장이 와인의 가격을 사실상 결정한다고 해도 과언이 아닐 만큼 영향력이 큰 것은 물론이고, 영국인들의 와인 사랑과 와인 소비량 또한 무시하지 못할 수준이다.

변덕스러운 날씨가 포도재배에 악조건이지만 화이트와인을 생산하고 있으며, 달콤한 와인에서 세미-드라이(semi-dry)한 와인까지 생산되고 있고, 슈발 블랑(seyval blanc)을 이용하여 라이트하고 드라이하며 숙성도 가능한 화이트와인과 아로마가 상당히 짙고 포푸리(pot pourri)[3] 같은 향마저 나는 와인도 종종 선 보이고 있다.

4. 동유럽지역

1) 헝가리(Hungary) 와인

헝가리 와인의 역사는 B.C. 800~500년 켈트족[4]이 이 지역에 거주하면서 시작되었는데,

1) 독일의 라인와인을 영어를 사용하는 나라에서 지칭하는 말. hochheim에서 유래되었다.
2) 독일의 와인산지 모젤-자르-루버(mosel-saar-ruwer)의 약칭
3) 꽃향기, 잡향(雜香)(여러 가지 마른 꽃잎을 향료와 섞어 단지에 담은 것)

본격적으로 포도재배가 이루어진 것은 로마시대부터이며, 마기야르인들이 9세기경에 터키 코카서스[1]로부터 이곳에 와서 정착한 후부터 포도재배와 와인 생산이 본격적으로 발전하였다. 이후 포도재배는 가톨릭 수도원을 중심으로 중세 봉건제도 하에서 독일과 이탈리아에서 온 이주민들에 의하여 급속히 확산되었으며, 15세기부터 양질의 화이트와인을 생산하였고, 1949년 최초로 고품질의 토카이(tokaji) 와인[2]을 생산하였다는 기록이 있다.

16세기에는 세계적으로 유명한 와인 생산국이 되어 와인 수출국이 되었으나, 1526년 오토만 터키와의 전투에 패배하여 와인의 암흑기가 도래하였다.

헝가리 중부와 남부를 점령한 터키는 와인 생산을 금지시켰으며, 1699년 오스트리아가 터키를 격퇴한 후에는 모든 면에서 스스로 결정하지 못하고 오스트리아의 지시를 받게 되었다.

1780년대에는 조셉 2세가 적극적으로 포도재배를 장려하여 571,000ha의 포도원이 조성되었는데, 이는 현재보다 3배나 더 넓은 면적이었다. 그러나 1875년부터 필록세라의 창궐로 1897년에는 전국의 포도원의 60%가 황폐화되어 와인산업에 큰 영향을 주었다.

1650년부터 토카이 아쑤(tokaji asuz)와인이 생산되어 오늘날에 이르기까지 세계의 유명와인 반열에 올라있으며, 그 위치가 흔들리지 않고 있다.

프란츠 조셉(Franz Josef) 2세는 재임기간(1780~1790)에 전국의 와인산업 실태를 조사한 결과 총 572,000ha나 되는 대규모의 포도원이 있는 것으로 파악되었다.

세계 1차 대전 후 헝가리는 이웃나라와 국경분쟁으로 국토의 2/3를 크로아티아, 루마니아, 슬로바키아에 넘겨주게 되었으며, 와인산업은 1949년에 설립된 COMECON((The Council for Mutual Economic Assistance)[3]에 의해 와인의 주수출국이 동독과 구소련 이었으나 독일의 통일, COMECON의 해체(1991.6), 구소련의 붕괴 등으로 수출이 격감되어 와인산업이 위축되고 말았다.

1989년 이후 구소련이 붕괴되면서 헝가리의 모든 국가소유의 대규모 양조장들이 파산되거

4) 켈트족은 고대 북유럽 원주민으로 5000년 전에 스톤헨지를 세웠다. 줄리어스 시저가 갈리아 지방 원정 시 전투를 벌인 사람들이 바로 이 켈트족이다. 로마 제국은 결국 켈트족으로부터 영국과 스페인의 대부분을 빼앗았으며, 고대 로마 제국 말기에 켈트족이 점유한 지역은 프랑스 북서부, 아일랜드, 웨일즈, 그리고 스코틀랜드의 일부 지역에 불과했다. 중세를 지나면서 켈트족은 스코틀랜드 지역의 지배력을 강화하고 영국의 다른 지역으로 세력을 넓히기 위한 몇 차례의 시도를 했다.

1) 러시아 연방 남서부 지역. 흑해와 카스피 해 사이에 있다. 어원은 알 수 없으나, 고대에 흑해 북쪽 연안에 살았던 카스카스 부족에서 유래되었다는 설이 있으며, 고대 그리스극 '사슬에 묶인 프로메테우스' 에 카프카스라는 이름이 등장한다. 영어에서는 코카시아 또는 코카서스라고 한다.

2) 헝가리에서 생산되는 스위트 화이트와인. 곰팡이 핀 포도(noble rot)로 만든 대표적인 디저트 와인

3) 소련 · 동유럽 여러 나라를 중심으로 하는 경제협력기구. 약칭 코메콘(COMECON). 서유럽의 마셜플랜에 대항하는 것으로 1949년 1월 모스크바에 소련과 동유럽 6개국이 모인 경제회의에서 설립을 결정하고, 1959년 12월 규약을 채택, 1960년 4월 발족했다.

나 외국회사에 넘어가게 되어, 와인산업은 서서히 정부의 주도 하에서 민간주도로 전환하기 시작하였다.

그리고 소규모의 개인 포도원이 등장하면서 양질의 와인을 생산하게 되었고, 2004년 EU에 가입하면서 와인산업은 새로운 전기를 맞이하게 되었다.

1960년대에는 총 재배지가 약 60,000ha로 위축되었지만, 1990년 정부는 국가소유로 된 양조장들을 개인회사로 이양하기 시작하였다.

현재 세계적으로 유명한 토카이 와인을 생산하고 있으며, 에게르 비카베르(eger bikaver '황소의 피란 뜻')라는 와인이 유명하다.

2) 루마니아(Romania) 와인

루마니아는 지중해 동쪽 끝자락에 있는 흑해 연안 국가로서 와인의 역사는 약 3000년 전 흑해를 건너온 그리스인들이 다키아(dacia)에 소개 한 후 시작되었다. 온화한 지중해성 기후와 비옥한 다뉴브 강 유역의 삼각주, 유리한 지역적 조건으로 인해 포도재배는 성공적으로 정착되어 성장해 나갔다. 그 후 중세시대에 이르러 앵글로 색슨족이 루마니아 지역으로 대거 이주 해 오면서 다양한 종류의 독일 포도품종을 함께 가지고 왔다. 그러나 1800년대에 이르러 대부분의 독일 포도품종은 서유럽의 포도품종으로 대체되었으며, 또한 전설에 의하면, 주신인 디오니소스는 지금의 루마니아 영토인 트라키아(thracia)[1]에서 태어났다고 전하고 있다.

로마군정의 지배 당시 사용된 주화(동전)에는 한 여인이 두 아이에게 포도를 드리는 그림이 있으며, 이것은 당시 부를 상징하는 것이었고, 포도나무와 포도를 귀하게 여기며 숭상했다는 의미를 가지고 있었다.

A.D. 1세기에 부르비스타 왕(King of Burbista)은 루마니아 와인을 탐내어 잦은 외침을 당하는 것을 방지하기 위해 자국의 포도원을 파괴할 것을 명령하였다고 기록하고 있다.

1880년 루마니아의 포도재배에 큰 위기가 찾아오는데, 북미에서부터 들어 온 필록세라가 루마니아를 비롯한 유럽의 커다란 포도 농장에 치명적인 타격을 준 사건으로 인해 상대적으로 타격을 적게 받은 프랑스나 그 밖의 다른 나라의 포도품종인 메를로, 샤르도네, 삐노 누아 등으로 대체되었다.

루마니아의 인종은 슬라브족(slavonic)이 아닌 라틴계 민족이며, 전통적인 음식과 음료문화

1) 발칸반도의 동부지방. 트라키아는 옛 이름이고, 현대 그리스어 명칭은 트라키(thraki)이다. 트라키아의 범위는 시대에 따라 많이 달라진다. 고대 그리스시대에는 서쪽은 마케도니아에 접하고, 동쪽은 흑해의 서안과 마르마라 해의 북서부, 남쪽은 연안부를 제외한 에게 해에 둘러싸인 지역을 가리켰다.

에서 와인을 빼놓을 수 없을 정도로 중요한 위치를 차지하고 있어 동유럽 국가들과 기타 발칸 국가들 중 제 1의 와인생산국이며, 수출보다는 국내소비가 주를 이루고 있다.

현재 약 250,000ha의 포도원에서 약 5,090,000hl의 와인을 생산하고 있으며, 국민 1인당 연간 와인소비량은 20.99ℓ이다.

3) 세르비아와 몬테네그로(구 유고슬라비아)

세르비아와 몬테네그로의 포도재배 지역은 6개 지역으로 구분하고 있는데, 각 지역의 지형과 기후조건이 다르기 때문에 다양한 포도품종을 재배하고 있다. 지방별 생산량은 북쪽의 슬로베니아(slovenia)에서 약 9%, 크로아티아(croatia) 35%, 세르비아(republic of serbia) 45%, 보스니아와 헤르체고비나(republic of bosnia and hercegovina) 2%, 마케도니아(macedonia) 9%, 몬테네그로(montenegro)에서 소량 생산하고 있다.

4) 슬로바키아(Slovak) 와인

슬로바키아에서의 포도재배는 로마 제국이 남부 지역의 슬로바키아를 통치했던 때로 시작되며, 다뉴브 강(danube river) 주변과 더 넓은 범위 즉, 현재의 수도 브라티슬라바(bratislava)에까지 포도재배가 이루어졌다. 나중에는 포도 성장이 가능한 기후대에 속하는 북쪽지역과 동쪽지역으로 확대되었다. 15세기에서 16세기 기간 동안에 벌어진 전쟁들로 인하여 이 지역의 포도원들이 모두 파괴되었는데, 이탈리아, 독일, 크로아티아 등지에서 온 포도재배 군주들에 의하여 땅을 다시 개간하고 일구어 포도원들로 다시 태어났다.

18세기에 와인 재배자들은 "Saint Urban Brotherhood"와 같이 와인의 이름과 단체를 상징하는 명칭과 함께 진출해야 한다는 필요성을 느끼고, 오스트리아와 헝가리 군주제의 일부가 되어 더 많은 와인을 생산하게 되었다.

슬로바키아는 2700년의 와인 역사를 자랑하지만, 오스트리아와 헝가리의 통치 하에서 제 1~2차 세계대전을 겪고 멸망한 후 공산주의 체제로 40년을 지내오면서 와인산업은 쇠퇴하고 번영하지 못하였다. 1989년 국내 와인 소비량보다 $\frac{1}{3}$정도 더 많은 와인을 생산하여 그 초과된 분량을 소련이나 체코로 수출하였으며, 1990년에는 30,000ha의 포도원이 있었으나 2002년에는 15,000ha로 줄었고, EU에서는 20,000ha 이상의 포도원을 소유하지 못하도록 압력을 가하고 있는 실정이다.

슬로바키아의 와인 생산량은 과거 소비량보다 $\frac{1}{3}$정도 많아지기는 하였으나, 소비량보다 생산량이 $\frac{1}{3}$ 부족한 실정이다. 이처럼 부족한 와인을 체코와 헝가리로부터 저가로 수입하고 고급 와인은 프랑스와 스페인으로부터 수입하고 있으며, 22.000ha의 포도원에서 480,000hl의 와인을 생산 하고 국민 1인당 연간 와인 소비량은 11.83ℓ이다.

5) 슬로베니아(Slovenia) 와인

그림 1-17 Vaska Situla

슬로베니아에서의 와인생산은 B.C. 2400년 전에 시작되었는데, 와인생산은 로마인들이 포도재배를 시작하기 전 슬로베니아 북동부의 켈트인(celt)과 일리언(illyrian)은 이미 와인을 재배하고 있었다. 켈트인들은 포도재배와 와인 숙성 방법을 그리스인들에게서 배워 와인을 생산했던 것으로 추정되며, B.C. 6세기경의 것으로 추정되는 "vaska situla"라는 그릇에는 와인 축제가 묘사되어 있고, 선사시대 켈트인이 철로 된 밸트로 나무통을 묶는 방법을 알았다는 사실은 이 지역에서 와인이 생산되었다는 것을 반증하지만 아직 결정적이고 학문적인 근거는 없다.

슬로베니아에서의 와인은 로마인들에 의해 발전되었는데, 로마 제국이 쇠퇴하면서 포도재배의 방법과 전통은 사라졌다. 그렇기 때문에 현재로서는 전통적인 로마의 와인을 맛볼 수 없지만 그때의 와인은 지금의 것과는 확실하게 달랐다. 로마인들은 와인을 흙으로 만든 그릇에 넣어 굴뚝 근처나 부엌 벽, 다락과 같은 따뜻한 곳에 보관하였는데, 이는 지금과 확연히 다른 환경에서 와인을 보관한 것이었다. 그들은 달콤하고 시럽 같은 와인을 선호하여 농축 와인을 만드는데 노력하였으며, 레몬 필, 약쑥이나 샐비어(salvia) 같은 허브, 심지어는 후추까지도 와인에 곁들여 마셨다. 6세기경 러시아로부터 온 슬라브인들이 슬로베니아 지역으로 이주하고, 9~11세기경 헝가리인들이 현재 포드라베(podravje)지방을 점령하면서 슬로베니아의 와인생산은 거의 사라졌다. 전쟁으로 황폐했던 시대에도 포도재배는 계속 되었지만 그 시절 무역이라는 것은 전무했으므로 와인 생산량이나 품질을 말해주는 자료는 아무 것도 없다. 아마도 와인은 슬로베니아 지역에서의 소비만을 위해 생산 되었을 것으로 추측되며, 와인생산의 기술은 슬라브인(slav)의 기독교도들에게 이어졌다.

포도밭과 와인생산에 관한 자료는 9세기 경 코첼예(Kocelj) 황태자의 연보에서 찾을 수 있는데, 와인 생산은 헝가리인들이 후퇴한 12세기까지 제한적으로만 이루어져 왔지만 이후 수도사들에 의해 와인 생산 기술이 재도입되었고 특히, 포드라베 지방에서 활성화되었다.

12세기부터 슬로베니아의 포도재배 역사는 계속 발전하기 시작하였으며, 사람들은 숲을 개간하여 포도원을 만들기 시작하였다. 이 때문에 슬로베니아어 중 고리차(gorica)와 고르차(gorca)라는 단어(원래는 작은 나무가 우거진 언덕이라는 말)는 비노그라드(vinograd)라는 단어(포도원)와 동의어가 되었다. 이 시기 포도원의 규모가 확대되어 현재의 포도원의 규모를 가지게 되었는데, 이는 대부분이 토지를 소유한 귀족층인 가톨릭교회의 소유였고, 15세기부터는 신흥 세력인 부르주아(bourgeoisie)의 소유였다. 고르스코 프라보(gorsko pravo)라는 포도밭 소유주와 소작농과의 관계를 규정한 법은 13세기 무렵 시작되었다.

필록세라 전염병이 1880년 슬로베니아에 퍼졌는데, 비제례스코-스레믹(bizeljsko-sremic) 지역에 있는 피세체(pisece)와 비제례스코(bizeljsko) 주변의 포도밭들이 제일 먼저 영향을 받았다. 필록세라는 카펠라(kapela)에서 시작해 동북부, 프리모레(primorje)지방의 이조라(izola) 그리고 피란(piran)으로 빠르게 퍼져 나갔다. 또한 1886~1990년 하로제(haloze) 지역의 슬로벤스케(slovenske)와 고리체(gorice)에 있는 포도밭 중 절반정도는 진디의 영향으로 파괴되었다. 필록세라 전염병이 퍼지기 전, 슬로베니아는 약 51,000ha의 포도밭을 경작하였는데, 치료제가 발명되기 전까지 전염병은 많은 포도원을 파괴시켰다. 이로 인해 많은 포도 재배자들이 미국과 같은 약속의 땅으로 이주하여 돌아오지 않으므로 파괴된 포도밭의 대부분은 복구되지 않았다. 이 때문에 슬로베니아의 포도재배 면적은 8,000ha로 현저하게 줄어들게 되었다.

1991년 유고슬라비아에서 분리 독립된 슬로베니아는 포드라볘(podravje), 포새볘(posavje), 프리모례(primorje)의 3개 지방 약 21,600ha의 포도원에서 연평균 800,000~900,000hl의 와인을 생산하고 있으며, 1인당 연간 약 31ℓ의 와인을 마실 정도로 와인소비가 대중화 되어 있다.

슬로베니아에서 재배되고 있는 포도품종의 경우 청포도품종은 벨쉬리슬링(welsch riesling), 게뷔르츠트라미너(gewürztraminer), 삐노 블랑(pinot blanc), 리슬링(riesling), 쏘비뇽 블랑(sauvignon blanc)과 지역 품종인 시몬(simon) 등이 있으며, 흑포도품종으로는 레포스코(refosco, refošk), 바르베라(barbera), 까베르네 쏘비뇽(cabernet sauvignon) 등이 재배되고 있다.

6) 불가리아(Bulgaria) 와인

불가리아 와인 역사는 약 3000년 정도로 오래되었지만 1396~1878년까지 무슬림 지배기간 동안 와인의 생산이 전면 중단되었다. 이후 1918년에 와인 생산이 점차적으로 증가되면서 1960년부터 와인을 수출하기 시작하여 1966년에는 세계 6위의 와인 수출국이 되었다.

불가리아는 흑해(black sea)[1]와 인접해 있어 기후가 포도재배에 적합하여 고대부터 와인을 생산 해 왔는데, 제1차 세계대전 때부터 와인생산이 활발하여 제 2차 세계대전이 일어났을 당시에는 세계 15위 안에 들게 되었다. 그 후 제 2차 세계대전의 혼란기에 국토가 황폐해져 한때 와인양조가 쇠퇴하였으나, 1947년 국영기업인 와인양조공단(VINROM)이 설립되어 와인 생산과 무역을 맡아서 처리하게 된 후 부터 동유럽의 대표적인 와인생산국으로 재건되었다.

와인 생산조직은 전국에 30개 정도의 기업집단(kombinat)이 있고, 각 기업집단 아래에 20~30개의 생산 공장이 있어 농민들로부터 포도를 사들여 와인을 양조하는데, 농민들은 생산한 와인의 대부분을 공장으로 판매하지만 일부는 비축할 수 있는 권리가 있으나 불가리아 국내 와인 소비통계에 나타나지 않는다.

불가리아의 와인생산량은 200,000ha의 포도밭에서 350,000~490,000hl를 생산하는데, 생산지는 약 20개정도로 나뉘어져 있으나 크게 구분하면 발칸산(balkan mountain)[2]의 북쪽과 남쪽이며, 남쪽지역에서는 주로 레드와인을 생산하고 흑해 연안지방에서는 주로 화이트와인을 생산하고 있다.

그리고 발칸산의 바로 남쪽 지역으로 불가리아의 거의 중앙에 위치한 지역인 카를로보(karlovo)[3]에서는 우수한 청포도 품종인 미스켓(misket)이 재배되고 있다.

불가리아에서는 포도 품종명을 와인명으로 사용하는 경우가 대부분이기 때문에 생산지는 알 수 없으며, 통상적으로 여러 포도원의 와인을 블렌딩하여 생산하는 경우가 많았으나 몇 년 전부터 산지명을 표기한 와인이 늘어나고 있다.

오늘날 와인은 불가리아의 중요한 산업으로 와인 수출량이 세계 5~6위를 차지하고 있는데, 최근에는 이탈리아, 프랑스 등과 함께 세계의 와인 선두그룹으로 국내 생산 와인의 약 90%를 수출하고 있으며, 약 110,000ha의 포도원에서 2,260,000hl의 와인이 생산되고 있고 1인당 연간 와인 소비량은 19.66ℓ이다.

---

1) 유럽 남동부와 아시아 사이에 있는 내륙해. 면적 약 42만 300㎢. 동쪽으로 러시아연방 · 그루지야, 서쪽으로 루마니아 · 불가리아와 경계를 이루며 남쪽으로 터키, 북쪽으로 우크라이나와 접해 있다.

2) 불가리아 중앙부를 동서로 뻗은 산맥. 불가리아어로는 스타라 플라니나(stara planina 오래된 산맥)이다. 불가리아 서부 유고슬라비아국경으로부터 흑해(黑海)에 이르는 500여㎞ 길이의 산맥으로 알프스조산기(造山期)에 형성되었다. 최고봉은 2,763m의 보테프 산이다. 산맥 북쪽 비탈면은 급경사이며 해발고도 100~700m의 다뉴브평야에 면한다. 남쪽 비탈면 서부는 발칸반도의 서부지역을 이루는 산지로 이어지고, 동부는 마리차강의 하곡평야에 이른다. 북쪽 수계는 다뉴브 강으로, 남쪽 수계는 에게 해로 흐른다. 지중해성기후의 북쪽 한계점이며, 산맥 북쪽은 대륙성기후이다. 삼림으로 뒤덮여 있고, 산간에는 휴양지가 있다. 비탈면에서는 목축이 이루어진다.

3) 불가리아 중부 발칸산맥 남쪽 기슭에 있는 도시. 인구 약 2만 5,600(2002). 철도의 분기점이다. 투르크 정복시대에 형성된 상업 · 수공업의 중심지였다. 트랙터 · 섬유 · 장미유 생산 등의 공업이 발달하였다. 역사박물관, 민족주의자 V. 레프스키의 주거박물관 등이 있다.

7) 체코(Czech Republic) 와인

체코 와인의 역사는 로마인들이 모라비아(moravia)[1]에 포도재배를 경작하면서 시작되었는데, 800년 모라비안 황제 시대의 포도 자르는 칼과 포도씨 등의 유적이 이곳에서 많이 발견되고 있다.

892년 처음으로 보헤미아(bohemia)[2]에 와인이 도입되었는데 공식적인 포도원에 관한 기록에 의하면, 1057년에 이미 보헤미아에 포도원이 있었고 모라비아에는 1101년에 포도원이 있었다.

13세기 초에는 주로 수도원에서 포도원을 많이 조성하였으며, 프랑스와 독일의 포도품종들이 재배되었고 14세기에는 일반인들이 포도원을 만들었으나 세금 징수를 위하여 포도원 조성에 관한 법 등으로 상당한 규제가 있었다.

보헤미아 왕인 찰스 4세가 포도원을 조성하도록 칙령을 내려 1358년에 포도원이 조성되었는데, 약 800~900평 크기로 포도원을 조성하고 연간 약 30ℓ의 와인을 바치면 다른 와인세금을 감면해 주어 포도재배 면적이 증가하게 되었다.

19세기에 산업화가 진행되면서 포도재배 노동력이 제조업 분야로 이동하는 현상 등으로 인해 포도재배 면적이 많이 감소하여, 현재 체코에는 11,700ha의 포도원에서 연간 67,000hl의 포도가 생산되고 있다.

1인당 연간 와인 소비량은 16.1ℓ로 많은 편이며, 2000년에 650,000hl의 와인이 외국으로부터 수입되는 등 포도원을 더 조성해야하는 규모이나 EU에 가입한 이후 포도재배를 억제하도록 압력을 받고 있는 실정이다.

체코에는 17,500개의 포도원이 있지만 포도원 당 겨우 0.64ha로 포도원 규모가 소규모이고 소유주가 16,700명이나 있어 아주 영세한 농가가 대부분이다.

8) 러시아(Russia) 와인

러시아는 약 2000년 전부터 흑해와 카스피 해(caspian sea)[3] 연안에서 와인을 생산하였는

---

1) 체코 동부의 역사적 지역명. 행정상은 현재의 북모라비아(이호모라프스키주)와 남모라비아(세베로모라프스키주)에 해당하며, 그 합계 면적은 2만 6,095㎢, 인구 401만 6,000(1992) 이다. 모라비아는 영어명이고 체크어로는 모라바(morava)이다. 이 지대는 서쪽의 보헤미아분지와 동쪽의 슬로바키아산지 사이에 끼어 있고, 북으로 흐르는 오데르 강과 남으로 흐르는 모라바 강이 고대부터 중요한 교통로였으며 오늘날에도 체코의 교통요지이다.

2) 체코 서부 지역을 가리키는 역사적 명칭. 체코 동부 지역을 가리키는 모라비아에 대응해서 사용한다. 넓게는 체코 전체 또는 좁은 뜻의 보헤미아에 모라비아 · 슐레지엔까지 포함한 옛 보헤미아 왕국령을 가리킨다. 유럽의 중앙부에 있으며 보헤미아 분지를 중심으로 동부의 모라비아, 북서부의 독일, 남부의 오스트리아에 둘러싸여 있다.

데 나폴레옹과의 전쟁 중에 와인산업이 비약적으로 발전해 오다가 미하일 고르바초프(Mikhail Sergeevich Gorbachyov 1931~)[1]의 금주 운동으로 영향을 받았으나, 1989년 독일 통일 이후 유럽의 공산주의가 막을 내리면서 급성장하였다.

현재 약 110,000ha의 포도원에서 3,430,000hl의 와인이 생산되고 있으며, 러시아인들은 보드카 등 독주를 좋아하기 때문에 국민 1인당 연간 와인 소비량은 3.42ℓ에 그치고 있다.

러시아는 여름에는 덥고 건조하나, 겨울은 -30℃ 이하로 떨어지기 때문에 포도재배에 적합하지 않은 날씨이지만, 흑해와 카스피 해 연안에는 바다의 영향으로 기온이 조금 온화한 편이다.

9) 크로아티아(Republic of Croatia) 와인

크로아티아는 B.C. 700년 그리스에 의해 아드리아 연안(adriatic sea)[2]이 통치되면서 와인을 생산해 오다가 로마시대에 본격적으로 와인을 생산하게 되었다.

A.D. 1000년 베니스[3]가 크로아티아를 통치하면서 300년 동안 영향을 받았으며, 발칸 전체가 터키의 영향을 받았다.

세계 1차 대전 후에 유고 연방이 탄생하고 1946년부터 공산주의의 영향 아래 놓이게 되면서 와인의 품질과는 상관없이 양적으로만 와인을 생산하게 되어 포도재배 기술이 발전하지 못했으며, 와인의 양조기술 개발은 물론 미생물 등의 관리가 제대로 이루어지지 않아 이 기간 동안 와인의 품질이 떨어지고 국제적인 평판도 나빠지게 되었다.

1991년 유고연방에서 크로아티아로 분리 독립되면서 포도원은 개인소유 또는 조합 형태로 분배되어 와인의 품질도 향상되었다.

크로아티아는 현재 65,000ha의 포도원에서 1,950,000hl의 와인을 생산하며, 국민 1인당 연간 와인 소비량은 43.2ℓ로 세계 5위이다.

---

3) 카프카스로부터 이란 북부에 펼쳐진 세계 최대의 내해(內海). 면적 37만 1,000㎢. 길이 1,200㎞, 평균너비 300㎞. 남쪽은 이란, 동·서·북쪽은 카자흐스탄·투르크메니스탄·아제르바이잔·러시아연방에 둘러싸여 있다.

1) 소련 정치가. 러시아연방 스타브로폴 출생

2) 이탈리아와 발칸반도로 둘러싸인 지중해 해역. 면적 약 13만 2,000㎢. 남동단 오트란토해협에서 북서단의 베네치아·트리에스테 두 만까지 길이 약 800㎞, 나비 약 90~200㎞로 퍼져 있다. 이탈리아쪽 해안선은 포강 삼각주지대와 베네치아나 그라도의 석호지대를 제외하면 대체로 단조롭다. 이에 대해 디나르알프스산맥이 뻗은 카르스트지형을 광범하게 볼 수 있는 유고슬라비아 해안선은 굴곡이 심하고 난바다에는 많은 섬들이 흩어져 있다.

3) 이탈리아 북동부 베네토자치주의 주도(州都). 인구 27만 5,368명(2000). 영어명은 베니스이다. 베네치아만 안쪽의 석호(潟湖) 위에 있는 122개의 섬들이 약 400개의 다리로 연결되어 형성되었다. 5~7세기 이탈리아 북부에 침입한 서고트족·훈족·롬바르디아족으로부터의 피난처로 아드리아 해 북쪽의 여러 도시의 주민이 이주하여, 앞서 살고 있던 어민과 함께 몇 개의 취락을 만든 뒤 연합체를 형성하고 697년에는 1명의 수장(首長)을 선출하는 과두공화정을 실시하였다.

크로아티아의 포도재배 지역은 크게 해안지방과 내륙지방으로 구분되는데, 이들은 각각 더 작은 지방으로 각각 세분화되고 있다.

10) 우크라이나(Ukraine) 와인

우크라이나 와인은 B.C. 4세기 흑해 북쪽 해안에 위치한 남부 해안 크림반도(crimea)에서 와인을 생산하였으며, 그 증거로 이 시대에 사용한 압착기와 암포라가 발견되었다. 남부 해안에서 시작된 와인 생산은 키에프(kiev)와 체르니히프(chernihiv)의 북부지역까지 확대되었지만 11세기 수사들에 의해 와인문화가 발전하기 시작하였다.

우크라이나의 기후는 여름에는 덥고, 겨울에는 아주 추워서 동절기에는 -30℃까지 내려가는 전형적인 대륙성 기후이다. 기후면에 있어서 대체적으로 포도재배에 적합하지 않으나 110,000ha의 포도원에서 1,296,000hl의 와인이 생산되고 있다.

국민 1인당 연간 와인 소비량은 2.13ℓ이고, 주로 화이트와인과 레드와인, 스파클링와인이 생산되고 있으며, 스파클링와인인 크림(krim)은 메또드 샹쁘느와즈(méthode champeniose)[1] 방식으로 만들어진다.

11) 몰도바(Moldova)[2] 와인

몰도바는 루마니아와 우크라이나 중간에 위치하고 있으며, 과거에는 루마니아와 하나의 지방이었으나 최근 분리 독립되었다. 381,000ha의 포도원에서 1,400,000hl의 와인을 생산하고 있으며, 국민 1인당 연간 와인 소비량은 13.62ℓ이다.

유명한 와인으로는 네그루 드 푸카리(negru de pucari)인데 강한 레드와인이며, 푸르푸리우이 드 푸카리는 부드러운 레드와인이고 로수 드 푸카리는 진한 로제 와인이다.

몰도바의 포도재배 지역은 7개 지역으로 나누어지는데, 푸카리(pucari), 발티(balti), 이아로베니(ialoveni), 스타우세니(stauceni), 힌세스티 로마네스티(hincesti romanesti), 크리코바(cricova), 로마네스티(romanesti) 등이 있다.

재배되는 포도품종으로는 청포도품종으로 알리고테(aligote), 쎄미용, 리슬링, 쏘비농 블랑, 르카트시텔리(rkatsiteli) 등이며, 흑포도품종은 까베르네 쏘비농, 삐노 누아, 메를로, 말벡(malbec), 사페라비(saperavi) 등이 있다.

---

1) 한병 한병 개별적으로 발효시키는 독특한 제조법을 '메또드 샹쁘누와즈' 라고 한다.
2) 인구구성은 몰도바인이 64%, 우크라이나인이 14%, 러시아인이 13%를 차지하고 있으며, 언어는 루마니아어와 같은 몰다비어를 사용하고 있다.

Wine & Grape

06 신세계 와인

1. 북미지역

동방의 희귀한 물자를 직접 경험해 보고자 하는 구대륙 사람들의 욕구와 동방에 대한 동경으로 15~17세기에 걸쳐 이루어졌던 탐험가들의 항해 결과 바르톨로뮤 디아스(Bartholomeu Deaz)는 희망봉(1488), 바스코 다 가마(Vasco da Gama)는 인도의 서해안(1498), 콜럼버스(Christopher Columbus)는 신대륙(1492)을 발견하였으며, 페르디난드 마젤란(Ferdinand Magellan)은 세계일주(1519~1522)를 하였다.

이처럼 신세계 와인은 유럽의 탐험가들에 의해 발견된 국가들을 지칭하는 것이며, 대륙으로 구분하면 북미지역, 남미지역, 대양주지역, 아프리카지역으로 구분할 수 있다.

유럽의 정착민들은 그들의 연방 국가에서 종교적인 행사에 사용되었던 와인을 직접 양조하여 신대륙에서 사용하기 위하여 본국에서 포도나무를 가져와 재배하기 시작한 것이 포도재배의 시초가 되었다.

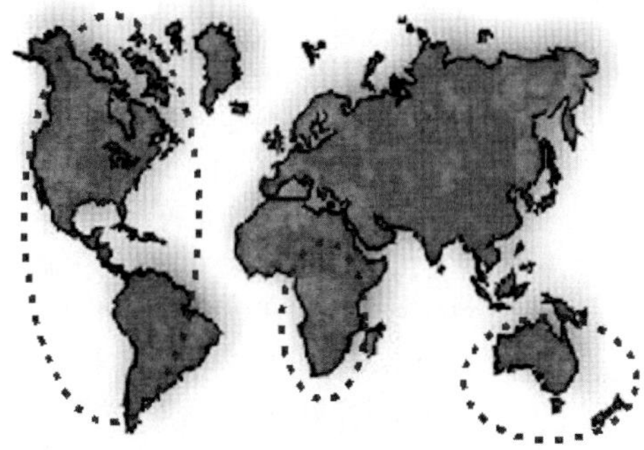

그림 1-18 신세계 와인 생산지역

신세계 포도재배 국가로는 북미지역의 미국, 캐나다, 남미지역으로는 멕시코, 칠레, 페루, 아르헨티나, 브라질, 우루과이, 대양주지역으로는 오스트레일리아, 뉴질랜드, 아프리카지역으로는 남아프리카공화국, 알제리, 모로코, 튀니지 등이 있다.

1) 미국(United States of America) 와인

미국 와인의 역사는 1562~1564년에 프랑스 위그노(Huguenot J.)[1]교인들이 플로리다 주(florida)[2]의 잭슨빌(jacksonville)[3]에 미국 자생포도인 스커퍼농(scuppernong)[4]으로 와인을 양조한 것으로 알려져 있으며, 1623년 영국의 플리머스(piymouth)[5]로부터 도착한 청교도들이 추수 감사절에 사용 할 와인을 준비하기 위하여 자생 포도로 와인을 양조하였다.

원래 이 시기에는 유럽산 포도를 재배하려고 하였으나, 미국 동부지역의 겨울 혹한으로 인하여 실패한 후 동부 각주로 포도재배가 확산되었으며, 모두 미국의 자생 포도품종들이었다.

1769년에는 주니페로 세라(Junipero Serra) 신부가 멕시코에서 선교용 포도를 가져와 샌디에이고(san diego)[6]에 심었으며, 1830년에는 상업적 용도의 포도원이 L.A에 조성되었고, 1849년 골드 러쉬(gold rush)[7] 때는 금광을 찾아온 사람 중 상당수가 포도재배로 직업을 바꾸게 되었는데, 이는 캘리포니아(california) 주[8]의 기후가 포도재배에 적합하다는 소문이 퍼지면서 프랑스 등 유럽 국가들이 이 지역에 투자를 시작하였고, 또한 선교용 포도가 아닌 유럽종 포도품종들도 많이 수입되기 시작하였다.

1869년에는 대륙 횡단열차가 개통되면서 미국 자생 포도로 만든 폭시 향(foxy)[9]의 와인보다 서부에서 생산된 유럽종 포도로 만든 와인이 동부에서도 많이 판매되기 시작하였다.

1860~1900년에는 필록세라가 미국의 포도원을 황폐하게 만들었으며, 1816년에는 인디애

---

1) 칼뱅의 전통을 잇는 프랑스 프로테스탄트교회의 별칭. 어원은 분명하지 않으나 스위스 국명의 독일어형 eidgenossen(맹약공동체)에서 iguenots, huguenots로 전화(轉化)된 것이라고 한다.

2) 미국 남부의 주. 면적 15만 1981㎢. 인구 1,671만 3,149(2002). 주도는 탤러해시. 동쪽은 대서양, 서쪽은 멕시코만, 북쪽은 조지아 주와 앨라배마 주에 접하고 남쪽으로는 멕시코 만을 사이에 두고 쿠바와 마주한다.

3) 미국 플로리다 주 북동부의 상공업도시. 면적 약 2,150㎢. 인구 73만 5,617(2000). 주에서 가장 큰 도시이며 면적으로는 미국 제2위이다. 세인트존강 어귀 부근에 있는 무역항으로서 목재 · 황(黃) · 종이제품 · 화학제품 · 펄프 등을 주로 수출하고 커피와 자동차를 수입한다.

4) 포도의 한 품종으로 미국 남부산(産) 머루(foxgrape)의 재배종; 황록색으로 알이 크다.

5) 영국 잉글랜드 남서 해안 데번 주에 있는 도시. 인구 25만 7,500명(1995). 세계적인 천연항구로 서쪽의 타마강과 동쪽의 플림강 사이에 있다. 고대에는 서턴(Sutton)이라는 어촌이었으나, 1439년 의회 조례로 영국 최초의 시자치권이 인정되어 플리머스란 이름을 받게 되었다.

6) 미국 캘리포니아 주 최남단 샌디에이고만(灣)에 면한 도시. 인구 122만 3,400(2000). 육지에 둘러싸여 있어 훌륭한 천연항(天然港)이라는 점이 이 도시의 성격을 특징짓고 있다.

7) 금광을 찾기 위해 사람들이 몰려드는 일. 1848년 캘리포니아의 한 농부의 물방앗간에서 금이 발견되자 이에 자극되어 로키산맥 및 태평양 연안으로 금을 찾으려는 사람들이 몰려들었다. 그 결과 캘리포니아는 1849년에 10만명이 모여들어, 1850년 미국의 1주(州)로 가입하게 되었다.

8) 미국 서부 태평양연안에 있는 주. 면적 41만 1,500㎢. 인구 3,511만 6,033(2002). 주도는 새크라멘토. 골든스테이트라고도 한다. 남북 1,250㎞로 좁고 길며, 북반의 중심은 샌프란시스코, 남반의 중심은 로스앤젤레스이다.

9) 미국산 포도의 향으로 비누냄새에 가깝다.

나 주(indiana)[1]를 시작으로 와인을 제외한 모든 주류의 금주운동이 점차 확산되었는데, 1880년에는 캔자스 주(kansas)[2], 1882년에는 아이오와 주(iowa)[3] 등에서 동일하게 금주령이 선포되고 다른 주에서도 동참하게 됨에 따라 포도재배와 와인산업에 나쁜 영향을 미치게 되었다.

1914년 1차 세계대전이 일어나자 33개주 전역에서 금주령을 선포하고 1919년에는 전시 금주령이 통과되었으며, 1920년에는 주류 판매금지령이 의회를 통과하면서 전 미국에서 금주령이 실시되었다.

다만, 금주령 29조에서는 예외 규정으로 버지니아(virginia) 주[4]의 사과재배 농가를 위하여 연간 200갤런(gallon)[5] 한도 내에서 알코올 성분이 없는 과일 주스를 생산하도록 허용하였으며, 의약용과 유대 종교의식에서 사용하는 소량의 와인도 허용되었다.

따라서, 금주령 기간 중 와인의 대량 생산은 불가능하였으나 주스용, 의약품용, 유대 종교행사용 등의 명목으로 만들어졌는데, 이러한 용도로 위장된 와인들이 상당량 유통되었지만 주로 식용 포도로 만들어져 품질은 좋지 못하였다.

1933년 12월 5일 마침내 13년 동안의 금주령 시대가 끝나고 포도재배와 와인 생산이 다시 재개되어 생산이 급증하게 되었으나, 금주령 기간 중에 포도원이 황폐화되고 유통 경로가 무너져 새로 개척해야 했으며, 레스토랑과 바 등에서 일하는 와인 관련 종사자들의 와인에 관한 전문지식도 부족하여 많은 어려움을 겪게 되었다.

또한, 소비자들은 오랫동안 와인을 마시지 않아 와인소비문화가 사라져 와인의 대중화 기반이 유명무실한 상태가 되었으나 캘리포니아 주의 포도 재배자들은 와인 학교를 설립하고, 1934년에는 와인의 최소 품질기준 등을 만들어 소비자, 레스토랑 종사자, 유통회사 직원 등을 대상으로 와인교육에 주력하였고, 대학에는 포도재배학과와 양조학과를 신설하는 등 많은 노력을 기울였다.

2차 세계대전에 참전하였던 미국의 젊은이들이 유럽의 식생활 문화를 경험하고 돌아와 와

1) 미국 중북부에 있는 주. 면적 9만 3,993㎢. 인구 615만 9,068(2002). 주도는 인디애나폴리스이다. 북서쪽 끝은 미시간 호와 맞닿아 있고, 서쪽으로는 워배시강, 남쪽으로는 오하이오 강이 흐르면서 각각 주의 경계를 이루고 있다.

2) 미국 중앙부에 있는 주. 면적 21만 3,110㎢, 인구 271만 5,884(2002). 주도는 토피카. 북쪽은 네브래스카 주, 동쪽은 미주리 주, 남쪽은 오클라호마 주, 서쪽은 콜로라도 주와 접해 있다.

3) 미국 중북부의 주. 면적 14만 5,752㎢. 인구 293만 6,760(2002). 주도는 디모인. 동쪽은 미시시피 강, 서쪽은 미주리 강이 경계가 되고 남쪽은 미주리 주, 북쪽은 미네소타 주에 닿아 있다.

4) 미국 동부에 있는 주. 면적 10만 9,600㎢. 인구 729만 3,542(2002). 독립 13주 중의 하나. 동쪽은 대서양, 서쪽은 켄터키 주와 테네시 주, 남쪽은 노스캐롤라이나 주, 북쪽은 메릴랜드 주와 웨스트버지니아 주와 접하고 있다.

5) 액량의 기본단위로서, 1924년 이전에 영국에서 사용되고 있던 와인 갤런(wine gallon)에서 유래하며, 3,785㎤, 즉 3.785328에 해당한다. 단위기호는 영국갤런 · 미국갤런 모두가 gal이지만, 전자를 gal(UK), 후자를 gal(US)라고도 쓴다.

인을 많이 마시게 되고, 또한 대량생산 시스템에 의한 산업사회의 발달로 경제적으로 풍요해진 미국인들의 유럽 여행이 활성화되면서 유럽의 와인 문화가 미국에도 본격적으로 도입되기 시작하였다. 아직도 미국인들은 위스키 등 높은 도수의 주류를 많이 음용하고 있으나 젊은층과 여성들은 높은 도수의 술보다는 알코올이 낮은 와인에 점차적으로 관심과 소비가 늘고 있으며, 또한 와인 문화를 선호하는 분위기가 조성되고 있어 미국 내 와인의 소비는 꾸준히 증가하고 있는 실정이다.

미국 동부지역에서는 온화한 기후에서 잘 재배되는 유럽 포도품종(vitis vinifera)의 포도는 추위에 견디기 힘들기 때문에 유럽 포도품종을 많이 재배하지 않고 있으며, 추위에 잘 견디는 미국의 자생포도품종이나 자생포도와 유럽 품종의 교잡종을 많이 재배하고 있다.

특히, 동부지역에서는 강이나 호수의 영향을 받아서 온도가 조금은 온화한 지방을 중심으로 포도를 재배하고 있으며, 반대로 미국 서부 지역은 기후가 온화하기 때문에 유럽 포도품종이 많이 재배되고 있다.

2) 캐나다(Canada) 와인

캐나다 포도재배의 역사는 1800년대 신대륙의 발견으로 유럽인들이 미주대륙으로 이주 해오면서, 유럽에서 재배해 온 유럽 포도품종을 새로운 땅에 재배하기 시작하였다. 그러나 선천적으로 기후의 영향을 많이 받고 병충해에 약한 유럽종은 캐나다의 추운기후를 견디지 못해서 재배의 많은 어려움을 겪었다. 그래서 병충해에 강한 토착품종을 재배하여 와인을 만들기 시작한 이후 1960년대에 본격적으로 고품질의 와인생산을 위한 포도재배 방법의 변화가 시작되었다. 그러나 당시에는 캐나다에 금주법이 시행되고 있어 와인생산은 금지되어 있었다. 이후 1970년대 들어 금주법이 폐지되자 와이너리들은 본격적으로 포도품종을 유럽종으로의 변화를 시도하여 다양한 유럽종 중에서 병충해에 강하고 캐나다의 추운기후에도 적합한 유럽종을 찾기 위해 다양한 방법이 시도되었다.

온타리오 주(ontario)의 샤또 드 카르마스(château des charmes), 케이브 스프링 셀러(cave spring cellars), 브리티쉬 콜럼비아 주(british columbia)의 그레이 몽크(gray monk), 틴혼 크릭(tinhorn creek) 등의 소형 부띠끄(boutique)를 중심으로 위와 같은 시도가 계속되었다.

또한, 이 시기에 퀘벡(quebec)과 노바 스코티아(nova scotia)에서 와인을 위한 포도를 생산하기 시작하였다.

캐나다 와인의 역사는 1860년대 동부지역에서부터 시작되어 주로 비티스 라부르스카 품종

(vitis labrusca)의 자생포도로 양조된 와인이 생산되었는데, 당시에는 유럽종의 재배가 어려워서 토착품종으로 테이블와인을 만들기 시작하였고, 토착품종은 특유의 강한냄새(foxy flavor)와 맛도 이상해서 많은 이들이 즐기지 않았다. 그러나 토착품종으로 쉐리(sherry)나 포트(port) 스타일의 와인을 만들면 나름의 풍미가 있었으며, 우선 가격이 저렴하고 맛도 좋아 영국으로 수출하기 시작한 후에는 캐나다 와인 발전과 수출의 중요한 밑받침이 되었다.

이후 1913년부터 점차적으로 교잡종(hybrid)[1] 계통의 포도가 많이 재배되었으며, 현지에서 소비되는 와인은 주로 단맛이 나는 스위트와인이 주류를 이루었다. 최근에는 새로운 흐름을 타고 근대 양조기술을 적용하여 유럽 포도품종에 의한 국제수준급의 훌륭한 테이블 레드와인이 많이 생산되어 세계의 주목을 받고 있다.

1900년대 초 미국의 금주법이 캐나다로 넘어가고 와인의 생산이 중단되는 시기가 있었으며, 또한 와인생산면허제도(winery license)가 생겨나서 일정한 자격을 갖춘 와이너리들만 와인을 판매할 수 있도록 규정되었다. 이때 알코올음료 판매 권한이 주단위로 넘어가 와인생산이 금지되어 와인을 생산할 수 없었으므로 소규모 와이너리의 와인을 구입해서 다시 되파는 방식으로 와이너리를 유지하였다. 이 시기 종교에 대한 관심이 증가하면서 와인은 금욕적인 생활을 방해하는 악마의 음료라고 낮게 평가했으나, 건강에 좋다는 재평가가 시작되면서 와인을 건강식품으로 이해하였는데, 이는 이후 오랜 세월 금주법이 진행되면서도 와인이 유지될 수 있었던 가장 큰 이유 중에 하나가 되었다.

1960년대 세계적으로 와인에 대한 기호의 일대 변화가 찾아왔다. 그동안 당도가 높고 알코올 함유량이 높은 와인이 세계적인 추세였다면, 1960년대를 전후로 드라이하고 알코올 도수가 낮은 와인이 소비자들에게 선호되었다. 따라서 그동안 알코올 도수와 당도를 높이기 위해 인공적으로 설탕을 첨가했지만 이러한 변화 때문에 양조방법의 일대변화가 시도되었다. 양조업자들은 와인의 양조기술 발전을 위해 갖가지 노력을 시도하였지만 불행히도 이 시기는 와인의 생산을 금지한 시기였다.

50년간의 금주법이 폐지되고 면허를 취득한 양조업자들은 본격적으로 와인 생산과 판매를 시작하였는데, 이 시기 작은 와인 부띠끄(boutique)의 괄목할만한 성장이 시작 되었다. 세계적인 명품 와인이자 1991년 보르도 빈 엑스포에서 그랑 프리 도뇌르(le grand prix d' honour)를 수상한 이니스킬린(inniskillin)의 와이너리도 이때 성장하기 시작하였다.

1988년 미국과 GATT체제 아래에서 무역을 시작하였는데, GATT는 캐나다 와인사업에 대

---

1) 교잡으로 생긴 모든 생물체. 유전적으로는 착안하는 유전자에 대해서 헤테로인 구성을 가지는 개체로 정의하지만, 일반적으로 이품종(異品種) · 이종(異種) · 이속(異屬) 간의 교배에서생기는 쌍방의 형질을 함께 가지는 튀기를 말하며 이것들을 육성 · 증식시키는 것을 육종이라 한다.

한 보호수위를 낮추고 미국과 대등한 경쟁을 요구하였다. 대부분의 와이너리들이 반발하였지만 온타리오 주(ontario)[1]와 브리티쉬 콜럼비아 주(british columbia)의 주정부는 와인산업 발전을 위해 GATT체제에 맞는 새로운 법을 제정하였다.

그래서 1988년 온타리오 주에서 VQA(vintners′ quality alliance)를 설립하여 아뻴라씨옹(appellation) 제도[2]를 도입하였고, 1990년에는 브리티시 콜롬비아 주에서도 이를 도입하였다.

이러한 제도의 도입은 캐나다 와인의 새로운 등급규정으로 자리를 잡게 하는 계기가 되었으며, 미국과의 경쟁에서 살아남기 위해 세계적인 명품와인으로의 개발을 게을리 하지 않아 그 결과 캐나다 와인 내수시장과 수출이 폭발적으로 성장하기 시작하였다.

캐나다의 유명 와이너리들은 다양한 와인과 새로운 기술로 생산량을 증가시켜 수출을 증가시키고 경쟁력 있는 가격으로 현재는 세계적인 수준의 와이너리로 성장하였다.

특히, 선택받은 기후로 인해 캐나다에서 1984년부터 생산되고 있는 아이스 와인(ice wine)[3]도 세계에서 주목하는 와인 중에 하나이며, 캐나다 와인 산지로는 노바 스꼬씨아(nova scotia), 퀘벡(quebec), 온타리오(ontario), 브리티시 콜럼비아(british columbia)의 4개주이지만, 주요 와인 생산지는 온타리오와 브리티시 콜럼비아 2개주에 집약되어 있다.

2. 남미지역

1) 멕시코(United Mexican States) 와인

남미 대륙 중에 제일 먼저 와인 문화가 전수 된 곳은 멕시코로서 1521년에 스페인의 이민자들이 멕시코에 정착하면서 포도재배를 시작하였는데, 현재는 전국에 약 96,000ha의 포도원에서 1,411,000hl의 와인을 생산하고 있으며, 그 중 약 40%는 식용포도이다.

1524년 멕시코 총통이었던 에르난 코르테스(Hernán Cortés)가 인디안 100명당 1,000그루의 포도나무를 심게 하여 포도재배를 장려하였고, 이후 와인을 생산하여 지금까지 스페인에

1) 캐나다 중남부의 주. 면적 106만 8,600㎢. 인구 1,187만 4,400(2001). 북쪽은 허드슨 만(灣)에 닿아 있고, 남쪽은 오대호를 경계로 하여 미국과 접한다.
2) 원래는 명칭, 통칭의 뜻이다. 그러나 와인용어로는 특정한 포도가 자란 지역이나 지방을 말한다.
3) 언 상태의 포도송이를 수확한 뒤 짜내면 매우 당도 높은 포도즙을 얻을 수 있다. 이 포도즙으로 와인을 만들면 고당도와 고산도가 오묘한 조화를 이루는 고급 아이스바인이 된다.

서 수입하던 와인을 국내에서 자급자족하게 되었다. 그러나 정부와의 갈등으로 인해 계속적으로 포도나무 심는 것을 장려하지 않고 규제하였다.

멕시코 사람들은 와인보다는 선인장으로 양조한 데킬라(tequaila)[1]를 더 선호하며, 날씨가 매우 더운 관계로 포도는 주로 고도가 높은 산악지대나 선선한 해안가에서 재배하고 있다. 또한, 지역에 따라서는 비가 많아 포도재배에 어려움을 겪고 있으며, 비가 적은 지역은 관개시설을 이용하여 재배하고 있고 평야지역은 땅이 비옥하나 경사지나 계곡은 흙이 엷고 척박한 편이다.

산토 토마스(santo tomas)사, 핀손(pinson)사와 라 세토(la cetto)사가 과달루페 밸리(guadalupe valley)[2]에 유럽 포도품종을 심었으며, 스페인에서 온 페드로 도메크(pedro domecq)가 포도원에 자본을 투자하여 새로운 멕시코 와인 생산의 계기를 만들었다.

1988년에 설립된 몬테 세닉 와인 공장(monte xanic winery)이 멕시코의 와인 품질 기준을 만드는데 기여하였으며, 주요 와인 공장으로는 마르케스 데 아궤요 사(marques de aguayo sa), 시아 비니콜라 데 아과스칼리엔테스(cia vinicola de aguascalientes), 카사 마데로(casa madero) 등이 있다.

마르케스 데 아궤요 사는 아메리카 대륙에서 가장 오래된 와인 공장으로 1593년에 건설되었으나 지금은 브랜디만 생산하고 있다.

시아 비니콜라 데 아과스칼리엔테스는 멕시코에서 가장 큰 와인 회사로 주로 브랜디를 생산하고 와인도 상당량 생산하고 있으며, 카사 마데로는 미국 대륙에서 두 번째로 오래된 공장으로 1626년에 설립되었다.

2) 칠레(Republic of Chile) 와인

1520년 포르투갈의 마젤란(Ferdinand Magellan 1480?~1521)[3]이 최초로 칠레를 발견했으나, 1541년 페루에서 온 스페인의 정복자들이 칠레를 점령하여 약 270년 동안 식민지로 통치하였다.

---

1) Tequila, Dequila : 멕시코 특산의 다육식물인 용설란(龍舌蘭)의 수액을 채취해 두면, 자연히 하얗고 걸쭉한 풀케라는 탁주가 된다. 이것을 증류한 것이 데킬라이다. 주정도 40도 정도의 무색투명한 술인데 마실 때는 손등에 소금을 올려놓고 그것을 핥으면서 쭉 들이켜는 것이 본식(本式)이다. 원래 데킬라는 한 지방의 토속주로서 그다지 고급술은 아니었으나 1960년을 전후로 세계적으로 유행한 '데킬라' 라는 재즈에 의해 선풍적으로 유명해졌으며, 특히 멕시코올림픽을 계기로 세계 각국에서 모여든 사람들에게 알려졌다.

2) 멕시코 북동쪽 누에보레온주 중앙에 있는 도시. 인구 66만 8,500(2000). 주도 몬테레이 동쪽으로 5㎞ 떨어져 있다. 리오그란데 강 지류인 산타카타리나강 유역 해발 205m에 있다.

3) 포르투갈 항해가. 마젤란해협의 발견자. 포르투 출생. 포르투갈어로는 마가양이시(Fernão de Magalhães)이다. 포르투의 하급귀족 출신으로 일찍부터 왕비 레오노르의 시중을 들며 왕실에서 지냈다.

칠레는 남미에서 멕시코 다음의 두 번째로 포도재배가 시작된 곳이었는데, 1548년 페드로 데 발디비아(Pedro de Valdivia)의 부하였던 프란시스코 데 카란반테스(Francisco de Carabantes)가 페루로부터 포도를 도입하였으며, 1551년 스페인의 돈 프란시스코 데 아퀴레(Don Francisco de Aquirre)가 처음으로 포도를 재배했다는 설과 1554년 후안 쥬프레 데로아이자(Juan Jufre de Loaiza)가 최초로 포도나무를 들여와서 재배했다는 설이 있다.

비옥한 토양과 알맞은 기후 조건으로 신대륙의 와인산업이 비약적으로 성장하자 칠레의 종주국인 스페인의 포도주 생산자들의 위상을 위협하게 되었다. 신대륙 와인산업의 성장은 스페인과 신대륙과의 와인 무역량이 감소하게 되는 현상으로 나타나 스페인 와인생산자들이 당시 국왕 펠리페 2세(Felipe II, 1527~1598)에게 압력을 행사하여 신대륙 와인의 생산에 대한 통제권을 발동시키도록 하였다. 이러한 통제권이 주기적으로 행사되어 1654년에 이르러 스페인 국왕은 식민지에서 새로운 포도나무의 식목을 전면적으로 금지시키고 기존의 포도밭에 세금을 부과하는 칙령을 발표하게 된다.

이러한 스페인의 통제 탓에 식민지의 와인산업은 중남미의 역내 교역에 힘입어 간신히 명맥만을 유지하였고, 교역에 있어 스페인을 위시한 유럽 국가들과 상호 보완성이 없고 오히려 서로 충돌하여 신대륙에서 포도주의 생산이 억제된 원인이 되었다. 이런 배경은 역설적으로 포도재배와 와인산업이 중남미의 단일 작물화 되지 않은 긍정적 결과를 낳았다고도 볼 수 있다. 물론 포도주의 대량 생산을 저해했던 요인은 스페인의 견제뿐만이 아니었는데, 협소한 역내 시장, 제한된 자본과 기술, 영세한 양조장, 철저한 노동력에 의존한 생산 활동, 창고 시설의 미비 등이 와인 생산을 저해 해 온 다른 요인들이었다. 더욱이 보호주의 무역 장벽이 철폐된 식민지 시대 말기부터는 프랑스와 이탈리아산 와인이 물밀듯이 몰려오기 시작하면서 신대륙의 와인산업은 심각한 타격을 입게 된다.

이런 열악한 환경 속에서 와인산업의 기업화와 자본 축적은 불가능하였고, 19세기 중반 경이 되어서야 전환기를 맞이하였다. 새로운 자본이 유입되고 신기술이 보급되었으며 생산에 있어서도 표준화, 중앙 집중화, 그리고 무엇보다도 이윤 추구의 개념이 도입되었다.

1851년에는 스페인의 돈 실베스트레 오차가비아(Don Silvestro Ochagavia)가 프랑스의 양조 기술자를 초빙하여 기술자문을 받은 후 칠레와인의 품질이 급격하게 향상되었으나, 1970~1980년 초까지 칠레는 정치적, 경제적인 어려움으로 인해 국내 와인소비가 급감하여 포도원의 절반 가까이가 문을 닫을 정도였다.

그러나 1980년 중반부터 칠레와인의 품질이 전 세계적으로 인정받고 외국으로부터 자본이 투자되어 칠레 와인산업이 급성장하게 되었다. 매년 와인 수출량이 증가하고 포도재배면적도 증가하여 약 90,000ha의 포도원에서 연간 약 545,000,000hl의 와인이 생산되어 이중 348,000,000hl의 와인이 해외로 수출되고 있다.

국민 1인당 와인 소비량은 약 14.68ℓ이며, 와인을 증류하여 알코올 도수를 높인 피스코(pisco)[1]가 많이 소비되고 있다.

3) 페루(Republic of Peru) 와인

페루에서의 포도재배는 16세기 스페인 정복자 프란시스코 데 카란반테스(Francisco de Carabantes)에 의해 처음 시작되었다. 16세기 페루의 와인 포도재배는 매우 성공적이었으며 종주국 스페인까지 와인을 수출하기도 하였다.

1547년 스페인 사람들은 "네그라 코리엔트(negra corriente)" 포도원에 포도를 심었는데, 이 포도원은 잉카 시대 동안 잉카 파차쿠텍(inca pachacutec)에 의해 이카(ica)강 유역에 지어졌고 여기서 수확한 포도로 포도주를 만들기 시작하였다.

1613년 포도주를 증류해 만든 피스코(pisco)가 처음 만들어지기 시작하였으며, 16세기 이후 페루의 포도재배가 성공하여 스페인에 와인과 피스코를 수출하기 시작하였다. 그러나 1641년 경쟁을 피하기 위한 스페인 와인 생산업자들의 요청으로 와인과 피스코의 무역이 중단되었다. 17세기 증류방법이 크게 발전하여 품질이 좋은 많은 양의 피스코가 만들어져 널리 퍼졌는데, 18~19세기 무역에서는 피스코가 주로 거래 품목이 되었다.

1920년대 "타카마(tacama)"라는 와인 회사가 최초로 프랑스와 기술 제휴를 하여 설립되었다. 그 이후 페루에는 타카마를 비롯한 여러 와인회사들이 설립되었고 각각의 회사에서 와인을 비롯한 피스코를 생산하고 수출하고 있다. 1970년대 극심한 인플레이션으로 인해 페루의 경제가 어렵게 되었는데, 그에 따라 와인산업도 어려움을 겪게 되었다. 그러나 현재 페루는 와인의 소비량이 늘어나고 있는 추세이고, 그에 따른 와인 생산량과 수입량을 늘리고 있는 실정이다. 페루 와인을 비롯한 피스코는 남아메리카의 페루인들이 거주하는 지역과 영국으로 수출되고 있다.

페루에서는 약 8,000ha의 포도원에서 연간 100,000hl의 와인을 생산하고 있으며, 이카(ica)[2] 지역은 페루 수도인 리마(lima)[3]에서 유명한 오아시스 도시로서 1563년 스페인 식민지

---

1) 페루산(產) 브랜디로 약 40도의 높은 도수의 술이며, pisco saur를 만드는데 쓰인다.
2) 남미 페루 남서부 이카강 연안의 고도(古都). 인구 16만 1,406(1993). 이카주의 주도이며, 수도 리마의 남쪽 325㎞ 지점에 있다.
3) 페루 수도. 인구 672만 3,130명(2000). 태평양연안 중부, 산크리스토발대지(臺地)의 산기슭에 있으며 페루의 해안 사막에 둘러싸여 있다.

시기에 정착된 도시이며, 페루 특산물인 피스코라는 무색의 증류 와인 생산지로도 유명하고, 이름 역시 이 도시를 흐르는 '이카' 라는 강에서 유래 되었다.

4) 아르헨티나(Argentine Republic) 와인

아르헨티나는 1550년 페루로부터 포도나무를 도입하고, 1556년 아르헨티나에 온 예수회가 꾸요(guyo)지방에 처음으로 포도 묘목을 심은 데서 비롯되었다. 여기서 시작된 두 포도품종은 끄리오야 그란데(griolla grande), 쎄레사(cereza)가 오늘날 아르헨티나 포도 수확량에서 각각 30%, 10%를 차지하고 있는데 모두 분홍색 껍질을 가지고 있다.

또한, 1557년 스페인 수도회의 하나인 메르세다리안 수도회(mercedarian order)에 재직하던 시드론(Cidron)신부가 포도나무를 페루로부터 가져와 재배하였다고 전하고 있으며, 아르헨티나도 처음에는 기독교의 종교의식을 위해 와인이 필수적인 품목이었기 때문에 와인을 생산하였다.

1559~1586년까지는 현재의 주산지인 위네로자(wineloza)와 스나 반(sna van) 지역에 포도재배가 시작되었는데, 이는 이웃의 칠레와 같은 시기였다.

아르헨티나 포도재배 지역은 대부분 안데스 산맥이 아르헨티나와 칠레를 가르는 이 나라의 내륙 지방에 위치하고 있다.

역사적으로 멘도사(mendoza)주에 포도가 처음으로 들어온 것은 1913년 스페인 이민자들로부터였는데, 당시에는 성당의 미사용으로 사용될 포도주를 위해 성당 주변에 재배한 포도의 맛이 유럽지역과 확연히 구분될 만큼 좋아 멘도사 전역을 포도특산지로 지정하게 하고 오늘에 이르게 되었다.

19세기 초까지는 이주민에게 자급용 와인을 생산하여 와인과 포도를 지급하는 형태였으며, 1816년 유럽 각 국가와 동맹을 맺은 후 대규모 이민자들을 받아들여 현대적인 형태의 와인 생산국으로 발전하였다.

1816년 7월 9일 스페인에서 독립한 후 포도재배 및 양조기술이 획기적으로 발전하여 보급되기 시작하였으며, 1850~1880년에는 까베르네 쏘비뇽 등의 고급 품종이 보급되어 유럽국가에서 필록세라로 피해를 받은 와인 생산업자들이 대거 이주함으로 인해 본격적인 와인 생산체제를 갖추게 되었다.

1873년 바란카스(barrancas), 마이푸(maipú), 멘도사(mendoza)[1] 지방에 처음으로 포도

1) 아르헨티나 서부 멘도사주의 주도(州都). 인구 11만 968(2000). 안데스산맥의 산록, 해발고도 750m에 있다. 건조기후이지만, 멘도사강의 물을 이용한 관개시설이 정비되어 집약적 농업을 한다.

밭이 조성되기 시작하였는데, 현재는 약 15곳의 유명한 포도원이 있으며, 그 중 핑카 필리치만은 대표적인 아르헨티나의 와인으로 유명하다.

1878~1885년에는 대도시의 철도 개설, 부에노스아이레스(buenos aires)[1] 등 대도시 형성 등으로 이민자들이 증가하여 산업 개발이 이루어지므로 와인산업이 발전하였는데, 1910년을 시작으로 피쉬만 가족은 피쉬만 이름의 소유권을 가지고 멘도사 강 근처의 황무지에서 처음으로 포도밭을 개간하였다. 그 후 프랑스에서 양조학을 공부한 아들에게 계승되어 훌륭한 와인이 생산되었는데, 아르헨티나의 와인 까발레로 데라쎄빠(caballero de lacepa)는 그의 대표적인 생산물이다.

양조장은 1983년 아르헨티나 계열회사에 넘겨지고, 1998년에는 포르투갈의 대표적인 와인 그룹인 쏘그라뻬라에게 팔린 후, 아르헨티나 특유의 특성을 가진 최고급 수준의 와인이 생산되어 전 세계적으로 알려지게 되었다.

포도밭에 둘러싸인 초기의 양조장은 안데스 산맥(cordillera de los andes)[2] 기슭에 위치하고 있으며, 점차적으로 와인 재배기술이 향상되고 냉 발효에 적합하도록 자동온도 조절이 가능한 2겹의 스테인리스 발효탱크의 설비를 완비하고 프랑스 및 미국의 오크통을 사용하였다.

피카 피쉬만의 포도는 포도밭의 300ha에서 재배되었는데 대표적인 포도품종으로는 가메(gamay), 시라(syrah), 샤르도네(chardonnay)이며, 포도밭은 멘도사의 두 지역으로 확장되었다. 한 지역은 마이푸(maipú) 지방에 있는 바란카스(barrancas)로 일조량과 일교차, 토양의 수분 침투정도가 포도재배에 적합한 자연환경을 갖추고 있는데, 이 지역에서 주로 재배되는 포도품종은 까베르네 쏘비뇽(cabertnet sauvignon), 말벡(malbec), 시라(syrah), 샤르도네(chardonnay)이다.

또 다른 지역은 뚜뿐가또(tupungato) 지역으로 온화한 기후와 질 좋은 모래흙은 이 지역을 유명한 포도밭 생산지로 만들었는데, 주 재배품종은 메를로(merlot)이며 최신 장비와 기술 그리고 꾸준한 인력개발로 피카 피쉬만은 최고의 와인을 만들 수 있었고 전 세계 와인들을 발전시키는데 기여하였다.

아르헨티나의 주요 품종은 레드와인의 말벡으로 국제적으로도 아르헨티나 산 말벡이 잘 알려져 있으며, 품종의 원산지는 프랑스의 뚜렌(touraine) 지방이고 꼬(cot)로 불린다.

---

1) 아르헨티나의 수도. 면적 30만 7,800㎢. 인구 290만 4,192명(2000). 아르헨티나 중동부, 대서양 연안에서 라플라타 강을 240㎞ 거슬러 올라간 남서해안에 있다.

2) 북쪽의 마라카이보 호(湖)에서 남쪽의 티에라델푸에고까지 남아메리카 대륙을 따라 뻗어 있다. 지구상에서 가장 장엄한 지형으로 꼽힌다. 7개국의 상당 부분에 걸쳐서 남북으로 펼쳐져 있으며, 베네수엘라 · 콜롬비아 산계와 에콰도르안데스 · 페루안데스 · 센트랄안데스 · 파타고니아안데스 산맥 등 6개의 주요지역으로 나눌 수 있다.

풍부한 광물질과 좋은 기후조건에서 생산된 아르헨티나의 말벡이 꼬뜨(côte)에 비해 더 좋은 색깔과 모양으로 생산되고 있으며, 메를로, 까베르네 쏘비뇽과 비교할 때 좋은 경쟁 상대가 되고 있다. 1968년도 멘도사에서는 아르헨티나 레드와인의 50%를 생산하고 있으며, 1970년대에는 화이트와인 선호로 레드와인 생산이 감소하는 현상을 보이고 있는데, 현재는 약 19,500hl에서 재배되고 있다.

아르헨티나에서의 포도재배는 대부분 서쪽 국경 지대인 안데스 산맥 근처 산기슭에서 많이 재배하고 있으며, 약 210,000ha의 포도원에서 연간 약 15,835,000hl의 와인이 생산되어 세계 5위의 와인 생산국이고 약 2,000개의 와인공장이 있다.

국민 1인당 연간 와인 소비량은 1970년 기준 90ℓ에서 최근에는 32.57ℓ로 많이 감소하고 있으나 세계적인 순위로는 8위 정도를 하고 있다. 전체 생산량의 약 95%를 국내에서 소비하고 나머지 약 5%정도를 국외로 수출하고 있다.

5) 브라질(Federative Republic of Brazil) 와인

브라질 와인의 역사는 1532년 포르투갈인이 처음으로 브라질에서 포도나무를 가져와 심었으며, 1822년 포르투갈로부터 독립하면서 와인산업이 발전하기 시작하였다.

1870년 이탈리아에서 이주해 온 이주민들이 이탈리아로부터 포도나무를 가져와 처음으로 유럽종의 포도나무를 심게 되었는데, 포도의 도입 이후 와인산업이 브라질에서 시작되기까지 약 300년이라는 시간이 소요되었다. 1532년 포도묘목의 도입 이후 1822년 포르투갈로부터 독립하면서 와인산업을 시작하게 되었지만 크게 부각되지 않았다. 따라서 학자들에 따라서는 브라질에서의 본격적인 와인산업의 시작을 1870년 이탈리아 이주자들이 정착하면서 이루어졌다고 보는 견해도 있다.

이탈리아 이주자들은 브라질의 리우 그란데 두술(rio grande do sul)의 산악지대에 정착하면서 이탈리아의 베네토(veneto)와 트렌티노(trentino)등의 유서 깊은 포도주 생산지에서 묘목을 가지고 왔지만, 브라질 토양에 잘 견디지 못해 말라버리거나 해충의 피해에 손쉽게 노출되었다. 포도재배의 꿈을 안고 이민을 떠난 이탈리아인은 이에 실망하지 않고 독일 정착민이 브라질 토양에 적응시켜 재배하고 있던 이사벨(isabel)묘목을 구입해서 다시 심었다. 평지에서 자라던 이사벨은 산악지역에서도 잘 적응하여 많은 수확량을 기록하였다.

그 후 1969년 브라질 내에서 처음으로 까베르네 쏘비뇽이 재배되었고 1970년 외국 기업들이 브라질 와인 회사에 많은 투자를 하기 시작하였다. 이때 참여한 기업들은 휴블레인(heublein), 마르티니 앤드 로시(martini & rossi), 모엣 앤드 샹동(möet et chandon)등의 다국적 음료회사가 들어와 대규모로 포도재배에 참여하였다. 최근에는 알마덴(almaden)사가 브라질 국경 근처의 팔로마(paloma)에 호이블라인과 그란자 우니앙(granja uniao)사가 핑이루 마샤두(pinheiro machado)에 포도재배와 양조업을 시작하였다.

1988년에는 브라질 와인의 품질 향상을 위한 INAVI(instituto nacional de vitivinicultura)를 설립하였고, 최근에는 브라질 소믈리에협회와 포도주 애호가협회가 발족하였다.

브라질의 기후는 덥고 습한 아열대성 기후로 유럽품종의 비티스 비니페라(vitis vinifera)는 재배하기 부적절한 편이며, 교배종이나 비티스 라부르스카(vitis labrusca)가 비교적 재배하기 수월하다. 그래서 브라질에서는 비티스 비니페라 품종이 약 10%정도 재배되고 있으며, 이것도 병해충으로 수확량이 매우 적은편이여서 좋은 와인을 생산하기 위해서는 비교적 날씨가 선선한 해발 약 700m 고원지대에서 포도재배가 이루어지고 있다.

브라질에서는 남미지역에서 세 번째로 와인을 많이 생산하고 있는데, 약 64,000ha의 포도원에서 연간 약 2,968,000hl의 와인이 생산되고 있으며, 국민 1인당 연간 와인 소비량은 1.78ℓ이다.

6) 우루과이(Oriental Republic of Uruguay) 와인

16세기 말 우루과이에 스페인 사람들이 종교적인 목적으로 포도나무를 들여오면서부터 시작되어, 1670년에 상업적인 목적으로 본격적인 성장을 하기 시작하였다.

포도원은 우루과이 수도인 몬테비데오(montevideo) 근처에 집중되어있으며, 우루과이에서 처음으로 재배된 두 종류의 대표적인 포도품종으로는 탄나(tannat)와 폴 누아(folle Noir)이다.

탄나(tannat)는 1870년 몬테비데오에서 북쪽으로 400km 떨어진 곳에 프랑스인 파스쿠알 하리아구에(Pascual Harriague)에 의해 소개되었다.

또한, 1874년에 콜론(colon)에서 폴 누아(folle noir)와 가메 블랑(gamay blanc)을 재배하기 시작한 사람은 스페인 사람 프란시스코 비디엘라(Francisco Vidiella)로 우루과이 와인산업의 창시자로 불리고 있다.

우루과이 와인의 양조 역사는 1870년대 바스크(basque)[1] 정착민들이 이주하면서부터인데, 이들이 수많은 바스크 포도를 우루과이로 가져와 와인을 생산하기 시작하였다.

우루과이는 와인산업의 품질개선을 위해 수출하기 시작하여 1974년 와인 품질이 매우 낮았던 브라질을 위주로 수출을 하였다.

1) 피레네 산맥 서쪽에서 와인을 생산하던 국가

우루과이와 브라질 남부의 와이너리는 새로운 땅과 기후조건을 찾는 것이 두 나라에서 와인 산업의 품질 향상에 좋은 방법이라고 생각하였으며, 1988년에는 포도생산의 통제 목적으로 National Wine Institute(INAVI, instituto nacional de viticultura) 법률을 제정하여 우루과이의 와인산업 발전을 위하여 제도적인 정비를 하였다.

우루과이 와인 생산량은 뉴질랜드와 비슷하며, 대부분 소량으로 생산하기 때문에 소규모생산자들로 구분되어지고 있다.

주로 재배되고 있는 포도품종은 토속품종인 하리아구(harriague)라고 불리는 탄나(tannat)품종인데, 이 품종은 습도가 높은 곳에서도 잘 성장하는 특성이 있어 많이 재배되고 있다. 이외에 위니블랑(ugni blanc), 쎄미용(semillon), 쏘비뇽 블랑(sauvignon blanc), 게뷔르츠트라미너(gewürztraminer), 까베르네 쏘비뇽(cabernet sauvignon), 까베르네 프랑(cabernet franc), 메를로(merlot), 시라(syrah) 등 다양한 품종이 재배되고 있다.

현재 약 22,000ha의 포도원에서 연간 약 1,000,000hl의 와인이 생산되고 있으며, 국민 1인당 연간 와인 소비량은 약 29.5ℓ로 남미지역 국가에서 많이 마시는 편에 속한다.

3. 대양주지역

1) 오스트레일리아(Commonwealth of Australia) 와인

1788년 영국의 아더 필립(Arthur Phillip) 선장이 시드니(sydney)의 식물원인 보타니칼 정원(botanical garden)에 포도나무를 심었다는 기록과 1791년 1월 24일 시드니에 있는 영국 정부의 주 호주 주지사의 집 정원에 있는 포도나무에서 두 송이의 포도를 수확하였다는 기록이 남아 있다.

1800년 영국의 식민지였던 오스트레일리아는 영국에서 소비되는 와인을 충족하기 위한 방안으로 와인산업을 일으키고자 영국정부에서 정책적으로 계획을 수립하였는데, 이를 위해 프랑스 죄수 2명에게 자유를 주는 대신에 호주로 보내어져 포도재배와 와인생산을 하도록 하였다.

이처럼 영국정부는 오스트레일리아를 자국의 와인 생산지역으로 만들고자 죄인까지 보내 와인생산을 위하여 노력하였지만, 정작 보내어진 죄수들은 포도재배와 와인양조 기술을 전혀 알지 못하는 일반인들이었다.

1805년에는 존 맥아더 선장이 포도나무를 가져와 1820년대에 상업적으로 와인을 생산하였고, 1823년에는 사면된 죄수 바르톨로뮤 브리우토에 의해 태즈메니아주(tasmania)에서 처음으로 포도가 재배되어 1827년부터 정식으로 와인을 판매하기 시작하였다.

1828년에는 조지 윈드햄에 의하여 어퍼 헌터 밸리(upper hunter valley)에서 처음으로 포도가 재배되기 시작하여 뉴사우스웨일스 주(new south wales)[1], 태즈메이니아 주(tas mania)[2], 웨스턴오스트레일리아 주(western australia)[3], 빅토리아 주(victoria)[4], 사우스오스트레일리아 주(south australia)[5]에서도 포도재배가 이루어 졌다.

1824년에는 오스트레일리아 와인의 아버지로 알려진 제임스 버스비(James Busby)가 스코틀랜드에서 이주하여 포도재배와 와인양조법을 전파하였으며, 프랑스, 스페인 등 유럽지역에서 약 678종의 포도품종을 들여와 1970년까지 지역별로 포도농장을 설립하였다.

1800년대부터 1960년대까지 생산된 대부분의 오스트레일리아 와인은 가정에서 마시거나 영국에 수출하기 위하여 양조한 포트 와인과 같은 주정강화 와인이었다.

1875년에는 최초로 필록세라가 발견되어 전국토가 황폐화되므로 필록세라에 내성이 있는 미국산 포도품종과 접붙여 문제를 해결하였다.

1951년에는 오스트레일리아 최고의 와인으로 지칭하는 그랜지 에르미따쥬(grange hermitage)가 펜폴드(penfold)[6]의 막스 슈버트(Max Schubert)[7]에 의해 시라(syrah) 포도품종으로 생산되었고, 1978년에는 마가렛 리버(margaret river)가 오스트레일리아에서 처음으로 원산지 명칭의 와인으로 생산되었다.

최초의 오스트레일리아 와인은 품종이 우수하여 세계적으로 인정받고 있어 테이블와인 소비가 많아지고 있지만, 과거에는 포트와인이나 쉐리와인의 소비가 많았다.

---

1) 오스트레일리아 남동부의 주. 면적 80만 1,600㎢
2) 오스트레일리아 남동부에 있는 주. 면적 6만 7,800㎢
3) 오스트레일리아 서부에 있는 주. 면적 252만 5,500㎢
4) 캐나다 브리티시컬럼비아 주의 주도(州都). 인구 7만 1,228, 대도시권 인구 28만 7,900(1991)
5) 오스트레일리아 중남부에 있는 주. 면적 98만 4,000㎢
6) 영국에서 이주한 젊은 의사 크리스토퍼 라우손 펜폴드에 의해 설립 되었다. 펜폴드 박사는 포트나 쉐리 같은 주정강화 와인을 환자 치료용으로 만들었는데, 처음에는 작게 시작했으나 35년 만에 오스트레일리아 남부 와인의 ⅓의 대규모 사업이 되었고, 보르도에 기초하여 유수하고 수명이 긴 까베르네 쏘비뇽에 영감을 얻어 시라즈 와인부터 만들어 15년 후에는 그레인지(grange)가 국제적으로 오스트레일리아의 와인 품질을 입증하며 선두적인 역할을 하였고, 1995년 와인 스펙터지에서 금세기 와인 베스트 12의 하나로 그 이름을 높였다.
7) 막스 슈버트(Max Schubert. 1915~1994). 독일혈통인 그는 21세부터 '와인 꿈'을 꾸며 대학에서 화학을 전공한 후 펜폴드에 입사한다. 1948년 수석 와인 메이커가 되자 프랑스 론 지역의 대표 포도품종인 시라즈(shiraz)를 연구대상으로 삼아 호주산 와인 개발에 매진하여 마침내 1951년 그랜지 에르미따쥬(grange hermitage)를 처음 내놓았다. 하지만 전문가들의 평가는 참담하기 그지없었는데 "제정신인 사람은 아무도 마시지 않을 대단한 걸 만들었군", "한두 상자 사고 싶지만 돈을 낼 생각은 없네" 등. 하지만 이 51년산은 99년 5월 호주 와인 경매에서 1만7,000호주달러(약 1,400만원)에 낙찰돼 화제에 오르더니, 지난 6월에는 똑같은 51년산이 5만 500호주달러(약 4,200만원)에 낙찰됐다. 그랜지 51년산은 160상자만 생산됐으며, 현재 80병 정도 남아 있다.

오스트레일리아는 현재 50,000ha의 포도원에서 연간 약 10,163,000hl의 와인을 생산하고 있으며, 국민 1인당 연간 와인 소비량은 20.5ℓ로 높은 편에 속한다.

2) 뉴질랜드(New Zealand) 와인

뉴질랜드 와인의 역사는 1819년 영국의 선교사인 사무엘 마스덴(Samuel Marsden)이 북섬의 최 동북쪽에 있는 케리케리(kerikeri)[1]에 처음으로 포도재배를 시작하였고, 1836년 영국의 정착인 제임스 버스비(James Busby)가 와이탕이(waitangi)에 있는 그의 포도원에서 재배된 포도를 양조하여 영국 주둔군에게 와인을 납품하였다는 기록이 있다.

뉴질랜드의 와인산업은 1800년대 오스트레일리아의 포도역사와 관련이 있으며, 1900년대 초까지는 유럽인들의 영향을 받지 않았다.

뉴질랜드 최초의 와인은 1838년 오스트레일리아 포도재배의 아버지라 불리는 제임스 버스비에 의해 양조되었는데, 제임스 버스비가 포도나무를 심을 당시 뉴질랜드에서 재배되는 포도나무는 없었던 것으로 기록되어 있다. 그가 1833년 프랑스와 스페인에서 포도나무를 가져와 베이 오브 아일랜드(bay of island)에 심으면서 뉴질랜드 와인의 역사는 시작되었다.

뉴질랜드의 기후는 북쪽 섬과 남쪽 섬이 다른데, 북쪽 섬은 선선한 해양성 기후이고 비가 많이 내려 습하며, 남쪽 섬은 더 선선하고 건조한 지역이다. 토양은 지역에 따라 화산암 위에 점토, 모래, 자갈 등의 다양한 토질로 구성되어 있다.

2004년 현재 18,112ha의 포도원에서 연간 약 119,000,000hl의 와인이 생산되고 있으며, 국민 1인당 연간 와인 소비량은 8.8ℓ이다.

4. 아프리카지역

1) 남아프리카공화국(Republic of South Africa) 와인

남아프리카공화국 와인의 역사는 네덜란드, 프랑스, 독일 등 유럽인들이 1652년 케이프타운에 정착한 1659년부터이며, 케이프타운(cape town)[2]의 창설자 얀반 리벡(Jan van

1) 파이히아에서 북쪽으로 약 23킬로미터 떨어져 있는 케리케리는 감귤, 키위 농장과 공예품의 중심지로 도자기나 직물과 같은 특산품으로 유명하다.

2) 남아프리카공화국 남서부의 항만도시. 인구 85만 4,616명(1991)

Riebeeck)에 의해 시작된 와인생산은 당시 유럽에서 희망봉을 돌고 인도양을 목표로 한 범선으로는 비타민 부족으로부터 오는 괴혈병(scurvy)[1]이 큰 문제로 되어 있었다. 그 같은 문제를 해결하기 위해 리벡은 비타민C가 많이 함유된 와인을 만들기 시작하면서 남아프리카에서 와인이 탄생하게 되었다.

그 후 와인생산은 케이프 식민지의 개척자에 의하고 발전하였는데, 특히 프랑스에서 쫓겨난 위그노(신교도)들에 의해 기술적으로 향상되었다.

1669년부터는 유럽에도 수출되었고, 18세기부터 19세기에 걸쳐 유럽의 궁정에서도 애음되었으나, 19세기말 영국이 케이프타운 식민지에 부과한 주세법과 필록세라의 질병으로 인해 와인생산에 큰 타격을 받게 되었다. 그리고 1970년대 이후는 인종차별정책인 아파르트헤이트(apartheid)[2]로 인해 전 세계적인 경제제재를 받음으로 인해 와인산업도 침체기를 맞이하게 되었다. 그러나 1994년의 넬슨 만델라 대통령이 흑인 최초의 대통령으로 선출된 이후 와인생산도 점차 회복하게 되었고, 그 품질도 세계 시장을 겨냥한 제품을 만들기 시작함으로서 와인의 품질 및 완성도가 현격하게 향상되었다.

남아프리카공화국의 주요 와인 산지는 케이프타운에 가까운 연안 지방과, 내륙의 리틀 카루(little karoo)로 크게 나뉜다.

특히, 케이프타운 인근 지역인 스텔렌보쉬(stellenbosch), 팔(paarl), 프란스후크(fransch hoek), 소메르셋 웨스트(somerset west), 웰링톤(wellington) 등은 대부분 프랑스 이주민 후예들에 의해 와인 생산이 이루어지고 있다. 이 지역은 와인랜드(wine land)라고도 불리고 있는데, 와인용 포도가 재배되고 있는 지역은 112,000ha에 이르고, 지중해성 기후에 속한 남아공 연안 지방은 와인용 포도 생육에 이상적인 환경을 만들어 내고 있으며, 대서양과 인도양에서는 한랭한 바람이 불고 일조 시간도 긴 것이 특징이다.

현재 120,000ha의 포도원에서 연간 약 8,371,000hl의 와인을 생산하고 있는데, 이중에는 와인 65%, 코냑 16%, 오드비(eau-de-vie)[3] 12%, 농축주스 7%가 사용되며, 국민 1인당 연간 와인 소비량은 9.15ℓ이다.

---

1) 비타민C의 결핍으로 생기는 병. 성인의 경우는 생야채의 섭취부족, 장기간에 걸친 감염증, 열병 후에 생긴다.

2) 남아프리카공화국의 소수 백인이 자행한 극단적 인종차별 및 인종격리정책의 총칭. 백인과 비백인(아프리카인, 인도 · 파키스탄 · 말레이시아 등 아시아계 주민, 컬러드라고 하는 혼혈주민) 사이의 여러 가지 차별적 관계를 제도적 · 법률적으로 규정하였다.

3) 오드비(eau-de-vie)란 와인 증류 원액을 말하는 전문용어다. 엑스트라(extra), 나폴레옹(napoleon), X.O(extra old)는 사용된 오브디가 콤트 6 이상 됐다는 뜻이다. 유명한 코냑 회사일수록 자신들이 추구하는 스타일을 위해 더 오랫동안 오드비를 숙성하고 있다.

2) 알제리(People's Democratic Republic of Algeria) 와인

알제리는 로마시대에 와인을 생산했을 정도로 세계에서 가장 오래된 와인 생산국 중 하나이며, 북아프리카의 프랑스령 중에서 가장 와인을 많이 생산하는 국가이다.

12세기에는 유럽 품종인 마카베오(macabeo), 로살라 데 톨카, 마타로(mataro), 그르나슈(grenache) 등이 무어족에 의하여 스페인, 포르투갈에서 이집트 등을 경유하여 도입되었고, 그 이후에 아틀라스 산맥(atlas mountain)[1]의 해발 500m내외의 지대에 포도원이 조성되었다.

1830년 알제리는 프랑스 식민지에 속하면서 위니(ugni), 생쏘(cinsault), 무르베드르(mourvédre), 알리칸데 부쉐(alicante bouschet), 까베르네(cabernet) 등이 도입되었으며, 모래가 많은 토질로 필록세라의 폐해를 당하지 않았다.

주요 포도품종은 생쏘(cinsault), 알리칸테(alicanté), 알리칸테 부쉐(alicanté bouchet), 그르나슈(grenache), 무르베드르(mourvédre), 까베르네 쏘비뇽(cabernet sauvignon), 삐노 누아(pinot noir) 등이다.

알제리에는 2개의 주요 와인 재배구역이 있으며, 첫 번째 지역인 오란(oran) 지역 속에는 여러 개의 와인 산지가 있는데, 꼬또 드 마스카라(côteaux de mascara), 꼬또 드 틀렘센(côteaux de tlemcen), 몽 뒤 테살라(monts du tessala), 모스타가넴(mos taganem), 모스타가넴-케네다, 오우드-임버트 등이 있다. 두 번째 지역으로 알제르(alger) 지역에는 앵 베셈 부이라(ain bessem-bouira), 꼬또 뒤 자카르(côteaux du zaccar), 오-다라, 메데아(medea) 등이 있다.

오란 지역은 알제리 와인의 $\frac{3}{4}$을 생산하고 주로 벌크와인(bulk wine)을 판매하며, 알제르(alger) 지역은 주로 약간 가벼운 레드와인을 생산하며, 다라(dahra) 지역은 과거 프랑스령 때에 VDQS급 와인 공장이었던 로베르(robert), 라블레(rabelais), 르노(renault)에서 바디가 풍부한 레드와인을 생산하고 있다.

알제리 와인은 프랑스로부터 독립하기 이전에는 여러 개의 크뤼 클라세(cru class)가 VDQS로 승격될 정도로 와인 생산량이 많았으나 현재는 그렇지 못하다.

1983년에는 와인 생산이 최고에 이르러 약 400,000ha의 포도원에서 연간 약 22,000,000 hl의 와인이 생산되었으나, 1991년에는 약 97,000ha의 포도원에서 연간 약 460,000hl의 와

1) 아프리카 북부 모로코에서 알제리 · 튀니지에 걸쳐 남서에서 북동쪽으로 이어져 있는 대습곡산맥. 전제길이 약 2,000㎞, 나비는 400㎞. 산맥의 중부에서 동부에 걸쳐 북쪽의 텔아틀라스, 남쪽의 사하라아틀라스의 두 산맥으로 이루어져 있다.

인이 생산되고 있는데, 이는 1983년보다 약 $\frac{1}{3}$수준으로 이는 포도원들을 곡물류를 생산하기 위해서 밭으로 전용하였기 때문이며, 국민 1인당 연간 와인 소비량은 약 0.7ℓ이다.

3) 모로코(Morocco) 와인

모로코 와인의 역사는 로마시대부터 와인이 생산되었으나, 이슬람 통치 기간 1000년 동안에는 와인을 생산하지 못하고 일반인들이 자유스럽게 마시지 못하여 발달하지 못하였다.

그러나 1912년 프랑스와 스페인의 식민지 통치기간에 포도재배를 다시 시작하여 어느 정도 와인생산이 있었으며, 1956년 프랑스로부터 독립하였다.

프랑스 식민지 영향으로 인하여 모로코의 와인규정은 프랑스의 AOC규정과 비슷하나, 원산지 명칭표기는 실제적으로는 잘 실행되고 있지 않다.

주요 와인생산 지역은 메크네스-페즈(meknes-fez), 라밧-카사블랑카(rabat-casa blanca), 오우즈다-베르칸네(oujda-berkane), 마라케흐(marrakech) 등이며, 주요 재배 포도품종은 까리냥(carignan), 생쏘(cinsault), 까베르네 쏘비뇽(cabernet sauvignon), 메를로(merlot), 시라(syrah), 그르나슈(grenache) 등이다.

포도생산량은 현재 약 50,000ha의 포도원에서 연간 약 286,000hl의 와인을 생산하고 있으며, 국민 1인당 연간 와인 소비량은 약 1ℓ이고, 흑포도로 만들어 약한 핑크빛 와인인 뱅 그리(vin gris)[1]가 많이 소비되고 있다.

4) 튀니지(Republic of Tunisia) 와인

튀니지 와인의 역사는 로마시대 카르타고(cartago)[2] 시대부터 시작되었으나 이슬람 통치기간 1000년 동안 와인생산 규제로 인하여 와인산업이 활성화되지 못하였다.

---

1) 흑포도를 살짝 압착시켜서 나온 주스로 만든 약한 핑크빛 와인

2) 카르타고는 B.C. 8세기 페니키아인이 북아프리카 튀니스 만(灣)에 건설한 도시국가다. 카르타고라는 이름은 고대 로마인들이 부른 것으로서 페니키아어(語)로는 콰르트하다쉬트(새로운 도시)이며, 그리스인은 칼케돈이라 불렀다. 로마는 카르타고인들을 '페니키아인' 이라는 의미의 라틴어로 '포에니' 라고 불렀다. 당시의 북아프리카는 토양이 매우 비옥하여 농업이 발달하였으나, 카르타고는 지중해 통상의 요충지였기 때문에 지중해를 중심으로 한 해상 무역에도 주력하여 부를 축적했다. 카르타고는 로마와 비슷한 공화정을 채택하였지만 군대 편제는 시민병 중심의 로마와 달리 누미디아의 기병, 스파르타의 보병과 북아프리카 일대의 종족, 그리스인까지도 낀 용병대가 주축이 되었다. B.C. 6세기 무렵 카르타고는 강력한 해군력을 바탕으로 코르시카, 사르데냐, 에스파냐 등지에도 진출하여 식민도시를 건설하였으며 서(西) 지중해에서 최대의 세력을 떨치는 강대한 국가로 성장했다. 카르타고는 계속해서 서방을 향하여 판도를 넓혀 갔으며, 시칠리아 섬을 놓고 약 300년 동안 그리스인과 충돌을 되풀이했다.

그러나 1881년 프랑스가 통치하면서부터 와인생산이 이루어졌고, 1955년에 독립하였으며, 프랑스의 영향으로 튀니지의 와인규정은 프랑스의 AOC규정과 비슷하다.

1955년도의 와인규정은 테이블와인(vin supérieur de tunisie)과 뮈스카 리큐어(appellation contrôlée vin muscat de tunisie)의 2단계로 구분되었으나, 1957년에는 vin de consommation courante, vin de qualité supérieure, vins supérieures, appellation d' origine contrôlée의 4단계로 세분화 되었다.

주요 포도품종은 까리냥(carignan), 생쏘(cinsault), 뮈스카(muscat) 품종인데, 튀니지에서는 뮈스카 포도품종으로 만든 와인을 가장 좋은 와인이라고 하며, 와인생산량은 약 30,000ha의 포도원에서 연간 약 400,000hl의 와인을 생산하고 있고, 국민 1인당 연간 와인 소비량은 2.1ℓ이다.

●●● ▶ Wine & Grape

07 ▶▶▶ 아시아 와인

1. 중앙아시아지역

아시아지역의 와인은 구세계 와인과 신세계 와인지역보다 시기적으로 매우 늦게 시작되었는데, 기후조건이 포도재배에 부적합한 지역이 많고, 토속주류가 국가마다 양조되어 애음되었던 관계로 와인산업이 크게 발달하지 못하였다.

그러나 최근에 아시아 지역의 경제수준 향상과 생활수준의 서구화로 인하여 와인소비가 큰 폭으로 높아지고, 와인 소비시장으로 급부상하게 되면서 와인에 대한 관심이 높아지고 있는 지역이다.

아시아지역 와인은 통상 신세계와인과 통합하여 분류하고 연구되어 왔으나, 포도재배환경이나 와인 양조기술, 양조설비 등의 수준차이가 많아 함께 통합하여 분류한다는 것은 불합리하다고 판단된다.

아시아지역의 와인은 최근 각 나라마다 자국의 환경에 맞는 포도를 재배하고 와인을 양조하려는 움직임이 활발하게 일어나고 있으며, 유럽에서 생산되는 와인 또한 수입되어 소비가 늘어나고 있는 실정이다. 아시아지역은 대체적으로 자연적인 환경이 유럽지역에 비하여 포도재배에 적합한 지역이 많지 않고, 양조용 포도보다는 식용포도가 대중화되어있어 과일로서 먹는 경우가 많다.

아시아 포도재배 국가는 우즈베키스탄[1], 중국, 한국, 일본, 태국[2], 베트남[3], 인도[4] 등이 있으나, 외부로 알려지지 않고 소규모로 와인을 양조하는 지역과 국가가 많을 것으로 판단된다.

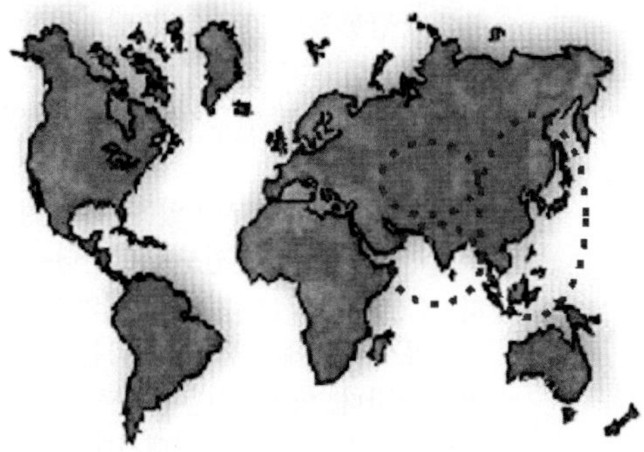

그림 1-19 아시아 와인 생산지역

1) 우즈베키스탄(Republic of Uzbekistan) 와인

우즈베키스탄 와인의 역사는 지리적인 위치와 자연환경적인 조건이 포도재배에 천혜의 환경조건이 되어 서유럽보다 앞서 포도재배가 이루어졌고, 와인이 생산되었을 것으로 추측하고 있다.

지리적으로 포도재배의 시초가 되는 터키 코카서스[1]지역 및 중근동지역과 가까운 거리에 위치하고 있어 역사적으로 서유럽국가의 와인문화가 로마군의 정복전쟁에 의해 전래된 것과는 다르게 이보다 먼저 자체적으로 주변에서 야생하는 포도를 이용하여 와인을 양조하였을 것으로 추측되고 있다.

우즈베키스탄은 역사적으로 B.C. 6세기 후반에 고대 오리엔트 세계를 통일하여 약 2세기 동안 중앙아시아에서 이집트에 이르는 넓은 지역을 지배했던 페르시아 제국 아케메네스 왕조의 지배와 그 뒤 B.C. 334년부터 동방원정을 시작하여 아케메네스 왕조를 멸망시키고 중앙아시아와 인도 북서부에 이르는 광대한 세계제국을 건설한 마케도니아 왕국의 알렉산드로 대왕(B.C. 336~323)의 지배와 몽골의 침략, 마와라안나르(Māwarā an-Nahr)[2] 및 호라산을 지배했던 이란계 왕조인 사만왕조(A.D. 875~999)의 침략 등을 통하여 동서양의 문물과 문화가 교차하는 역사적인 사건을 수 없이 경험한 국가 중에 하나이다.

시대적으로 때로는 와인생산에 박해를 받기도 하여 와인산업이 침체된 시기도 있었으며, 근대에 와서는 소련연방에 편입되어 와인보다는 보드카를 더 많이 생산하므로 와인 생산국가라는 것을 대외적으로 알리지 못하였고, 최근에 소련연방으로부터 벗어나 독립된 후에도 아직까지 와인 양조장에서 보드카를 함께 생산하는 곳이 많다.

우즈베키스탄의 정확한 포도재배와 와인의 역사는 문헌적으로 기록된 것이 없어 명확하게

---

1) 중앙아시아 중부에 있는 나라. 정식명칭은 우즈베키스탄공화국(republika uzbekistan)이며, 우즈베크라고도 한다. 면적 447,400㎢. 인구 2,641만 416명(2004). 1924년에 세워졌으며, 카라칼파크자치공화국을 포함한다. 동쪽과 남동쪽은 키르기스스탄 · 타지키스탄, 남서쪽은 투르크메니스탄, 남쪽은 아프가니스탄, 북쪽은 카자흐스탄과 접한다. 수도는 타슈켄트

2) 동남아시아 중부 인도차이나반도 중앙에 있는 나라. 정식명칭은 타이왕국(kingdom of thailand), 옛 이름은 시암(siam)이다.

3) 인도차이나반도 동부에 있는 나라. 정식명칭은 베트남사회주의공화국(socialist republic of vietnam)

4) 히말라야산맥 이남, 인도반도의 대부분을 차지하는 공화국. 정식명칭은 인도공화국(ganahantra bharat)

1) 러시아 연방 남서부 지역. 흑해와 카스피 해 사이에 있다. 어원은 알 수 없으나, 고대에 흑해 북쪽 연안에 살았던 카스카스 부족에서 유래되었다는 설이 있으며, 고대 그리스극 '사슬에 묶인 프로메테우스' 에 카프카스라는 이름이 등장한다. 영어에서는 코카시아 또는 코카서스라고 한다.

2) 아랍의 침입기 및 아랍지배시대(8~9세기)에 아랍인들이 부하라 · 사마르칸드를 포함하는 아무다리야 이북의 오아시스 정주지대(定住地帶)를 일컬었던 명칭. 아라비아어로 "강(아무다리야) 저편의 땅"을 뜻한다.

이야기 할 수 없으나, 지리적 · 환경적 · 역사적 사건 등을 통하여 판단 할 수 밖에 없는 실정이다.

우즈베키스탄의 사마르칸트는 소그디아나(sogdiana)[1] 지역에 위치한 제라브샨 계곡의 주민들이 6000~7000년 전부터 와인 생산업에 종사하였는데, 이곳은 인공적인 관개와 오랜 기간 동안 포도나무 성장을 할 수 있는 자연환경 조건이 매우 좋았으며, 사막지대이면서 강우량이 적어 포도의 당도가 보통 28브릭스(brix)[2] 정도가 되는 양질의 포도를 수확할 수 있는 지역이었다.

처음에는 포도 종류와 등급에 관계없이 지역 와인은 '무살라스(musalas)' 라는 이름으로 불렸으며, 그 지역의 와인은 판매용으로 소량이었고 주로 집에서 개인적으로 마시는 가양주[3]로 양조되었다.

그러나 1868년 실크로드(silk road)의 중심지인 사마르칸트(samarkand)에서 거상이었던 드미트리 필라토프씨가 사마르칸트 포도밭 단지에 기본 시설을 갖춘 와인 양조장을 설립하기 시작하였으며, 1872년에 파리에서 개최된 국제 와인 콩쿠르에서 연속 사마르칸트 와인이 금메달과 은메달을 받기 시작하였다.

1885년에는 프랑스 코냑지방에서 코냑 생산설비를 수입 한 후, 1901년에 코냑을 생산하여 국제적인 명성을 얻게 되었으며, 전 세계에서 유일하게 코냑이라는 상호를 사용하고 있다.

1927년에 러시아의 와인 전문가인 M.A 호브렌코 교수가 이곳 와이너리에 취임하면서 새로운 변화를 가져왔는데, M.A 호브렌코 교수는 보르도의 까베르네 쏘비뇽, 이탈리아와 헝가리의 뮈스카트(muskat), 독일의 리슬링 포도품종을 접목시켜 성공하였으며, 취임 후 3년이 되는 해에 유럽의 와인명산지인 프랑스 보르도 수준의 고급 와인을 생산하는 와이너리로 발전시켰다.

그리고 최상의 포도품종으로 안정된 원료 공급원을 만들기 위해 포도나무의 재배 기술을 혁신시키고 품질 좋은 포도를 수확하였으며, 사마르칸트 공장에서 출시된 구랴-칸도즈, 쉬린, 까베르네 리케르노에, 우즈베키스탄, 파르하드 등 고급와인의 기술을 개발하여 계속적으로 국

1) 중앙아시아의 고대국가. 지금의 우즈베키스탄에 있었으며, 제라브샨의 비옥한 계곡 중앙에 있었다. 발굴된 유적에 따르면 소그디아나는 B.C 1000~500년 사이에 사람이 살기 시작했고 아케메네스 왕조의 지배를 받은 것 같다. 소그디아나는 그 뒤 알렉산드로스 대왕의 공격을 받았으며 B.C 2세기경에 샤카와 월지족(月氏族) 침략을 받을 때까지 박트리아 그리스 왕국에 소속되어 있었다. 몽골인들이 침입할 때까지 번창한 곳이었으며, 사만 왕조(9~10세기) 때는 이슬람 문명의 동부중심지 역할을 했다.

2) 1Brix란 포도쥬스 100g에 들어있는 1g의 당을 말한다. 당의 함량이 높을수록 와인의 알코올 함량이 높아진다. 포도의 brix 수치가 20~25정도 되면 수확이 가능하다. 만약 이 포도로 당의 55%를 발효시키면 알코올 함량을 다음과 같이 계산하여 얻을 수 있다(25×.55=13.75% alcohol).

3) 家釀酒 : 집에서 빚은 술

제 와인 콩쿠르에서 사마르칸트 와인이 35개의 금메달과 은메달 그리고 우량품종 증명서를 받았으며, 현재 70여개의 메달을 획득하였다.

오늘날 사마르칸트의 호브렌코 와이너리는 4가지 종류의 와인을 생산하는데, 테이블용 화이트와인과 레드와인, 디저트용 토카이(tokaji) 와인 그리고 코냑(cognac)이다.

2. 동북아시아지역

1) 중국(People's Republic of China) 와인

중국의 포도재배는 B.C. 121~136년에 한나라(B.C. 206~220)의 장 지엔(Chang Chien) 장군이 서역[1]에 사신으로 가서 귀국하기 전에 포도재배 및 와인양조기술을 견학하고, 지금의 우즈베키스탄의 페르가나(ferghana)[2]에서 포도 씨앗을 가져와 씽지낭(xinjinang)과 샤안씨(shaanxi)에 포도를 재배하였다.

또한, B.C. 2세기경에 중국의 정원에 포도가 심어졌다고도 하며, 당연히 와인도 양조되었을 것으로 추측되기도 하지만 와인이 보편화되어 음용되었다는 기록은 없고, 후에 연구한 결과에 의하면, 중국인들의 동양적인 기질에는 와인이 맞지 않았을 것이라고 한다. 지금에 와서도 중국인은 아주 강하게 양념이 된 음식을 주로 먹으므로 백주와 같은 알코올 도수가 높은 술로 입안을 깨끗이 한 후 다음 코스의 음식을 먹을 수 있기 때문에 와인보다는 독주를 선호하는 경향이 있다.

A.D. 2세기에 서역에서 수입된 와인은 귀중품으로 취급 될 만큼 상류사회에서 마실 수 있는 음료였으나, 당나라(A.D. 618~907)이전에 포도로 와인을 양조했을 가능성이 매우 높다.

중국은 2차 세계대전 전 시기인 청조 말에 유럽과 외교 관계를 수립하면서 유럽의 와인이 소개되기 시작하였는데, 외국과의 왕래가 많았던 산동성[3] 지역에 포도원이 있었다고 하며, 특

1) 중국에서 한대(漢代) 이후로 위먼관(玉門關)과 양관(陽關) 서쪽의 여러 나라들을 일컫던 역사적 용어. 좁은 의미에서는 파미르 고원 동쪽 지역만을 가리키지만, 넓은 뜻으로는 이 지역 외에도 아시아 중 · 서부와 인도 반도, 유럽 동부와 아프리카 북부에 이르는 광대한 지역까지 포괄한다.

2) Ferghana라고도 씀. 옛 이름은 novy margelan(~1910), skobelev(1910~1924). 우즈베키스탄 페르가나 주의 주도. 페르가나 계곡 남부 알라이 산맥 기슭에 있다. 1877년 러시아인들이 새로 정복한 코칸트 칸국(汗國)의 일부를 떼어내 페르가나 지방의 군사 · 행정 중심지로서 이 도시를 세웠다. 이곳은 1918년 투르키스탄의 일부가 되었고, 1924년에는 우즈베키스탄에 편입되었다.

3) 중국 산둥성(山東省, 산동성) 동부에 있는 반도. 북쪽 라이저우만(萊州灣, 내주만)과 남쪽 자오저우만(膠州灣, 교주만)을 연결하는 자오라이강(膠萊江, 교래강) 골짜기에서 북동쪽으로 뻗는다.

히 이 지역에 독일인들이 많이 거주했기 때문에 와인이 상당히 알려져 있었으나 공산화된 이후부터는 중국 와인에 관해서는 거의 외부로 알려지지 않았다.

1980년 후반에 들어와서 중국이 개방화되면서부터 와인산업에 관해서 외부로 서서히 소개되고 있다.

근대에 와서 1892년 장비시(Zhang Bi Shi)라는 사람이 얀타이(yantai)에서 장유(chang yu)라는 포도원을 개원하였는데, 그는 약 150종의 유럽종인 비티스 비니페라(vitis vinifera)를 가져와 재배했다는 기록이 있다.

또한, 이와 비슷한 시기에 멜코(melco)라는 양조장이 독일인에 의해 처음 설립되어졌고, 1910년 북경양조장(shang yi winery)이 프랑스 신부에 의해 설립되었다.

중국의 토양은 포도재배에 적합하나 내륙 지방은 극단적인 대륙성 기후이고, 해안 지방은 계절풍의 영향을 받으므로 기후가 포도재배에 좋은 편은 아니지만, 최근 산동성에는 얀타이(yantai)와 칭따오 지역에 와인 공장이 설립되고 있으며, 이 지역의 5개 와인 공장에서 연간 약 100만 상자의 와인이 생산되고 있다.

중국와인산업협회(CWIA)의 통계에 따르면, 중국 내 와인 소비량은 1999~2004년 사이 79%가 늘었는데, 주로 고품질의 와인수요가 늘고 있으며, 중국에서 생산되는 와인의 품질이 아직 매우 저급한 단계에 있어 프랑스, 이탈리아, 독일 등 유럽산 와인의 수요가 크게 늘고 있는 현상을 보이고 있는데, 베이징에서는 지난 한 해 동안 외국 와인의 판매가 30%나 증가 할 정도로 시장규모가 커지고 있다.

특히, 프랑스 와인의 수입이 2005년에만 47.8% 증가하면서 중국은 프랑스 와인수출국 20위 안에 진출, 침체에 빠진 프랑스 와인산업을 중국이 구해주고 있다는 말까지 나오는 형편이다. 그러나 이 같은 상황 변화 역시 시간 문제인 것으로 판단되며, 무한한 잠재력을 가진 중국의 와인시장에 관심이 있는 사람들이 유럽 등지에서 포도나무를 들여와 양조장을 설립하기 시작하면서 중국산 와인의 품질이 해가 갈수록 향상되고 있다. 유럽의 와인업체들은 이러한 성장추세에 대비하기 위하여 중국과 합작회사를 설립하거나 유통망을 확장하기 위하여 분주히 준비하고 있는 실정이다.

현재 중국에는 군소업체를 포함해 약 300여개의 포도원이 있는 것으로 알려지고 있는데, 이중 대표적인 와이너리는 장유(changyu), 만리장성(great wall), 다이너스티(dynasty), 그레이트 드래건(great dragon)이며, 가장 품질 좋은 와인을 만들고 있는 곳은 화동(huadong) 와이너리로 알려져 있다.

'중국의 나파 밸리'로 불리는 북동부 산동(shandong) 지방에 있는 화동 와이너리는 상당히 품질 좋은 샤르도네와 리슬링 포도품종으로 와인을 양조하고 있으며, 특히 샤르도네는 최근 유럽과 남아프리카공화국 등지에서 열린 대회에서 몇 차례 금메달을 수상했을 정도로 품질을 인정받고 있다.

화동 와이너리는 원래 사과나무 과수원이었는데, 1980년대 중반 홍콩의 와인상 마이클 패리(Michael Parry)가 유럽에서 4만그루의 포도나무를 들여와 중국에 심으면서 유럽 스타일의 와이너리로 변신하였고, 수차례 실패를 겪으면서도 포도원 정착에 힘썼던 패리는 성공을 보지 못한 채 눈을 감았지만 그가 묻힌 포도원에서 품질 좋은 와인들이 생산되기 시작하였다.

중요한 것은 화동 와인의 75% 이상이 국내에서 소비된다는 점이며, 고급 호텔이나 식당, 바, 카지노의 와인수요가 늘어남에 따라 5년 전 3만 케이스를 생산하던 화동은 지난 해 10만 케이스를 생산하였고, 올해는 그 두 배인 20만 케이스 출시를 위해 박차를 가하고 있는데 조만간 100만 케이스 판매도 달성할 수 있을 것으로 예상하고 있다.

이 같은 추세로 보면, 2010년 안에 자체 브랜드의 와인이 중국시장을 지배하게 될 것으로 예상되며, 장래에 중국와인이 세계시장을 휩쓸 날이 올 것이라는 의견이 나오는 것도 무리는 아니며, 와인 업계에서는 2010년까지 중국의 와인 생산량과 판매가 매년 15% 이상 증가할 것으로 보고 있다.

중국에서 유명한 와인 공장으로는 최근 레미 마틴(remy martin)社가 중국과 합작하여 시노-프렌치 합작 포도주 공장(sino-french joint venture winery)이 티안진(tianjin) 지역에서 화이트와인 다이너스티(dynasty)를 생산하고 있고, 세 번째 합작회사는 그레이트 월 포도주 회사(great wall winery)로서 프랑스의 페르노-리처드사와 합작하여 북경 북쪽 120km 떨어진 만리장성 근처에 있는 드레곤 실 포도주 농장(dragon seal winery)에서 드레곤 실(dragon seal)이란 와인을 만들고 있다. 또한 홍콩에 거주하던 영국인 마이클 패리(Michael Parry)가 칭따오 포도주 공장과 합작해서 칭따오 포도주 공장 인근에 화동 포도주 공장(hua dong winery)건설을 추진했지만, 1989년 천안문 사건으로 중단되었다가 최근에 완공되어 품질이 국제 수준에 상당히 근접하는 화동(huadong)이라는 와인을 생산하고 있다.

중국에서는 현재 약 360,000ha의 포도원에서 연간 약 10,800,000hl의 와인이 생산되고 있어, 세계 6위의 와인 생산국에 속하고 있으며, 국민 1인당 연간 와인 소비량은 0.87ℓ이다.

2) 한국(Republic of Korea) 와인

(1) 포도재배 역사

아시아 동부를 원산지로 하는 왕머루(vitis amurensis) 포도품종과 머루(vitis coignetiae)

와 같은 야생포도(wild grapes)가 재배되고 있으나, 양조용 포도로 재배한 것은 찾아보기 어렵다.

재배종의 도입은 1300년 초엽 고려 충숙왕[1] 시기, 몽고의 공주를 맞이할 때 원나라 황제가 하사한 포도 씨를 가져와 아시아 계통의 유럽종 포도인 청포도를 처음 재배하였으나 실패한 것으로 알려지고 있다.

조선시대 백자도기에 포도 그림이 그려져 있고, 문헌에 수정(水晶 백색의 포도) 등의 품종이 기록되어 있는 것으로 보아 당시의 궁중이나 고관의 정원에 심었던 것으로 추측할 수 있다.

그러나 포도의 현대적 재배는 1906년 뚝섬의 원예모범장[2]과 1908년 수원에 권업모범장[3]이 설립된 후 외국에서 도입된 포도품종들이 시험 재배된 것이 시초이다.

시험재배의 결과 한국 풍토에 적응하는 조생종 캠벨 어얼리(campbell early)[4] 이외에 여러 품종들이 포도 주산지인 소사, 김해, 경산, 나주 및 대전 등지로 보급되어 재배되었다.

1910년 성명미상의 일본인이 경북 포항에 대단위 포도 재배지를 개간하여 포도나무를 심고 와인 가공업을 한 것이 기원인 것으로 추측 할 수 있다.

그 후 1960년대에 원예시험장의 확장 발전과 더불어 미국, 유럽, 일본 등지에서 도입된 품종이 전국적으로 널리 재배되기에 이르렀다.

(2) 와인의 역사

한국의 와인 역사는 고려 충렬왕(1274~1308)[5] 때 원나라 임금이 와인을 보내왔다는 기록이 있으며, 안축(1287~1348)[6]이 쓴 고려 3조(충렬, 충선, 충숙)의 실록인 근재집(謹齋集)[7]에서 은자(隱者)가 빚어 보낸 와인을 받고 읊은 시가 실려있다.

근대적인 와인의 역사는 한말 외국 선교사들에 의해 미사 때에 사용 할 미사주용으로 와인을 가지고 들어온 것이 처음이다.

---

1) 고려 제27대 왕(1314~1330, 복위 1332~1339). 이름은 만(卍), 초명은 도(燾)

2) 오늘날 수원 원예 시험장의 전신

3) 1906년(고종 43) 일제 통감부(統監府)가 농업기술의 시험 · 조사 및 지도를 위하여 설치한 관청. 통감부는 이해 4월 농사개량을 위하여 〈통감부권업모범장관제〉를 발표하였고, 6월에는 경기도 수원(水原)에 권업모범장을 창설하여 농업개량을 위한 시험, 종묘(種苗) · 종축(種畜)의 보급 및 기타 농산(農産)에 관한 일을 맡아보게 하였다.

4) 미국 오하이오 주에서 Campbell씨가 moore early(belvidere×muscat hamburg)에 교배하여 육성한 품종으로 1892년에 선발 명명한 품종이며, 우리나라에는 1908년에 도입되었다.

5) 고려 제25대 왕(1274~1308). 휘는 거, 시호는 충렬 경효대왕, 원종과 선경대후 김씨의 아들이다.

6) 고려 말기 문신. 자는 당지(當之), 호는 근재(謹齋)

7) 고려 충숙왕 때의 문인 근재 안축(安軸)의 시문집. 1680년(숙종 6) 후손 안경운(安慶運)이 수집 편찬해 제주(濟州)에서 간행하였다.

리델(Félix Clair Ridel 1830~1884)[1] 주교의 조선 유수기(朝鮮幽囚記)에 그가 체포될 당시의 상황을 기술한 내용 중에는 "포졸들이 내가 가진 시계와 와인을 욕심내기에 이것을 주고, 그들이 좋아하는 사이에 천주의 존상(尊像)과 성기(聖器)를 치울 수 있었다." 라는 것이 이를 증명하고 있다.

그러나 와인이 한국에 선 보이기 시작한 시점은 대원군[2]의 쇄국정책 이후 문호가 개방되면서 궁중 행사나 외국사절들이 가지고 들어온 것과 19세기 말엽부터 생겨난 대불호텔[3] 등 서구적인 호텔들이 개점하면서 부터이다.

광복 후 관광공사에서 수입한 소량의 와인을 호텔에서 판매하였고, 일부 미군 부대를 통해 시중에 유출된 와인이 국내에 소량 소개되는 정도였다.

국내에서 생산된 국산 와인이 정식으로 생산된 것은 1968년 5월 농수산물 유통공사의 전신인 농어촌개발공사가 일본 산토리사(suntory)와 합작으로 한국산토리(주)를 설립하여 일본 산토리사의 기술지도로 리프트 와인, 로제와인, 팸 포트 와인을 처음 생산하였는데, 이것이 한국에서 상업적으로 생산된 최초의 와인이다.

이후 1974년 정부에서 막걸리, 소주를 양조하는데 쓰이는 양곡 소비를 줄이기 위하여 대규모 포도단지 조성과 와인공장 건설을 권고하면서 본격적인 국산 와인시대가 열리기 시작하였다.

한국의 포도재배는 1906년 서울 뚝섬에 있는 원예 농장이 설립되면서 재배 되기시작하여

1) 조선 후기에 들어온 프랑스의 가톨릭 신부. 한국명은 이복명(李福明). 파리 외방전교회(外邦傳敎會) 소속 신부로 1861년(철종 12) 한국에 들어와 다른 프랑스 신부들과 함께 전교에 힘써 교세를 확장하였다. 1866년(고종 3년) 베르뇌 주교 등 9명의 프랑스 신부와 8,000여 명의 신도가 체포 · 학살되는 병인박해가 일어났을 때, 몸을 피해 중국 톈진(天津 천진) 프랑스 함대사령관 P.G. 로즈 제독에게 이 사실을 보고하였다. 이에 천주교 박해를 구실로 프랑스가 3척의 함대를 동원, 이해 9월 강화도를 포격한 병인양요가 일어났을 때 적극적으로 앞장서 2차례에 걸쳐 프랑스함대의 길 안내를 맡았다. 그 뒤 상하이(上海 상해)에서 다른 신부들에게 한국말을 가르치면서 주교가 되어 1870년 6월 조선교구 제6대 교구장으로 임명받았다. 1877년에 2명의 프랑스 신부를 대동하고 다시 한국에 들어왔으나 곧 체포되었다. 프랑스 정부의 항의로 석방되었지만 국외로 추방되어, 일본 요코하마(橫濱 횡빈)에서 한불자전(韓佛字典 1880) 및 한어문전(韓語文典 1881)의 편찬을 감수하면서 재입국을 시도하다가, 병으로 본국에 돌아가 죽었다. 저서 서울에서의 옥중기는 당시 한국사회의 습속과 가톨릭의 실정을 아는 데 중요한 자료가 된다.

2) 조선시대 왕이 형제나 자손 등 후사가 없이 죽고 종친 중에서 왕위를 계승하는 경우, 신왕의 생부(生父)에 대한 호칭. 선조의 아버지 덕흥군(德興君)을 덕흥대원군으로 추존(追尊)한 데서 비롯되어, 4명이 대원군에 봉(封)해졌다. 인조의 아버지인 정원대원군, 철종의 아버지 전계대원군, 고종의 아버지 흥선대원군이 있다. 흥선대원군만 생전에 대원군으로 봉해졌고, 그 밖의 3명은 죽은 뒤에 추존되었다. 고종이 12세의 미성년이었으므로 표면상으로는 조대비가 수렴청정(垂簾聽政)하는 것으로 되어 있었으나 실질적으로 흥선대원군이 섭정으로 모든 정책의 결정권을 부여받아 내외의 격변하던 시기에 10년 동안 혁신정책을 폈다.

3) 대불호텔은 일본조계 입구에 벽돌식의 3층 건물로 일본인 호리 리키타로에 의해 1887년 착공돼 다음해 완공됐다. 당시 일본조계 찻 집이 호리씨 자택이었고, 두번째가 대불 호텔이었다. 이 호텔은 우리나라를 찾아오는 구라파인이나 미국인들을 겨냥해 서양식으로 설계됐다.

순수한 국산 와인이 양조 보급된 것은 1973년 7월 한국산토리(주)가 해태주조(주)에 매각되고 1974년 해태주조에서 해태 노블와인[1]과, 1977년 동양맥주에서 '마주앙' 을 선보이게 된 이후였다.

한국에서 재배되는 포도는 대부분이 식용 포도이며, 양조용 포도는 경북지방의 독일계 청포도 품종인 리슬링(riesling)과 시벨(siebel), 흑포도 품종인 뮈스까 베일리 어얼리(muscat baile early)가 일부 재배되고 있을 뿐이었다. 이렇게 소량 생산되는 리슬링으로 1977년도부터 생산되어 온 (주)두산의 마주앙이 한국의 유일한 와인이었다.

1974년 동양맥주, 해태주조, 백화양조 등 3사가 양곡문제 해결을 위한 정부시책에 동참하여 동양맥주는 경남 · 북 지역, 해태는 전남 지역, 백화양조는 전북 지역의 야산, 하천부지 등의 척박한 지역에 수십만 평의 포도원을 조성하였다.

1977년 정부시책에 따라 최신설비를 갖춘 현대식 공장이 동양맥주에 의해 건설되어 국산 와인인 마주앙이 탄생 되었는데, 마주앙 시리즈는 한국을 대표하는 와인으로 많은 사랑을 받았으며, 와인의 불모지라고도 할 수 있는 곳에서 진정한 와인의 진가를 처음 보여준 와인이기도 하다.

국내 최초로 독일로부터 리슬링 등 우수한 품질의 양조용 포도품종을 도입하면서 1973년부터 독일의 라인, 모젤 지방과 유사한 기후와 토양을 가진 경북 청하에 포도원을 조성하고, 1977년 5월 경상북도 경산군에 연 600kl[2]의 생산규모를 갖춘 와인공장을 1차 준공하여 독일와인 타입의 마주앙 화이트와인과 레드와인을 생산 판매하기 시작하였다.

마주앙은 시판과 동시에 천주교의 미사주로 봉헌되면서 그 품질을 인정받기 시작했는데, 한국에 천주교가 전래된 이래 수입와인에 의존해 오던 미사주를 국산 와인으로 사용하게 된 것은 마주앙이 처음이었다. 또한 1984년 교황 요한 바오로 2세 방한 행사에서 공식 미사주로 사용되기도 하였다. 마주앙이 이룬 또 하나의 성과는 1978년 12월 미국의 일간지 '워싱턴 포스트지' 로부터 "신비의 와인"이라는 격찬을 받은 것이다. 카터 대통령 방한시에 수행 기자가 귀국 선물로 가져간 마주앙을 와인 전문가들과 시음한 후 기고한 내용으로 워싱턴 포스트지가 외국의 와인을 찬양한 기사를 실은 것은 처음이었다.

1982년 이후 마주앙은 한국 와인시장의 70%이상을 점유하며, 한국와인의 대명사가 되었지만, 레드와인의 경우는 화이트와인 만큼의 명성을 얻지 못하였다. 특히 외국산 와인과 경쟁하

1) 국순당 L&B로 사명이 변경되는 해태앤컴퍼니는 1968년에 설립된 주류회사로 1974년 국산와인 노블와인을 출시한 바 있다. 2003년 2월 국순당에 계열편입 됐으며, 현재 담금전용술 담금세상, 페트(PET)형태의 일반증류주 참순 등을 생산하고 있다.

2) 1,000리터를 나타내는 단위. 기호 kl

기 위해 현재는 대부분 OEM방식으로 수입해 오는 양이 늘어나는 것이 예전의 마주앙의 명성에 오점을 남기는 현상으로 나타나고 있다. '마주앙' 이라는 상표는 우리말 '마주 앉아서' 의 뉘앙스를 갖는 한글명이기도 하다.

마주앙의 각 명칭과 생산 년도, 생산 지역은 다음과 같다.

- 마주앙 스페셜(1984) : 순수 국산와인, 레드와인과 화이트와인
- 마주앙 모젤(1988) : 독일 모젤지방, 화이트와인
- 마주앙 라세느(1990) : 프랑스, 스파클링 와인
- 마주앙 메독(1993) : 프랑스 보르도 지방, 레드와인
- 마주앙 라인(1994) : 독일 라인지방, 화이트와인
- 마주앙 보졸레(1998) : 프랑스 부르고뉴, 보졸레 지역, 레드와인
- 마주앙 마고(1998) : 프랑스 보르도 마고 지역
- 마주앙 리오하(1998) : 스페인 리오하 지역
- 마주앙(2000) : 마주앙 카비네트 쏘비뇽, 마주앙 샤르도네, 마주앙 화이트 진판델, 마주앙 샤블리

마주앙의 성공 이후 1981년 (주)진로도 와인사업에 진출하여 경남 산청에 포도원을 조성하고 '샤또 몽블루' 라는 와인을 생산하였으며, 대구에서 사과주를 생산하던 파라다이스가 충남으로 이전하여 와인을 생산하다가 수석농산으로 회사이름을 변경하고 '위하여' 를 생산하였고, 금복주(두리랑), 태양 등에서 차례로 와인을 생산하는 등 국산와인의 생산과 소비가 꾸준히 증가하였다.

1987년경 대선주조에서 경남 진동에 포도원을 조성하고 프랑스 샹파뉴 지방과 같이 스파클링 와인을 생산하여 '그랑주아' 라는 상표로 시판하였다.

1987년 주류수입자유화가 단행되어 외국 주류 가운데 와인이 제일 먼저 수입이 자유화되므로 와인 수입회사가 정식으로 설립되어 영업 활동을 시작하였는데, 이때 설립된 회사는 대한주류, 고려 양주, 세용 물산, 대유 수입상사, 건영, KMIC, 동화주류, 리스 앤 선즈, 한독 와인, 미주 산업 등 11개 회사가 수입 면허를 취득하였다. 그리고 1989년에는 수석 농산, 금양 인터네셔날 등 국내 주류생산자 13개사가 추가로 면허를 발급받았다.

1990년부터는 면허를 제한 없이 발급하기 시작하였는데, 수입 와인의 판매 증가에 따라서 국산와인을 생산하던 국내 와인 회사는 1990년을 고비로 판매량이 급감하기 시작하였으며, 1991년에는 외국 투자 기업에게도 면허를 발급하여 PRK, 맥시엄 등이 설립되었고, 1995년부터는 도매상을 거치지 않고 수입회사에서 직접 업소와 소매상에게 공급할 수 있게 되었다.

최근의 한국 와인산업은 각 지역에서 소규모 지역적 특산 과일을 원재료로 하는 와인들이 생산되고 있으며, 그 열기는 점점 확산되고 있는 추세에 있다. 또한 민속주와 전통주 개발 농가에 대한 정부 지원정책이 적극적으로 추진되고 있으며, 지방자치 단체들의 지역 특성화사업 차원에서도 지원이 계속되고 있어 앞으로도 더 많은 확산이 기대되고 있다.

현재 국내에는 몇 개 안 되는 국산와인 생산회사와 300개에 달하는 와인 수입회사가 있는데, 수입와인의 점유율은 약 90% 정도이며, 포도주로 만든 국산 와인 중에서 두산의 마주앙이 90%를 차지하고 있는 실정이다. 그 외에 샤또 마니(와인 코리아), 그랑 꼬또(그린영농조합), 두레앙(두레양조) 등의 제품이 출시되어 있다.

한국의 연도별 와인 개발 현황을 보면 다음과 같다.

1968년 한국산토리(주)에서 일본 산토리사의 기술지도로 리프트와인, 로제와인, 팸 포트 와인을 생산하였으며, 1969년 애플와인 파라다이스는 사과를 발효시켜 만든 애플와인 파라다이스를 생산하였다. 지금은 수석농산에서 사이벨, 리슬링, 뮈스까 베일리 어얼리 등 포도품종으로 '위하여' 라는 와인을 생산하고 있다.

1973년에는 한국산토리(주)가 해태주조(주)에 매각된 후 해태주조에서 해태 노블와인을 생산하였고, 1977년 동양맥주에 의해 국내에서 재배된 양조용 포도품종인 뮈스까베일리(muscet baile 만생종), 사이벨(seibel 9112 조생종), 리슬링으로 양조된 '마주앙' 이 생산되어 본격적인 와인의 산업화를 이루었다. 그러나 1987년 주류수입 자유화의 조치로 생산량이 줄어들어 지금은 겨우 명맥만 유지할 정도이다.

1981년 (주)진로에서 와인사업에 진출하여 경남 산청에 포도원을 조성하고 '샤또 몽블루' 라는 와인을 생산하였으며, 1987년 대선주조에서 경남 진동에 포도원을 조성하고 프랑스 샹파뉴방식의 스파클링 와인인 그랑주아를 생산하였다.

1995년 영동에 있는 와인코리아가 조합을 만들어 샤또 마니[1]를 생산하고 있으며, 1996년 경기도 안산시 대부동동의 그린영농조합이 와인조합을 설립하여 그랑 꼬또(grand côteau)[2] 와인을 생산하고 있다.

그림 1-20 그랑 꼬또 와인

2000년 산머루주는 경기도 북부 연천

1) http://www.winekr.co.kr/

군 전곡에서 산머루주를 생산하고 있으며, 2003년 국순당[1]은 국내 주요포도 생산 재배지인 경북 영천에 경북대와 영천군이 합작으로 와인을 생산하기로 합의하였다.

두산, 진로, 해태, 수석 등 와인양조 회사들은 와인 선진국인 독일, 프랑스와 기술 제휴로 포도나무 묘목에서 양조 기술까지 전수 받아 짧은 기간에 많은 발전을 이룩하였다.

한국의 와인산업은 대외 시장개방과 신세계 와인의 수입증가로 인하여 가격과 제품의 품질에서 경쟁력이 약화되었으나, 최근에 국내 와인시장의 소비증대로 인하여 점차적으로 다양한 형태의 국산 와인 개발을 위하여 노력하고 있는 실정이다.

현재 한국의 국민 1인당 와인 소비량은 연간 0.35~0.5ℓ 수준인 것으로 파악되고 있으며, 일본과 비교해서 아직 낮은 수준이지만 최근의 와인소비동향과 관심으로 미루어 매년 괄목할 만한 성장이 이루어 질 것으로 예상하고 있다.

주요재배 품종으로는 청포도품종으로 사이벨(seibel)과 일부 리슬링(riesling), 샤르도네(chardonnay), 샤쓸라(chasselas), 나이아가라(niagara), 뮈스까 오또넬(muscat ottonel), 네오 뮈스까(neo muscat) 등이 있으며, 흑포도품종으로는 소량의 까베르네 쏘비뇽(cabernet sauvignon)과 주로 뮈스까 베일리 어얼리(muscat baile early)이며, 대부분 식용포도인 캠벨 어얼리(campbell early)와 거봉이 재배되고 있다.

국내 생산량은 현재 약 29,000ha(8,700만평)의 포도원에서 대부분 캠벨 어얼리 등의 식용포도로 연간 약 1,900,000hl의 와인을 생산하고 있다.

3) 일본(Japan) 와인

일본 와인역사는 행기(行基)가 중국에서 전해온 포도종자를 야마나시현(山梨縣)[2]의 히가와(氷川) 주변에 뿌린 것이 시초라고도 하고, 1186년 야마나시현(山梨縣)의 아마미야 강게우가 야생포도를 발견하여 재배한 것이 시작이라고도 전해온다.

일본 와인의 고유 품종인 고슈종(甲州種)포도는 중국에서 종자가 전파되어 생긴 것으로 추정하고 있다.

1549년에 포르투갈의 프란치스코 하비에르(Francis Xavier)[3] 선교사가 다네시마(種島)에

2) http://www.grandcoteau.co.kr/

1) http://www.ksdb.co.kr/

2) 일본 중부지방의 내륙 현. 면적 4,463.48㎢, 인구 88만 6,077명(2002). 현청소재지는 고후시(甲府市, 갑부시)이다. 후지산(富士山, 부사산), 아카이시산맥(赤石山脈, 적석산맥), 지치부산지(秩父山地, 질부산지), 단자와산지(丹澤山地, 단택산지)로 둘러싸인 산지 현이며, 고쿠주(國中, 국중)와 군나이(郡內, 군내)의 2개 지방으로 나뉜다.

3) 성 프란치스코 하비에르는 위대한 선교사들 중의 한분이다. 스페인의 팜블로나에 있는 하비엘 성(城)에서 태어

입항하여 사쓰마(薩摩)의 시마쓰 기꾸꼬에게 틴타(tinta)[1]주를 헌상하였다는 것은 잘 알려져 있으며, 그 후 17세기에 선교사를 추방하므로 인해 포도재배와 와인생산이 금지되었다가 1875년 동경의 동쪽에 있는 야마나시현에 일본 자생 포도로 와인을 처음 양조하기 시작하였다.

그러나 일본 자생포도로 양조한 와인이 실패하므로 일본 정부에서는 유럽과 미국의 포도품종을 수입하게 되었는데, 이때 도입된 포도품종으로는 뮈스까 알렉산드리아(muscat alexandria)와 델라웨어(delaware) 등 이었으며, 지금도 일본의 유명 포도재배 지역에서는 이들 품종을 많이 재배하고 있는 실정이다.

17세기 도꾸가와(德川) 시대에 사라졌다가 1867년 명치유신(明治維新)[2] 이후 문호개방으로 다시 와인 양조가 시작되면서 양조학을 배우기 위해 기술자를 프랑스와 캘리포니아에 유학을 보냈고, 1875년 최초의 와인공장이 동경 서쪽 야마나시 현에 설립되었으며, 현재까지 일본 포도재배 지역 중 40% 이상이 이 지역에서 생산되는 포도이다.

일본은 위도 상 지중해와 비슷한 위치에 있지만, 겨울은 매우 춥고, 여름은 덥고 비가 많아 습하여 포도재배의 환경적인 조건이 좋지 못하다. 이러한 기후상의 어려움을 극복하기 위하여 전통적으로 포도나무를 높게 천정식으로 관리하여 포도송이가 잎의 그늘에 있도록 하여 온도를 낮추도록 하고 있으며, 포도 잎과 포도송이가 달려있는 천정아래에 공간을 확보하여 공기가 잘 순환되게 하여 포도가 썩지 않도록 관리하고 있다. 그러나 최근에는 유럽식 재배방식으로 포도나무를 재배하고 있는 곳도 많아지고 있다.

일본에는 약 23,000ha의 포도원에서 연간 약 1,100,000hl의 와인이 생산되고 있으며, 국민 1인당 연간 와인 소비량은 2.3ℓ로 아시아 지역에서 높은 편에 속한 국가이다.

난 그는(1506~1552년) 파리 대학에서 공부하고, 1528년에 학위를 받았으며, 거기서 예수회의 창립자인 이냐시오 로욜라를 만남으로써 예수회의 창설 회원 7명 가운데 들게 되었다. 그들 일행은 1534년에 첫 서원을 발하는데, 그 후 1541년에 예수회의 첫번째 선교사로 임명되어 인도에 도착하여 위대한 동방의 선교사로 첫 발을 내디딘 것이다. 그 후 그는 말라카, 뉴기니에 인접한 몰루카스와 모로타이 및 일본까지 왕래하며, 놀라운 활동을 펼쳤지만, 중국 선교에는 뜻을 이루지 못하고 운명하였다. 흔히 그는 사도 바오로에 버금가는 선교사로 불린다. 그가 직접 개종시킨 신자들만 계산하더라도 10만에 이를 것으로 추정한다.

1) 포르투갈의 선교사가 헌납한 레드와인을 틴타슈(tintashu)로 부르는 것은 포르투갈어로 '틴타(tinta)'와 일본어로 술을 의미하는 '유(shu)'가 합쳐져 합성단어가 된 말이다.

2) 일본이 봉건제도인 바쿠한(幕藩, 막번)체제를 폐하고 중앙집권적 통일국가와 자본주의로의 출발점을 이룬 정치적 · 사회적 변혁. 19세기 후반의 시점에서 메이지유신이 진행된 기간은 메이지유신의 본질과 관련하여 여러 가지 설(說)이 있다.

3. 동남아시아지역

1) 태국(Thailand) 와인

태국의 포도재배 역사는 와인산업의 아버지로 존경받는 닥터. 차이쥬드 카르나수타(Dr. Chaijudh Karnasuta) 박사가 태국의 북동 프루아(phurua) 고지대에서 와인생산에 사용되는 포도를 발견하고 개발하면서부터 시작되었다.

태국에서 와이너리가 최초로 설립된 것은 1989년 "Dr. Piya Bhirombhakdi"의 Khao Yai로서 와인생산을 위하여 기술제휴를 하고자 했지만 프랑스인들의 기술협력거절로 설립 당해 연도에 와인용 포도를 심지 못하고, 1993년에 이르러서야 와인용 포도를 심게 되었다.

닥터. 차이쥬드 카르나수타 박사는 1991년 샤또 드 로에이(château de loei)에 첫 번째 포도나무를 심고 1995년 상업적인 첫 수확을 하였다.

이로부터 지속적으로 1992년 PB 벨리(PB valley), 1997년 샤또 데스 브루메스(château des brumes), 1999년 그랑 몽테(gran monte)에 포도를 심기 시작하여 유럽과 일본에 와인을 수출하였다.

2) 베트남(Socialist Republic of Vietnam) 와인

1998년에 프랑스 보르도에서 교육을 받은 양조 업자들이 달랏(dalat) 지방에서 와인을 만들기 시작하였다.

베트남 남부에 위치한 달랏 지방에 방 달랏(vang dalat) 와이너리가 있는데, 와인의 양조는 이곳에서 생산하지만, 와인의 양조에 쓰이는 포도는 125㎞ 정도 떨어진 빈 톤(bin tonh) 지방에서 가져온다. 와이너리로 배송되어온 포도는 달랏에서 자생하는 열매 즉, 야자수 등과 섞어서 와인을 만들고 있는데, 연간 700,000hl의 와인을 생산하고 있다.

4. 서남아시아지역

1) 인도(Republic of India) 와인

포도나무 재배가 유럽으로 부터 확산되는 것과 때를 맞추어 동양에도 인도를 거쳐 포도나무가 전파되었는데, 인도가 유럽열강의 식민지가 되면서 포도나무도 함께 옮겨져 심어졌으며, 인도의 기후가 포도재배에 적당하여 인도의 전 대륙과 섬에서 재배되어 인도의 포도재배 역사가 시작되었다.

와인은 인더스 문명[1] 때인 B.C. 4000년경 페르시아로부터 인도 서북부에 알려진 것으로 추정되며, B.C. 2000년경 중앙아시아의 아리아족의 침입으로 인해 인도의 베다시대(vedic Age)가 열렸는데, 아리아족은 도박과 음악, 음주를 즐겨하여 세계에서 가장 오래된 종교적 의미의 음료인, 소마(soma)와 술라(sula)를 탄생시켰다.

소마는 환각작용의 대마가 들어간 우유빛 음료로서 제식 전 신에게 바치는 헌주로 사용되었고, 술라는 보리나 쌀을 꿀과 함께 발효한 매우 세속적인 음료였다.

아리아의 신을 숭배하면서 고알코올 술에 빠진 용사들은 술로 인한 악영향으로 비난받았는데, 이로 인해 불교는 금주령을 내렸으며, 왕들도 이를 비난하였으나 인도의 연대기에는 왕의 음료로 여러 종류의 와인들이 언급되어 있고 직접 담아 먹기도 하였다고 기록되고 있는데, 이러한 문헌의 기록이 인도에서 와인이 생산되었다는 첫 번째 증거라고 할 수 있다.

약 5000년 와인 생산의 역사를 가지고 있는 인도는 A.D. 16~17세기 무굴제국(mughul)[2]의 3대왕인 악바르(akbar)[3], 자한기르(jehangir)[4], 샤 자한(shah jehan)[5] 황제의 궁정을 방문했던 유럽여행자들이 특등급 포도원에서 와인을 시음했다고 전해지고 있으며, 이미 아케샴(arkesham)으로 만든 레드와인과 칸다리(kandhari), 아카와티(arkawati), 보크리(bhokry)로 만든 화이트와인(bhokri, fakdi, sahebi 등)도 생산되었다.

19세기 영국의 영향으로 카시미르(kashmir)와 마하라쉬트라(maharashtra)의 바라마티(baramati)에 포도원이 설립되어 수 많은 인도와인이 소개되었으며, 1884년 "The great calcutta" 박람회에서는 방문객들에게 좋은 평가를 받기도 하였으나, 1890년대에 필록셀라로 인해 인도의 포도원 모두가 파괴되고 말았다.

인도 국내의 한정된 와인 소비와 국제적으로 우수한 와인을 생산하기 위한 포도품종을 육성하지 않고, 오랫동안 와인연구를 위해 투자하지 않아 1980년대에 이르러서야 상업적인 와인용 포도 생산을 하게 되었다.

---

1) B.C. 2000년 전후 인더스 강 유역에서 번영한 인도의 고대문명. 1921년 D.R. 사하니 등이 하라파유적을, 1922년 R.D. 바네르지 등이 모헨조다로유적을 발견, 발굴함으로써 그 존재가 밝혀진 이후 오늘날에 이르기까지 각지에서 발굴조사가 계속되고 있다.

2) 인도사상 최대의 이슬람왕조(1526~1858). 처음에 아그라에 도읍을 두었다가 나중에 델리로 천도하였다.

3) 인도 무굴제국의 제3대 황제(재위 1556~1605). 제국의 기초를 확립하였다.

4) 인도 무굴제국 제4대 황제(1605~1627). 악바르의 적자이며, 어머니는 라지푸트족(族) 출신이다.

5) 인도 무굴제국 제5대 황제(1628~1658). 자한기르황제의 셋째아들이며, 어머니는 라지푸트족이었다.

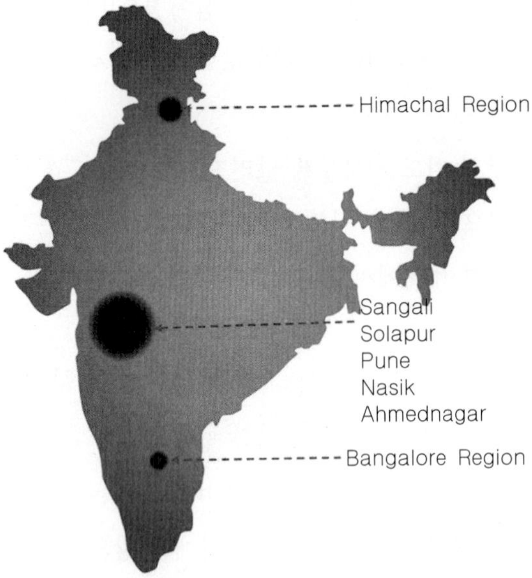

그림 1-21 인도와인 생산지역

인도의 와인 생산지역은 크게 3개 지역으로 구분되는데 히마찰(himachal)주, 마하라쉬트라(maharashtra)주, 카르나타카(karnataka)주이다. 특히 마하라쉬트라주 나식(nasik) 지역의 인다지(indage) 와이너리와술라(sula) 와이너리, 카르나타카(karnataka)주의 방갈로르 지역의 그로버(grover) 와이너리가 인도 전체 와인생산의 90%를 차지하고 있다.

2001년부터 마하라쉬트라 주는 다양한 재정적 지원을 통해 와인생산을 적극장려하고 있으며, 2007년 현재 41개의 와이너리 중 38개가 신생 와이너리이다.

사또 인다지(château indage)는 인도와인의 선두주자로 샹파뉴지방에서 포도나무와 양조기술을 수입하여 스파클링와인을 40%, 스틸와인을 60% 생산하고 있다. 또한 히말라야 기슭의 히마찰 프라데시(himachal pradesh)에 신규 와이너리를 설립하였으며, 연간 약 4,000,000ℓ를 생산하고 있다.

인도 뭄바이(mumbai)에서 약 200km 떨어져 있는 나식(nashik) 지역에 위치한 술라(sula) 와이너리는 1996년 포도재배를 시작으로 2000년에 처음으로 와인을 생산하기 시작하였다. 미국 컴퓨터 업계에서 높은 연봉을 받으며 일하던 라지브 사만트가 귀국해 평소 눈여겨보던 와인사업을 시작하였는데, 연간 약 3,000,000ℓ를 생산하고 있다. 화이트와인과 레드와인의 생산비율이 50대 50 비율이며, 스파클링와인을 20% 스틸와인을 80% 생산하고 있다.

그로버(grover) 와이너리는 카르나타카 주 방갈로르 지역의 위쪽 구릉지대에 위치하며, 1990년대 중엽부터 프랑스 양조기술자를 고용하여 연간 약 1,000,000ℓ를 생산하고 있다.

II. 포도의 재배환경

E & GRAPE WINE & GRAPE WINE & GRAPE WINE & GRAP

Wine & Grape

01 떼루아의 이해

1. 떼루아(Terroir)의 정의

떼루아는 지정된 포도밭의 특징을 결정짓는 자연적 요소의 총체적인 것을 의미하며, 자연환경, 토양의 구조, 방향, 위치, 지정학적 조건, 포도밭이 속해있는 미세기후대(micro-climate) 등의 조건에 의해서 포도재배에 영향을 미치는 모든 자연적인 요소들을 의미한다.

다양한 자연적인 조건으로 인해 동일한 포도품종이라도 색다른 와인을 만들 수 있으며, 특히 프랑스에서는 떼루아가 기준이 되어 포도밭에 등급을 부여하고 있는 국가 중에 하나이다.

자연적인 요소 가운데 토양을 구성하고 있는 암석과 입자, 환경, 기후, 시간 등이 복합적으로 작용하여 포도에 다양한 성분을 공급하므로 국가와 지방, 지역, 마을마다 특색 있는 와인을 양조하는데 영향을 주고 있으며, 와인의 품질은 토양, 지형적인 위치, 성분 등이 좌우되고 여기에 일조량, 풍량 및 풍향, 토양수, 기후 등의 여러 요인들이 작용하고 있다.

떼루아의 정의는 일반적으로 알려져 있는 정의와 프랑스 및 유럽 지역에서 통용되고 있는 정의로 구분할 수 있다.

1) 떼루아의 사전적 정의

원래 '떼루아(terroir)' 라는 낱말은 토양(soil)을 뜻하는 프랑스어이며, 와인과 관련해서는 매우 미묘하고도 복합적인 뜻을 갖는 것으로써 토양, 기상, 기후, 입지, 주변 환경 등이 이에 속한다.

와인의 품질이 좋거나 그렇지 못한 경우는 상당부분 떼루아의 영향이 미친 결과인데, 프랑스는 전통적인 와인 생산국답게 떼루아를 기준으로 포도밭의 등급을 결정하는 국가 중의 하나이다.

구체적으로 살펴보면 포도밭의 입지(site), 지세(topography), 토양(soil), 지질(geology), 그리고 이에 영향을 미치는 기후(climate), 기상(weather)등의 여러 복합적인 자연환경 요소가 서로 얽혀 와인 생산에 영향을 미치는 것을 총괄해서 일컫는다.

Terroir = Site(입지) + Topography(지세) + Soil(토양) +
Geology(지질) + Climate(기후) + Weather(기상) +
etc(기타)

2) 프랑스 및 유럽에서의 정의

"떼루아"는 같은 지역과 특정한 명칭에 속해있으면서 같은 형태의 토양, 기후 조건, 포도와 와인을 만드는 방법을 공유하는 포도원(또는 포도)의 그룹으로써 이러한 요소들이 와인의 특별한 특성에 영향을 주는 것을 일컫는다.

Terroir = Region(지역) + Appellation(명칭) + Grapes(포도) +
Wine making(양조법)

2. 떼루아의 구성

떼루아를 구성하는 요소로는 햇빛, 습도, 기온, 지온, 강수량, 일조량, 바람, 기압 등의 기후적인 조건과 고도, 경사의 방향, 경사도, 토양의 성분, 토양의 유효수분, 미생물 등의 지형적인 조건, 품종, 재배법, 양조방법, 관개시설 등의 인위적인 조건 등으로 이루어진다.

이 밖에 측정할 수 없는 미세한 자연환경 요소들이 포도재배에 영향을 미쳐 포도의 성분을 다르게 만들므로 지방과 지역, 마을마다 독특한 포도를 생산 할 수 있게 한다.

1) 기후적인 조건

일반적으로 기후는 특정지역의 장기간에 걸친 대기상태이며 단기간 동안에 나타나는 기상요소와 변화를 장기간에 걸쳐 모아놓은 것이라 할 수 있는데 기후의 구성요소로는 태양의 복사, 기온, 습도, 강수(형태 · 빈도 · 양), 기압, 풍속, 풍향 등이 있다.

기후의 개념은 최근 들어 넓은 의미로 확장되고 있는데, 일반인들에게 기후의 개념은 예상되거나 습관적인 날씨의 의미로 받아들여지고 있으며, 이는 매년 장소와 시간의 영향을 많이 받고 있다.

전문가들에게는 평균날씨에 대한 단순한 인식을 뛰어넘어 전체적인 의미를 내포하게 되는데, 최근 기후는 대기권 뿐만 아니라 수권[1](지구상에 존재하는 모든 형태의 물[2]과 지표면에 얼어 있는 물을 포함) · 암석권(해양대지를 포함한 모든 고체상태의 지표) · 생물권(모든 살아 있는 물체) 및 태양과 같은 지구 외적요인까지 포함하는 거대한 계(系)로 받아들여지고 있다.

서로 연관되어 있는 이러한 아계(亞系)들은 이미 알려져 있는 물리적 법칙에 의해 지배됨에도 불구하고 매우 복잡하여, 예측할 수 없는 방식으로 작용하므로 기후계가 매우 복잡하고 다양한 특징을 보이는 것은 그리 놀라운 일이 아니며, 이러한 기후들이 포도재배에 영향을 미쳐 다양한 포도를 생산하게 한다.

- **기후** : 태양의 복사, 일조량, 기온, 습도, 온도, 강수량, 기압, 바람 등
- **기후의 구분** : 대륙적인 기후, 지역적인 기후, 지형적인 기후 등
- **풍향** : 대륙성, 해양성, 지중해성, 산악성 등
- **기압** : 저기압, 고기압

2) 지형적인 조건

하천 · 산지 · 해안 등 지구 표면의 높낮이 · 기복 · 굴곡 등 자연 그대로의 형태이며, 이 가운데 해수면 위로 드러나 있는 지형을 육상지형, 해수면 밑의 지형을 해저지형이라고 한다.

지형의 생성에는 암석의 성질이나 지질구조 외에 지각 표면에 작용하는 영력(營力)[3]이나 중력(gravitation)[4]에 의한 지형의 발달과정, 지역적 · 시대적으로 변화하는 지형 프로세스가 관여하는 시간이나 지형의 발달단계 등이 지형을 지배하는 지형인자(地形因子)가 된다.

---

1) 지표면이나 지표 근처에 있는 물의 불연속층

2) 수소와 산소의 화합물

3) 영력에는 지구의 내부로부터 작용하는 내적 영력과 외부로부터 작용하여 지형을 변화시키는 외적 영력이 있다. 이 두 가지 영력이 지구의 표면에 동시에 작용하여 그 힘의 균형상태에 의해서 갖가지 지형을 만든다. 내적 영력에는 화산활동 · 지진 · 지각변동이 있고, 지각변동은 다시 조산운동 · 조륙운동(造陸運動)으로 나누어진다.

4) 모든 물체들 사이에 작용하는 만유인력. 현재까지 알려진 4가지 종류의 근본적인 힘들(중력, 전자기력, 강한 핵력, 약한 핵력) 가운데서 가장 약하기 때문에 일상생활에서 접하는 물질들의 구조를 결정하는 데는 아무런 역할도 하지 않으나 만유인력의 특성과 먼 거리까지 작용하는 특성으로 인해 물체가 커질수록 강해진다.

또한, 지형의 기하학적 특징을 나타내는 고도 · 기복 · 사면 · 규모 · 배치 등을 지형요소라고 한다.

지형학에서는 지형요소를 바탕으로 한 자연발생적인 산지 · 고원 · 구릉 · 대지 · 평야 등의 경험적 분류에 의한 일상용어보다 지형인자를 바탕으로 한 단층산지 · 화산지 · 노년산지 · 제3기 구릉 · 침식대지 · 홍적대지 · 충적평야 등 성인적(成因的)[1] 분류에 따른 지형용어가 쓰인다.

암석은 성인(成因)에 따라 화성암 · 퇴적암 · 변성암의 3종류로 분류되는데, 화성암[2]은 용융체로부터 생성된 광물 집합체로 구성되어 있으며, 흔히 기체나 증기 등과 같은 휘발성분을 포함하고 있는 마그마[3]로부터 고결된 암석이다.

퇴적암[4]은 유수 · 바람 · 빙하 또는 생물들에 의해 퇴적물이 지표면에 퇴적되어 압축작용과 교결작용[5]을 받아 고화[6]되어 생긴 암석이다.

변성암[7]은 기존 암석이 고온 · 고압 조건과 화학적 반응성이 높은 용액의 영향에 의해 변화되어 형성된 암석이다. 이러한 3종류의 암석들은 다시 광물학적 · 화학적 · 조직적 특성 등과 같은 다양한 요인들에 의해 여러 종류로 세분된다. 광물 결정[8]들과 이들을 포함하는 모암(母岩)들은 온도 · 압력 · 시간 및 지각과 지표면의 환경조건 변화에 따라 여러 가지 형태로 순환한다. 일정한 시간을 기준으로 했을 경우, 대륙지각은 부피비로 65%의 화성암, 27%의 변성암, 8%의 퇴적암으로 구성되어 있다.

■ **지형** : 고도, 경사, 방향, 경사도, 암석, 암반(단층)[9], 산지, 고원(高原 plateau)[10], 구릉[11], 대지[12], 평야, 하천, 해안 등

---

1) 사물이 이루어지는 원인
2) 용융된 암석물질인 마그마가 지표면이나 지표면 근처에서 냉각 · 고결되어 형성되는 암석
3) 화성암을 만드는 전체적 또는 부분적으로 용융된 암석
4) 지표 근처에 쌓인 퇴적물이 고화되어 형성된 암석
5) 기존의 암석파편에서 형성된 쇄설성 퇴적물의 공극 내에 광물질이 침전되어 고화 및 접합되는 것
6) 새로 퇴적된 고화(固化)되지 않은 퇴적물이 암석으로 바뀌는 복잡한 과정
7) 온도, 압력, 역학적 응력(應力)의 변화와 화학성분의 가감(加減)과 같은 주변 조건의 변화에 상응하여 기존 암석이 변질되어 형성된 암석
8) 구성 원자들이 일정하게 배열되어 있는 내부적 규칙성이 외부적으로 나타나 있는 고체
9) 지질학에서 지각을 이루는 암석에 생긴 균열로서, 압축력이나 인장력(引張力)이 균열(단층)의 양측 암석을 서로 어긋나게 한 것
10) 주변 경계가 급사면으로 되어 있거나 산맥으로 둘러싸인 평탄한 고지(高地)가 광범위하게 펼쳐진 지역
11) 같은 지역의 산지(山地)보다는 낮고 평지보다는 높으며 개석(開析)이 진행되어 장년기(壯年期) 상태에 있는 기복(起伏)이 적은 육지부분. 100ft(약 300m)의 고도로 산지와 구릉을 구분하는 사람도 있으나, 미국 사우스다코타주의 블랙힐스구릉과 인도의 닐기리구릉에는 2,000m를 넘는 봉우리가 있어 고도에 의하여 구릉을 명확히 정의할 수는 없다.
12) 주변지역에 비해 높고 평평한 넓은 땅

■ **토양** : 토양의 물리적 · 화학적 성질 및 성분, 토양의 유효수분, 미생물 등
■ **방향** : 남향, 북향, 동향, 서향

3) 인위적인 조건

인위적인 조건은 포도재배에 있어 기후적인 조건과 지형적인 조건을 제외한 사람이 노력하여 개발하고, 개선할 수 있는 조건을 의미한다.

원래 포도나무는 야생상태에서 자라던 식물이었는데, 고대인들이 정착 생활을 하면서 포도밭을 형성하고 재배하기 시작하므로, 기후와 지형 등 주거지역에 적합한 포도나무를 개량하여 품질 좋은 포도와 많은 양의 포도를 생산하기 위하여 부단히 노력하여 왔다. 또한 기후에 잘 적응하는 포도품종과 함께 병충해에 강한 포도를 육성하기 위하여 노력 하였는데, 이러한 행위가 인위적으로 포도재배를 위한 조건이라고 할 수 있다.

■ **품종** : 비티스 비니페라(vitis vinifera) 품종, 비티스 라부르스카(vitis labrusca) 품종, 비티스 인디카(vitis indica) 품종, 왕머루(vitis amurensis) 품종 등
■ **재배법** : 고블렛(goblet) 방식, 기요(guyot) 방식, 코든(cordon) 방식 등
■ **관개시설** : 배수 및 인공관수 등

4) 기타 조건

프랑스 및 유럽에서는 떼루아의 정의에 기후적인 조건과 지형적인 조건, 인위적인 조건과 함께 양조법(wine making)을 포함시키고 있다.

양조법이란 환경적인 조건보다는 인위적인 조건에 가깝고 엄밀히 구분한다면, 기술적인 측면이 강하므로 떼루아의 범위에 포함시킨다는 것이 부적절하다고 판단되지만, 프랑스 및 유럽인들은 그들만의 노하우가 있는 양조법을 자연적인 가치로 승화시키고자 하는 장인정신이 있는 것으로 생각할 수 있다.

기술적인 측면도 자연적인 환경에 적응하면서 개발된 것으로 생각한다면, 프랑스인과 유럽인들이 생각하는 떼루아의 범위가 억지인 것만은 아닌 것 같다.

포도 수확의 시기를 조정하여 영하의 추위 속에 딴 포도로 양조한 독일과 캐나다의 아이스바인(eiswein)와인과 포도열매에 보트리티스 시네레아(botrytis cinerea)균을 이용하여 프랑스의 소테른(sauternes)지역에서 고급 디저트 와인으로 양조한 샤또 디껨(château d' yquem)의 사례는 유럽인들이 와인의 양조법을 떼루아에 포함시키는 이유를 알 수 있게 한다.

■ **양조법** : 마쎄라시옹 까르보니크(macération carbonique), 마쎄라시옹 아 쑈(macé ration-a-chaud), 슈르 리(sur lie), 스킨 콘탁트(fermentation on skins, skin contact) 등

3. 떼루아와 와인의 품질

유럽지역 와인 생산자들은 와인의 품질을 떼루아에 의해 결정된다고 주장해왔으나, 캘리포니아를 비롯한 신세계 와인 생산자들은 포도품종 중심의 포도재배 및 양조기술의 현대화로 품질을 개선할 수 있다고 주장하고 있다.

구세계 와인 생산지역은 기후변화가 매년 다르고, 변화의 크기도 매우 불규칙적이어서 포도재배에 기후는 매우 큰 영향을 주는 요인으로 작용하여 왔다. 그래서 신세계 와인 생산지역에 비해 떼루아를 매우 중요시 생각하고 있으며, 같은 지방에서도 지역, 마을, 포도밭이 어디에 위치하고 있었는지에 따라 와인의 등급 및 가격에 큰 영향을 주고 있다.

그러나 신세계 와인 지역은 매년 기후의 변화가 크지 않고 거의 동일한 기후조건이 계속되기 때문에 구세계 와인 지역에 비하여 떼루아보다는 생산기술측면에 역점을 두고 와인의 품질을 관리하고 있는 실정이다.

1) 구세계 와인의 품질관리

프랑스 와인이 세계적으로 유명한 이유는 일찍부터 품질관리체제를 확립하여 와인을 생산하였기 때문인데, 프랑스의 와인양조는 지방행정부의 법률에 의해서 규제를 받고 있으며, 이것이 유럽지역 국가들의 와인품질규정에 기초가 된 AOC제도이다.

1900년 초부터 시작하여 1935년에 확립된 원산지통제명칭규정은 현재 프랑스 고급 와인 모두가 이 제도의 규제를 받고 있으며, 이 제도를 통하여 와인의 원료인 포도재배장소의 위치와 명칭, 품종, 재배방법, 단위면적당 수확량, 제조방법, 알코올 농도 등을 지방별로 관리하고 있다.

프랑스의 와인 품질관리규정은 그 기반이 떼루아를 중요한 근거로 하여 작성된 관리체계이며, 한번 결정된 품질등급은 특별한 등급변경 사유가 없는 한 고정적인 경우가 대부분이다.

■ **원산지 통제명칭규정** : 프랑스의 AOC규정, 각국의 규제법률

■ **기후 조건** : 매년 기후변화가 매우 심한 지역

■ **품질 관리** : 포도원의 위치가 결정적인 요인

2) 신세계 와인의 품질관리

미국은 신세계 와인생산 국가로써 50개주 모두 포도재배 및 와인을 생산하는 반면에 캘리포니아가 미국 전체 생산량의 90%를 차지하며, 세계 4위의 와인 생산 국가로 성장하였다.

미국 와인 하면 나파 밸리(napa valley) 와인들만을 연상하기 쉬우나, 나파 밸리 와인은 미국 전체에서 생산되는 와인의 5%도 안 될 정도이며, 미국 전역에 약 2,400여개의 와이너리가 있는데, 이는 1975년 580개였던데 비하면 30년 만에 거의 4배가 늘어난 규모이다.

미국에서 와인을 가장 많이 생산하는 주는 캘리포니아(california), 워싱턴(washington), 뉴욕(new york), 오레건(oregon) 주의 순이며, 이 외에도 오하이오(ohio), 아이다호(idaho), 미시건(michigan), 미조리주(missouri state), 일리노이(illinois), 텍사스(texas), 펜실베니아(pennsylvania), 버지니아(virginia)에서 품질 좋은 와인을 만들고 있다.

이 중 캘리포니아 주는 전 세계에서 가장 빠른 시간에 가장 크게 알려진 와인 생산지역인데, 불과 15년전만 해도 캘리포니아 와인은 프랑스 와인과 비교할 수 없었지만, 지금은 어깨를 나란히 겨루는 수준으로 올라섰으며, 적극적인 마케팅으로 전 세계 어디서나 맛볼 수 있는 인기 와인이 되었다.

특히, 미국 와인들이 세계와인 품평회에 출전하여 전통적으로 구세계 와인의 프랑스 와인이 독점하던 순위자리를 계속하여 미국 와인이 차지하고 있는 것은 미국 와인의 품질 수준이 세계적으로 인정받고 있다는 것을 증명하고 있는 것이다.

미국은 전통 깊은 프랑스 와인보다 상당히 늦은 1849년부터 포도를 재배를 시작하여 오늘날까지 이르게 되었는데, 프랑스를 제치고 와인의 품질을 세계적인 수준으로 높인 것은 포도재배에 적합한 자연환경과 더불어 기술적인 발전, 최신설비, 우수한 인력, 자본 등이 뒷받침되어 이루어진 결과라고 할 수 있다.

이처럼 신세계 와인의 대표 격인 미국 와인은 천혜의 자연조건과 함께 기후변화가 적은 지역적인 조건에 기술과 최신설비, 자본, 우수한 인력, 세계적인 마케팅능력 등이 결합하여 단시간 내에 우수한 품질의 와인을 생산하여 국제화에 성공하였다.

■ **원산지 통제명칭규정** : 품종과 당도에 따른 규정, 미국의 적산온도에 따른 규정

■ **기후 조건** : 기후변화가 매년 거의 일정한 지역

■ **품질 관리** : 양조기술 및 최신설비, 우수한 인력 등이 결정적인 요인

4. 생태기후의 구분

생태기후(生態氣候)란 어떤 생물이 생육하는 지역 내의 특유한 기상조건을 의미하며, 특히 생태계는 천연이든 인공이든 생명을 유지시키는 환경을 구성하는 모든 요소가 전체 조직망의 부분으로서 존재하여, 전체 조직망 내에서 각 요소들은 다른 모든 요소들과 직·간접적으로 상호작용을 하면서 전체적인 기능에 영향을 미친다.

하나의 생태계는 광물·토양·기후·햇빛 및 다른 모든 무생물요소들을 포함한 비생물 요소와 모든 생물 구성원으로 이루어진 생물요소로 구분되는데, 이 구성요소들은 생태계 전반에 걸친 에너지의 흐름과 생태계 내에서의 영양분 순환이라는 2개의 중요한 힘으로 서로 연결되어 있다.

거의 모든 생태계의 에너지 근원은 태양열에서 나오는 복사에너지인데, 태양에너지는 생태계의 독립영양 생물들이 사용하며, 대부분이 녹색식물들로 이루어진 이들은 광합성[1] 작용을 할 수 있다. 즉 태양에너지를 이용해 이산화탄소(CO_2)[2]와 물(H_2O)[3]을 에너지가 풍부하고 간단한 탄수화물로 전환시킬 수 있으며, 독립영양생물들은 단순한 탄수화물 내에 저장된 에너지를 사용해 생물의 생명활동에 필요한 단백질이나 지질(lipid)[4], 녹말과 같은 보다 복잡한 유기화합물을 생산하게 된다.

이처럼 생태계의 자연은 서로 상호작용을 통하여 성장을 하게 되는데, 가장 중요한 요소 가운데 하나인 태양에너지는 태양과 관련된 생태기후 조건을 형성하는 중요한 원인을 제공하고 있다.

포도재배에 있어서도 기후조건은 품질 좋은 포도를 생산하기 위하여 무엇보다도 중요한 것이 자연조건이며, 이러한 기후조건을 일정한 형태로 구분하여 포도재배에 이용하고자 하는 것은 기후에 적합한 포도품종을 선택하고, 합리적인 포도밭의 관리를 위해서 중요한 일이라고 할 수 있다.

일반적으로 포도농장은 지역적인 범위에 의하여 기후범위를 구분하는데, 광범위한 범위로부터 소규모 범위로 세부화되고 있으며, 범위의 크기는 지방이 가장 큰 범위에 속하고 다음으로 지역이며, 마을, 포도원, 포도밭 순으로 세분화하고 있다.

---

1) 녹색식물이나 그 밖의 생물이 빛 에너지를 화학 에너지로 바꾸는 과정

2) 화학식은 CO_2. 대기 중에 소량(300ppm 정도) 존재하며, 탄소를 포함하고 있는 물질이 타거나 발효할 때 동물이 호흡할 때 생기며, 식물이 광합성하여 탄수화물을 만드는 데 사용된다.

3) 분자식은 H_2O이며, 물은 자연에서 얼음이나 눈 같은 고체상태 즉, '물'과 같은 액체상태, 수증기 같은 기체상태로 존재한다.

4) 물에 녹지 않으며 동식물의 조직에 분포되어 있는 무색의 유기화합물

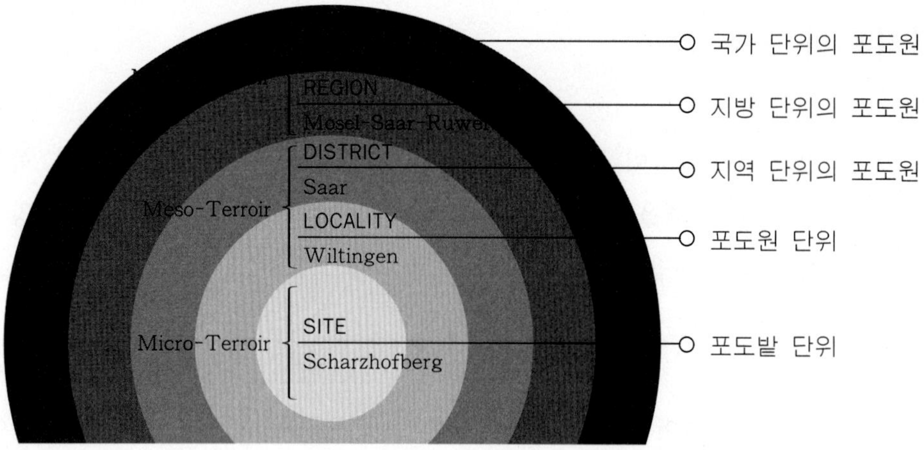

그림 2-1 기후의 범위

1) 기후 구분

기후의 구분은 아주 세밀하게 구분할 수 있지만 대체적으로 포도 재배환경에서 구분하는 단위는 아래와 같다.

■ Macro-Climate(지방 단위의 범위, 대기후)

해당 포도밭이 속한 동일한 지방에서 나타나는 기후차이를 말하며 지중해성 기후, 해양성 기후, 대륙성 기후, 산악성 기후 등으로 분류한다.

예 프랑스 : 보르도지방, 부르고뉴지방 론지방 등에서 나타나는 기후

■ Meso-Climate(지역 단위의 범위, 중기후)

해당 포도밭이 속한 동일한 지역에서 나타나는 기후차이를 말하며 열대기후, 온대기후, 한대기후, 건조기후 등으로 분류한다.

예 프랑스 : 메독지역, 그라브지역, 소테른지역, 샤블리지역 등에서 나타나는 기후

■ Micro-Climate(포도밭 단위의 범위, 미기후)

지정된 포도밭이 가지고 있는 고유한 특징의 기후이며, 소규모 단위의 포도밭에서 나타나는 기후현상을 말한다.

예 프랑스 : 로마네 꽁띠 포도밭, 샤또 디껨 포도밭 등에서 나타나는 기후

■ Vine Micro-Climate(포도나무 간의 범위)

지정된 포도밭 안에서 포도나무 간의 기후차이를 말한다.

예 스페인 : 산루카(sanlucar) 지역의 만자니야(manzanilla)[1]쉐리 와인[2] 재배 환경에서 나타나는 기후

2) 프랑스의 기후구분

프랑스 국토는 주요 포도재배 지방 또는 지역에서 다양한 기후환경이 나타나고 있는데, 기후구분에 의하여 분류하면 다음과 같다.

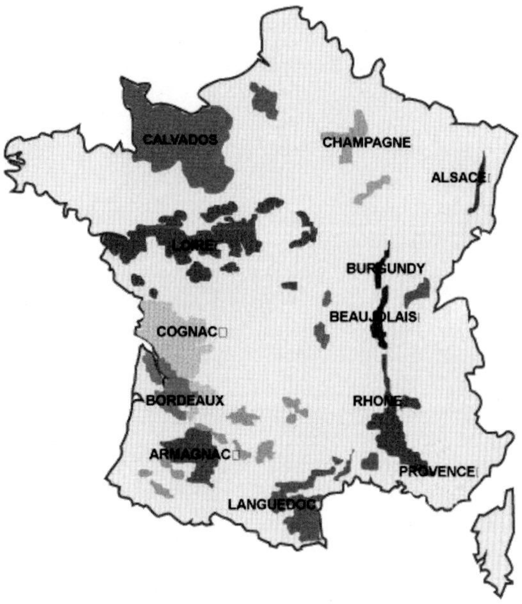

그림 2-2 프랑스주요 포도산지

1) 만자니야(스페인산(産) 단맛 없는 쉐리주(酒))

2) 쉐리 와인은 스페인의 '헤레스(jerez)' 지방에서 생산되는 와인을 지칭하는데, 처음 이 지역의 와인이 영국으로 수출되었을 때 영국사람 아무도 이 발음을 정확히 하지 못했다고 한다. 그래서 이름을 영국식으로 고쳐서 발음을 쉽게 하도록 하였는데 xeres, her-rehz, jerries, sherries 등의 이름을 거쳐서 지금의 sherry에 이르게 되었다. 이 쉐리 와인은 백악질(chalk)의 토양에서 재배되는 빨로미노(palomino)라는 포도품종으로 만들어지고 주로 식전주/식욕촉진주(aperitif)로 많이 마시며, 그 강건함과 섬세한 맛이 아주 독특하다. 그런데 일반적인 와인의 생산 공정과는 다르게 쉐리와인은 '솔레라(solera)시스템'이라고 하는 일종의 블렌딩(blending) 과정을 거쳐 생산되는데, 이 솔레라 시스템은 쉐리 와인이 해마다 항상 동일한 맛, 향기, 개성, 품질을 가질 수 있도록 해주는 방법이며, 헤레스지역에서 생산되는 쉐리 와인은 모두 이 솔레라 시스템을 거쳐서 생산된다. 이것은 동일한 스타일의 쉐리 와인을 생산하기 위하여 오크통에서 오래 숙성된 와인액과 숙성이 얼마 되지 않은 와인액을 서로 섞는 방법을 말하는데, 헤레스에서는 이 과정을 계속하여 언제나 같은 맛의 쉐리와인을 생산하는 것이다. 이 쉐리 와인에는 자기들만의 특징을 나타내는 일종의 등급이 있는데 fino, manzanilla, amontillado, olorosos, palo cortado, cream sherry등이 있으며, 이 중에서 fino가 80%이상을 차지하는 쉐리와인이고, cream sherry는 아주 달콤한 쉐리와인이다.

■ 대륙성기후 지방

부르고뉴, 알자스, 샹파뉴, 북부론

■ 해양성기후 지방

루아르, 보르도, 꼬냑, 아르마냑, 남서부

■ 지중해성기후 지방

남부론, 프로방스, 랑그독-루씨용, 꼬르스

■ 산악성기후 지방

쥐라

Wine & Grape

02 포도재배의 환경요인

1. 포도재배의 위치

포도재배의 자연환경 요인은 햇빛, 기온, 강수량, 일조량, 토양, 바람, 지형, 고도 등으로 포도나무의 재배 환경과 분포지역을 결정하는데, 이는 포도와 와인의 품질에 지대한 영향을 주기 때문이며, 자연환경에 적합한 포도나무를 선택하여 재배하는 기준이 되고 있다.

유럽종 포도는 따뜻한 온대지방이 원산지로 생육기간이 길고 따뜻하며, 건조할 때 잘 자라고, 여름에 비가 많이 오면 병충해의 피해가 크게 발생하기 쉬우며, 일반적으로 추위에 약한 품종이다.

그리고 미국종 포도는 주로 비티스 라부르스카(vitis labrusca)와 그 교배종으로 유럽종보다 추위에 강하며, 생육기간 동안 비가 내려도 잘 자라는 특성이 있는 품종이다.

따라서, 포도품종에 따라 포도재배의 위치, 기온, 강수량, 일조량, 토양 등을 선택하여야 하는데, 이러한 자연환경의 요인들을 잘 파악해야 지역에 적합한 포도품종을 선택하고 육종을 할 수 있으며, 포도재배 방법에 있어 환경에 맞는 관리가 이루어진다.

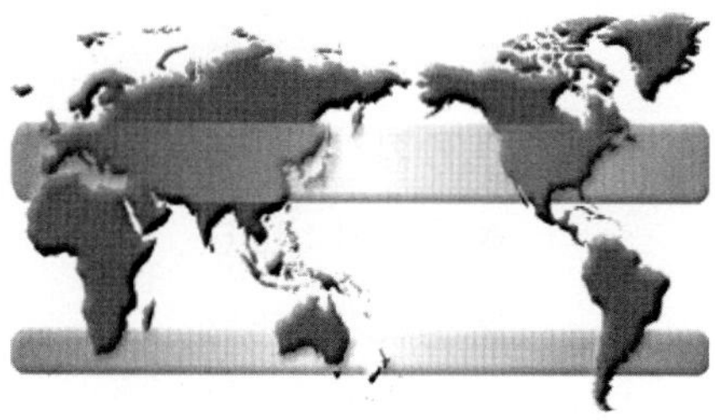

그림 2-3 포도재배의 한계선

현재 지구상에서는 남반구[1], 북반구[2] 모두 포도재배가 이루어지고 있는데, 대략적으로 위도는 남·북위 30~50° 사이에서 평균 기온이 10~20℃를 나타내는 온대성 기후 지역에 위치하고 있다. 가장 북쪽 상한선에 위치한(50~51°) 독

1) 지구의 적도 이남의 부분
2) 지구의 적도 이북의 부분

일의 경우는 지형적인 특성으로 포도재배가 가능한 예외적인 지역이며, 일반적으로 가장 좋은 포도밭은 언덕, 구릉 같은 약간 경사진 지면에 위치하여 일조량을 많이 받을 수 있는 곳인데, 이런 지역은 서리의 피해도 덜 입을 수 있고 자연적인 배수도 용이하다.

- **위도** : 남북 · 위 30~50°
- **평균 온도** : 10~20℃

2. 포도재배의 기온

포도나무는 기온이 10℃가 되면 성장이 시작되며, 연평균기온은 10℃ 이상이 되어야 하고 20℃가 넘지 않아야 한다. 포도나무가 자라는 환경은 20~25℃이나 포도의 당분을 생산하는 광합성작용은 20~30℃에서 가장 왕성하다.

그러나 35℃이상의 높은 온도는 포도의 착색을 나쁘게 하고 당분 함량을 감소시키는데, 미국종 포도는 유럽종 포도보다 내한성이 강하여 재배 한계가 넓으며, 여름철 많은 비에도 비교적 잘 견딘다.

포도는 늦여름부터 가을까지 자발휴면(自發休眠 rest)에 들어가, 저온상태가 충족되면 휴면이 중지되고 타발휴면(他發休眠 quiescence)상태로 있다가 봄철기온이 10℃로 올라가면 생장이 다시 시작되며, 온도가 너무 높으면 당분 함량, 유기산 함량, 착색도가 낮아지는 등 불균형을 초래한다.

- **연 평균 기온** : 10~20℃가 최적의 기온
- **연 평균 기온** : 10℃부터 성장시작
- **성장기** : 10℃
- **개화기** : 15℃
- **성육기** : 18℃
- **성숙기** : 15℃

1) 기후적 요인

와인 생산에 적합한 포도재배지가 북반구와 남반구, 위도 30~50°에 걸쳐 위치해 있다는 것은 포도를 재배하는데 있어 태양의 영향이 매우 크다는 것을 알 수 있다.

그러나 기후는 상당히 불규칙적이고 다양한데, 냉온지역의 샹파뉴지방 같은 곳은 습도가 높아 포도가 잘 익지 않을 때도 있고, 이와는 반대로 뜨겁고 건조한 남부론 지방에서는 고온과 강수량의 부족으로 포도가 너무 잘 익어서 신맛이 덜하기도 한다.

지형도 포도재배에 영향을 미치는데 북반구에서는 남쪽을 향하고 있는 경사면에 포도밭이 있는 경우, 일조시간이 많아 와인의 맛이 풍성하고, 강이나 바다에 인접해 있는 경우에는 일조량과 습도가 올라가게 되어 와인에 좋은 영향을 줄 수 있다.

와인을 만들기에 적합한 포도를 재배할 수 있는 이상적인 기후가 되려면 충분한 습도와 온도가 있어야 하며, 이와 함께 날씨가 각기 다른 포도의 성장주기에 잘 맞아야 한다.

겨울 동안에는 포도나무의 성장을 억제하고 충분한 휴식을 할 수 있을 정도로 추워야 하는데, 서리가 내리면 질병을 죽이지만 포도나무가 죽을 정도로 강한 서리는 좋지 않다.

또한, 비가 충분히 내려 토양에 적당한 수분을 공급해야 하는데, 봄에는 부드러운 비와 함께 날씨가 온화하고 따뜻해야 포도나무의 성장이 촉진될 수 있다.

포도나무에 꽃이 피는 동안에는 따뜻한 날씨가 계속되어야 하며, 여름에는 온도가 높고 비가 적당히 내려야 포도열매가 많이 열릴 수 있고, 가을에는 건조한 날씨가 오래 지속되어야 포도에 당분이 많고 잘 익는다.

2) 기후적 위험요인

봄에 내리는 서리는 포도나무의 어린 가지의 생장을 방해할 수도 있는데, 발아시점에서는 더욱 위험할 수 있으며, 개화기 동안의 바람은 재난과 같아서 포도나무의 수분작용을 막아 발아를 하지 못하도록 하며, 우박은 어린 포도나무를 다치게 하는데 특히, 늦은 여름동안의 우박은 자라고 있던 포도를 썩게 만든다.

날씨의 변동이 심한 지역에서는 날씨가 포도 생산량과 와인 품질을 결정짓는데, 1984~1985년 프랑스 북부지방에 강한 추위로 인해 흉작이 되었고, 1977년에는 보르도지방에 폭우로 인해 일조량이 부족하여 포도농사를 실패한 사례도 있다.

이처럼 날씨 조건이 좋지 않으면 포도가 잘 익지 않아 와인의 맛이 가볍고 신맛이 나게 되며, 반대로 1990년도에는 여름이 더워서 충분한 일조량으로 포도가 잘 익어 최고의 보르도 와인이 생산되었다.

이처럼 좋은 포도를 얻기 위해서는 기후가 중요한 작용을 하는데, 포도나무의 성장에 맞는 적절한 기온과 일조량이 무엇보다도 필요하다고 하겠다.

3) 지온(地溫 Soil Temperature)

지온이란 지표면 아래에 있는 토양이나 암석 등의 온도를 말하며, 지표면의 온도는 1일 및 1년을 주기로 상승 · 하강하는데, 이에 따라 지중온도[1]도 주기적으로 변화한다.

땅속 1~2m 깊이에 들어가면 1일 동안의 변화는 거의 없으나, 1년을 통해서는 변화가 생기고 그 극대시(極大時)와 극소시는 지표의 연변화[2]에 비해 늦어지는 경향이 있으며, 지온의 변화는 지하 10~20m의 깊이에서 거의 없어지는데, 연변화가 거의 나타나지 않는 이 층을 지중온도의 불변 층이라 한다.

불변 층 깊이는 일반적으로 저위도[3]에서는 얕고 고위도[4]에서 깊은데, 이보다 더 깊어지면 지온은 점차 높아지고, 그 상승비율은 1㎞당 20~30℃이며, 지열지역에서는 지하에 특수한 열원이 있으므로 그에 따라 수배 이상 크다.

포도나무 생장에는 지온의 영향이 매우 크다고 할 수 있는데, 뿌리를 통한 양분과 수분의 흡수는 뿌리의 호흡작용과 관계가 있으며, 지온이 12~13℃로 올라가면 뿌리의 호흡량이 급격하게 증가하면서 새로운 뿌리가 생기게 된다.

또한, 열매 껍질의 착색이나 당 및 산의 함량은 지온에 크게 영향을 받아 약 28℃정도의 지온이 포도품질을 가장 좋게 만든다.

4) 적산온도(Accumulated Temperature)

적산온도란 농작물의 생육에 필요한 열량을 나타내기 위한 것으로서 일정한 값을 초과한 온도의 분량을 일정한 기간에 걸쳐 합친 것을 말한다.

적산온도를 계산할 때는 일평균기온은 해당 작물이 활동할 수 있는 최저온도(기준온도)이상의 것만을 택하고, 기준온도는 작물에 따라 다르지만 가을채소와 같이 저온에서도 자라는 것은 5℃, 일반적인 온대지방의 여름철 작물은 10℃, 고온을 필요로 하는 작물은 15℃라고 한다.

포도가 잘 익으려면 자라는 동안 일정 온도의 적산값이 필요한데, 이 적산 온도는 양조용 포도의 재배적지를 선택하는데 기준이 된다.

4월부터 10월까지 기온이 10℃(50℉)이상 되는 시간을 합한 것을 적산온도라고 하는데, 일

1) 지표면(地表面)에서 지하 수 m까지의 온도를 말하며 지온이라고도 한다.
2) 1년 동안에 걸친 기상요소 또는 기후요소의 변화
3) 적도를 중심으로 남북위도 20° 가량에 이르는 지역
4) 적도에서 멀리 떨어져 있어 위도의 수가 큰 지대, 즉 양극(兩極)에 가까운 지방

반적으로 적산온도가 2,500~3,000시간이 포도재배에 적합하다.

캘리포니아는 적산온도에 따라 지역을 5개 지역으로 구분하고 포도재배의 기준을 만들어 과학적으로 포도를 재배하고 있는데, 이를 세분화하였다.

■ Ⅰ 지역 : 적산온도 2,500시간 이하

· 1,389℃ 이하
· 일반테이블 와인 생산 가능
· 추운 지역으로 청포도나 흑포도인 삐노 누아 수준을 재배
· 북부 유럽수준

■ Ⅱ 지역 : 2,501~3,000시간

· 1,390~1,667℃
· 레드 테이블 와인, 화이트와인 생산 가능
· 프랑스 보르도 수준

■ Ⅲ 지역 : 3,001~3,500시간

· 1,668~1,944℃
· 묵직한 레드와인과 빈약한 화이트와인 생산
· 우수한 디저트와인 생산 가능
· 프랑스 론 지방 수준

■ Ⅳ 지역 : 3,501~4,000시간

· 1,945~2,222℃
· 보통 품질의 디저트와인 생산가능
· 산 함량이 높은 품종은 우수한 테이블 와인의 생산 가능
· 디저트와인, 강화와인에 적합

■ Ⅴ 지역 : 4,001시간 이상

· 2,223℃ 이상
· 양질의 디저트와인 생산 가능
· 산 함량이 높은 품종은 일반 품질의 테이블 와인 생산 가능
· 사실상 재배불가, 포트와인 정도 생산

포도 발육을 결정짓는 것은 기온뿐만 아니라 강수량, 일조시간, 낮의 길이 등의 기상요인과

토양조건 등이 복잡하게 작용하므로 같은 품종이라도 재배지가 다르면 개화에서 성숙까지의 소요일수와 성숙 적산온도는 상당히 다르게 나타날 수 있다.

5) 포도와 기온과의 관계

(1) 좋은 포도를 얻기 위한 최적의 조건

· 화창하고 따뜻한 여름이 길게 지속되어야 하며, 이런 기후는 포도의 당도와 산도가 조화롭게 성숙될 수 있도록 돕는다.
· 건조하고 햇빛이 많은 가을은 포도가 성숙하는데 필요한 요소이다.
· 겨울 동안 날씨가 유동적이어야 하며, 포도나무가 온도에 잘 적응되고 견딜 수 있어야 한다.
· 포도 품종에 따라 조건이 달라지는데, 리슬링의 경우 시원한 날씨에서 잘 자라며, 시라(syrah)는 더운 날씨에 잘 자란다.

(2) 포도재배에 좋지 않은 조건

· 겨울의 추위 : 포도나무 둥지와 뿌리에 막대한 피해를 입게 된다.
· 봄 서리 : 꽃봉오리와 어린 싹에 피해를 주어 수확에 큰 해를 끼친다.
· 홍수, 더위 : 포도나무에 밀듀(mildew), 오이듐균(oidium), 보트리티스 시네레아(botrytis cinerea) 등의 병을 일으킨다.
· 추위 : 포도알의 성장을 막아 포도의 결실을 방해하므로 수확에 손실을 준다.

3. 포도재배의 강수량

포도나무의 수분은 포도 열매의 약 80%, 잎의 70%, 뿌리와 줄기의 50%를 차지하는 것으로써 각종 양분의 용매[1]역할과 호흡, 이동 및 분포에 관여하고, 체내의 유기물 합성과 분해 등 전반적인 생육과정에 필수적인 것으로 대부분 비에 의존하여 흡수하고 있다.

강수량이 너무 많으면 포도열매는 커지지만 당도가 떨어져 포도의 당도가 적정수치에 오르

1) 용액 안에서 용질을 녹이는 물질

지 못하고 일조량 부족으로 광합성을 감소시켜 포도품질이 저하된다.

토양습도가 높을수록 포도의 산도가 높아지고, 온도가 높으면 사과산의 연소가 빨라 산의 함량이 떨어진다.

포도나무가 연간 필요한 수분의 양은 최소 500~600mm이지만 포도가 자라는 기간 중에 300~350mm의 강우량이 필요하므로 수분이 적을 때는 물의 공급(irrigation)이 필요하며, 미국의 캘리포니아에서는 고무호수, 스프링클러(sprinner) 등의 인공적인 시설을 준비하여 가뭄에 대비하고 있고, 칠레와 아르헨티나는 자연관수를 이용하고 있다.

유럽의 포도재배 국가는 연간 강수량이 850mm이하인데, 특히 4~9월까지 강수량이 400mm 정도이다. 일반적으로 강수량이 적은 곳은 공기가 건조해지고, 일조시간이 길어지는 현상이 나타나며, 병충해가 적어지기도 한다.

4. 포도재배의 일조량

일조량이란 일정한 물체의 표면이나 지표면에 비치는 햇살의 양을 말하며, 햇볕이 포도가 성장하는데 필요한 이유는 잎의 광합성작용에 필요하기 때문이다.

햇빛은 광합성[1] 작용으로 포도의 성숙과정에서 내부적인 착색의 변화를 일으키는 간접적인 영향과 포도 껍질에 직접 내리쬐어 포도의 색깔을 변화시키는 직접적인 영향이 있다.

광합성 작용은 잎의 세포내의 엽록소(chlorophyl)의 활동으로 태양 에너지를 이용하여 대기 중의 이산화탄소와 땅속에서 뿌리가 빨아올린 물과 무기염에서 당분, 아미노산 등 식물의 세포를 이루는 유기 화합물을 합성하여 낸다.

잘 익은 포도가 만들어지기 위해서는 일정량의 햇빛과 따뜻한 날씨가 필요하며, 비가 많이 오면 수확량은 증대되지만 포도가 묽어지고, 비가 너무 적으면 포도의 맛은 풍부하고 농축되나 수확량이 떨어지게 된다.

또한, 수확기에 비가와도 포도 알맹이가 부패되거나 와인이 묽어지게 되는데, 이와 같은 기후의 차이에 의해 해마다 포도의 품질과 수확량이 달라진다. 품질 좋은 포도를 수확하기 위해서는 일조 시간이 충분해야 하며, 생육 기간에 25~30℃의 낮 온도가 유지되어야 하고, 수확시기 이전의 약 1개월간 맑고 건조한 날씨가 계속되어야 한다.

1) 녹색 잎이 빛 에너지를 이용하여 이산화탄소와 물을 에너지가 풍부한 물질로 변환시키는 과정. $6CO_2 + 12H_2O \rightarrow C_6H_{12}O_6 + 6O_2 + 6H_2O$

1) 일조(Sunshine)

일조란 태양 광선이 구름이나 안개로 가려지지 않고 땅 위를 내리쬐는 것을 말하며, 실제로 비친 시간을 일조시간이라고 한다.

일조시간은 보통 1일이나 한 달 동안에 비친 총시간수로 나타나며, 산이나 언덕 등의 장애물이 없다고 가정하여, 어느 지점에 햇빛이 비칠 수 있는 시간이 미리 계산되어 있는데, 이것을 가조시간[1]이라고 한다.

특정일에 실제 일조시간과 가조시간과의 비율을 일조율이라고 하며, 산간 지방에서는 구름이나 안개가 없을 때도 일조시간이 가조시간보다 짧고, 일조율은 낮의 기상 상태를 나타내는 중요한 요소 중의 하나로 농업기상이나 장기예보에 많이 이용되고 있다.

2) 일조계(Sunshine Recorder)

일조시간을 측정하는 계기를 말하며, 태양으로부터 지표면에 도달하는 열에너지인 일광의 가시부(可視部)나 자외부의 화학작용을 이용한 것이다. 이들 가운데 대표적인 것으로는 캠벨일조계(cambell-stokes sunshine recorder)와 조르단일조계(jordan sunshine recorder)가 있다.

3) 일조율(Rate of Sunshine)

해가 떠 있는 시간인 일조시간에 대하여, 햇빛이 실제로 내리쬔 시간인 가조시간의 비율을 말하는 것이며, 1에 가까울수록 구름이 적은 경우가 된다.

4) 포도와 계절과의 관계

포도의 성장은 기후와 밀접한 관계가 있어 계절적인 변화에 민감하게 반응을 하게 되는데, 이에 따라 적절하게 대처를 해야 한다. 특히, 포도성장은 기온과 밀접한 관계가 있어 계절적인 온도변화와 성장주기에 맞게 포도나무가 성장할 수 있도록 해야 한다.

1) 태양의 중심이 지평선으로 올라와서 다시 지평선으로 질 때까지의 시간 길이(일출 · 일몰은 태양의 상단을 기준으로 함)를 말한다. 따라서 위도와 계절에 의하여 결정되고, 산악 등 지형에 의한 시간의 보정은 하지 않는다. 가조시수라고도 하며, 단위는 시간으로 표시하고, 10분위까지 나타낸다.

지방 및 지역에서의 계절 변화가 뚜렷한 지역의 포도나무 관리방법과 계절의 변화가 거의 없는 지방 및 지역의 포도나무 관리방법은 차이가 있다고 할 수 있다.

다음은 계절적으로 뚜렷한 변화가 있는 지방 및 지역에서 포도나무에 유익하게 영향이 미치는 기후조건에 대한 설명이다.

■ 겨울의 기후

· 포도나무의 생육을 억제하고 나무에 휴면을 줄 수 있는 정도의 적당한 추위
· 병해충을 박멸하기에 충분한 추위이지만 포도나무를 고사시키지 않을 정도의 추위
· 포도나무가 견딜 수 있는 영하 20℃미만의 추위
· 토양에 충분한 수분이 축적될 정도의 적당한 비

■ 봄의 기후

· 포도나무의 생육을 촉진하는 온난한 비
· 포도나무의 생육이 시작하기에 적당한 10℃이상의 기후
· 포도나무의 개화기에 적당한 20℃이상의 기후

■ 여름의 기후

· 개화기간 중 안정된 따뜻한 기후
· 과립을 성장시키기 위한 소량의 비와 더운 여름
· 포도나무의 결실기에 적당한 15~20℃의 기후

■ 가을의 기후

· 포도를 완숙시키기 위한 따뜻하고 건조한 긴 가을
· 포도나무의 변색기에 적합한 밤(10~20℃)과 낮(15~25℃)의 기온차가 큰 날씨
· 일조량이 충분한 기후
· 수확기의 건조한 기후

5) 포도와 기상재해의 관계

자연환경 가운데 포도나무 재배에 유익한 영향을 미치는 조건이 있는가 하면, 포도나무 재배에 악영향을 미치는 자연환경으로 인하여 정상적인 수확이 어려울 정도로 피해를 끼치는 경우가 종종 있다. 이러한 자연환경들을 미리 대비하거나 예측하여 피해에 대비하는 것은 포도나무 재배에 무엇보다도 중요하다고 할 수 있다.

봄의 서리는 생육 중인 어린 가지를 상하게 하며, 특히 발아시기의 서리는 아주 위험하다. 프랑스 샤블리(chablis)지방은 2~3년에 한 번씩 서리에 의한 피해를 입는 지역으로 자연적 조건 외에 서리 방지시스템을 사용하고 있다. 예를 들어, 포도밭 주변에 화로를 피워 온도를 올리거나, 밭에 비닐막 덮기를 하여 온도를 보호하거나, 물을 뿌려 언 물 안의 새눈이 서리에 얼지 않게 보호하거나, 밭 주변에 커다란 송풍기를 설치하여 찬 기운이 아래로 내려오지 못하도록 하고 있다. 또한, 부르고뉴 지방도 대륙성 기후지역에 속하여 겨울철에는 서리가 잦고, 여름철에는 무더우며, 기온편차가 심하다. 이로 인해 겨울의 추위강도와 초봄의 서리일수에 따라 그 해 포도작황이 결정되므로 포도밭은 서리피해가 적고, 햇빛을 많이 받을 수 있는 지역으로 최대한 자리 잡는 것이 좋다.

우박은 어린 가지를 손상시키며, 특히 여름 후반의 우박은 성장 중인 포도 알을 파열시켜 곰팡이의 원인이 된다. 바람은 어린 가지를 손상시키는데, 특히 개화기의 바람은 수분 흡수를 방해하며, 저온현상은 포도의 성장을 멈추게 하고 포도의 당분 축적을 방해한다.

6) 포도와 지형과의 관계

전 세계적으로 다양한 지역에서 다양한 포도가 생산되는 것은 지역적으로 특별히 좋은 포도 품종을 생산하는 것 이상으로 중요한 현상이며, 일반적으로 평지보다 경사진 언덕이나 비탈진 곳에서 포도를 재배하는 것이 가장 좋은 포도를 수확할 수 있는 방법이다.

굽어진 각도에 따라 태양열을 받기도 쉽고, 밤 동안 축적된 찬 공기가 오래 동안 정체해 있지 않고 언덕을 쉽게 지나갈 수 있는 조건이 되며, 남향의 경사는 포도재배에 매우 이상적이나 지역별로 재배의 상태(가을의 새벽안개)에 따라 서향의 경사가 좋을 수도 있는데, 이는 오후가 될 때까지 안개가 걷히지 않아 태양열을 받을 수 없는 상태가 있을 수 있기 때문이다.

프랑스 와인에서 자주 사용하는 côte[1] 또는 côteaux 용어는 비탈진 언덕 이라는 뜻인데, 세계에서 유명한 côte d' or는 '황금의 언덕' 이라는 뜻으로 프랑스 부르고뉴 지방의 남동쪽 언덕인데, 세계적으로 우수한 와인 생산지역 중에 하나이다.

이러한 지역은 경사진 언덕이나 토양에 의해서 태양열을 받는 면적과 습도면에서도 다른 지역에 비해 포도재배에 매우 선호되는 지역인데, 프랑스 등급체계의 cru[2] 또는 cru classe[3] 지

1) 프랑스어. 원래는 '언덕진 포도밭' 이었지만, 요즈음은 포도원을 뜻함. 언덕진(hillside) 포도밭, 포도원
2) 프랑스어. 특정 포도밭 또는 거기서 생산되는 와인. 옛날에는 「특정지역의 산물」이라는 의미로 쓰였지만, 현대에는 크뤼 끌라쎄(cru classe 선별 등급)와 같은 높은 품질의 와인을 말한다.
3) Cru Classe(크뤼 끌라쎄) : 프랑스적인 개념으로 일정 지역이나 AOC 안에서 생산되는 최고급 와인의 품질을 구분하기 위한 순위 등급으로 각 지역마다 등급 규정이 조금씩 다르다.

역으로 선정되며, 세분화된 기후는 개인소유의 포도밭까지도 영향을 미쳐서 훌륭한 해[1]에는 한 지역 안에서 조차도 포도밭마다 다른 품질의 포도를 생산할 정도로 포도재배와 지형과의 관계는 아주 밀접한 영향력이 있는 관계이다.

부르고뉴 지방의 사례를 보면, 언덕 정상 삼림지대와 포도재배 경계선 아래 와인재배지역 중 맨 위의 언덕이 그랑 크뤼(grands crus)지역이고, 그 다음으로 프리미에 크뤼(premiers crus)이며, 아래로 내려오면서 마을주변이 AOC등급으로 형성되어 있다. 이는 해당 밭의 일조량의 차이(고도, 방위) 및 토양의 성분에 따라 우수한 등급을 결정하는 요인으로 작용하는 것인데, 부르고뉴지방의 같은 그랑 크뤼 등급 밭에 단일 품종이라도, 지층 단면을 살펴보면 언덕의 위치에 따라 토양성분의 차이가 존재함으로서 단일품종이지만 서로 다른 특성을 지닌 와인이 만들어지게 되는 것이다. 그러므로 부르고뉴 와인 또는 특정와인을 이해하기 위해서는 각 해당 마을마다 존재하는 토양 및 지형에 대해서 알아야 정확한 그 지방마다의 개별적인 와인의 특성을 파악할 수 있다고 할 수 있다.

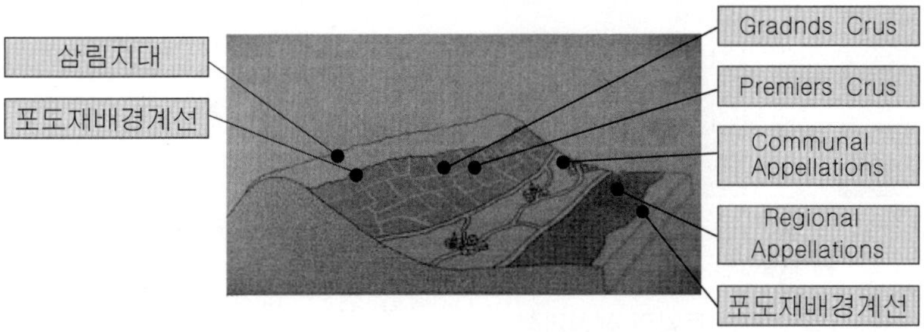

그림 2-4 부르고뉴 지방의 포도원 사례

5. 포도재배의 토양

1) 토양의 정의

토양(soil)이란 암석이 풍화작용으로 생긴 결과물과 유기물이 혼입되어 기후, 생물 등의 다양한 작용을 받아 변화된 것을 말하며, 그 변화는 환경조건과 평형을 이루기 위하여 끊임없이 계속되고 있다. 또한, 토양단면의 형태를 이루는 동적 자연체로서 엷은 층으로 지구표면을 덮고 있으며, 적당한 양의 공기와 수분이 들어 있어 물리적으로는 식물을 지지하고, 화학적으로는 양분의 일부를 공급하여 식물생육에 최적의 장소가 되는 곳이라고 정의할 수 있다.

지면(地面)이라는 의미를 가진 라틴어의 'solum'에서 유래된 토양은 암석의 풍화산물로써

1) 포도 수확한 해가 상대적으로 최적의 태양, 습도 등이 좋은 해

모암, 지형, 기후, 유기물, 시간 등의 형성요소들(soil forming factors)에 의해 그 성질이 결정되므로 토양을 정의하는 방법은 구성물질, 부존위치, 구성성분의 종류와 함량, 생태계에서의 역할에 따라 다소 차이가 있을 수 있으며, 토양을 연구하는 분야에 따라 그 정의가 다를 수 있다.

토양은 지구나 달의 표면에 퇴적되어 있는 물질로 흙이라고도 하며, 대부분 암석의 풍화물(風化物)이다. 지표면이나 지표 근처에 노출된 암석이 산소 · 물 · 열작용을 받아 대 · 소의 입자로 깨진 혼합물과 화학반응 생성물(점토광물 · 탄산칼슘 등), 유기물로 구성되어 있는데 풍화 퇴적물질(주로 암석의 입자) 사이는 공기와 물이 점유하고 있다.

이들 3상(三相) 사이에 침투 · 분포되어 있는 식물의 뿌리는 양분과 수분을 흡수하여 생장하므로 토양은 생명현상의 근원이 된다고 할 수 있다.

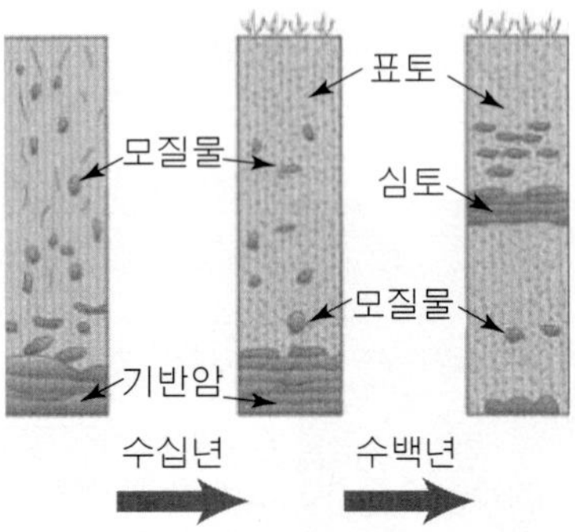

그림 2-5 토양의 생성과정

2) 토양의 생성

암석이 오랫동안 비, 바람, 기온, 생물 등의 외부 자연현상의 영향을 받아 그 조직이 변화되고 기계적으로 붕괴되어 미세한 입자가 되는데, 이것이 다시 화학적으로 분해되어 그 본질이 변하게 된다. 이와 같은 풍화작용에 의해 토양모재가 생성되고, 토양은 암석의 풍화산물에 유기물이 혼합되어 이들이 생화학적 작용을 받아 생성된 것이다.

3) 토양의 단면

모암의 풍화에 의해 생성된 토양은 물리적, 화학적 및 생물학적인 변화를 거쳐 성숙되면서 지표면에 평행한 층(soil horizon)을 형성하는데 그 수직적 분포를 토양단면(soil profile)이라고 한다.

이러한 토양단면은 구성물질, 물리 · 화학적 특징, 유기물의 함량 및 조직에 따라 상부에서부터 O층, A층, B층, C층 또는 R층으로 분류한다.

(1) 세부적인 단면구분

① O층

최상부의 O층(organic horizon)은 유기물이 집적되어 있으며, 생물조직의 원형을 분별할 수 있는 O1층과 생물조직이 분해되어 있는 O2층으로 세분할 수 있다. 보통은 동식물의 잔재가 쌓여서 형성되며, 초지의 경우는 O층의 형성이 흔하지 않고, 경작지에서는 주로 A층과 혼재되어 나타난다.

② A층

토양의 생성작용이 진행되면서 상부의 물질이 하부로 스며들거나 이동되어 변화하는 토양단면 부분을 A층이라고 하며 위치에 따라 A1, A2, A3층으로 세분한다. A1층은 무기질과 유기질이 혼합되어 있는데 주로 흑색을 띠며, A2층은 규산염(silicate)점토와 철(Fe), 알루미늄(Al)산화물이 스며든 부분이고, A3층은 하부의 B층과의 경계부분을 이루고 있다.

③ B층

B층은 A층에서 내려온 규산염점토, 철(Fe), 알루미늄(Al)산화물 및 유기물이 집적되어 있는 토양층으로 식물의 뿌리가 거의 없으며 기둥모양 또는 덩어리 모양의 토양이 형성된다.

또한, 건조한 지역에서는 탄산칼슘과 황산칼슘 등의 염이 쌓이기도 하고, B층을 그 특성과 물질의 분포상태에 따라 B1, B2, B3 등으로 세분하기도 한다.

④ C층

산화된 토양으로 다양한 색을 가진 C층은 토양생성작용과 직접적인 관련성은 없으며, 토양과 모암의 파편으로 구성되어 있다. 그리고 무기물 층으로 아직 토양생성작용을 받지 않은 모암으로 이루어져 있으며, 일부는 이화학적 · 광물학적 조성이 상부 토층과 비슷하다.

⑤ R층

C층 또는 C층이 없을 경우에 B층 밑에 있는 모암을 말하며, D층이라고도 한다. 이 밖에 AB층 · A+B층 · AC층 · B+A층 등 두 층의 특성을 지니고 있어 층 사이의 구별이 명확하지 않은 층도 있는데, 토양의 성질과 농업상의 가치는 각층 입자의 정조(精粗), 층의 깊이, 빛깔, 화학적 성질, 배열 등으로 결정되며, 토양단면의 연구는 그 토양의 생성 유래, 생성 인자의 작용성을 알아내고 토양군형(土壤群型)을 분류하는 데 도움이 된다.

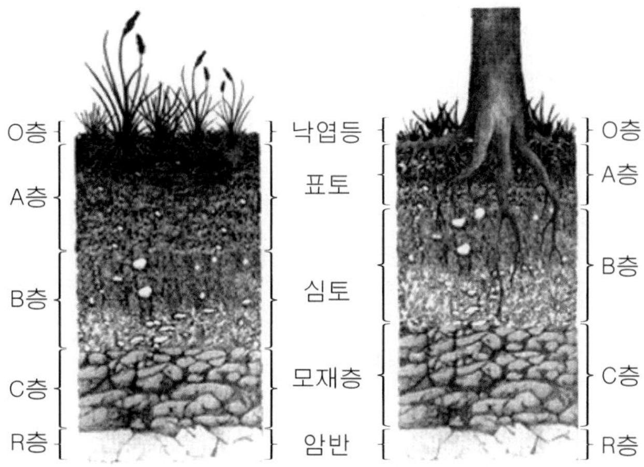

그림 2-6 토양의 단면

(2) 포괄적인 단면구분

① 표토(Surface Soil)

표토(表土)는 육안으로 볼 수 있는 흙이며, 지표면을 이루는 토양으로 풍화(風化)가 진행되고 부식(腐植)이 많이 이루어져 흑색 또는 암색을 띤다. 유기물이 풍부하여 토양미생물이 많아 포도나무의 양분, 수분의 공급원이 된다.

또한, 표층의 물을 흡수하여 지층으로 이동시키는 역할을 하는데, 이러한 표토의 투수능력(透水能力)은 토양의 상태에 결정적인 영향을 준다.

원래 토양에는 크고 작은 무수한 공간이 있고, 그것은 크게 모세관 공간과 비모세관 공간으로 대별되는데 양호한 투수성은 주로 비모세관 공간에 의하여 결정된다. 즉 물의 이동은 토양 구조나 생물이 만든 구멍에 의해서 생긴 비모세관 공간량과 그 형상에 의해서 좌우된다. 만약 빗방울의 타격작용에 의해 토양공간이 폐쇄되면 표토의 투수성은 극히 불량해지고 토양 내의 유거(流去) 수량이 많아지겠지만, 표토가 작물의 생육에 의하여 팽창되거나 또는 경기(耕起)에 의해 표층부의 토양과 심층부의 토양을 반전시키면 투수성이 양호해진다.

따라서, 작물을 경작해야 하는 층으로서의 표토는 조작과 관리의 대상이 되며, 표토에 적당히 기경(起耕)과 경작 또는 유기물 잔재를 섞어주거나 시비(施肥)를 해줌으로써 물리적 · 화학적 성질을 상당히 변화시킬 수 있는데, 결국 표토의 어떠한 상태를 유지하느냐에 따라 생산력을 증가 또는 감소시킬 수 있다.

② 심토(Subsoil)

심토는 포도나무가 자라는데 영향을 미치는 흙으로 경운[1]된 부분을 작토(作土)라 하고, 그 밑에 있는 토층을 심토라고 한다. 풍화작용은 불충분하고 유기물을 함유하지 않으나 식생(植生)[2]에는 큰 관계가 있다.

심토의 구조는 과밀 또는 모래와 자갈이 많고 거친 것은 좋지 않으며, 적당한 사질로 주상구조(柱狀構造)라고 하는 세로의 가느다란 균열이 있는 것은 배수, 지하수의 상승, 통기 등이 좋고, 뿌리의 성장에 알맞다.

심토에는 철 · 규산 등이 침적(沈積)해서 반층(盤層)이 생기는 일이 있으며, 대형기계로 작토의 경운을 계속하면 단단한 경반(耕盤)이 생긴다. 이럴 경우, 뿌리는 작토층에만 뻗고 깊이 들

1) 정지(整地) 작업의 최초단계로서 경토(耕土)를 갈아 일으키는 일
2) 식물생태학에서 어떤 장소에서 서식하고 있는 식물의 집단을 통합해서 일컫는 말

어갈 수 없으므로 가끔 깊이갈이를 해서 심토의 조직을 부수어 포도나무 뿌리가 깊게 뻗을 수 있도록 해 주어야 한다.

③ 하층토

지표보다 아래에 있는 토양으로 풍화작용을 받는 경우가 적어서 토질이 단단하고 부식물이 거의 없고, 생물에 부합된 환경은 아니지만 액체의 전달특성 또는 물질을 흡착하는 특성을 가지고 있다.

4) 토양 생성에 관여하는 요인

(1) 기후(Climate)

기후는 토양 생성과정에서 가장 큰 영향을 크게 미치는 요인으로 기후에 따라 토양의 근원인 모암의 풍화정도가 다르게 나타나 구성광물의 조직과 비율이 변하게 되고, 식물과 토양의 형성정도와 형태도 변한다. 즉, 기온과 강수량에 따라 전 세계의 토양분포가 다양하게 나타나므로 각 토양의 물리적 · 화학직 성질도 차이가 생긴다.

또한, 기후의 영향에 의해 토양의 심도별 분포형태도 변하므로 결국 기후는 토양의 온도와 습도를 변화시켜 식물의 성장, 토양의 성질에 영향이 미친다.

기후는 토양의 반응속도 제어, 점토광물, 유기물의 양, 토양내부의 층위를 결정하고, 유기물 함량은 강우량이 많으면 증가하지만 온도가 높으면 감소한다. 다량의 강우(비)와 고온시에는 광물의 풍화속도를 높이게 되고, 고령토(kaolinite)나 석영[1] 등 풍화에 대해 강한 광물이 잔적하게 되는 것이다.

(2) 유기물(Organic Matter)

생물은 토양 내에 유기물을 첨가시키며, 식물의 영양분을 순환시키고 토양에 질소 등의 영양분을 공급해 줄 뿐만 아니라 토층을 상하로 섞어주어 식물의 성장과 토양의 발달에 중요한 역할을 한다. 그러므로 유기물이 풍부한 초지에서 생성된 토양은 산림지역의 토양에 비해 색깔이 검고 함수량[2]도 높으며, 양이온 교환용량도 높아 양질의 토양이 된다.

1) 사장석 · 정장석과 석영을 포함하는 관입 화성암(액체 상태로부터 고결된 것)
2) 눈이나 토양 시료 따위의 물질 속에 들어 있는 수분의 양. 중량의 퍼센트로 나타낸다.

토양 중 미생물의 활동은 토양의 생성에 큰 영향을 끼치며, 유기물을 생성 · 분해하고 미생물 대사 중 생성되는 유기산은 바위나 광물을 용해하는 성질이 있다.

(3) 모암(Parent Rock)

토양의 근원은 암석 즉, 모암으로 모암이 사질인 토양에서는 투수율이 높은 사질토양이 형성되며, 석회석이 풍부한 지역에서 발달된 토양은 염기성 토양이 형성된다. 특히 토양의 주요한 성분인 점토는 모암에 의해 좌우되므로 모암을 알면 그 지역에서 형성된 점토의 성질도 유추할 수 있다.

예를 들면, 화강암과 석회암은 다른 속도로 풍화되어 각각 다른 광물로 되고, 화산재는 풍화되어 비정질[1] 점토광물로 변한다.

(4) 지형(Topography)

지형은 화산활동, 단층, 절리[2], 융기 침강과 같은 지각의 변형에 의한 지구조변화과정(tectonic process)과 유수[3], 바람, 빙하, 산사태 등에 의한 침식(erosion)과 퇴적(deposition) 과정에 의해 형성된다.

그 결과 토양이 위치한 지형은 기후에 따른 토양의 생성속도를 조절하여 주는데, 지면의 기울기에 의해 빗물이 지면을 씻어 내리는 속도와 물이 빠지는 속도가 결정되며, 이에 따라 풍화의 정도와 토양의 성질이 달라진다. 예를 들면, 배수성이 낮은 평탄한 지형에서는 경사지역에 비해 토양의 생성 및 분화가 빠르며, 급경사지역에서는 토양 표층의 침식에 의해 토층의 깊이가 감소되기도 한다.

(5) 시간(Time)

일반적으로 토양의 형성 과정은 매우 천천히 진행되므로 수천 년에서 수백만 년이 소요되며, 토양의 형성속도는 다양한 요인에 의해 좌우되지만 오랜 시간동안 물리적 · 화학적 및 생물학적인 과정을 거치면서 성숙한 토양이 된다.

초기의 토양은 비교적 변질되지 않은 모암의 성질을 유지하나 시간이 경과함에 따라 내구성 있는 광물은 잔류하나 대부분 초기 토양은 심부[4]까지 풍화가 진행되기도 한다.

---

1) 물질을 구성하는 원자가 규칙적인 배열을 이루지 않고 있는 성질. 또는 그 물질
2) 암석에 외력이 가해져서 생긴 금
3) 흐르는 물

5) 토양 생성작용

(1) 포드졸화 작용(Podzolization)

박테리아의 활동에 지장이 있을 정도로 기온이 낮고, 삼림이 성장 할 만큼 수분이 충분한 기후 조건하에서 진행되는 토양 생성작용을 말하며, 그와 같은 기후조건은 북위 40° 이북의 서안해양성기후, 겨울이 한랭한 온난대륙성기후, 아극기후 등의 기후지역과 고산지역에 전형적으로 나타난다.

포드졸화작용은 소나무나 전나무와 같은 침엽수로 이루어진 삼림에서 가장 활발히 진행되며, 침엽수는 칼슘, 칼륨, 마그네슘 등의 염기를 별로 필요로 하지 않아 낙엽을 통해 그것을 토양으로 되돌려 보내지도 않는다. 그래서 지표에 두껍게 쌓이는 부식층을 통과할 때 토양수는 강한 산성을 띠게 되고, 아래로 계속 침투할 때 토양의 상층에서 염기뿐만 아니라 광물 및 부식 콜로이드(colloid)[1], 철, 알루미늄의 산화물 등을 심하게 용탈(leaching)[2]하게 된다.

용탈작용을 심하게 받은 층을 A2층이라고 하는데, 이 층은 화학적으로 안정한 석영입자와 비정질의 규산이 남아서 회백색을 띠는 것이 특색이며, A2층에서 제거된 물질은 B층에 집적되어 빛깔을 진하게 하고, 조직을 치밀하게 한다.

이와 같이 용탈층과 집적층의 발달을 이끌어내는 작용을 포도졸화작용이라고 보아도 무방하다.

(2) 라테라이트화 작용(Laterization)

열대우림기후, 사바나기후, 아열대습윤기후 등의 고온다습한 기후에서 진행되는 토양생성작용을 말하며, 비가 많고 기온이 높아 암석의 화학적 풍화가 극도로 진행되는 한편 박테리아의 활동이 매우 활발하기 때문에 식물유체의 분해가 빠르고 부식이 거의 집적[3]되지 않는다.

한랭습윤지역과 달리 부식산이 만들어지지 않아 토양은 중성 또는 염기성 반응을 보이며, 철 및 알루미늄의 3.2산화물(sesquioxide)만이 석영과 같은 비가용성 광물입자와 더불어 토양층에 잔류하고, 이로 인해 토양이 붉은 색을 띄게 된다.

그러나 비가 많이 내려 가용성 염기와 규산이 용탈되며, 결국 그것은 하천으로 흘러가는데,

---

4) 깊은 부분

1) 원자나 보통 분자보다는 대체로 크지만 육안으로 보기에는 매우 작은 입자로 이루어진 물질

2) 하부로 침투하는 빗물에 의해 토양층 상부의 가용성 물질이나 콜로이드들이 유실되는 작용

3) 모여 쌓임 또는 모아 쌓음

라테라이트작용에 의해서 생성되는 토양은 토층의 발달이 분명하지 않으며, 일반적으로 토박[1] 하여 농업에 적합하지 않다.

(3) 석회화 작용(Calcification)

수분의 증발량이 강수량보다 많은 반건조지역 또는 스텝(steppe)[2]기후지역에서 진행되는 토양생성작용을 말하며, 토양층 중에 탄산칼슘을 주로 하는 각종 염류가 집적되는 것이 특색이다.

반건조지역에서는 강우량이 칼슘, 칼륨, 마그네슘, 나트륨 등의 염기를 용탈[3]할 만큼 충분하지 않기 때문에 이와 같은 염기는 토양층에 남아 있다가 우계에 비가 와서 수분이 토양으로 침투할 때는 염기가 씻겨서 아래로 내려가며, 토양이 마를 때는 모세관수를 따라 다시 위로 올라온다. 이 같은 과정은 계절적으로 반복되는데, 반건조지역의 토양에서는 빗물에 의하여 염기의 순환이 일어나는 토층을 A층이라고 한다.

건계에는 토양층 밑의 지하수에서도 탄산칼슘이 모세관수를 따라 올라오며, 이의 집적현상이 일어나는 층을 B층이라고 하는데, B층이 나타나는 깊이는 강수량에 의하여 결정된다.

반건조지역의 토양은 부식이 풍부한 것이 특색인데, 초본[4]식물도 석회화작용을 도우며, 풀은 뿌리를 통하여 다량의 탄산칼슘을 B층에서 A층으로 끌어 올린다. 이로 인하여, 토양수는 중화되고 유기물은 안정성을 띠게 되어 각종 염기와 더불어 다량의 부식이 집적될 수 있다. 풀은 매년 고사하는 줄기와 잎으로도 유기물을 공급하지만, 뿌리의 형태로 토양층에 직접 추가하는 유기물의 양도 적지 않다. 건조기후에서는 미생물의 활동이 부진하여 유기물의 분해속도가 느리다는 점도 부식이 풍부하게 집적될 수 있는 이유 중의 하나이며, 부식의 양은 기후가 건조할 수록 점차 감소한다.

(4) 글라이화 작용(Gleization)

냉량 또는 한랭습윤기후지역 중에서 지하수위가 높은 저습지나 배수가 불량한 곳에서 진행되는 토양생성작용을 말하며, 툰드라(tundra) 기후[5]와 관련이 깊으나 습윤대륙성 기후에서도 진행된다.

---

1) 땅이 기름지지 못하고 메마르다.
2) 사막 주변에 펼쳐져 있는 초원 지대
3) 하부로 침투하는 빗물에 의해 토양층 상부의 가용성 물질이나 콜로이드들이 유실되는 작용
4) 줄기가 연약하여 나무질로 발달하지 못하고 겨울에 말라 죽는 식물(풀)
5) 한대(寒帶) 중에서도 냉대에 가까운 부분에서 여름의 일사량의 증가로 인해 일시적으로 툰드라의 표면이 녹아 선태류나 지의류의 생육이 가능한 지역의 기후

기온이 낮아 유기물이 많이 쌓이므로 표면에는 강산성의 토탄층이 형성되고, 그 밑에는 글라이층(glei horizon)이라고 불리는 토층이 발달한다.

글라이층은 일반적으로 담청색 또는 청회색의 치밀한 점토질 물질로 이루어져 있는 것이 특색이며, 수분으로 포화된 상태 하에 놓여 있기 때문에 산소가 부족하여 산화제2철은 부분적으로 산화제1철(FeO)의 형태로 환원되고, 글라이층의 담청색은 산화제1철에 의하여 생기는 빛깔이다.

(5) 염류화 작용(Salinization)

건조지역에서 가용성 염류가 토양의 표면에 집적되는 과정을 말하며, 폭우가 내릴 때 빗물이 모여드는 저지로서 배수가 불량한 경우에는 증발에 의해서만 모여든 물이 제거되며, 물이 완전히 증발한 다음에는 물에 운반되어 온 각종 염류가 뒤에 남는다.

건조지역의 내륙분지에 형성되는 충적지가 회백색의 염류피각으로 덮이는 것은 그와 같은 이유 때문인데, 나트륨(NaCl), 질산나트륨($NaNO_3$), 아라고나이트($CaCO_3$), 염화칼슘($CaCl_2$) 등은 대표적인 염류들이다.

염류화작용은 건조지역의 농경에 큰 장애요인으로 작용하며, 적절한 배수를 고려하지 않고 관개용수를 농경지에 끌어들이기만 하면, 단시일에 많은 염류가 토양에 지적될 수 있으나, 건조지역의 토양을 농경지로 개간할 때는 염류의 제거에 경비와 시간이 많이 든다.

6) 토양의 구성물질

무기물, 유기물, 수분, 공기 등의 4대 성분으로 구성된 토양은 고체상, 액체상 및 기체상이 공존하고 있는데, 토양에서 고체상은 암석의 풍화에 의해 생성된 무기물과 각종 동식물에서 유래된 유기물 등이며, 액체상은 여러 종류의 물질과 이온이 함유되어 있는 수분이고, 기체상태로 산소와 이산화탄소 등이 존재하는 복합체이다.

이와 같이 토양은 무기물과 유기물의 고상(固相), 토양공기의 기상(氣相), 토양수분의 액상(液相)으로 되어 있는데, 이들을 토양의 3상이라고 한다.

그리고 이들 3상의 구성 비율은 토양의 상태와 유형에 따라 변화하며, 육지토양의 경우에는 고체상 50%, 액체상 25%, 기체상 25% 등으로 구성되어 있다.

토양 3상의 비율은 토양의 종류에 따라서 다를 뿐만 아니라 기상조건(강수, 기온, 온도 등)에 따라서도 다를 수 있다. 특히 기상과 액상의 상대적 비율은 기상조건에 따라 크게 달라지며, 경작지 토양에 있어서는 작토층(作土層)[1]을 경운하거나 작물을 재배함으로써 그 비율은 크게 달라진다. 일반적으로 밭의 표토는 공기 25%, 물 25%, 무기 · 유기성분 50%로 구성되고, 논토양은 물 50%, 무기 · 유기성분 50%로 구성된다.

토양 3상의 상대적 구성비는 작물의 뿌리신장, 수분 및 무기성분의 흡수, 산소공급 등의 작물생장 뿐만이 아니라 작물병해에도 영향을 미치는데, 사력질계 토양은 통기성이 높아서 호기성 세균의 번식이 높아 병해가 심한 것은 그 좋은 예라고 할 수 있다. 토양 3상 중 액상비율이 높으면 토양통기 불량으로 근활력이 저하되어 작물의 생육이 불리하고 반대로 기상비율이 높으면 작물은 수분부족으로 위조[2] 또는 고사하게 된다.

토양을 구성하는 물질의 많은 양은 암석의 풍화작용에 의해 형성된 무기물이므로 토양의 구성성분은 암석의 풍화과정에 직접적으로 영향을 받게 된다. 예를 들면, 온대성기후에서 발생되는 암석을 구성하는 광물은 그 종류에 따라 풍화에 대한 저항성이 다르며, 그 풍화산물도 모암에 따라 변화한다.

일반적으로 풍화에 대한 저항도는 마그마(magma)[3]로부터 광물이 정출되는 과정을 정립한 보웬(bowen)의 반응계열과 깊은 관련이 있으며 석영[4], 백운모[5], 정장석[6], 흑운모[7], 각섬석[8], 휘석[9], 감람석[10], 백운석[11]과 방해석[12], 석고[13] 등의 순서이다.

7) 토양의 물리적 성질과 작물생육

(1) 토성(土性)

토성은 토양의 종류를 의미하는 것인데, 모래 및 점토의 함량비율로 다음과 같이 분류한다.

1) 작물의 뿌리가 분포되는 표층 흙
2) 잎과 줄기가 수분을 손실함으로써 생기는 식물병변의 일반적인 증상
3) 지하에서 암석이 고온으로 가열되어 용융된 것으로 복잡한 규산염 용융체에 휘발성 성분이 섞였다. 주위의 암석보다 가벼워서 서서히 상승한 뒤 마그마굄을 이루었다가 지표로 분출한다. 분출하면 용암이나 속돌(浮石)이 되고, 지하에서 굳으면 관입암체를 이루게 된다.
4) 이산화규소로 구성된 육방 정계의 광물
5) 칼륨과 알루미늄을 함유하는 풍부한 규산염광물로 운모군(雲母群)의 일종
6) 칼륨규산알루미늄($KalSi_3O_8$)으로 구성되는 흔한 알칼리장석
7) 흔한 운모군에 속하는 규산염광물
8) 칼슘을 많이 함유하고 있고 단사정계(單斜晶系)에 속하는 각섬석군의 하부군(下部群) 광물
9) 칼슘 · 마그네슘 · 철이 풍부한 변종이 많으며 화학조성이 다양한 규산염의 주요 조암 광물군
10) 마그네슘-철 규산염광물의 한 종류
11) 탄산칼슘마그네슘[$CaMg(CO_3)_2$]으로 구성되어 있으며 주로 광물 백운석이 우세한 석회암의 일종
12) 천연 탄산칼슘($CaCO_3$) 광물 중 가장 흔한 형태
13) 수화된 황산칼슘($CaSO_4 \cdot 2H_2O$)으로 구성된 황산염광물

표 2-1 모래와 점토의 비율에 따른 토양의 종류

토양의 종류	점토의 함량	촉감에 의한 판정
사토(沙土)	12.5%이하	거의 모래뿐인 상태
사양토(砂壤土)	12.5~25.0%	대부분 모래인 상태
양토(壤土)	25.0~37.5%	반 정도가 모래인 상태
식양토(埴壤土)	37.5~50.0%	약간의 모래가 있는 상태
식토(埴土)	50.0%이상	진흙으로만 된 상태

(2) 토양의 구조

무기모재(바위풍화물)와 유기모재[1]에 여러 가지 토양생성인자(기후, 식생, 지형 시간)의 작용으로 이루어진 토양은 여러 가지 크기와 모양의 1차 입자가 집합하여 일정한 입체적인 배열 형태를 가진 2차 입자를 형성하게 된다. 토양구조는 이와 같이 토양입자의 집단화 또는 결합 배열의 상태를 표시하는 것인데, 일반적으로 토양입자가 하나하나 떨어져 있는 것을 단립구조(單粒構造)라 하고 각 입자가 서로 결합하여 이룬 것은 입단구조(粒團構造)라고 한다. 입단구조는 입체적인 배열상태를 이루고 있어 토양수의 이동, 보유 및 공기유통에 필요한 공극을 가지게 된다. 토양구조의 분류는 외관이 구형이고 유기물이 많은 건조지역에서 발달한 입상(粒狀), 외관이 다면체 각형이고 전작지 토양과 삼림토양에서 발견되는 괴상(塊狀), 외관이 각주 혹은 원주상인 주상(柱狀), 입단이 얇은 판자상으로 논토양의 하층토에서 흔히 발견되는 판상(板狀)으로 나눌 수 있다.

(3) 토양 구조와 작물생육

작물생육을 위해서 토양구조와 관련하여 고려해야 할 부분은 토양구조의 입단화(粒團化)방법과 그 유지를 위한 적절한 토양관리이다. 토양의 입단화에 관계된 인자로는 유기물, 양이온, 토양미생물, 작물체의 근군 등이 있으며, 토양을 입단구조로 만들기 위해서는 점토, 유기물, 석회 등의 사용과 목초의 재배와 더불어 토양개량제(아크릴소일, 크릴륨 등)를 첨가하기도 한다. Na+[2]를 함유한 물질은 입단구조를 파괴하는 것으로 알려져 있어 사용에 주의를 기해야 한다.

1) 모재란 흙이 만들어진 어미물질을 말한다.
2) 인산나트륨 수용액에 염화암모늄을 작용하여 얻는 무색 결정 물질. 인염

8) 토양 생물의 역할

토양 속에는 이루 헤아릴 수 없을 정도의 많은 생물이 먹이사슬을 이루고 있는데, 이들 생물의 크기는 가장 작은 단세포 생물인 세균, 조류, 곰팡이, 원생생물에서부터 더 복잡한 선충과 미세 절지동물과 눈에 보이는 지렁이, 곤충, 소동물, 식물에 이르기까지 매우 다양하게 구성되어 있다. 이런 생물들은 먹고, 자라고, 토양 속을 이동하면서 물과 공기를 정화하고, 식물을 건강하게 하며 물의 흐름을 적절하게 조절한다.

토양 생물은 가축의 배설물, 식물의 잔재물 등 유기물과 농약을 분해하고, 물에 유입되어 오염이 되는 것을 막아주기도 하고, 질소와 다른 영양분 등이 지하수로 흘러 들어가는 것을 막아 저장해주며, 공기로부터 질소를 식물이 이용 가능하게 만들어 주기도 한다. 많은 생물이 토양의 물리성과 공극률을 개선시켜 물의 침투력을 증대시키고 범람을 줄여준다. 또한, 토양생물은 작물 해충을 먹이로 취하기도 하며, 토양 위에 사는 동물의 먹이가 되기도 한다.

토양 생물이 토양에 미치는 영향에 대해서 구체적으로 설명하면 다음과 같다.

■ 광합성 생물(식물, 조류, 세균) : 에너지 포집

· 이산화탄소 고정에 태양에너지를 이용하고 토양에 유기물을 공급 - 사체, 식물체 부스러기와 2차 대사물 등의 생물자원

■ 분해자(세균, 곰팡이) : 잔재물 분해

· 생물 총량 내에 양분을 고정시켜 보전
· 다른 생물을 위한 양분과 에너지원으로서의 새로운 유기복합물 - 세포구성물, 배출물생산
· 토양을 입단화(粒團化) 해주는 물질의 생산 - 곰팡이의 균사 등
· 질소고정세균과 탈질세균에 의한 질소 형태전환
· 병원성 생물의 억제와 경쟁

■ 공생생물(세균, 곰팡이) : 식물생장촉진

· 병원성 생물로부터 식물뿌리보호 - 질소를 고정하는 박테리아
· 식물뿌리에 균근(菌根)[1]을 형성하여 양분(인 등)과 물을 공급

■ 병원균(세균, 곰팡이, 기생생물 - 선충, 미세절지동물) : 질병촉진

1) 기생하거나 공생하고 있는 균류의 뿌리

· 뿌리나 식물조직에 침입하여 질병유발
· 기생선충 또는 곤충 – 질병유발 생물 포함

■ 뿌리 가식생물(원생생물, 절지동물 – 거세미, 바구미애벌레) : 식물뿌리 가식
· 작물의 생산성을 현저히 낮출 수 있음

■ 세균포식자(원생생물, 선충) : 세균 포식
· 세균을 포식하여 식물이 이용할 수 있게 질소(암모늄이온 ammonium ion)와 다른 양분을 생산
· 많은 뿌리 가식(假植)[1] 생물과 질병 유발해충을 조절
· 세균군락의 활동을 억제하거나 촉진

■ 잘게 부숴주는 생물(지렁이, 큰절지동물) : 잔재물 분해와 토양구조의 개선
· 세균과 곰팡이를 먹음으로서 식물부스러기를 잘게 만들어 줌
· 소화관과 분변에 세균의 서식처 제공
· 분변 생산과 토양을 갈아주어 토양구조를 개선

9) 토양의 영향력

포도에 미치는 영향요인 중에서 토양의 화학적 영향은 별로 크지 않으며, 토양의 영향력은 물리적인 영향인 토양의 열 유지, 보수력 그리고 영양성분 등을 들 수 있다. 예를 들면, 토양의 색깔과 구조는 열 흡수력에 영향을 끼쳐 포도의 숙성과 서리 방지에 중요하며, 토양이 포도 생장에 미치는 영향은 토양의 물리·화학적 성질 즉 토성, 입단의 구조, 유효 영양성분, 유기물 함량, 유효 깊이, PH[2], 배수, 유효 수분 등 다양한 속성을 알아야 한다.

(1) 토양 모재(Parent Material)

토양 모재는 포도의 품질에 거의 영향력이 없으며, 좋은 와인은 3가지 모재로 된 토양 즉, 화성암(마그마에서 나온 것, 화강암, 현무암), 퇴적암(혈암, 사암, 석회암), 변성암(점판암, 편마암, 편암) 어느 것이든 상관없이 좋을 수 있다.

1) 모판에서 모종을 이식하는 일
2) 수소 이온 농도를 나타내는 지수. 보통 수소지수 ph로 나타내는데, 이 지수의 값이 커질수록 알칼리성이 강해지며 작을수록 산성이 강해진다.

주로 한 가지 암석으로 된 주요와인지역은 평소의 샹파뉴지방과 샤블리지역의 백악질 토양, 스페인 남서부 대서양연안의 헤레스(jerez) 지역의 석회암 토양, 포르투갈의 포르토(porto)와 모젤의 편암 토양 등이 있는가 하면, 여러 가지 암석의 혼합물로 이루어진 곳으로 독일의 라인가우, 프랑스의 보르도, 보졸레 등도 있다.

물론, 특정한 품종이 특정한 암석으로 이루어진 토양에서 더 잘 자란다는 주장도 있지만, 중요한 것은 환경이며, 이러한 주장은 설득력이 약하다고 할 수 있다.

(2) 토성(Soil Texture)

토성은 토양입자의 크기와 성분의 비율을 말하는 것이며, 국제적으로 토양을 4가지로 나누는데 흙은 조사, 세사, 미사, 점토로 나누고, 자갈은 그레벌(gravel), 페블(pebble), 코블(cobble)로 분류한다.

대부분 경작토는 모래와 미사 점토의 함량에 따라 분류하며, 무거운 토양이라는 것은 점토 함량이 많은 것이고, 가벼운 토양은 모래 함량이 많은 것이다. 점토나 미사보다 큰 토양입자는 모암의 성질을 그대로 유지하고 있지만, 점토 입자는 화학적으로나 구조적으로 모암의 성질을 거의 가지고 있지 않다.

점토는 부피에 대한 표면적이 크고 판상 구조이며, 음전하[1]를 띠고 있어 토양의 물리적 · 화학적 성질에 가장 영향을 많이 끼친다. 또한, 점토입자는 너무 미세하여 건조하면 딱딱해지고 응집성을 갖게 되고, 습기가 많아지면 스폰지(sponge)와 같이 팽창한다.

점토는 표면적이 크기 때문에 많은 양의 물을 흡수할 수 있지만, 물분자를 강하게 흡착하고 있기 때문에 대부분의 물은 식물에 이용되지 못한다.

표 2-2 토성의 구분

구 분	흙	자 갈
조사	2.0~0.2mm	
세사	0.2~0.02mm	
미사	0.02~0.002mm	
점토	0.002mm이하	
그레벌(gravel)		2~4mm
페블(pebble)		4~64mm
코블(cobble)		64~256mm

1) 음전기의 전하. 음하전. ↔ 양전하(陽電荷)

토성은 물과 영양분의 유효도, 토양 공기 등 중요한 요소를 결정짓기 때문에 토성이 포도의 성장과 숙성에 미치는 영향은 대단히 크며, 토성에서 가장 중요한 것은 열 유지력인데, 입자가 미세한 토양은 흡수된 많은 열이 물로 이동하여 이를 증발시키면서 그 에너지가 소실되는 반면 돌로 된 토양은 수분함량이 적기 때문에 흡수한 열을 대부분 그대로 유지하고 있다가 밤에 그 열을 방출한다. 이러한 열은 서리 해를 방지하고 가을에 포도가 익는데 큰 역할을 하며, 토양 열은 포도나무의 온도를 조절하고 서리 해를 감소시킬 수 있다.

(3) 점토함량에 따른 토양의 분류

토성(土性)은 점토와 모래의 조성 비율에 따라 토양의 종류를 분류하는데, 사토(沙土)는 점토가 12.5%이하 함유되어 있는 흙으로 물이나 양분을 지니고 있기 어려워 식물이 한해(寒害)를 입기 쉬우며, 거의 모래뿐이다. 사양토(砂壤土)는 점토가 12.5~25.0% 함유되어 있는 부드러운 흙이며, 대부분 모래이다.

양토(壤土)는 점토가 25.0~37.5% 함유되어 있는 흙으로 경작(耕作)에 가장 알맞으며, 반정도가 모래이다. 식양토(埴壤土)는 점토가 37.5~50.0%들어 있는 흙으로 점토분이 많은 식토와 점토분이 비교적 적은 양토의 중간 성질을 가지는데, 점착력(粘着力)이 크고 양토보다는 경작이 곤란하지만 양분 특히, 보수력(保水力)이 커서 벼 재배에 적합하고 콩류나 과수류의 재배도 가능하며, 약간의 모래가 있다. 식토(埴土)는 점토가 50% 이상 들어 있는 흙으로 접착력이 강하며, 진흙으로만 되어 있다.

(4) 배수와 토양의 깊이

보르도의 그랑 크뤼(grand cru) 포도밭은 개천이나 배수로가 있는 조그만 언덕에 거친 토성의 토양으로 되어 있어서 배수가 빠르고 뿌리가 깊게 뻗어 나갈 수 있게 만든다.

자유수는 24시간 이내에 20m 깊이까지 침투할 수 있으므로 뿌리 깊은 포도나무는 홍수나 가뭄의 피해를 적게 받는다.

품종에 따라 습한 토양에 잘 견디는 것도 있지만, 토양 수분이 너무 많으면 포도 알맹이가 터지거나 썩게 되는데, 예외적으로 토양층이 얕더라도 가뭄이나 홍수에 잘 견딜 수 있는 경우 이때는 쌩떼밀리옹(saint-émilion) 지역과 같이 조밀한 석회암이 얕은 토양에 깔려 있으면 아래쪽 물이 위로 올라올 수는 있다.

(5) 양분과 PH

토양의 양분 유효성은 모재, 입자의 크기, 부식 함량, PH, 수분함량, 온도, 뿌리의 표면적, 근균(根菌)의 발달 등의 상호 작용의 영향을 받는데, 무기질은 모암의 영향을 그대로 받으므로 유명한 포도밭이란 곳도 토양의 양분으로 설명할 수 있다.

포도 열매의 질소 축적의 정도가 와인의 품질을 좌우하며, 또한 칼리(kali)[1]의 유효도와 축적도 와인의 품질에 영향을 미친다.

보르도의 유명한 포도밭은 다른 곳보다 부식 함량과 유효한 양분이 더 많은 것으로 알려져 있는데, 이 데이터를 옛날부터 등급에 이용하기도 했지만, 포도밭의 양분 상태는 등급을 설명할 때 거의 같거나 좋을 수 있으며, 경작과 시비[2]로 개선될 수도 있다.

와인의 품질은 토양의 무기질 영향을 받는다는 설도 있지만, 학자들에 따라 그 견해는 다르다.

10) 토양의 종류 및 특성

토양은 점토와 모래의 조성 비율, 양분, 수분, 입자상태 등에 따라 그 특성이 달라서 국가와 지방, 지역, 포도밭에서 다양한 형태로 분포하고 있다. 다양하고 상이한 토양에서 성장하는 포도나무는 그 지역에 분포된 토양의 특성을 그대로 받아들여 포도열매에 간직하는데, 이것을 가지고 와인을 양조하게 되면 토양에서 섭취한 양분과 향, 맛, 밀도 등의 특성이 그대로 전해져 오는 것이다.

따라서, 토양은 우수한 품질의 와인을 생산하는 기초이며, 매우 중요한 요인으로 작용하는 것임을 알 수 있다.

(1) 포도재배와 밀접한 관계가 있는 중요 토양의 특성

포도재배와 밀접한 관계가 있는 토양은 약 13가지 종류가 있는데, 그 종류별 특성을 설명하면 다음과 같다.

---

1) 칼륨, 칼륨염류를 통틀어 이르는 말. 가리(加里)

2) 작물의 생육을 좋게 하고 수확량을 증가시키기 위해 비료를 주는 일. 시비의 효과는 작물의 종류, 토양과 기상조건, 병충해의 유무 등에 따라 다르고, 사용되는 비료의 종류, 시비량, 시비의 시기와 방법, 시비횟수 등에 따라서도 크게 달라진다.

① 충적 토양(Alluvial Deposits)

자갈, 모래, 흙 등이 퇴적되어 만들어진 토양으로 강물에 의해 떠내려 와서 강가에 퇴적된 토양이며, 배수가 잘 되고 유기물도 풍부하여 비옥하다.

■ 대표적인 지역 : 보르도지방의 메독(medoc) 지역

그림 2-7 충적 토양

그림 2-8 석회질 토양

② 석회질 토양(Calcareous Soil)

석회질 토양은 칼슘, 마그네슘, 탄소를 풍부하게 함유되어 있으며, 높은 ph를 유지한다. 특히, 통기와 배수가 양호하여 우수한 품질의 포도가 생산되며, 구조가 견고하여 포도나무가 자라기에 아주 좋은 토양이다.

■ 대표적인 지역 : 부르고뉴(bourgogne) 지방

③ 백악질 토양(Chalk Soil)

석회암 지질 중 하나로서 옅은 회색토양을 띠며, 지질이 부드러운 알칼리성 토양이고, 상대적으로 포도의 산도를 높여준다. 외부로부터 받은 열과 수분을 유지하는 성질이 뛰어나기 때문에 우수한 품질의 포도를 생산한다. 또한, 양분과 수분을 충분히 공급해주며 싸늘하고 촉촉한 기후를 지닌다.

■ 대표적인 지역 : 샹파뉴(champagne) 지방

그림 2-9 백악질 토양

④ 진흙 토양(Clay Soil)

진흙땅으로 토양입자가 가장 작고 서늘하고 배수가 잘 안되며, 수분 흡수력과 비료성분의 흡수력이 높아 병해의 발생이 쉽고, 양

그림 2-10 진흙 토양

조용 포도 농사에 적합하지는 않지만, 다른 토양과 혼합하여 경작하면 도움이 된다.

■ **대표적인 지역** : 메독(medoc) 지역의 뽀므롤(pomerol) 마을

■ **와인의 특성** : 와인의 구조가 견고하고 강건하며, 좋은 색상의 와인을 만든다. 또한 알코올 도수가 높고 탄닌이 풍부하다.

⑤ 사적 토양(Colluvial Deposits)

풍화된 자갈과 토양의 잔해로 이루어 졌으며, 경사면의 가장 낮은 지역에 퇴적된 토양이다.

■ **대표적인 지역** : 부르고뉴 지방

그림 2-11 사적 토양

⑥ 자갈 토양(Gravel Soil)

자갈이 섞인 토양은 배수가 좋고 열의 복사력이 크므로 포도재배에 좋은 성질을 가지고 있다.

■ **대표적인 지역** : 보르도 지방의 그라브(graves) 지역, 부르고뉴 지방, 칠레 알파타(aphalta) 지역

■ **와인의 특성** : 라이트(light) 한 느낌의 와인을 만든다.

⑦ 화강암 토양(Granite Soil)

단단하고 미네랄이 풍부한 바위 지질로 빨리 열이

그림 2-12 자갈 토양

그림 2-13 화강암 토양

달아오르고 오래 지속되며, 산도가 높은 토양이어서 와인의 산도를 약간 감소시킨다.

■ **대표적인 지역** : 부르고뉴 지방 보졸레 지역, 론지방의 에르미따쥬(hermitage)언덕

⑧ 석회암 토양(Limestone)

탄산을 포함하고 있는 퇴적암으로 옅은 색을 띠고 있으며, 단단한 지반과 배수 관계가 용이하고 알칼리성이 풍부하여 산도가 높은 포도를 생산해 낸다.

■ **대표적인 지역** : 샤블리(chablis) 지역

■ **와인의 특성** : 와인이 섬세한 느낌을 주고, 높은 알코올 도수와 좋은 부케향이 난다. 특히, 삐노 누아 품종의 최적의 토양이다.

⑨ 이회 토양(Marl Soil)

점토와 석회석이 섞여있는 침적토양으로 부드럽고 무른 지층으로 배수가 잘 되고 보비력[1]이 좋아 양질의 포도를 생산한다.

■ **대표적인 지역** : 이탈리아 피에몬테(piemonte) 지방 바롤로(barolo)산지

⑩ 침적 토양(Silt Soil)

매우 정제된 고운 지질로 모래보다 잘고

그림 2-14 석회암 토양

그림 2-15 이회 토양

그림 2-16 침적 토양

1) 양분을 흡수해서 가지고 있는 능력

진흙보다 거칠며, 비교적 영양분이 많은 비옥한 땅에 물을 잘 흡수하고 비료성분을 유지하고 있어 토양이 비옥한 특징을 지닌다.

■ 대표적인 지역 : 캘리포니아의 나파벨리(napa valley)

그림 2-17 모래 토양

⑪ 모래 토양(Sandy Soil)

석영과 풍화석의 토양 입자로 약한 산성토양으로 배수는 잘 되나 비료성분의 흡수력이 떨어져 포도 알이 작고 생산량이 떨어진다. 생식용 포도품질은 좋고 일찍 익는 경향이 있으나 양조용 포도는 품질이 우수하지 못하다.

■ 와인의 특성 : 라이트(light) 한 느낌의 와인을 만든다.

⑫ 점판암 토양(Slate Soil)

이판암과 점토에서 나오는 딱딱한 형태의 토양으로 열을 유지하여 미네랄향이 풍부하여 포도나무 성장에 적합한 토양으로 우수한 품질의 포도를 생산해 낸다. 점토성 혈암[1]이 압력을 받아 형성된 돌로 우리나라에서는 경산지방에서 많이 볼 수 있는데, 이를 구들장돌이라고 한다.

■ 대표적인 지역 : 독일의 모젤(mosel) 지방

⑬ 떼라로사(Terra Rossa)

젊은 지층에서 볼 수 있는 토양으로 진흙과 같은 성분이며, 알칼리 성분이 산화되어 흙이 붉고, 미네랄 등 다양한 성분을 함유하고 있어 특성 있는 포도를 생산한다.

■ 대표적인 지역 : 호주의 쿠나와라(coonawarra) 지역 또는 지중해성 기후 지역

그림 2-18 떼라로사 토양

그림 2-19 점판암 토양

1) 이판암(泥板岩). 셰일

⑭ 기타 혼합토양

- 자갈땅, 충적자갈 섞인 토양 : 그라브 지역
- 자갈 섞인 토양, 모래 참흙 땅 : 쎙떼밀리옹 지역, 알자스 지방
- 자갈 섞인 참흙 : 남부 꼬드 뒤 론 지역의 따벨
- 자갈이 많은 메마른 토양 : 샤또네프 뒤 빠쁘(châteauneuf-du-pape) 지역
- 석회분 풍부, 회백색 심토, 표토 얕은 참흙 : 샤블리 지역
- 석회질 표토, 암석이 많은 심토 : 샹파뉴 지방
- 석회질이 풍부한 자갈 섞인 참흙(북), 이회토(남) : 소테른(sauternes)
- 석회암질, 진흙질, 모래 : 꼬뜨 도르(côte d' or)
- 화강암 토양, 점질 참흙 : 보졸레(beaujolais) 지역
- 화강암 토양, 돌이 많은 땅 : 론 지방의 에르미따쥬 지역, 보졸레 지역
- 화산토(북), 모래참흙(중), 점질 및 충적 자갈 섞인 참흙(남) : 뮈스까테(muscadet), 앙주(anjou), 뚜렌(touraine)
- 점질 참흙 : 마꼬네(mâconnais)

(2) 일반적인 토양의 종류와 특성

① 갈색산림토(Brown Forest Soil)

온대습윤기후의 삼림식생(森林植生) 아래에서 생성되는 띠 모양을 이룬 토양이며, 교반작용으로 원래의 암석 구조를 갖지 않고 덩이모양의 구조가 발달되어 있다.

모재(母材)인 C층은 각종 암석 또는 사력퇴적물이며, 특정한 모래에 국한하지 않으며, 부식층은 발달되어 있는 경우와, 그다지 발달되어 있지 않은 경우가 있는데, 전자를 엄브렙트(umbrept)라 하고, 후자는 염기가 풍부한 유트로크렙트(eutrochrept), 염기가 별로 없는 디스트로크렙트(distrochrept)가 있으며, 이 밖에 열대지방에서 볼 수 있는 트로펩트(tropept)가 있다.

그림 2-20 갈색 산림토

② 갈색토(Brown Soil)

반(半)건조기후 아래에서 여름철에 강수량이 많은 단초초원(短草草原) 지역에 발달하는 토양이며, 엷은 부식층 바로 밑에 탄산석회분이 집적되어 생성된 토양이다. A층(표층)은 갈색 또는 암갈색이며, 유기물이 적고, B층은 회갈색이며, 그 아래에 석회의 집적층이 있고, 땅이 걸지 않아서 방목지로 이용되며, 농경에는 관개를 필요로 한다.

그림 2-21 갈색토

그림 2-22 경송토

그림 2-23 고 토양

③ 경송토(Light Soil)

정지(整地)나 경운이 쉬운 농경지의 겉흙이며, 토양학상의 정의는 없으나, 화산회토의 표토처럼 토성은 잘지만 단립구조(團粒構造)가 발달하고 부식이 풍부한 경우에 경송토의 성질이 뚜렷해진다. 토양 중 공극(空隙)이 80% 정도이고, 강풍이 불면 흩날리며, 보수성(保水性)은 크지만, 겨울에는 서릿발이 서기 쉽다.

사구지(砂丘地)의 표토 등 배수성(排水性)이 좋은 사질토양도 경송토에 속하며, 토성이 섬세한 부식질 토양으로 구조의 발달이 나쁘고 점성이 강한 중점토(重粘土)와 대조적인 물리성을 갖는 토양이다.

④ 고 토양(Paleo Soil)

지질시대에 생긴 토양으로 현재의 자연환경에서 생긴 토양(현토양 modern soil)에 대응되는 토양이며, 고 토양에는 생물의 화석처럼 지층 안에 보존되어 있는 화석토양, 지표에 노출되어 있으나 생성시의 특징을 지니고 있는 렐릭 토양(relic soil), 또는 기후 · 식생의 변화 등 서로 다른 자연환경의 영향을 같은 토양 내에 중복해서 받고 있는 다원토양(多元土壤)이 있다. 육성층(陸成層)의 층서학적 기준층(key bed)으로서 지형을 대비하는데 유효하며, 토양형을 고정함으로써 과거의 자연환경을 복원할 수 있다.

그림 2-24 부식토

⑤ 부식토(Mold)

흙 속에 집적한 동식물의 유체나 그것들이 부패하여 생긴 부식을 함유하는 토양이며, 흙 속의 미생물 작용에 의하여 부식이 형성된다. 일반적으로 부식이 풍부한 흙은 유기성분이 많고 비옥하며, 흑색 또는 흑갈색을 띠고, 주로 온대 이북지방의 가장 표층부에 발달한다.

이탄(泥炭)은 부식토의 일종이며, 석탄은 부식토가 변질한 것이다.

⑥ 사력질 토양(砂礫質土)

모래와 자갈이 혼합되어 있는 흙으로 모래 함량이 적고 자갈이 많아서 깊이 갈지 못하는 땅도 부분적으로 있으나, 대부분은 모래와 자갈이 혼합되어 있는 경우가 많다. 이와 같은 사력질로 인하여 작물의 생산이 저하되는 땅은 바닷가나 개울가에 분포되어 있고 모래밭(砂丘), 개울상류, 선상퇴토(扇狀堆土)의 상부에서 볼 수 있다.

이러한 땅에서는 기경(起耕)에 대한 장애나 물 · 거름성분의 저장부족으로 저위생산의 원인이 되며, 개량방법은 많은 분량의 찰흙을 객토하거나 깊이갈이(深耕)를 하고 유기질 비료를 많이 주는 것이다.

그림 2-25 알칼리성 토양

⑦ 알칼리성 토양(Alkali Soil)

많은 양의 가용성 염류를 포함하고 있어 다소 알칼리성을 나타내는 토양으로 나트륨 · 마그네슘 · 칼슘 등의 염류 화합물이 많은 토양이다.

생성과정은 암석이 풍화되어 유리된 염류가 지표수나 지하수에 의하여 낮은 지대로 운반되어 수분의 증발에 의하여 표층토 중에 집적(集積)된다. 이것이 기후의 변화, 관개(灌漑) 등에 의해서 배수가 이루어지면 유리염류가 용탈(溶脫)되어 토양에 흡착되었던 나트륨이 해리[1]되어 강알칼

1) 화합물이 간단한 구성성분으로 분해되는 현상

리성의 탄산나트륨이 생기는데, 이 단계의 토양이 알칼리성 토양이다.

이후 용탈이 진행되어 제염(除鹽)이 되면 토양은 산성을 나타내게 되는데, 이러한 생성과정 중에 있는 토양을 알칼리성 토양이라고 하는 경우도 있다.

염류가 집적된 상태의 토양은 중성 또는 약알칼리성이며, 건조시기에 지표에 염류의 결정이 희게 석출되므로 이것을 백알칼리토라고도 한다.

좁은 뜻의 알칼리성 토양은 알칼리 반응을 나타내고 부식을 용해시켜 갈색의 즙액(汁液)으로 만들며, 표층에 석출된 염류는 건조되어 흑색을 띠므로 흑색 알칼리토라고도 한다.

알칼리성 토양은 건조지대, 즉 세계 각지의 스텝지대, 열대 · 온대의 사막지대의 낮은 지대에서 많이 보이며, 토양에 알칼리성이 강해지면 일반 작물은 자라지 않는다. 개량은 관개용수에 의한 가용성 염류의 유출, 석고의 시용(施用)에 의한 탈 알칼리화, 황산철 · 황산암모늄 · 황 등 산성시약의 시용, 흙넣기(客土) · 깊이갈이(深耕) 등이 있다.

⑧ 암설토(Lithosol)

암석의 풍화속도 및 유기물이 축적되는 속도보다도 침식작용 쪽이 빨라서 토양생성이 행해지지 않는 토양으로 얇은 표층토를 이룬 것을 말한다. 표층토는 거의 없고 바윗조각으로 이루어진 것도 있으며, 극지(極地), 암석사막의 산지나 경사지, 표토를 벗겨버린 장소 등에 나타난다.

그림 2-26 암설토

그림 2-27 잔적토

⑨ 잔적토(Residual Soil)

암석이 풍화하여 토양으로 되는 경우, 거의 이동함이 없이 그 자리에서 발달한 토양으로 원적토(原積土) · 정적토(定積土)라고도 하며, 운적토(運積土)에 대응되는 말이다.

잔적토는 모암의 성질 외에도, 그곳의 기후나 식생(植生)의 영향을 크게 받아 특유한 토양단면을 나타내는데, 온대에서의 표층은 일반적으로 동식물의 유체(遺體)의 영향을 받아 거무스름해지고, 그 아래층은 세립(細粒)물질이 많고 위에서 내려온 화학성분이 집적한 층을 이루며, 모암(母岩) 바로 위의 토층은 모난 돌멩이가 섞인 토양으로 되어 있다. 그 토양단면의 상태는 기후대마다 달라서, 기후대와 일치되는 것을 성대토양(成帶土壤), 국지적으로 수분의 과소(過少) 등에 영향을 받아 발달한 것을 국지(局地)토양이라 한다.

⑩ 적토(Red Soil)

아열대다우(亞熱帶多雨) 지역의 활엽수림 아래에 발달하는 토양대(土壤帶)로 염기(鹽基)의 용탈(溶脫)이 심하여 철·알루미늄의 이산화물의 집적으로 적색이 강한 것이 특징이며, 고온 때문에 부식(腐植)의 축적이 적어서 포드졸화 작용은 일어나지 않는다.

적토는 현재의 기후에 의한 산물은 아니고, 과거 지질시대의 간빙기(間氷期)에 생성된 토양이라 간주되며, 마지막 빙하기 이후에 성립된 지면에서는 존재하지 않음이 밝혀져 있다.

적토는 지중해 연안의 적색 토양, 즉 테라로사(terra rossa)와는 다르다.

그림 2-28 적토

⑪ 중점토(Heavy Clay Soil)

토양의 고체입자의 지름이 매우 작은 것으로 조성된 토양으로 국제법의 입도(粒度) 구분에 의한 점토(2mm 이하의 입자)가 흙덩어리 중에서 무게의 반 이상을 차지하는 토양을 말하며, 수분을 함유하면 강한 점성을 나타낸다. 농경지 토양일 경우는 경운(耕耘)이 매우 곤란하고, 건조하면 딱딱하게 응고하여 갈라져서 틈이 생기기 쉬우며, 주로 해저 퇴적물의 점토층이 풍화된 토양 등에서 볼 수 있다.

⑫ 집적층(Illuvial Horizon)

토양단면에서 용탈층(溶脫層)과 대조되어 구별할 수 있는 층위(層位)로 집적층위(集積層位)라고도 하며, 토층 속을 이동하는 물에 의해 가용성 성분이 분해되어, 표층에서 하층으로 이동한 칼슘·마그네슘 등의 탄산염과 황

그림 2-29 중점토

그림 2-30 집적층

산염이 하층에 침전되어 집적층을 형성한다.

강한 산성의 부식(腐植)이 이루어지는 한대 · 냉대림의 표층에서는 철 · 알루미늄 성분이 용해되어 반응이 중성에 가까워지는 하층에서 집적되며, 부식도 미립상(微粒狀)의 점토와 함께 기계적으로 흘러내려 집적층 형성의 원인이 된다. 탄산칼슘의 집적층은 체르노젬(chernozem)[1]이나 밤색 토질의 A층 하부에 형성되며, 부식과 철 · 알루미늄의 집적층은 포드졸의 B1층과 B2층을 이룬다.

그림 2-31 황토

갈색 삼림토(森林土)는 철분의 집적층에 의해 갈색을 나타내는 B층이 되며, 적황색토와 라토졸의 집적층은 얇은 A층의 하부에 두껍게 발달하여 철 · 알루미늄의 산화집적물로 이루어지는 붉은기가 강한 B층을 형성한다. 이와 같이 특징적인 집적층을 인정하기 어려운 토양은 일반적으로 생성 초기단계에 있는 미숙토(未熟土)로 여겨진다.

⑬ 황토(Loess)

주로 실트 크기의 지름 0.002~0.005mm인 입자로 이루어진 퇴적물로 뢰스(loess)라고도 하며, 중국 본토인 황허강(黃河) 유역에 널리 분포하는데, 그 밖에 미국의 미시시피강 유역, 유럽 중앙부 등에도 분포한다. 중국 본토의 황토는 북서부에 있는 사막으로부터 편서풍에 의하여 운반되어 퇴적된 것이며, 그 밖의 것은 빙하가 후퇴한 뒤의 퇴적물이 바람에 운반된 것이다. 황갈색을 띠고 풍화를 잘 받지 않으며, 모난 수직 벽면을 만들고 주로 석영을 함유하며 그 밖에 휘석 · 각섬석 등을 함유한 석회질이고, 빙하 퇴적점토와 함께 스텝기후하의 체르노젬 등의 비옥한 토양의 모재가 된다.

그림 2-32 사토

⑭ 사토(Sand Soil)

지름 0.002mm 이하, 점토분이 12.5%

1) 흑색토(black earth)라고도 하며, 두께가 25㎝ 이상 되는 검은 부식층(최소한 1%의 탄소를 함유한 층)을 포함하는 초지(草地) 토양

이하인 입자로 된 토양으로 모래에는 석영사처럼 반영구적으로 풍화 · 분해하지 않는 것과 장석이나 운모처럼 분해되면 점토분이 되는 것이 있으며, 전자는 식물의 양분이 되지 않으나 후자는 다소 도움이 된다.

사토는 응집력 · 점성이 적어 경작이 쉬우며, 투수성이 좋고, 보수성이 좋지 않기 때문에 밭인 경우는 한발(旱魃 drought)[1] 때 피해를 입을 우려가 있다. 양분이 적고, 양분 보유력도 약하지만 밭인 경우에는 비료를 주면 작물이 잘 자란다.

⑮ 사양토(Sandy Loam)

모래참흙이라고도 하며, 토양을 입자가 세밀한 점토, 중간입자인 실트, 거친 입자인 모래로 나눌 때, 이들이 거의 같은 양으로 섞여 있는 토양에 비해서 약간 모래가 많은 토양을 사양토라고 한다.

국제토양학회법에 의하면, 토양은 그 입자의 지름에 따라 자갈(gravel 2.0mm 이상), 모래(sand 거친 것 2.0~0.2mm, 고운 것 0.2~0.02mm), 실트(silt 0.02~0.002mm), 점토(clay 0.002mm 이하)로 나눈다. 사토(모래흙)와 양토(참흙)의 중간쯤 되는 토양을 말한다.

⑯ 양토(Loamy Soils)

입자지름 2mm 이하의 세토(細土) 중에 점토가 25~37.5 % 함유된 토양으로 국제토양학회 협정법에서는 점토 · 실트 및 모래의 조성 비율에 따라 밭 토양의 토성(土性)을 분류하여, 양토는 기호 L로 표시한다. 점토량이 비교적 적은 12.5~25%를 사양토(砂壤土), 비교적 많은 37.5~50%를 식양토(埴壤土)라고 하는데, 양토는 적당량의 모래와 점토를 함유하여 토성이 좋고, 경작도 잘 되며, 모든 작물에 적합하다.

그림 2-33 양토

⑰ 식양토(埴壤土)

점토(粘土)를 37.5~50% 포함하고 있는 토양으로 국제토양학회법에 따르면 점토 · 모래 · 진흙의 조성비율에 따라 토성(土性)을 분류하고 CL(clay loam)의 기호를 붙여 식질양토라고 한다. 식양토는 점토분이 많은 식토와 점토분이

1) 장기간에 걸친 물 부족으로 나타나는 기상재해를 말하며 가뭄이라고도 한다. 증발산에 의하여 대기 중으로 손실된 물의 양이 강수량보다 부족할 때 나타난다.

비교적 적은 양토의 중간 성질을 가지는데 점착력(粘着力)이 크고 양토보다는 경작이 곤란하지만 양분, 특히 보수력이 커서 벼 재배에 적합하고 콩류나 과수류의 재배도 가능하다.

⑱ 식토(Clayey Soils)

토성(土性)의 구분에서, 세토(細土) 중에 50% 이상의 점토를 포함하는 토양으로 국제법에서는 점토 · 모래 · 실트의 조성비율에 따라 밭 토양의 토성을 분류하여, 식토를 'Lic'의 기호로 나타낸다. 식토는 점토분이 많으므로 수분이나 비료의 유지력은 강하나 반대로 공기의 유통이나 배수(排水)가 나쁘고, 경작에 있어서는 점착력이 강해서 불편하다.

그림 2-34 식토

개량법으로는 사토(砂土)를 적당히 섞어주는 것이 좋은데, 석회 · 퇴비 등의 유기물질 그밖의 토양개량제를 섞는다. 그리고 겨울철에는 거칠게 갈아엎어서 잘 건조시켜 주는 것도 효과가 있다.

⑲ 점토(Clay)

지름이 0.004mm 이하인 미세한 흙 입자로 암석이 풍화 · 분해되면, 주로 규소(硅素) · 알루미늄과 물이 결합하여 점토광물이 이루어진다. 점토광물은 운모와 같은 구조를 가졌는데, 2층구조 또는 3층구조인 것도 있으며, 전자는 카올린류, 후자는 몬모릴로나이트 · 일라이트 등으로 층 사이에 물 · 칼륨 · 철 · 마그네슘 등이 들어가 여러 가지 점토광물을 이룬다. 석영 SiO_2 이외의 조암광물은 모두 분해되어 점토광물이 된다.

그림 2-35 점토

점토는 모래나 실트에 비해서 단위 무게당 표면적이 훨씬 넓으므로 토양 중에서는 부식(腐植)과 함께 가장 활동적인 부분이며, 수분 및 양분의 보유력이 강하고, 점토 함량이 높은 토양을 식토(埴土)라 한다.

11) 토양과 포도와의 관계

(1) 토양과 포도나무

포도나무는 여러 종류의 토양에도 잘 적응하여 성장하지만, 척박한 땅일수록 좋은 포도를 만들어 낸다.

생식용 포도는 배수가 잘 되고 밑흙이 깊고 기름지며, 자갈땅 또는 모래질 참흙이 성장하기 수월하고, 찰흙 땅은 유기물이 많고 보수력이 크며 더 기름져 당함량은 찰흙 땅이 더 높아 품질이 우수하다.

포도나무는 석회석, 자갈, 모래, 암반 등이 섞인 볼품없는 토양을 좋아하는데, 자갈이 섞인 토양은 낮 동안 태양의 열을 받아 간직했다가 밤에 다시 발산함으로 해서 포도나무의 성장에 적합한 지열 조정역할을 한다.

진흙은 포도나무 뿌리 쪽에서 수분이 완전히 빠져나가는 것을 막아주는 한편, 흙 속에 저장된 수분을 필요에 따라 뿌리에 공급해주는 기능을 한다.

양조용 포도는 생식용 포도와 재배환경이 다른데, 토양이 척박하고 배수가 잘 되는 자갈이 많고 거친 토양환경에서 품질이 우수한 포도가 생산되며, 생식용 포도와 양조용 포도의 생산 목적이 다른 만큼 생식용 포도는 수확을 많게 하는 것이 재배 목적 중에 하나이지만, 양조용 포도는 수량보다는 품질을 중시하는 것이 다르다고 할 수 있다.

프랑스인들은 우수한 품질의 와인을 양조하기 위해서는 토양이 매우 중요하다고 생각하고 있는데, 토양의 물리적인 측면의 단층, 다공성[1], 배수정도, 깊이 등이 화학적인 측면보다 포도나무 성장에 훨씬 더 중요하다고 생각하고 있다.

이상하게도 좋은 와인을 생산해 내는 포도는 기름진 찰흙에서는 잘 성장하지 못하는데, 이는 찰흙에는 너무 많은 수분과 영양분이 함유되어 있어 포도나무 뿌리가 수분을 찾으면서 성장할 필요성이 없어지게 되는 것이다.

반면, 자갈이 있는 흙은 좋은 배수정도를 제공하는데, 이는 건조기 때에 포도나무의 뿌리로 하여금 수분을 찾아 땅 깊이 뿌리를 내리도록 하여, 궁극적으로 포도나무로 하여금 포도의 성장에 필요한 안정적인 수분과 영양분을 뿌리를 통하여 얻을 수 있게 한다는 것이다.

이탈리아의 유명한 끼안띠 클라시코(chianti classico) 흙은 자갈과 암석으로만 된 것처럼 보이지만, 포도는 잘 자란다. 이는 바위가 낮 동안에 상당한 양의 열기를 흡수하기 때문에 밤에 10℃(50℉) 이상을 뿌리가 유지할 수 있도록 도와주므로 유리하다. 그러나 흙은 적절한 영양을 보유할 수 있는 충분하고, 섬세한 물질들을 함유하고 있어야 하며 질소, 인, 그리고 다른 영양분들이 반드시 있어야 하는데, 만약 충분한 영양분이 없을 경우에는 인위적으로 비료 등을 공급해 주어야 한다.

많은 포도주 양조가들은 와인 양조과정에서 발생하는 포도의 줄기와 부산물, 압착물을 파쇄하여 질소와 같은 필수 영양분을 공급해 줄 수 있도록 흙으로 다시 보내야 한다고 생각하고 있다.

---

1) 물질의 내부나 표면에 작은 빈틈이 많이 있는 성질

포도나무는 좋은 포도를 공급하면서 50년 또는 그 이상을 살 수 있으나, 이렇게 장기간 우수한 포도를 생산해 내기 위해서는 포도나무가 자라는 흙을 어떻게 관리하느냐에 달려있다. 포도밭의 토양은 일반적인 곡물의 경작지와 마찬가지로 정성어린 관리가 반드시 이루어져야 하며, 항상 애정과 관심을 가지고 보살펴 주어야 맛좋은 포도를 생산해 내고, 우수한 품질의 와인을 생산해 낼 수 있다.

(2) 토양과 포도나무의 성장

포도나무는 토양에 따라 나무의 키와 열매의 성질이 다르게 나타나며, 특히 단일품종으로 양조하는 경우에는 그 영향이 더욱 결정적이다.

부르고뉴 지방에서는 단일 품종의 삐노 누아에서도 지역의 토양에 따라 색상과 맛이 다르게 나타나 토양이 포도와 와인의 품질을 결정한다는 의식이 뿌리 깊게 인식되고 있다. 이처럼 포도원에 분포되어 있는 토양의 성격에 따라 포도의 맛과 향이 결정되고 복잡하고 미묘한 그 지역토양의 성분이 모두 포도알맹이에 저장되어 지역마다의 고유한 토양 맛을 나타내고 있다.

그림 2-36 포도나무 성장에 미치는 토양단면

보졸레 지역에서는 석회암(limestone)이 거의 없는 토양 특징을 갖는데, 보졸레 언덕은 석회질이 거의 없는 화강암, 이판암, 진흙질 토양이며, 그 하부 지역은 이회암과 무겁고 침윤성이 좋은 토양으로 구성되어 있다.

삐노 누아는 석회질 토양에서 아주 잘 성장하기 때문에 보졸레 지역에서는 석회질 토양이 없으므로 보졸레 지역에서는 삐노 누아를 재배하기에 적합하지 않다.

따라서, 1차적으로 우수한 와인을 생산해 내기 위해서는 제일 먼저 우수한 포도를 재배하여야 하며, 이를 위해서는 포도원의 토양을 면밀히 파악하여 포도나무에 적합한 품종을 심어야 한다.

① 포도나무가 잘 자라는 토양

- 배수가 좋은 토양은 포도나무의 뿌리를 썩지 않게 한다.
- 척박한 모래토양은 배수가 잘되고, 포도뿌리가 땅 깊이 수분과 양분을 찾기 위해 뻗어 나가므로 좋은 포도를 맺을 수 있다.

· 자갈 토양은 낮 동안의 햇볕 열기를 저녁에 발산하여 포도재배에 유익하다.
· 완만한 경사지의 포도원은 빛의 각도가 커지므로 포도나무에 햇볕을 더 많이 받게 한다.
· 북반구에서는 햇볕이 잘 쬐는 남향이 이상적이지만, 남반구에서는 북향이 이상적이다.
· 호수나 강변이 앞에 있는 포도원은 물에 빛이 반사되어 일조량 효과가 더 커지며, 급격한 온도변화를 방지한다. 예 소테른(sauternes)
· 모래토양은 대체적으로 나무가 작으며, 포도 알이 작고 수량이 적어 생식용 포도품종에 적합하다.

② 포도나무가 잘 자라지 못하는 토양

· 배수로가 없는 평탄한 지형
· 점토가 많아 접착력이 강하고, 진흙이 많은 지역
· 배수가 잘 안되어 장마 때 습도가 많은 지역
· 산소가 부족하여 뿌리가 깊이 뻗지 못하는 지역
· 햇볕이 잘 쬐는 방향의 반대편에 포도밭이 위치한 지역
· 참흙은 포도나무 생육이 너무 좋아 웃자랄 수 있으며, 수량은 많지만 향이 부족하고 열매의 껍질이 두껍다.
· 진흙은 숙기가 늦고, 병충해 발생 가능성이 많다.

그림 2-37 경사면의 포도밭

12) 토양과 와인과의 관계

토양과 와인과의 관계는 토양과 포도와의 관계처럼 상호 밀접한 관계가 있는데, 토양에 따라 와인의 풍미와 특성이 확연히 달라지는 것은 토양과 와인과의 관계가 아주 밀접하고도 직접적인 영향을 상호교감 하는 관계라는 것을 알 수 있다.

포도원에 분포되어 있는 다양한 성질의 토양 맛은 온전히 포도알맹이에 저장되어 양조장에서 와인으로 변화되는데, 같은 품종이라 할지라도 다른 토양에서 자란 포도는 와인의 맛도 다를 수밖에 없다.

특히, 포도열매의 질소성분 축적 정도가 와인의 품질을 좌우하는데, 질소성분을 충분히 섭취 할 수 있는 토양에서 자란 포도로 양조한 와인은 틀림없이 우수한 품질의 와인을 생산 해 낼 수 있을 것이다.

일반적으로 토양의 성질에 따라 와인은 다음과 같은 특성을 나타내고 있다.

■ 자갈과 모래가 적당히 섞인 비옥한 진흙땅

· 구조가 단단하고 깊은 맛을 내는 와인

· 라이트한 와인

■ 자갈이 많은 토양

· 가볍고 아로마가 풍부한 와인

· 라이트한 와인

■ 석회질 토양

· 부드럽게 조화를 이루는 와인

· 탄닌 성분이 풍부한 와인

· 풀 바디 한 와인

■ 점토질 토양

· 생산량은 적게 산출

· 고품질의 구조가 단단하게 느껴지는 와인

■ 진흙 토양

· 구조가 견고 한 와인

· 강건하고 좋은 색상의 와인

· 높은 알코올의 와인

· 탄닌이 높은 와인

■ 석회암 토양

· 섬세한 와인

· 높은 알코올의 와인

· 부케 향이 풍부한 와인

■ 이산화 철을 함유한 떼라로사 토양

· 좋은 색상의 와인

· 부케 향이 풍성한 와인

5. 포도재배의 기타환경

포도재배에 토양과 강수량, 일조량, 지형 등 직접적으로 영향을 미치는 자연환경과 함께 포도재배에 있어 간접적이면서도 직접적인 환경 못지않게 중요성이 강조되고 있는 포도재배 환경요인들이 있다.

국지적으로 자주 발생하는 환경요인을 파악하지 못하고는 완벽한 포도재배를 달성할 수 없으므로 지형적인 특성에 따라 발생할 수 있는 특수한 환경요인에 대해서 정확히 숙지하여 환경재해에 대비하는 것이 무엇보다도 중요하다고 할 것이다.

1) 바람(Wind)

바람이란 지구상에서 기압의 변화로 일어나는 공기의 이동 현상이며, 넓은 의미로는 태양으로부터 방출되는 대전입자(帶電粒子)[1]의 흐름인 태양풍(solar wind)[2]과 다른 행성 대기의 움직임도 바람이라고 한다.

바람은 벡터량(量 vector quantity)[3]이므로 보통 풍향과 풍속의 두 가지 양으로 나타내지만, 이론적으로 취급할 때는 동서성분과 남북성분으로 구분해서 표시한다.

풍향은 남북방향을 기준으로 한 16방위로 표시하며, 상세히 표시할 경우에는 북쪽으로부터 시계방향으로 360°까지 표시한다. 과거에는 동서방향이 기준이었으므로 동북풍 · 서남풍 등이라 하였으나, 현재는 남북이 기준으로 되어 있어 지역의 고유명으로 사용하는 것 외에는 북동풍 또는 남서풍 등으로 표시한다.

풍속은 m/sec 단위로 표시하는데, 다른 단위에 의한 수치와의 환산은 다음과 같으며, 1km/h=0.278m/sec=0.621mph(mile/h)=0.540 kn(knot)=0.911ft/sec 이것을 간략하게 표시하면 1m/sec ≒ 2kn, 1kn ≒ 1852m/h가 된다.

포도는 비교적 바람에 강하고, 적당한 바람은 병충해 예방에 유익하지만, 과도한 강풍은 포도열매를 떨어트리고 포도성장에 방해를 주며, 수분흡수에 장애를 줄 수 있으므로 포도재

---

1) 전기를 띠고 있는 입자

2) 태양의 코로나 또는 태양 외각영역의 고온에 의해 가속되어 태양의 중력장을 벗어날 수 있을 만큼의 속도를 갖는 전자, 양성자, 극소수의 중원소 핵과 같은 입자들의 선속(線束 flux)

3) 차원 공간에서 크기와 방향을 갖는 양. 선분(線分)으로 나타낸다. 즉 스칼라량에 대비되는 양으로서 힘, 속도 등은 그 예이다. 또 정현파 교류도 실효치를 그 길이로 하고 위상각을 기준선과 이루는 각도로 하여 벡터로 표시할 수 있다.

배 지역에서 나타날 수 있는 국지적인 바람의 주기 및 강도에 대해서 정확히 파악하고 있어야 한다.

(1) 바람의 원인

바람이 부는 가장 큰 원인은 기압이 장소에 따라 달라서 생기는 기압경도력[1] 때문이며, 이 경도력에 의해 공기가 기압이 높은 쪽에서 낮은 쪽으로 움직이기 시작하면 이 힘 이외에 다음과 같은 힘들이 작용하게 된다.

첫째, 지표[2] 및 풍속이 다른 기층들 사이에 작용하는 마찰력[3]

둘째, 지구가 자전(rotation)[4]하고 있기 때문에 생기는 전향력(deflecting force)[5]

셋째, 등압선(isobar)[6]이 구부러져 있을 때는 그 곡률에 따르는 가속도(acceleration)[7]에 대응하는 힘 등이 작용하게 된다.

태풍 등의 풍계[8]에서는 셋째의 효과가 크지만, 4가지 힘이 균형을 이룬 상태에서 부는 지표의 바람은 지표에서는 등압선과 어떤 각도를 유지하며, 기압이 높은 쪽에서 낮은 쪽으로 불어간다. 바람과 등압선 사이의 각도는 육상에서는 30°, 해상에서는 10° 정도이며, 상공에서는 마찰력이 거의 작용하지 않으므로 바람은 등압선에 평행하게 불게 된다.

(2) 바람의 평균상태

지구 전체에 걸친 바람의 평균상태는 계절풍 순환까지 더해져서 북반구에서는 그 양상이 달라지는데, 그 주된 특징은 다음과 같다.

첫째, 적도 부근에서는 남반구 · 북반구에서 불어오는 동쪽으로부터의 바람(무역풍)이 있는

---

1) 대기 중에서 기압 차에 의하여 생기는 힘. 보통 수평 방향의 힘만을 가리킨다. ≒기압력
2) 지구의 표면. 또는 땅의 겉면. ≒땅거죽 · 땅겉 · 지표면
3) 접촉하고 있는 두 물체가 상대 운동을 하려고 하거나 상대 운동을 하고 있을 때, 그 운동을 저지하는 방향으로 작용하는 저항력
4) 천체가 다른 천체의 주위를 회전하는 운동을 공전 또는 공전운동이라고 하는데 대하여, 천체에 고정된 회전축 주위의 회전운동을 자전 또는 자전운동 이라하며, 그 회전축을 자전축이라고 한다.
5) 코리올리의 힘(coriolis' force)을 기상학 쪽에서 부르는 말. 지구의 자전 때문에 지상에서 운동하는 질점 또는 물체에 작용하는 힘이다.
6) 일기도 위의 어떤 면에서 기압이 같은 점을 연결한 선 또는 그 면과 등압면이 만나는 선. 지상 일기도에 그려지는 등압선은 해면 고도면의 등압선으로서, 기압의 값은 높이가 다른 곳에 위치한 각 관측점의 현지 기압을 각각 해면의 값으로 환산한 해면 경정(更正)값이 사용된다.
7) 운동하고 있는 물체의 속도 벡터가 시간적으로 변화해 가는 비율
8) 어떤 넓은 지역에 걸쳐서 일정하게 부는 바람의 계통. 무역풍, 편서풍, 계절풍, 해륙풍 따위가 있다.

데, 두 기류가 수렴하는 장소는 여름에는 북반구로, 겨울에는 남반구로 이동한다. 여름철에 적도를 넘은 남동 · 무역풍은 방향을 바꾸어 북반구에서는 남서의 기류가 된다.

둘째, 아열대에서는 강대한 고기압대가 동서로 이어지며, 북반구에서는 시계방향으로, 남반구에서는 시계반대방향으로 바람이 분다. 아열대고기압대도 계절에 따라 북상 또는 남하한다.

셋째, 유라시아대륙에서는 겨울에 그곳을 중심으로 고기압이 형성되어 바람이 불어가고 여름에는 온도가 높아진 내륙으로 바람이 불어 들어가는 계절풍 순환이 생긴다.

넷째, 북반구에서는 정상적으로 알류샨[1] 방면과 아이슬란드 · 그린란드 방면이 저압부가 되므로 기류는 이곳으로 불어 들어가는데 이 저기압은 특히, 겨울철에 발달되기 쉬워서 기압배치의 일부가 되어 겨울계절풍이 된다.

(3) 바람으로 인한 재해

에너지의 크기에 따라 사람이나 동식물이 받는 재해 규모도 달라지는데, 바람으로 인한 재해는 포도나무 수목의 절손, 과실의 손실 등 직접적인 피해와 눈보라, 모래바람, 매연의 확산, 화재의 연소, 풍화현상 등 간접적 피해로 구분된다.

바람으로 인한 피해대책으로 강풍지대에서는 포도나무에 지지대를 세워서 포도나무가 넘어지지 않도록 해야 하고, 방풍림 · 방사림 등을 설치하여 항구적 대책을 수립하며, 일기예보나 폭풍경보를 이용하여 사전에 대비하는 대책과 함께 각종 폭풍대책을 익히도록 하여야 한다.

개화기 동안의 바람은 재난과 같아서 포도나무의 수분작용을 막아 발아를 하지 못하도록 하므로 포도재배 농가에서는 강한 바람으로 인한 직접적인 피해를 최소한 하기 위하여 상습 강풍 지역은 강하게 부는 바람을 막아 줄 수 있는 방풍림을 조성하여 바람의 강도를 약하게 할 수 있도록 대비해야 한다.

(4) 세계의 국지풍

비교적 좁은 지역에 있어 소규모로 고유하게 발달하는 풍계(風系)를 국지풍이라고 하며, 태풍과 같이 특수한 조건하에서 나타나거나, 알프스지방의 푄(fohn)[2]처럼 지형의 영향을 크게 받는 국지풍도 있다.

---

1) Aleutian Islands, 축치어로 섬을 뜻하는 "aliat"에서 유래되었으며, 북태평양에 위치한 섬들로, 알래스카 반도에서 러시아의 캄차카 반도에 걸쳐 길이 약 1,930㎞의 열도이다. 대부분이 알래스카 주에 속하고 있지만, 최서단의 코만도르스키예 제도는 러시아에 속해있고 환태평양조산대의 일부를 구성한다.

2) 산을 넘어서 불어 내리는 따뜻하고 메마른 바람. 흔히 산맥을 경계로 기압 차가 있을 때에 일어난다.

대표적인 국지풍으로는, 국지적인 대기의 불안정에 기인한 하부브(haboob), 강한 기압경도에 의한 캄신(khamsin), 블리자드(blizzard), 고온 · 건조한 푄형으로서 로키산맥 동쪽에서 부는 치누크(chinook), 로스앤젤레스 부근의 산타아나, 이탈리아 남부에서 부는 고온다습한 바람인 시로코(scirocco/sirocco) 등이 있다.

한랭한 국지풍으로는 아드리아 해[1] 동안(東岸)의 보라, 프랑스 지중해 연안의 미스트랄, 미국 남부에서 멕시코 만에 걸친 노더(norther), 아르헨티나 파고니아지방에 부는 팜페로(pampero) 등이 있으며, 캐나다 동부의 블리자드와 서시베리아의 부란(buran)은 눈보라를 동반한다.

중국 화베이(華北 화북)의 황사(黃砂), 이집트의 캄신, 북아프리카 서해안의 하르마탄(harmattan) 등 사진(沙塵)[2]을 포함한 바람도 분다.

한국에서는 늦봄과 초여름에 걸쳐 영서지방에 부는 높새바람도 고온 · 건조한 푄형의 국지풍에 해당된다.

다음은 전 세계적으로 지역적인 특성에 의하여 나타나고 있는 국가별 국지풍에 관한 설명이다.

표 2-3 세계의 국지풍

구 분	지역 및 특징
노더 (Norther)	미국 남부지방에 한파를 몰고 오는 바람인데, 이 바람이 불면 미국 남부 지방의 기온은 급강하하며 멕시코 만, 쿠바 서부까지 불어 간다.
롬바르도 (Lombardo)	알프스의 이탈리아쪽의 사면을 상승해서 프랑스 쪽으로 불어 내리는 일종의 푄 바람이다.
미스트랄 (Mistral)	프랑스의 론 강 협곡을 지나 지중해의 북서 연안, 특히 리옹 만으로 불어 내려오는 북쪽으로 부터의 바람인데 겨울에서 봄에 많고, 차고 건조한 바람이며, 특성은 아드리아 해의 보라와 비슷하지만 보라보다는 온화한 편이다.
보라 (Bora)	헝가리 분지로부터 산을 넘어 아드리아 해의 동안(東岸)으로 불어 내려오는 찬 북동풍인데, 겨울철, 중부유럽 및 발칸반도의 기압이 높고 지중해의 기압이 낮을 때 분다. 현재는 일반 용어화되어, 한랭한 돌풍을 동반하는 활강 바람을 뜻하며, 이 경우 활강하는 도중에 단열상승 하더라도 원래 한랭한 공기이므로 기온은 그다지 오르지 않는다.
보호로크 (Bohorok)	수마트라 섬 바리산 산맥에 불어 내리는 푄바람이다.
부란 (Buran)	시베리아 · 중앙아시아에서 겨울철에 부는 북동의 센바람이며, 눈보라 때문에 시정(視程)이 보이지 않게 된다.

1) 이탈리아와 발칸반도로 둘러싸인 지중해 해역
2) 연기(煙氣)처럼 자욱하게 일어나는 모래 섞인 흙먼지 또는 모래먼지

블리자드 (Blizzard)	미국 동부 · 중부에서 눈보라를 동반한 센바람인데, 미국 기상 용어에는 풍속 14㎧ 이상, 저온, 시정 500ft(약 152m) 이하인 상태를 '블리자드'라고 하고, 풍속 20㎧ 이상, 기온 −12℃ 이하, 시정 0인 상태를 '격심한 블리자드(severe blizzard)'라 정하고 있다. 현재는 일반 용어화되어서 이런 종류의 눈 폭풍을 블리자드라 한다.
산타아나 (Santa Ana)	미국의 캘리포니아 주 남부 산타아나지방에 부는 푄을 동반한 북쪽으로부터의 뜨겁고 마른 바람이다.
솔라노 (Solano)	스페인 남부에서 부는, 먼지가 많은 바람이다.
수마트라 (Sumatra)	말라카해협의 돌풍(突風)으로 말레이반도와 수마트라 섬에 불며, 4~11월의 남서 몬순기, 특히 8월 또한 밤에 많으며, 2~3시간 센바람과 센 비를 가져오고, 육지로 들어오면 약해진다.
수호베이 (Sukhovei)	중앙아시아에서 부는 동향 또는 남동향의 뜨겁고 마른 바람인데, 6~8월에 많고, 기온이 35~40℃로 되며, 이 바람이 불면 식물이 말라죽는다.
시로코 (Scirocco/sirocco)	지중해 북안(北岸)에서 부는 따뜻한 남풍 또는 남동풍인데, 사하라사막의 열대 기단이 북상하여 처음에는 건조하지만, 지중해를 통과하면서 고온 다습(40℃ 이상)하게 되며 안개나 비, 때로는 사하라사막의 모래 먼지를 동반하며 분다. 이 바람은 국가나 지역에 따라 여러 가지 이름으로 불린다.
아브로홀로스 (Abroholos)	브라질의 남동해안에서 부는 스콜성(squall)[1] 바람이며, 5~8월에 많다.
아우스트루 (Austru)	도나우 강 하류 지역에서 부는 마른 서풍이다.
에테지안 (Etesian)	지중해 동부, 특히 에게 해 일대에서 6~9월에 부는 북풍인데, 여름의 건계를 가져오는 바람으로 육상의 무역풍에 해당하는 풍계이며, 이 바람의 이름을 따서 여름에는 고온 건조, 겨울에는 비가 내리는 지중해 기후를 에테지안 기후라고도 한다.
윌리윌리 (Willy-willy)	주로 오스트레일리아 서부에서 부는 열대성 센바람인데, 반 이상이 1~3월에 발생하며, 넓은 뜻으로 오스트레일리아에서는 강한 열대 저기압을 말한다.
임뱃 (Imbat)	북아프리카 연안의 더위를 식혀 주는 바다 바람이다.
치누크 (Chinook)	로키산맥 동쪽에서 불어 내리는 서풍이며, 건조한 푄바람으로 이 바람이 불면 기온이 급상승하고, 눈이 녹기 때문에 스노이터(snow eater)라고도 한다.
칠리 (Chili)	지중해 중부 · 남부에서 부는 북아프리카와 아라비아 반도의 사막으로부터 불어오는 뜨거운 바람이다.
카라부란 (Karaburan)	중앙아시아 특히 고비사막[2] 주변에서 봄부터 여름에 걸쳐서 부는 강한 북동풍인데, 때때로 모래 폭풍을 동반한다. 카라는 '검다', 부란은 '눈 폭풍'을 말하며, 흰 눈 폭풍에 대해 '검은 모래 폭풍'을 뜻한다.

1) 기상 상황을 나타내는 용어. 2가지의 의미가 있다. 항해용어로는 국지적인 악천후로 발달한 구름에 동반하여 천둥이 울리고 거센 비가 내리는 것으로서 대부분의 경우 바람도 강하다. 또 하나는 갑작스럽게 풍속이 증가하여 강한 바람이 심하게 부는 현상이다. 이 바람은 몇 분 정도면 약해지는 경우가 대부분이다.

캄신 (Khamsin)	남쪽으로부터 이집트에 부는 바람으로 대량의 모래를 운반하여 시정이 극히 나빠지며, 바람이 불면, 몹시 건조하고 더워져 불쾌감이 일어난다. 또한 홍해에 부는 남 또는 남서의 센바람도 캄신이라고 한다.
콜라 (Colla)	필리핀의 센바람이다.
타쿠 (Taku)	알래스카 동남부 주노 부근에서 부는 동 또는 북동의 센바람이다.
팜페로 (Pampero)	아르헨티나, 우루과이에서 불어 내리는 서 또는 남서의 돌풍이며, 한랭전선을 따라서 초원에 불어 간다.
푄 (Fohn)	알프스 산지의 북사면에 불어 내리는 따뜻한 남풍인데, 현재에는 일반 용어화되어 산맥의 바람이 불어오는 쪽에서는 습윤 · 단열적으로 상승해서 냉각 · 건조되고, 바람이 불어 가는 쪽에서는 건조하고 따뜻한 바람을 말한다.
하르마탄 (Harmattan)	아프리카 서부, 기니만 북안에서부터 베르데 곶(cape verde)[1]에 걸친 연안에 11~3월에 사하라사막으로부터 불어오는 북동 무역풍인데, 건조한 바람으로, 모래를 많이 포함하고 있으며, 우계의 무더운 바람과는 달리 매우 서늘한 편으로 건강에 좋다고 생각되어 이 지방에서는 '의사(doctor)'라 불린다.
하부브 (Haboob)	아프리카 수단에서 부는 모래 폭풍이고, 여름에 많은데, 여름에는 남동풍, 겨울에는 북풍이며, 사막 위의 고온 대기에 상대적으로 찬 대기가 침입, 강한 대류 현상이 일어나기 때문에 발생한다.
헬름 (Helm)	영국 페나인산맥(pennine chain)[2]의 서사면(西斜面)에 불어 내리는 센 북동풍이다.

2) 구름(Cloud)

구름이란 미세한 물방울(구름입자) 또는 빙정(氷晶)[3]이 모여서 공기 중에 떠 있는 상태를 말하는데, 보통 평균적인 구름입자 또는 빙정의 크기는 평균 반지름 몇 ㎛~10㎛ 정도이며, 이들의 낙하 속도는 매우 느리기 때문에 상승기류의 공기 중에는 대부분 있다.

구름입자는 대기 중의 수증기가 응결하여 물방울이 되거나, 승화해서 빙정이 되는 것으로 응결이 일어나기 위해서는 응결핵이 필요하다.

수증기만으로는 쉽게 물방울이 되기 어렵지만, 응결핵이 있으면 쉽게 응결이 되어서 물방울

2) 몽골고원의 중서부에 펼쳐진 사막. 고비란 몽골어로 본래 삼림 · 유수(流水)가 적고 초목이 짧게 드문드문 나며 토양은 모래와 잔돌이 많고 타르바간이 서식하지 않는 곳을 의미한다.

1) 아프리카 대륙 가장 서쪽 끝에 있는 대서양으로 돌출한 세네갈의 반도. 지형적으로는 제3기의 화산섬이 연안류(沿岸流)의 퇴적작용으로 인하여 육계도(陸繫島)로 된 것으로 동서의 길이 약 30㎞, 너비는 약 10㎞이다.

2) 영국 잉글랜드 북부를 남북으로 달리는 척량산맥. 북해와 아이리스해의 분수계를 이룬다.

3) 얼음의 결정

이 형성되며, 같은 이유로 0℃ 이하에서는 수증기가 많이 모여도 빙정이 생기지 않으나, 빙정핵이 있으면 쉽게 승화되어 빙정을 만든다.

구름의 응결핵으로는 해수의 물보라가 건조해서 생긴 해염(海鹽)의 입자, 공장 등에서 배출되는 미립자, 토양물질 등이 대기 중에 많이 존재하며, 빙정핵으로 중요한 것은 광물질(황사, 화산재, 점토 등)로 1ℓ속에 보통 0.1개 정도는 존재한다.

대기 중의 수증기가 응결 · 승화하여 물방울이나 빙정으로 되기 위해서는 각각 과포화 상태를 거쳐야 하며, 대기가 포함할 수 있는 수증기의 양은 기온이 높을수록 많다. 만약 수증기를 포함하는 대기가 냉각되면 기온에 의해서 포화상태에 이르고 더욱 냉각되면 여분의 수증기를 포함한 과포화상태가 된다. 이 상태는 불안정하기 때문에 여분의 수증기는 응결핵이나 빙정핵 위에 응결이나 승화를 일으켜서 물방울이나 빙정이 된다.

대기의 냉각은 일반적으로 기류의 상승에 의해서 일어나며 다음과 같다.

첫째, 하층의 따뜻한 공기 위에 상층의 차가운 공기가 오면 상하방향으로 불안정하게 되어서 발생하는 대류상승(對流上昇)

둘째, 산 따위의 지형에 기류가 부딪쳐서 생기는 지형상승(地形上昇)

셋째, 따뜻한 공기와 차가운 공기가 접촉한 앞면을 따라 따뜻한 공기가 상승해 가거나, 따뜻한 공기가 차가운 공기 밑으로 들어가는 듯 한 전선부근의 공기 상승 등에 의해 대기가 냉각된다. 이러한 경우, 공기는 단열상승에 의한 변화(단열냉각)를 일으키고, 100m 상승함에 따라 건조한 공기는 1℃, 습한 공기는 약 0.6℃ 기온이 내려간다. 때문에 수증기는 포화상태를 거쳐 차츰 과포화상태가 되며, 그 과포화 정도는 포화상태를 100%라 하면 불과 1% 이하지만, 수증기는 응결핵(또는 빙정핵)을 중심으로 쉽게 미세한 물방울(또는 빙정)을 만든다.

(1) 구름의 분류

구름의 형을 운형(雲形)이라 하며, 세계기상기관(WMO)의 국제구름도감에서는 유(類) · 종(種) · 변종(變種)으로 세분하고 있다. 이중 유(類)에는 10종류가 있고, 일반적으로 이 10종 기본운형의 분류를 운급(雲級)이라 부르며, 구름의 종류에는 발생하는 높이가 거의 정해져 있는 층상운(層狀雲 상층운 · 중층운 · 하층운 등)과 높이가 정해져 있지 않은 대류운(對流雲 적운 · 적란운 등)이 있다. 그것은 구름의 생성이 대기의 상승에 의한 단열팽창과 그것에 수반하는 냉각이 필요하고 응결핵의 종류와 농도, 그리고 수분과 상승기류의 속도에 따라 달라지기 때문이다.

대기의 하층에서는 흡습성이 큰 응결핵이 많고 수분도 많기 때문에 운수량이 큰 구름이 생성되지만, 공기가 상승할수록 응결핵의 크기와 농도는 작아지고 수분도 비교적 적기 때문에 구름이 쉽게 생성되지 않는다. 따라서 대류권 중에는 높이에 따라 대개 3개의 층으로 나뉘어 구름이 생성되며, 짙은 구름의 경우(고층운 · 난층운 등)일 때는 다른 층의 구름과 연속하는 것이고, 대류운은 그 속에서 혼합이 심해 각 층을 뚫고 존재한다.

(2) 구름의 명칭

구름의 명칭은 구름의 성질에 의한 명칭과 종에 속한 구름, 변종에 속한 구름, 부분적으로 나타나는 구름, 지형성의 구름 및 기타 등으로 구분되는데 그 내용은 다음과 같다.

표 2-4 구름의 성질에 의한 명칭

구 분	특 징
과냉각운(過冷却雲)	0℃ 이하에서 물방울로 멈춰있는 구름이며, 고층운이나 적운 · 적란운이 여기에 속한다. 여기에 요오드화은을 뿌리면 빙정이 생기며, 이것이 크게 되면 강수의 원인이 된다.
대류운(對流雲)	상승기류가 연직(鉛直)방향으로 강하게 일어났을 때 생기는 구름이며, 적운 · 적란운이 여기에 속한다. 저기압의 한랭전선, 태풍의 중심부근, 뇌운 등에 동반되는 구름이며 때로는 우박 · 천둥 등이 발생하는 경우가 있다. 인공강우 · 우박억제 · 천둥방지 등의 실험대상이 되며, 층상운 중에 강하게 대류운이 일어나면 호우 · 대설의 원인이 된다.

표 2-5 종(種)에 속한 구름

구 분	특 징
구상운(鉤狀雲)	권운(卷雲)에 나타나며, 끝이 갈고리 모양으로 굽어져 있거나, 콤마 모양을 한 것인데, 송이 모양의 윗부분이 둥근 혹 모양으로 되어 있는 것은 총상운(總狀雲)이다.
무상운(霧狀雲)	안개와 같이 섬유가 얽힌 듯 한 얇은 권운으로 여름 외에 출현하면 날씨는 기온이 내려가게 되는 경우가 있다.
층상운(層狀雲)	구름의 많고 적음에 관계없이 상승기류 중에 발생하는 것으로 경사지는 천천히 가로방향으로 상승해 가며, 구름은 층상에 가로로 길게 뻗친다. 저기압 등에 수반되는 경우가 많으나, 층상에서도 구름의 내부에서는 난기류가 발생하고, 대류성의 구름(적운 · 적란운)이 이 층상운에 겹치면 호우나 대설이 내리는 경우가 많다.
다모운(多毛雲)	적란운의 꼭대기의 모루형의 구름이 모상구조(毛狀構造)를 이루고 있는 것을 말한다.
단편운(斷片雲)	같은 모양으로 퍼지지 않고, 단편적으로 퍼지는 층운이나 적운이다.

탑상운 (塔狀雲)	구름 윗부분이 둥근 혹이나 작은 탑 모양으로 늘어서서, 마치 성벽의 탑처럼 보이는 구름으로 공통의 운저(雲底)가 이어져 선상에 나란히 있으며, 권운 · 적운 · 고적운 · 층적운에 나타난다.
병운 (竝雲)	양배추 모양의 소규모의 적운으로 이 구름 속에는 대류활동은 비교적 활발하다.
농밀운 (濃密雲)	보통 권운과 달리 구름 전체가 짙고 반투명한 부분이 적다.
총상운 (總狀雲)	권운 · 권적운 · 고적운이 탐스러운 모양을 나타내는 것이다.
편평운 (偏平雲)	뭉게뭉게 솟아오르지 않고, 편평한 모양을 이루고 있는 적운이다.
무모운 (無毛雲)	적란운 꼭대기의 모루형 구름이 털 모양이 아니라 똑같은 모습으로 퍼지는 것이다.
모상운 (毛狀雲)	쇠꼬리나 양의 수염과 같은 모양을 하고 있는 권운으로 특히, 꼬리가 아래로 향할 때는 날씨가 흐리며, 윗부분의 불연속면에 따라서 발생한다.
웅대운 (雄大雲)	적운이 발달해서 운정(雲頂)이 권계면(圈界面)[1]까지 달하는 듯 한 구름으로 운정이 계속 둥그스름해져 있으며, 이것이 모루형으로 변화되면 적란운이다.
렌즈구름 (Lens)	상층의 바람이 셀 때 지형의 영향으로 생긴 렌즈 모양의 구름으로 산을 넘는 기류는 대기가 안정되며, 바람이 셀 때, 비교적 안정한 파상기류를 만들지만 그 철상부(凸狀部)에서 이 구름이 생긴다.

표 2-6 변종(變種)에 속한 구름

구 분	특 징
틈새구름	이쪽저쪽에 틈이 많이 있는 듯 한 층적운이다.
이중운 (二重雲)	권운 · 권층운 · 고층운 · 고적운 · 층적운이 2개의 층구조를 이루고 있는 구름이다.
파상운 (波狀雲)	권적운 · 권층운 · 고적운 · 고층운 · 층적운 · 층운에 공통적으로 나타나는 변종으로 물결 모양의 구조를 보이고 있는 구름이며, 대기의 성층 상태에 따라서 물결 모양 구조가 일어난다.
벌집구름	운층에 둥그스름한 구멍이 비어 있거나, 불규칙하게 흩어진 구멍이 비어있는 구름으로 권적운에 나타나며, 저기압이나 전선의 통과 후에 찾아오는 고기압에 덮여 있을 때 발생한다.
반투명구름	비교적 얇은 층적운 또는 층운 등이 반투명한 모양으로 퍼져 있는 구름이다.
불투명구름	층적운이나 층운 등이 불투명한 모양으로 퍼져 있는 구름이다.
방사상운 (放射狀雲)	평행으로 늘어선 대상운이 수평선의 한 점에서 방사상으로 퍼져보이는 구름으로 보통 권운 · 고적운 · 층적운 등의 변동이 있다.

1) 대류권과 성층권과의 경계를 이루는 층

얽힌 구름	권운의 모상(毛狀)구조가 서로 얽혀있는 구름이다.
늑골운 (肋骨雲)	물고기의 뼈나 늑골처럼 직선상의 구름을 한가운데에서 직각으로 줄무늬 모양(縞狀, 호상)이 나와 있는 구름으로 이 종류의 권운은 우천(雨天)이 되기 전에 흔히 출현하는 구름이다.

표 2-7 변종(變種)에 속한 구름

구 분	특 징
아치구름	적란운의 하부에 수평으로 뻗는 롤(roll) 모양의 구름으로 아치 모양과 활 모양을 하고 있다.
모루구름	적란운의 상부에 얼음의 결정으로 생긴 모루형의 구름으로 때때로 여기서 외부에 천둥이 일어나는 경우도 있으며, 이 구름이 생길 때는 적란운의 활동이 강한 것을 의미한다. 이 구름의 가로로 길게 뻗쳐 옆구름에 얼음의 핵이 되는 씨를 뿌림으로써 강우를 촉진하는 경우도 있다.
강수운	비 · 눈 · 우박 등을 내리게 하는 구름으로 구름의 두께가 두껍다거나 과냉각 상태라거나 하는 등이 필요조건이 되며, 강수가 지표까지 달하지 않은 것을 미류운(尾流雲)이라 한다.
모자구름	모자와 같은 형으로서 다른 구름에 부수적으로 나타나는 구름으로 주로 적란운이나 적운의 상부에 달라붙거나, 운정(雲頂)의 조금 윗부분에 떨어져서 나타난다.
조각구름	너덜너덜한 단편상의 구름으로 다른 구름에 부수적으로 나타나며, 고층운 · 난층운 · 적운 · 적란운의 아래에 떨어져서 나타나지만, 때로는 달라붙어서 나타나는 경우가 있다.
유방운 (乳房雲)	층적운 · 적란운 · 고층운 · 고적운 등의 운저(雲底)가 소젖처럼 늘어져 있는 구름이다.
미류운 (尾流雲)	운저에 강수가 있어도 증발해 버려서 지표까지 도달하지 않는 상태의 구름으로 지표에 달하는 것은 강수운이다. 층상운에서는 잘 보이지만 강수는 소멸해도 증발에 의해 무겁게 된 공기의 하강류가 일어나는 경우가 있다.
베일구름	배의 돛이나 텐트 수막(垂幕)의 의미로 주로 적란운이나 적운의 상부에 달라붙거나 운정 바로 위에 수평으로 크게 베일 모양으로 퍼진다.
깔때기구름	적란운 등의 운저(雲底)에 때때로 보이는 구름으로 기둥 모양 또는 깔때기 모양을 하고 있으며, 이것은 운중(雲中)에 발생한 강한 소용돌이의 축과 일치한다.

표 2-8 지형성 구름 및 기타

구 분	특 징
조개구름	권적운의 하나로 물고기의 비늘모양처럼 보이는 구름이다.
운해	층적운이나 적운 등이 가로로 길게 뻗어 있는 것을 산 위에서 바라보면 해면처럼 보이기 때문에 이 이름이 붙여졌다.

삿갓구름	고봉(孤峰)에 강제상승의 기류가 일어나면 산정부근에 삿갓을 쓴 듯 한 구름이 발생하는 경우가 있는데, 일반적으로 이때는 상공의 바람이 강하고, 기층은 어느 정도 안정되어 있으며, 이때 산의 풍하로 난기류가 일어나는 경우도 있다. 구름이 전체적으로 움직이지 않게 보이는 것은 차차 풍상(風上)으로 구름이 발생하여 풍하(風下)로 증발해서 사라지기 때문이다.
버섯구름	화산 폭발이나 대량화약의 폭발(가장 대규모인 것은 핵폭발)에 의해서 생긴 거대한 버섯 모양의 구름으로 처음에는 구상(球狀)이 되다가, 적운상(積雲狀)으로 솟아오르고, 베일구름이나 모자구름을 동반하는 경우가 있다. 상공에 달한 운정부는 가로로 퍼지며, 구름의 대부분은 연기나 진애(塵埃) 등의 고형미립자로 되어 있지만, 일부에는 물방울도 포함되어 있고, 소나기나 천둥을 동반하는 경우가 있다.
해파리구름	총상운(總狀雲)의 하나로 해파리 모양과 비슷한 둥근 구름 덩어리 하부에 흐트러진 꼬리를 끌고 있는 구름이다.
진주모운	진주운이라고도 하는데, 성층권에 나타나는 구름으로 주로 겨울에 스칸디나비아·스코틀랜드에서 관측되며, 알래스카에서도 볼 수 있다. 평균 약 25㎞가 출현고도이며, 형과 색이 진주조개의 속과 비슷하다.
폭포구름	산 능선의 풍상측에서 밀어 닥친 운층이 풍하측에 폭포처럼 늘어져 있는 상태의 구름이다.
매단구름	산악에 강한 기류가 부딪치면, 기층이 어느 정도 안정될 때 산악파(山岳波)가 발생하는데, 이때 렌즈상의 구름이 생기면, 마치 공중에서 매단 것처럼 보이기 때문에 이 이름이 붙여졌다. 삿갓구름과 같이 풍상에서는 구름이 생기고, 풍하에서 증발하여 사라지기 때문에 모양은 전체가 멈춰 있는 것처럼 보인다. 기류의 흐름이 분명하기 때문에 인공강우의 효과를 보는데 좋다.
소나기구름	발달한 적란운이 거대하게 모여 있는 구름이다.
기운 (旗雲)	산정부근에 정체해서 나타나는 구름으로 산정에서 풍하를 향해서 깃발이 옆으로 휘어진 것처럼 보인다.
비행기구름	비행기의 항적(航跡)으로 생긴 구름으로 대기가 포화상태에 가까울 때 항공기의 배기가스가 심핵(心核)이 되어 수증기가 응결하여 생긴다. 신속하게 확산하여 소멸할 때는 대기가 비교적 안정하지만, 이 구름이 발달해갈 때는 대기가 불안정하기 때문에 날씨가 나빠질 징조이다. 비행기가 엷은 운층 속을 통과할 때, 항적에 따라서 가늘고 긴 구름이 없는 선이 생기는 경우가 있는데, 이것은 비행기 배기가스의 열에 의해서 구름입자가 증발하여 생긴 것이다.
양구름	양이 무리를 이루고 있는 것처럼 보이는 구름으로 구름의 분류상은 고적운에 속하지만, 적운이나 층적운의 경우도 있다.
야광운 (夜光雲)	진주모운보다도 높은 곳(약 80㎞)에 출현하는 구름으로 고위도 지방의 여름밤에 드물게 관측되며, 겉보기는 권층운과 비슷하지만, 색은 푸르스름한 백색으로 지평선 가까이는 조금 불그스름하다. 매우 얇은 구름으로 종종 물결 모양 구조가 생긴다.
롤구름	하층의 풍향이 상층풍향과 반대방향으로 되어 있을 때, 이 사이에서 발생하는 매단구름은 수평의 롤(roll)모양으로 회전하는데, 이 구름이 경사가 있을 때 롤구름이 생긴다.

3) 안개(Fog)

응결된 물방울이 지면에 접하여 떠있는 것으로 시정 1km이하의 것을 말하는데, 구름과 비슷하지만 고도가 낮기 때문에 안개라고 하며, 농도에 따라 계급을 붙인다.

안개는 관측지점으로부터 1,000m 이내의 목표물이 보이지 않을 때를 말하며, 그보다 농도가 엷은 것은 박무(薄霧)라고 하여 별도로 취급한다. 박무 중 미소한 물방울로 되어 있는 것을 댐프 헤이즈(damp haze) 또는 미스트(mist)라고 하며, 눈에 보이지 않는 작은 응결핵이나 세진(細塵)이 시정을 나쁘게 하는 것을 연무(煙霧 dry haze)라고 한다. 또한 기온이 0℃ 이하로 많이 하강하면 물방울이 아닌 미세한 빙정이 떠돌게 되는데, 이것을 빙무(氷霧 언안개)라고 한다.

안개는 그 발생 메커니즘에 따라 다음과 같이 분류할 수 있다.

(1) 증발에 의한 안개의 발생

증발은 수면으로부터 일어나거나, 낙하하는 빗방울로부터 일어나는데, 현재 수면 또는 빗방울의 온도에 대한 포화수증기압을 Ew, 공기의 온도에 대한 포화수증기압을 E, 공기 중의 실제 수증기압을 e라고 하면, 증발속도는 Ew－e에 비례하고, e=Ew가 되면 증발은 멎는다.

공기의 온도가 물의 온도보다 높을 때에는 E>Ew이고, 증발은 e=Ew가 되면 중단되므로 공기가 포화되기 전에 증발은 멎고, 따라서 안개는 생기지 않는다.

반대로, 공기의 온도가 물의 온도보다 낮을 때에는 E<Ew이며, 이때에는 공기가 포화에 도달해도 증발은 멎지 않고, 과잉의 수증기는 응결되어 안개가 된다. 이와 같은 경우에는 또 다시 찬 공기가 따뜻한 수면상을 이동하는 경우와 따뜻한 비가 찬 공기 속을 강하하는 경우로 구분된다.

찬 공기가 따뜻한 수면상을 이동하는 경우에 생기는 안개를 증기안개(steam fog)라 하고, 따뜻한 비가 찬 공기 속을 강하하는 경우는 주로 불연속면에 관련하여 일어나므로 전선안개(frontal fog)라고 한다.

① 증기안개(Steam Fog)

찬 공기가 그보다 훨씬 따뜻한 수면상을 이동할 때 생기는 안개인데, 이 경우 공기는 밑으로부터 가열되어 불안정해지고, 수직 혼합에 의하여 안개를 흩어져 사라지게 하는 작용이 동시에 일어나기 때문에 온도차가 대단히 커야 한다. 그러므로 만약 해면상에 있어서 그다지 높지 않은 곳에 역전층(逆轉層)이 있으면 그 밑은 전부 안개로 채워진다.

북빙양(北氷洋)상에서는 인접한 대륙으로부터 불어오는 기류가 극히 한랭하므로 종종 증기안개가 나타나는데, 이것을 북빙양해연(北氷洋海煙 arctic sea smoke)이라고도 한다.

겨울철 한랭한 지방에서 맑은 날 새벽녘에 호수면이나 하천면으로부터 김같이 서리는 안개도 증기안개에 속하며, 이것은 겨울철 뿐만 아니라, 바람 없이 맑은 날 밤에 복사와 냉각이 잘 되고 지형적으로 주위가 산으로 둘러싸여 냉기의 침강이 잘 이루어지는 호수면이나 하천 면에서는 여름철에도 종종 생긴다.

② 전선안개(Frontal Fog)

온난전선에서 따뜻한 공기가 찬 공기의 경사면을 타고 올라갈 때 단열냉각에 의하여 구름을 만들고 비를 내리게 하는데, 그 빗방울이 찬 공기 중에 떨어질 때 증발하여 생긴다. 또한 전선 부근에서 비가 내릴 때 빗방울 온도가 기온보다 높을 경우에 생기는 안개이며, 이 경우도 증발안개와 마찬가지로 빗방울에서 공기로 수증기가 보급되어 안개가 발생한다. 빗방울과 공기의 온도차가 클수록 안개가 생기기 쉽고, 잘 발달한 전선을 따라 발생하며, 전선안개는 날씨가 나쁠 때의 안개이다.

(2) 냉각에 의한 안개의 발생

안개의 발생에 가장 유효하고, 또한 종종 일어나는 것은 지면에 접한 공기의 냉각인데, 냉각의 원인에 따라 다음의 두 가지로 구별된다.

① 복사안개(Radiation Fog)

지면이 복사에 의하여 냉각되고, 지면 부근의 공기도 냉각되어 생기는 안개로 방사안개라고도 하며, 맑은 날 밤바람이 없고 상대습도가 높을 때 잘 생긴다. 바람이 있으면 난류에 의하여 냉각되는 기층의 두께가 증가되어 냉각도가 작아지기 때문에 안개는 생기지 않으며, 또한 습도가 높은 것도 필요조건으로 해상에 있던 공기가 육상에 와서 정체하고 있을 때 발생하기 쉽다.

② 이류안개(Advection Fog)

공기가 수평으로 퍼질 때 냉각에 의하여 생기며, 이동하는 공기의 냉각은 공기와 그 밑에 있는 차가운 면 사이의 온도차에 관계되고, 공기가 밑에 있는 면의 등온선(等溫線 isotherm)[1]을 넘어가는 속도에 관계한다.

1) 일기도상의 어느 한 면에서 기온이 같은 점을 연결한 선. 지도 위에 등온선을 그리면 따뜻한 지역, 서늘한 지역 등이 뚜렷하게 나타난다.

풍속이 너무 강하면 난류에 의한 수직혼합이 커져 냉각에 접촉되는 공기의 양이 많아지므로 냉각도는 약해지며, 풍속이 너무 약하면 공기가 밑에 있는 면의 등온선을 넘어가는 속도가 작아지므로 역시 공기의 냉각도는 약해진다. 그러므로 이류안개의 발생에는 적당한 풍속이 필요한데 2~3m/sec이며 해상에 생기는 안개는 거의 이류안개이다.

(3) 안개의 재해

해상에서 바다안개 때문에 시계를 잃어 선박이 조난된 예는 과거부터 많았는데, 1912년 4월 영국의 호화여객선 타이타닉(titanic)호의 침몰이 그 예이다.

육상에서는 안개로 시계가 나빠지면 고속도로와 공항의 활주로가 폐쇄되며, 철도에서는 열차의 운행이 중지되기도 한다. 이와 같이 안개가 짙어지면 시정에 장해가 일어나게 되므로 해상·육상 교통에 지장이 생기며, 바다안개가 내륙으로 침입하면 일조를 방해하여 농작물의 생육에 지장을 주기도 한다.

바다안개 침입을 막기 위해서는 방무림(防霧林)을 해안에 조성하는데, 방무림은 안개의 미세한 물방울을 포획하고 기류에 혼란을 일으켜 안개의 소산(消散)을 촉진시키는 등의 작용을 한다.

따라서, 포도밭에 안개가 자주 발생하면 주변지역에 습도가 높아져 병충해의 발생빈도가 높아지고 포도알에 곰팡이가 자주 발생하여 정상적인 수확을 할 수 없는 상황이 초래되기 때문에 포도농장 주변에 안개의 접근을 차단하고 소산을 촉진할 수 있는 나무숲을 조성하여 안개로 인한 재해에 대비하는 것도 좋은 방법이라고 판단된다.

4) 서리(Frost)

대기 중의 수증기 또는 땅속의 수분이 지상의 물체 표면에 얼어붙은 결정이며, 지물(地物)[1] 등의 표면이 복사냉각으로 차가워지고 그 위에서 공기 중의 수증기가 직접 승화하여 생긴다.

수증기가 일단 지물에 응결하여 이슬이 되고, 그 이슬이 냉각하여 동결된 것을 동로(凍露)라고 하는데, 이것은 이슬이라는 물의 상태를 거쳐 얼음이 된 것이며, 수증기가 직접 승화하여 생긴 것은 아니지만 분별하기 곤란한 경우에는 이것도 서리라고 한다.

서리가 내린다고 하지만 사실상 서리는 공중에서 내리는 것이 아니라 눈에 보이지 않는 공

1) 땅 위의 물체

기 중의 수증기가 지물 위에서 응결된 얼음이며, 서리는 옥외에 있는 지물의 표면뿐만 아니라 쌓인 눈의 틈새나 눈 덮인 오두막집의 내부 등에도 생긴다.

실내 공기 중의 수증기가 차가운 유리창에서 승화하거나, 유리창에 맺힌 이슬이 동결하여 생긴 서리를 창서리(窓霜 창상)라고 한다.

(1) 서리의 모양

서리의 모양은 눈의 결정과 마찬가지로 육방정계이며, 대표적인 모양으로는 바늘모양 · 깃털모양 · 나뭇가지모양 · 널빤지모양 · 기둥모양 · 컵모양 등이 있으나 형태가 확실하지 않은 비결정형인 것이 많다.

같은 마을에서도 장소에 따라 서리가 잘 생기는 곳이 있는데, 밤에 냉각된 공기는 마치 물이 골짜기 사이를 흐르듯이 낮은 곳으로 흘러 이런 곳에 서리가 잘 생기며, 이를 서릿길(霜道 상도)이라고 한다. 또한 오목한 곳에 물이 모이듯이 찬 공기도 모이기 쉬워 이것을 서리구멍(霜穴 상혈)이라 한다.

(2) 서리의 피해

봄 또는 늦가을에 기온이 갑자기 내려가 농작물이나 과수에 피해가 생기는 현상을 상해(霜害)라고도 하는데, 늦봄과 초가을의 서리피해가 있다.

서리피해라고 해도 서리가 직접피해를 주는 것은 아니고, 서리가 내릴 정도의 저온에 의해 농작물 세포의 내부 또는 외부의 수분이 얼어서 세포가 탈수되어 고사하는 것을 말하며, 메커니즘(mechanism)[1]적으로는 냉해 또는 동해(凍害)와 같다.

서리피해가 일어나는 것은 봄 또는 가을에 대륙으로부터 한기가 이동성고기압을 동반하여 내습하면 복사냉각에 의해 새벽 무렵 이상저온이 되기 때문이며, 이때 작물이나 과수의 어린 눈의 생장 정도에 따라 피해는 다르지만, 보통 옥외 기온이 4℃ 이하로 내려가면 서리피해가 일어난다.

서리피해를 입는 곳은 지형과 장소에 따라 큰 차이가 있어 밤과 낮의 온도차가 심하지 않은 곳은 비교적 서리피해를 입지 않고, 밤과 낮의 온도차가 심한 곳과 일반적으로 지대가 낮은 곳은 서리피해를 입는다.

봄에 내리는 서리는 포도나무의 어린가지 생장을 방해할 수 있으며 특히, 포도나무가 발아하는 시점에서는 더욱 위험하다.

1) 모든 사상(事象)을 기계적 운동으로 환원해서 설명하려는 입장

서리피해의 대책으로는 새벽 무렵의 저온에 미리 대비하여 복사냉각에 의한 기온의 저하를 방지하여야 하며, 그 방법으로는 연무법(煙霧法)[1] · 가열법 · 송풍법 등이 있고, 면적이 좁은 경우는 거적으로 덮기도 한다. 특수한 방법으로 물을 뿌려 작물의 표면에 얼음이 덮이도록 하는 방법 등도 있다.

5) 우박(Hail)

적란운에서 만들어져 떨어지는 것으로 입자크기가 큰 얼음인 지름 5mm 이상인 것을 가리키며, 그것보다 작으면 싸락눈으로 분류한다.

표면은 매끄러운 얼음이지만 혹이 생겨 요철이 있는 것도 있으며, 우박을 쪼개어 보면 투명한 부분과 불투명한 부분이 교대로 여러 층이 겹쳐 있는데 싸락눈이나 빙정이 핵이 되어 생긴다.

구름 속의 물방울이 이것에 충돌하여 부착되었을 때 즉시 얼면 입상(粒狀)의 구조가 되므로 기포가 많고, 싸락눈과 비슷하여 희고 불투명하며 밀도가 작은 층이 생긴다.

물방울이 퍼져서 수막을 이룬 후에 얼면 투명한 층으로 되고, 중간형으로는 스펀지모양의 얼음이 되는 경우도 있다. 부착되는 물방울의 크기 · 온도 · 충돌속도 등이 층의 생성방식에 영향을 주며, 우박은 어느 정도 낙하한 후에 상승기류를 타고 회전하여 다시 상승하는데, 이것이 충분히 반복되면 상당한 크기가 된다. 때로는 몇 개 정도가 달라붙어 특이한 모양을 하는 경우가 있으며, 크기는 보통 지름으로 표현하지만 콩이나 달걀 등과 비교하여 표현하는 경우도 있다.

지름이 작거나 기온이 높으면 떨어지는 도중에 녹아서 입자가 큰 비가 되며, 평균밀도는 0.9g/㎤ 정도의 것이 많다.

낙하속도는 크기에 따라 다른데, 작은 것은 10㎧ 정도이고, 큰 것은 30㎧를 넘으며, 우박은 저위도보다는 중위도에서 잘 나타나고, 계절별로는 봄 · 가을에 많이 나타난다.

흔히 한랭전선 가까이에서 불안정한 공기가 강한 상승기류를 일으켜 발생한 적란운 속에서 우박이 형성되며, 때때로 천둥을 동반하고, 5~6분 정도 지나면 멈추거나 비로 변한다.

(1) 우박의 피해

우박은 고체이기 때문에 빗방울이나 눈송이와 같이 낙하 중에 공기의 저항을 받는 정도가 크지 않으므로 큰 우박일 경우에는 낙하속도가 커져서 큰 파괴력을 동반한다.

너비가 수㎞로 띠처럼 좁게 우박이 내리는 지역을 우박대라고 하며, 우박 낙하속도는 지름

1) 젖은 짚이나 헌 타이어 등을 태워 연막을 치는 법

2㎝인 것은 20㎧, 지름 5㎝인 것은 30㎧ 정도로서 작은 우박이라도 농작물에 피해를 준다.

우박은 포도나무의 잎과 포도알을 상하게 하여 포도결실에 결정적으로 피해를 주게 되는데 특히, 어린 포도나무를 상하게 하고 늦은 여름동안의 우박은 자라고 있던 포도를 썩게 만든다.

우박의 피해를 줄이는 방법으로는 우박의 생성이 예상되는 구름에 흡습성 응결핵이 되는 씨를 뿌려 구름 아랫부분에 많은 빗방울이 생겨 강수가 시작되는 시간이 빨라지게 하므로 우박이 생기는 것을 막을 수 있다. 최근에는 작은 로켓 등을 사용하여 구름 속에 요오드화은을 뿌려 작은 우박을 많이 만들어 지면에 떨어지는 동안 녹아서 피해를 줄일 수 있게 하고 있다.

6) 냉해(Cold-Weather damage)

농작물의 성장기간 중에 필요한 적정 기온보다 낮은 기온이 오래 지속됨으로써 작물의 성장과 수확에 피해를 주는 기상재해인데, 발생원인은 여러 가지가 있으나, 해안에서는 한류의 영향으로 생기며, 고원지대에서는 위도와 해발고도에 따라 차이가 있다.

산지의 고도가 100m 상승함에 따라 평균 0.6℃씩 기온이 낮아지므로 고도가 600m 이상 되면 고랭지로서 서리가 일찍 내려 큰 피해를 주는 경우가 대부분이며, 여름장마가 길어질 때는 습한 저온현상이 계속되어 냉해를 입기도 한다.

따라서, 포도재배의 경우 지형에 따라 낮과 저녁, 새벽의 온도 차이로 인하여 발생할 수 있는 냉해피해를 방지하기 위하여 내한성이 강한 품종을 개발하고, 관수 · 배수를 조절하여 영양상태를 양호하게 하므로 냉해에 대비하여야 할 것이다.

Wine & Grape

03 ▸▸▸ 포도재배

1. 포도재배 과정

포도재배는 계절별, 월별 포도나무 생장주기에 맞추어 적절한 손질과 작업을 실시하여야 품질 좋은 포도를 생산할 수 있으며, 이에 따라 계절적인 기후환경과 시기를 선정하여 적절한 시간에 최상의 방법으로 포도나무가 잘 성장할 수 있도록 관리를 하여야 한다.

1) 계절별 포도재배

포도나무는 지역의 계절적인 환경에 따라 생장주기를 달리 할 수 있으므로 계절과 기후에 따라 작업을 실시하여야 하며, 구체적인 내용은 다음과 같다.

(1) 봄

3월은 포도나무의 생장주기가 시작되는 시기로 비료를 살포하여 연속되는 수확으로 인해 부족한 필수성분들을 보충해 주어야 하며, 땅속에 아직 남아있는 성분들도 재구성되도록 해야 한다.

4월은 데뷔따쥬(debuttage)라는 작업을 실시하는데, 포도 그루터기 밑둥을 파내기 위해 나무의 열 가운데 쪽으로 흙을 모아주는 작업으로, 이것은 제초작업이 될 뿐만 아니라 토양이 숨쉬게 하여 빗물이 스며들도록 하는 작업이다.

5월에는 기온이 2~3℃ 정도 되기 시작하면서 농작물 발육을 저해할 수 있는 곰팡이나 기타 바이러스 또는 박테리아가 발생하여 병충해에 걸리기 쉬우므로 주위 깊게 돌보아야 한다.

(2) 여름

6월은 개화하는 시기로 기온이 20℃가 되면 개화를 시작하여 10여일 동안 진행된 후에 꽃으로 피어나는데, 개화는 수확시기를 결정짓는 조건이 되며, 개화기와 수확기 사이의 기간은 평균적으로 100일 정도 걸린다.

어느 정도의 번식력 있는 꽃들은 일반적으로 포도열매를 맺으나 꽃가루가 묻지 않은 몇몇 꽃들은 떨어져 버리고 '낙화' 과정을 거친다.

또한, 지루 세우기 작업을 실시하는데, 가지를 말뚝에 고정시킨 포도원에서는 그루터기에서 새로 나는 어린나무에 남겨 놓을 잔가지나 햇가지를 철사 줄에 묶는다.

7월에는 포도가 흡수해야 할 영양분이 다른 곳으로 가지 않도록 포도나무의 가지 끝을 잘라 주어야 하며, 비로소 포도송이가 커지면서 포도의 형태가 만들어 지기 시작한다.

8월에는 포도송이 주변에 무성하게 자란 잎들을 일부 제거해 주어야 일조량을 늘일 수 있는데, 이는 포도 껍질의 착색과 포도알의 숙성을 촉진하는 효과가 있다.

초여름동안 알이 커진 포도는 아직은 초록색의 단단한 모양을 하고 있는데, 8월 중순경에 이르면 색깔이 변하기 시작하여 청포도는 반투명의 노란색, 흑포도는 보라색으로 변하며, 이러한 색상변화는 수확하기 45일 전에 볼 수 있는 현상이다. 이때 좋은 품질의 포도를 생산하기 위해서는 포도 솎아내기를 해주어야 한다.

(3) 가을

9월에는 수확하기 전까지 탄닌과 색소, 아로마의 함량이 계속하여 증가하여 포도의 풍미와 맛을 결정하게 되는데, 수확하는 날짜는 포도의 익은 상태에 따라 달라진다.

수확의 시기는 가장 이상적으로 익은 포도를 최대량 거두어들이는 것이며, 포도의 당도뿐만 아니라 적당한 산도와 색상, 향기와 탄닌의 함유를 점검하고, 추수는 손으로 하게 되지만 때로는 기계로 수확하기도 한다.

10월부터는 포도나무 잎이 변색되고 떨어지기 시작하며, 포도나무는 식물 생장기 중 휴식기에 들어가게 된다.

11월에는 큰 추위가 닥쳐오기 전에 끝내야 하는 작업으로서 흙을 나무 그루터기에 부어주어 겨울의 결빙을 사전에 대비하여야 한다.

(4) 겨울

12월은 포도나무에서 모든 잎이 떨어지고 식물 생장기 다음의 휴식기로 들어가며, 1월에는 좋은 품질의 포도와 질병을 예방하기 위해 소독약을 뿌리고 토양을 기름지게 하기 위해서 가지치기를 해주어야 하는데, 이는 포도 생산을 늘리기 위한 것으로 나무의 식물 생장 균형을 유지시키며 수명을 길게 하기 위한 것이다.

2월에는 잘라낸 잔가지들을 모아 태우는 작업을 하게 되는데, 오늘날 대규모 포도 재배자들은 땅에 가지를 묻거나 가루로 만드는 방법으로 대체하기도 한다.

2) 월별 포도재배

포도재배는 월별 적절한 손질과 작업이 필요하며, 계절적인 요인을 감안하여 해당 월에 적합한 관리를 해주어야 포도생장에 장애를 주지 않고 잘 자랄 수 있다.

포도재배를 위한 세부적인 작업내용을 정리하면 다음과 같다.

표 2-9 월별 포도재배

월	구분	작업	사진	내용
1~2월	휴식기	가지치기 가지정리 밭갈이		겨울 기간 동안 가지치기, 가지 정리, 밭갈이로 포도가 잘 자랄 수 있도록 환경을 조성하며 일반적으로 수작업으로 진행되지만, 미국에서는 기계화된 지역도 있다.
3월	양수기	물을 흡수하여 발아 시작	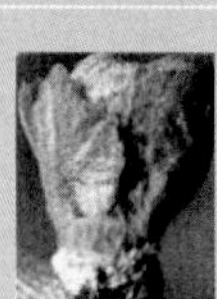	지력 보강 연속되는 수확으로 인해 부족한 필수 성분을 보충해 주어야 하며, 이 시기부터 본격적인 포도나무의 생장주기가 시작된다.
4월	발아기	새 순이 나오기 시작	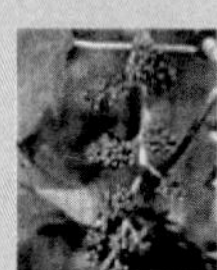	그루터기, 흙 보듬기 데뷔따쥬(Le debuttage) 작업 즉, 포도 그루터기 밑동에 생기를 넣기 위해 포도나무가 늘어선 줄 가운데로 흙을 모아주는 작업을 실시하고, 제초뿐 아니라 토양이 숨 쉬게 하며, 빗물이 스며들도록 한다. 이 시기부터 봉오리가 점점 커지기 시작하여 기온이 10℃ 정도가 되면 새 순이 나오기 시작한다.
5월	전엽기	잎이 자라기 시작		포도나무 돌보기 포도나무는 곰팡이가 흔치 않지만 기타 바이러스나 박테리아로 유발되는 병에 걸리지 않도록 꼼꼼이 돌봐야 할 시기이다.
6월	개화기	꽃이 피기 시작		개화 및 결실 본격적인 개화가 시작되는 시기로 기온이 20℃가 되면 시작되어 10여일에 걸쳐 진행되고 꽃으로 피어난

				다. 개화는 수확시기를 결정짓는 조건이며, 이 시기에 가지를 말뚝에 고정시키고, 그루터기에서 새로 나는 어린 나무에 남겨놓을 잔가지나 햇가지를 철사에 묶는 작업을 한다.
7~9월	결실기 성숙기	포도 열매가 익어가는 시기		가지치기 생장을 계속하면서 포도가 흡수 할 영양분이 포도가지로 가지 않도록 포도나무의 가지 끝을 잘라준다.
				잎 따주기 포도송이 주변의 잎들을 어느 정도 제거해 주어야 일조량을 늘일 수 있으며, 포도 껍질의 착색과 포도알의 숙성을 촉진시킬 수 있다. 초여름동안 알이 커진 포도는 아직은 초록색의 단단한 모양을 하고 있으며, 8월 중순이 되면 색깔이 변하여 품종에 따라 짙은 보라색이나 반투명의 노란색 빛깔로 물들기 시작한다.
				성숙기 수확하기 전까지 탄닌과 색소, 아로마의 함량이 계속해서 증가하며, 포도의 익은 상태에 따라 수확을 시작한다.
10월	수확기	본격적인 수확기		본격적인 수확이 시작되며, 수확이 끝나고 나면 포도 나뭇잎이 변색되고 떨어진다.
11월				흙을 나무 그루터기에 부어주어 겨울의 추위와 결빙을 막아주어야 하며, 큰 추위가 오기 전까지 작업을 끝내야 한다.
12월	낙엽기 휴식기	휴식기		포도나무는 잎이 모두 떨어지고 긴 휴식 기간에 들어간다.

3) 포도의 성장단계

포도재배는 1년 동안 오랜 작업을 해야 하는 농사로 좋은 포도를 수확하기 위해서는 끊임없는 주의와 세밀한 보살핌 그리고 포도나무 재배를 위한 전문지식이 필요하며, 포도의 생장주기는 개화에서 성숙기까지 약 90~100일까지를 한 주기로 본다.

(1) 포도의 휴면기

수확이 끝난 늦가을에 잎이 떨어지면 비료를 주고 가지치기를 하는데, 보통 늦가을에서 초겨울에 하는 가지치기는 다음 해에 결실을 맺을 포도의 품질을 결정하고 수확량을 조절하는 작업이다.

(2) 포도나무의 활동

3월 중순이 지나면 동면하고 있던 포도나무가 활동을 시작하여 토양의 온도가 올라가면서 수액유동이 시작되는데, 이 시기에 포도나무에 상처를 입히면 포도나무의 수액이 떨어진다. 수액이동이 시작할 때 지표면의 온도는 포도품종에 따라 차이가 있지만, 일반적으로 땅속 30cm 깊이의 온도가 6.4℃, 120cm의 깊이의 지온이 7.3℃, 또는 공기 중의 온도가 10.4℃를 넘으면 수액유동이 개시된다.

(3) 포도의 새싹(Sprout)

평균온도가 10℃ 이상을 유지하면 발아가 시작되는데, 유럽의 추운 지방에서는 4월 중순쯤 되면 안에서 보호 털로 덮인 새싹이 나오기 시작한다.

그림 2-38 포도나무의 휴면기

발아 온도는 지역과 품종에 따라 다소 차이가 있으며, 10.2℃에서 발아하는 것과 13.5℃정도 기온이 상승하지 않으면 발아하지 않는 것이 있다.

발아는 포도나무 위쪽에서 중앙으로 빠르게 진행되고 아래쪽은 윗부분이 발아한 후 4~12일 정도 늦게 발아가 시작된다. 발아 후 10일 정도 지나면 잎, 잎 모양, 떡잎의 모양이 정해지는데 이 기간에 특히 주의해야 할 것은 늦서리의 피해이다.

그림 2-39 포도나무의 활동

그림 2-40 포도나무의 새싹

(4) 포도의 개화(Flowering)

5월 말부터 6월 상순에 걸쳐 포도 봉오리가 자라고 6월 말경이면 만개하기 시작하는데, 개화기는 4~8일 간에 걸쳐 진행되며, 일반적으로 기온이 16~21℃에서 개화를 시작해 20~21℃가 되면 절정이 된다.

그림 2-41 포도나무의 개화

그림 2-42 포도의 성숙

개화의 시간은 아침 6시부터 시작해서 오전 9~10시에 개화가 가장 활발히 진행되고, 10~11시가 되면 개화가 멈추기 시작해 정지한다.

꽃이 지고 난 후 며칠 뒤면 열매를 볼 수 있으며, 포도나무의 성장도 큰 시기가 두 번 있는데, 그 중 한번이 개화기 이다.

(5) 포도의 성숙(Maturation)

포도 열매가 착색하는 것은 포도품종에 따라 차이가 있으나, 보통 개화 후 40~90일 후에 시작되며, 포도나무의 성장기인 7~8월이 되면 열매가 자라게 된다.

포도알은 성장 초기에 작고 녹색의 색상을 보인 후 점점 커지다가 변색기가 되면 성장이 일시 중단된 후 다시 급격히 크기가 커지면서 당도도 증가하게 된다.

청포도는 색깔이 녹색에서 베이지색으로 약간 투명하면서 말랑말랑하게 변하고, 흑포도는 색깔이 녹색에서 옅은 붉은색으로 점점 검은색을 띠는 것과 청색이 감도는 검은색으로 변하게 된다. 포도가 성숙해 가면서 과육의 비중이 70~75%에서 85~90%로 증가하고, 씨와 껍질은 상대적으로 25~30%에서 10~15%로 감소하게 된다.

포도는 초기에 산도가 매우 높고, 당도는 낮지만 성숙해 가면서 당도가 점점 증가하며, 산도가 감소하면서 향기가 생겨나기 시작하는데, 포도품종에 따라 당분의 축적기간은 보통 20~70일 정도면 충분하다.

포도알은 바깥쪽에서 안쪽으로 익어 가기 때문에 껍질 근처의 과육은 씨 쪽보다 당도는 높고 산도는 낮은 편이다.

2. 포도재배 수형

포도나무는 가지나 열매를 지탱하기 위해서 자연 상태에서는 덩굴손을 이용하여 주변의 다른 나무의 줄기 등을 감아 지탱하지만, 인위적으로 재배할 경우에는 이러한 역할을 하는 울타리 등을 설치해 주어야 한다.

포도나무의 줄기 모양은 나라와 지역에 따라 다르게 나타나고 있는데, 이것은 각 지역의 지형(산악지역, 평야지역)이나 기후조건, 토양조건(비옥도, 경사도, 배수조건), 품종의 특성 등에 맞게 포도 줄기를 관리하기 때문이며 이러한 것을 포도 줄기 관리방법이라고 한다.

포도 줄기 관리방법은 지역적인 특성 및 기후 등을 고려하여 그 방법을 달리하는데, 독일과 같이 북쪽에 있어 비교적 추운 나라들은 봄철 늦추위로 인하여 지표와 가까운 곳에 있는 포도 줄기의 서리 피해를 막기 위해 가지를 높게 하거나, 표고가 높은 곳에서는 야간에 온도가 너무 내려가므로 포도를 보호하기 위하여 낮 동안에 데워진 자갈의 열을 활용하기 위한 방법으로 가지를 낮게 설치하기도 한다.

또한, 너무 햇빛이 강렬한 지역에서는 강한 직사광선으로 포도가 손상을 받는 경우가 있으므로 이러한 곳에서는 천정식으로 포도 잎이 포도송이를 그늘지게 하여 과도한 직사광선이 포도에 내리 쬐지 못하도록 한다.

포도 줄기 관리방법에는 여러 가지 요령과 방법이 있지만, 대표적인 방법으로 줄기 가지치기(cane pruning)와 눈 가지치기(spur pruning)로 구분 할 수 있으며 그 종류는 다음과 같다.

1) 줄기 가지치기(Cane Pruning)

줄기 가지치기는 매년 그 해에 새로 나온 가지 중에 원 밑둥에서 나온 우량한 가지 하나만 남겨두고 나머지는 잘라버린 후 다음해 봄에 남겨둔 줄기에서 싹이 나와 포도송이가 열리도록 하는 방법으로 기요(guyot)방식을 기본으로 여러 방식으로 변형되었다.

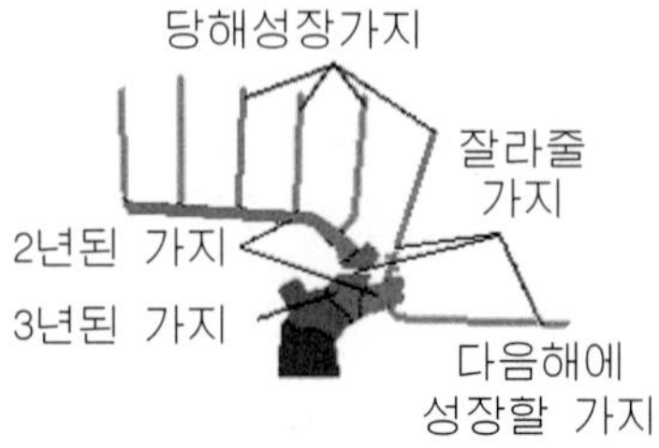

그림 2-43 줄기 가지치기

(1) 기요(Guyot Trellis)방식

프랑스 보르도 지역에서 가장 많이 쓰는 줄기 가지치기 방식은 기요 심플(guyot simple)과 기요 더블(guyot double)이 있다.

기요 방식으로 줄기 가지치기를 할 때는 가지 양쪽(더블) 혹은 한쪽(심플)에 각각 다음 해를 위하여 가지 원 밑둥을 하나 남겨놓는 것으로, 보들래즈(bordelaise trellis) 방식과는 이 원 밑둥을 제거한다는 차이점이 있으며, 이처럼 줄기 가지치기를 하는 것은 모든 수액과 양분이 하나의 가지에 집중하도록 하기 위한 것이다.

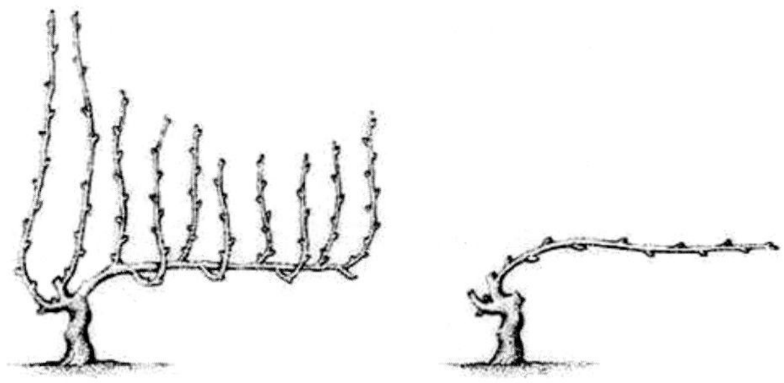

그림 2-44 기요심플 방식

① 기요 심플(Guyot Simple)

1860~1869년 줄 기요(jules guyot)에 의해서 개발된 방식이며 주로 프랑스 보르도, 부르고뉴 등에서는 기요 심플방식을 채택하고 있는데, 기요 심플은 한쪽에만 포도가 열리도록 가지를 남겨놓는다.

② 기요 더블(Guyot Double)

프랑스 보르도, 독일을 비롯한 유럽, 미국의 캘리포니아 등에서 주로 고급 와인을 생산하는 지역에서 많이 채택하고 있다.

기요 더블은 오른쪽 왼쪽 모두 포도가 달리도록 가지를 양쪽으로 뻗을 수 있게 놓아두는 방법이다.

그림 2-45 기요더블 방식

(2) 보들래즈(Bordelaise Trellis) 방식

기요 방식에서 변형된 방법으로 줄기 가지치기를 할 때 기요방식은 원 밑둥을 하나 남겨놓지만, 보들래즈 방식은 이 원 밑둥까지 제거한다는 차이점이 있다.

(3) 버티컬(Vertical Trellis) 방식

기요 더블 방식이 이중으로 된 형태로써 뉴질랜드 등에서 쓰이는 방법이며, 두개의 철사 수직 구조는 약 20년 동안 보편적이었지만 높은 유지비용과 잡초를 제거하는 것이 극도로 어렵기 때문에 약간 선호도가 감소해 오고 있는 실정이다.

원예 방법은 가장 위에 있는 철사 뿐만 아니라 낮은 높이의 철사에서도 가로의 가지를 선택하고 자라게 하는 것 외에는 전의 방법과 비슷하다. 이 구조는 양측 외대 방법에 비해서 열매 맺는 외

그림 2-46 버티컬 방식

대를 두 배로 제공하지만, 낮은 쪽의 외대를 유지하는 작업은 수작업과 무릎을 꿇어 일하는 것이 필요하다.

2) 눈 가지치기(Spur Pruning)

눈 가지치기 방법은 전년도에 자란 줄기를 다 잘라 버리고 매년 새로 나온 가지에서 포도송이가 달리도록 하는 방법으로 고블렛(goblet) 방식을 중심으로 변형되었으며 그 내용은 다음과 같다.

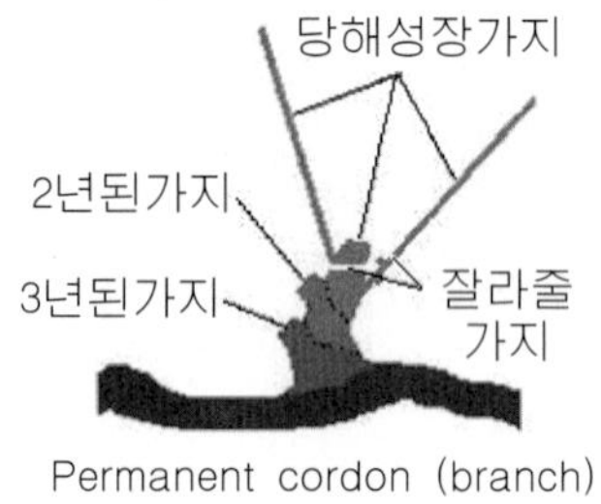

그림 2-47 눈 가지치기

(1) 고블렛(Goblet Trellis) 방식

주로 프랑스의 보졸레, 꼬뜨 뒤 론, 스페인, 지중해 연안, 호주 등 건조한 지역에서 많이 쓰이는 방법이다.

이 방식은 사람의 수작업을 그다지 필요로 하지 않아 편리한 이점이 있으며, 성장을 억제할 필요가 있는 포도품종이나 태양빛을 많이 받고 비가 오지 않는 지역에 적합하다.

(2) 코든(Cordon Trellis) 방식

샹파뉴(champagne) 지역의 샴페인용 삐노 누아와 샤블리 지역에서 주로 재배하는 방법이며, 세워서 유지하는 가장 단순한 원예 구조로서 양측의 외대에 단 하나의 철사를 건 원예구조이다.

나무를 심은 후에, 하나의 수직으로 난 어린 가지가 철사를 타고 자라게 하며, 보 3~4개의

그림 2-48 고블렛 방식

그림 2-49 코든 방식

경쟁하는 어린 가지가 어린 나무에서 나오게 된다. 단순하게 가장 강하고 곧은 가지를 선택하여, 그 가지가 위쪽으로 자라도록 막대기나 줄에 매달린 줄로 지지해 준다. 옆가지들이 나올 때 옆가지들을 전정하지만, 줄기 위에서 직접 자라는 잎들은 제거하지 않는다.

초여름 동안 가지는 158~182cm(5 1/2~6ft) 높이의 철사에 도달하며, 가지가 성숙해지면 단단해지고 구부러지지 않기 때문에 가지가 곧은 모양이 되도록 만들어야한다.

가지가 철사에 닿으면, 철사의 각 양편으로 두개의 가지가 자라는 것이 용이하게 하기 위하여 가지의 끝을 전정해 주어야 하고, 위쪽으로 자라는 가지는 줄기가 되고 철사를 따라서 자라는 가지는 외대가 된다. 외대 형성은 첫 번째 자라는 기간 동안에 완성되어야 하며, 포도나무의 허리를 감쌀 수 있는 꼬리처럼 나온 줄기나 줄기에서 나온 가지는 확실히 제거해야 한다. 외대를 형성할 만큼 충분히 자라도록 외대에서 옆으로 자라는 가지가 30.48cm(1ft)정도로 자라게 해야 한다.

(3) 제네바 더블 커튼(Geneva Double Curtain Trellis) 방식

미국 동부지역에서 콩코드(concorde) 품종을 재배하기 위하여 개발한 것으로 줄기를 위에서 아래로 키우는 방법으로 북쪽의 포도 재배 지역에서는 1에이커(acre) 당 빛의 차단을 최대화하기 위해 디자인된 것이다.

제네바 더블 커튼방식의 장점은 낮은 철사를 유지하는 문제만 해결 된다면 에이커 당 높은 생산량과 품질 좋은 열매를 생산할 수 있으며, 단점으로는 양측 외대 원예구조보다 더 높은 유지비용이 소요된다는 것이다.

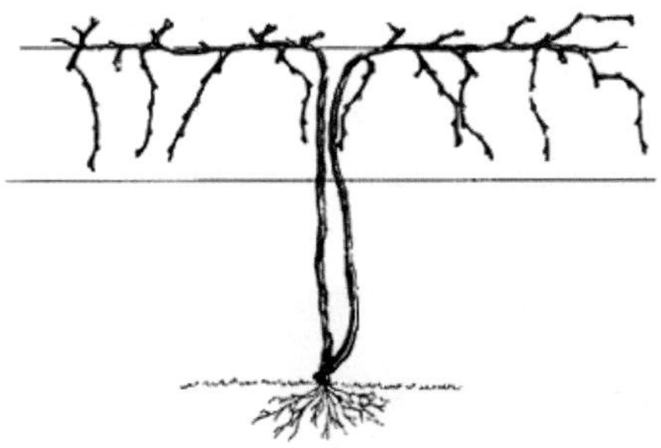

그림 2-50 제네바 더블커튼 방식

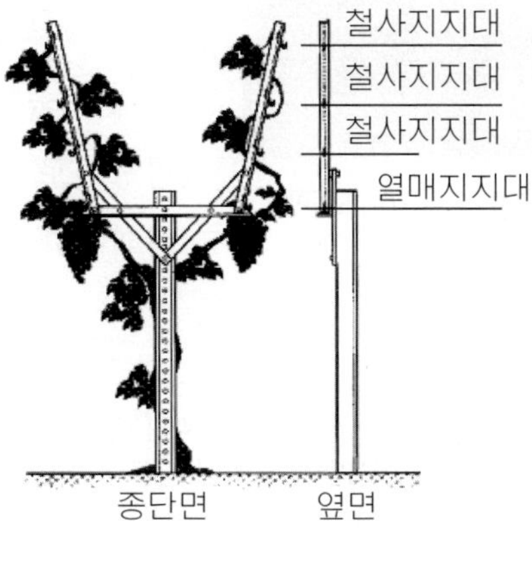

그림 2-51 라이어 방식

(4) 라이어 (Lyre Trellis) 방식

프랑스 보르도 지방에

그림 2-52 모젤 방식

서 개발된 방법으로 신세계 포도재배 국가로 전래되어 쓰이고 있는 방법이다.

(5) 모젤(Mosel Trellis)방식

독일의 모젤 등에서 쓰이는 방법으로 산악지역의 급경사 지형에 적합하게 개발되어 포도나무가 급경사에 지탱할 수 있도록 지지대 역할을 하고 있다.

3. 포도의 병해

1) 곰팡이(사상균류) 병해

(1) 노균병(Downy Mildew 영국, Mildiou 프랑스)

1878년 유럽에서 발견된 것으로 습도가 높은 지역에서 번식하고 초기 현상으로는 투명하고 기름진 반점이 잎 표면에 발생하며, 잎의 이면에는 우모(羽毛)가 나타난다. 즉시 처리하지 않으면 큰 피해를 입게 되는데, 대책으로는 보르도액(bordeaux mixture)[1]을 살포하여야 한다.

그림 2-53 회색곰팡이병

그림 2-54 노균병

(2) 회색곰팡이병(Grey Rot 영국, Pourriture Grise 프랑스)

보트리티스 시네레아(botrytis cinerea)[2]라고 불리는 균이 습도가 높은 환경하에서 숙성 중인 포도 잎과 과립을 회색곰팡이로 둘러싸는데, 흑포도의 색소를 파괴하고 레드와인과 화이트와인에 불쾌

1) 유산동 + 생석회 + 물의 혼합용액
2) 보트리티스 시네레아는 완숙포도에 묻으면 그 균사가 포도 과일 속으로 들어가서 과피를 손상하고, 그 상처에서 포도과일의 수분을 증발시키고, 에키스분(당분)만을 남겨서 나무에 매달린 채로 건포도상태가 된다. 이것을 귀부(영국 noble rot, 프랑스 pourriture noble)라고 하여 최상의 스위트 와인이 된다.

한 냄새를 남기게 하므로 로브랄 수화제[1]를 살포하여야 한다.

반면, 보트리티스 시네레아는 완숙포도에 묻으면 그 균사가 포도 과일 속으로 들어가서 과피를 손상하고, 그 상처에서 포도알의 수분을 증발시키고, 당분만을 남겨서 나무에 매달린 채로 건포도상태가 된다. 이것을 귀부(noble rot 영국, pourriture noble 프랑스)라고 하여 최상의 스위트 와인이 된다.

(3) 흰가루병(Powdery Mildew 영국, Oidium 프랑스)

1834년 북아메리카에서 처음 발생하여 1850년에 유럽에 전염된 것으로 헛가지 또는 생장하는 포도 과립에 하얀 입상결착물(粒狀結着物)이 덮어져 과립의 표피 성장을 방해하지만 과육은 계속 성장하기 때문에 포도알이 터져서 말라버리는 병으로 개화 때에 유황을 첨가한 농약을 살포하여 방지해야 한다.

그림 2-55 흰가루병

(4) 탄저병(炭疽病 Bitter Rot of Grapes)

수확기 포도알을 부패탈립(腐敗脫粒)시키는 병해로서 그 피해가 매우 빠르고, 일본에서는 포도 피해 중 최대의 병해로 알려져 있다.

그 특징은 포도알이 성숙하기 시작하면서부터 발병하여 완숙기에 최고조에 이르는데, 초기에는 담갈색 병반(病斑)[2]이 과피면에 나타나 점차 자갈색이 되어 과피가 터지고 썩는다.

발병한 과방 부근의 가지가 지상으로 떨어진 과피에서 월동하고 병균은 다음해 비가 올 때 무수한 포말로 비산하여 어린 과일에 부착한 후에 균자(菌子)가 되어서 과립조직 속으로 침입, 번식하기 시작하며, 8~9월에 다시 포자가 비 올 때 비산하여 다른 나무에 부착한다.

탄저병은 잠복기간을 지나 발병함으로 성숙기에 발병을 줄이기 위해서는 1차 전염원을 방지하는 것이 중요하다. 1차 전염원의 방지법은 월동 전염원에서 포자 전반을 방지하고 포자

그림 2-56 탄저병

1) 1997년에 개발된 광범위 보호 및 치료 효과가 있는 디카복시마드계통의 살균제이다.
2) 병으로 생기는 반점

비산에서 과방을 보호하는 것이 2차적인 방법이다. 월동 전염에서 포자의 비산 방지는 약제에 대한 포자 형성 억제 및 포자 비산을 막는 경종적 방제 방법이 있다. 다발생 과원은 병원균 밀도가 높은 시기에 가벤다이프로 수화제, 디치수화제, 만코지수화제, 지오판수화제, 캡탄수화제, 프로피수화제, 훌펫수화제, 타로닐 · 마이탄수화제 등 등록된 약제를 연용을 피하며 살포하고, 3월 말에 벤렛드 수화제를 살포하거나, 포도의 성육기에 지만다이셍(농약)을 사용한다.

2) 세균성 병해

(1) 바이러스 병

바이러스 병은 여과성(濾過性) 바이러스가 식물, 동물, 곤충, 박테리아 등 여러 종류의 생물에 부착하여 일으키는 병으로 그 종류가 20여종이나 있는데, 포도 리프롤, 프렉스병, 고끼팍병 등이 있으며 미국, 멕시코, 코스타리카에서 발생하는 피아스병 등이 대표적이다.

대책으로는 묘목의 줄기와 뿌리 끝 조직을 잘라 인공배양기를 사용하여 무균상태에서 일정기간 성장시킨 다음 밭에 이식하는 방법과 크론 선택, 바이오테크놀로지 등을 조합하여 산지의 토질에 맞는 포도를 육성하는 것이다.

(2) 필록세라(phylloxera)

필록세라의 원래 명칭은 라틴어로 필록세라 바스타트릭스(phylloxera vastatrix) 즉, 파괴자란 뜻인데 이 필록세라는 포도나무 뿌리의 즙을 흡착하여 고사하게 만들어 포도재배에 치명적인 타격을 주는 해충으로 19세기 후반 유럽뿐만 아니라 전 세계적으로 퍼져서 와인산업의 기반을 흔들어 놓은 주목받는 해충이다.

필록세라는 미국 동부지역 포도에 기생하는 해충으로 증식력이 매우 높아 한 달에 한 마리가 12,000마리가 된다고 할 만큼 번식력이 매우 왕성하며, 원산지는 록키(rocky)산맥 동쪽 미시시피계곡에서 자생하는 야생 포도나무 즉, 사막포도(v. rupestris), 강변포도(v. riparia) 등에서 발견되었으나 미국 동부의 포도나무는 필록세라에 저항력이 있어서 그 피해가 미미하였기 때문에 1860년대 프랑스에서 이 존재가 밝혀질 때까지 아무도 인식하지 못하였다.

그림 2-57 필록세라

1840년대 유럽 포도밭에서 흰가루병이 유행하여 프랑스 포도의 80%가 오염되었을 때 유럽에서 흰가루병 방제를 위해서 실험용으로 미국종 비티스 라부르스카(vitis labrusca) 대목을 수입하였는데, 이 때 필록세라가 함께 묻어 온 것으로 보고 있다.

1629년부터 미국의 포도나무가 프랑스로 도입되었지만, 이때는 증기기관이 나오기 이전 이므로 장기간 항해로 인하여 필록세라가 생존하지 못한 것으로 보이며, 1863년 랑그독 지방에서 먼저 발견되었지만, 별로 주목을 받지 못하다가 1868년 프랑스 보르도 지방에서 발견되면서 문제가 심각하기 시작하였다. 이때부터 프랑스 전역으로 퍼지기 시작하여, 순식간에 저항력이 없는 유럽종 포도인 비티스 비니페라(vitis vinifera)를 공격하여 프랑스의 포도밭은 완전히 재앙으로 뒤덮이게 되었다.

학자에 따라서는 1870년에 일어난 보불전쟁의 피해보다 더 컸다고 이야기할 정도였는데, 필록세라의 재앙은 프랑스는 물론 이후 20년 동안 유럽 전역의 포도밭을 황폐화시켰고, 이어서 바다 건너 남아프리카공화국, 오스트레일리아, 뉴질랜드까지 확산되었다.

이때부터 국가 간 동식물이 이동할 때는 반드시 오염상태를 조사하는 검역이 필요하게 되었고, 생물학적 관리의 중요성을 깨닫게 되었는데 그 동안 농약살포, 침지[1], 유럽종과 미국종의 교잡종 묘목, 심지어는 전기 쇼크까지 수많은 시도가 있었으나 효과를 보지 못하여, 1873년까지 프랑스 정부는 이 문제를 해결하기 위해 현상금 30,000프랑을 걸기까지 하였지만 아무도 해결하지 못하였다.

캘리포니아에는 유럽보다 약 33년 뒤늦은 1873년에 소노마(sonoma county)에서 필록세라가 발견되어 그 이전까지 유럽의 포도밭이 황폐화된 반사적 이득을 보고 있었으나, 미국 동부 또는 프랑스에서 전파되었는지 아직까지 명확하게 밝혀지지 않았지만 학자들은 양쪽 지역 모두에서 전파 된 것으로 파악하고 있다.

필록세라에 대한 해결은 프랑스, 미국 양국 과학자들의 협력으로 이루어졌는데, 1880년 프랑스의 유명한 원예학자인 피에르 비아라(Pierre Viala)와 미국종 포도 전문가로 알려진 텍사스의 문손(T.V. Munson) 두 사람이 필록세라에 저항력이 강한 미국종 대목에 유럽종 포도를 접목하는 방식으로 필록세라로 인한 피해를 방지하는 해결책을 내놓기 시작하였다.

그러나 이 보다 먼저 1871년 보르도의 성 라리만(Leo Laliman) 역시 최초로 미국종 대목에 접목을 제안했던 것으로도 알려져 있었는데, 뒤늦게 캘리포니아에 침투한 필록세라를 해결하기 위하여 이미 유럽에서 개발한 대목을 수입하는 등 양국 모두 필록세라 문제 해결에 매우 협조적이었다.

그러나 지방에 따라서 접목에 따른 와인의 품질에 대한 확신이 없어 일부 유명 샤또들은 1

1) 물속에 담가 적심.

차대전까지 접목을 하지 않은 곳이 있었으며, 심한 경우 로마네 꽁띠(romanée conti) 도멘(domaine)에서는 2차 대전 후에 이르러서야 접목을 시도 할 정도였다.

아직까지 필록세라 문제는 완벽한 해결책이 나온 것이 아니며, 저항력이 있는 대목이 필록세라에 면역성을 갖춘 것이 아니고 단지 필록세라 해충에 대해서 견디는 힘이 강하다는 것뿐이다.

최근에는 필록세라가 돌연변이를 일으켜 또 다른 타입의 내성이 강한 유충이 나타나 기존 저항력을 갖춘 대목에 침입하는 일이 발생하고 있어서 필록세라에 대한 끊임없는 연구가 필요한 실정이다.

4. 포도의 수확

포도가 충분히 성숙하면 수확이 시작되는데, 보통 포도 꽃이 핀 후 90~100일 정도 지나면 수시로 포도의 당도를 측정하여 수확시기를 결정하여야 하며, 포도의 당도를 측정하기 위해서는 굴절계를 사용하는데, 길이 10mm정도의 유리면에 으깬 포도즙을 칠해 즙과 프리즘을 통해서 굴절되는 빛의 명암 경계선의 수치를 읽어 당도를 표시한다.

포도의 당도가 너무 낮으면 알코올이 낮은 와인이 되기 때문에 당도가 20% 이상 되어야 수확에 들어갈 수가 있다.

당분과 산도의 균형은 포도를 수확하는데 있어 중요한 요소이며, 포도가 더 익어감에 따라 당분 함유량은 산도의 양을 초과하게 되는데, 이는 적절한 비율은 아니지만, 특별한 와인을 만드는 데에는 알맞은 비율이 된다.

귀부포도는 당분을 축적하기 위해 늦가을까지 상당히 익은 상태로 오랫동안 나무에 열려 있도록 방치하여 늦가을 새벽의 안개와 낮의 태양으로 인해 일교차가 심해지면 보트리티스 시네레아라고 불리는 곰팡이가 포도열매에 형성하도록 이상적인 기후조건을 만들어 준다.

포도에 균이 부착하면 작은 갈색의 반점이 생기고 과피의 표면이 윤기를 잃어 포도 안의 수분이 증발하게 되는데, 균은 당을 분해하지 않고 수분을 증발시켜 포도의 당분이 오르게 하는 현상을 귀부현상이라고 한다.

보트리티스 시네레아 균은 과숙한 포도열매에 부착하면 좋은 영향을 미쳐 아주 희귀한 와인을 만들지만, 미숙한 포도에 부착되면 회색의 부패(pourriture grise)라 불리는 악영향을 미치게 된다.

귀부현상을 일으키기 쉬운 포도품종은 비교적 과피가 얇은 품종이며, 귀부 포도로 와인을 양조하는 유명한 곳은 프랑스 보르도지방의 소테른 지역과 독일의 라인지방과 모젤지방, 헝가리의 토카이(tokaji)지방 그리고 캐나다의 빅토리아 주(victoria) 등 수확기에 이르러 밤낮의 기온 차가 심한 지역들이다. 프랑스의 알자스지방과 앙주지역에서도 가끔씩 이러한 현상을 볼 수 있다.

귀부 포도로 만든 와인은 당도가 높아 발효를 긴 시간에 걸쳐 천천히 진행시켜야 양질의 와인을 만들 수 있는데 보트리티스 시네레아 균에 의해 생성된 글리세린[1]과 글크론산 등의 여러 가지 물질은 복잡한 풍미의 와인을 만들며, 귀부 포도로 만든 와인은 단맛과 향기가 풍부해 디저트 와인으로 주로 마신다.

포도를 수확하는데 있어 한 포도나무에서 너무 많은 양의 포도를 수확하면 와인의 품질이 떨어지는데, 대부분의 와인생산지는 미국을 제외하고 에이커[2] 당 생산량에 제한을 두고 있다.

프랑스 최고 품질의 크뤼(cru)는 에이커당 2톤으로 포도수확의 제한을 두고 있으며, 독일은 통일 전에 에이커 당 평균 5~6톤을 생산하도록 제한을 두기도 하였다.

그러나 지금은 수확량에 제한을 두기보다는 당도와 산의 균형에 중점을 두고 있고, 당도와 산의 균형, 포도의 천연 당 함유량 등을 포도원 자체에서 측정하고 있는데 이는 수확 전에 포도 당분함유량 결과를 정부의 심사에 통과해야만 특정 등급의 지정된 라벨을 붙일 수 있기 때문이다.

1) 포도수확 시기

포도 수확의 시기를 결정하는 것은 전적으로 포도를 생산하는 생산자의 의견에 달려있지만, 일반적으로 포도는 과피가 얇아 상처를 입으면 포도에 미생물이 번식할 우려가 있기 때문에 포도를 수확해서 양조하는 시간을 최소화하는 것이 좋으며, 오전 중에 포도 수확을 하여 당일에 양조를 시작하는 것이 좋다.

또한, 지역의 기후에 따라 수확의 시기를 달리 할 수 있는데, 덥고 건조한 지역에서는 산도(ph)가 너무 낮으므로 산도를 고려하여 수확의 시기를 결정하고, 기온이 서늘하거나 추운지역은 산도보다 당도의 상태를 고려하여 수확의 시기를 결정하게 된다.

1) 굳기름(유지)을 가수분해하여 지방산과 함께 얻는 무색투명하며 걸쭉한 액체. 맛이 달며 화장품 · 폭약 원료 · 윤활제 따위로 쓰인다.

2) 야드파운드법의 토지 면적 단위. 1acre는 4,840yd^{2}이며, 40.468a이다. 라틴어의 '멍에'를 뜻하는 ager가 어원이다. 소 한 마리가 한나절에 경작하는 면적, 또는 하루 경작하는 면적에서 유래하였다. 나라와 지역에 따라서 넓이가 일정하지 않았지만, 영국 국왕 에드워드 1세 때 지금의 값으로 통일되었다.

하루 중 수확의 때를 결정하는 것도 지역의 기후 조건에 따라 달리 할 수 있는데, 더운 지방에서는 야간이나 아침 일찍 수확을 하고 비가 올 때나 안개, 서리 등의 조건에서는 수확을 하지 않는 것이 좋다.

2) 포도수확 방법

(1) 기계 수확(Mechanical Harvesting)

포도농장의 규모가 커서 수작업으로는 할 수 없는 경우에 기계를 이용하여 수확하는데, 개별적이고 세심함이 떨어져 포도알이 터지고, 포도 잎, 줄기 등을 함께 혼합하여 수확 할 수 있으며, 덜 익은 포도까지 수확하여 고급와인을 생산하기에는 부적합한 수확방법이다.

그림 2-58 기계수확

따라서, 기계로 수확한 포도는 저급와인을 생산하는 용도로 주로 사용하는 것이 일반적이다. 또한, 적은 인력으로 짧은 시간 내에 수확을 할 수 있어 생산비가 저렴하게 소요된다.

그림 2-59 수작업에 의한 포도수확

(2) 손으로 수확(Harvest by Hand)

포도수확의 전통적인 수확방법으로는 농장에서 한 사람이 바구니를 들고 칼이나, 가위를 이용해 잘 익은 포도를 따서 16~23kg(35~50파운드)[1] 정도를 채우는 작업이다.

포도농장의 규모가 소규모로 주로 수작업으로 일일이 수확하는데 잘 익은 포도와

1) 야드-파운드법 질량의 기본단위. 상형(常衡) · 트로이형 · 약형(藥衡)의 구별이 있다. 현재는 상용(常用) 파운드를 기본단위로 하고, 다른 두 형(衡)의 파운드는 1/7,000상용파운드인 그레인(grain ; 0.0648g, 금 · 보석 · 약품 등에 사용되며 기호는 gr)을 기준으로 한다.

덜 익은 포도를 선별하여 수확할 수 있어 고급와인을 양조하는데 주로 이용되며, 손으로 수확한 포도는 가능한 빨리 공장으로 운반하여 양조하는 것이 좋다.

손으로 일일이 수확하는 방법은 많은 인력이 필요하므로 인건비 부담이 발생하여 와인생산 단가를 올리는 원인을 제공하고 있으므로 저급와인을 생산하는 포도원에서는 채택 할 수 없는 수확방법이지만, 산악지형에서는 지형적인 특성으로 기계화를 할 수 없어 수작업으로 생산 할 수밖에 없는 지역도 있다.

Memo

III. 포도의 품종

Wine & Grape

01 ▶▶▶ 포도의 이해

1. 포도의 분류체계

포도는 식물 분류학상 포도 속(屬 vitis)에 속하는 것으로, 전 세계 여러 지역에 분포되어 재배되고 있다. 와인용 포도들은 지중해(mediterranean sea) 연안, 카스피해(caspian sea) 연안, 흑해(black sea) 연안, 코카서스(coaucasus)[1] 지역, 메소포타미아(mesopotamia) 지역 등에서 기원되었으며, B.C. 6000~4000년 신석기 시대에 토기가 등장하면서 고대인들이 한 곳에 정착해서 농사를 짓고, 음식물을 보관한 것으로 보아 포도농사는 최소한 약 B.C. 8000~7000년경 재배되어 오늘에까지 이어지고 있다.

양조용 포도로 알려져 있는 포도 품종은 주로 유럽에서 널리 사용되고 있는 포도 품종으로 유럽 원생종(vitis vinifera)이며, 오늘날 와인 양조를 위해서 널리 사용되고 있는 품종이다.

포도는 인류가 최초로 시도하여 재배, 관리한 식물 중 하나이며, 재배기간 동안 여러 품종들이 인위적인 유전인자의 계통선발, 육종 및 계통간의 육종 등의 작업이 이루어져 지역에 적합한 포도 품종을 개발하기 위하여 지속적으로 노력해 왔다. 이로서 과방, 과립의 모양, 크기, 색상, 과경의 형태, 생육습성, 수확시기 및 당분과 산도 등의 변화와 수확량의 변화가 많이 이루어졌다. 이러한 개발에 의하여 약 5,000여 품종이 존재 한다고 알려져 왔지만, 그 중에서 약 200~300종류가 중요한 포도 품종에 속하며, 상업적으로는 약 150개 품종이 재배되고 있다. 그러나 최근 변해 가는 와인시장의 소비수요와 색다른 품종에 대한 소비자들의 욕구로 인하여 새로운 품종의 개발이 이루어지고 있는데, 1990년대에는 독일에서 레드와인용 포도품종이 6

1) 러시아 연방 남서부 지역. 흑해와 카스피해 사이에 있다. 어원은 알 수 없으나, 고대에 흑해 북쪽 연안에 살았던 카스카스 부족에서 유래되었다는 설이 있으며, 고대 그리스극 '사슬에 묶인 프로메테우스' 에 카프카스라는 이름이 등장한다. 영어에서는 코카시아 또는 코카서스라고 한다.

종류가 개발되어 비교적 서늘한 곳에서도 레드와인이 생산 될 수 있게 되어 수요와 소비자들의 필요성에 적극 대응한 사례도 있다.

1) 포도의 명칭

학명으로 유럽 원생종(vitis vinifera), 미국 원생종(vitis labrusca), 카리브 원생종(vitis indica), 아시아 원생종(vitis amurensis) 등으로 구성되어 있으며 특징을 살펴보면 다음과 같다.

그림 3-1 미국 원생종

(1) 학명

① 유럽 원생종(Vitis Vinifera)

비티스 비니페라 1종이 있으며, 생식, 양조, 건포도의 대부분을 차지하는 가장 중요한 품종으로 카스피해(caspian sea)[1] 및 흑해(black sea)[2] 남부와 소아시아(asia minor)[3] 사이가 원생지이다.

② 미국 원생종(Vitis Labrusca)

포도속 식물이 29종으로 가장 많이 자생하며, 그 중에서 비티스 라부르스카가 널리 알려져 있다.

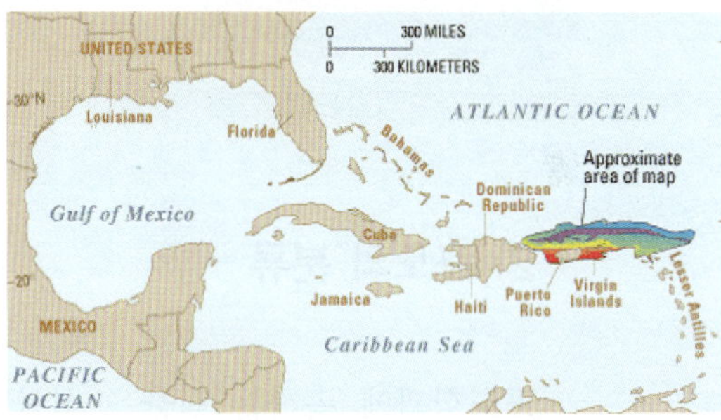

그림 3-2 카리브 해 연안

③ 카리브 원생종(Vitis Indica)

비티스 인디카 1종이 있으며, 브라질의 아마존 강

1) 카프카스로부터 이란 북부에 펼쳐진 세계 최대의 내해(內海). 면적 37만 1,000㎢. 길이 1,200㎞, 평균너비 300㎞. 남쪽은 이란, 동 · 서 · 북쪽은 카자흐스탄 · 투르크메니스탄 · 아제르바이잔 · 러시아연방에 둘러싸여 있다.

2) 유럽 남동부와 아시아 사이에 있는 내륙해. 면적 약 42만 300㎢. 동쪽으로 러시아연방 · 그루지야, 서쪽으로 루마니아 · 불가리아와 경계를 이루며 남쪽으로 터키, 북쪽으로 우크라이나와 접해 있다. 남서단 터키령에서 보스포루스해협 · 마르마라 해 · 다르다넬스해협을 통하여 지중해 동부 에게 해와 연결되어 있어, 해양학적으로 지중해 부속해로 다루어지고 있다.

3) 터키의 아시아령을 구성하는 반도. 북쪽은 흑해, 남쪽은 지중해, 서쪽은 에게 해에 둘러싸여 아시아 서쪽 끝에 있다. 고대 그리스의 지리학자 스트라본은 북부의 도시 아미소스(지금의 삼순)와 남부 타르수스 강을 경계로 서쪽을 아시아라 했는데, 아시아라는 개념이 동쪽으로 퍼졌기 때문에 이곳은 소아시아라고 하게 되었다.

(amazon)[1] 북부와 카리브해(caribbean sea)[2] 연안이 원생지이다.

④ 아시아 원생종(Vitis Amurensis)

포도속 식물이 12종이 있으며, 동부아시아, 중국, 한국, 일본, 자바지역 등에 분포하고 있다. 왕머루(vitis amurensis), 새머루(vitis flexuosa), 머루(vitis coignetiae), 까마귀머루(vitis tbunbergii) 중에서 왕머루(vitis amurensis)가 가장 많이 알려져 있다.

(2) 국가별 포도의 명칭

포도의 명칭은 국가마다 다르게 자국의 언어로 기록, 발음되고 있어 이를 모두 파악한다는 것은 매우 어려운 일이다. 따라서 주요 국가에서 사용되는 포도의 명칭은 다음과 같다.

표 3-1 국가별 포도열매 및 포도나무 명칭

국 가	포도열매	포도나무
영어	Grape	Grapevine
불어	Raisin, Vigna	Vigne
이탈리아어	Uva	Vigna
독일어	Weinbeere	Weinstock
스페인어	Uva	Vid
포르투갈어	Uva	Vinha
중국어	葡萄[putao]	葡萄樹[putaoshu]
일본어	葡萄(ぶどう)[budou]	

2) 포도의 분류

포도학과에 속하는 식물은 식물계(plantae), 관속식물문(tracheophyta), 양치식물아문(pteropsida), 피자식물강(angiospermae), 쌍자엽식물아강(dicothledoneae), 이판화군(archi chlamydeae), 갈매나무목(rhamnales), 포도과(vitaceae), 포도속(vitis) 머스카디니아속(mu scadinia), 진정포도(euvitis)학과에 속하는 넝쿨성식물로 적도 부근 및 위도 50° 이상 지역을 제외한 지구상 전역에 자생 또는 재배되고 있다.

1) 남아메리카 안데스산맥에서 발원하여 적도를 따라 동쪽으로 흘러 대서양으로 들어가는 강. 포르투갈어로는 rio amazonas, 스페인어로는 río amazonas라 한다.

2) 면적 약 272만㎢. 최고 깊이 7,686m. 평균깊이 약 2,500m. 북위 9~22°의 무역풍대에 위치하며 멕시코 만류의 일부가 발원한다.

(1) 계통 조직

식물계 → 관속식물문 → 쌍자엽식물아강 → 갈매나무목(rhamnales) → 포도과(vitaceae) → 포도속(vitis) → 포도종(grapes)

(2) 포도과(Vitacea)

11속 700여종이 있으나 이 중 재배적인 가치가 있는 것은 포도속(vitis)의 10여종뿐이며, 동부아시아, 중국, 한국, 일본, 자바지역 등에 널리 분포하고 있다.

왕머루와 새머루, 머루, 까마귀머루를 설명하면 다음과 같다.

왕머루(vitis amurensis)는 포도 과(葡萄科 vitaceae)에 속하는 낙엽 덩굴식물로서 키는 10m에 이르고, 길이가 12~25㎝ 정도이며, 잎은 어긋나 3~5갈래로 얕게 갈라진다. 잎의 뒷면은 초록색이고 잔털이 거의 없어서 뒷면이 회색을 띠며, 적갈색 털이 있는 머루나무와 구분된다. 황록색의 꽃은 5~6월경 잎겨드랑이에 달리는 원추(圓錐) 꽃차례로 군락을 이루며 피는데, 암꽃과 수꽃이 다른 그루에서 핀다. 꽃잎과 수술은 5개이고, 꽃차례의 아래쪽에는 덩굴손이 만들어지기도 한다. 열매는 장과(漿果)로 9월 무렵 검게 익으며, 잎은 가을에 붉게 단풍이 들어 가을 산을 수 놓는다. 열매가 포도와 비슷하게 열려 산포도(山葡萄)라고도 하며, 포도에 비해 약간 신맛이 난다.

그림 3-3 왕머루

새머루(vitis flexuosa)는 포도과(葡萄科 vitaceae)에 속하는 낙엽 덩굴식물로서 키가 3m에 이르고, 잎은 삼각형으로 덩굴손과 어긋나있으며, 잎 가장자리에 톱니가 드문드문 있다. 어린가지에 달리는 잎은 3~5갈래로 갈라지기도 하며, 연한 황록색의 꽃은 6월경 잎겨드랑이에서 원추(圓錐) 꽃차례로 무리져 피는데, 암꽃과 수꽃이 따로 핀다. 꽃잎은 5장이지만 위

그림 3-4 새머루

쪽이 서로 붙어 마치 뚜껑처럼 꽃에서 떨어지므로 얼핏 보면 꽃잎이 없는 것처럼 보인다. 수술은 5개, 암술은 1개이며, 열매는 9월에 동그란 장과(漿果)로 검게 익는다.

그림 3-5 머루

머루(vitis coignetiae)는 포도과(葡萄科 vitaceae)에 속하는 낙엽 덩굴식물로서 덩굴손이 나와 다른 식물이나 물체를 감아 올라가면서 자란다. 잎은 둥그렇고 3갈래로 갈라지기도 하는데 서로 어긋나며 길이는 30㎝ 정도이다. 잎 뒷면은 회색으로 적갈색 털이 나있으며, 잎 가장자리에는 조그만 톱니들이 있다. 가을에 잎이 붉게 물들고, 작은 황록색의 꽃이 6월에 잎겨드랑이에서 총상(總狀) 꽃차례로 핀다. 꽃이 피면서 곧바로 꽃잎이 떨어지며, 열매인 머루는 장과(漿果)로 동그랗고 진한 보라색으로 익는다.

그림 3-6 까마귀 머루

까마귀 머루(vitis thunbergii var. sinuata)는 포도나무과(—科 vitaceae)에 속하는 낙엽덩굴식물로서 머루와 비슷하나 둥그런 잎이 3~5갈래로 깊게 갈라졌으며, 가을철에 붉게 물들고, 잎의 크기도 6~10㎝ 정도로 작은 점이 다르다. 꽃은 7월에 연한 초록색으로 피며, 열매는 9~10월에 자주 빛이 도는 검정색으로 익는데 신맛이 돈다.

(3) 포도 속(Vitis)

열매를 식용으로 하는 유일한 속이며, 머스카디니아아 속(vitis muscadinia, 2n=40)과 진정포도아 속(vitis euvitis, 2n=38)의 두 속이 있는데, 자연 상태에서는 염색체수가 상이하여 서로 교잡되지 않는다.

머스카디니아아 속에는 문손(vitis munsoniana simpson ex[1] munson)과 머스카딘 포도(vitis rotundifolia michaux 원엽포도, 로툰디폴리아 미쇼)의 두 종이 있는데, 머스카딘 포도만이 경제적으로 이용 가능하다.

1) [L=from, out of] prep. …으로부터 《from》《라틴어의 구(句)》

머스카딘 포도는 필록세라에 완전 내성이 있고 기타 병해충에 아주 강한 내성을 갖고 있으며, 과실도 주스 및 양조용으로 가치가 있어 이 종에서 알버마를(albermarle) 및 쉬프(chief) 등 수십 품종이 육성되었고, 미국에서 보유하고 있는 머스카딘 포도 품종은 84종에 이른다.

염색체 개수의 상이함에도 불구하고 육종학자들은 최근 머스카디니아아 속과 진정포도아 속간의 교잡(hybrid)에 성공하여 포도품종 육종에 새로운 전기를 마련하고 있다.

진정포도아 속 안에 속하는 유럽종(vitis vinifera), 미국종(vitis labrusca), 비티스 아이스티발리스(vitis aestivalis), 비티스 린세쿠미이(vitis lincecumii) 및 이들의 교잡종(vitis hybrid) 등이 주로 과실을 이용하기 위한 재배에 사용되는 종이며, 강변포도, 사막포도, 겨울포도, 비티스 소로우니스(vitis solonis) 및 비티스 챔피니이(vitis champinii) 등이 대목육종을 위한 원종으로 사용되고 있다.

그림 3-7 비티스 아이스티발리스

3) 포도의 구조

포도송이(열매)는 크게 포도 가지와 포도 열매로 이루어져 있으며, 포도 가지는 포도 열매가 포도나무에 붙어있도록 잡아 주는 역할을 한다. 포도 열매는 과피(껍질 skin)와 과육(pulp), 씨앗(seeds)으로 구성되어 있으며, 하나의 포도 열매에서 과피는 약 20%, 과육은 75%, 씨는 5% 정도를 차지하고 있다.

그림 3-8 포도의 구조

(1) 과피(껍질 Skin)

과피는 와인을 만들어 질 때 가장 매혹적인 역할을 하는 부분으로 와인의 색과 탄닌은 물론 다양한 아로마와 맛을 내는 기능을 갖고 있다. 그리고 과피는 포도 열매 주위에 희끗희끗하고 얇은 막으로 덮여 있는데, 이것이 바로 포도즙을 와인으로 변화시키는 자연효모이다.

· 흑포도인 경우, 안토시안(anthocyan)[1] 이라는 붉은색 색소성분을 포함하고 있다.

1) 식물의 꽃 · 잎 · 열매 등에 존재하여 적색 · 청색 · 흑자색 등의 고운 빛깔을 나타내는 색소. 화청소(花靑素)라고도 한다. 기본구조로 2개의 벤젠고리가 3개의 탄소로 연결된 탄소골격을 가지며, 플라보노이드색소군에 포함된

· 청포도인 경우, 플라본(flavone)[1]이라는 옅은 노란 색소성분을 포함하고 있다.

· 과피에는 탄닌(tannin)[2] 성분이 포함되어 있어 떫은맛이 난다.

· 과피에는 폴리페놀(polyphenol)성분이 포함되어 있는데, 폴리페놀은 산화를 방지하는 작용, 즉 항산화 기능을 갖고 있으며, 최근 폴리페놀이 주목받고 있는 이유는 이 기능이 생체 내에서도 항산화제로 작용함으로서 건강유지와 질병예방 등에 기여할 것으로 기대되기 때문이다. 또한, 폴리페놀은 콜레스테롤이 소화관으로 흡수되는 것을 막아주기 때문에 혈중 콜레스테롤의 수치를 낮게 해주는 작용도 한다.

· 과피의 피막은 빗물과 이슬로부터 포도알을 보호하고, 내부 수분 증발을 억제하며 미생물을 보호하는 역할을 한다.

· 리슬링(riesling), 뮈스까(muscat) 같은 포도품종은 과피에 방향성분이 포함되어 있으며, 방향성분의 강도는 빈티지(vintage)에 따라 달라질 수 있다.

(2) 과육(Pulp)

과육은 부드럽고 풍부한 과즙으로 이루어져 있는데, 포도당과 각종 산(acid), 미네랄(mineral), 펙틴(pectin) 및 비타민(vitamin) 등이 함유되어 있다. 이 중에서 포도당은 포도즙을 알코올(alcohol)로 변화하여 와인을 만드는데 결정적인 역할을 하고, 나머지는 와인의 맛을 다양하게 하는 요소로 작용한다.

· 포도송이에서 가장 중요한 부분에 해당된다.

· 껍질부분의 제1층, 중간에 위치한 제2층, 핵 부분의 제3층으로 구성되어 있다.

· 흑포도 또는 청포도 모두 안토시안 색소가 없다.

· 물의 성분이 약 70~80%, 당분(자당[3])과 과당[4], 포도당[5] (1ℓ당 100~300g), 유기산, 무기산염, 질소성분(효모의 영양분), 비타민(B.C.P) 그리고 단백질 등이 함유되어 있다.

다. 색소의 본체(아글리콘)인 안토시아니딘과, 여기에 당(糖)이 결합된 색소글리코시드인 안토시아닌을 함께 안토시안이라 부른다.

1) 식물 색소의 하나. 무색의 바늘 모양의 결정으로 물에는 녹지 않고 진한 황산 용액에서 보라색 형광을 낸다. 이것의 히드록시 및 알콕시 유도체는 황색 색소로 식물의 꽃, 뿌리, 줄기, 잎에 널리 존재한다.

2) 자연적인 폴리페놀 물질로 쓴 맛 혹은 수렴성이 있어서 입안에서 떫은 맛을 느끼게 한다. 탄닌은 포도의 껍질과 줄기 그리고 씨앗에서 생기게 되고 베럴에서 숙성할 때 나무와의 접촉에서도 이 물질이 생긴다.

3) 자당(蔗糖) 또는 사카로오스라고도 한다. 광합성 능력이 있는 모든 식물에서 발견되며, 특히 사탕수수 · 사탕무에 많다.

4) 보통 프룩토오스라고 하는 중요한 육탄당의 하나로 분자식은 $C_6H_{12}O_6$이다. 포도당과 함께 과일 속에 유리 형태로 들어 있거나 포도당과 결합하여 수크로오스 형태로 존재한다.

5) 대표적인 알도헥소오스(탄소 6개를 가지며 알데히드기를 가지는 단당류)이다. D-글루코오스를 포도당이라 한다. 탄수화물 대사의 중심적 화합물로서 한 분자당 38개의 ATP를 합성할 수 있다.

(3) 씨앗(핵 Seeds)

씨앗은 와인의 떫은맛을 나게 하는 탄닌과 지방 성분을 많이 함유하고 있으며, 레드와인의 경우 떫은맛을 내는 탄닌과 색소를 추출하기 위해 껍질과 씨앗을 함께 사용하여 발효시킨다. 이것이 레드와인의 깊은 맛과 아름다운 색을 만들어 주게 되며, 그 가치를 더하게 해주는 역할은 한다.

· 지방, 단백질, 당질을 비롯한 많은 물질이 함유되어 있다.
· 씨앗 속에 많은 탄닌이 함유되어 있어 와인에 떫은맛을 내고, 와인의 풍미에 영향을 주지만, 과다한 경우 덜 숙성되면 너무 거칠어서 마시기가 힘들다.

(4) 가지(Branch)

가지는 포도송이의 골격(구조)과 뼈대를 형성하는 부분으로 열매와 토양 내 영양분의 이동통로 역할을 하며, 광합성 작용으로 생긴 당분을 열매로 이동하는 통로 역할을 하게 된다.

· 쓴맛, 불쾌한 맛, 신맛이 난다.
· 양조를 할 때 가지는 분리하여 제거한다.
· 가지가 양조 때에 섞이게 될 경우 당분의 농도가 떨어지고, 불쾌한 냄새와 신맛이 강하여진다.

4) 포도의 성분

포도는 크게 가지와 열매로 구분하고, 열매는 과피와 과육, 씨앗으로 구별할 수 있는데, 각 부위별 다양한 영양성분들이 함유되어 있어 포도로 만든 와인을 음용 할 경우 건강에 유익한 영양분을 체내에 흡수 할 수 있다.

주요 영양성분으로는 포도과실, 포도주스 등에는 포도당(glucose), 과당(fructose)과 같은 탄수화물을 비롯하여 기능성의 페놀(phenol)물질, 여러 가지 비타민과 유기산 그리고 칼륨, 마그네슘, 칼슘, 철 등 인체에 유용한 무기물 성분들이 함유되어 있어 포도는 귀중한 천연 건강식품이라고 할 수 있다.

포도과실의 가식부(可食部) 100g당 에너지 생성량은 60~100kcal로써 사과의 50kcal에 비하여 높은 편이나, 다른 탄수화물보다는 현저히 낮아 에너지원으로서는 중요하지 않다. 그러나 칼슘, 인, 철, 칼륨, 등의 각종 무기물과 주요 비타민이 고루 함유되어 있고, 라이신(lysin)을 비롯한 아미노산(amino acid)도 다양하게 포함되어 있어 천연종합식품으로서의 가치가 매우 높다.

(1) 유기물(Organic Compounds) 성분

포도에 포함되어 있는 주요한 유기물은 포도당, 과당, 유기성 질소질, 탄닌, 각종 유기산 등이 있다.

① 포도당(Glucose)

뿌리에서 흡수한 물과 잎에서 흡수한 공기 중의 탄산가스를 재료로 녹색식물의 엽록소가 태양에너지를 이용하여 유기물질 즉, 당분 및 탄수화물 등을 합성하게 되는데, 이것을 광합성(photosynthesis) 작용이라고 한다. 이렇게 생성된 당분이 포도알로 이동하게 되며, 포도에서는 포도당과 과당이 대략 50:50의 비율로 존재하게 되는데, 더운 지방의 경우 과당의 비율이 더 높아진다. 이는 온도가 높을수록 포도의 광합성 비율이 증가하여, 25℃ 정도가 되면 광합성이 충분히 일어나는데, 지나친 고온에서는 광합성이 오히려 저하된다. 포도의 당분은 일반적으로 포도당과 과당이 12~18%, 산은 0.3~1.2%으로 주석산이 많은 것이 특징이며, 피로회복에 빠른 효과가 있다.

- 단당류 탄수화물
- 분자식은 $C_6H_{12}O_6$
- 과일과 벌꿀에 존재하며, 고등동물의 혈액에 순환하는 주요 유리당(遊離糖)이다.
- 세포 기능에 필요한 에너지의 원천으로 대사 조절작용을 한다.
- 식물의 주요 에너지를 저장하는 탄수화물인 녹말 분자는 수천 개의 포도당 단위체로 이루어져 있으며, 셀룰로오스(cellulose)[1]도 포도당 단위체로 이루어져 있다.
- 수많은 균류(菌類)와 원생동물뿐만 아니라 대부분의 척추동물 및 무척추동물의 세포에 저장되어 있는 탄수화물인 글리코겐(glycogen)도 포도당으로 이루어져 있다.

② 과당(Fructose)

프룩토오스(fructose)라고도 하며, 분자식은 $C_6H_{12}O_6$이다. 대표적인 케토오스(ketose 환원기로서 케톤기를 갖는 단당류)이며, 가장 중요한 헥소오스(hexose 육탄당)의 하나이다. 무색의 흡습성(吸濕性) 결정으로, 녹는점은 103~105℃이다.

식물계에 널리 존재하며, 특히 포도당과 함께 과일 속에 유리 형태로 들어 있거나, 포도당과

1) 고등식물의 세포벽의 주성분으로 목질부의 대부분을 차지하는 다당류로 섬유소(纖維素)라고도 한다. 화학구조는 D-글루코오스가 β-1, 4 결합으로 다수 중합되어 있으며 곧은 사슬을 이루고 있고 화학식은 $(C_6H_{10}O_5)n$이다. 산에서 가수 분해되어 셀로비오스를 거쳐 글루코오스가 된다. 자연계에서 석탄에 이어 다량으로 존재하는 유기화합물로 공업적으로 중요한 자원이다.

결합하여 수크로오스(sucrose)로서 함유되어 있다. 벌꿀의 액상부는 대부분 과당이며, 국화과 식물 속의 이눌린(inulin)등 과당으로만 이루어지는 다당류인 프룩탄(fructans)의 성분이다. 또한, 수크로오스계의 각종 소당류(oligosaccharide)의 성분으로서 존재하나, 배당체(glycoside) 성분으로서는 드물다.

동물계에는 적으나 정액의 주요한 당으로서 정자의 에너지원이며, 과당은 생물의 당대사(糖代謝)에서 중요한 역할을 하는데, 포도당이 분해되는 경우나 글리코겐(glycogen)으로 합성되는 경우 등은 모두 과당을 거친다. 과당은 당류 중에서 감미가 가장 강하나, 가열하면 3분의 1로 약해진다.

벌꿀 · 과즙에서 분리되고, 수크로오스 · 프룩탄의 가수분해(hydrolysis) 등에 의해서 양조되며, 포도당을 이용하지 못하는 당뇨병(diabetes mellitus) 환자용 감미료(sweetening), 쇠약자나 어린이의 영양제 외에 해독 · 강심 · 이뇨제(diuretic)로 사용된다. 또한, 감미료로서 식용으로 사용되기도 하나 값이 비싼 편이며, 흡습성을 이용하여 카스텔라(castella) · 스펀지케이크(sponge cake) 등이 마르는 것을 방지하기 위해 사용되기도 한다.

· 단당류 가운데 단맛이 가장 강하고, 포도당과 함께 과일 · 꿀 · 시럽 및 몇몇 채소 등에 많이 들어 있는 당분(糖分)이다.
· 레불로오스(levulose)라고도 하며, 천연의 것은 D계(系)이다.
· 흰색 가루이고, 단당류육탄당(單糖類六炭糖)에 속하는 것으로 케톤당(糖)의 하나이다.
· 효모의 작용으로 쉽게 발효되며, 포도당과 달라서 셀리와노프의 반응을 나타내기 쉽다.
· 과당은 당류 중에서 인체에 가장 빠르게 흡수 · 소화되고 단당류 가운데 단맛이 가장 강하지만 가열하면 1/3로 약해진다.
· 물이나 알코올에 녹고, 선광성(旋光性)이 있어 좌선당(左旋糖)이라고도 한다.
· 발효하면 알코올이 된다.

③ 유기성 질소(Organic Nitrogen)

불용성의 물질로써 레드와인에 많이 포함되어 있으며, 중요한 것은 라이신(lysin), 아지닌(arginine), 히스티딘(histidine), 구루타민산(glutamicaoid) 등이 있다. 이들 물질은 여러 기관의 영향에 필요한 질소를 공급하여 인체 에너지 발생에 중요한 역할을 한다.

④ 유기산(Organic Acid)

포도에는 주석산(tartaric acid), 사과산(malic acid), 구연산(citric acid), 이소 타르타르산(iso tartaric acid), 아스코르빈산(ascorbic acid), 옥살산(oxalic acid), 글리콜산(glycolic acid), 호박산(succinic acid), 젖산(lactic acid), 초성 포도산(pyruvic acid) 등 여러 가지의 산이 존재하지만 주석산과 사과산이 전체의 90% 이상을 차지한다. 산도(acidity)는 와인에서 시큼한 맛을 내게 하는 것으로, 와인에 신선함을 더하고 상큼한 느낌을 내는데 필수적인 요소로서 산도가 너무 높으면 와인이 시어지고, 너무 낮으면 와인의 맛을 밋밋하게 만들어 향이 입안에 오래 남지 않고 여운이 짧게 끝난다. 따라서 와인의 산도는 전체적인 당도와 어울리게 균형 있게 함유되어야 하며, 이러한 산도를 느끼게 하는 산의 종류도 다양하게 이루어져 있다. 주석산은 좋은 느낌이 들지만 사과산은 거친 느낌을 주는데, 이러한 산은 포도가 성숙되어 가면서 잎에서 생성되어 포도알로 이동하게 된다. 소량의 주석산은 당분으로 변하지만 대부분의 주석산은 당분에서 만들어지고, 약간 신선한 온도인 20℃ 이하정도의 야간에 주로 생성된다. 따라서 더운 지방이라도 야간에 온도가 많이 내려가는 곳은 산도가 좋은 포도를 생산 할 수 있는 것이다. 사과산은 낮 동안에 당분으로 변해 가는데, 인공적으로 그늘을 만들어주면 산이 많아져 당과 산의 비율 균형이 좋아진다.

포도품종에 따라 주석산이 많은 품종과 사과산이 많은 품종이 구분되는데, 슈냉 블랑(chenin blanc), 삐노 누아(pinot noir)는 주석산보다 사과산이 매우 많고, 샤르도네(chardonnay), 그르나슈(grenache)는 사과산이 약간 많으며, 까베르네 쏘비뇽(cabernet sauvignon), 가메(gamay), 쎄미용(sémillon), 게뷔르츠트라미너(gewűrztraminer) 등은 사과산이 보통이고, 샤슬라(chasselas), 빨로미노(palomino), 리슬링(riesling) 등은 사과산이 적고 주석산이 약간 많다. 포도의 숙성 정도에 따라서 산도가 감소하는데 특히, 사과산이 많이 감소한다.

포도에 다량으로 함유되어 있는 주석산, 호박산, 사과산, 구연산 등은 담즙과 취액의 분비를 촉진하므로 소화를 돕는다.

· 주로 포도에서 느끼는 산도는 사과산인데, 이는 섬세한 와인을 만드는 역할을 한다.
· 와인의 산도는 음식에 들어가는 소금역할과 비슷하며, 적당한 산도는 와인의 맛을 품위 있게 한다.
· 말산(malic acid)은 히드록시숙신산에 해당하는 카르복시산으로 능금산 또는 사과산이라고도 하며, 물, 에탄올에는 잘 녹지만 에테르(ether)[1]에는 잘 녹지 않는다.
· 사과산은 사람의 탄수화물 신진대사에 필요한 산미제(酸味劑)이다.
· 같은 산미제인 구연산에 비해 산도가 강하며, 사과산을 사용할 경우 약 20%가 절약될 뿐

1) 에테르는 알코올과 유사하지만 밀도가 작고 물에 잘 녹지 않으며 끓는점이 낮고 비교적 비활성이다. 실온에서는 상쾌한 냄새가 나는 무색의 액체이다. 천연에서는 당 · 녹말 · 셀룰로오스와 같은 물질에서 발견된다.

만 아니라 우아하고 세련된 고급 산미를 나타내고 산미 지속이 훨씬 길어 사람의 입맛을 한층 즐겁게 하여 준다.

· 항산화제와 병용하면 효력증진제 역할을 하여 산화방지 효과를 증진하는 성질이 있다.
· 향료증강, 품질향상, 유지 함유식품의 변패방지, ph조절, 갈변방지, 절단된 과일과 야채의 색 보유 등에 효과가 있다.
· 주석산은 와인을 만들 때 침전하는 주석(酒石)에 함유되어 있어 주석산이라고도 하며, 디옥시숙신산(tartaric acid)[1]이라고도 한다.
· 호박산은 부탄디산(butanedioic acid)이라고도 하고, 거의 모든 동식물의 조직에 널리 분포되어 있으며, 중간 대사에서 중요한 역할을 하는 디카르복시산(dicarboxylic acid)은 무색의 결정성 고체로 물에 녹으며, 녹는점은 188℃이다.
· 구연산은 많은 식물의 씨나 과즙 속에 유리상태의 산으로 함유되어 있는 것으로, 당류를 기질로 하여 미생물을 배양했을 때, 배양액 속에 시트르산이 축적되는 것을 시트르산(citric acid) 발효[2]라고 하며, 현재 생산되는 시트르산 대부분이 이 방법으로 만들어진다.

⑤ 탄닌(Tannin)

탄닌은 떫은맛을 내는 성분으로서 씨앗, 줄기, 과피 순으로 존재하며, 포도가 익어 갈수록 감소한다. 항독소로 작용하여 음주시 알코올에 의한 신경조직의 자극을 완화시키는 작용을 하는데, 이는 탄닌 함량이 낮은 화이트와인을 마시면 탄닌이 많은 레드와인보다 쉽게 취하는 것을 보아도 알 수 있다. 포도의 탄닌은 철염을 함유하고 있어 조혈제로서 그리고 대부분의 알칼로이드의 해독제로서 작용하며, 인체의 성장을 촉진하고 결핵 치료에도 효과가 있다.

⑥ 비타민(Vitamin)

바타민C인 아스코르빈산(ascorbic acid)이 소량 존재하며, 초기에는 증가하다가 숙성함에 따라 감소하는데 대체로 과육에 많이 존재한다. 그 외에 비타민B와 비타민A 성분이 포함되어 있다. 포도에 함유되어 있는 천연형 비타민은 인체에 필수적인 영양의 균형을 유지하는데 큰 역할을 하므로 비타민이 한 가지라도 부족하면 신체적인 장해가 일어나기 쉽다. 특히 사춘기, 임신기, 수유기, 노년기, 과로할 때, 결핵이나 류마티스 환자 그리고 항상 스트레스를 받는 사람들은 더욱 많은 비타민을 공급받아야 하므로 인체가 동화하기 쉬운 천연 비타민을 비롯한 각종 기능성 물질이 풍부한 포도주스를 늘 마시거나 와인 특히, 레드와인을 적당히 마시는 것이 좋다.

1) 와인을 만들 때 침전하는 주석(酒石)에 함유되어 있어 주석산이라고도 하며, 디옥시숙신산이라고도 한다.
2) 〈생물〉 검은 곰팡이 따위의 사상균을 이용하여 당류를 산화, 발효시켜서 대량으로 시트르산을 얻는 방법

바타민C는 포도당이 관계되는 물질대사에 중요한 역할을 하고 부신피질에서 분비되는 호르몬 합성에 필수적이며, 산소를 운반하는 헤모글로빈 생성에 간접적으로 작용하므로 피로의 저항인자로서 중요한 역할을 한다.

비타민B의 복합체는 신경계통에 작용하고, 혈당치를 조절하여 근육의 긴장에도 관여하는데, 특히 자흑색 포도에 많이 함유되어 있는 B1은 신경조직에 중요한 영양분으로서 이것이 부족하면 각기병의 원인이 되고 심장이나 혈관 계통의 장애, 부종, 마비현상이 일어나 다발성 신경염 등 여러 가지 증상이 유발되기도 한다. 나이아신(niacin)은 저혈압으로 인한 무력상태에 빠진 사람에게 효과적이고, 비타민B2인 리보후라빈(riboflavin)도 자흑색 포도에 많이 들어 있는데, 탄수화물, 질소화합물, 철, 비타민B1, 나이아신, 부신피질호르몬 등의 대사에 관여한다.

비타민B12는 포도에서 검출될 정도로 많은 함량이 들어 있지 않으나, 와인에는 미량 함유되어 있는데, 이 비타민은 적혈구 형성에 관계하고 있어 중요한 향빈혈성 인자로서 작용한다. 또한, 비타민B12는 지방의 변성을 억제시키는 작용을 하므로 간경변의 치료제로 이용되고 있어, 이 물질을 적당히 섭취하면 간세포의 자해를 예방하는데 효과적이다.

탄닌성 물질에 포함되어 있는 비타민P는 포도에 특히 많은데, 비타민C와 함께 인체의 대사작용을 원활하게 하는 작용을 하며, 괴혈병(scurvy)[1]을 막아주는 역할을 한다. 비타민P가 결핍되면 모세혈관의 저항력이 약화되어 신경과 근육의 자극역에 이상이 발생한다. 따라서 비타민P가 많은 자흑색 포도가 자반병(purpura)[2] 환자에게 좋다는 것은 이미 오래 전에 알려져 있는 사실이다.

(2) 무기물 성분

포도에 포함되어 있는 칼슘, 인, 철, 나트륨, 마그네슘 등은 인체에 필수 불가결한 중요한 원소들이다.

① 인(燐 Phosphorus)

자흑색 포도에 특히 많이 함유되어 있는데, 인산염의 형태로 되어있어 인체에서 쉽게 동화되는 특성이 있다. 칼슘과 함께 뼈의 구성성분이 되며 혈액 중의 산과 알칼리의 평형을 유지하

1) 비타민 C의 결핍으로 생기는 병으로서 음식물 속의 비타민 C 부족, 장의 흡수장애, 세균감염으로 인한 체내 수요량 증가 등에 의해 발병한다. 증상은 출혈과 뼈의 변질 등이 있는데, 서서히 진행하는 편이다. 초반에는 전신의 권태와 무력감, 식욕부진, 류머티즘 등이 나타나다가 이어서 구강점막, 피하, 내장 등에 출혈로 인한 혈종이 나타난다. 중증은 고도의 빈혈, 악액질 등이 있다.

2) 전신의 피하나 점막에 출혈이 일어나서 자색의 작은 반점(紫斑)이 생기는 병

고 질소화합물[1]의 신진대사를 촉진하는 한편, 지방이나 당에 작용하여 근육수축에 필요한 에너지를 발상하는 등 중요한 역할을 한다.

② 유황(硫黃 Sulfur)

황산염의 형태로 존재하면서 간장(肝臟)이 세균 독소로부터 인체를 보호하는데 필수적인 작용을 한다.

③ 마그네슘(Magnesium)

마그네슘은 자연 상태에서는 단일원소로 존재하지 않고 규산이나 황산이나 탄산들과 함께 결합한 염의 형태로 많이 존재한다. 특히 지각을 구성하는 8대 원소[2] 중 하나이다.

인체 내에서의 기능은 반드시 섭취해야 할 무기물질로 인체 내에서 칼슘, 인과 함께 뼈의 대사에 중요한 기능을 하며 아미노산의 활성화와 ATP(adenosine triphosphate)[3]의 합성, 단백질의 합성에 결정적인 역할을 한다. 또한 신경전달 작용에서 칼슘과 서로 상반되는 작용은 물론 보완작용을 하기도 하며 근육을 이완시키는 기능을 한다.

식물체 내에서의 기능은 식물의 엽록소분자의 구성원소로서 엽록소 분자구조의 한 가운데에 위치하고 있으며, 식물이 광합성을 할 때 모든 효소에 보조인자로 작용하여 광인산화반응을 활성화시킨다.

마그네슘은 식물의 뿌리에서 물과 함께 흡수되어 물관을 통해 이동하며 다른 이온과 결합한 상태로 식물조직 내에 존재한다. 식물체 내에서 마그네슘이 결핍되면 잎이 누렇게 되고 심하면 조직이 죽어버린다. 이러한 증상은 포도, 콩, 강낭콩, 고구마, 토마토 등을 포함하여 많은 쌍떡잎식물에서 볼 수 있다.

④ 칼슘(Calcium)

주기율표 제2족에 속하는 알칼리토금속(alkaline earth metal) 원소로서 석회를 뜻하는 라틴어(latin language) 'calx'를 따서 명명되었다. 1808년 영국의 데이비(Humphry Davy 1778~1829)가 염화칼슘(calcium chloride)으로부터 분리해 처음으로 순수하게 얻은 것으로 반응성이 크기 때문에 자연계에 순수하게 존재하지는 않는 대신에 탄산염(carbonate)

1) 질소 성분이 들어 있는 화합물을 통틀어 이르는 말
2) 산소, 규소, 알루미늄, 철, 칼슘, 나트륨, 칼륨, 마그네슘
3) 아데노신에 인산기가 3개 달린 유기화합물로 아데노신3인산이라고도 한다. 이는 모든 생물의 세포 내 존재하여 에너지 대사에 매우 중요한 역할을 한다. 즉, ATP 한 분자가 가수분해를 통해 다량의 에너지를 방출하며 이는 생물활동에 사용된다.

$CaCO_3$(석회석 · 대리석 · 고회석 · 방해석 등) · 황산염 $CaSO_4$(석고 등) · 플루오르화물 CaF_2(형석) · 규산염(사장석 · 규회석 등) · 인산염(인회석) 등의 화합물(compound)로서 지구상에 광범위하게 다량으로 분포해 있다.

⑤ 칼륨(Potassium)

은백색의 알칼리 금속원소(metallic element)로서 공기 중에서 급격히 산화하며, 물에 대해 특히 반응성이 커서, 상온에서 물과 격렬하게 반응하여 수소를 발생한다. 나트륨(sodium)과 화학적 성질(chemical property)이 비슷하다.

식물체내 칼륨의 작용은 비가와도 씻겨 내려가지 않고 토양 중에 많이 남아 있으며 식물의 뿌리로부터 물과 함께 흡수되는 무기물질이다.

칼륨은 식물체 내에서 수분상태를 조절해 주며, 공변세포내 칼륨의 농도가 높으면 팽압이 높아져서 기공이 열리게 되므로 증산작용(transpiration)이 활발히 일어나서 물관을 통해 물이 식물체로 잘 공급된다. 반면 칼륨이 부족하면 공변세포내 칼륨의 농도가 낮아지므로 기공이 닫혀서 잎이 시들게 된다.

또한, 칼륨이 부족하게 되면 잎에서 엽록소(chlorophyll)의 생성이 적어지므로 담황색의 무늬가 생기며, 후에는 갈색으로 변하는데 이와 같은 증상이 잎 둘레에 나타나므로 쉽게 알아볼 수 있다. 또한 줄기에서는 형성층(cambium)의 생장속도가 감소하고 물관부(목질부 xylem)와 체관조직의 형성도 억제되며 줄기를 단단하게 만드는 리그닌화(lignin化)[1]가 잘 안 되므로 조직이 연해져서 나무가 쓰러지게 된다.

⑥ 철(Iron)

주기율표 제8족 원소에 속하는 철족원소로서 원자기호(elementary symbol)의 Fe는 라틴어 'ferrum'에서 온 것으로 명칭의 유래는 알 수 없다. 영어의 'iron'은 광석을 뜻하는 라틴어 'aes'로부터, 독일어의 'Eisen'은 철의 광택이 얼음과 유사하여 얼음을 뜻하는 'Eis'에서 유래된 것이라 알려져 있으나 명확하지 않다.

빈혈증 환자나 중병 후 회복기에 필요한 성분으로 오래 전부터 환자에게 식물성 혈액으로서 철분이 많이 들어 있는 레드와인을 권하여 왔다.

1) 식물이 자라는 과정에서 세포막이나 중간층에 리그닌이 생겨 흡착되거나 화학적으로 결합하여 강하고 단단해지는 현상

표 3-2 포도의 주요 영양성분(100g 기준)

성 분	과 육	과 피	포도주스	레드와인	화이트와인
에너지(kcal)	63	71	61	72	68
수분(%)	81.3	80.56	54.12	88.5	-
단백질(g)	0.63	0.66	0.56	0.20	0.10
지질(g)	0.36	0.58	0.08	-	-
탄수화물(당질)	17.15	17.77	14.96	1.7	0.8
회분(g)	0.57	0.44	0.29	0.3	0.20
칼륨(mg)	14	0.44	0.29	0.3	0.20
인(mg)	10	13	11	14	14
철(mg)	0.29	0.26	0.20	0.43	0.32
나트륨(mg)	2	2	3	5	5
칼슘(mg)	191	185	132	112	80
마그네슘(mg)	5	6	10	13	10
비타민 A(IU)	100	73	8	-	-
비타민B1(mg)	0.092	0.092	0.026	0.005	0.004
비타민B2(mg)	0.057	0.057	0.037	0.028	0.0058
비타민12(mg)	-	-	-	0.01	-
비타민C(mg)	4	0.3	0.26	0.081	0.067
나이아신(mg)	0.3	10.8	0.1	-	-
라이신(g)	0.014	0.015	0.01	-	-
아지닌(g)	0.046	0.04	0.047	-	-
히스타민(g)	0.023	0.024	0.007	-	-
구르타민산 (g)	0.131	0.138	0.11	-	-
그라이신 (g)	0.019	0.020	0.012	-	-

(3) 기타 성분

① 질소화합물(Nitrogenous Compound)

질소화합물이란 질소 성분이 들어 있는 화합물을 통틀어 이르는 말인데, 포도는 성숙되어 가면서 단백질이 서서히 증가하며, 질소 화합물은 과육보다는 씨앗, 줄기, 잎 등에 많다. 그리고 청포도품종보다는 흑포도품종에 더 많이 포함되어 있다.

② 페놀(Phenol)

방향족 히드록시화합물(hydroxyaldehyde) 가운데 히드록시기(基)를 2개 이상 가진 화합물이며, 다가(多價)페놀이라고도 한다. 특히 포도에 많이 포함되어 있는 폴리페놀(polyphenol)

은 산화를 방지하는 작용 즉, 항산화 기능을 갖고 있는데, 최근 폴리페놀이 주목받고 있는 이유는 이 기능이 생체 내에서도 항산화제[1]로 작용함으로서 건강유지와 질병예방 등에 기여할 것으로 기대되기 때문이다. 또한 폴리페놀은 콜레스테롤(cholesterol)이 소화관으로 흡수되는 것을 막아주기 때문에 혈중 콜레스테롤의 수치를 낮게 해주는 작용도 한다.

③ 색소(Pigment)

색소란 물체에 색깔이 나타나도록 만들어주는 물질로서, 일반적으로 식물의 색상은 탄닌, 황색소 물질, 철, 기타 물질 등의 영향을 받아 나타나게 된다. 탄닌은 청색, 철분은 제비꽃 색을 나타내며, 기타 색상은 무기물질의 조합으로 나타나게 된다. 어린 포도에는 엽록소가 많으나 익어가면서 서서히 감소하고, 청포도에는 후레바노이드계(flavanoid) 색소가 많아 황색으로 나타나지만 산화되면 갈색 화합물을 생성하게 된다. 그리고 흑포도에는 안토시안계(anthocyan) 색소가 많아 적색을 띠게 된다.

④ 펙틴(Pectin)

펙틴이란 감귤류 또는 사과즙의 찌꺼기를 묽은 산으로 추출하여 얻어지는 정제된 탄수화물의 중합체(polymer)[2]로서 식품에 응고제, 증점제[3], 안정제, 고화방지제, 유화제 등으로 사용된다. 포도에서는 어릴 때 많으나 성숙되어 가면서 점차적으로 감소한다.

⑤ 향기물질

향기물질이란 향기를 유발하는 성분으로 포도에서의 향기성분은 주로 껍질에 많이 포함되어 있으며, 숙성에 따라 과육에도 존재하기도 한다. 포도의 향은 숙성될수록 점점 향이 많아지는 현상으로 나타난다.

---

1) 산화방지제(酸化防止劑 antioxidant) : 고분자물질 · 석유제품 · 유지류 · 비누 등에 생기기 쉬운 산소의 작용에 의한 자동산화를 방지하기 위해 첨가하는 물질로 항산화제(抗酸化劑)라고도 한다. 합성고무류에는 일반적으로 페닐-β-나프틸아민을 사용하며, 천연고무에는 라텍스 중의 아미노산류가 천연의 산화방지제로 되어 있다. 유지 등에는 비타민 E · 세사몰 · 비타민 C · 케르세틴 등이 천연의 산화방지제로서 함유되어 있다.

2) 분자가 중합하여 생기는 화합물

3) 증점제는 호료라고 하며, 가공 식품에 점성(粘性)을 주기 위하여 사용하는 식품 첨가물의 한 가지로 카세인 · 알긴산나트륨 등을 지칭하는 것이다.

2. 주요 품종의 특성과 분류

주요 포도품종의 종류로는 유럽 원생종, 미국 원생종, 아시아 원생종으로 크게 분류할 수 있으며, 그 특성은 다음과 같다.

1) 유럽 원생종(Vitis Vinifera)

유럽 포도종에는 비티스 비니페라(vitis vinifera) 1종으로 카스피 해 연안의 중근동 지역이 원산지로서 기원전 아프리카 북부 및 유럽으로 전파되고 아시아로도 전파되었다.

현재 전 세계에서 재배되는 포도의 대부분이 이에 속하며, 생식용, 양조용, 건포도용 등으로 널리 이용되고 있다.

지중해성기후에 적합하도록 개량되어 고온건조한 곳에서 잘 자라고, 알칼리성 토양을 좋아하며, 내병성과 내한성이 아주 약하다. 한국과 같이 고온다습한 지역에서는 병이 자주 발생하고, 겨울철에는 동해를 막을 수 있는 특별한 조치가 있어야 한다.

유럽종 포도의 재배역사는 중근동 지역의 요르단(jericho 여리고)지역에서 5000년 전의 종자가 발견된 것으로 보아 아주 오래전부터 재배한 것으로 추정되고 있다.

아시아에서 이주해 간 그리스인의 손에서 유럽으로 소개되었고, 로마의 정벌정책에 힘입어 유럽전역으로 전파되었는데, 이때 양조기술 역시 같이 전파되었다. 또한 유럽종 포도는 아시아 지역으로도 전파되어 중국과 한국을 거쳐 일본까지 전파되었는데, 중국의 '용안(龍眼)'과 일본의 '갑주(甲州)' 품종은 이때 도입된 유럽종 포도로 추정되고 있다.

유럽종 포도는 잎은 얇고, 마디 사이가 길며, 덩굴손은 간절성(間絕性)이고, 과피와 종자는 과육과 분리가 어려우며 당이 높고 산은 적다. 뮈스까(muscat) 향을 함유하고 있는 품종이 많으며, 과립과 과방이 대체로 크다.

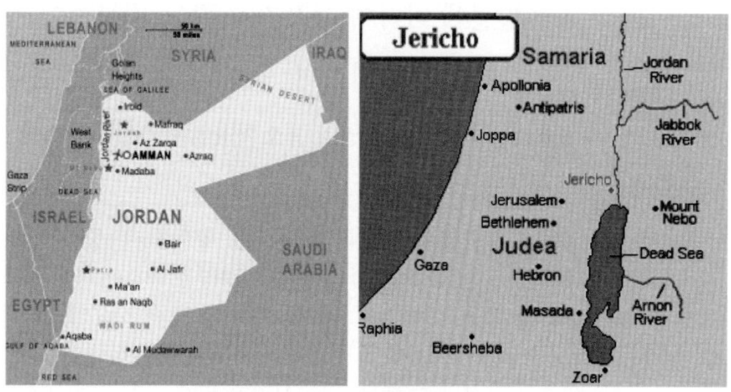

그림 3-9 요르단의 지역

유럽종 포도는 두개의 아종(亞種 subspecies)[1]으로 분류할 수 있는데, 유럽종 원래의 원생종을 실베스트리스 아종(ssp[2]. silvestris 亞種)이라고 하며, 독일 라인(rhine)의 리베방크스(river banks) 지역에 유전자원이 다수 보존되어 있으나, 현재는 급격히 그 수가 줄어들고 있는 실정이다.

학자에 따라서는 실베스트리스 아종(ssp. silvestris)을 별도 종으로 분류하여 비티스 실베스트리스(vitis silvestris)로 독립시키기도 하는데, 경제적으로 재배되는 유럽종 포도는 사티바 아종(ssp. sativa)이라고 하며 이 아종을 다시 3개의 품종군(proles)으로 세분화하여 분류하고 있는데 유럽 원생종의 종류와 특성을 살펴보면 다음과 같다.

(1) 비티스 비니페라 실베스트리스 아종(Vitis Vinifera Ssp. Silvestris)

· 중남부 유럽

· 북서 아프리카

· 중근동 지역

(2) 비티스 비니페라 사티바 아종(Vitis Vinifera Ssp. Sativa)

■ 동방군(Proles Orientalis)

· 중앙아시아, 아프카니스탄, 이란에서 기원

· 포도 잎에 윤기와 광택이 있다.

· 수세(樹勢)가 왕성하고, 생장기가 길지만, 내한성에는 약하다.

· 생식(生殖 reproduction)[1], 무핵 품종이며, 육종 소재이다.

· 씨 없는 톰슨(thompson seedless), 카타 쿠르간(katta kurgan), 리자마트(rizamat), 뮈스까 알렉산드리아(muscat of alexandria), 갑주(甲州)

■ 흑해군(Proles Pontica)

· 흑해 연안과 발칸반도에서 기원

· 잎 뒷면에 포복성(匍匐性)[2] 털이 있다.

· 동방군에 비하여 생장기가 짧고 내한성이 강하며, 내건성에 약하다.

· 양조용으로 적합하며, 육종 재료로 이용된다.

· 사페라비(saperavi), 소체(chauche)

---

1) 생물 분류학상 종(種)의 하위단계로 동일한 종 중에서 주로 지역적으로 일정한 차이를 가지는 집단이 인정될 때에 사용된다(지방변이 地方變異). 명명규약에서 다루는 최저 계급으로 아종을 나타내는 데는 삼명식 학명(三名式學名)을 사용하여 속명 · 종명 · 아종명의 순으로 기술한다. 아종명 다음에 명명자의 이름을 붙이기도 한다.

2) sub · spe · cies n. (pl. subspecies), 아종(亞種)

1) 생물이 자신의 종(種)을 영속시키기 위해 자신을 복제하는 과정

2) 줄기의 지지 기능이 발달하지 않아 지표 위를 옆으로 기는 성질

■ 서양군(Proles Occidentalis)

· 프랑스, 이탈리아, 스페인, 네덜란드 등에서 기원

· 잎 뒷면에 포복성(匍匐性) 모이, 비교적 생장기가 짧고, 내한성이 강하다.

· 수확량이 많고, 결과율이 높다.

· 양조용과 생식용으로 적합하다.

· 삐노 누아(pinot noir), 까베르네 쏘비뇽(cabernet sauvignon), 이탈리아(Italia), 휘트 말라가(whit malaga), 프레임 토카이(flame tokay)

2) 미국 원생종(Vitis Labrusca)

중남미와 북미 대륙은 포도속 식물의 보고(寶庫)인데, 약 90여종 정도가 자생하며 내병충성, 내한성, 토양적응성 등 불량환경적응성 형질을 가진 포도종이 많아 육종소재로 많이 이용되고 있다.

특히, 필록세라에 내성을 가진 종이 다수 있어 대목 육종에 많은 공헌을 하였으며, 머스카디니아아속(muscadinia)의 포도도 미주대륙이 원산지이다.

미주종 포도 중에서는 미국종(vitis labrusca)의 재배적 가치가 가장 높은데 미국종 포도는 과립과 과방이 작고 당은 낮으나 산미가 높으며 노균병(downy mildew)[1] 등 포도 병해에 강한 내성이 있으며, 내한성이 아주 강하여 우리나라와 같이 생육기에 고온다습하고 겨울철 온도가 아주 낮은 지역에 적당하므로 실제로 우리나라에서 주로 재배되고 있는 포도품종의 대부분은 미국종이거나 미국종과 유럽종의 교잡종이 대부분이다.

미국종은 잎이 두껍고, 절간이 짧으며, 덩굴손이 연속성으로 미국종 포도의 특유한 향인 호취향(fox 향)이 나며, 종자와 과피가 과육과 잘 분리된다.

착립성이 아주 좋고 과립은 원형이거나 원형에 가까우며, 우리나라의 주품종인 캠벨 어얼리(campbell early) 품종은 미국종 포도 중에서도 가장 호취향이 강한 품종 중 하나이다.

서양에서는 미국종과 교잡종 품종을 주로 주스용으로 사용하지만, 우리나라와 일본에서는 대부분 생식용으로 사용한다.

미국 원생종의 종류와 특성을 살펴보면 다음과 같다.

1) 조균류(藻菌類)의 노균병균의 기생성 곰팡이에 의하여 생기는 식물병. 주로 상추 · 오이 · 배추 · 시금치 · 호박 및 수박 · 포도나무 등의 잎과 줄기에 발생한다.

(1) 미국원생종(Vitis Labrusca)

· 미국 동부 연안에 분포한다.
· 연속성 덩굴손, 잎 뒷면에 회백 또는 갈색의 포복성 털이 있다.
· 호취향이 나고, 과피가 분리되며, 중간 정도의 과립 크기이다.
· 비티스(vitis) 속 중 가장 큰 종자(8*5mm)이다.
· 콩코드(concord), 이사벨라(isabella), 카토바(catawba), 캠벨 어얼리(campbell early)

(2) 강변포도(Vitis Riparia)

· 미국과 캐나다의 중부와 동부에 분포하며, 대목 품종 육종 재료로 쓰인다.
· 자웅이주(雌雄異株 dioecism)[1]이고, 과방과 과립이 작은편이며, 잎 앞뒷면 직립성(直立性) 털이 있다.
· 종자가 작고(4mm), 생식 및 가공이 불가능하다.
· 내한성과 내습성에 매우 강하지만 석회 저항성에 약하다.
· 필록세라, 노균병, 흰가루병 저항성에 매우 강하다.
· 발근(拔根 rooting)[2]이 용이하며, 접목(접붙이기)[3] 친화성이 우수하다.
· 리페리언 그로이르(Riparia Gloir), 3306, 3309, 5BB, S04.

(3) 사막포도, 돌밭포도(Vitis Rupestris)

· 일리노이 주, 텍사스 주 등 미국 남동부에 분포하며, 대목 품종 육종 재료로 쓰인다.
· 잎 모이가 없고, 꽃의 향기가 우수하다.
· 과방 과립(5mm), 종자(4mm)가 매우 작고, 식용이 불가능하다.
· 내건성과 필록세라의 저항성에 강하지만 석회질 토양에 약하다.
· 발근이 용이하며, 접목 친화성이 우수하다.
· 푸퍼스트라이브 세인트 조지(Rupestris St. George), 1202C, 110-14.

---

1) 종자식물에서 암수의 생식기관 및 생식세포가 다른 개체에 생기는 현상 암수딴그루라고도 하는데, 식나무 · 은행나무 · 삼 · 뽕나무 · 시금치 · 초피나무 등이 속한다. 양치식물역시 자웅동주인 경우가 대부분이나, 쇠뜨기와 같이 조란기를 만드는 전엽체와 조정기를 만드는 전엽체가 따로 있어 자웅이주인 경우도 있다.
2) 임지(林地)를 개간할 때 벌채하고 남은 그루터기를 제거하는 작업
3) 서로 다른 두 나무의 일부를 잘라서 연결, 하나의 개체로 만드는 인위적인 재배 기술

(4) 겨울포도, 동포도(Vitis Berlandieri)

· 미국 텍사스 주, 멕시코 북부에 분포하며 대목 품종 육종 재료로 쓰인다.
· 나무 가지가 약하여 잘 부러지고, 잎 뒷면에 직립 및 포복성 모이가 약간 있다.
· 필록세라와 석회질 토양, 내습성에 강하지만 내한성에 약하다.
· 99R, 333EM, 1103P, 41B.

(5) 비티스 코디포리아(Vitis Cordifolia)

· 플로리다 주를 중심으로 한 미국의 동남부에 분포한다.
· 어린잎은 구리 빛이 돌고, 잎의 길이가 극히 길다.
· 필록세라에 매우 강하고, 석회질 토양에 약하며, 내습 내건성에 매우 강하다.

(6) 비티스 에스티발리스(Vitis Aestivalis)

· 미국 중부와 동부에 분포한다.
· 신초에 장미 빛이 돌고, 성엽은 양배추 잎과 비슷하게 거치가 얕으며, 납빛의 색상을 띤다.
· 필록세라와 발근력과 석회질 토양에 약하며, 노균병, 흰가루병에 매우 강하다.
· 내한성과 내건성에 강하다.

(7) 비티스 시네레아(Vitis Cinerea)

· 미국 중부와 남부에 분포한다.
· 심장형의 잎에 거치가 얕고, 잎을 쉽게 딸 수 있다.
· 자웅이주이고, 미주군 중 가장 늦게 과실이 성숙해 진다.
· 필록세라의 저항성에 양호하지만 석회질 토양과 발근력에 약하다.
· 교배 품종으로 블랙 스페니쉬(black spanish), 허비모우트(herbemont/aestivalis-cinerea-vinifera)

(8) 비티스 몬티코라(Vitis Monticola)

· 미국 텍사스 중앙부에만 분포한다.
· 필록세라의 저항성에 약하고, 석회질 토양 저항성에 매우 강하다.
· 발근력과 접목 친화성이 매우 약하다.

3) 아시아 원생종(Vitis Amurensis)

중국, 한국, 일본 등지에서 자생하는 포도종을 지칭하는 것으로 약 10여종이 이에 속하는데, 보통 과실의 품질은 떨어지나 내한성과 내병충성에 강하여 육종 소재로 이용가치가 높으며 몇몇 종은 가공용과 건강용으로 재배되고 있다.

아시아 원생종은 미국 원생종과 빙하기시대 이전에는 지리적으로 가까이 있었을 것으로 추정되고 있다.

머루(vitis coignetiae)는 미국종과 같이 연속적으로 덩굴손이 착생되며 아시아지역에서는 없었던 포도 노균병(plasmopara viticola Berl. & Toni.)의 저항성 인자가 아시아 원생종의 포도종에 있는 것이 이 이론의 증거가 되고 있다.

아시아 원생종의 종류와 특성을 살펴보면 다음과 같다.

(1) 산포도, 왕머루(Vitis Amurensis)

· 중국 화북, 동북 지역, 한국, 러시아 원동지역에 분포한다.
· 자웅이주이고, 과방은 작고 느슨하며, 과립은 작고 원형이고, 자흑색을 띤다.
· 과실 당도가 낮고, 고산에 위치하며, 수확량이 적다.
· 삽목 발근력(發根力)이 약하고, 내한성에 매우 강하다(vitis속 중 최고, 육종 자원).
· 중국 동북지역에서 대대적으로 양조하여 국내 양조업계에서도 관심이 있는 품종이다.
· 양조시 색이 아름답고, 투명하며, 독특한 풍미로 품질이 우수하다.
· 길림성 백두산 와인공장에서 자웅동주(雌雄同株 monoecism)[1]이며, 당이 높고, 산이 낮은 품종 '쌍경(雙慶)' 선발이 있다.

(2) 까마귀머루(Vitis Thunbergii)

· 중국 화북, 화남, 화중, 한국, 일본 등에서 분포한다.
· 자웅이주이고, 과방과 과립은 극히 작다.
· 내한성에 강하고, 결과지율이 우수하며, 풍산성(신초당 5개의 과방까지 착립)
· 육종 재료로 쓰인다.

1) 종자식물에서 수술만을 가진 수꽃과 암술만을 가진 암꽃이 같은 그루에 생기는 현상으로, 초본류에는 호박 · 오이 등이 있고, 목본류에는 오리나무 · 삼나무 · 소나무 등이 있다.

(3) 비티스 다비디(Vitis Davidii)

· 중국 섬서, 감숙, 화중, 화남, 운남, 귀주 등에서 분포한다.
· 자웅이주이고, 과방은 비교적 크다(약 100g).
· 비티스 비니페라의 내습성 대목 또는 내습성 노균병 품종 육종 재료로 쓰인다.

(4) 새머루(Vitis Flexuosa)

· 중국 하남 강서, 절강, 호북, 운남, 광동 지역, 한국 등에서 분포한다.
· 내음성과 내습성이 매우 강하다.
· 대목 및 품종의 고온다습, 습한 병해에 저항성이 있으며, 육종 재료로 쓰인다.

(5) 비티스 퀸콴구라리스(Vitis Quinquangularis)

· 중국 태산 이남부터 광서성까지 분포한다.
· 자웅이주이고, 결과모지에 포복성 모이가 다발되며, 엽형은 열각없는 5각형이다.
· 결과력이 우수하고, 수확량이 많다.
· 양조용으로 사용하며, 새눈무늬병에 매우 강하다.

(6) 머루(Vitis Coignetia)

· 한국, 일본에 분포한다.
· 자웅이주이고, 수세(樹勢)가 강하나 목질은 연하고, 덩굴손은 불연속적이다.
· 내한성과 내병성에 강하다.
· 양조용으로 내한성 포도 육종 재료로 쓰인다.

3. 양조용 포도품종의 특성

현재 지구상에는 8,500여종의 포도종류가 있으나 이중에서 와인을 만들 수 있는 양조용 포도는 200여종 정도에 불과하다. 이러한 포도의 종류는 용도에 따라 크게 양조용 포도와 생식용 포도로 나눌 수 있는데, 와인을 만들 때 사용하는 포도는 간혹 생식용 포도를 이용하기도 하지만 대부분 양조용 포도를 사용한다.

1) 양조용 포도

양조용 포도는 식용 포도에 비해 알맹이가 작고 촘촘하며 껍질이 두껍다. 또한 당도와 산도가 동시에 높아야 하며, 당도는 알코올 함량을 결정하고 산도는 와인의 향과 맛을 결정하게 된다. 그리고 당분, 산(acid), 칼륨, 탄닌, 페놀릭 산(phenolic acid) 및 각종 미네랄 등이 함유되어 있다.

양조용 포도는 당도가 24~25brix[1]이상이 되어야 이상적인 와인을 생산해 낼 수 있는데, 이는 포도당이나 과당이 발효 과정에서 충분한 당도가 있어야 일정 수준의 알코올[2] 성분으로 변화시킬 수 있기 때문이다. 그리고 산도가 높아 풍부한 향기와 깊은 맛을 내는데, 이러한 양조용 포도의 특징 때문에 수령이 오래 된(통상 10~80년 정도) 포도나무일수록 수확량은 적어지지만 깊고 복합적인 맛을 내게 된다.

양조용 포도는 실제로 생식용 포도보다 맛이 더 좋지만 껍질이 두껍고 씨가 잘 빠지지 않아 생식용으로 먹기에 불편하다.

포도수확기는 일교차가 커야만 당도와 산도가 동시에 높은 포도가 생산되기 때문에 양조용 포도나무는 특정한 환경에서만 자랄 수 있다. 또한 양조용 포도에는 당분을 알코올과 탄산가스로 분해시킬 수 있는 천연 효모(wild yeast)의 양이 많이 들어 있지만 양조시에 배양효모를 첨가하는 경우도 있다.

2) 생식용 포도

생식용 포도는 양조용 포도보다 알맹이 크기가 크고, 껍질이 얇으며, 껍질과 씨가 잘 분리되고 과육이 풍부하다. 산도보다는 당도(14~20brix)가 높은 편이지만, 수분이 많아 갈증을 없애 주는 효과가 있다. 대부분 오래된 포도나무보다는 나이 어린 포도나무에서 신선한 열매를 얻을 수 있으며, 특정한 환경에서 자라는 양조용 포도와는 다르게 환경적인 영향이 상대적으로 적은 편에 속한다.

1) 한국, 일본, 미국 등에서 사용하는 단위로 10brix는 설탕물 10%와 동일한 농도를 말한다. 미국에서 포도와 와인에 들어있는 당을 재는 단위이며, 독일에서는 '웩슬레(öechsle)' 을 사용하고, 프랑스를 포함한 대부분의 유럽 국가에서는 '보메(baume)' 를 사용한다. 1brix란 포도주스 100g에 들어있는 1g의 당을 말하며, 당의 함량이 높을수록 와인의 알코올 함량이 높아진다. 포도의 brix 수치가 20~25정도 되면 수확이 가능하다.

2) 2brix(당도)에서는 1%의 알코올이 생성된다.

4. 포도나무의 육종

육종이란 생물이 가진 유전형질을 이용하여 인간에게 유용한 특성을 가진 새로운 동 · 식물을 만들어내어 육성 또는 증식하는 것을 말하며, 품종개량과 같은 뜻으로도 쓰이지만 엄밀하게 말하면 그보다 내용이 광범위하다.

품종개량이 기존의 재배식물이나 동물보다 양질인 것을 만들어내는 것을 목적으로 하고 있는데 반해, 육종에서는 품종개량은 물론 생식질(生殖質 germ-plasm)[1]의 탐색 · 도입 · 보존 · 평가 등 일련의 생식질 관리뿐만 아니라, 야생의 동 · 식물 중에서 새로운 재배작물이나 가축 · 가금 · 양잠 · 어류 등의 개발을 시도하는 것까지 포함한다.

어느 경우이든 유용생물의 생산량, 이용부분의 증대, 유통가공성, 광역적응성, 내병충성, 관리에 대한 적합성, 그 밖의 주요 형질의 향상을 목적으로 하여 도입 · 선발 · 교배(교잡) 등에 의한 육종은 물론, 배수성(倍數性)[2]이나 돌연변이의 이용, 세포공학 · 염색체공학 · 재조합 DNA 등에 의한 육종방법이 행해지고 있다. 이 경우 고등 동 · 식물 또는 미생물 등 대상이 되는 생물의 종류나 육종목표에 따라서 적용하는 육종기술이 달라지는 경우가 많다.

구석기시대에 인류는 자연에 있는 것을 이용하는 수렵 · 채집생활을 하다가 신석기시대에 들어와서는 야생의 동 · 식물을 사육 · 재배하는 방법을 익히게 되었다. 농경이나 목축이 인류의 생존을 위해 효율이 높은 생산수단이라는 것을 알고서부터 오늘날까지 야생생물의 순화(馴化), 생산성이 높은 동 · 식물의 선택, 재배와 사육기술의 향상 등이 계속되어, 유용한 동 · 식물을 육성해온 육종의 성과는 매우 크다고 할 수 있다.

지구상에 존재하는 생물의 종류는 수백만 종으로 그 중 인간이 식용하는 식물은 약 8,000종인데, 적극적으로 이용되는 것은 약 2,500종이고, 그 중 대규모로 이용되는 것은 약 150종이며, 주식 생산에 관여하는 것은 약 20종이다.

포도재배에서 많이 사용하고 있는 교배육종은 양친의 특정 형질을 모두 가진 개체나 계통을 육성하고자 할 때에 실시하는 육종법으로, 양자를 교배시켜 얻은 자손 중에서 목적형질을 모두 가지면서 재배성이 있는 것을 선택한다.

이 경우 영양번식이 가능한 작물은 유전적 고정의 유무를 불문하고 한 개체를 얻으면 되지

1) 1883년 A. 바이스만이 제창한 '생식질설'에서 상정된 유전물질. 유전자와 비슷한 개념이다. 이 설에 의하면 생식질은 생물의 유전과 생식에 관여하는 결정요소(determinant)라고 하는 단위로 구성된다. 그리고 생식세포는 그 종에 특유한 모든 결정요소를 포함하며, 그 구성을 변화시키는 일 없이 세대에서 세대로 유전된다. 이것을 생식질의 연속성이라 한다.

2) 어떤 생물이 염색체 수가 여느 개체의 것의 배수로 되는 현상

만, 종자번식을 하는 작물에서는 자가수정(autogamy)[1]이나 근친교배(inbreeding)[2]에 의해서 분리가 없어질 때까지 순수하게 할 필요가 있다. 그러기 위해서 다시 계통육종법 · 집단육종법 · 역교배법 · 다교배법 등을 적용하고, 잡종제2대(F2) 이후도 개체선발과 계통선발을 반복하여 목적형질을 가진 순수 종을 만들어낸다.

1) 기본적인 품종 육종형태

(1) 잡종강세의 이용

유전적으로 순수한 계통(개체)끼리 교배를 하면 거기에서 만들어지는 잡종 제1대(F1)는 강세(强勢)를 나타내므로 이 특성을 응용하여 육종한다. 자가불결실성(自家不結實性)이나 자웅이주성(雌雄異株性)이 있는 작물, 또는 웅성불임성(雄性不稔性 male sterilitry)[3]이 있는 작물, 완전한 인위교배라도 한 번의 교배로 다수의 종자나 값비싼 종자를 얻을 수 있는 경우에 이용된다.

(2) 돌연변이의 이용

변이란 같은 종에 속하는 개체들 사이에서 나타나는 형질의 차이로 X선이나 고에너지 방사선에 노출되면 변이유기성(變異誘起性) 화학물질로 돌연변이를 유발시키고, 그 형질을 목적에 따라 선발해서 우량품종을 만들거나 간접적으로 이용하는 육종이다. 개체변이는 당대에만 나타나는 변이이지만 돌연변이는 다음 대에서도 나타나는 변이이다.

- ■ 유전자 돌연변이 : 염색체에 배열된 유전자의 변화
- ■ 염색체 돌연변이 : 염색체의 구조변화나 수적 변화

(3) 세포 · 염색체 공학의 이용

세포융합(cell fusion)[4]에 의해서 유연관계가 먼 식물 사이의 합성종(合成種)이나, 연속적인

1) 자웅동체인 생물이 자신의 자웅생식세포 사이에 일어나는 수정을 말하는데 촌충이나 멍게(우렁쉥이) 등에서 관찰된다.
2) 어버이와 자식, 형제자매 등 혈연이 매우 가까운 근친간에 이루어지는 교배
3) 화분(花粉 : 꽃가루) · 꽃밥 · 수술 등의 웅성기관(雄性器官)에 이상이 생겨 불임이 생기는 현상으로 유전적 원인에 의한 것과 환경의 영향에 의한 것이 있는데, 웅성기관 중 화분의 불임으로 일어나는 경우가 가장 많다.
4) 2개의 다른 종류의 세포를 인공적으로 융합시켜 잡종세포(雜種細胞)를 만드는 방법으로 그 결과 잡종세포는 1개 세포내에 2개의 핵을 갖게 된다.

역교배로 얻어지는 핵치환개체(核置換個體)에서 기대할 수 있는 웅성불임성 · 4배체 · 3배체 · 반수체 등의 정배수성(正倍數性), 2배체(2_{π})에 1개의 염색체가 첨가된($2_{\pi}+1$) 트리소믹이나, 2개 이상의 게놈(genome)[1]을 가진 2배체에서 1쌍의 상동염색체(homologous chromosome)[2]가 없어진($2_{\pi}+2$) 널리소믹(nullisomic) 등의 이수성(異數性)[3], 그 밖의 세포 및 염색체 레벨의 인위수법에 의한 육종이다.

(4) 분자레벨의 재조합 이용

육종목적에 맞는 특정한 정보원을 가진 DNA 단편을 다른 생물의 DNA분자에 조합시켜 그 형질을 이용하는 육종으로, 미생물에서 응용이 진행되고 있다.

(5) 기타 이용

시토키닌(cytokinin)[4]이나 지베렐린(gibberellin)[5] 등을 이용함으로써 얻어지는 인위적인 성변환 등 형태형성(形態形成 morphogenesis)[6] 제어기술의 이용에 의한 육종도 있다.

2) 포도재배의 품종 육종형태

기본적인 식물관련 육종 가운데 포도재배에서 주로 이용되는 육종방법으로는 다음과 같은 방법을 선택하여 육종개발이 이루어지고 있지만, 국가와 지역, 포도원에 따라 육종방법은 매우 다양하고 복잡하게 이루어지고 있다.

---

1) 원래 1개의 배우자(配偶子)에 존재하는 염색체(染色體) 1쌍, 또는 이 1쌍의 염색체에 포함되는 유전자(遺傳子) 전체를 가리키는 말. 오늘날에는 이 정의가 확대되어 각기의 유전자를 일괄적으로 포함하는 박테리아 · 바이러스 · 콜러스미스 · 미토콘드리아 또는 DNA나 RNA의 단일분자도 게놈이라고 부른다.
2) 모양과 크기가 같은 염색체가 2개씩 짝을 이루고 있는 것. 상동염색체에는 동일유전자 또는 그 대립유전자가 같은 순서로 배열되어 있고, 감수분열 전기에는 서로 접합하여 2가염색체를 형성한다.
3) 염색체의 수가 기본 수 보다 약간 많거나 적은 현상
4) 세포분열의 조절과 광형태형성(光形態形成)을 관장하는 식물호르몬의 한 그룹. 6위치의 아미노기에 치환기를 가진 아데닌(6-아미노푸린)의 유도체로서 키네틴(kinetin)과 같은 생리작용을 나타내는 화합물의 총칭이다.
5) 식물호르몬의 일종. 널리 식물계에 분포하였고, 식물의 갖가지 생리현상의 발현과 제어에서 큰 역할을 수행하고 있을 뿐만 아니라 식물화학조절제로서도 이용되고 있는 물질이다.
6) 생물의 발생시 새로운 조직 또는 기관의 분화 · 성장을 통해 고차원적 형태가 조성되는 과정. 다세포생물은 동물이든 식물이든 모두 세포로 구성되어 있다.

(1) 교잡육종(Breeding by Crossing)

· 같은 종(specie) 안에서 다른 품종(variety)끼리 교배한 잡종
· 잡종강세 현상
· 리슬링(riesling)과 실바너(silvaner)를 교잡 육종하여 뮐러-투르가우(müller-thurgau) 품종을 개발

그림 3-10 뮐러-투르가우

(2) 이종교배(Hybrid)

· 같은 속(genus) 안에서 다른 종 사이에 교배한 잡종
· 미국 교배종(american hybrid)과 프랑스 교배종(french hybrid) 간의 교배한 잡종
· 바꼬(BACO 22A) 품종

그림 3-11 바꼬 품종

(3) 영양번식(Vegetative Propagation)

포도는 꺾꽂이(cutting), 접붙이기(grafting), 눈접(budding) 등으로 번식 가능하며, 주로 전 년의 가지를 꺾꽂이 하여 증식 시킨다.

· 영양계선발(clonal selection) : 내병성, 생산성, 품질 등이 가장 우수한 나무를 선발하여 교배한다.
· 클론(clone) : 영양생식에 의해 모체로부터 분리 증식한 개체를 교배한다.

(4) 돌연변이 육종(Mutation Breeding)

· 방사선과 화학물질을 이용하여 새로운 개체를 만든다.
· 감마선, 에틸메탄설포네이드(ethymethane sulphonate)

Wine & Grape

02 ▸▸▸ 세계의 포도품종

1. 세계의 포도품종

세계의 포도품종은 크게 청포도 품종과 흑포도 품종으로 구분할 수 있으며, 원산지 및 주 분포지역, 특성 등을 설명하면 다음과 같다.

1) 청포도 품종

■ 알바나(Albana)

· 원산지는 이탈리아의 에밀리아 로마냐(emilia romagna) 주

· 에밀리아 로마냐 주의 볼로냐(bologna)에서 바다 쪽으로 이어지는 아펜니니 산맥(gli appennini)에서 특히 많이 경작되고 있다.

· 베르티노로(bertinoro) 마을이 알바나 와인 생산 중심지로 유명하다.

· 알바나 디 로마냐(albana di romagna)로 유명하며, 로마냐에서 세 번째로 중요한 포도 품종이다.

· 그레코(greco), 그레코 디 안코나(greco di ancona) 등으로 불리며, 그레코 디 뚜포(greco di tufo)와는 관계가 없다.

· 알바나 품종으로 만든 알바나(albana) DOCG 와인은 이탈리아 화이트와인 중 처음으로 DOCG 등급을 받았다.

· 와인의 형태는 4가지로 구분되어 생산된다.

☞ 세코(secco, dry)

☞ 아마빌레(amabile, semi-sweet)

☞ 돌체(dolce, sweet)

☞ 파씨토(passito)[1)]

· 포도 껍질이 두꺼워 귀부병(noble rot)[2)]에 강하다.

· 껍질이 두껍기 때문에 화이트와인이면서도 비교적 짙은 색상이 나온다.

· 포도품종의 중립적인 특성 때문에 드라이 또는 미디엄 드라이 스타일로 양조한 와인은 품질이 떨어진다.

· 포도 잎이 세 갈래로 나누어졌으며 테두리가 안으로 말려있다.

· 포도송이는 매우 길며 원추형이고 포도알은 호박색의 큰 타원형이며, 과즙은 달고 향이 약하게 난다.

· 와인의 향미 : 살구, 파인애플, 꿀

· 음식과의 조화 : 알바나 세코(albana secco)는 쉽게 마실 수 있는 와인으로 야채스프나 튀김, 케이크와 잘 어울리고, 아마빌레(amabile)나 돌체(dolce) 같이 단 맛의 경우에는 과일이나 마체도니아(macedonia)[3)], 케이크 등과 마시면 좋다. 파씨토의 경우에는 식후주 또는 식사와 상관없이 마실 수 있다.

■ 알리고테(Aligoté)

1980년대에는 매우 인기 있는 품종이었으나 지금은 부르고뉴 지방에서 재배되는 2등급 청포도로 빨리 성숙하며, 산미가 높고 상쾌한 맛을 지닌 품종으로 화이트와인의 원료로 쓰인다. 또한, 알코올 함량이 적당하고 신맛이 강하지만 더운 날씨에서는 풍부하고 무게 있는 와인으로 껍질이 얇다. 생산량이 높은 편에 속하고 매우 드라이한 와인을 만드는데 쓰이며, 부르고뉴의 끼르(kir)와인[4)]을 만드는데 많이 쓰인다.

· 원산지는 프랑스 부르고뉴 지방의 꼬뜨 샬로네즈(côte chalonnaise), 부즈롱(bouzeron)

· 주 분포지역은 불가리아에서도 널리 재배되며, 캘리포니아 오레곤(oregon)에서도 재배된다.

· 18세기말 부르고뉴에서는 삐노(pinot)종의 일부라고 기록하고 있다.

· 껍질이 얇고, 산이 매우 높으며, 상큼한 느낌이 있다.

· 산출량이 많고, 일찍 마실 수 있지만, 품질은 높게 평가받지 못한다.

---

1) 말린 포도로 만든 와인

2) 귀부병(noble rot) : 포도가 무르익을 때 포도껍질에 생성되는 일종의 곰팡이로 양질의 디저트 와인에 도움을 주기도 한다.

3) 이탈리아 후르츠 칵테일

4) 끼르(kir)란 과실주인 '크렘 드 까시스(créme decassis)' 와 화이트와인을 섞어 만든 일종의 와인 칵테일이다.

· 부르고뉴 알리고테 부즈롱(bourgogne aligote bouzeron)는 유일하게 알리고떼 품종을 사용한 마을로서 아뻴라시옹(appellation) AOC등급이며, 부즈롱을 제외한 나머지 마을은 지역(regional) AOC등급이다.
· 샬로네즈의 부즈롱에서는 15% 소량의 샤르도네와 혼합하여 와인을 생산하기도 한다.
· 꼬뜨 도르(côte d' or 황금의 언덕)에서 1,700acres/700hl 정도를 생산하며, 남부 부르고뉴에서도 비슷한 양을 생산한다.
· 샤르도네보다 품질이 떨어지는 품종이지만 작황이 좋은 해에는 특징적인 산도를 보이며, 약점을 충분히 보완하는 품종이다.
· 샤르도네와 삐노 누아에 비해 중요성이 떨어지는 품종이다.
· 샤블리 지방에서 꾸준히 생산량이 늘고 있으며, 데일리(daily) 드라이 화이트와인을 생산하는데 사용한다.
· 부르고뉴의 크레망(crémant de bourgogne)[1] 양조에도 쓰인다.
· 동유럽에서는 매우 대중적인 품종으로 스파클링 와인 양조의 기초품종으로 쓰인다.
· 알리고테가 명성을 얻게 된 이면에는 끼르(kir)의 훌륭한 파트너로 알려졌기 때문이다.
· 와인의 향미 : 감귤류(citrus), 개암(hazelnuts), 복숭아

■ 샤르도네(Chardonnay)

프랑스에서 가장 잘 알려진 청포도품종으로 프랑스 부르고뉴 지방에서 고급와인을 생산하는 대표적인 품종이며, 샹파뉴(champagne) 지방에서 스파클링 와인을 만드는데 중요한 품종이다.

기후에 잘 적응하여 전 세계 포도산지에 대부분 재배되고 있으며, 봄에 새순이 일찍 나와서 봄 서리의 피해 가능성이 높으나 황금빛이 도는 포도송이는 높은 당도와 단위당 생산량이 높아 헥타르(ha)당 50hl의 생산량을 보인다. 서늘한 지역에서 재배되면 산도가 높아지고 오크통에서 숙성이 잘되는데, 1차 숙성시키면 아름다운 황금색을 띠고, 섬세한 방향과 아몬드, 개암(corylus heterophylla var. thunbergii) 등의 건과향과 꿀향이 풍기는 와인으로 숙성되며, 오크통에서 우러나온 훈연향이 돈다.

입에서는 신선하고 어우러지는 맛을 주며, 생기 있는 드라이 화이트와인인 샤블리와인(charblis)처럼 느껴지지만 기름지고 유연하며 입안에 향기가 오래 남는 뫼르소(mersault)[2]타

1) 샴페인은 프랑스 샹파뉴지역에서 생산된 스파클링 와인만을 지칭하는 것이며, 이탈리아에서는 스푸만테(spumante), 스페인에서는 카바(cava), 독일에서는 젝트(sekt)라 부른다. 그리고 스파클링 와인을 프랑스 샹파뉴 지역 외에서는 끄레망(cremant)이라 부른다.

입의 와인과 같이 느껴질 수도 있다. 부드러운 과육과 단단한 반투명의 열매이며, 완숙되면 호박색의 열매가 된다. 열대 과일향, 메론향, 감귤향이 일반적으로 느껴지는데, 많은 경우 오크통에 숙성을 시켜 보다 복잡 미묘한 와인을 생산한다. 일반적으로 다른 포도품종과 블렌딩되는 경우가 없으나, 최근에는 쎄미용(sémillon)과 블렌딩 된 경우도 있다.

· 원산지는 프랑스 부르고뉴 지방
· 주 분포지역은 부르고뉴 지역(샤블리, 마꽁), 샹파뉴 지방 특히, 꼬뜨 드 블랑, 랑그독-루씨용, 쥐라 지방과 루아르 계곡에서도 볼 수 있다.
· 캘리포니아, 오레곤, 워싱턴, 이탈리아, 호주, 캐나다, 칠레, 남아프리카공화국, 아르헨티나, 오스트리아, 뉴질랜드, 헝가리, 그리스, 이스라엘, 불가리아 등에 분포되어 있다.
· 강한 성장력에 의해 전 세계적으로 분포하고 있으며, 이 가운데서 프랑스, 호주, 캘리포니아가 주산지로 등장하였다.
· 샹파뉴 지방에서는 샴페인 와인의 블랑 드 블랑(blanc de blanc)에 이 포도로만 생산한다.
· 오랫동안 부르고뉴의 최상급 화이트와인을 만드는 단일 품종이다.
· 비교적 높은 알코올과 당도가 적은 특징으로 오크 숙성과 대중적인 인기를 얻는 원인이 되었다.
· 색상은 맑은 기조에서부터 엷은 황금색의 바탕에 이르기까지 다양한 색상을 띤다.
· 와인의 스타일은 라이트(light)에서 풀 바디(full body)까지 다양하다.
· 샤르도네는 그 향을 특정 짓기 매우 어려운 품종으로 토마토, 복숭아, 담배, 홍차, 장미꽃 등의 아로마를 나타내는 경우도 있다.
· 향은 과일향(사과, 배, 망고 등 열대과실)이 넘치고 맛은 깊고 넉넉하다. 특히 오크통의 숙성을 거친 경우 토스티(toasty)한 향과 맛을 보인다.
  ☞ 추운 지방의 샤르도네 : 사과 또는 배의 향
  ☞ 더운 지방의 샤르도네 : 망고 또는 파인애플의 향
· 샤르도네 품종으로 만든 와인은 섬세하고 마른 과일 향을 갖는 양질의 와인으로 재배지의 토양에 따라 오래 보관할 수 있다.
· 리슬링과 더불어 화이트와인의 최상품 포도품종이며, 매우 뛰어난 와인으로 친다.
· 부르고뉴 샤블리의 샤르도네는 최상의 것으로 평가된다.

2) 부르고뉴 지방에서 가장 중요한 화이트와인산지이다. 풀바디하면서도 nutty 한 우수한 1er crus 들이 있는데 les perrieres, les genevrieres, 그리고 les charmes가 유명하다.

· 샤블리의 샤르도네는 두 가지 유형의 양조법을 보이고 있다.

☞ 오크통의 숙성을 거치는 경우 : 토스티(toasty)한 향과 맛

☞ 스테인리스 탱크에 의한 경우 : 매탈릭(metalic)한 향과 맛

· 신세계의 샤르도네가 새로운 경쟁력을 갖고 국제 시장에 진출하고 있다.

☞ 호주 : 아들레이드 힐스(adelaide hills), 맥라렌 베일(mcLaren vale), 바로사 벨리(barossa valley), 헌터 벨리(hunter valley), 야라 벨리(yarra valley), 타스마니아(tasmania), 마가레트 리버(margaret river) 등

☞ 미국 : 캘리포니아, 워싱턴, 오레곤(oregon) 등

☞ 칠레 : 까사블랑까(casblanca), 산 안또니오(san antonio) 등

· 와인의 향미 : 카라멜(caramel), 토스트한 브레드(toasted bread), 복숭아

· 음식과의 조화 : 생선, 굴, 새우, 연어, 햄 등 생선요리

■ 샤슬라(Chasselas)

청포도 품종으로 다른 종과는 달리 식용과 양조용의 두 가지 기능을 두루 갖추고 있는데, 원산지에 대해서는 여러 설이 있으나 가장 대표적인 것이 이집트 또는 프랑스 마꽁지방으로 알려져 있다. 원래 동로마제국의 수도였던 콘스탄티노플(constantinople) 즉, 오늘날의 이스탄불 주변에서 널리 재배되었다고 전해지고 있다. 1536년 프랑수아 1세(Francois Ⅰ)의 치세 때 터키와 무역에 관한 조약을 체결 한 후 프랑스의 한 대사가 귀국길에 샤슬라 포도나무의 줄기를 들고 들어와 퐁텐블루(fontanine bleu) 성과 토므리(thomery)에 식재 한 것이 연유가 되어 궁정에서 쉽게 찾아볼 수 있게 되었다고 한다. 이런 이유로 '왕실의 포도(royal vine)'라 불리기도 한다. 또한, 중세 시토(citeaux) 수도회의 수도사들에 의해 샤슬라는 데잘레(dezaley) 언덕에 처음으로 재배되고, 이름도 펜단트(fendant)이라 불리게 되었다.

· 원산지는 이집트 또는 프랑스의 마꽁(macon)지방

· 주 분포지역은 프랑스에서는 알자스(alsace), 뿌이-쉬르-루아르(pouilly-sur-loire), 사부아(savoie) 지방 등에서 재배하고 있다.

· 루마니아, 헝가리에서도 재배되고 있고 제한적이긴 하지만 몰도바와 우크라이나에서도 재배되고 있다.

· 뿌이-쉬르-루아르에서는 하급 화이트와인으로 양조한다.

· 알자스, 루아르, 사부아지방에서 양조용으로 소량 재배 되는 것을 제외하면 프랑스에서 주로 식용포도로 사용된다.

· 알자스에서는 급격히 수확량이 줄고 있는 실정이다.

· 프랑스의 가장 일반적인 테이블 와인 생산 품종으로 품질이 떨어진다는 인식이 다소 있다.
· 스위스에서는 가장 인기 있고, 널리 재배되는 품종이다.
· 독일, 이탈리아, 이베리아 반도, 알제리, 칠레, 캘리포니아 및 뉴질랜드 등지에서 재배되고 있다.
· 샤슬라는 지역에 따라서 다음과 같이 다른 호칭으로 불려진다.
☞ 스위스의 보(vaud) : 도랭(dorin)
☞ 스위스의 발레(valais) : 펜단트(fendant)
☞ 스위스의 제네바(geneva) : 펠랑(phelan)
☞ 독일 : 구테델(gutedel)
☞ 이탈리아 : 마르제미나 비앙카(marzemina bianca)
· 가볍고 드라이하며, 산출량이 많은 것이 특징이다.
· 프랑스의 알자스에서는 삐노 블랑(pinot blanc), 오세르(auxerre)와 실바너(silvaner) 등과 블렌딩하여 알자스의 이름난 에델즈비커(edelzwicker)[1]를 만들고 있다.
· 약간의 기포가 일고, 매우 산뜻한 맛을 보이며, 뒷맛(finish)이 조금 자극적이고 기분을 좋게 해준다.
· 샤슬라는 스위스의 포도품종으로 여겨질 정도로 이 나라 와인의 30%가 이 품종으로 양조되며, 최상의 것은 유구한 내력을 지닌 데잘레(dezaley)지역의 것이 꼽힌다. 주된 생산지역은 보(vaud)를 비롯하여 제네바호(geneva lago)주변, 라 꼬뜨(la cote), 라보(la vaux), 제네바(geneva), 뉴샤텔(neuchatel). 베른(bern), 빌(biel), 발레호(valais lago)주변 등지에 넓게 재배되고 있다.
· 와인의 향미 : 그린 사과(green apples), 감귤류(citrus), 복숭아, 미네랄(mineral)향
· 음식과의 조화 : 스위스의 퐁듀(fondue)[2]와 아주 잘 어울린다.

■ 슈냉 블랑(Chenin Blanc)

프랑스의 루아르 지방에서 주로 재배되는 품종으로 삐노 드 라 루아르(pineau de la loire)

1) 알자스 와인은 프랑스 다른 지방과는 달리 유일하게 레이블에 포도품종의 이름을 표시하는데, 이것이 와인의 브랜드로 발전하여 왔다. 가장 흔히 보이는 포도품종의 이름에는 리슬링, 게뷔르츠트라미너(gewürztraminer), 삐노 그리(pinot gris), 토카이(tokay)등이 있다. 그러나 가끔 포도품종의 이름 대신 '에델즈비커(edelzwicker)라는 여러 가지 포도품종으로 블렌딩된 와인의 레이블이 표지되거나, 늦 수확의 포도품종으로 와인을 빚은 이른 바 방당주 따르디브(vandange tardive) 라는 낱말이 보일 때가 있다.

2) 긴 꼬챙이 끝에 음식을 끼워 녹인 치즈나 소스에 찍어 먹는 스위스 전통요리이다. 스위스 알프스 지역에서 시작된 음식으로, 퐁뒤라는 이름은 프랑스어로 '녹이다' 라는 뜻의 '퐁드르(fondre)' 에서 유래되었다. 종류에는 치즈 퐁뒤, 오일 퐁뒤, 스톡 퐁뒤, 소스 퐁뒤, 스위트 퐁뒤 등이 있다.

라고도 불리며, 루아르 지방의 앙주(anjou)와 뚜렌(touraine)의 드라이, 세미 드라이(semi dry), 스위트 화이트와인의 대표적인 품종이다.

포도를 수확할 때 적당히 익은 후 수확하면 산도가 적당하여 발란스가 좋은 드라이 화이트 와인을 생산할 수 있으며, 발포성와인으로도 양조된다.

와인의 특성은 푸루티(fruity)하며 산미가 있고 넓은 폭의 아로마는 있지만 독특하고 깊은 향기는 없다. 수확량이 대단히 많은 품종이고 과방과 열매의 크기는 중간정도이며, 과즙량은 많고 과피는 얇으며, 색상은 녹색을 띤 볏짚 색을 나타낸다.

귀부병(botrytis cinerea 보트리티스 시네리아)[1]이 나타나 늦게 수확할 경우에는 스위트와인 양조를 위해 점차적으로 선별하여 수확하게 된다.

늦게 익는 성질 때문에 매우 섬세한 꿀향과 꽃향기 향을 얻을 수 있으며, 꼬또 뒤 레이옹(côteaux du Layon), 까르 드 숌(quarts de chaume), 부브레(vouvray), 몽루이(montlouis) 등의 토양에서는 특별히 좋은 균형을 얻는다. 또한 전통적인 방법에 따라 양조되는 발포성와인의 기초가 되는 품종이다.

· 원산지는 프랑스 루아르 지방
· 주 분포지역은 꼬또 뒤 레이옹(côteaux du rayon), 부브레(vouvray), 사브니에(savenniers), 본느 조(bon-nezeaux)등의 AOC 와인에 널리 쓰인다.
· 루아르에서는 '루아르의 삐노(pieneau de la loire)' 또는 '삐노 당주(pineau d' anjou)' 라고도 불리며, 남아프리카공화국에서는 '스틴(steen)', 칠레 아르헨티나에서는 삐노 브랑코(pinot blanco)라고 한다.
· 비교적 산성이 풍부하고 방향이 좋으며, 감미가 넘친다.
· 보편적으로 상큼한 맛을 보이고 마시기가 까다롭지 않으며, 호두 맛 등 여러 과일 맛이 함께 배어 있기도 하다.
· 드라이 화이트와인, 스파클링 와인(cremant de loire 소뮈르, 부브레), 세미 드라이(semi dry)와인, 스위트와인 등을 양조한다.
· 슈냉 와인은 산미가 강하며, 장기 보관용(10년 이상)이다 : 부브레(vouvray), 까르 드 숌(quarts de chaume), 앙주(anjou)

1) 특정 기후 환경 속에서 포도가 무르익을 때 포도껍질에 생기는 일종의 곰팡이로 포도에 좋은 영향을 주어 훌륭한 디저트 와인을 만들기에 노블롯(noble rot 귀부병 : 고귀한 부패)이라 불린다. 포도껍질에 이 곰팡이가 자라면 포도 내의 수분을 증발시켜 당도를 높이고, 특별한 플레이버를 만든다. 전 세계적으로 유명한 디저트 와인으로, 독일의 트로켄베렌스아우스레제(trockenbeerenauslese), 프랑스의 소테른 와인이 있다. 귀부병에 걸릴 확률도 높지 않고, 아주 적은 양만 만들어지기 때문에 매우 비싼 것으로도 유명하다.

· 캘리포니아 및 남아프리카공화국에서 새롭게 재배되고 있는 품종이다.
· 산도가 자연적으로 아주 높기 때문에 기후가 서늘한 해에는 포도의 품질이 떨어지지만 아주 더운 해에는 최상의 균형을 이루며 고급 화이트와인으로 양조된다.
· 1999년 오스트리아에서 DNA 분석 결과 슈냉 블랑과 쏘비뇽 블랑은 유전 관계일 확률이 높다고 발표하였다.
· 신세계와인 생산 국가에서는 테이블 와인 양조의 기초품종으로 사용한다.
· 호주에서 많은 양이 생산되지만 대부분 블렌딩 목적으로 사용되므로 품질이 낮은 편이다.
· 세계에서 손에 꼽힐 정도로 드라이부터 스위트까지 다목적 용도로 다양하게 양조되는 품종이다.
· 남아프리카공화국에서는 주정강화 와인과 스피리츠(spirits)를 생산하는데 기초품종으로 사용된다.
· 최상급의 슈냉 블랑 화이트와인은 짜릿할 정도로 집중적인 꿀향을 가진다.
· 와인의 향미 : 꽃, 견과류, 복숭아
· 음식과의 조화 : 주로 식전주로 잘 어울린다.

■ 끌레레뜨(Clairette)

· 프랑스 남부 론 지방, 랑그독 루씨용 지방, 프로방스 지방에서 주로 재배되고 있다.
· 남아프리카공화국에서는 클레레뜨 블랑슈(clairette blanche), 호주에서는 블랑켓(blanquette)이라고 한다.
· 프랑스 남부지방의 포도품종으로 랑그독 지방의 가장 오래된 포도품종 중의 하나이다.
· 끌레레뜨 드 벨갸르(clairette de bellegarde)와 끌레레뜨 뒤 랑그독(clairette du languedoc) 원산지 통제명칭(AOC) 와인의 유일한 품종이다.
· 마르고 척박한 토양에서 잘 자라며, 부르불랭(bourboulenc)의 품질을 높이기 위해 블렌딩된다.
· 위니 블랑(ugni blanc), 테레(terret)와 함께 블렌딩 되어 랑그독지방의 주요 뱅 드 뻬이(vin de pays) 화이트와인으로 생산되는 품종이다.
· 이른 시기에 마시는 것이 좋으며, 발근력이 좋지만 흰가루병과 병충해에 약하다.
· 프랑스 남부 론에서는 일찍 수확하여 아로마와 산도를 높이는 블렌딩용으로 사용한다.
· 론 강 계곡과 랑그독, 프로방스 지방의 와인양조에 블렌딩 되어 사용된다.
· 포도열매가 작고 껍질이 두꺼워 늦게 익지만 수확기에는 익는 속도가 너무 빨라 수확 시기를 정하기가 매우 어려운 품종이다.
· 높은 알코올로 인해 베르무트(vermouth)[1] 양조에 기초품종으로 쓰인다.

· 스파클링 와인의 크레망 드 디(crémant de die)[2]로 잘 알려져 있다.
· 푸루티(fruity)하며, 포도 부케향이 풍부하다.
· 와인의 향미 : 복숭아, 자두, 메론

■ 꼴롱바르(Colombard)

· 원산지는 프랑스 남서부 꼬냑(cognac), 아르마냑(armagnac)
· 주 분포지역은 프랑스와 캘리포니아, 남아프리카공화국, 호주 등지에서 분포한다.
· 프랑스에서는 1970년대에 인기가 떨어지면서 재배면적이 절반 가까이 줄어들었다.
· 프랑스 남서부에서는 위니 블랑에 이어 두 번째로 많이 생산된다.
· 1988~2000년 사이에 꼬냑, 아르마냑, 보르도 북부 지역에서 생산량이 다시 늘었다.
· 남아프리카공화국에서는 테이블 드라이 화이트와인으로 양조하기 위해 생산한다.
· 코냑을 양조하는 다른 품종에 비해 알코올이 높고 산도가 낮아 양조시에 어려움이 있다.
· 부패하기 쉽고 흰가루병에 약한 품종이지만 덥고 건조한 지역에서는 덜한 편이다.
· 높은 알코올을 생산하며, 산도가 낮아 영(young) 와인은 매우 신선한 맛을 나타낸다.
· 9월 중순경 수확하며, 가볍고 아로마가 풍부하다.
· 생산량이 풍부하여 1970년대 캘리포니아에서 저가의 저그와인(Jug wine)[3]과 스파클링 와인을 생산하는데 사용하였다.
· 프랑스의 가스꼬뉴(gascogne) 지방에서는 꼴롱바르와 위니 블랑 또는 그로 망상(gros manseng)과 블렌딩하여 드라이 타입의 와인을 생산하는데, 로버트 파커(Robert Parker)가 프랑스의 가장 훌륭한 화이트와인 중 하나라고 언급한 바 있다.
· 예전에는 샤랑트(charente)와 남서부(sud-ouest) 지방에서 증류용(꼬냑, 아르마냑의 생산용) 와인을 양조하기 위해 재배한 품종인데, 근래에는 남서부의 뱅 드 뻬이(vin de pays) 양조용으로 많이 재배된다.
· 남아프리카공화국에서도 블렌딩 생산을 위해 재배되고 있다.
· 무더운 기후에서도 잘 자라는 특성 때문에 현재 미국 캘리포니아에서는 프렌치 꼴롱바르(french colombard) 라는 이름으로 가장 많이 재배하고 있다.
· 열대 과일향이 나는 라이트 바디(light body) 와인으로 해산물과 잘 어울린다.
· 와인의 향미 : 레몬, 그레이프프루트(grapefruit), 복숭아

1) 원료인 와인에 브랜디나 당분을 섞고, 향쑥, 용담, 키니네, 창포뿌리 등의 향료나 약초를 넣어 향미를 낸 리큐어(liqueur 혼성주)
2) 가벼운 화이트와인으로 포도 부케향과 더불어 기분 좋은 향미를 가지고 있다.
3) 1,500ml사이즈 혹은 이 보다 더 큰 와인 용기에 담아서 저렴한 가격으로 파는 와인들에 대한 속칭이다.

· 음식과의 조화 : 해산물 요리

■ 코르테제(Cortese)

피에몬테(piemont) 동남부 그리고 롬바르디아(lombardia) 남서쪽에 높은 분포도를 보이며, 다음 4곳의 DOC 등급 와인의 양조에 기초가 된다.

☞ 코르테제 델랄또 몬페라또(cortese dell' alto monferrato)

☞ 코르테제 디 가비(cortese di gavi)

☞ 코르테제 데이 콜리 토르토네시(cortese dei colli tortonesi)

☞ 코르테제 델롤트레포 파베제(cortese dell' oltrepo pavese)

· 원산지는 이탈리아의 피에몬테 주
· 잎은 오각형으로 크며 매끄럽고 밝은 초록색이다.
· 포도송이는 큰 편이며, 상부가 넓은 각추형(角錐形)이고, 포도알은 잘 떨어지는 편으로 황금빛이 도는 노란색의 타원형이다.
· 껍질은 두꺼운 편이며, 과즙이 풍부하고 가벼운 아로마가 느껴진다.
· 산출량이 탁월하며, 품종 자체가 튼튼하고 번식력이 좋다.
· 맛의 복합성이 떨어지고 맛이 단조로우나 포도가 잘 익었을 때에는 좋은 산도를 유지한다.
· 이탈리아의 지오나(geona) 또는 리구리안(ligurian) 해안의 레스토랑에서는 생선과 함께 마시는 와인으로 알려져 있다.
· 포도의 특성상 가볍고 신선하게 양조하는 것이 좋다.
· 오크 숙성을 하면 오히려 와인의 상태가 나쁘게 변한다.
· 와인의 향미 : 감귤류, 건초 풀(mowed grass), 견과류
· 음식과의 조화 : 해산물 요리

■ 팔랑기나(Falanghina)

· 원산지는 이탈리아의 캄파니아(campania) 주
· 상부가 넓은 싹은 옅은 녹색에 테두리가 붉고 솜털로 덮여있으며, 어린잎도 붉은 테두리에 황녹색이며, 안쪽으로 솜털이 나있다.
· 중간 크기의 잎은 세 갈래로 나눠진 쐐기형이다.
· 포도송이는 넓은 원추형이고 포도알은 타원형에 연 노란색이며, 껍질은 두껍고 포도알은 달고 특유의 독특한 맛을 내며 아삭아삭 하다.
· 양조 스타일은 오크 숙성시키지 않은 방향성이 풍부한 와인이 대부분이다.

· 발효 과학의 기술로 인해 1990년대 중반부터 와인의 풍부한 방향성을 보존하는 것이 가능해졌다.
· 와인의 향미 : 감귤류, 그레이프프루트(grapefruit), 그린 사과(green apple)

■ 피나오(Fiano)
· 원산지는 이탈리아의 캄파니아(campania) 주
· 싹은 하얀색에 테두리는 연한 붉은 색을 띠며, 솜털이 나있고 중간 크기의 잎은 세 갈래로 갈라진 동그랗고 안쪽에 솜털이 있다.
· 포도송이는 작은 편이고 원추형에 밀도는 낮으며, 포도 껍질은 단단하고 포도알은 호박색에 가까운 노란색에 타원형이며 약간 아삭아삭하고 과즙은 달다.
· 당 함유량이 매우 높고, 우아한 맛과 세련된 균형이 특징적이다.
· 캄파니아 주에서 자라는 '그레코 디 뚜포(greco di tufo)' 보다는 아로마가 떨어진다.
· 관능적이고 부드러운 텍스처(texture 구조, 감촉)와 섬세한 아로마가 특징이다.
· 이탈리아의 풀리아(puglia)에서는 '마르티나 프란카(martina franca DOC)' 의 블렌딩 품종으로 사용된다.
· 서부 시칠리아(sicilia)에서도 생산량이 꾸준히 늘고 있다.
· 사우스오스트레일리아(south austrailia)의 맥라렌 베일(mcLaren vale)에서도 재배된다.
· 와인의 향미 : 꿀, 스파이시(spices), 야생화(wild flowers)
· 음식과의 조화 : 해산물 요리

■ 푸르민트(Furmint)
· 헝가리 및 슬로바키아
· 헝가리에 아주 넓게 분포한다.
· 헝가리 명품 토카이 아쑤(tokaji aszu) 디저트 와인을 양조하는데 사용된다.
· 활력 있고 감미가 배어있는 토카이 테이블 화이트의 양조에도 사용된다.
· 주산지인 토카이(tokaji)를 비롯해 발라톤(blaton) 호수 주변, 그리고 헝가리 이외에는 오스트리아, 슬로바키아, 슬로베니아 등지에서 재배되고 있다.
· 푸르민트는 지역에 따라서 다음과 같이 다른 호칭으로 불려진다.
☞ 슬로베니아 : 시폰(sipon)
☞ 오스트리아 부르겐란트(burgenland) 주 : 모슬러(mosler)
· 와인에 아주 높은 산도를 부여함으로서 와인의 숙성력이 높아지게 한다.

· 높은 당도와 더불어 풍부하고 타는 듯한(fiery) 풍미를 지니게 된다.
· 와인 양조시 알코올 도수 14도를 쉽게 넘길 수 있다.
· 강하고 드라이한 아주 맛있는 와인으로 양조되며, 이른 시기에 마셔도 훌륭하다.
· 포도나무의 눈은 일찍 나오나 익는 속도가 아주 서서히 진행되며, 보트리티스 시네레아(botrytis cinerea)에 감염시키는 포도는 11월까지 수확하지 않는다.
· 와인의 향미 : 레몬, 감귤류, 라임(lime)

■ 가르가네가(Garganega)

중간 크기의 잎은 다섯 갈래로 나누어져 있으며, 끝이 매우 뾰족하고 탁한 녹색이다. 포도송이는 상부가 넓고 긴 원통형이며, 포도알은 타원형의 중간 크기이고 금빛이 도는 노란색에 잘 떨어지는 경향이 있다. 껍질은 두껍고 단순한 맛의 과즙이 풍부하다.

· 원산지는 그리스
· 주 분포지역은 그리스와 이탈리아 일부지방에 분포되어 있다.
· 주로 이탈리아 베네토(vento) 지방에서 소아베(soave)[1] 와인의 양조에 쓰인다.
· 이탈리아 동북부 베네토의 만생종이다.
· 발육이 왕성하며 생산량이 매우 풍부하다.
· 소아베 양조에 매우 중요한 품종으로 70~100%를 차지한다.
· 트레비아노 디 소아베(trebbiano di soave)의 집중감을 높여주기 위해 블렌딩 된다.
· 샤르도네 또는 다른 품종을 돋보이게 하기 위해 블렌딩 되기도 한다.
· 자연적으로 높은 산도로 인해 밋밋한 와인에 매력적이고 섬세한 풍미를 더해 줄 수 있다.
· 아몬드 향이 약하지만 분명하게 느껴지고, 자연적으로 산도가 매우 높아 과일의 당도로 조화를 이끌어 낼 수 있다.
· 완숙한 가르가네가로 양조한 소아베는 우아한 레몬향과 아몬드향이 풍부하다.
· 껍질이 두껍고 단단하며, 과육의 당도가 풍부하다.
· 10월에 포도가 익는 만생종이며, 익은 포도의 경우 거의 붉은색에 가까운 진한 노란색을 나타낸다.
· 와인의 향미 : 아몬드, 감귤류, 야생화

1) 이탈리아 화이트와인의 좋은 유형 중의 하나로서 항상 여러 포도품종과 블렌딩하며, 주로 북부 이탈리아에서 생산되는데, 특히 병입 후 1~2년 이내에 마시는 것이 좋다.

■ 게뷔르츠트라미너(Gewürztraminer)

약간 붉은 색을 띄는 포도로 게뷔르츠트라이미너는 직역하면 독일어로 '향신료'를 의미하며, 알자스 지방에는 매우 독특한 꽃, 향신료, 스파이시(spicy)하고 후추향이 강하며, 때로는 부드럽고 둥근 느낌으로 끝나고, 견과류 맛이 난다. 양토와 서늘한 기후에서 잘 자라는 품종이며 주로 드라이한 와인 생산에 쓰이지만, 작황이 좋은 해는 스위트한 스타일로도 와인을 생산한다. 원래는 독일 팔츠(pfalz)지방이 원산지이며, 1871년에 알자스에서 재배되기 시작하였는데, 지금은 남아프리카공화국, 캘리포니아까지 재배 범위가 확대되었다.

- 원산지는 독일의 팔츠(pfalz)
- 주 분포지역은 1871년 이후 프랑스 알자스 지방에 도입되었고, 쥐라 지방, 캘리포니아, 워싱턴, 뉴욕, 호주, 뉴질랜드, 칠레 등지에 분포한다.
- 미국 북서부에서도 재배되지만 워싱톤에서는 리슬링, 오레곤에서는 삐노 그리(pinot gris)에 비해 재배면적이 점점 적어지고 있다.
- 프랑스 알자스 지방의 포도재배의 20%를 차지한다.
- 향이 강하고 짜임새 있는 힘찬 드라이 화이트와인을 생산하는데, 포도작황이 좋은 해에는 스위트와인의 생산에도 사용된다.
- 리치(lychee), 망고 살구, 코코넛 등의 과일향이 독자적으로 또는 복합적으로 나타난다.
- 산이 적어 마시기가 아주 수월하며, 알자스 지방에서 생산한 것은 짙은 갈색의 색상을 띠고 풀 바디(full body)의 스타일인데 비해, 신세계국가에서 생산한 것은 라이트(light)에서 미디엄(medium body)에 이른다.
- 높은 잔류 당도의 특질을 지니고 있어 늦 수확의 스위트와인 양조에도 사용한다.
- 알자스 최상급의 게뷔르츠트라미너에서는 베이컨 지방 냄새 같은 독특한 냄새가 나기도 한다.
- 원품종은 트라미너(traminer)로서 녹색 껍질에 게뷔르츠(gewürz)보다 약한 아로마를 가지고 있다.
- 사바냥 로제(savagnin rose)라고 불리기도 하며, 이탈리아에서는 트라미너 로소(traminer rosso)라고 부른다.
- 부패를 방지하기 위해 감산 발효(malolactic fermentation 2차발효)를 거의 하지 않는다.
- 프랑스 쥐라(Jura)지방에서는 이 지방의 특이한 명품인 뱅 드 빠이으(vin de paille)[1]의 양조에도 쓰인다.

1) 가을철 포도를 수확한 후 일정기간(3~4개월) 포도송이를 짚으로 된 매트 위 또는 선반에 널려 말린다. 그리고

· 알자스 지방의 것을 최상급으로 등급하는데, 이는 보쥬 산맥(vosges mountains)이 비를 막아 주어 기후가 건조하므로 우수한 포도를 생산할 수 있기 때문이다.
· 아로마가 풍부한 것이 특징이다.
· '독특한 향의 트라미너' 라는 합성어로 되어 있다.
☞ 게뷔르츠(gewürz) : 독일어로 '향신료' (spice)를 의미
☞ 트라미네르(traminer) : 이탈리아에서 건너온 포도품종의 이름
· 이름에서 짐작 할 수 있듯이 매우 독특한 향과 맛을 보여 리슬링과 쌍벽을 이루는 화이트 와인의 주품종이다.
· 1870년 독일의 팔라티노트(palatinote) 포도원에서 알자스로 가져와 경작되었다.
· 와인의 향미 : 꽃, 리치(lychee), 패션프루트(passion fruit)[1]
· 음식과의 조화 : 매콤한 음식과 잘 어울리며, 소시지, 치즈, 훈제연어. 아시아계 음식 특히, 인도의 커리(curry), 태국 풍 음식과 스위트와인의 경우 푸아그라(foie gras)[2]에 잘 어울린다.

■ 그레케토(Grechetto)
· 원산지는 그리스
· 중간 크기의 오각형인 잎은 다섯 갈래로 나눠진 것도 있고 전체가 하나로 이어진 것도 있으며, 포도송이는 원추형에 작은 편이고 포도알은 계란형이고 껍질이 두꺼워 노균병에도 강하고 단단하다.
· 그레코(greco) 또는 그레케토(grechetto), 그레카니코(grecanico) 라는 명칭은 포도의 형태가 매우 다른 많은 품종을 포함하고 있다는 의미이며, 그리스인들이 포도나무에 붙여 주었다.
· 이탈리아에는 중세에 그리스인들에 의해 그리스로 부터 들여와 그리스 와인과 비슷한 맛을 내는데 사용되어졌다.
· 현재에는 이탈리아 중부에서 주로 재배되며, 그레게토 디 오르비에토(grechetto di

12월 말, 크리스마스 무렵 당이 집중된 포도송이를 압착시켜 여느 와인과 같이 발효과정을 거쳐 와인을 만든다. 이후 수년 동안 오크통에 숙성시킨다. 뱅 드 빠이으의 병은 37.5cl이며, 병 모양은 갈색을 띄고 쥐라 특유의 형태를 취하고 있다. 알코올도수는 15%이며, 장기보관이 가능하고 감미가 넘친다.

1) 브라질남부가 원산지로서 열매는 둥글거나 타원형이며 크기는 5cm 정도이고 검은 자주색으로 익는 것과 노란색으로 익는 계통이 있다. 대개 탁구공보다 조금 크고 속에 젤라틴 상태의 과육과 종자가 많으며 매우 좋은 향기가 난다. 종자를 둘러싼 펄프를 날것으로 먹거나 주스로 만든다. 시계 꽃과 비슷하지만 잎이 3개로 갈라진다. 열대와 아열대에서 재배한다.

2) 거위나 오리의 간 또는 그것을 재료로 만든 프랑스요리

orvieto)나 트레비아노 토스카나(trebbiano toscana) 품종과 블렌딩하여 사용되고 있다.

- 그레케토 품종으로 만든 와인은 초록빛이 도는 노란색의 푸루티(fruity)한 것이 특징이다.
- 강건한 빈 산토(vin santo) 양조에 블렌딩 품종으로 쓰인다.
- 그레코 소포레티노(greco spoletino) 또는 그레코 비앙코 디 페루지아(greco bianco di perugia) 등으로도 불리지만 그레코 비앙코(greco bianco)와는 관련이 없다.
- 와인의 향미 : 감귤류, 견과류, 야생화

■ 인졸리아 또는 안소니카(Inzolia Or Ansonica)

- 원산지는 이탈리아의 시칠리아(sicilia) 주
- 큰 편인 잎은 오각형에 다섯 갈래로 갈라져있고, 테두리는 옅은 초록색이다.
- 포도송이는 크고 상부가 넓은 원추형이며, 포도알도 크고 금빛이 도는 타원형에 껍질은 두껍고 아삭아삭 하며 과즙은 달고 독특한 맛을 지닌다.
- 최근 2000년대 들어서 점점 생산량이 줄고 있다.
- 시칠리아 서부에서 주로 자라며, 다른 지역에 비해 상대적으로 더 아로마가 풍부하다.
- 인졸리아는 시칠리아 토착 품종으로 과거에는 주로 마르살라(marsala) 와인에 혼합되거나 다른 지역의 와인에 알코올과 바디를 부여하기 위해 수출되었다.
- 최근 시칠리아 양조업자들이 고급 화이트와인의 생산에 힘쓰게 되면서 재평가 받게 되었고, 이제는 인졸리아 단일 품종 와인 또는 샤르도네(chardonnay), 그릴로(grillo), 카타라토(catarratto), 그레카니코(grecanico) 또는 쏘비뇽 블랑(sauvignon blanc)을 소량 블렌딩한 와인을 생산하고 있다.
- 토스카나(toscana) 주에서 인졸리아는 안소니카(ansonica)로 더 알려져 있으며, 한때는 다른 지역에서 많은 양의 인졸리아를 구입하였다.
- 드라이한 화이트와인 외에 엘바(elba) 섬에서는 파씨토(passito) 와인도 생산하고 있다.
- 블렌딩이 잘되면 견과류의 풍미를 나타내지만, 잘못되면 산도와 방향성이 높아진다.
- 와인의 향미 : 감귤류, 건초 풀, 그레이프프루트(grapefruit)

■ 케르너(Kerner)

케르너 포도품종은 뷔르템베르크(württemberg) 지방의 라우펜(lauffen) 지역에서 1929년 처음으로 경작되어 졌으며, 지역 시인과 의사들에 의해 유스티누스 케르너(justinus kerner)로 이름이 지어진 아로마 향이 풍부한 청포도 품종이다.

- 원산지는 독일의 뷔르템베르크 지방의 라우펜 지역

· 독일의 팔츠(pfalz), 라인헤센(rheinhessen), 뷔르템베르크(württemberg), 모젤-자르-루버(mosel-saar-ruwer) 이외에 오스트리아와 이탈리아의 알토 아디제(alto adige, sűdtirol)에서 재배되고 있다.
· 1970년대 초에 이탈리아의 알토 아디제에 소개되어 1993년에 DOC 등급을 받았다.
· 1990년대부터 독일의 4대 재배품종으로 현재 약 6,500ha 재배되고 있다.
· 영국, 일본, 남아프리카공화국 일부에서도 재배되고 있다.
· 흑포도 품종인 트롤링거(trollinger) 품종과 청포도 품종인 리슬링(riesling)을 교배한 품종이다.
· 케르너는 신품종이지만 널리 인기 있는 품종 중에 하나이다.
· 독일의 프랑켄 지역의 석회 점토질 토양에서 잘 자란다.
· 방한성이 뛰어나며, 종종 달콤하지만 역겨운 아로마가 날 때도 있다.
· 와인으로 양조시 텍스처(texture)가 약간 조잡하지만 성장력이 좋고 여름에 가지치기를 할 때 주의해야 한다.
· 포도껍질이 두껍고 성장 속도가 빠르다.
· 뮈스카트(muskat) 향기와 거의 같고 독특한 산미가 있으며, 리슬링과 비슷한 맛을 지니고 있다.
· 와인의 향미 : 감귤류, 포도, 그린 허브(green herbs)

■ 말바지아(Malvasia)
· 원산지는 중앙아시아
· 이탈리아의 북부와 중부, 프랑스, 스페인의 리오하(rioja)지방과 나바라(navarra), 포르투갈의 마데이라(madeira), 유고슬라비아, 오스트리아, 독일 등지에서 재배하고 있다.
· 이탈리아의 시칠리아(sicily), 사르데냐(sardinia)에서도 재배되고 있다.
· 말바지아는 국가에 따라서 다음과 같이 다른 호칭으로 불려진다.
☞ 스페인 : 마까뵈(maccabeu)
☞ 프랑스 : 말브와지(malvoisie)
· 프랑스에서는 최근에 점차 감소추세에 있어 사라질 위기에 있다.
· 다수확이 가능하며, 뮈스까(muscat) 품종과 같이 양조에 따라 그 색의 차이가 많고 주로 진한 로제와인을 생산할 때 사용한다.
· 다양한 클론(clone)[1]을 가지고 있다.

1) 단일세포 또는 개체로부터 무성적(無性的)인 증식에 의하여 생긴 유전적으로 동일한 세포군 또는 개체군인데, 바이러스의 경우에는 1개의 입자에 유래한다고 생각되는 자손의 집단을 관용적으로 클론이라고 한다.

· 말바지아 네라(malvasia nera)는 신선하며 아로마와 맛이 뛰어난 와인을 빚어내고, 높은 당분으로 인해 알코올이 높으며, 개성이 강한 와인으로 양조된다.
· 청포도이지만 종종 약간의 붉은 색상을 나타내기도 한다.
· 여러 종류의 트레비아노(trebbiano)와 블렌딩하여 이탈리아 중부의 보편적인 화이트와인으로 양조된다.
· 말바지아로 만든 최상의 드라이 화이트와인은 프리울리(friuli)에서 만들어지는데, 콜리오(collio)와 이손초(isonzo) 두개의 DOC가 있다.
· 말바지아 비앙카(malvasia bianca)는 끼안띠(chianti), 까르미그나노(carmignano), 빈 산토(vin santo)[1]의 양조에 쓰이기도 한다.
· 라찌오(lazio) 지방에서는 당도가 높고, 알코올 도수가 높으며 향이 풍부하다.
· 피에몬테(piemonte)의 말바지아 디 카스텔누오보 돈 보스코(malvasia di castelnuovo don bosco)는 약발포성의 타입으로 양조되는데, 포도 자체의 향을 잘 느낄 수 있으며 달콤한 아로마를 지닌다.
· 사르데냐(sardegna)의 말바지아 디 칼리아리(malvasia di cagliari)는 토스트(toasted), 아몬드(almond) 향이 감도는 것을 느낄 수 있으며, 발포성와인부터 리퀘르(liqueur) 같은 와인까지 다양한 스타일로 양조되는데, 풀리아(puglia) 레드와인, 로제와인이 양조된다.
· 매우 무거(heavy)우며, 맑은 느낌의 아몬드, 견과류 향과 약간의 산미를 가진 품종이다.
· 와인의 향미 : 감귤류, 견과류, 패션푸루트(passion fruit)

■ 마르산(Marsanne)

프랑스의 론 벨리에서 시작된 포도품종으로 거의 다른 와인과 브렌딩하여 사용이 된다. 론 북부 지역에서는 화이트 크로즈-에르미타쥬(crozes-hermitages)와 화이트 에르미타쥬를 만들 때 사용하고 론 남부 지역에서는 화이트 샤또네프 뒤 빠프(châteauneuf-du-pape)를 만들 때 사용된다. 신맛이 강하지 않게 만들며, 향은 사과, 배, 땅콩, 매운맛, 아몬드, 아교향이 난다.

· 원산지는 프랑스 북부 론(rhone) 지방
· 주 분포지역은 꼬뜨 뒤 론 블랑(côtes du rhone blanc), 크로즈 에르미따쥬, 에르미따

---

1) 빈 산토(vin santo)는 약간 말린 포도를 압착하여 작은 나무통에서 숙성시켜 만들며, 훌륭한 디저트 와인이나 식전주 와인이 된다. 빈 산토 중에서 오키오 디 페르니체(occhio di pernice)라는 종류는 흑포도로 만들지만, 대부분의 빈 산토는 청포도품종, 주로 말바지아(malvasia)와 트레비아노(trebiano)로 만든다.

쥬, 생 조셉(saint joseph) 등이 마르산의 번성지이며, 호주, 스위스 등지에서 분포하고 있다.

· 매우 생동감이 넘친다.
· 엷은 갈색을 띠는 색조를 보이며, 높은 알코올, 사과와 아몬드 향이 있다.
· 질감은 풀 바디(full body)하며, 꽃향이 넘친다.
· 다른 품종과 블렌딩되는데 특히, 루싼느(roussane) 품종과 좋은 파트너가 된다.
· 프랑스 론 지방 이외에 캘리포니아가 마르산 품종을 통해 론 스타일의 와인을 만들고 있다.
· 엠 샤푸티에(m. chapoutier)에서 만드는 샹트 알루에트(chante alouette)는 예외적으로 장기 숙성할 수 있도록 양조된다.
· 와인으로 양조시에 잡미를 보이는 경향이 있으나, 현대 양조기술로 이것을 제거하는 추세이다.
· 샤또네프 뒤 빠프에는 단일품종으로 쓰이는 것이 아니라, 클레레트(clairette)를 첨가함으로서 복합성을 부여한다.
· 와인의 향미 : 카라멜, 자두, 파인애플
· 음식과의 조화 : 바다가재, 게, 튀긴 참치, 가자미 등의 해산물요리에 잘 어울린다.

■ 모스까토(Moscato)

· 원산지는 이탈리아의 피에몬테(piemonte) 주
· 아로마가 강한 청포도 품종으로 고대부터 지중해 지역 전반에 분포되어 있으며, 현재 총 17개의 DOC 등급 지역(2000년 기준)에 걸쳐 이탈리아 전역에서 재배되고 있다.
· 모스까토 품종으로 생산된 와인은 달고 순하며, 향이 매우 강한 특징을 보인다.
· 생산지에 따라 다른 양조 기술을 사용하므로 스위트와인에서부터 스푸만테(spumante), 파씨토(passito), 주정강화와인(fortified wine)에 이르기까지 다양한 종류를 보인다.
· 전 세계적으로 상업적인 성공을 거둔 대표적인 이탈리아 와인 중 하나인 아스티 스푸만테(asti spumante 스파클링 와인)의 기본 품종이기도 하다.
· 아스티에서는 발포성인 이스디 스푸만데와 약발포성인 모스카도 다스티(moscato d'asti) 두 가지 타입으로 양조된다.
· 알코올 도수가 낮으며 약간의 단맛을 가지고 있다.
· 뮈스까 달자스(muscat d' alsace), 뮈스까 블랑(muscat blanc), 뮈스까 블랑 아 쁘띠 그랭(muscat blanc a petits grains), 모스까타 비앙카(moscata bianca)와 같은 품종이다.

· 1990년 루이지 베로넬리에 의하면, 50개의 변종을 가지고 있다.
· 트렌티노(trentino)에서는 풍부한 아로마와 드라이하고 상큼한 맛을 지닌 모스카토를 양조하여, 알자스의 머스켓과 필적하는 품질을 자랑한다.
· 와인의 향미 : 파인애플, 망고, 파파야, 포도, 장미, 오렌지
· 음식과의 조화 : 약간의 당도로 인해 과일과 과일로 만든 디저트에 잘 어울린다.

■ 뮈스까델(Muscadelle)

보르도 지방의 전형적인 청포도 품종으로 일찍 익고 늦게 개화하며, 높은 생산량을 갖는다. 주로 달콤한 와인에 여분의 향을 첨가하기 위하여 사용되며, 강한 포도향이 나고 약간의 꽃향과 맛이 난다. 달콤한 와인 양조에 쓰여지며, 소테른 등급와인에는 약 5%정도 사용되어진다. 뮈스까델은 별로 중요한 역할을 하지 않는 품종에 속한다.

· 원산지는 프랑스 보르도 지방
· 주 분포지역은 프랑스 보르도지방의 남서부와 도르도뉴(dordogne) 지역에서 재배되고 있다.
· 베르쥬락(bergerac)에서도 광범위하게 재배되고 있다.
· 엉트르 두 메르(entre deux mers)에 소테른보다는 적은 당도를 가진 프리미에 코트 드 보르도(premieres côtes de bordeaux), 캐딜락(cadillac), 루피악(loupiac), 생 크루아 뒤 몽(sainte-croix-du-mont)의 아뻴라씨옹(appellation)이 있다.
· 뮈스까델라(muscadela), 쏘비뇽 베르(sauvignon vert)로 부르기도 한다.
· 산도가 낮아 부드러우며, 꽃향기가 풍부한 와인을 생산한다.
· 뮈스까(muscat) 계열의 품종과 다르다.
· 보르도에서는 향을 더 하기위해 쏘비뇽 블랑과 쎄미용을 블렌딩하여 사용된다.
· 호주에서는 맛이 달고 진한 리큐어 토카니(liquor tokay) 와인을 생산한다.
· 와인의 향미 : 꽃, 복숭아, 포도
· 음식과의 조화 : 생선요리 및 각종 해산물, 또는 파스타와 같은 가벼운 음식류에 잘 어울린다.

■ 뮈스까데(Muscadet)

프랑스 루아르지방의 하류인 낭뗴(pay nantais)부근 지역인 뮈스까데 지역에서 재배되며, 뮈스까데 지역의 유일한 품종이다. 본래의 원산지에서는 거의 잊혀진 품종으로 낭떼 지역에서 가장 적합한 재배품종으로 인정받아 그 곳이 원산지가 되었으며, 캘리포니아에서는 삐노 블랑(pinot blanc)과 같은 품종이다.

뮈스까데 품종으로 만든 와인은 과일향이 적당하고 드라이하며, 산도가 매우 높다. 그리고 병입시에 "쉬르 리(sur lie)" 기법[1]을 사용하면 매우 섬세한 와인이 된다.

· 원산지는 프랑스 부르고뉴
· 주 분포지역은 프랑스 루아르 지역의 대서양 쪽에 위치한다.
· 물롱 드 부르고뉴(melon de bourgogne)라고도 부른다.
· 향이 뛰어난 드라이 화이트와인이며, 원산지통제명칭(AOC)와인의 생산에 사용되는 유일한 포도품종이다.
· 4개의 중요 AOC가 주어져 있고, 이 가운데 으뜸이 '뮈스까데 드 세브르에 멘크(muscadet de sévres et maine)' 이다.
· 맛은 산듯하고 짠맛이 배어 있으며, 라이트 바디(light body)이다.
· 매년 11월에 출시되는 햇와인인 루아르 누보(loire nouveau)의 베이스이다.
· 와인의 향미 : 꽃, 복숭아, 포도
· 음식과의 조화 : 홍합, 석화, 새우, 다슬기, 조개 등으로 된 해물요리와 최상의 궁합을 이룬다.

■ 뮈스까(Muscat)

랑그독-루씨용의 천연 스위트와인에 원래부터 사용되어 왔던 일련의 뮈스까 품종들이 있다. 포도향이 매우 뛰어난 것이 특징이며, 포도알이 작은 뮈스까 아 쁘띠 그랭(muscat a petit grain)[2], 뮈스까 아 프롱띠냥(muscat a frontignan)과 포도알이 굵은 뮈스까 달렉쌍드리(muscat d' alexandrie)등이 있는데, 둘 다 뮈스까 드 리브잘뜨(muscat de rivesaltes)와인의 양조에 쓰인다. 알자스지방에서 재배되는 뮈스까 달자스(muscat d' alsace)는 반대로 드라이 화이트와인에 쓰인다.

· 원산지는 지중해 연안
· 주 분포지역은 남프랑스의 랑그독-루씨용, 론지방, 알자스, 지중해 연안(valencia 발렌시아), 꼬르스(corse)섬, 캘리포니아, 호주의 빅토리아, 이탈리아 피에몬테(asti 아스티), 헝가리 등지에 분포한다.
· 짙은 향과 쓴맛 그리고 감미가 함께 곁들여져 있다.

---

1) 쉬르 리(sur lie)란 술지게미 위에서 숙성시키는 와인양조방법으로 낭떼 지방의 전통기법이다. 주조 통에서 거르지 않은 채 한겨울 정도만 그대로 발효시키면 와인 양조가 지게미(대개 죽은 효모로 이루어짐)위에서 이루어지게 된다. 이러한 방법은 신선함, 섬세함을 강조하게 되며 약간의 스파클링을 형성하고 훌륭한 부케향을 갖게 된다.
2) 알이 촘촘하고 작은 뮈스까(muscat)

· 뮈스까에는 다양한 가계(家系)가 번창하고 역사적으로 오래된 품종이며, 그리스인에 의해 처음으로 알려지고 로마인들이 프랑스 땅에 처음으로 경작한 것으로 알려져 있다.

☞ 뮈스까 블랑(muscat blanc) : 프랑스

☞ 뮈스까 블랑 아 쁘띠 그랭(muscat blanc á petits grains) : 프랑스

☞ 뮈스까 드 디(muscat de die) : 프랑스

☞ 뮈스까 디 프롱띠냥(muscat de frontignan) : 프랑스

☞ 모스까토(moscato) : 이탈리아

☞ 겔버 무스까텔르(gelber muskateller) : 독일

· 뮈스까 품종으로 양조한 와인의 영역은 매우 다양하고 폭넓다. 식전주와 식후주 와인, VDN(vin doux naturels)의 양조에 쓰인다.

☞ 루씨용 지방의 리브잘뜨(rivesaltes) : 프랑스VDN

☞ 랑그독 지방의 생 쟝 드 미네르부아(saint-jean de minervois) : 프랑스VDN

☞ 아스티의 모스까토 다스티(moscato d' asti) : 이탈리아

☞ 모스카텔 데 발렌시아(moscatel de valencia) : 스페인

· 뮈스까 품종은 약 200여 가지의 다른 계열을 가지고 있을 정도로 무척이나 다양하여 흔히, 전설적인 지중해 연안의 포도품종으로 알려져 있지만, 숱한 가계(家系)와 별명 때문에 많은 혼란을 일으킬 소지가 있는 품종이다.

· 와인의 향미 : 포도, 장미, 오렌지

· 음식과의 조화 : 닭고기, 푸딩, 초콜릿 등

■ 뮈스까 오또넬(Muscat Ottonel)

· 알자스, 오스트리아, 동유럽 국가에서 주로 재배된다.

· 뮈스까 품종 중에서 가장 색깔이 엷고, 활기가 없다.

· 다른 것에 비해 빨리 익으며, 추운 기후에서도 잘 자란다.

· 색이 짙고 습한 토양에서 잘 자란다.

· 강하고 드라이한 와인을 만드는데 사용한다.

· 와인의 향미 : 포도, 말린 과일(dried fruits), 자연의 향(nature)

■ 뮐러-투르가우(Müller-Thurgau)

리슬링과 실바너의 교배종으로 독일에서는 화이트와인의 주종으로 사용된다. 이 포도로 만든 와인은 부드럽고 산도가 낮으며, 약간의 포도껌 향을 갖고 있다.

1882년 스위스의 육종학자가 독일의 가이젠하임(geisenheim) 연구소에서 교수로 있을 당

시 육종된 것으로, 그의 이름이 뮐러(H. Müller)였고 스위스의 투르고비(thurgovie) 출신이어서 müeller-thurgau라는 명칭이 생겼다. 포도 과방은 큰 편이고, 다소 뮈스까(muscat) 향이 나며, 생산량은 많은 편이고 신선한 맛을 즐기는 사람에게 권하기 좋다.

· 원산지는 독일

· 주 분포지역은 독일의 바덴(baden), 라인헤센(rheinhessen), 라인팔츠(reinpfalz)지역이며, 포도경작 면적의 24%를 차지하고 있다.

· 프랑스의 알자스 지방, 호주, 이탈리아 북부, 뉴질랜드, 동유럽 등지에서 널리 재배되고 있다.

· 스위스와 뉴질랜드에서는 리슬링-실바너, 룩셈부르크와 세르비아-몬테네그로에서는 리바너(rivaner)라고 한다.

· 특별한 특성은 없으나 산출량이 많다.

· 뉴질랜드에서는 화이트와인 중 가장 많은 생산량을 보이고 있으나, 최근 품질 와인을 지향하고 있어 샤르도네로 대폭 교체되고 있다.

· 꽃과 같은 방향, 리슬링보다 부드러운 산미, 그리고 중간 정도의 알코올 성분과 약간의 뮈스까 향이 나타난다.

· 와인의 향미 : 꽃, 그린 허브, 리치(lychee)

■ 올라스리즐링(Olaszrizling)

· 헝가리 화이트와인의 주품종 중 하나로서 발라톤 호수(balaton lake)주변에서 번성한다.

· 이탈리아 리슬링(italian riesline)이라고도 불리며, 높은 산을 함유하고 스파이시한 향과 아몬드의 풍미를 보인다.

· 헝가리 와인의 2/3는 화이트와인이며, 주된 포도품종이 올라스리즐링이다.

· 10월경에 익는 품종으로 늦게 수확하는 포도품종이다.

· 와인의 스타일은 미디엄 바디(medium body)에서 풀 바디(full body)에 이른다.

· 와인의 향미 : 아몬드

■ 빨로미노 피노(Palomino Fino)

스페인에서 생산되는 양의 약 90%를 쉐리(sherry)와인을 양조하는데 사용하고 있으며, 단위 면적당 생산량이 매우 높고 당분의 함량은 많으나 산도는 낮은 편이다. 스페인의 여러 지역에서 재배되며, 특히 갈리시아(galicia)에서 많이 재배된다. 헤레즈(jerez)지역에서 주로 재배되며, 카티즈(cadiz)지역에서는 69%가 재배되고 있다. 그리고 프랑스, 남아프리카공화국, 캘리포니아, 오스트리아 등지에서도 재배하고 있다.

· 원산지는 스페인
· 남아프리카공화국에서도 많이 재배되고 있다.
· 따뜻한 기후와 건조한 토양에서 잘 자란다.
· 흰가루병과 탄저병에 대한 저항성이 약하다.
· 포도송이가 성기고 커서 식용으로도 매우 훌륭하다.
· 쉐리 와인을 만드는 주포도 품종으로 백악질의 알라리자 토양에 적합하다.
· 당분 함유량이 많고 산도는 적다.
· 와인의 향미 : 아몬드, 노랑 사과, 그린 사과

■ 뻬드로 히메네스(Pedro Ximenes)
· 스페인 몬띠야(montilla)의 주 포도품종이며, 아르헨티나에서도 널리 재배된다.
· 병충해에 약한 품종이나, 당분 함유량이 많고 수확량이 높다.
· 쉐리 와인을 양조 할 때는 포도를 말려서 하는데, 그 결과 당분 함유량이 높아져 스위트 와인을 양조하게 된다.
· 호주 뉴 사우스 웨일즈(new south wales) 일부에서는 포도를 귀부화시켜 디저트 와인으로 생산한다.
· 와인의 향미 : 아몬드, 오렌지, 무화과나무(fig)

■ 쁘띠 망상(Petit Manseng)
프랑스 국토 최서 남단에 이르면 스페인과 접경을 이루는 미디-피레네(midi-pyrene)를 마주하게 되는데, 이곳이 서남부 지방의 포도산지이다. 행정구역으로는 피레네 아틀란티크(pyrene atlantique)와 미디 피레네에 속한다. 피레네의 포(pau) 강가에 있는 쥐랑송(jurancon)에서 잘 익은 포도로 빚은 화이트와인은 입안 가득히 단맛이 넘치는 질감을 경험하게 되는데, 이 와인을 빚은 포도품종이 바로 쁘띠 망상이다.

피레네-아틀란티크 지역에 고향을 두고 있는 청포도품종이며, 껍질이 매우 두껍기 때문에 귀부병으로 인해 포도가 짓물러지는 것에도 잘 견디어 낼 뿐만 아니라 이 지방 특유의 빠쓰리아쥬(passerillage) 방식[1]에 의해 포도의 단맛을 끌어올릴 수 있어 훌륭한 품종이라고 할 수 있다. 프랑스에서 쁘띠 망상으로 빚은 쥐라송의 화이트와인은 전설적이며, 제왕적 위상에도 비교될 만큼 평가 받고 있다. 현재 쥐라송을 위시해 베른(bern), 이룰레기(irlouleauy) 등지에서 AOC로 지정되어 있다. 프랑스 안에서 경작 면적이 계속 증대 되고 있으며, 최근에는

1) 프랑스 남부지역에서 사용하는 방법으로 포도의 줄기를 비틀어 수분을 차단하고 당도를 높이는 방법

570ha에 이르고 있다. 프랑스 외에는 우루과이에서 매우 번성하고 있는데, 19세기 바스크(vasco)[1] 이주자들에 의해 처음 옮겨 식재 되었다고 전해지고 있다.

· 원산지는 프랑스와 스페인 간에 접경을 이루는 미디-피레네(midi-pyrénées)
· 쁘띠 망세느(petit mansene), 쁘띠 망셍(petit manseing), 망식(mansic) 등으로 불려지기도 하며, 바스크 지방에서는 이치리오타 쥬리아 티피아(ichiriota zuria tipia)라고 한다.
· 스위트와인으로 이름난 쥐랑송의 디저트와인을 빚는데 널리 쓰인다.
· 현재 쥐랑송을 비롯하여 베른(bern), 이룰레기 등의 AOC와인에도 쓰인다.
· 껍질이 두껍고 과실이 작아 포도즙이 적게 나온다.
· 노균병과 흰가루병에 저항성이 약하다.
· 매우 높은 당도와 12~16%에 이르는 알코올을 보이며, 알맞은 산도와 과일, 꽃향이 뛰어나다.
· 와인의 향미 : 계피(cinnamon), 정향(cloves), 복숭아
· 음식과의 조화 : 거위 간 요리에 잘 어울린다.

■ 피콜리트(Picolit)

· 원산지는 이탈리아의 프리울리(friuli) 주
· 중간 크기의 잎은 오각형이고 포도송이는 원추형이다.
· 포도 알맹이는 작은 타원형이며, 껍질은 단단하고 초록색이 감도는 금색이다.
· 섬세한 꽃향이 특징적이다.
· 1600년대에 이미 피콜리트를 사용해 만든 스위트와인이 있었던 증거가 있음에도 불구하고 정확한 기원이 언제인지는 알 수 없다.
· 경작지는 프리울리(friuli)의 우디네(udine)와 고리찌아(gorizia)지방으로 제한적이다.
· 늦은 수확을 통해 매우 달며, 도수가 높은 와인을 만들어 낸다.
· 품종 자체의 수분 흡수력이 약해 고품질의 스위트와인 생산이 가능하다.
· 와인의 향미 : 살구, 그린 사과, 복숭아

■ 삐노 블랑(Pinot Blanc)

삐노 누아(pinot noir)의 변종으로 피노 그리(pinot gris)의 후손일 것으로 추측되며, 화이트와인을 만드는데 쓰인다. 프랑스에서 클레브네르(klevner)라고 알려져 있는데, 이 포도는

1) 에스파냐 북부의 자치지방(autonomous community)

상대적으로 중립이고, 사과와 하얀 과일의 맛과 향이 나는 와인을 만든다. 와인은 신맛이 약하고 신선하여 과일향이 풍부하고 부드럽다.

· 원산지는 프랑스 부르고뉴 지방
· 주 분포지역은 샤르도네와 매우 유사하며, 지금도 꼬뜨 도르(côte d' or)에서 일부 재배된다.
· 삐노 블랑은 국가에 따라서 다음과 같이 다른 호칭으로 불려진다.
  ☞ 바이스 부르군더(weiss burgunder) : 오스트리아
  ☞ 바이세 부르군더(weisser burgunder) : 독일
  ☞ 삐노 비앙코(pinot bianco) : 이탈리아
· 캘리포니아에서도 재배되고 있으며, 삐노 블랑은 뮈스까데(muscdet)를 가리키는 말로 혼동하기 쉽다.
· 오스트리아에서는 귀부시켜 트로켄베어렌아우스레제(trockenbeerenauslese)로 양조한다.
· 알자스의 오세루와(auxerrois) 양조시 의례적으로 블렌딩한다.
· 샤르도네를 뒷받침하는 품종으로 매우 적합하다.
· 알자스에서는 끌레브네르라고 하는데, 발포성와인이 사용되며, 재배면적이 늘어나고 있다.
· 포도알이 촘촘하고 작으며, 과피는 두껍고 즙이 많으나 샤르도네보다 약간 가벼운 와인을 만든다.
· 알자스 지방의 크레망(crémant) 양조에 점차적으로 사용량이 늘어나고 있는 추세이다.
· 신선하고 부드러우며, 과일향이 강하고 단순하면서도 바디가 확고한 드라이 와인을 생산한다.
· 와인의 향미 : 그린 사과, 리치(lychee), 복숭아

■ 삐노 그리, 삐노 그리지오(Pinot Gris, Pinot Grigio)

알자스의 고급품종으로 풍부하고 다양한 향을 지닌 고급 와인을 만들며, 약간 스파이시한 맛을 낸다. 알코올 함유량이 높고 산도가 적으며, 연 분홍색으로 아름다운 황금빛이 감도는 강하면서도 부드럽고 시간이 지남에 따라 복합 미묘하고 스파이시한 맛이 더해 가는 특징을 지니고 있다.

· 원산지는 프랑스 부르고뉴 지방
· 주 분포지역은 프랑스 알자스 지방, 사부아(savoie), 발 드 루아르(val de loire) 지방에서도 재배되며, 부르고뉴에서도 약간 재배된다.

· 이탈리아, 독일, 캘리포니아, 오레곤, 남아프리카공화국, 오스트리아 등에서도 재배된다.
· 삐노 그리는 국가에 따라서 다음과 같이 다른 호칭으로 불려진다.
  ☞ 토카이 삐노 그리(tokay pinot gris) : 프랑스 알자스 지방
  ☞ 루렌더(rulander) : 독일
  ☞ 삐노 그리지오(pinot grigio) : 이탈리아
· 기타 지역에서는 감미로운 강화와인을 양조하는데 사용하기도 한다.
· 예전에는 토카이 달자스(tokay d' alsace)라고 불리는 푸른빛이 도는 회색 포도로 알자스 지방 포도 재배량의 5%를 차지한다.
· 삐노 그리로 생산된 화이트와인은 진한 향을 지니고 힘차며, 때로는 스위트한 맛을 지니기도 한다.
· 일찍 익는 포도 품종이며, 색상은 갈색의 핑크색이다.
· 재배가 번성하는 곳은 낮 시간대의 따뜻한 일조량과 저녁 밤 시간대의 서늘한 기후를 보이는 곳이며, 맛의 특질과 스타일은 자라는 곳의 떼루아에 따라 다른 양상을 보인다.
  ☞ 알자스 지방 : 과일향과 스파이시한 맛 그리고 넉넉하고도 유순한 질감을 보인다. 스타일은 미디엄(medium)에서 풀 바디(full body)이며, 일명 토카이(tokay)라고 불린다.
  ☞ 오레곤 : 과일향의 아로마와 활기찬 산미를 보이며, 미디엄 바디 스타일이다.
  ☞ 독일 : 매우 감미가 있고 균형이 잘 잡힌 산미를 보이며, 미디엄에서 풀 바디 스타일이다. 이곳에서는 그라우어 부르군더(grauer burgunder)라 불린다.
  ☞ 이탈리아 : 북부지방의 알토 아디제(alto adige) 및 프리울리(friuli)에서 제일 번성하고 있다. 상큼한 맛을 보이며, 라이트 바디가 주류를 이룬다. 이곳에서는 삐노 그리지오라고 불린다.
· 원래 삐노 누아의 변종으로 신세계 지역으로 전해져 새로이 미국의 오레곤에서 각광을 받고 있는데, 이는 1966년 삐노 그리 품종이 미국에 도입된 이후 적합한 떼루아 환경과 와인생산자들의 줄기찬 마케팅이 합해져 번성하고 있다.
· 풍부하고 드라이한 맛으로 다양한 음식과의 조화가 가능하다.
· 드라이 스타일부터 스위트 스타일까지 양조의 스펙트럼이 큰 것이 특징이다.
· 와인의 향미 : 스파이시, 살구나무, 복숭아
· 음식과의 조화 : 푸아그라(foie gras), 새우, 연어, 생선, 훈제 송어 등

■ 프로세코(Prosecco)

· 원산지는 이탈리아의 베네토(veneto) 주

· 이탈리아 베니스(venice) 동부와 프리울리(friuli)에서 재배되고 있다.
· 10월에 일찍 성숙되는 품종이다.
· 스푸만테(spumante)를 생산해 내는데 적합하며, 베네토 주의 트레비소(treviso) 지방에 분포하고 있다.
· 프로세코 품종에 다른 청포도품종을 소량 혼합하여 두 가지의 DOC 등급 와인이 생산되는데, 두 종류 모두 일반적인 와인이나 발포성와인, 드라이하거나 스위트한 와인을 생산해 낼 수 있다.
· 스틸(still) 와인으로도 양조되나 대개 발포성와인으로 양조된다.
☞ 프레세코 디 코넬리아노 발돕비아데네(presecco di conegliano valdobbiadene)
☞ 프레세코 디 몬텔로 에 콜리 아솔라니(presecco di montello e dei colli asolani)
· 발포성 프로세코는 간식이나 가벼운 식사에 식전주로 알맞으며, 일반 프로세코는 생선으로 요리한 전채요리나 야채를 곁들인 오징어, 삶은 문어요리와 잘 어울린다.
· 세 갈래로 갈라진 중간 크기의 잎을 지니며, 가장자리는 부드러운 곡선을 그린다. 포도송이는 각추형으로 크기가 크다.
· 수확은 9월 중순경으로 이른 편이다.
· 와인의 향미 : 노랑 사과, 그린 사과, 배
· 음식과의 조화 : 생선 전채요리, 야채를 곁들인 오징어 요리, 삶은 문어요리

■ 리볼라(Ribolla)

· 원산지는 이탈리아의 프리울리(friuli) 주
· 프리울리 지방의 청포도 토착품종으로 근래에 재평가되면서 콜리 오리엔탈리 델 프리울리(colli orientali del friuli) DOC가 생겨났다. 이는 초록색이 도는 밝은 황금색의 와인으로 독특한 향이 나며, 후레쉬(fresh)하면서 드라이한 조화로운 맛을 지닌다.
· 서빙 적정온도는 10℃이다.
· 포도송이가 매우 작고 원추형이며, 적당한 밀도를 보인다.
· 포도알은 중간 크기의 타원형이고 안이 보이는 연노란색이며, 껍질은 단단하고 과즙은 달고 약간의 신맛을 갖는다.
· 라이트 바디에 꽃향이 나지만 맛이 투박하다.
· 높은 산도를 보이며, 개성이 뚜렷하지 못한 맛을 나타낸다.
· 와인의 향미 : 그린 사과, 라임, 견과류
· 음식과의 조화 : 스프나 야채요리, 생선요리와 잘 어울린다.

■ 리슬링(Riesling)

독일의 대표적인 화이트와인의 최상급 포도품종으로 단맛과 신맛이 강하며, 기후가 낮은 곳에서 잘 자라지만 일찍 성숙하고, 독일과 프랑스의 알자스 그리고 호주에서 재배되고 있다. 다른 화이트와인용 포도에 비해서 오래 숙성할 수 있으며, 오랜 숙성 후에도 신선한 과일향과 산도를 잃지 않는다. 독일의 라인(rhein), 모젤(mosel) 지방에서는 리슬링으로 우수한 화이트와인을 생산하며, 푸루티(fruity)하고 꽃과 같이 아름다운 향기가 풍부하게 난다. 좋은 해에는 꿀맛과 향기가 흐르는 와인이 되며, 오래 저장할 수 있는 와인이다. 생산량은 많지 않으나 고상한 와인이 생산되며, 세계적으로 지명도가 높은 와인 중에 하나이다.

· 원산지는 독일 라인 강(rhine river) 유역
· 주 분포지역은 독일 라인 강 및 모젤 지류, 넥카강(necka river)지류 그리고 모젤-짜르-루버(mosel-saar-ruwer), 팔츠(pfalz), 라인가우(rheingau) 지역, 프랑스의 알자스, 이탈리아의 토스카나(toscana), 피에몬테(piemont), 헝가리의 토카이(tokay), 유고의 몬테네그레스로(montenegro), 헝가리의 다뉴브 강(danube river) 유역, 캘리포니아의 몬테레이(monterey), 호주, 뉴질랜드, 캐나다, 스위스 등이 대표적인 경작지이다.
· 알자스 지방의 가장 오래된 포도 품종으로 이 지방에서 재배되는 포도 품종의 20%를 차지한다.
· 과일 향이 기품 있고 상쾌하며, 탁월한 드라이 화이트와인을 생산한다.
· 따뜻한 지방에서 생산된 리슬링은 맛과 향의 밀도와 풍부함이 떨어진다.
· 추운 지방에서 늦 수확 된 것이 품질이 좋다.
· 일반적으로 기후가 서늘한 곳에서 재배되며, 신선하고도 왕성한 과일 맛(사과, 배, 복숭아 등)을 보인다.
· 껍질은 두껍고, 생기 있는 자연 산의 맛을 지니며, 훌륭한 균형을 보여 깊이 있는 맛을 느낄 수 있다.
· 포도당의 잔류량을 기준으로 단맛의 차이가 있는데, 단맛이 없는 것(dry)에서 부터 조금 단맛(dry sweet) 그리고 아주 단맛(sweet) 등으로 개별 특성을 보인다.
· 테이블 와인 외에도 귀부병과 늦 수확을 통해 아주 단맛을 보이는 스위트와인을 양조하는데, 대표적인 스위트와인은 다음과 같다.
  ☞ 베어렌아우스레제(beerenauslese) : 라이트 스위트(light sweet)
  ☞ 트로켄베어렌아우스레제(trockenbeerenauslese) : 미디엄 스위트(medium sweet)
  ☞ 아이스바인(eiswein) : 매우 스위트(very sweet)
· 샤르도네와 더불어 청포도품종 가운데 가장 인기 있는 것으로 평가되고 있으며, 최상의

리슬링은 독일 라인가우 지방에서 생산되는데, 이 가운데서도 슐로스 요하니스버그(schloss johannisberg)의 리슬링을 최고로 친다.

· 독일 라인가우 지방에서 1775년 귀부병에 의한 포도송이로 스위트와인의 양조법을 발견하였다.

· 리슬링으로 만든 와인은 알코올이 적고 매우 신선한 과일 신맛이 나며, 지형의 특징에 영향을 많이 받는다.

· 오래되지 않은 드라이한 리슬링 와인은 감귤, 꽃의 향과 맛이 나고 강철의 마른 색을 나타낸다. 또한, 달콤한 리슬링 와인은 꿀, 꽃 등 여러 맛이 나면서 언제나 훌륭하고 신선한 신맛이 남아있다.

· 와인의 향미 : 꽃, 감귤류, 꿀

· 음식과의 조화 : 가자미, 거위, 오리, 푸딩 등에 잘 어울린다.

■ 루싼느(Roussane)

· 원산지는 프랑스 꼬드 뒤 론(côtes du rhone)의 북부 지역

· 에르미따쥬(hermitage)[1]와 샤또뇌프-뒤-빠쁘(châteauneuf-du-pape)[2]의 와인 양조에 사용된다.

· 단위 면적당 수확량이 적은 포도 품종이다.

· 옅은 색과 진한 향 그리고 미디엄 바디에서 풀 바디 와인까지 생산되는 품종으로 주로 마르산(marsanne) 품종과 블렌딩된다.

· 샤르도네와 블렌딩할 경우 훌륭한 맛을 나타낸다.

· 호주에서는 시라즈의 훌륭한 블렌딩 품종이다.

· 미국에서도 재배되지만, 극히 소량에 지나지 않는다.

· 가뭄에 약한 품종이다.

---

1) 샤또네프-뒤-빠쁘 다음으로 훌륭한 품질과 명성을 지닌 와인이다. 이곳은 세 곳으로 분리되는데, 화이트와인을 생산하는 레 뮈레(les murets), 레드와인을 생산하는 베싸르(bessards), 그르피외(greffieux)로 나누어진다. 레드와인이나 화이트와인 모두 덜 숙성되었을 때는 맛이 거칠지만 8년 정도 숙성되면 벨벳(valvet)처럼 부드러워지고 향기와 맛이 좋아진다.

2) 부르고뉴나 보르도 와인은 단일 포도품종에 한두 가지 다른 포도를 섞어서 만들지만 이 와인은 13가지 포도 품종을 혼합하여 만든다. 그르나슈(grenache)는 감미로움과 알코올 농도를, 무르베드르(mourvedre), 시라(syrah), 뮈스까르뎅(muscardin), 그리고 바까레스(vaccarese)는 농도, 색, 강건함을 준다. 크노아즈(counoise), 삑뿔(picpoule), 생쏘(cinsault)는 맛, 향기, 신선함을 주고 끌레레뜨(clairette)와 부르불랭(bourboulenc)은 품위와 따사로움을 준다. 이 외에 떼레 누아(terret noir), 삐까르당(picardan), 루싼느(roussanne)가 극히 소량 사용된다. 이 와인은 특징적으로 깊은 색상과 진한 농도를 갖고 있지만 에르미따쥬(hermitage)나 꼬뜨 로띠(côte rotie)보다 더 부드럽고 숙성도 빨리 된다.

· 독특함과 탁월한 향기로 인기가 높아지고 있다.
· 기품이 있는 포도 품종으로 늦게 익는다.
· 아로마 향과 과일향이 풍부하고 약간의 허브(herb)향이 난다.
· 와인의 향미 : 살구, 그린 사과, 복숭아

■ 쏘비뇽 블랑(Sauvignon Blanc)

프랑스에서는 보르도, 남서부, 루아르지방에서 주로 재배되고 있으며, 아로마가 화려한 것이 특징이고, 아주 드라이하면서도 향기가 독특하며, 스모키(smoky)한 향이 난다. 또한 상큼하고 풀향기가 나면서 우아한 루아르 쏘비뇽 블랑과 자몽향이 뛰어난 뉴질랜드산 쏘비뇽 블랑이 있다.

특히, 프랑스 루아르지방의 중부에 있는 상세르(sancerre)와 뿌이 퓌메(pouilly fumé)지역에서 가장 좋은 품질의 포도가 생산된다. 또한 뛰어난 방향을 지닐 수 있는 잠재성이 있으며, 드라이 맛의 와인으로 양조되면 회향목 향과 카시스나무 열매 싹(blackcurrent, cassis)의 향긋한 냄새를 풍긴다.

보르도, 남서부의 베르쥬락(bergerac), 꼬뜨 드 뒤라(côtes de duras)에서 생산되는 와인은 회향목, 오디[1] 열매의 꽃눈향 등을 강하게 풍기나 루아르의 상세르, 뿌이 퓌메, 뚜렌(touraine)등에서는 흰꽃향, 부싯돌향 등이 풍기며, 입안에서 강직하고 오래 남는 성질이 있다. 최근에는 캘리포니아, 칠레, 뉴질랜드, 호주, 남아프리카공화국에서 우수한 와인을 생산하는데 사용되고 있다.

프랑스 남쪽지방에서는 중요한 품종에 속하며, 미국에서는 퓌메 블랑(fumé blanc)이라고도 한다. 프랑스의 소테른(sauterne), 바르삭(barsac), 알자스(alsace) 등지에서는 다용도로 사용하고 있으며, 캘리포니아에서도 드라이와인 또는 스위트와인 용도로 양조하며, 척박한 토지에서 수확하는 편이다.

· 원산지는 프랑스 보르도 지방
· 주 분포지역은 프랑스 보르도 지방의 그라브지역, 소테른 지역, 랑그독 지방, 남서부지방, 부르고뉴 및 론지방, 호주, 아르헨티나, 그리스, 캘리포니아, 워싱턴, 뉴욕, 텍사스 등지에 분포한다.
· 매우 독특하고도 강렬한 풀 향을 보이며, 맛은 약간 짠맛이 배어 있고 톡 쏘는 맛이 기분좋게 느껴지는 독특한 와인이다. 오크통에 숙성을 거친 경우에는 보다 진한 토스트의 향과 맛을 함께 보인다.

1) 뽕나무 또는 산뽕나무의 열매로 상실(桑實) · 오들개라고도 한다.

· 기본적으로 라이트 바디에서 미디엄의 스타일을 보인다.
· 뮈스까델(muscadelle)과, 쎄미용이 블렌딩에 좋은 파트너가 된다.
· 소테른, 몽바지악(monbazillac)지방 등에서는 쎄미용 품종의 와인과 블렌딩하여 스위트 와인을 생산하고, 단독 품종으로는 드라이 화이트와인을 생산한다.
· 쏘비뇽 블랑의 최상품은 루아르(loire) 강의 상류에 자리 잡은 상세르(sancerre)와 뿌이 퓌메의 와인을 최상급으로 여긴다. 상세르는 감미가 덜하고 보다 넉넉한 맛을 보이는데 반해, 뿌이 퓌메는 매우 진한 질감을 가져다준다.
· 쏘비뇽 블랑의 특질 중 하나는 생장하는 기후대에 관계없이 늘 같은 맛을 보인다는 점이며, 일반적으로 포도의 품종이 자라는 기후대 즉, 남위나 북위의 기후대에 따라 맛이 달라지는 경우가 있다(사례 : 까베르네 쏘비뇽 등). 그러나 쏘비뇽 블랑은 어느 기후대에서도 같은 특질을 유지한다.
· 쏘비뇽 블랑은 별칭이 있는데, 본 고장인 뿌이-쉬르-루아르(pouilly-sur-loire)에서는 블랑 퓌메(blanc fumé), 로버트 몬다비 와이너리에서는 퓌메 블랑(fumé blanc), 독일에서는 뮈스카트 실바너(muskat sylvaner)라고 부른다.
· 향기가 매우 풍부하고 강하다.
· 상세르, 뿌이 퓌메, 깽씨(quincy) 등의 화이트와인의 유일한 구성 품종이다.
· 소테른, 몽바지악 지방 등에서는 쎄미용 품종과 블렌딩되어 스위트 리퀘르(liqueur) 화이트와인을 생산한다.
· 와인의 향미 : 블랙커런트(blackcurrent, cassis), 스모키(smoky), 자몽(grapefruit), 풀향, 힌꽃향, 부싯돌향
· 음식과의 조화 : 갑각류, 태국 풍의 음식, 해산물 등에 잘 어울린다.

■ 쎄미용(Sémillon)

쎄미용 품종은 재배역사가 매우 오래된 포도품종으로 원산지는 프랑스 서남부(sud-ouest)지방으로 알려져 있다.

프랑스 보르도에서는 드라이한 맛의 화이트와인 양조에도 사용되나 포도껍질이 얇아서 보트리티스 시네레아(botrytis cinerea) 곰팡이 균으로 인해 귀부병이 발생하기 쉬워서 주로 스위트 화이트와인이 생산되는 지역인 소테른, 바르삭, 쎄론(ceron) 등지에서 많이 재배된다.

포도송이는 쏘비뇽 블랑보다 크고, 껍질이 얇아 쉽게 구분할 수 있으며, 프랑스에서 위니 블랑(ugni blanc) 다음으로 재배가 많은 청포도이다.

프랑스 보르도지방과 호주의 헌터 벨리(hunter valley)에서 가장 우수한 품질의 와인을 생

산하고 있다. 쎄미용 품종으로 양조한 스위트와인은 황금색을 띠고 섬세하며, 알코올과 아로마가 뛰어나고 매우 오일리(oily 기름지다)하다. 쏘비뇽 블랑과 함께 와인을 만들면 드라이한 맛의 화이트와인이면서도 여전히 오일리하고, 부드러운 와인을 생산 할 수 있다. 대표적인 와인인 샤또 디껨(château d' yquem)[1]은 일반 쎄미용과는 다른 변종으로 알이 적고 약간 헐렁한 송이모양의 쎄미용을 재배하여 우수한 품질의 와인을 생산한다.

· 원산지는 프랑스 서남부(sud-ouest) 지방
· 주 분포지역은 프랑스의 보르도 및 인근 지역인 베르쥬락(bergerac), 갸론느(garonne) 강 및 도르도뉴(dordogne) 강 유역. 소테른, 그라브지역 등지에 분포하고 있다.
· 호주의 헌터 벨리, 바로사 벨리 등, 뉴질랜드, 캘리포니아, 워싱턴, 칠레 등에도 분포한다.
· 껍질이 얇아 귀부병에 취약하며, 서늘하고 자갈과 석회질 토양에서 잘 자란다.
· 귀부병은 곰팡이의 감염에 의해 포도 알맹이가 곪아 드는 현상을 말한다.
· 쎄미용은 귀부병에 의해 손상된 포도로 양조한 스위트와인의 대표적 품종인데, 이는 쎄미용의 껍질이 얇아 귀부병을 가져오는 곰팡이의 공격에 쉽게 손상되기 때문이다.
· 쎄미용으로 빚은 보르도 소테른의 스위트와인은 세계적 명품으로 평가되는데 특히, 화려한 황금 빛깔을 띠며 특이한 과일 향, 그리고 깊고 넉넉한 감미를 보이기 때문이다.
· 쎄미용 품종은 다른 품종과 블렌딩되는데, 이때 쏘비뇽 블랑과 뮈스까델이 좋은 파트너가 된다.
  ☞ 샤또 디껨의 경우 쎄미용 80%와 쏘비뇽 블랑 20%를 블렌딩한다.
· 감미가 풍부하며, 신맛이 거의 없고, 토스트 향(toasted)의 맛을 보인다.
· 무화과 향이 나며, 쏘비뇽 블랑보다 진하고 산도는 덜하다.
· 프랑스의 쎄미용은 미디엄 바디 스타일을 보이는데 비해 신세계 것은 풀 바디 스타일이다.
· 와인의 향미 : 토스트 향, 망고, 복숭아
· 음식과의 조화 : 새우, 홍합, 블루치즈, 푸딩, 로크포르치즈(roquefort cheese)[2] 등에 잘 어울린다.

---

1) 샤또 디껨(ch. d' yquem)은 보르도 동남부 소테른(sauternes)에 입지하고 90헥타르의 농장에서 쎄미용 80%와 쏘비뇽 블랑 20%의 포도품종을 재배하는데, 헥타르당 평균 생산량은 단 7헥토리터(1헥토리터 : 100L)에 지나지 않는다. 이것은 포도나무 1주의 년 생산량이 와인 한잔 분량 밖에 안 된다는 것을 의미한다. '귀부와인' 은 하얀 곰팡이 균이 수확기에 이를 때 포도에 침투하여 발효하면서 수분을 증발시켜 당도를 높이고 신맛을 없애주어 잘 익은 과일향과 맛을 내는 와인이다.

2) 피레네 산맥에서 나는 블루치즈의 일종

■ 실바너(Sylvaner)

화이트와인의 여러 스타일 가운데 가장 가벼운 와인에 속하는 품종으로 상쾌한 과일 향(fresh and aromatic grape)의 맛과 신맛을 함께 동반하는 특질을 보인다.

원산지는 오스트리아로 알려져 있는데, 오늘날 알자스 지방을 비롯해 중앙 유럽과 남부 유럽 쪽에서 널리 분포되고 있다. 또한 라인 강 유역과 스위스, 오스트리아 등지에서도 쉽게 찾아 볼 수 있다. 그러나 독일의 경우, 실바너 품종이 근래 급격하게 식재 면적이 줄어들고 있는 형편이며, 케르너(kerner), 슈레베(scheurebe), 바쿠스(bacchus) 등의 포도 품종들이 상대적으로 늘어나면서 실바너의 재배량은 감소하고 있는 실정이다.

실바너 포도 품종은 다산(多産)에 속하며, 일찍 수확하는 계열에 속한다. 때로는 독자적인 맛을 내는 와인을 빚을 수도 있으나 그리 흔한 일이 아니며, 일반적으로 다른 포도품종과 블렌딩하기에 적합하다. 특히 모리오 뮈스카트(morio muskat)와 좋은 파트너가 되고 있다.

대체로 기온이 약간 찬 곳에서 빚은 와인이 많은 사람들로부터 사랑을 받는 편이다. 알자스 지방 이외에서 좀처럼 볼 수 없는 에델즈비커(edelzwicker)의 원료로 사용되고 있다. 실바너 포도품종에 대한 이름도 독일에서는 질바너(silvaner), 또는 프랑켄(franken)으로 불리기도 한다. 오늘날 중부 유럽에 널리 재배되고 있으며, 독일의 모젤, 프랑스의 알자스, 남아프리카 공화국, 뉴질랜드, 호주 그리고 캘리포니아 등지에서 매우 넓게 재배되고 있다.

- 원산지는 오스트리아
- 주 분포지역은 프랑스의 알자스 지방, 중부 유럽 지역에서도 널리 재배되고 있으며, 라인 강 유역, 스위스, 오스트리아 등지에 분포하고 있고, 오늘날 뉴질랜드, 호주, 캘리포니아 등지에서 매우 넓게 재배하고 있다.
- 한 때 독일에서 가장 널리 재배되었으나 지금은 많이 감소하였다.
- 알자스에서는 '실바네그' 라고 한다.
- 상큼한 과일 항과 신맛을 함께 동반하며, 실바너의 특질은 산도에 있다.
- 빨리 익으며, 드라이 화이트와인을 만드는데 쓰인다.
- 와인의 향미 : 그린 사과, 그린 허브(green herbs), 견과류
- 음식과의 조화 : 민물생선과 잘 어울린다.

■ 토카이(Tocai)

- 원산지는 이탈리아의 프리울리(friuli) 주
- 프리울리 베네치아 줄리아(friuli venezia giulia), 베네토(veneto) 그리고 롬바르디아(lombardia) 동부에 많이 분포되어 있으며, 12가지의 DOC등급 와인을 생산한다.

· 이름이 비슷한 헝가리산 토카이(tokay, tokaji) 와는 전혀 다른 와인으로 이탈리아산 토카이는 레몬색에 가까운 맑은 황금색과 향이 매우 좋으며 드라이하고 뒷맛이 약간 쓰다.

· 삐노 그리(pinot gris)의 또 다른 이름인 토카이 달자스(tokay d' alsace)와 관련이 없다.

· 프리울리에서는 선술집이나 대중적인 식당의 테이블 와인으로 사용한다.

· 라이트 바디에 옅은 색이 나타내며 꽃향이 난다.

· 동그랗고 큰 잎은 테두리가 부드러우며, 포도송이는 중간 크기로 길게 늘어진 각추형 또는 원통형이며, 적당한 밀도를 보이다. 포도알은 타원형이고 껍질은 약간 두꺼우며 노란색이거나 녹색이 도는 노란색을 나타낸다. 또한 과즙이 풍부하며 달다.

· 서빙 적정온도는 10℃이다.

· 와인의 향미 : 꽃, 노랑 사과, 그린 사과

· 음식과의 조화 : 전채요리나 푸른 살 생선요리, 생선스프, 계란요리와 잘 어울린다.

■ 트레비아노(Trebbiano)

이탈리아의 대표적인 청포도 품종으로 토스카나(toscana)지방에서 주로 재배되고 있으며, 트레비아노 로마뇰로(trebbiano romagnolo)라고도 불린다.

재배가 쉽고 생산량이 많으며, 산도가 높고 알코올 생산량이 낮다. 새순이 늦게 나와 서리의 피해가 적으며, 잎이 매우 크고 날카롭고 포도송이는 좁고 길다. 향이 다소 단순하여 부드러운 맛이 덜하지만, 포도 익는 기간이 길어 적당한 산도를 유지하고 와인에 안정감을 준다. 포도송이가 서로 떨어져서 병충해 피해를 줄이는데 도움이 된다.

이탈리아에서 가장 많은 재배분포 현황을 보이는 청포도 품종 중의 하나로 우수한 품질의 레드와인과 화이트와인을 양조하는데 사용되고 있다.

다양한 기후와 토양에 잘 적응하고 생산량이 많아 넓은 지역에서 재배 할 수 있으며, 독특한 맛의 다른 품종과 조화를 잘 이루므로 쉽게 상업화될 수 있는 장점을 지닌 품종이다.

1958년 프랑스에서는 삐노 드 샤랑뜨(pineau de charentes) 지방에서 꼬냑을 생산하기 위해 재배하기 시작하였는데, 포도품종의 이름을 위니 블랑(ugni blanc) 혹은 쌩떼밀리옹(saint emilion)으로 변경하여 재배하고 있다.

· 원산지는 이탈리아 토스카나(toscana) 주

· 주 분포지역은 베르디끼오(verdicchio) 이탈리아 중부와 남부 특히, 마르케(marche) 지역에 주로 재배되며, 프랑스, 캘리포니아, 남아프리카공화국, 아르헨티나, 오스트리아에서도 재배되고 있다.

· 프랑스에서는 위니 블랑 혹은 쌩떼밀리옹(saint emlion)으로 불리며, 이탈리아, 프랑스 양국에서 가장 평범한 청포도품종에 속한다.

· 트레비아노는 다양한 특질의 토양이나 기후에 잘 적응하여 이탈리아 어느 곳에서나 재배할 수 있는 품종이다.

· 단일 품종만으로 6가지의 DOC등급을 만든다.

☞ 트레비아노 발 트레비아 데이 콜리 피아첸티니(trebbiano val trebbia dei colli piacentini)

☞ 트레비아노 디 아프릴리아(trebbiano di aprilia)

☞ 트레비아노 디 아르보레아(trebbiano di arborea)

☞ 트레비아노 디 트레비아노 디 카프리아노 델 콜레(trebbiano di capriano del colle)

☞ 트레비아노 다브르초(trebbiano d' abruzzo)

☞ 트레비아노 디 로마냐(trebbiano di romagna)

· 이탈리아의 북부와 중부지역에서 많이 재배되는데, 소아베(soave)[1], 오르비에토(orvieto), 프라스카티(frascati)를 만드는데 쓰인다.

· 트레비아노 디 소아베(trebbiano di soave)와 트레비아노 디 루가나(trebbiano di lugana)는 트레비아노와 상관이 없다.

· 흰가루병, 회색곰팡이병에 강한 저항성을 가지고 있으나, 노균병에는 약하다.

· 트레비아노는 과실이 익는 것이 느린 편이지만 트레비아노 토스카노(trebbiano toscano)와 트레비아노 지알로(trebbiano giallo)는 다른 트레비아노종에 비해 과실이 일찍 익는 편이다.

· 가르가네가(garganega)품종과 블렌딩할 경우 가르가네가의 전형적인 구조와 농도에 톡 쏘는 상쾌함을 더해준다.

· 표피가 두껍고 산도가 높으며 알코올 생산량이 낮아, 맛과 향이 라이트하면서 맑은 기풍의 감귤류의 자연향이 난다.

· 와인의 향미 : 그린 사과, 감귤류, 견과류

---

1) 소아베는 가르가네가(garganega)와 트레비아노 디 소아베(trebbiano di soave) 라는 품종으로 만들어진 화이트와인이다. 원래 소아베(soave)라는 단어는 이탈리아어에서 "부드럽게, 사랑스럽게, 상냥하게" 라는 뜻으로 쓰이며, 오페라 아리아(opera aria)나 악보에서도 흔히 쓰이는 단어이기도 하다. 강한 산도 때문에 조금은 날카롭기는 하지만, 입맛을 돋우기에는 최고의 식전주이다. 소아베 슈페리외르(soave superiore)는 베네토(veneto) 지방의 3개 DOCG(이탈리아 와인의 등급체계 중 가장 높은 등급) 중에서 2001년 10월 29일 가장 늦게 승격한 DOCG 와인이기도 하다.

■ 위니 블랑(Ugni Blanc)

· 원산지는 프랑스 꼬냑(cognac) 지방
· 프랑스에서 재배 면적 2위의 포도 품종이다.
· 샤랑트(charente)와 꼬냑 지방의 주품종으로 남서부 지방에서 많이 재배되고 있다.
· 랑그독, 프로방스, 꼬르스 지방의 일부 화이트와인의 양조에 사용되어 신선함과 산미를 더해 준다.
· 좋은 와인을 생산하기 보다는 많이 재배되고 있기 때문에 더 중요한 청포도품종이다.
· 이탈리아에서는 거의 전 지역에서 재배되고 있는 품종으로 맑은 색과 연한 향의 라이트 바디 와인이 생산된다.
· 대부분 증류주의 기본 와인으로 사용되며, 조기 성숙되는 품종으로 큰 장점은 이미 다 원숙 된 상태에서도 높은 산도가 유지된다는 것이다.
· 와인의 맛과 향은 가볍고 감귤류의 중간정도의 밝은 색을 가지고 있다.
· 와인의 향미 : 감귤류, 그린 사과, 견과류

■ 베르디끼오(Verdicchio)

· 원산지는 이탈리아의 마르케(marche) 주
· 마르케 주 중부에서 재배되는 청포도 품종으로 DOC등급이다.
· 말바지아 토스카나(malvasia toscana)와 트레비아노 토스카나(trebbiano toscana) 품종을 소량(최대 15%) 블렌딩하여 다음의 와인을 만든다.
  ☞ 안코나(ancona) 지방의 베르디끼오 데이 카스텔리 디 예지(verdicchio dei castelli di jesi)
  ☞ 마체라타(macerata) 지방의 베르디끼오 디 마테리카(verdicchio di matelica)
· 베르디끼오는 빛이 나는 옅은 황색의 와인으로 부드러운 향과 조화로운 맛을 지니며, 뒷맛은 기분 좋은 쓴 맛이 난다.
· 베르디끼오 데이 카스텔리 디 예지는 스푸만테(spumante)와 파씨토(passito), 리세르바(riserva), 글라시코(classico) 등 다양한 스타일을 모두 포함하는 DOC 등급이다.
· 과거에는 단맛을 부각시키는 것에 중점을 두고 양조하였다.
· 현재에는 레몬의 산미와 아몬드의 쌉쌀한 뒷맛을 살리는데 중점을 두고 양조한다.
· 과거에는 과피를 함께 발효시켜 양조하였지만, 현재에는 과피 접촉 없이 양조한다.
· 베르디끼오 품종의 스푸만테는 이탈리아에서도 최상의 스파클링 와인이다.
· 서빙 적정온도는 10℃이다.

· 와인의 향미 : 아몬드, 그린 사과, 라임(lime)
· 음식과의 조화 : 생선을 사용한 첫 번째 코스 요리나 와인 소스를 사용하여 요리한 부드러운 고기요리 등과 잘 어울린다.

■ 베르멘티노(Vermentino)

· 원산지는 이탈리아의 토스카나(toscana) 주
· 랑그독-루씨용지방에서도 재배면적이 늘어나고 있다.
· 최근 프랑스에서는 꼬뜨 뒤 루씨용(côtes du loussillon)을 비롯해 많은 아벨라씨옹의 품종으로 허가받고 있다.
· 코르시카(corsica)섬에서는 말브와지 드 코르스(malvoisie de corse)라고 부른다.
· 코르시카 AOC의 구성 성분이기도 하며, 일찍 수확하여 산도의 균형을 맞춘다.
· 리구리아(liguria)와 사르데냐(saregna)에 분포되어 있는 청포도품종으로 이 지역에서 3개의 DOC 등급 와인이 생산되고 있다.
  ☞ 베르멘티노 디 갈루라(vermentino di gallura) : 1996년에 DOCG로 승격
  ☞ 베르멘티노 디 샤르데냐(vermentino di sardegna)
  ☞ 베르멘티노 리비에라 리구레 디 포넨테(vermentino riviera ligure di ponente)
· 기후나 토양에 따라 차이가 있지만 대부분 와인의 색깔은 초록빛이 도는 빛나는 담황색이며, 향이 매우 진하고 섬세한 부케향을 지닌다.
· 맛도 드라이와인에서 스위트와인까지 다양하며 사르데냐에서 생산되는 베르멘티노의 경우에는 단맛을 지닌다.
· 적절한 산도가 느껴지며, 끝에 느껴지는 쓴맛이 매우 좋다.
· 포도 잎은 큰 편이고 다섯 갈래로 갈라진 오각형이며, 포도송이도 크고 원추형에 포도알은 타원형이고 노란 색을 띠며 과즙이 풍부하다.
· 서빙 적정온도는 8~10℃이다.
· 와인의 향미 : 감귤류, 견과류, 패션프루트(passion fruit)
· 음식과의 조화 : 새우나 가재, 해산물, 생선요리와 잘 어울린다.

■ 베르나치아(Vernaccia)

베르나치아 명칭은 각각의 다른 타입의 와인을 양조하는 다양한 품종에 주어지는 것으로 3가지의 전혀 다른 DOC등급의 와인이 있다.

베르나치아 디 산 지미냐노(vernaccia di san cimignano)는 토스카나(toscana) 주의 산 지미냐노 지방에서 베르나치아 품종으로 만든 드라이한 화이트와인으로 맑은 황금색에 섬세

하고 예리한 향이 느껴지며 약간 쓴맛이 느껴지는 조화로운 맛을 낸다. 10℃ 내외로 차갑게 마시며 생선요리, 흰살고기, 소시지, 프로슈토(prosciutto 이탈리아 햄)와 잘 어울린다.

베르나치아 디 세라페트로나(vernaccia di serrapetrona)는 산지오베제(sangiovese), 몬테풀치아노(montepulciano), 칠리에지올로(ciliegiolo) 품종을 소량 섞어 만든 레드와인으로 마르케(marche) 주의 세라페트로나(serrapetrona) 지역에서 생산된다. 거품이 오래 지속되는 단맛의 루비빛 스푸만테로 서빙 적정온도는 12~14℃이다.

· 원산지는 이탈리아의 리구리아(Liguria)
· 베르나치아 디 오리스타노(vernaccia di oristano)는 사르데냐 섬에서 나오는 쉐리와인과 거의 흡사한 스타일의 와인이다.
· 와인의 향미 : 레몬, 건초, 견과류
· 음식과의 조화 : 과일 케이크나 크림을 얹은 제과류에 잘 어울린다.

■ 비오니에(Viognier)

비오니에 품종은 남프랑스 지중해 지역의 아르데쉬(ardehe) 지역이 원산지이며, 프랑스 꼬뜨 뒤 론(côtes du rhone) 지방과 미국의 캘리포니아 지역, 이탈리아, 오스트리아, 캐나다, 아르헨티나, 칠레, 호주, 남아프리카공화국 등지에서 재배되고 있다. 산출량이 적고 병충해에 약한 청포도 품종이며, 경우에 따라 볏짚색이 나며, 라이트 미디엄 바디 와인에서는 강한 오렌지꽃, 복숭아와 배향이 난다. 꼬뜨 로띠(côte rotie) 와인을 만들기 위해서 시라즈(shiraz) 품종과 블렌딩 되지만, 론 북부 지방의 꽁드리유(condrieu)와 샤또 그리에(château grillet)는 비오니에 품종만을 사용하고 있다.

· 원산지는 프랑스 남부 론 지방
· 주 분포지역은 캘리포니아에서 재배하고 있다.
· 노란색을 띠는 오래된 품종으로 재배시에 상대적으로 따뜻한 기후를 필요로 하는 품종이다.
· 가뭄에 대한 저항성이 높으나 흰가루병에 대한 내성은 약하다.
· 프랑스에서는 대부분 뱅 드 뻬이(vin dc pays)용으로 재배한다.
· 샤르도네 품종과 종종 블렌딩 되며, 이탈리아에서 블렌딩용으로 큰 성공을 거둔 품종이다.
· 알코올 도수가 높고 배와 살구의 풍미가 특색이다.
· 메마르고 더운 지방에서 잘 자란다.
· 최상의 품질은 꽁드리유(condrieu), 꼬뜨 로띠(côte rôtie), 샤또 그리에(château grillet)서 난다.

· 오랜 보관이 가능하고 풀 바디하다.
· 랑그독-루씨용 지방에서도 다른 청포도 품종과 블렌딩하거나 독자적으로 양조한다.
· 와인의 향미 : 꽃, 살구, 복숭아, 배, 오렌지
· 음식과의 조화 : 바닷가재, 가리비, 게, 닭고기, 당근스프, 커리(curry) 등이 있다.

■ 웰치리슬링(Welschriesling)

· 중부 유럽과 북부 이탈리아에서 널리 재배된다.
· 웰치리슬링은 국가에 따라서 다음과 같이 다른 호칭으로 불려진다.
  ☞ 리슬링 이탈리코(riesling italico) : 이탈리아
  ☞ 라스키 리슬링(laski riesling) : 슬로베니아
· 독일의 리슬링과는 아무 관계가 없다.
· 건조한 기후와 따뜻한 토양에서 잘 자라며, 산출량이 많고, 마시기가 쉽다.
· 차가운 기후에서는 지나치게 산도가 높은 와인으로 양조되는 경향이 있다.
· 와인 양조시 아로마는 약한 편에 속하며, 과숙성시킬 때는 상대적으로 아로마가 조금 풍부한 편이다.
· 라이트 바디의 와인으로 이른 시기에 마시기 적당하다.
· 오스트리아에서는 오랫동안 주요 청포도품종으로 재배되고 있다.
· 오스트리아 부르겐란트(burgenland) 지방의 노이지들러제(neusiedlersee)에서는 귀부현상을 이용해 트로켄베어렌아우스레제(trockenbeerenauslese) 수준의 스위트와인으로 양조한다.
· 오스트리아의 젝트(sekt)를 만드는데도 사용되는 포도품종이다.
· 와인의 향미 : 살구, 감귤류, 그린 사과

그림 3-12 주요 청포도 품종

알리고테
(Aligoté)

샤르도네
(Chardonnay)

샤슬라
(Chasselas)

슈냉 블랑
(Chenin Blanc)

끌레레뜨
(Clairette)

꼴롱바르
(Colombard)

푸르민트
(Furmint)

가르가네가
(Garganega)

게뷔르츠트라미너
(Gewürztraminer)

말바지아
(Malvasia)

마르산
(Marsanne)

모스까토
(Moscato)

뮈스까델
(Muscadelle)

뮈스까데
(Muscadet)

뮈스까
(Muscat)

뮈스까 오또넬
(Muscat Ottonel)

그림 3-13 주요 청포도 품종

뮐러-투르가우
(Müller-Thurgau)

올라스리즐링
(Olaszrizling)

빨로미노 피노
(Palomino Fino)

쁘띠 망상
(Petit Manseng)

삐노 블랑
(Pinot Blanc)

삐노 그리
(Pinot Gris)

리슬링
(riesling)

루싼느
(Roussane)

쏘비뇽 블랑
(Sauvignon Blanc)

쎄미용
(Sémillon)

실바너
(Sylvaner)

토카이
(Tocai)

트레비아노
(Trebbiano)

위니 블랑
(Ugni Blanc)

비오니에
(Viognier)

웰치리슬링
(Welschriesling)

2) 흑포도품종

■ 브라케토(Brachetto)

기원은 확실치 않으나 콜리 아르티지아니 몬페리니(colli artigiani monferrini)가 근원지로 추정되며, 오늘날은 특히 아퀴(aqui)지역에서 주로 재배되고 있다.

잎은 중간 크기로 원형이며, 길게 늘어진 포도송이는 원추가 각추형을 보이고 밀도가 높은 편이다. 중간 크기의 포도알은 타원형이고 껍질은 검보라색으로 두껍다.

아로마가 강한 피에몬테(piemonte) 주의 브라케토와 단순한 맛을 내는 니짜 마리티마(nizza marittima)의 브라케토 두 종류로 알려져 있다. 포도 익는 시기가 빠른 편이며 섬세하고 특색 있는 부드러운 맛의 스푸만테(spumante)로 생산하는 것이 일반적이지만, 강도가 높은 파씨토(passito)[1]도 있다. 브라케토 품종을 사용하여 DOCG등급의 브라케토 다뀌(brachetto d' Acqui)가 만들어진다.

· 원산지는 이탈리아의 피에몬테

· 와인의 향미 : 딸기(strawberry), 라즈베리(rasberry), 체리(cherry)

· 음식과의 조화 : 간단한 다과류, 케익류, 디저트류 등에 잘 어울린다.

■ 바르베라(Barbera)

바르베라 품종의 기원은 매우 오래되었으나 문헌상으로는 니짜 몬페라토(nizza monferrato)시의 자료실에 보관되어 있던 1600년대의 자료가 최초이다. 곧바로 마실 수 있는 영(young)한 기포성 와인뿐만 아니라 중간 숙성(3~5년)에 알맞은 와인을 생산하는 데에도 적당하다.

상부가 넓고 청백색에 부분적으로 붉은색을 띠는 잎맥의 싹 안쪽은 솜털이 무성하다. 오각형의 잎은 중간 크기이며, 잎의 바깥쪽은 매끄럽다.

흑포도품종으로 동일한 이름의 와인을 생산하며, 다양한 DOC등급 와인을 생산하고 있다. 또한, 엄청난 양의 테이블 와인의 기본이 되는 품종이기도 하다.

☞ 바르베라 데이 콜리 볼로네시(barbera dei colli bolognesi)

☞ 바르베라 데이 콜리 피아첸티니(barbera dei colli piacentini)

☞ 바르베라 데이 콜리 토르토네시(barbera dei colli tortonesi)

☞ 바르베라 달바(barbera d' Alba)[2]

---

1) 건조포도로 만든 와인

2) 색은 와인의 숙성 기간이 짧은 때는 짙은 루비빛의 붉은 색을 띠지만, 숙성되면서 가닛 빛의 붉은 색이 되기도

☞ 바르베라 다스티(barbera d' asti)[1]

☞ 바르베라 델 몬페라토(barbera del monferrato)

· 원산지는 이탈리아 피에몬테

· 주 분포지역은 이탈리아의 롬바르디아(lombardia), 에밀리아 로마냐(emilia romagna) 지방, 캘리포니아, 호주 등지에서도 재배하고 있다.

· 바르베라는 네비올로(nebbiolo)와 함께 이탈리아의 대표적인 양조용 포도 품종이다.

· 가장 평범한 포도 품종으로 피에몬테에서는 바르베라를 사용한 와인이 생산되고 있는데, 특히 아스티(asti), 몬페라토(monferrato), 알바(alba) 마을의 와인이 유명하다.

· 캘리포니아, 호주에서도 널리 재배되는데, 늦게 익고 열악한 백악질 토양에서 잘 자란다.

· 2년 이상의 저장이 필요하고 알코올 12.5° 이상이 되어야 하며, 3년 이상 숙성하고 13° 이상의 알코올을 함유한 와인은 수페리오레(superiore)라고 표시한다.

· 바르바레스코(barbaresco) 와인보다 훨씬 가벼운 와인이다.

· 산출량이 많으며, 신선하고 산도가 높다.

· 짙은 감홍색을 띠고 기분 좋은 산도와 과즙을 보인다.

· 탄닌이 적고 맛은 신선해 미디엄 바디의 질감을 보인다.

· 피에몬테의 아스티와 알바 마을의 와인을 양조하는데 쓰인다.

☞ 바르베라 다스티(barbera d' asti)

☞ 바르베라 달바(barbera d' alba)

· 와인의 향미 : 체리, 자두, 레드 커런트(red currant)

· 음식과의 조화 : 돼지고기, 파스타, 찬 육류, 삶은 야채 등에 잘 어울린다.

■ 브루넬로(Brunello)

이탈리아 산지오베제(sangiovese) 품종의 클론(clone)[2]으로 19세기 중반에 페루치오 비욘

한다. 향은 짙으면서도 부드럽고 독특한 향을 가지고 있으며, 맛은 단 맛이 거의 없고 진하고 깊은 감칠맛과 약간 떫은맛이 나는데, 숙성되면 진하고 균형 잡힌 맛이 난다. 최소 알코올 수준은 12이며 전체 식사에 걸쳐 소비된다. 수페리오레(superiore)가 되기 위해서는 알코올의 수준은 12.5가 되어야 하고, 1년간의 숙성 기간이 필요하다.

1) 색은 루비빛의 붉은색으로 숙성이 되며, 가닛빛을 띠기도 한다. 향은 와인의 독특한 향이 나며, 숙성이 되면서 향긋하고 순한 좋은 향이 난다. 맛은 단 맛이 거의 없어 드라이한 맛과 깊고 진한 풍부한 맛을 즐길 수 있으며, 숙성이 되면서 더욱더 조화롭고 매력적이며 풍미 있는 맛이 난다. 최소 알코올 수준은 12이며, 수페리오레(superiore) 타입은 포도를 수확한 그 다음해 1월 1일에 시작해서 1년 이상 숙성되고, 그 중에 6개월은 오크통에서 숙성되며, 최소 12.5의 알코올 수준이 되어야 한다.

2) 단일세포 또는 개체로부터 무성적(無性的)인 증식에 의하여 생긴 유전적으로 동일한 세포군 또는 개체군인데, 바이러스의 경우에는 1개의 입자에 유래한다고 생각되는 자손의 집단을 관용적으로 클론이라고 한다.

디 산티(ferruccio biondi santi)에 의해서 이탈리아 토스카나(toscana) 지역에서만 재배된 우수한 품질의 흑포도품종이다. 늦게 수확이 가능한 대신 병충해에 강하며, 단단한 포도송이와 갈색빛이 도는 두꺼운 껍질의 포도알을 갖는다. 산지오베제 품종보다 맛이 더 화려하지만 많이 재배되지 않고 있다.

· 원산지는 이탈리아의 토스카나
· 주 분포지역은 이탈리아 중부 지방에서 널리 재배되는 산지오베제 포도 품종의 한 가계에 속하며, 브루네로 디 몬탈치노(brunello di montalcino)를 양조한다.
· 1980년에 DOCG로 승격했으며 이탈리아 와인 중 최고가로 판매되는 흑포도품종은 브루넬로이지만, 산지오베제의 또 다른 이름이도 하다.
· 브루넬로 포도 품종이 명성을 얻게 된 측면은 토스카나의 명품인 브루넬로 디 몬탈치노(brunello di montalcino)를 양조하기 때문이다.
· 흔히 브루넬로 디 몬탈치노를 가리켜 이탈리아의 국빈이 마시는 명주로 치켜세우기도 한다.
· 짙은 루비 색상, 알맞은 산도와 넉넉한 탄닌으로 입안 가득히 풍만감을 준다.
· 여운이 훌륭하며, 풀 바디 와인의 스타일을 보인다.
· 브루넬로는 브루넬로 디 몬탈치노 와인보다 부드럽고 영(young)한 와인인 로쏘 디 몬탈치노(rosso di montalcino)를 양조하는데도 쓰인다.
· 최저 알코올 도수는 12.5°, 총 산도는 5.5% 이상이 되어야 한다.
· 일반적인 와인은 양조 후 4년(오크통 숙성 3년반) 이상, 리제르바(reserva) 와인은 5년 이상 숙성되어야한다.
· 와인의 향미 : 버섯, 스파이시, 블랙커런트(blackcurrant)
· 음식과의 조화 : 스테이크, 기름진 장어(eel), 매콤한 낙지 요리 등에 잘 어울린다.

■ 까베르네 쏘비뇽(Cabernet Sauvignon)

레드와인 양조에 가장 대표적인 포도 품종으로 1736년 아베 벨렛(Abbe Bellet)이 재배하고 있던 18종의 흑포도품종과 20종의 청포도품종 중에 포함된 2종의 포도원종(vidure 비뒤르)[1]에서 육종되었다.

그라브(graves) 지역에서는 비뒤르(vidure)라고 부르며, 부르디갈라(brudigala 현재의 보르도)에서 재배한 비투리카(biturica)품종과의 육종관련 연구 중에 있다.

포도가 늦게 익은 만생종 흑포도로 보르도에서는 메를로(merlot), 까베르네 프랑(carbernet

1) 뷔뉴 듀르(Vignu Dure) : 거친, 단단한 와인의 의미이다.

franc) 뒤에 수확한다. 껍질이 두꺼워 탄닌이 풍부하며, 장기 숙성을 통하여 탄닌이 매우 힘차게 되는 동시에 부드러워진다.

배수가 잘되고 자갈이 많은 충적토양에서는 붉은 열매향과 후추향이 나타나며, 탄닌이 풍부하고 힘찬 성질을 나타내지만, 토질이 습기가 많고 무거운 점토토양에서는 녹색후추와 허브의 특성이 발달된다.

보르도 지방의 메독지역과 그라브지역의 자갈이 많고 고온 건조한 토양에서 잘 자란다. 좋은 품질과 뛰어난 환경 적응력으로 루아르(loire)의 부르괴이(bourgueil), 앙주(anjou), 뚜렌(touraine), 남서부(sud-Ouest)의 베르쥬락(bergerac), 뷔제(buzet), 꼬뜨 드 뒤라(côtes de duras), 프로방스(provence)의 꼬또 덱상 프로방스(côteaux d' aix-en-provence)에서도 재배되고 있다.

까베르네 쏘비뇽은 병충해에 강하며 잎사귀가 작고 테두리가 레이스(lace) 모양을 띠고 있다. 포도송이는 작고 둥글며 송이에 포도알은 많은 편이고 껍질은 두껍다.

까베르네 쏘비뇽은 와인에 바디와 구조(structure)를 만들어주는 역할을 하며, 숙성이 진행되면서 카시스(cassis)향, 붉은 열매향, 잘 익은 붉은 후추향 등의 아로마가 훌륭한 와인이 된다. 보르도의 메독지역과 그라브지역에서 가장 좋은 품질의 까베르네 쏘비뇽을 생산하고 있다.

· 원산지는 프랑스 보르도 지방의 메독(Medoc) 지역
· 주 분포지역은 전 세계적으로 광범위하게 분포되어 있으며, 보르도 메독지역 와인의 기초원료로 사용하고 있고, 칠레와 캘리포니아 와인의 주요 품종이다.
· 프랑스, 칠레, 캘리포니아, 호주, 남아프리카공화국, 불가리아, 이탈리아, 아르헨티나, 레바논 등지에서 재배하고 있다.
· 까베르네 쏘비뇽 품종에는 몇 가지 다른 호칭이 있다.
  ☞ 비뒤르(vidure)
  ☞ 프랑스의 그라브 : 쁘띠 비뒤르(petite-vidure)
  ☞ 프랑스의 쌩떼밀리옹(saint emilion), 뽀므롤(pomerol) : 쁘띠 부쉐(petit-Bouchet)
  ☞ 프랑스의 중부지방(central france) : 쏘비뇽 루쥬(sauvignon rouge)
· 호주, 칠레 등 남위 30° 의 기후대에서 생산되는 까베르네 쏘비뇽 품종으로 빚은 와인은 탄닌이 순화되고 질감이 부드럽고 유순하다.
· 보르도 그랑 크뤼(grand cru)의 명품을 위시하여 세계적인 명주들이 까베르네 쏘비뇽 품종으로 빚어지고 있다.
· 흑포도품종 가운데 탄닌이 가장 많이 함유 되어 있으며, 떫은맛과 수렴성이 강한 특징을 보인다.

· 색상은 감홍색을 띠며, 미디엄 또는 풀 바디의 스타일을 보인다.

· 영(young) 와인에는 강한 떫은맛과 질감을 보이지만, 장기간 보관이 가능한 와인이다.

· 까베르네 쏘비뇽은 기본적으로 다른 종과 블렌딩되는데, 대표적인 와인으로는 다음과 같다.

☞ 샤또 무똥 로칠드(ch. mouton roschild) : 까베르네 쏘비뇽 72%, 메를로 20%, 까베르네 프랑 8%

☞ 샤또 마고(ch. margaux) : 까베르네 쏘비뇽 75%, 메를로 20%, 까베르네 프랑 1%, 쁘띠 베르도 4%

☞ 샤또 딸보(ch. talbot) : 까베르네 쏘비뇽 70%, 메를로 25%, 까베르네 프랑 3%, 쁘띠 베르도 2%

☞ 샤또 오브리옹(ch. haut brion) : 까베르네 쏘비뇽 55%, 메를로 20%, 까베르네 프랑 20%

☞ 샤또 꼬스 데스뚜르넬(ch. cos d' estournel) : 까베르네 쏘비뇽 60%, 메를로 40%

☞ 샤또 슈발 블랑(ch. cheval blanc) : 까베르네 프랑 60%, 메를로 37%, 까베르네 쏘비뇽 1%, 말벡 2%

☞ 샤또 라뚜르(ch. latour) : 까베르네 쏘비뇽 85%, 까베르네 프랑 15%

· 까베르네 쏘비뇽의 대표적인 4가지 장점은 다음과 같다.

☞ 첫째, 포도알이 작다 : 식용 포도는 거봉포도처럼 포도알이 큰 것이 좋지만, 레드와인을 만드는 양조용 포도는 포도알이 작아야 껍질의 비율이 높아져 탄닌이나 색소를 추출하는데 도움이 된다.

☞ 둘째, 깊고 어두운 색을 만든다 : 껍질의 비율이 높아서 까베르네 쏘비뇽으로 만든 와인은 짙은 벽돌색을 내는 와인이 된다.

☞ 셋째, 포도알의 껍질이 두껍다 : 두꺼운 껍질은 색소와 탄닌 추출에도 많은 도움을 주지만 포도의 부패를 늦추어 주고 병충해와 추위에 잘 적응하게 해준다. 까베르네 쏘비뇽이 추운 독일 지방을 제외하고 전 세계에서 대부분 재배될 수 있도록 하는 원인이 된다.

☞ 넷째, 씨앗이 많다 : 까베르네 쏘비뇽은 씨 대 과육의 비율이 1:12에 해당할 만큼 높은 비율의 씨를 가지고 있다. 이는 탄닌의 풍부함과 직접적인 원인이 되는데, 탄닌은 산도와 함께 와인의 구조를 만들어 주며, 맛의 중심을 잡아주는 역할을 한다. 또한 와인을 장기 숙성할 수 있도록 만드는 필수 요소가 된다.

☞ 까베르네 쏘비뇽은 늦게 싹이 나서 늦게 완숙하는 만생종으로 소출이 많지 않지만, 봄의 냉해를 걱정할 필요도 없고 소출이 작은 것은 바로 품질하고 연결되어 가지치기를 덜해도 된다. 또한 재배 및 수확이 편하고 리슬링처럼 가지가 튼튼하여 겨울의 추위에도 잘 견디는 장점까지 가지고 있다.

· 까베르네 쏘비뇽의 대표적인 단점은 다음과 같다.

☞ 첫째, 성숙이 늦어서 가을이 습하거나 추운지역에서는 제대로 완숙하지 못하며, 여름에 일조량이 부족해도 잘 익지 않는다.

☞ 둘째, 야생성(野生性)을 띤 강한 개성을 가지고 있어 일찍 마시기를 원하는 사람들이나 처음 시작하는 사람들에게 강한 거부감을 느끼게 한다. 샤르도네처럼 오크와의 친화력이 강해 오크숙성을 많이 하는데, 오크숙성 과정을 통해서 탄닌이 첨가되므로 긴 시간이 지난 후에야 순해지고 부드러워진다. 영(young)할 때는 떫은맛이 강하지만 숙성이 진행될수록 부드러워지고 복잡 미묘한 향들이 생기면서 환상적인 향과 맛을 선사해 와인 매니아들을 사로잡는 매력이 있는 와인이다.

· 같은 포도라도 자라고 익는 토양이나 기후에 따라 전혀 다른 와인이 만들어지는데, 까베르네 쏘비뇽은 보르도와 같이 북위 45° 선에서 재배되면 떫은맛이 강한 반면, 칠레나 호주와 같이 남위 30° 선상에 있는 나라에서 생산된 까베르네 쏘비뇽은 매우 유순한 맛을 보인다. 그래서 호주와 칠레 등의 나라에서는 까베르네 쏘비뇽만 사용한 단일품종의 와인들이 호평을 받을 수 있는 이유가 된다.

· 까베르네 쏘비뇽은 더운 기후에서는 블랙커런트의 전형적인 아로마와 맛 뿐만 아니라 자두의 향과 맛도 나며, 특히 칠레나 호주 등 남반구에서 생산된 까베르네 쏘비뇽은 종종 신선한 민트(mint)향이나 유칼립투스 나무(gum tree)의 향도 난다.

· 지나치게 더운 기후나 비옥한 땅에서는 과일향이 지나쳐 포도주스 처럼 느껴질 수 있다.

· 선선한 기후에서는 쓴맛의 아로마를 만들며, 종종 피망(piment)을 잘라 놓은 것과 같은 향과 올리브(olive) 향이 난다. 오크(oak)는 와인의 미네랄 성분을 강화시키는데, 보르도 지방에서 생산된 와인은 시가박스(cigar box)향이 나며, 삼나무(japanese cedar)향이나 심하면 연필 깍은 부스러기향이 나기도 한다. 또한 지나치게 선선한 지역에서는 완숙에 이르지 못하고 풋풋한 풀냄새가 나기도 한다.

· 까베르네 쏘비뇽이 좋아하는 토양이 배수가 잘 되는 자갈토양이라서 메독과 그라브지역이 까베르네 쏘비뇽의 고향이 될 수 있었던 원인이기도 하다. 이밖에 남반부의 메독이나 미국의 나파밸리(napa valley)로 불리는 호주의 쿠나와라(coonawara)에 있는 독특한 토

양인 테라로사(terrarossa 홍토)와 석회질 토양에서도 잘 자란다. 기후는 건조한 기후와 많은 일조량을 선호하며, 기온이 다소 높고 축축한 진흙토양이 많은 보르도 우안 지역(右岸地域)은 상대적으로 까베르네 쏘비뇽 성장에 별로 좋지 못한 지역이다. 그러나 자갈을 더 많이 함유하고 있는 마고(margaux)지역에서는 까베르네 쏘비뇽의 비율이 상대적으로 높지만, 진흙토양이 좀 더 있는 쌩떼스떼프(saint-estephe)지역에서는 메를로와 까베르네 프랑의 비율이 상대적으로 더 높다.

· 와인의 향미는 다음과 같다.
  ☞ 과일향 : 블랙커런트(blackcurrant), 블랙베리(blackberry), 블랙체리(black cherry)
  ☞ 식물향 : 피망(piment), 아스파라거스(asparagus), 그린 올리브(green olive)
  ☞ 향신료향 : 생강(ginger), 후추(pepper), 서양고추(paprika)
  ☞ 오크숙성(light) 부케향 : 바닐라(vanilla), 코코넛(coconuts), 쵸콜렛(chocolate), 달콤한 나무(sweet wood)
  ☞ 오크숙성(heavy) : 오크(oak), 스모크(smoked), 토스트(toasted), 타르(tar)
  ☞ 보틀 에이지(bottle age) : 체다우드(ceddarwood 삼목나무), 시가박스(cigar box), 사향(musk), 버섯(mushroom), 흙(soil), 가죽(leather)
· 음식과의 조화 : 양고기, 오리고기, 소고기 등 주로 육류고기 등에 잘 어울린다.

■ 까베르네 프랑(Cabernet Franc)

보르도 지방에서 레드와인을 양조할 때 블렌딩에 가장 많이 사용하고 있는 품종이며, 보르도의 쌩떼밀리옹(saint-emlion), 뽀므롤(pomerol), 프롱싹(fronsac) 등 리부르네(libournais)지역에서 주로 재배되나 메독지역에서도 재배되고 있다.

까베르네 프랑 품종은 중생종으로 메를로보다 1주일 정도 늦고 까베르네 쏘비뇽보다 1주일 정도 일찍 익는다. 리부르네의 석회질 토양에서 재배하면 색상이 짙고, 까베르네 쏘비뇽 보다는 못하지만 탄닌 성분이 적당히 느껴지는 와인이 생산된다.

블렌딩하면 와인에 풍부한 알코올 성분과 바디, 유연함을 주며 산딸기와 검붉은 과실류, 미네랄의 섬세한 아로마를 수어 보다 복합적인 성격을 띠게 된다. 쌩떼밀리옹에서는 부쉐(bouchet), 루아르지방에서는 브르똥(bourton), 남서부지방의 마디랑(madiran)에서는 부쉐(bouchet)라고 불린다.

· 원산지는 프랑스 보르도 지방
· 주 분포지역은 프랑스 보르도 전역, 특히 뽀므롤 및 쌩떼밀리옹 지역, 루아르 지방의 부르괴이(bourgueil), 생 니꼴라 드 부르괴이(st. nicolas de bourgueil), 쉬농(chinon), 소

뮈르-샹삐니(saumur-champigny), 앙주(anjou), 뚜렌(touraine), 서남부(sud-ouest) 지방과 이탈리아 동북부 프리울리(friuli), 캘리포니아 주의 북부해안, 워싱턴 주, 남아프리카공화국, 호주 등지에 분포한다.

· 상큼한 맛(lean and crisp), 딸기 및 체리의 향, 흙냄새 그리고 향긋하면서도 순한 맛을 보이며 스타일은 미디엄 바디이다.

· 까베르네 프랑 와인은 까베르네 쏘비뇽 와인보다 색깔이 옅고 탄닌 함량이 적다.

· 보르도 와인의 양조에는 반드시 블렌딩의 한 파트너로 참여하고 있어 제3의 포도 품종으로도 평가되고 있는데, 주로 까베르네 쏘비뇽과 메를로가 블렌딩의 주된 파트너이며, 대표적인 와인으로는 다음과 같다.

☞ 샤또 오브리옹(ch. haut brion) : 메를로 30%, 까베르네 쏘비뇽 30%, 까베르네 프랑 40%

☞ 샤또 라피트 로칠드(ch. lafite rothschild) : 까베르네 쏘비뇽 70%, 메를로 20%, 까베르네 프랑 5%, 쁘띠 베르도 5%

☞ 샤또 페트뤼스(ch. pertus) : 메를로 95%, 까베르네 프랑 5%

· 까베르네 프랑은 향이 풍부한 가계(家系)의 특성으로 인해 단일 품종으로 양조되기 보다는 까베르네 쏘비뇽, 메를로 등과 블렌딩되어 와인을 만든다.

· 신세계국가에서도 블렌딩 품종으로써의 기본 역할이 그대로 유지되고 있는데, 일부 국가에서는 단일품종만으로 양조하는 것을 시험하고 있기도 하다.

· 와인의 향미 : 그린 허브(green herbs), 제비꽃(violets), 블랙커런트(blackcurrant)

· 음식과의 조화 : 붉은 색을 띠는 육류 등에 잘 어울린다.

■ 까리냥(Carignan)

스페인이 원산지이지만 최근에는 프랑스에서 더 많이 재배되는 품종으로 평지에서는 산출량이 많고 품질이 좋지 않으나 언덕에서 재배되는 것은 수확량은 적으나 품질은 좋다. 더운 지역에서 잘 자라며, 늦게 익고 탄닌과 산도가 높다.

· 원산지는 스페인이지만, 현재는 프랑스에서 더 많이 재배되고 있다.

· 주 분포지역은 프랑스 프로방스, 론, 랑그독 지방에서 저렴한 테이블 와인용으로 많이 재배되고 있다.

· 지중해 주변의 국가, 이탈리아, 이스라엘, 스페인, 캘리포니아 등지에 분포한다.

· 까리냥 품종은 국가마다 다르게 호칭하고 있다.

☞ 스페인 : 까리네나(carinena) 또는 마주엘로(mazuelo)

☞ 캘리포니아 : 까리냔느(carignane)

· 스페인 리오하(rioja) 와인의 색을 내는데 블렌딩하기도 하며, 까리냥 포도 품종은 다른 어떤 품종보다도 더 짙은 와인색을 낸다.
· 진한 보랏빛으로 탄닌과 알코올 성분이 높고, 진하고, 풍부하며 과일향이 나고 스파이시한 향을 지닌다.
· 탄닌 성분이 많기 때문에 부드러운 와인, 생쏘(cinsault), 그르나슈(grenache)와 블렌딩한다.
· 와인의 향미 : 후추, 서양자두, 잉크
· 음식과의 조화 : 매콤한 양념과 향신료를 곁들인 닭고기 요리 등에 잘 어울린다.

■ 까르메네르(Carménère)

19세기 중반 흰가루병(powedery, oidium)과 필록세라가 발생하기 전에 메독지역과 그라브지역에서 주요한 포도 품종으로 재배되었다.

1850년대 프랑스의 여러 품종이 칠레에 건너갈 때 까르메네르 품종도 포함되었으며, 현지 기후와 토양에 잘 적응하여 재배에 성공하였다.

까르메네르 품종은 잎 색깔의 미세한 차이 외에는 메를로와 거의 같아서 칠레에서는 메를로 품종으로 약 140년 동안 재배되어 왔다. 포도의 특징은 메를로와 비슷하나 메를로보다는 탄닌이 다소 풍부하나 산도는 다소 떨어지는 편이다.

그러나 1994년 프랑스 와인수출업자 장-미셸 부르시퀴오(Jean-Michel Boursiquot)가 메를로 품종으로 알고 있던 까르메네르 품종을 보르도가 원산지인 까르메네르 품종임을 확인하였다. 1991년 캘리포니아 몬다비(mondavi)사의 로버트 몬다비(Robert Mondavi)가 칠레에 투자 가능성을 파악하려고 방문 중에 에라주리즈(errazuriz)소유 포도밭을 방문했을 때 메를로를 시음하였는데, 일반 메를로 품종보다 맛이 진한 것을 확인하고 까르메네르 포도를 메를로 중 특별한 품종(special clone of merlot)이라고 언급한바 있다.

칠레 정부는 까르메네르를 칠레를 대표하는 포도 품종으로 육성하려고 재배를 장려하고 있으며, 최근 3~4년 동안 품질이 뛰어난 와인들이 생산되고 있다.

· 원산지는 프랑스 보르도 지방
· 주 분포지역은 칠레지역
· 100년 이상 칠레에 뿌리를 내리면서 칠레의 대표적 품종이 되었다.
· 훌륭한 아로마와 순한 탄닌으로 짙은 색상을 띠며, 품질 좋은 포도 품종으로 여겨져 왔다.
· 10년 전까지만 해도 칠레 양조인들은 까르메네르 품종이 메를로와 여러모로 흡사해 프랑스의 토종 품종인 것을 알지 못했다.
· 1994년 처음으로 장-미셸 부르시퀴오가 이 품종이 보르도에서 건너온 메를로와 다른 종

임을 밝히고 확인해 줌으로써 제 고향을 찾게 되었다.

· 와인의 향미 : 라즈베리(raspberry), 그린 허브(green herbs), 서양자두

· 음식과의 조화 : 치즈, 닭요리, 오리요리, 칠면조요리, 파스타, 굴, 찜요리, 야채와 견과류에 기초한 음식 등에 잘 어울린다.

■ 코르비나(Corvina)

이탈리아 동북쪽의 베로나(verona)지방에서 생산되는 제2의 포도 품종이며, 이 지방에서 생산되는 발폴리첼라(valpolicella) 레드와인의 주원료로써 생산량으로는 이탈리아에서 제2위에 속하는 가벼운 레드와인이다.

중간 크기의 잎은 오각형으로 포도송이는 상부가 넓고 밀도가 높은 원통형이며, 포도알은 타원형이고 청보라색의 두꺼운 껍질을 지닌다.

1824년 폴리니(Pollini)에 의해 처음 언급된 품종으로 충적토와 자갈토 그리고 퇴적토양을 선호하며, 흰가루병(powedery mildew)에 매우 민감하고 오이듐균(oidium)에 약하다. 코르비나 품종으로 만든 와인은 후레쉬(fresh)하면서도 색이 진하고 맛이 좋으며, 탄닌도 약간 느껴진다. 다른 품종과 혼합하여 양조되며 DOCG 등급의 바르돌리노 수페리오레(bardolino Superiore)와 DOC 등급의 발폴리첼라와 가르다 오리엔탈레(garda orientale)를 만들 때 사용되어진다. 때로는 여러 유형의 와인을 만들기 위해 론디넬라(rondinella) 품종과 모리나라(molinara) 품종을 혼합하기도 한다.

· 원산지는 이탈리아의 베네토

· 와인의 향미 : 체리, 잡초향, 딸기, 꽃

· 음식과의 조화 : 시금치요리, 스파게티, 파스타요리, 소시지, 커리(curry)요리, 리코타(ricotta)치즈[1], 해물파전 등에 잘 어울린다.

■ 돌체토(Dolcetto)

몬페라토(monferrato)에서 1000년 전부터 재배하고 있어 토착 품종으로 여겨지고 있으며, 최근에는 피에몬테 주 중남부 전역에서 리구리아(liguria) 주와의 경계 지역까지 분포하고 있다. 포도의 단맛(dolce 돌체)으로 인해 붙여졌을 품종의 이름에도 불구하고, 오히려 양조된 와인은 매우 드라이하며 약간의 씁쓸한 맛이 난다. 기후와 토양 상태에 민감하여 생산지에 따라 특색 있는 와인이 생산되는데, DOC 등급 와인은 다음의 7개이다.

1) 치즈를 만드는 과정에서 나오는 훼이(whey)에 신선한 밀크나 크림을 첨가해 한번 더 데워서 만드는 '훼이 재활용' 소프트 치즈이다.

☞ 돌체토 다퀴(dolcetto d' acqui)

☞ 돌체토 달바(dolcetto d' alba)

☞ 돌체토 다스티(dolcetto d' asti)

☞ 돌체토 델레 랑게 몬레갈레시(dolcetto delle lanche monregalesi)

☞ 돌체토 디 디아노 달바(dolcetto di diano d' alba)

☞ 돌체토 디 돌리아니(dolcetto di dogliani)

☞ 돌체토 디 오바다(dolcetto di ovada)

생산지와 양조 기술에 따라 떫은맛의 영(young) 와인에서 부터 6~7년의 숙성 와인까지 다양하다.

포도 잎은 상부가 넓은 녹색, 싹은 붉은 색의 잎맥이 있으며, 잎은 작은 편으로 옆으로 퍼진 형태이다. 큰 편인 포도송이는 상부가 넓은 각추형으로 밀도는 중간이며, 원형의 포도알은 쉽게 떨어지고 껍질은 파랗고 얇으며 단맛의 과즙이 풍부하다.

· 원산지는 이탈리아 서북부의 피에몬테
· 주 분포지역은 이탈리아 알바(alba)를 비롯해 아스티(asti), 아퀴(acqui), 오바다(ovada), 돌리아니(dogliam) 마을 등지가 주산지이다.
· 이탈리아 와인으로는 드물게 산도가 적은편이며, 단맛이 배어 있고, 체리향이 풍부하다.
· 프랑스의 보졸레 와인과 유사한 점이 많다.
· 와인의 스타일은 라이트한 편이어서 장기보관은 적당하지 않다.
· 통상 1~2년 이내 마시는 것을 권장한다.
· 와인의 향미 : 잉크, 체리, 서양자두
· 음식과의 조화 : 흰 살 육류인 닭고기, 돼지고기, 송아지고기 등에 잘 어울린다.

■ 가메(Gamay)

가장 재배역사가 오래된 포도 품종으로 흑포도의 시조라고도 불리며, 다수확 조생종으로 종류에 따라 포도알이 다소 성근송이를 맺기도 한다.

탄산침용법(maceration carbonique 마쎄라시옹 까르보니크)[1]으로 양조하면 와인이 짙은

1) 탄산 침출에 의한 와인 발효는 장기보관용 보다는 짧은 기간에 마시기에 적합한 와인을 만드는 목적에 많이 사용되는 양조방법이다. 이 목적을 위해 손상되지 않은 포도송이를 그대로 발효통에 넣고 이산화탄소(carbon dioxide)를 넣은 후 뚜껑을 밀봉한다. 이산화탄소의 옛날 이름은 carbonic dioxide gas이며, 이것을 그대로 사용해서 carbonic marcelation이라 부른다. 탄산 침출 방식에 의한 발효통은 어느 것 이든지 외부의 공기가 진입하는 것을 막기 위해 뚜껑을 닫는다. 포도 껍질과 씨를 제거하지 않은 상태로 발효하는 과정에서 알코올은 포도 껍질에 있는 색소, 탄닌, 향을 용해시켜낸다. 저온 마쎄라시옹은 발효단계 이전에 하며 주로 화이트와인 양조법에 사용된다.

색상을 띠며 부드럽고 과일향(야생화, 붉은 열매향)이 풍부한 와인을 생산한다. 특히 화강암 토양지역에서는 훨씬 육감적이고 짜임새 있는 와인이 된다.

루아르지방의 뚜렌(touraine)지역과 부르고뉴 지방, 마꽁(magon)지역에서도 재배되고 있다. 부르고뉴 지방에서 생산되는 와인 중에 가메 2/3와 삐노 누아 1/3을 블렌딩한 와인이 AOC 부르고뉴 빠쓰 뚜 그랭(bourgogne passe-tout-grain)이며, 마꽁지방의 마꽁 루쥬(macon rouge)는 가메 품종을 사용하여 와인을 만든다.

부르고뉴 지방 남쪽에 위치한 보졸레(beaujolais) 지역의 대표적인 포도품종으로 보졸레 누보(beaujolais nouveau)와 보졸레 빌라쥬(beaujolais village) 양조에 사용되는 포도 품종이다. 색이 아주 연하고 핑크색에 가까우며, 시큼한 맛이 강한 것이 특징이다.

· 원산지는 프랑스 부르고뉴 지방의 보졸레 지역
· 주 분포지역은 프랑스 루아르 지방, 부르고뉴 지방, 랑그독 루씨용 지방, 오베르뉴(auvergne) 지방의 산악지대, 이탈리아의 발 다오스타(val d' aosta), 페루자(perugia), 토스카나(toscana), 스위스의 발레(valais), 쥬네브(genéve), 동유럽 및 중앙 유럽(헝가리, 불가리아, 루마니아, 세르비아, 슬로베니아, 러시아), 룩셈부르크, 캐나다, 미국, 스페인 등지에 분포한다.
· 가메 누아 아 쥐 블랑(gamay noir a jus blanc)이라고도 불린다.
· 밝고 찬란한 색상의 루비 레드, 짙은 감홍색, 레드 핑크를 나타낸다.
· 향은 풍부한 아로마와 신선한 과실향을 나타내며, 매우 고혹적[1]이다.
· 맛은 주로 딸기 등의 과일맛을 보이며, 약간 신맛을 지니고 있다.
· 생산 즉시 마실 수 있으며, 순하고 과일 향미가 풍부한 와인이다.
· 와인의 스타일은 기본적으로 라이트 하지만 품질 좋은 크뤼급 보졸레는 라이트에서 미디엄 바디의 질감을 보이고 물랭아방(moulin-á-vent)의 경우는 풀 바디하다.
· 보졸레 와인은 일반 테이블 와인과는 달리 신선미를 얻기 위해 탄화 마쎄라시옹이라는 특수한 양조법을 따른다.
· 가메 품종으로 만든 대표적인 와인은 다음과 같다.
  ☞ 보졸레(beaujolais)
  ☞ 앙주 로제(anjou rose)
  ☞ 앙주 가메(anjou gamay)
  ☞ 가메 드 뚜렌(gamay de touraine)

1) 아름다움이나 매력 따위에 홀려서 정신을 못 차리는 또는 그런 것

· 가메 품종으로 빚어지는 와인은 3개의 카테고리(AOC)가 있다.

☞ 보졸레(beaujolais) : 보통품질의 와인

☞ 보졸레 빌라쥬(beaujolais village) : 39개

☞ 크뤼 보졸레(cru Beaujolais) : 10개

· 보졸레 및 보졸레 빌라쥬급 와인에서 햇와인(beaujolais nouveau, beaujolais premier)이 매년 11월 셋째 주 목요일, 이른바 보졸레 축제 때 동시에 출시된다.

· 가메로 빚은 보졸레 누보는 탄화 마쎄라시옹에 의한 와인으로써 1950년대 이래 매년 11월 보졸레 축제를 통해 세계 와인시장 공략에 성공한 마케팅 사례의 하나이다.

· 유사 포도품종으로는 쁘띠 가마이(pitit gamai), 가메 롱(gamay rond), 부르귀뇽 누아(bourguignon noir), 나파 가메(napa gamay) 품종이 있다.

· 와인의 향미 : 딸기, 라즈베리, 체리

· 음식과의 조화 : 돼지고기, 소시지, 연어 등에 잘 어울린다.

■ 그르나슈(Grenache)

스페인에서 프랑스에 전파되어 론지방과 남부 프랑스지역에 널리 재배되고 있으며, 매우 힘있고 가뭄에 잘 견디는 성질로 인해 지중해의 포도재배지역에서 널리 재배되고 있다. 건조하고 자갈이 많은 언덕에서 가장 우수한 포도가 생산되는데, 여름 동안에 많은 일조량이 필요하며, 맛이 부드럽고 알코올 함량이 높은 기름진 와인을 생산한다. 그르나슈 품종은 탄닌이 풍부하지 못하며 산도가 다소 낮은 편으로 단독으로 와인을 생산하는 경우는 드물고 다른 포도 품종과 혼합하여 와인을 생산한다. 그러나 로제와인과 강화와인을 양조하는 경우는 그르나슈 품종만 사용하기도 한다.

꼬뜨 뒤 론(côtes du rhone), 샤또네프 뒤 빠프(châteauneuf-du-pape) 와인 등의 주품종이며, 랑그독-루씨용의 천연스위트와인(VDN, vin doux naturels)의 양조에 많이 사용되는데 레드 천연 스위트와인을 생산한다. 대표적인 VDN 생산지역인 모리(maury), 바뉠스(banyuls)지역에서 재배되고 있다. 스페인의 대표적인 산지인 리오하(rioja)지역의 주요 재배 품종이다.

· 원산지는 스페인

· 주 분포지역은 프랑스의 론지방이 가장 번성하는 지역으로 샤또네프 뒤 빠프 와인의 주품종이며, 론지방 이외의 지역은 지중해 연안, 랑그독 루씨용, 프로방스 지방, 스페인의 리오하와 나바라(navarra), 호주, 캘리포니아, 이탈리아, 아프리카(모로코, 튀니지), 아르헨티나, 멕시코 등지에 분포하고 있다.

· 색상은 황갈색(golden brown)을 띠며, 딸기와 향신료향이 나고 맛은 감미가 넘치고 신맛과 떫은맛이 거의 없다.

· 알코올 함량이 높으면서 와인의 스타일은 미디엄 바디 또는 풀 바디한 특질을 보이며, 입 안 가득히 넉넉한 맛을 보인다.
· 내구성이 강해 더운 지방에서 번성하는데 특히 자갈이 많고 건조하며, 척박한 토양에서 잘 자란다.
· 테이블 와인으로 독자적으로 양조하기에는 부적합하여 주로 시라(syrah), 까리냥(cari gnan), 무르베드로(mourvedre, mataro 마타로) 등과 블렌딩한다.
· 로제 및 강화 와인 양조의 경우 독자적으로 사용되는데 사례로서 VDN(뱅 두 나뛰렐, vins doux naturels)의 기초품종으로 쓰이며 특히, 바뉼(banyuls), 라스또(rasteau), 모리(maury)에서 생산되는 VDN의 명품을 빚는데 쓰인다.
· 그르나슈 품종에는 몇 가지 다른 호칭이 있다.
  ☞ 스페인 : 가르나차 틴타(garnacha tinta), 알리깐띠나(alicantina), 띤뚜 아라고네스(tinto aragones), 우바 디 스파냐(uva di spagna)
  ☞ 프랑스 : 알리칸테(alicante), 띤뚜(tinto), 루씨용 띤뚜(roussillon tinto), 그르나슈 누아(grenache noir), 까리냔느 루스(carignane rousse)
· 와인의 향미 : 블랙베리, 그린 허브, 스파이스
· 음식과의 조화 : 양고기, 가금류, 육류, 다만 VDN의 경우 푸딩, 초콜릿, 블루치즈 등과 잘 어울린다.

■ 람브루스코(Lambrusco)

람브루스코는 이탈리아의 에밀리아-로마냐(emilia-romagna) 주에서 재배되고 있는데, 다음과 같은 DOC등급의 와인을 생산하고 있다.

  ☞ 람브루스코 디 소르바라(lambrusco di sorbara)
  ☞ 람브루스코 그라스파로사 디 카스텔베트로(lambrusco grasparossa di castelvetro)
  ☞ 람브루스코 레자노(lambrusco reggiano)
  ☞ 람브루스코 사라미니 디 생 크로체(lambrusco salamini di st. croce)

람브루스코 와인은 프리잔테(frizzante, semi-sparkling wine)로 따르면 거품이 활발히 일어난 후에 점점 사라지며, 다양한 강도의 붉은 색을 지닌다. 기분 좋은 제비꽃향이 나며, 맛은 드라이하거나 스위트하고 서빙 적정온도는 14~16℃이다.

· 원산지는 이탈리아의 에밀리아-로마냐
· 와인의 향미 : 딸기, 라즈베리, 체리
· 음식과의 조화 : 스프나 지방 특산요리, 햄, 소시지, 계란요리, 육류, 야채튀김 등에 잘 어울린다.

■ 말벡(Malbec)

말벡 품종은 꼬(cot)라고도 부르며, 프랑스 서남부의 까오르(cahors)에서는 오세루아(auxerrois)라고 부른다.

말벡 품종은 보르도의 메독지역보다는 지롱드 강 오른쪽 언덕지역인 꼬뜨 드 부르그(côtes de bourg)와 꼬뜨 드 블라이(côtes de blaye) 지역과 루아르지방, 서남부(sud-quest)지방에서 주로 재배되고 있다. 말벡은 아르헨티나로 전파되어 멘도사(mendosa)지역의 기후와 토양 조건에 잘 적응되어 아르헨티나의 대표적인 포도 품종으로 재배되고 있다.

말벡의 특성은 풍부한 탄닌과 짙은 검붉은색을 띠고 있어 메를로 품종에서 수분을 뺀 것과 비슷하며, 산도는 다소 낮고 영(young) 와인에서는 블랙베리향이 진하게 나며 포도는 일찍 익는다.

포도의 특성상 진한 색상이 나오기 때문에 서남부지방의 까오르 지역에서 생산되는 와인의 별명은 검은색 와인(black wine) 이었다고 한다. 까오르 지역에서 와인을 양조할 때는 메를로와 탄나(tannat)를 함께 사용하고 있다.

아르헨티나는 말벡 재배면적이 30,000ha로 많이 재배하고 있으며, 알맞은 탄닌으로 깊은 맛의 와인을 생산하고 있다. 칠레에서는 와인의 구조가 더 짜임새 있고 힘이 있는 와인을 생산하는데 주로 메를로와 쁘띠 베르도(petit verdot)와 함께 사용하고 있다.

· 원산지는 프랑스 보르도 지방
· 주 분포지역은 프랑스의 루아르 지방을 비롯해 보르도, 부르고뉴, 서남부 지방 등지에 분포하며, 한때 보르도에서 번성했으나 현재는 명맥을 유지하는 수준이고 오히려 서남부 지방의 까오르에서 더 번성하고 있다. 또한 해외지역으로는 아르헨티나 멘도사, 칠레, 호주, 캘리포니아, 이탈리아, 지중해 연안 등지에서 분포하고 있는데 이 가운데 아르헨티나에서 가장 번성하고 있다.
· 추운 기후에 약하지만 숙성되면서 짙은 적색을 띠고 잘 익은 과일 등의 향기를 풍긴다.
· 아르헨티나에서 생산된 말벡은 탄닌이 부드럽고, 프랑스 까오르에서 생산된 말벡은 탄닌 성분이 많다.
· 보르도에서 재배되는 전통적인 포도 품종으로 색깔이나 탄닌의 조화를 위해 블렌딩용으로 많이 쓰이나 까오르 지역에서는 주 품종으로 사용된다.
· 포도의 빛깔이 검붉고 두꺼운 껍질과 넉넉한 탄닌을 지니고 있어 다른 포도 품종이 색상과 탄닌을 얻기 위해 함께 블렌딩한다. 이를 흔히 탄닌의 가계로 분류하기도 한다.

☞ 보르도의 까베르네 쏘비뇽

☞ 까오르(cahors)의 말벡

☞ 마디랑(madiran)의 탄나

☞ 꼬뜨 로띠(cote rotie)의 시라

· 향은 진한 과일향을 보이며 스타일은 미디엄 바디 또는 풀 바디하다.

· 맛은 진하고 때로는 잼 맛을 보이며 오크통에서 숙성을 거치면 비교적 우아한 맛을 보이고 마시기 수월하다.

· 까베르네 쏘비뇽, 메를로, 까베르네 프랑 등과 블렌딩하며, 루아르 지방에서는 까베르네 쏘비뇽과 가메와 블렌딩한다.

· 오늘날 아르헨티나의 대표적 포도품종으로 해발 800~1,000m의 안데스(andes) 산맥의 멘도사에서 가장 번성하며, 이 지방의 명품와인을 빚는데 사용된다.

· 말벡 품종에는 몇 가지 다른 호칭이 있다.

☞ 보르도 지방의 쌩떼밀리옹 지역 : 꼬(cot), 프레삭(pressac)

☞ 서남부 지방의 까오르 지역 : 오세루아(auxerrois)

· 와인의 향미 : 말린 과일, 쟈스민(jasmine), 서양자두

· 음식과의 조화 : 붉은 색상을 띠는 육류요리, 바베큐 고기, 파스타, 매콤한 음식, 에담(edam) 및 고다(gouda) 치즈 등에 잘 어울린다.

■ 메를로(Merlot)

메를로 누아(merlot noir)라고도 부르며, 보르도 지방에서 가장 많이 재배되는 품종으로 포도밭의 거의 60% 정도를 차지하고 있다. 메를로 포도는 중생종으로 분류되나 실제로는 조생종에 가깝고, 이른 봄에 새싹, 개화, 봄 서리 등에 피해를 입기 쉬워 매년 생산량의 변화가 다르게 나타나고 있으며, 포도송이는 크고 포도알도 까베르네 쏘비뇽보다 굵다. 당도는 까베르네 쏘비뇽보다 높고 햇볕을 잘 받을 수 있도록 잎을 솎아 주어야 하며, 동일한 포도밭에서 재배한 경우 까베르네 쏘비뇽 품종보다 메를로 품종에서 알코올이 1~2° 더 높게 생산된다.

메를로 품종은 진흙, 석회질 토양에 잘 자라며 와인은 입안에서 부드럽고 풍만한 느낌을 주고 탄닌이 강하면서도 섬세함과 힘이 느껴진다. 블렌딩을 통해 와인의 깊이와 풍성한 느낌을 제공하면서 까베르네 쏘비뇽의 조금 거친 성질을 완화 시켜준다.

1868년에 발간된 라 빈느 엉 보들레(la vigne en bordelais)책에 검은 새(blackbird 찌르레기류의 검은새) 라고 했는데, 그 이유는 색깔이 검은새와 비슷했기 때문이다. 1784년에 리부르네(libournais)지역에 재배된 사실이 확인되고 있다. 메를로 품종의 와인들은 짜임새가 매우 있으며, 까베르네 품종 와인보다는 빨리 숙성되고, 동물성, 사냥 짐승고기나 바이올렛(violet 제비꽃) 향과 딸기향을 연상시키는 아로마를 제공한다. 쌩떼밀리옹, 뽀므롤에서 많이

재배되며, 남서부(sud-Quest)의 베르쥬락(beugerac)과 꼬뜨 드 뒤라(côtes de duras), 뷔제(buzet), 랑그독-루씨용의 까리냥(carignan)에서도 재배되고 있다.

· 원산지는 프랑스 보르도 지방

· 주 분포지역은 보르도의 리부르네 지역의 뽀므롤, 쌩떼밀리옹, 프롱싹(fronsac)과 남서부(sud-quest), 랑그독-루씨용 등 분포지역이 매우 제한적이며, 일부 남부 지방에 분포되고 있다. 또한 해외지역으로는 이탈리아의 베네토(veneto)와 움브리아(umbria), 스페인, 미국 워싱턴, 캘리포니아의 나파 밸리(napa valley)와 소노마 카운티(sonoma county), 뉴욕, 호주, 뉴질랜드, 칠레, 남아프리카공화국, 캐나다, 동유럽(유고슬라비아, 슬로바키아, 헝가리, 루마니아, 불가리아, 포르투갈) 등지에서 재배하고 있다. 특히, 칠레, 스페인 등 일부 지역의 메를로는 가뭄 때 강한 산을 보일 때가 있다.

· 이탈리아 북부지방에서 메를로 품종을 폭 넓게 재배하고 있으며, 이탈리아 요리와 잘 어울린다.

· 메를로 품종에는 몇 가지 다른 호칭이 있다.

☞ 프랑스 : 쎄미용 루쥬(semillon rouge)

☞ 헝가리 : 메독 누아(medoc noir)

· 탄닌이 적고 가벼운 과일향과 적당한 산을 함유하고 있으며, 미디엄 또는 풀 바디 스타일의 질감을 보인다.

· 까베르네 쏘비뇽보다 떫은맛이 적으며, 한결 부드럽고 유순하다. 또한 과실향이 풍부하고 허브향이 배어있어 깊고 우아한 맛을 보인다.

· 보르도 쌩떼밀리옹 와인의 양조에 주 품종으로 쓰이며, 다른 포도 품종과 블렌딩하다.

· 랑그독 루씨용 지방의 뱅 드 뻬이 독(vin de pays d' oc)[1] 와인양조에 주 품종으로 쓰인다.

· 메를로 품종으로 만든 대표적인 와인은 다음과 같다.

☞ 샤또 페트뤼스(ch. petrus) : 메를로 95%이상, 까베르네 프랑 5%미만

☞ 샤또 오손(ch. ausone) : 메를로 50%, 까베르네 쏘비뇽 50%

☞ 샤또 슈발 블랑(ch. cheval blanc) : 메를로 34%, 까베르네 프랑 66%

☞ 샤또 피작(ch. figeac) : 메를로 30%, 까베르네 프랑 35%, 까베르네 쏘비뇽 35%

· 메를로는 항상 까베르네 쏘비뇽과 비교 대상이 되는데, 수확의 경우도 메를로가 까베르네 쏘비뇽보다 일찍 익는다.

---

1) 지방명 와인들은 원산지를 표기 할 수 있다는 점에서 테이블 와인과 구별된다. 예를 들어 랑그독 지방 와인의 경우 뱅 드 뻬이 독(vin de pays d' oc) 이라고 표기된다. 이는 뱅 드 따블(vin de table)에 비해 조금 더 품질이 좋다.

· 와인의 향미 : 체리, 서양자두, 장미

· 음식과의 조화 : 생선, 참치구이, 가금류, 특히 구운 고기에 잘 어울린다.

■ 몬테풀치아노(Montepulciano)

몬테풀치아노는 토스카나(toscana) 주 시에나(siena) 근교의 도시 이름으로 몬테풀치아노 도시와 전혀 상관이 없는 흑포도품종 이름이다. 토스카나 주의 포도밭에서 생산되는 비노 노빌레 디 몬테풀치아노(vino nobile di montepulciano) DOCG는 산지오베제 그로쏘(sangio vese grosso), 카나이올로 네로(canaiolo nero), 말바지아 델 끼안띠(malvasia del chianti), 트레비아노 토스카노(trebbiano toscano) 품종을 블렌딩하여 만든 와인이다. 오랜 숙성(2년의 나무통 숙성이 의무)에 적당한 최고급 이탈리아 레드와인 중의 하나로 18°가 마시기에 적절하며, 붉은 육류나 조류, 사냥 고기와 잘 어울린다.

반면, 포도 품종인 몬테풀치아노는 이탈리아 중동부에 대부분 분포되어 있으며, 산지오베제 품종과 최대 15% 혼합하여 몬테풀치아노 다브르초(montepulciano d' abruzzo) DOC를 만든다. 몬테풀치아노 와인은 바디가 강하고 드라이한 레드와인으로 맛이 좋고 부드러우며 탄닌도 약간 느껴지고 서빙 적정온도는 16~18℃이다.

다섯 갈래로 갈라진 중간 크기의 잎은 테두리가 진한 녹색을 띠며, 포도송이는 적당한 밀도에 원추형이며, 포도알은 검보라색에 껍질은 단단하고 붉은 색상이 돌고, 과즙이 풍부하다.

· 원산지는 이탈리아의 마르케(Marche)

· 와인의 향미 : 블랙베리, 체리, 서양자두

· 음식과의 조화 : 육수를 사용한 요리나 고기구이, 양, 닭, 토끼 요리와 잘 어울린다.

■ 무르베드르(Mourvédre)

프랑스 남부의 여러 마을에서 흔히 접할 수 있는 포도 품종이며, 마치 이곳이 무르베드르의 고향으로 여겨질 정도이다. 그러나 무르베드르 품종의 고향은 이베리아(iberia) 반도이다. 특히 스페인에서 무르베드르는 그라나차(granacha) 다음으로 중요한 포도 품종으로 알려져 있으며, 그 이름도 모나스트렐(monastrell)이라 불리고 있다. 프랑스 남부의 여러 AOC 마을들, 특히 마르세유(marseille) 인근의 카시스(cassis), 빨레뜨(palette), 방돌(bandol) 등지에서 레드와인을 양조하는데 아주 중요한 품종으로 쓰이고 있다. 특히 빛깔과 향을 얻기 위해 필수적으로 블렌딩에 쓰이고 있으며, 방돌의 이름난 와이너리인 샤또 드 삐바르농(château de pibarnon)에서는 레드와인을 빚는데 주 품종으로 쓰고 있다. 2001년 빈티지 레드와인에 무르베드르가 90%, 그르나슈가 10%로 블렌딩되고 있는 것은 그 좋은 사례인데, 매우 파워풀(powerful)하고 담배와 후춧가루의 풍미를 보이며, 단단한 와인의 짜임새를 보이고 있다.

스페인이 고향인 무르베드르가 처음으로 프랑스 남부의 프로방스에 전파된 것이 14세기 이후의 일로 보고 있는데, 분포되고 있는 산지는 프랑스 내에서는 남부지방, 프로방스와 론지방에 매우 제한적이며, 이 가운데서도 샤또뇌프 뒤 빠쁘(châteauneuf du pape)마을과 랑그독 지방에서 좋은 빛깔의 와인과 향을 얻기 위해 널리 쓰이고 있다.

랑그독 지방에서는 뱅 드 뻬이(vin de pays)를 양조하는 데 쓰이고 있으며, 프랑스 이외의 지역으로서는 이베리아 반도를 비롯하여 캘리포니아 일부, 호주 등지에서 재배되고 있다. 특히 호주에써는 무르베드로 품종을 마타로(mataro)로 부르고 있다. 무르베드르는 더운 지방에서 적응하고 늦게 익는 어려움이 있는데, 한때 경작이 줄어들었으나 최근에 프로방스 지방에서 다시 재배 면적이 크게 늘고 있어 그 중요성이 상대적으로 높아지고 있다.

· 원산지는 스페인
· 주 분포지역은 프랑스 남부의 마르세유 인근의 카시스, 빨레뜨, 방돌, 론지방의 샤또뇌프 뒤 빠쁘 그리고 랑그독 지방이며, 해외지역으로는 이베리아 반도와 캘리포니아, 호주 등에서도 재배하고 있다.
· 뉴 월드에서는 마타로(mataro)라고 하며, 호주에서는 흑포도 품종 중 다섯 번째로 많이 재배되고 있다.
· 스페인에서는 그라나차(granacha)에 이어 두 번째로 중요한 흑포도품종으로 모나스트렐(monastrell) 이라고 부른다.
· 와인의 색상이 진하고 탄닌성분이 많으며, 바디가 있는 와인으로 몇 연간 숙성기간을 거치면 탁월한 방향을 갖게 된다.
· 프로방스, 랑그독, 론 강 계곡 지방의 원산지통제명칭(AOC) 와인에 사용된다.
· 주로 더운 지방에서 적응하고 늦게 익으며, 어느 토양에서도 잘 자라는 흑포도품종이다.
· 껍질이 두꺼우며, 알코올 함유량이 높고, 탄닌이 많다.
· 매우 파워풀하며, 담배와 후춧가루의 풍미를 보이고, 단단한 와인의 짜임새를 지니고 있다.
· 미디엄 바디의 매콤한 체리맛과 베리향, 약간의 탄닌이 느껴지는 적갈색 와인을 생산한다.
· 와인의 향미 : 블랙베리, 레드커런트, 스파이시
· 음식과의 조화 : 미디엄 또는 레어(rare) 이하로 구운 스테이크나 양고기 등 육류요리에 잘 어울린다.

■ 네비올로(Nebbiolo)

이탈리아 피에몬테(piemonte)의 토착 품종으로 그 기원이 17세기 초까지 올라가며, 이탈리아 최고의 클래식(classic) 흑포도품종으로 위대한 바롤로(barolo)와 바르바레스코(bar baresco) 와인을 만든다.

기온이 낮은 겨울 날씨에 잘 견디며, 높이 평가되는 이탈리아 고급 품종 중의 대표 품종으로서 이탈리아 북서쪽에서 오랜 숙성을 거쳐 생산되는 좋은 품질의 레드와인이 대부분 네비올로 품종으로 만들어지고 있는데, 주요 와인은 다음과 같다.

☞ 바롤로(baloro)와 바르바레스코(barbaresco)

☞ 카레마(carema)와 보카(boca)

☞ 시짜노(sizzano)와 스판나(spanna)

☞ 가티나라(gattinara)와 겜메(ghemme)

☞ 레쏘나(lessona)와 브라마테라(bramaterra)

☞ 발텔리나(valtellina)

상부가 넓고 은백색을 띠는 싹은 솜털이 무성하며, 잎맥이 하얀 작은 잎을 지닌다. 중간 크기의 포도송이는 상부가 넓은 각추형으로 밀도는 중간 정도이며, 포도알은 중간 크기의 타원형이고 껍질은 두꺼우며, 어두운 보라색이다. 과즙이 풍부하고 달면서도 시큼한 맛을 지닌다.

이탈리아어로 네비아(nebbia)는 안개를 의미하는 것으로, 네비블로 품종으로 이탈리아 와인을 대표하는 바롤로와 바르바레스코를 생산하는 지역인 알바(alba) 주변의 포도밭은 가을에 짙은 안개가 자주 발생하는 지역 중 하나이다. 껍질이 두꺼워 탄닌이 풍부하며, 만생종으로 포도가 익는 기간이 길어 짙고 깊은 맛을 준다. 네비올로는 피에몬테 지역의 석회질토양에서 가장 잘 자라며, 생산량은 보통으로 헥타르 당 50~60헥토리터를 수확한다.

대표적인 와인 이름으로는 다음과 같다.

☞ 안젤로 가야(angelo gaja)

☞ 소리 산 로렌쪼(sori san lorenzo)

· 네비올로 품종에는 몇 가지 다른 호칭이 있다.

☞ 스판나(spanna)와 스파나(spana)

☞ 피코테너(picotener)와 퓌네(pugnet)

☞ 끼아벤나스카(Chiavennasca)와 네비올로 카나베사노(nebbiolo canavesano)

· 원산지는 이탈리아 서북부 피에몬테 알바 주변

· 주 분포지역은 토스카나 지방과 더불어 이탈리아 와인 명산지의 피에몬테 지방에 자리 잡은 포도 품종으로 특히, 안개가 많은 랑게(langhe) 언덕이 주 재배 지역이며, 해외지역으로는 아르헨티나, 캘리포니아, 남아프리카공화국에서도 재배되지만 이탈리아 북부에서 생산되는 것이 가장 품질이 좋다.

· 석회질토양과 백악질토양 그리고 서늘한 기후에서 잘 자라는 포도 품종이다.
· 포도 품종 이름이 의미하는 바와 같이 이탈리아어로 안개라는 의미의 네비아(nebbia)에서 유래하여 네비올로라고 한다. 안개가 짙은 지역에서 자란 포도 품종이기에 껍질은 두껍고 특유의 탄닌이 배어 있다.
· 색상은 짙은 편이며, 방향과 탄닌이 풍부하고 품질 좋은 포도 품종으로 널리 알려져 있다.
· 산도의 강도가 매우 높고, 진한 적색과 넉넉한 질감을 보이며, 미디엄 바디 및 풀 바디 한 와인으로서의 특질을 지닌다.
· 삐노 누아와 마찬가지로 성장이 매우 까다로우며, 늦게 수확(10월)하는 품종이기도 하다.
· 오랜 숙성을 필요로 하는 포도 품종으로서, 최소한 6년 이상은 숙성시켜야 마실 수 있으며, 품질 좋은 바롤로나 바르바레스코는 20년 이상 숙성시킬 수도 있다.
· 네비올로 품종은 단독 또는 다른 포도 품종과 블렌딩하다.
☞ 가티나라(gattinara) : 네비올로 90%, 보나르다(bonarda) 10%
☞ 네비올로 달바(nebbiolo d' alba) : 네비올로 95%, 아르네이스(arneis) 5%
· 네비올로의 대표 와인이 바롤로와 바르바레스코의 차이점은 다음과 같다.
☞ 바롤로가 다소 중후한 질감을 갖고 장기 숙성이 가능하며, 풀 바디 와인이다.
☞ 바르바레스코는 보다 부드러운 질감과 짧은 숙성 기간을 보이며, 미디엄 바디 와인이다.
· 와인의 향미 : 버섯, 제비꽃(violets), 블랙베리, 타르(tar), 장미, 자두, 초콜릿, 과일 케이크, 바이올렛(violet)
· 음식과의 조화 : 카치아토레(cacciatore)[1], 스파게티, 훈제연어, 소고기, 구운 육류, 치즈 등에 잘 어울린다.

■ 네로 다볼라(Nero d' Avola) 또는 칼라브레제(Calabrese)

이탈리아 시칠리아(sicilia) 최고의 토착 품종 중의 하나이지만 섬 전체에 분포하고 있지는 않다.

네로 다볼라로 만든 와인은 알코올 도수가 높고 산도와 바디가 뛰어나며, 네로 다볼라 단일 품종으로 양조되거나 네렐로 마스칼레제(nerello maascalese) 품종, 프라파토 디 빅토리아(frappato di vittoria) 품종과 블렌딩되기도 한다.

1) 미국의 이탈리아 식당에서는 닭고기로 만들지만 원래 이름 '사냥(cacciatore)'에서 알 수 있듯이 사냥한 토끼고기를 이용하여 만든 요리이다. 야생고기의 향을 마늘과 다른 채소로 잘 조리한 카치아토레는 닭고기나 돼지고기를 써도 아주 좋다. 짙은맛을 지닌 이 음식은 풍미가 강하고 고상한 바르바레스코와 아주 잘 어울린다.

중간 크기의 잎은 갈라진 부분 없이 동그랗고, 포도송이는 상부가 넓은 원추형으로 밀도가 높으며, 포도알은 타원형이고 껍질은 남색으로 단단하다.

· 원산지는 이탈리아의 시칠리아
· 주 분포지역은 시칠리아 섬의 토착 품종으로 근래 시칠리아 섬의 와인이 품질 좋은 와인으로 이탈리아 안팎에서 널리 평가 받고 있다.
· 감홍색 또는 루비 색상을 띠며, 미묘하고도 개성이 뚜렷하여 부드러운 질감과 훌륭한 여운을 보인다.
· 단일품종으로 또는 시라(syrah) 등 다른 품종과도 블렌딩되며, 별칭으로 칼리브레제(calabrese)라고도 불린다.
· 와인의 향미 : 체리, 후추, 블랙베리
· 음식과의 조화 : 매콤하고 자극적이며, 향신료가 첨가된 소스가 얹어진 고기요리, 구운 육류고기 및 치즈 등에 잘 어울린다.

■ 쁘띠 루쥬(Petit Rouge 불어) 또는 페팃 루제(Petit Rouge 이탈리아어)

발레 다오스타(valle d' aosta) 주는 이탈리아에서 가장 작은 주에 속하는데, 아오스타(aosta) 계곡이란 뜻의 이 지방은 알프스 산자락에 있으며, 유럽 최고봉 몽블랑(montblanc 몬테 비앙코 monte bianco 이탈리아어)이 프랑스와 경계를 이루고 있는 곳으로 주로 쓰이는 언어는 프랑스어이다. 발레 다오스타는 원래 사부아(savoie) 지방의 하나였으나, 사부아 지방의 프랑스 귀속 이후에도 계속 이탈리아로 남은 지방이다.

발레 다오스타는 포도 재배가 가능한 모든 지역이 원산지 증명 지역으로 되어 있는데, 450명의 포도 생산자가 여섯 개의 양조장에 포도를 납품하는 소규모 생산 지역으로 적은 와인 생산지이지만 관리는 잘 되고 품질 좋은 와인을 생산한다.

쁘띠 루쥬(petit rouge 페팃 루제)는 발레 다오스타의 토착 품종으로 이 지역에서 가장 넓은 분포도를 보이는 대표적인 포도 품종 중의 하나이다. 보라색 또는 붉은 빛의 짙은 색상을 띠며, 원산지 증명(DOC) 와인으로 진한 와인 향을 풍기고 매우 드라이 하지만 부드러운 맛을 내는 와인으로 발레 다오스타 DOC가 이에 해당한다.

잎과 포도송이가 중간 크기로서 상단부가 넓고 밀도가 높은 각추형이며, 포도알은 작고 동그라며 남보라 빛의 껍질은 얇고 부드럽다. 이탈리아에서 가장 작은 와인 지역인 만큼 외지에서는 구입하기가 매우 힘들며, 대부분 현지인들과 스키를 타러오는 관광객들에 의해 소비된다.

· 원산지는 이탈리아 발레 다오스타
· 와인의 향미 : 알프스의 들꽃향을 품은 듯 와인에 미묘한 꽃향

· 음식과의 조화 : 부드러우면서도 씹는 맛이 있고 크리미(creamy) 하면서도 향이 강한 폰티나(fontina) 치즈[1] 에 잘 어울린다.

■ 쁘띠 베르도(Petit Verdot)

프랑스 보르도에서 재배되는 품종으로 매우 진하고 깊은 색의 풀 바디 와인이 생산되는 흑포도품종이다. 이 품종으로 생산되는 와인은 후추향과 매콤한 맛이 특징적이며, 탄닌과 알코올 함량이 높다. 쁘띠 베르도는 쉽게 익지 않아 점차적으로 재배면적이 줄어들었으나, 품질에 관심이 높은 포도원에서 다시 재배하기 시작했으며, 칠레와 미국 캘리포니아 지역에서도 생산된다.

· 원산지는 프랑스 보르도 지방
· 주 분포지역은 프랑스와 칠레, 캘리포니아 등지에서 재배하고 있다.
· 늦가을에 수확을 하며 높은 산도와 탄닌으로 장기 숙성용 와인을 만들 때 쓰이고 있다.
· 고급 품질을 지향하는 포도원에서 소량 재배한다.
· 늦게 익고 산도가 비교적 많이 함유되어 있어 와인에 전반적인 균형을 가져오기 때문에 블렌딩에 매우 유용하게 쓰이며, 통상 5%이내의 배합 비율로 양조한다.
· 100%의 쁘띠 베르도를 사용한 와인은 남아프리카공회국의 벨레베 와이너리(belleve winery)에서 만든 모르켈(morkel) 와인이 있다.
· 검고 작은 포도알과 짙은 색상, 약간 스파이시한 특질을 보인다.
· 보르도 와인의 풍미, 색상, 탄닌을 더해주기 위해 블렌딩하다.
· 진한 적색으로 서서히 숙성되는 탄닉(tannic) 한 와인을 만든다.
· 레드와인의 최적의 맛을 얻기 위해 양조자에 의해 양념처럼 쓰이는 품종이다.
· 늦게 익어 경작에 어려움이 있는 품종이지만, 남아프리카공화국에서는 온난한 기후로 인해 진가를 발휘하는 품종이다.
· 와인의 향미 : 후추, 스파이시, 블랙커런트
· 음식과의 조화 : 육류나 양념이 많은 음식에 잘 어울린다.

■ 삐노타지(Pinotage)

삐노타지는 1925년에 따뜻한 남아프리카공화국에서 처음 육종되어져서 케이프(cape) 산 경사진 곳에서 재배되었다. 페롤드(A.I. Perold) 교수가 삐노누아(pinot noir) 품종과 생쏘

1) 이탈리아 북서부의 발레 다오스타(valle d' aosta)주에서 생산되는 치즈이다. 13세기경부터 만들어졌으며, 젖소의 우유를 원료로 하는데, 살균이나 탈지과정을 거치지 않은 원유를 그대로 사용한다.

(cinsault) 품종을 교배하여 짙은 색의 포도로 시라(syrah) 품종의 농축된 듯 한 포도 품종을 만들었다.

· 원산지는 남아프리카공화국
· 주 분포지역은 남아프리카공화국이며, 1925년 남아프리카공화국에서 삐노 누아(pinot noir)와 쌩소(cinsaut)를 교합해서 얻은 것이다.
· 스텔렌보쉬(stellenbosch) 지역의 스텔렌보쉬 대학에 1955~1966년까지 재직했던 독일의 농학박사이며 와인 전문가인 한스 조지 암브로시(Hans George Ambrosi) 박사는 이 대학과 이 지역의 여러 와인 공장에 대해 많은 기술 지도를 하여 와인 산업 육성에 기여하였는데, 한스 조지 암브로시 박사에 의해 실험실에서 얻어진 삐노타지 포도 품종을 1959년 스텔렌보쉬 와이너리(stellenbosch farmer' s winery)에서 처음으로 와인을 만들어 병입 하였다.
· 오늘날 아르헨티나의 말벡, 캘리포니아의 진판델, 호주의 시라즈와 같이 남아프리카공화국의 토종 품종으로 자리 잡게 되었다.
· 색상은 짙으며, 초기에는 약간 떫고 거친 맛을 보이지만, 숙성이 진행되면서 화려한 색상과 바나나와 자두향, 약간 달콤하면서도 부드러운 맛을 보인다.
· 와인의 향미 : 블랙베리, 후추, 스파이시
· 음식과의 조화 : 브라이(braai)[1]라는 바베큐(사슴, 면양, 소시지, 쇠고기)에 잘 어울린다.

■ 삐노 뫼니에(Pinot Meunier)

프랑스 샹파뉴(champagne) 지방에서 생산되는 흑포도품종으로 화이트와인으로 생산되었을 경우, 삐노 누아 품종보다 과일향이 더 풍부하고 오랜 숙성이 필요 없는 샴페인 양조에 주 품종의 하나로 사용된다. 서리에 강하기 때문에 프랑스 샹파뉴 지역의 마른계곡(vallee de la marne 발레 드 라 마른)에서 집중적으로 재배되고 있으며, 잎에 흔히 솜털이 덮여 있기 때문에 "방앗간" 또는 곰팡이 병의 일종을 의미하는 "뫼니에(meunier)"라는 이름이 붙여졌다.

· 원산지는 프랑스 샹파뉴 지방
· 주 분포지역은 샹파뉴 마른계곡 지역 및 독일과 호주에서 재배되고 있다.

1) 남아공의 백인 음식 중 가장 대표적인 것 중의 하나는 브라이(braai) 이다. 한가한 주말이 되면 공원이나 유원지 여기저기에서 브라이를 요리하는 모습을 볼 수 있다. 브라이는 일종의 바베큐(babecue)라고 할 수 있는데 일반적인 바베큐와는 다른 점은 브라이의 맛을 한층 배가시키는 소스에 있다. 소스는 '브라이 솔트(braai salt)' 라고 하는 소금으로 이 소금은 집에서 각자 특이하게 취향에 따라 만들 수도 있으며 슈퍼나 가게에서 파는 것을 구할 수도 있다. 브라이의 주요 고기로는 양고기를 최고로 치고 있는데 고기는 식용 양고기로 어린 양을 잡아 사용하기 때문에 우리나라 사람들이 역겨워하는 냄새는 나지 않는다. 또한 고기 부위도 우리나라 사람들도 좋아하는 갈비부분을 주로 이용한다. 이밖에도 소고기와 닭고기도 이용하는데 닭고기의 경우 닭다리를 주로 이용한다.

· 삐노 뫼니에 품종에는 몇 가지 다른 호칭이 있다.

☞ 쉬발즈리슬링(schwalzriesling)

☞ 밀러 버건디(miller' s burgundy)

· 삐노 뫼니에 품종은 삐노 누아 품종의 변종 품종이다.

· 포도알이 작고 검은 색상을 띠며, 알맞은 활력과 함께 신선한 과일향이 풍부하다.

· 샴페인 만드는데 사용되는 주 품종 중의 하나이다.

· 프랑스 샹파뉴 지방에서 샴페인을 만들기 위해 제일 많이 재배되는 흑포도품종으로, 샴페인은 다음의 3가지 포도품종을 사용하여 양조한다.

☞ 샤르도네(chardonnay) : 프랑스 샤블리지역의 청포도 품종

☞ 삐노 뫼니에(pinot meunier) : 프랑스 샹파뉴 지방의 흑포도 품종

☞ 삐노 누아(pinot noir) : 프랑스 부르고뉴 지방의 흑포도 품종

· 샴페인의 양조 스타일은 다음과 같다.

☞ 블랑 드 블랑(blanc de blanc) : 샤르도네, 삐노 뫼니에 품종으로 만든 화이트샴페인

☞ 블랑 드 누아(blanc de noir) : 샤르도네 , 삐노 뫼니에 품종과 삐노 누아 품종을 블렌딩하여 만든 로제샴페인

· 삐노 뫼니에 품종이 샹파뉴 지방에서 제일 많이 재배되는 이유는 추운 날씨에도 잘 자라고, 블렌딩할 때 과일향과 산도를 주기 때문이다.

· 삐노 뫼니에 품종은 오래 숙성시키지 않으면서도 과일향이 풍부하여 샴페인에 좋은 특성을 발휘한다.

· 호주에서 재배되는 것은 100% 뫼니에 스틸(meunier still[1])와인으로 만들어진다.

· 와인의 향미 : 그린 사과, 감귤류(citrus), 견과류

· 음식과의 조화 : 대체적으로 가벼운 음식에 잘 어울린다.

■ 삐노 누아(Pinot Noir)

부르고뉴 지방의 대표적인 흑포도품종으로 까베르네 쏘비뇽 품종과는 달리 환경에 대해 아주 민감하게 반응하여 널리 재배 되지 않고 있으나 여러 국가에서 이품종의 재배를 시도하고 있다.

삐노 누아 품종은 로마가 골(gaule 옛날 프랑스지명)지방 정복시 알로브로쥬(allobroger)

1) Still(스틸) : 비발포성와인이라고도 하는 스틸 와인은 흔히 우리가 마시는 보통의 와인이다. 양조 과정에서 발생되는 탄산가스를 완전히 제거한 것으로 보통 알코올 도수가 8~14%이며, 단맛(sweet)부터 쌉쌀한(dry) 맛까지 다양하게 있다.

라는 이름으로 재배되고 있었으며, 4세기에 삐노 베르메일(pinot vermeil)이라고 기록되어 있다.

1395년 부르고뉴의 영주 필립 드 하르디(Philip de Hardi)공이 꼬뜨 도르(côte d' or)지역에 가메품종의 재배를 금지하고 삐노 누아 품종만 재배토록 하여 그 후 약 600년 동안 이품종만이 재배되어 왔다.

삐노 누아는 삐노 가계(pinot family)의 삐노 누아, 삐노 블랑(pinot blanc), 삐노 그리(pinot gris) 중 가장 중심이 되는 품종으로 부르고뉴 지방에서는 1,000종의 다른 특성을 가진 삐노 누아가 재배되고 있다.

삐노 누아 포도 품종은 모양이 매우 작은 포도알이 촘촘하게 붙어있는 모양이 솔방울과 비슷해서 유래하여 삐노(pineau)라는 이름이 붙여졌다. 포도 껍질이 약간 두꺼워 탄닌이 적당하여 실크 같이 부드러운 느낌을 주며, 수개월만 오크통에 숙성시켜도 앵두, 건자두 같은 붉은 열매향이 강하게 나고, 숙성이 진행되면 버찌향과 사냥짐승 고기향으로 발전한다. 또한 영(young)한 삐노 누아 와인은 잉크색을 띠고 있다.

부르고뉴의 포도재배는 10~13세기에 부르고뉴지방에 세워진 시토(citeau)수도회를 중심으로 포도재배와 와인생산이 이루어졌는데, 이 때 생산된 와인은 예배 미사용과 선물로 상업적 목적이 아니고 정치, 종교적인 목적으로 양조되었다. 부르고뉴 지방이 위도가 높은 북쪽에 위치해 있어 해마다 포도품질이 다르고 수확이 덜 좋아도 단일 품종으로 와인을 만들기 때문에 블렌딩을 해서 품질을 개선하기는 어렵다. 그래서 같은 포도밭의 이름으로 생산되어도 품질이 일정하지 않은 경우가 많아 부르고뉴 와인은 와인메이커(negociant 네고시앙)의 이름을 확인하는 것이 중요하다.

· 원산지는 프랑스 부르고뉴 지방
· 주 분포지역은 프랑스의 루아르 지방과 샹파뉴 지방, 알자스 지방, 쥐라 지방이며, 해외지역으로는 스위스, 독일의 슈페트부르군더(spätburgunder), 북부 이탈리아, 오스트리아, 호주, 뉴질랜드, 캘리포니아의 해안지방과 몬터리(montery), 칠레, 남아프리카공화국 등에서 재배되고 있는데, 최근에는 미국 오레곤, 워싱턴지역이 삐노 누아 품종의 새로운 재배지역으로 자리 잡고 있다.
· 특히, 신세계의 삐노 누아(캘리포니아, 워싱턴, 오레곤, 칠레, 호주)는 각기 그 지방의 서늘한 기후 풍토와 새로운 양조 기술에 의해 훌륭한 삐노 누아를 빚어내고 있다.
· 삐노 누아 품종으로 양조한 대표적인 와인은 다음과 같다.

☞ 로마네 꽁띠(romanee conti) : 100% 삐노 누아

☞ 르 샹베르땡(le chambertin)

☞ 끌로 드 부조(clos de vougeot)

☞ 라 따슈(la tâche)

☞ 에쉐조(echézeaux)

· 삐노 누아 품종에는 몇 가지 다른 호칭이 있다.

☞ 프랑스 : 삐노(pineau), 그로스 누아리엥(gros noirien)

☞ 독일 : 슈패트부르군더(spätbulgunder)

☞ 이탈리아 : 삐노 네로(pinot nero)

· 부르고뉴 레드와인의 명성을 가져온 포도 품종으로 색상은 여린 붉은 빛깔(pale red) 또는 밝은 체리 빛깔을 띠고, 넉넉한 딸기향과 신선한 과실향을 보인다.

· 삐노 누아 와인은 미숙할 때는 대개 특징적인 붉은 작은 열매 과일향을 갖고 있으나, 수년간의 숙성 후에는 야생 고기향이 난다.

· 화이트와인으로 양조될 경우에는 샴페인 양조에 사용된다.

· 탄닌이 적은 편이고, 담백한 맛 그리고 약간의 산도를 보인다.

· 잘 숙성된 경우 매우 우아하며, 미묘하고(delicate) 복합적인 맛을 보여 완벽한 균형을 이룬다.

· 순한 맛과 신맛, 짠맛 등이 엷게 배어 있으며, 와인의 스타일은 라이트에서 풀 바디 와인의 영역에 이른다.

· 매우 까다로운 포도 품종으로 무척 도전적인 품종이며, 다른 포도 품종과 결코 블렌딩하지 않고 항상 독자적으로 양조가 이루어진다.

· 와인의 향미 : 딸기, 제비꽃, 녹색 양배추(green cabbage)

· 음식과의 조화 : 구운 가금류, 사냥고기(꿩, 산토끼 등), 돼지고기, 육질의 생선 등에 잘 어울린다.

■ 뿔사르(Poulsard)

뿔사르 품종은 포도 품종 가운데 흔히 볼 수 있는 포도 품종이 아니며, 프랑스 국토 가운데 비교적 오지에 해당하는 쥐라(jura) 지방에서만 볼 수 있는 품종이다. 어느 면에서는 무르베드르(mourvédre) 품종과 뿔사르는 매우 대조적이라 할 수 있는데, 무르베드르 품종이 국토의 남쪽에 많이 분포되어 있는데 비해 뿔사르는 쥐라의 산맥이 발달되고 두(doubs) 강이 흐르는 협곡에 자리 잡은 포도원에서 찾아볼 수 있다. 뿔사르는 포도알이 비교적 크며 길고 껍질이 엷은 편이다. 또한 진한 색소를 많이 함유하고 있지 못해 와인의 빛은 연붉은 색상을 띠며, 마치 부르고뉴의 창백한 붉은 빛깔(pale red)을 닮은 형상이다.

쥐라 지방의 테이블 와인 원산지통제명칭(AOC)은 지역 AOC(regional AOC)와 마을 AOC(communal AOC)로 나뉜다.

· 지역 AOC에는 꼬뜨 뒤 쥐라(côtes du jura)가 있어 이 지방 전역에서 생산되는 평범한 와인이 모두 이에 해당된다.

· 이와는 달리 마을 AOC가 세 곳이 있는데, 우수한 품질의 아뻴라씨옹(appellation)은 이 세 곳에 속하게 된다.

☞ 아르부아(arbois)

☞ 에투알(etoile)

☞ 샤또 샬롱(château Chalon)

뿔사르의 포도 품종은 곧바로 AOC 아르부아의 레드와인을 빚는데 있어 주된 품종으로 쓰이고 있으며, 뚜르소(toursseau)의 포도 품종과 함께 블렌딩되어 이곳의 로제와인, 그리고 이 지역의 특이한 와인인 뱅 드 빠이으(vin de paille)를 빚는데도 쓰이고 있다.

뿔사르의 포도 품종은 마을 AOC의 하나인 에투알(etoile) 화이트와인을 빚는데 있어서도 샤르도네 또는 사바냥(savagnin)과 함께 블렌딩되어 이 지역의 특이한 화이트와인을 만들고 있다. 뿔사르의 포도 품종은 섬세하고도 꽃향(floral)이 넘치는 특질을 보이는데, 이는 점토와 화산토의 토양에서 영향을 받고 또한, 겨울과 봄이 추우며 여름이 비교적 선선한 준 대륙성 기후 탓으로 보여 진다.

뿔사르 포도 품종의 또 다른 별칭은 풀루사르(ploussard)라고도 부르며, 쥐라의 남쪽에 위치한 사부아(savoie)의 뷔제(bugey) 마을에도 일부 분포되어 있다. 쥐라의 마을은 프랑스가 낳은 세계적 병리학자이며 의학자인 루이 파스퇴르(Louis Pasteur 1822~1895)의 고향이다. 그리고 이 고향에서 빚어지는 뱅 드 빠이으(vin de paille)에 대해 파스퇴르는 뜨거운 열정을 갖고 큰 학문적 성과를 이룩해 냈다.

· 원산지는 프랑스 쥐라 지방

· 주 분포지역은 프랑스 와인산지 가운데 오지인 쥐라 지방에서만 볼 수 있는 토착 품종이다.

· 와인의 빛깔은 연붉은 색상을 띠며, 섬세하고도 꽃향이 넘치는 특질을 보인다.

· 쥐라 지방의 중요한 AOC인 아르부아(arbois) 레드와인을 빚는데 주품종으로 사용한다.

· 뚜르소(trousseau)의 포도품종과 블렌딩되어 쥐라의 로제와인을 빚는데도 쓰인다.

· 뿔사르의 껍질에 색소가 짙지 않기 때문에 로제와인을 양조 할 때 레드와인의 양조 방식과 같은 방식으로 만든다.

· 와인의 향미 : 딸기, 빌베리(bilberries 월귤나무열매), 라즈베리

· 음식과의 조화 : 양념이 강하지 않고 담백한 음식에 잘 어울린다.

■ 프리미티보(Primitivo)

프리미티보 품종은 강한 햇살과 따뜻한 기후로 인해 진한 색상을 띠며, 짙고 강한 풍미를 소유한 와인을 만든다. 많은 프리미티보는 원산지통제명칭(AOC) 지역보다 자유로운 IGT (indicazione georafica tipica) 등급의 와인을 생산하고 있어 생산자의 개성이 잘 드러나는 와인들이 많다. 미국에 수출되는 프리미티보는 미국 사람들의 입맛에 맞게 과일향과 당도가 강한 와인을 생산하여 수출하고 있는데, 진판델 와인과 비교해 보면 전반적으로 알코올 도수가 낮고 농축된 맛이 강하다.

프리미티보 가운데 가장 좋은 품질은 역시 원산지통제명칭(AOC) 지역인 프리미티보 디 만두리아(primitivo di manduria)에서 생산된다.

중간 크기의 잎은 오각형에 다섯 갈래로 갈라져 있으며, 테두리는 진한 녹색에 안쪽에는 솜털이 나있다. 포도송이는 상부가 넓고 퍼진 원추형에 포도알은 남색의 타원형이며, 껍질은 두껍고 와인색의 과즙은 달며 풍부하다.

· 원산지는 이탈리아
· 주 분포지역은 이탈리아의 남부 풀리아(puglia)지방에서 일찍부터 널리 재배하고 있으며, 미국 캘리포니아에서만 볼 수 있는 진판델 품종과 같은 것으로 알려져 있다.
· 숙성이 진행되면서 색상이 감홍색으로 변하거나 혹은 오렌지레드를 보이고 가벼운 향(light odor)을 나타낸다.
· 마시기 아주 좋으며, 풀 바디의 질감을 지닌다.
· 향신료향이 나며, 산도가 높은 와인으로 알코올 도수는 14°에 이르고 최소한 9개월 이상 숙성해야 한다.
· 프리미티보 품종으로 빚은 와인 중에는 매우 스위트한 와인도 있으며, 주로 디저트용으로 쓰인다.
· 대표적인 와인으로는 프리미티보 디 만두리아(primitivo di manduria DOC) 원산지통제명칭 와인이다.
· 강화 한 와인으로서 리쿠오로소(liquoroso)가 있다.
· 와인의 향미 : 블랙커런트, 제비꽃, 스파이시
· 음식과의 조화 : 허브가 많이 들어간 육류요리와 잘 어울린다.

■ 레포스코(Refosco)

이탈리아 베네토(veneto) 주 북동부와 프리울리 베네치아 줄리아(friuli venezia giulia) 주에 주로 분포하고 있다. 레포스코 포도 품종을 사용한 DOC 등급와인은 다음과 같다.

☞ 콜리 오리엔탈리 델 프리올리(colli orientali del friuli)

☞ 아퀼레이아(aquileia)

☞ 콜리 그라베 델 프리울리(colli grave del friuli)

☞ 리송 프라마조레(lison-pramaggiore)

☞ 라티쟈나(latisana)

레포스코는 숙성 기간에 따라 암적색으로 변하는 진한 보라색의 와인으로 포도 원래의 향이 강하며, 드라이하고 입안을 가득 채우는 듯 한 느낌과 약간 쓴맛을 지닌다. 서빙 적정 온도는 16~18℃이며, 영(young)할 경우에 여름에는 좀 더 차게 해서 마시는 것이 좋다.

- 원산지는 이탈리아의 프리울리(Friuli)
- 와인의 향미 : 건초(mowed grass), 레드커런트, 블랙커런트
- 음식과의 조화 : 야채를 곁들인 흰 살코기 스튜나 닭, 토끼 요리 또는 숙성 치즈와 잘 어울린다.

■ 사그란티노(Sagrantino)

- 원산지는 이탈리아 움브리아(umbria) 지방 몬테팔코(montefalco) 마을에서 재배되는 토착 품종이다.
- 주 분포지역은 베바냐(bevagna), 구알로(gualo), 카스텔 리탈디(castel ritaldi) 등지에서도 일부 분포한다.
- 완만한 언덕, 햇빛의 노출이 좋은 포도밭에서 자란다.
- 현재 이탈리아에서 재배되는 품종 중 폴리페놀(polyphenol)[1]을 가장 많이 함유하고 있는 것으로 알려져 있다.
- 사그란티노 품종으로 드라이(secco 세코)한 레드와인과 스위트(passito 파씨토)한 와인을 빚는다.
- 드라이(secco) 레드와인은 루비 색상을 띠고 숙성이 진행되면서 화려한 석류 빛깔을 띤다.
- 스위트(passito) 와인은 부분적으로 포도를 말려 당을 집중시켜 양조한다.
- 사그란티노 포도 품종 100%로 양조한 와인은 이탈리아 최상급인 DOCG[2]등급을 받고 있다.

1) 폴리페놀류는 산화를 방지하는 작용, 즉 항산화 기능을 갖고 있다. 최근 폴리페놀류가 주목받고 있는 이유는 이 기능이 생체 내에서도 항산화제로 작용함으로써 건강유지와 질병예방 등에 기여할 것으로 기대되기 때문이다. 또한, 폴리페놀류는 콜레스테롤이 소화관으로 흡수되는 것을 막아주기 때문에 혈중 콜레스테롤의 수치를 낮게 해주는 작용도 한다.

2) DOCG : denominazione di origine controllata e garantita

· 와인의 향미 : 빌베리(bilberries 월귤나무열매), 체리, 담배(tobacco)

· 음식과의 조화 : 움브리아 지방에서 많이 생산되는 포르치니 브라사티(porcini brasati 버섯요리)에 잘 어울린다.

■ 산지오베제(Sangiovese)

이탈리아의 중부지역을 중심으로 여러 지역에서 재배되고 있으며, 특히 토스카나지방에서 가장 많이 재배되는 품종이다. 산지오베제 품종은 탄닌이 적당하며 산도가 있어 부드러운 질감을 느낄 수 있으며, 풍부한 과일향 아로마가 있다. 토스카나에서 생산되는 끼안티(chianti) 와인으로 널리 알려져 있으며, 포도알의 크기에 따라 산지오베제 그로쏘(sangiovese grosso)와 산지오베제 피꼴로(sangiovese piccolo)로 나누어져 있다.

· 산지오베제 그로쏘(sangiovese grosso)의 하위개념의 품종은 다음과 같다.

☞ 산지오베제 돌체(sangiovese dolce)

☞ 산지오베제 젠틸제(sangiovese gentile)

☞ 산지오베제 토스카노(sangiovese toscano)

☞ 푸르놀로(prugnolo 몬테풀치아노 montepulciano)

☞ 브루넬로(brunello 몬탈치노 montalcino)

· 산지오베제 피꼴로(sangiovese piccolo)의 하위개념의 품종은 다음과 같다.

☞ 산지오베제 포르테(sangiovese forte)

☞ 산지오베제 디 로마냐(sangiovese di romagna)

☞ 산지오베제 델 베르루끼오(sangiovese del verrucchio)

☞ 산지오베토(sangioveto)

☞ 산 지오베트(san gioveto)

최근에 이탈리아 와인 중 가장 유명세를 타고 있는 슈퍼 투스칸(super tuscan)와인 중 일부는 산지오베제 품종을 프랑스 포도 품종과 함께 사용하고 있다.

이탈리아에서 가장 넓은 분포도를 보이는 흑포도품종의 하나로서 단일 품종 또는 다른 품종과 블렌딩하여 특색 있는 많은 품질 등급 와인을 생산해 내고 있다. 다른 주요 품종과 블렌딩하여 만든 이탈리아 중부의 가장 유명한 와인은 다음과 같다.

☞ 끼안띠(chianti)

☞ 비노 노빌레 디 몬테풀치아노(vino nobile di montepulciano)

☞ 카스텔로 디 포미노(castello di pomino)

☞ 로쏘 피체노(rosso piceno)

☞ 크르미나모(crmignano)

☞ 토르지아노(Torgiano)

산지오베제 그로쏘 품종으로는 브루넬로 디 몬탈치노를 만들어 낸다. 중간 크기의 잎은 오각형으로 세갈래 또는 다섯 갈래로 나누어져 있는데, 색깔은 밝은 초록색이며 얇고 매끄러운 편이다. 포도송이는 큰 편이며, 원추형의 적당한 밀도를 보이고 포도알은 검은 보라색의 중간 또는 크고 타원형에 잘 떨어진다. 과즙은 약간 시면서 달고 약하게 붉은색을 나타낸다.

· 원산지는 이탈리아의 중부지방
· 주 분포지역은 이탈리아 중앙지역의 토스카나, 에밀리아 로마냐, 움브리아(umbria), 라찌오(lazio), 마르케(marche)이며, 해외지역으로는 캘리포니아, 워싱턴, 오스트레일리아, 아르헨티나 등지에서 재배되고 있다.
· 포도의 수확은 더디고 늦게 익는 특성을 보이며, 과일향과 알코올, 높은 산도 그리고 약간의 탄닌성분을 가지고 있다.
· 완전히 숙성되면서 서양자두와 같은 향취를 풍긴다.
· 색상은 검붉은 편이며 때로는 석류 빛의 밝은 레드를 나타내기도 한다.
· 와인의 스타일은 주로 미디엄 바디이며 적절한 탄닌, 조화 있는 산도 그리고 생동감 있는 맛을 보인다.
· 테이블 와인으로서 다른 포도의 품종과 블렌딩을 하는데, 통상 80%는 산지오베제 포도품종이 바탕이 된다.
· 지역에 따라 와인의 품질 편차가 심하다.
· 이탈리아 와인 가운데 끼안띠(chianti)는 거의 절대적이며, 이를 양조하는데 쓰이는 포도품종이 바로 산지오베제로서 여러 품종들이 있다.

☞ 몬탈치노(montalcino)지방의 브루넬로(brunello)

· 와인의 향미 : 버섯, 스파이시, 블랙커런트
· 음식과의 조화 : 이탈리아 파스타, 피자, 바베큐, 로스트포크, 구운 스테이크 등에 잘 어울린다.

■ 시라(Syrah) 또는 시라즈(Shiraz)

로마군에 의해 시라큐즈(syracuse)에서 프랑스의 론계곡(rhone valley)에 전파된 품종으로 현재 론 지방의 북쪽을 중심으로 남프랑스 여러 지역에서 재배되고 있다. 시라 품종은 1832년 제임스 버스비(James Busby)가 프랑스로부터 400개의 묘목을 호주로 가지고 가서 재배를 시작하였다. 1840년부터 호주의 헌터 벨리(hunter valley)를 중심으로 재배되었으며, 호주의 기후와 토양에 잘 적응하여 호주를 대표하는 포도 품종인 시라즈(shiraz)로 이름이 바뀌었고 오늘날 이 품종으로 우수한 품질의 와인을 생산하고 있다.

론지방에서는 꼬뜨 로띠(côte roti), 에르미따쥬(hermitage)지역 등지에서 우수한 와인이 생산되고 있다.

시라 품종의 특징은 잉크색 빛깔의 매우 짙은 색깔을 띠며, 탄닌이 풍부하여 숙성이 되면서 육감적이고 귀족적인 맛의 와인을 생산하고 있다.

아로마(aroma)는 감초, 제비꽃 향과 함께 후추향, 가죽향이 풍부한데, 이와 같은 향은 에르미따쥬(hermitage), 크로즈 에르미따쥬(crozes-hermitage), 꼬뜨 로띠(côte rotie)와인에서 느낄 수 있는 아로마의 종류이다.

· 시라(syrah) 품종에는 몇 가지 다른 호칭이 있다.

☞ 프랑스 : 쁘띠 시라(petite syrah), 마르산 누아(marsanne Noir)

☞ 호주, 남아프리카공화국 : 시라즈(shiraz)

☞ 아르헨티나 : 발사미나(balsamina)

· 원산지는 프랑스 론 지방, 중동 이란(옛 페르시아)의 시라즈(schiraz) 마을로서 13세기 구세군 원정 때 유럽으로 전래된 것으로 알려져 있기도 하고, 이탈리아 시칠리아 (sicilia)섬의 남동부에 있는 항구도시 시라쿠사(siracusa)에서 유래되었다고 한다.

· 주 분포지역은 프랑스의 론 북부지방의 에르미따쥬, 꼬뜨 로띠(côte-rôtie), 코르나스(cornas), 프로방스 지방, 랑그독-루씨용 지방이며, 해외지역으로는 호주, 스위스, 캘리포니아, 남아프리카공화국, 아르헨티나, 이탈리아 중부의 토스카나 지방 등지에 분포한다.

· 짙고 검붉은 색상과, 탄닌이 풍부하고 향은 제비꽃 향을 나타내며, 검은 딸기를 연상시키는 짙은 과일 향을 풍긴다.

· 후춧가루 맛이 나고, 특이한 동물향을 지니고 있으며, 탄닌 성분이 강하여 숙성하는데 오랜 시간이 필요하다.

· 아주 오래된 품종 중의 하나로서 호주의 시라즈는 이 나라 레드와인의 기초로서 세계적 명주 그리고 품질 좋은 호주 와인의 양조에 기여하고 있다.

· 무덥고 더운 지방이 적지로 알려져 있으며, 척박한 토양에서 위대한 와인을 만든다.

· 와인의 농미(濃味)가 뛰어나 한국의 음식에 잘 어울리는 것으로 알려져 있다.

· 와인의 향미 : 블랙베리, 스파이시, 블랙커런트

· 음식과의 조화 : 바비큐립, 토털라 칩과 살사소스, 스테이크, 양고기 등에 잘 어울린다.

■ 탄나(Tannat)

프랑스 서남부 지역 마디랑(madiran)지역에서 주로 재배되고 있으며, 탄나 품종의 특징은 탄닌이 풍부하고 알코올이 높게 생산된다.

풍부한 탄닌으로 맛이 다소 강하며, 짙은 검붉은 색을 띠고 있어 진한 색상의 와인을 생산한다.

그러나 산도가 다소 약하므로 까베르네 쏘비뇽, 까베르네 프랑 등 산도가 있는 포도 품종과 블렌딩하여 와인을 양조하는데 마디랑 지역에서는 와인 속에 풍부한 탄닌으로 거의 2년 동안 오크통에서 숙성시킨다. 현재 프랑스 내의 경작은 줄어들고 있는데 비해 아르헨티나, 우루과이에서는 재배면적이 확대되고 있다.

대표적인 와인으로는 샤또 몽투스(château montus)이다.

· 탄나 품종에는 몇 가지 다른 호칭이 있다.

☞ 따나(tanat)

☞ 무스트루(moustrou)

☞ 무스트룬(moustroun)

☞ 우루과이 : 하리아구(harriague)

· 원산지는 스페인과 프랑스의 국경을 이루고 있는 피레네 산맥(pyrénees,) 바스크 지역(basque country)이 탄나 포도품종의 고향이다.

· 주 분포지역은 서남부 지방 마디랑과 이룰레기(irouléguy)마을, 까오르(cahors) 마을, 뛰르쟌(tursan), 꼬뜨 드 생 몽(côtes de saint-mont)이며, 해외지역으로는 우루과이 등에 분포한다.

· 신세계 포도 품종과 블렌딩용으로 자주 쓰인다.

· 야생의 특질을 보이면서 짙은 붉은 색상을 띠고, 넉넉한 탄닌을 지닌 품종이다.

· 품질 좋은 와인을 얻기 위해서는 장기간 숙성이 필요하다.

· 탄나 포도 품종이 프랑스 이외에 가장 왕성하게 뿌리를 내린 곳은 남미의 우루과이이며, 우루과이에서는 품종 이름이 하리아구(harriague)라 부르며, 주력 품종으로 되어 있다.

· 와인의 향미 : 블랙베리, 라즈베리, 가죽

· 음식과의 조화 : 진한 고기류와 소스, 프랑스 남부지방의 전통음식인 카술레(cassoulet)[1]와 꽁피(confits)[2]에 잘 어울린다.

■ 템쁘라니요(Tempranillo)

스페인의 우수한 와인을 생산하는 대표적인 흑포도품종으로 리오하(rioja) 지방을 중심으로 스페인의 북부 중앙지역과 북동부인 뻬네데스(penedes)지역 등 광범위하게 재배되고 있다.

---

1) 흰 강낭콩과 여러 가지 고기를 오랫동안 쪄서 만든 프랑스 요리. 지방과 기호에 따라 넣는 재료가 조금씩 다르다.

2) 브리오슈 반죽으로 과일 설탕 절임을 싸서 둥글게 잘라 틀에 넣고 구운 것

템쁘라니요 포도 품종의 특징은 짙은 붉은 색깔을 띠고 있으며, 적당한 탄닌과 산도를 가지고 있어 와인을 양조하면 색깔이 진하고 과일향이 풍부한 와인이 된다.

스페인에서는 단일 품종으로 와인을 양조하지 않고 가르나차(garnacha)를 비롯한 스페인 전통품종을 함께 블렌딩하여 양조한다. 단위 생산량은 많으나 리오하 지방에서는 헥타르당 4,500kg으로 생산량을 제한하고 있다.

· 템쁘라니요 품종에는 몇 가지 다른 호칭이 있다.

☞ 포르투갈 : 틴타 로리스(tinta roriz), 아라고네즈(aragonez)

☞ 포르투갈의 리베라델 두에로(ribera del duero) : 띤뚜 피노(tinto fino)

☞ 스페인의 라만차(la mancha) : 센시벨(cencibel), 띤뚜 델 파이스(tinto del pais)

☞ 스페인의 카탈로니아(catalonia) : 울 드 리브레(ull de liebre)

☞ 스페인의 토로(toro)지방 : 틴타 데 토로(tinta de toro)

☞ 캘리포니아 : 발데페냐스(valdepenas)

· 원산지는 스페인의 리오하 지방이며, 중세 때 프랑스에서 유입된 것으로 전해지고 있으나 불분명하다.

· 주 분포지역은 스페인의 리오하, 리베라 델 두에로(ribera del Duero), 토로(toro), 빼네데스(penedes), 라만차(la mancha), 나바라(navarra), 발데페냐스(valdepenas) 등에 널리 분포하며, 특히 리오하의 경우는 70%이상을 차지한다. 해외지역으로는 포르투갈의 도우루(douro) 지역, 아르헨티나의 멘도사(mendosa), 칠레, 프랑스 남부, 캘리포니아 등지에 분포한다.

· 포도의 껍질은 두꺼우며, 진한 색상, 탄닌이 넘치고 강한 산도를 보여 긴 라이프 싸이클(life cycle)을 보인다.

· 빨리 익으며, 백악질 토양에 알맞고, 모로코(morocco) 산 피혁 냄새와 잘 익은 딸기, 양념, 버터와 케이크 맛이 난다.

· 와인의 스타일은 주로 미디엄 바디에서 풀 바디의 영역에 이른다.

· 다른 포도 품종과 블렌딩되며, 대표적인 경우가 리오하의 명주이다.

☞ 템쁘라니요(tempranillo)

☞ 가르나차(garnacha)

☞ 까리냥(garignan)

· 포르투갈의 와인 명산지인 도우루(douro)에서 테이블 와인 및 뽀르뚜 와인(port wine)의 블렌딩에 쓰인다.

· 와인의 향미 : 딸기, 그린 허브, 블랙커런트

· 음식과의 조화 : 양고기, 가금류, 육류 등에 잘 어울린다.

■ 토링가 나시오날(Touriga Nacional)

토링가 나시오날 품종은 포르투갈의 주된 토종 품종으로 포트 와인을 만들기에 아주 좋은 포도품종으로 널리 알려져 있으며, 열매의 수확이 적어 소량 생산된다. 오래 되지 않은 와인은 깊고 농후한 흑포도 향이 나며, 탄닌이 강하고 까베르네 쏘비뇽과 잘 비교되고 있다.

호주에서는 포트 와인을 만들기 위해 사용되기도 한다.

· 원산지는 포르투갈
· 주 분포지역은 도우루(douro)계곡과 다옹(dao)지역에서도 분포하고 있으며, 해외지역으로는 호주에서 강화 와인을 빚는데 일부 경작되고 있다.
· 포르투갈의 대표적인 와인인 뽀르뚜(port)와인과 테이블 와인을 빚는데 쓰인다.
· 탄닌이 높은 편이며, 높은 산도를 보이고 와인의 구조가 매우 넉넉하다.
· 풀 향기와 과일향이 풍부한 편이며, 다른 포도 품종과 블렌딩하는 것이 일반적이다.
· 와인의 향미 : 레드 프루트(red fruit), 장미, 제비꽃
· 음식과의 조화 : 호도와 치즈, 디저트 쵸코렛, 팥 경단 등에 잘 어울린다.

■ 진판델(Zinfandel)

최근에 진판델의 원산지는 이탈리아 남부에서 재배되는 프리미티보(primitivo)품종으로 확인되고 있으며, 1859년에 캘리포니아에서 재배되기 시작하여 캘리포니아를 대표하는 포도 품종으로 성장하였다.

진판델은 포도알이 굵고, 검푸른 색으로 풍부한 탄닌과 적당한 산도, 높은 당분으로 알코올 함량이 높은 와인을 생산하고 있으며, 단위당 생산량이 많은 것이 특징이지만, 더운 지방에서 재배될 경우에는 익는 정도가 일정하지 않아 포도알이 귀부병에 약하다.

진판델로 양조한 레드와인은 딸기향이 진하게 나는 풍부한 과일향과 탄닌이 무겁게 느껴지는 묵직한 와인이다. 캘리포니아에서는 대중적인 와인으로 주로 생산하며, 특히 1970년대에 블러쉬(blush)와인이라고 불리는 옅은 연어색의 라이트 바디(light body)의 달콤한 와인인 화이트 진판델(white zinfandel)은 캘리포니아에서 가장 많이 생산되고 인기 있는 와인 중의 하나였으나 지금은 생산하지 않는다. 그러나 최근에는 'big zins' 이란 이름으로 체리향과 밸런스가 좋은 와인을 다시 만들고 있는데, 포트와인처럼 진한 스타일의 와인과 클라렛(claret)[1] 와인처럼 약간 가벼운 스타일의 와인을 생산하고 있다.

1) 중세 프랑스에서 대부분의 레드와인은 하루에서 이틀 정도의 짧은 발효를 거쳐 숙성한 결과, 짧은 시간의 과피와

일반적으로 진판델 와인은 풍부하고, 강하며(robust), 블루베리와 블랙체리 향이 진하게 나고 감초와 라즈베리 향도 나며, 후추향도 난다. 당도가 높기 때문에 알코올 도수가 높은 편이며, 주로 캘리포니아 북쪽에서 재배되는데, 서늘한 해안 지역에서 좋은 품질의 와인이 많이 만들어진다.

· 진판델 품종에는 몇 가지 다른 호칭이 있다.
  ☞ 일반적인 호칭 : 프리미티보(primativo)
  ☞ 이탈리아 : 프리미티보(primativo)
· 원산지는 남부 이탈리아 풀리아(puglia) 지방이며, 20세기 캘리포니아 포도재배의 선구자이기도 한 헝가리인 오거스톤 하라즈시(agoston haraszthy)가 그의 고국에서 유입한 것으로 알려져 있다.
· 주 분포지역은 캘리포니아의 고유 품종으로 여겨질 만큼 이 지방에서 널리 재배되고 있으며, 미국 서부의 일부 주, 해외지역으로는 칠레, 남아프리카공화국, 호주, 프랑스의 론지방 등지에서 제한적으로 분포한다.
· 색상은 바랜 듯 한 붉은색(pale red), 루비레드, 진한 감홍색 등을 보인다.
· 딸기 향기를 지니고 있으며, 그 향기와 조직이 생동감이 넘친다.
· 풍부한 과일의 방향, 자연적인 신맛 그리고 넉넉한 질감의 탄닌을 보여 마시기에 수월하며, 풀 바디한 스타일을 보인다.
· 진판델 포도 품종은 레드와인, 로제와인, 화이트와인 그리고 스위트와인을 양조하는데 모두 사용되며, 화이트와인을 양조할 경우에는 껍질을 제거한다.
· 숙성되면 까베르네 쏘비뇽과 구분하기 조차 어려울 정도로 흡사하다.
· 대체적으로 다른 품종과 블렌딩하지 않으며, 캘리포니아에서 까베르네 쏘비뇽에 이어 두 번째로 번성하고 있다.
· 와인의 향미 : 포도, 스파이시, 야생화
· 음식과의 조화 : 칠면조, 스테이크, 파스타, 햄, 소시지, 스튜(stew)나 토마토소스 등과 잘 어울린다.

의 접촉으로 인해 오늘날의 로제와인과 매우 유사한 색깔을 띤 와인이 양조되었다. 16세기부터 영국에서는 프랑스의 보르도에서 수입되는 레드와인을 클레레(clairet)라고 불렀는데, 지금도 영국에서는 보르도 레드와인을 관습적으로 claret이라고 부르지만, 엄밀히 말해서는 중세 와인 스타일의 보르도 레드와인을 claret이라고 불러야 한다. 과거 중세 프랑스 시대에는 와인을 크게 레드와인과 화이트와인으로 분류되어 claret하면 레드와인으로 인식되다가 후에 로제와인이 개발되어 대중화 되자 프랑스에서는 로제와인으로 인식하였지만, 프랑스 이외의 다른 지역 및 국가, 문헌 등에는 아직도 레드와인으로 인식하고 있는 실정이다. 따라서 claret의 시초는 레드와인으로 불리다가 로제와인이 개발된 이후 프랑스지역에서는 레드와인보다는 로제와인으로 인식하고 불렸지만, 다른 지역 및 국가에서는 이러한 변화에 따르지 않고 현재도 레드와인으로 불리고 있으므로 프랑스에서 인식하는 claret과 프랑스이외의 기타 국가에서 인식하는 claret은 다르다고 할 수 있다.

그림 3-14 주요 흑포도품종

브라케토
(Brachetto)

바르베라
(Barbera)

브루넬로
(Brunello)

까베르네 쏘비뇽
(Cabernet Sauvignon)

까베르네 프랑
(Cabernet Franc)

까리냥
(Carignan)

까르메네르
(Carménère)

코르비나
(Corvina)

돌체토
(Dolcetto)

가메
(Gamay)

그르나슈
(Grenache)

람브루스코
(Lambrusco)

말벡
(Malbec)

메를로
(Merlot)

몬테풀치아노
(Montepulciano)

무르베드르
(Mourvédre)

그림 3-15 주요 흑포도품종

네비올로
(Nebbiolo)

네로 다볼라
(Nero d' Avola)

쁘띠 루쥬
(Petit Rouge)

쁘띠 베르도
(Petit Verdot)

삐노타지
(Pinotage)

삐노 뫼니에
(Pinot Meunier)

삐노 누아
(Pinot Noir)

뿔사르
(Poulsard)

프리미티보
(Primitivo)

레포스코
(Refosco)

산지오베제
(Sangiovese)

시라
(Syrah)

탄나
(Tannat)

템쁘라니요
(Tempranillo)

토링가 나시오날
(Touriga Nacional)

진판델
(Zinfandel)

3) 아시아 포도품종

(1) 청포도품종

① 청수(淸水 Cheongsoo)

청수 포도는 한국의 원예연구소에서 시벨(seibel) 9110품종에 힘로드시들레스(himrod seedless)품종을 교배하여 얻은 실생중에서 1993년에 선발하였다.

수세(樹勢)[1]가 강하며 신초(新梢)[2]는 굵고 절간(節間 internode)[3]은 캠벨얼리 정도이고, 엽신(lamina 잎몸)[4]의 형태는 오각형이고 열편수는 3편엽이며 잎의 크기는 중정도이고 엽색은 연한 녹색이다. 결실성이 좋고 꽃떨이 현상(花振現象)[5]이 극히 적으나 너무 비옥한 토양이나 질소질 비료 과다사용으로 수세조절에 실패할 경우 착과가 잘 되지 않는다.

청수 포도는 숙기(熟期)[6]가 9월 상순으로 중생종이며, 수원지방에서 수확기는 9월 5일경이다. 완숙 후 나무 위에서 수일이 지나도 열과(裂開果 dehiscent fruit)[7]나 탈립(脫粒)이 없어 수확기간이 길며, 과방중은 230g이고 과립중은 3.1g정도로 소립종이며 과립은 원형이다.

과육은 육질이 연하며 당도는 16% 이고 산미가 높게 느껴지나 식미는 우수하다. 과피는 녹황색이고 과피 두께는 중정도이며 과피와 과육의 분리가 잘되어 생식용으로 좋다. 종자는 완전히 없어지지 않고 흔적이나 연질 종자 1개가 남는다. 송이축이 단단하고 탈립이 없어 수송성(輸送性)이 높다.

재배상의 유의점은 상품성을 높이기 위해서는 지베렐린(gibberellin)[8] 처리를 만개 10일후에 1회 처리하여 과립을 크게 해야 한다. 포도송이를 균일하게 하기 위해서는 꽃피기 전에 화수를 다듬어 주어야 한다.

생육이 왕성하므로 신초가 도장하지 않도록 질소질 비료 사용량을 조절하고 신초의 적심 및 유인을 철저히 하여 통광, 통풍이 잘되게 하여야 안정된 결실을 얻을 수 있다.

---

1) 나무가 자라나는 기세나 상태
2) 그해에 새로 나서 자란 가지
3) 식물의 줄기에서 잎이 달려 있는 마디와 마디 사이를 말한다.
4) 잎이 넓어진 부분으로, 잎사귀를 이루는 대부분이다. 광합성 하기에 쉽게 되어있다.
5) 화진현상은 개화기후 포도의 송이가 제대로 착립되지 않고 드문드문 착립되는 착립불량을 지칭합니다.
6) 성숙기
7) 열매가 성숙하면 과피가 건조하여 자연적으로 열개하여 종자의 산포가 되는 열매를 일컬으며 열과라고도 한다.
8) 벼의 키다리병균에 의해 생산된 고등식물의 식물생장조절제이다. 지베렐린의 작용은 우선 신장촉진작용을 들 수 있다. 그 외에, 종자발아촉진작용, 개화촉진작용, 착과(着果)의 증가작용, 열매의 생장촉진작용 등이 있다. 근래에는 벼의 키다리병균 이외에도 많은 식물에 이것이 존재한다는 것이 알려져 현재 14종에 이르며, 유리(遊離) 또는 결합형으로 존재한다.

② 힘로드시들레스(Himrod Seedless)

1952년 선발(selection)[1] 명명되었으며, 농촌진흥청 원예연구소에서 1962년에 도입하여 1966년에 선발하였다. 수세는 왕성하고 꽃은 6월 9일에 만개(滿開)[2]하며, 극조생종으로 열매는 8월 상순에 익고, 8월 10일에 수확한다. 하나의 열매 맺는 가지에 2송이씩 달리며, 꽃 떨이 현상은 거의 없고 포도알은 서로 어느 정도 달라붙어 있다. 포도송이의 무게는 약 300g이고 포도알은 작아서 무게 약 3g이다. 포도알은 공 모양으로 녹색을 띤 노란색 껍질을 가지며, 껍질이 얇고, 속살은 부드러우며 단맛은 강하고 신맛이 약해서 상품가치가 높다. 병해충에는 강하지만 탄저병(anthracnose)에는 조금 약하다. 열매줄기가 약해서 수송성이 떨어지며 포도알이 작고 적게 달리는 것이 단점이다. 만개한지 10일이 지나면 지베렐린(gibberellin)을 꽃 이삭에 투여해 이러한 단점을 없앨 수 있을 뿐만 아니라 7월 하순에 조기 수확할 수 있다. 추위를 잘 견뎌서 중부지방에서도 겨울에 묻어 주지 않고 월동이 가능하다. 그러나 지나친 추위에는 피해를 입을 수 있으므로 주의해야 한다.

③ 홍단(紅丹 Hondan)

원예연구소에서 캠벨얼리 품종에 힘로드시들레스 품종을 교배하여 1994년에 선발한 품종이다.

잎은 열각이 깊게 형성되며 유목기에는 수세가 상당히 약한 경향이 있다.

과방은 300g 내외로 꽃떨이 현상이 나타나기 쉬워 착립밀도는 엉성한 느낌을 주는 경우가 있으며, 과립은 5g 내외로 캠벨얼리 정도 크기이고, 과피는 홍색으로 착색된다. 당도는 17% 정도로 캠벨얼리보다 높고 과즙이 많으며 신맛이 적어 품질이 우수하다.

재배상의 유의점은 유목기에 수세가 약하므로 유기물이 많고 토양수분이 알맞게 재배하며, 과립이 밀착하는 경우가 적으므로 알솎기를 하지 않아도 된다.

④ 네오 뮈스까(Neo Muscat)

일본에서 황전(黃田)씨가 1926년 뮈스까 오브 알렉산드리아(muscat of alexandria)품종에 갑주삼척(甲州三尺)품종을 교배하여 육성한 유럽종 계통의 포도 품종으로서 1932년에 선발하였다.

수세가 강하여 유목기에는 생육이 왕성하나 웃자라는 성질은 적고, 마디 사이가 짧고 충실

1) 유전자형에 의한 번식상 유불리를 일으키게 하는 정방擬적 작용을 말한다. 도태와 같은 의미이지만 특히 유전학에서의 인위도태를 선발이라 한다.

2) 꽃이 활짝 다 핌

하여 나무의 세력이 빨리 안정된다. 또한 새 가지가 굵게 발생하며 내한성은 약하다.

과방은 긴 원추형으로 약 400~500g 정도이고 과립은 7g 내외로 녹황색이며 짧은 타원형이다. 당도는 16% 정도이고 과육이 연하며 과즙이 적고 뮈스까 향기가 강하지만 생식용으로도 좋은 품종이다.

숙기는 수원지방에서 9월 중하순경으로 중만생종이며, 수확기간이 비교적 길고 수송성 및 저장성도 약간 있는 편이며 생식, 가공으로 모두 이용된다.

재배상의 유의점은 경토가 깊고 비옥한 점질토양이 좋으며 내건성이 약하므로 모래땅에서는 보수력을 높여 주어야 한다. 결실력 저하 및 꽃떨이 현상을 방지하기 위해서 1결과지당(結果枝)[1] 1과방 정도로 착과량을 조절하고 개화 전에 화수를 절단하여 과방중 및 과방형을 조절해 주는 것이 좋다.

과피는 강하나 과경이 연약하므로 취급상 주의해야 하며, 거봉과 마찬가지로 겨울에 묻어서 월동시킬 경우 상처를 통해 근두암종병(포도 줄기혹병)이 발생될 우려가 있으므로 주의하여야 한다.

⑤ 로자리오 비앙코(Rosario Bianco)

일본에서 로자끼 품종에 뮈스까 오브 알렉산드리아(muscat of alexandria)품종을 교배하여 육성한 품종으로 1987년에 품종 등록 되었으며, 우리나라에서는 원예연구소에서 1997년에 그 특성을 조사하여 발표하였다.

가지와 잎이 크고 수세가 왕성하나 결실은 잘되고, 숙기는 9월 중하순경으로 만생종이며, 과방은 원추형으로 무게는 400g 이상 되어 큰 편이다. 과립은 난형으로 8g 이상 되고 과피는 녹황색이며, 과육은 단단한 편이고 과피와 과육의 분리는 잘 안되므로 껍질을 벗기지 않고 먹는다. 또한 당도가 20% 가까이 되어 매우 높고 신맛은 약하다.

재배상의 유의점은 착립이 잘 되므로 알솎기와 과방 다듬기를 해 주어야 품질을 높일 수 있으며, 열과나 탈립성이 적어 재배 안전성이 높으나 내한성이 약하므로 중부이북에서는 겨울에 땅에 묻거나 피복하여 월동하여야 한다.

⑥ 홍이두(紅伊豆)

홍부사(紅富士) 품종의 아조변이(芽條變異)[2]로 4배체 품종이며, 수세는 매우 왕성하고 내병성은 대체로 강한 편이고, 내한성이 약한 편이다.

---

1) 과수에서 꽃눈(花芽)이 붙어 개화결실(開花結實)하는 가지. 열매가지라고도 한다. 결실지의 장단(長短)에 따라서 단결실지 · 중결실지 · 장결실지로 구별한다. 잎눈(葉芽)이 붙어 있는 가지는 발육지(發育枝)라고 한다.

2) 생장중의 가지 및 줄기의 생장점(生長點)의 유전자에 돌연변이가 일어나 두셋의 형질이 다른 가지나 줄기가 생기는 일

숙기는 9월 중순으로 과방은 300g 정도로 원통형이며, 과립은 12g 내외로 크고 홍색으로 착색되나 고온 하에서는 착색이 불량하기 쉽다. 당도가 18% 정도로 높고 신맛은 약해서 맛이 우수하고 과육은 연하며, 과즙이 많고 열과는 적은 편이다.

재배상의 유의점은 중부 이북지방에서는 겨울에 묻어서 월동시키고 과립비대기부터 착색기 사이에 건조하면 과육이 심하게 연화되는 경향이 있으므로 적당한 관수가 필요하다. 대체로 대립 품종 중에서 결실이 안정되고 재배하기 용이하다.

⑦ 홍부사(紅富士)

일본에서 골든 뮈스까(golde muscat)품종 4배체에 구로시오(黑潮) 품종을 교배해서 육성한 4배체 품종이다.

수세는 강하고 내병성도 대체로 강하나 내한성이 약하므로 남부지역에 알맞다.

숙기는 9월 중순으로 홍이두보다 약간 늦으며, 홍이두와 같이 홍색으로 과립 모양은 난형이다. 과방은 원통형으로 340g 내외로서 당도가 18% 내외로 높고 신맛이 적으며 과즙이 많아 품질이 우수하다.

재배상의 유의점은 중부 이북지방에서는 겨울에 땅에 묻어서 월동하는 것이 안전하며, 성숙기 가까이 건조하지 않도록 관수하고 질소 비료는 극히 적게 시용하도록 한다.

(2) 흑포도 품종

① 블랙 올림피아(Black Olympia)

일본에서 1955년 사와노보리(澤登)씨가 거봉 품종에 거경 품종을 교배하여 육성한 4배체 품종으로 품질이 극히 우수하며, 수세는 거봉과 같이 강하고 내한성은 약하다.

과방은 거봉과 비슷하나 약간 원통형이고 과방중은 350g 내외로 약간 적으며, 과피색은 거봉보다 조금 진한 자흑색으로 고르게 착색된다. 과립은 난형으로 과립중은 12~14g 정도로 거봉과 비슷하며 탈립이 적어 수송성이 있다.

과육은 거봉보다 약간 무르며, 당도는 17~18%로 식미와 품질이 우수하고, 숙기는 수원지방에서 9월 상중순으로 거봉보다 7일정도 빠르다.

재배상의 유의점은 수세가 강하여 웃자라는 편으로 장초전정(약전정)을 하는 것이 좋으며, 수확기에 열과가 있으므로 토양이 건조하지 않게 하고 비가림 재배 등을 한다. 재배적지는 보수력이 있는 사양토나 양토가 좋으며, 내한성이 약하여 중부지방에서는 겨울에 묻어 월동시켜야 하므로 남부지방에서 재배하는 것이 유리하다.

② 캠벨얼리(Campbell Early)

미국 오하이오(ohio)주에서 캠벨(campbel)이 1892년에 무어 얼리(Moore Early)에 의하여 벨비데레(belvidere) 품종과 뮈스까 함부르크(muscat hamburg)품종을 교배하여 얻은 실생을 화분친(父系)으로 교배 육성한 품종이다.

우리나라에서 오래전부터 재배해온 주 품종으로 재배면적이 전 포도재배의 69%를 차지하고 있다. 구미 잡종이지만 미국 계통의 특성이 더 강하게 나타나며, 일명 여름에 많이 나오는 흑색포도가 캠벨얼리이고, 이 포도로 만든 포도즙은 색깔이 아주 좋으며 당도도 높고 상품가치도 좋다. 과방은 원추형으로 350~400g내외로 크고, 과립의 무게는 5g 정도이며 원형이다. 완숙하면 농자흑색을 나타내고 과분이 곱게 덮이며, 당도는 16%까지 되나 보통은 14%정도이다.

수세는 중정도이고 내한성(耐寒性 freezing resistence)은 매우 강하며, 천근성(淺根性)[1]이므로 내건성(耐乾性)[2]이 약하고 토양수분이 적은 곳에서는 생육이 떨어진다.

결실성(結實性)[3]이 좋아 단초전정(短梢剪定)을 하여도 비교적 충실한 결실을 하며, 1결과지당 1~3개의 꽃송이가 달리는데 과다 결실되면 수세가 약해지고 품질이 저하되어 꽃떨이 현상이 생기기 쉽다.

과방은 원추형으로 350g 정도이고, 과립이 밀착하여 단단한 감을 주며, 과립은 원형으로 산광(散光 diffuse radiation)[4]에서도 착색이 잘 되는데 완숙시 자흑색을 띠고 과분이 곱게 덮힌다. 과립중은 6g 내외이고, 과피가 약간 두꺼운 편이다.

당도는 13도 정도되고 산미는 완숙되면 적은 편이며, 육질은 질긴 편이나 과피와 쉽게 분리되고 과즙이 많다. 숙기는 수원지방에서 8월 하순경으로 비교적 빠른 편이며, 주로 생식용으로 이용된다.

내병충성은 고온다습하면 흑두병, 갈반병, 탄저병의 발생이 심하며 특히, 성숙기의 탄저병 방제에 유의하여야 한다.

재배상의 유의점은 토양수분이 적은 곳에서는 수세가 떨어지므로 토양수분의 변화가 적은 비옥한 식양토에서 재배하는 것이 좋다. 개화 후 착립이 불량하기 쉬우므로 비배관리(肥培管理)[5]를 잘해야 하며, 개화 1주일 전에 웃자라는 신초(新梢)를 전엽 10~11매만 남기고 순지르기를 하는 것이 좋다.

1) shallow-rooted 작물의 뿌리가 지표면에 가까운 토양에 분포하는 성질
2) 가뭄을 타지 않고 견디어 내는 성질
3) 열매를 맺는 성질
4) 대기 중의 분자, 미립자에 의해 광선이 흩어지는 현상이다. 평행광과 구별되어 다른 많은 방향으로 전파되는 복사로서, 대기복사, 태양복사의 산란성분이다.
5) 거름을 잘 뿌려 토지를 걸게 하여 식물을 가꿈

착색기간이 길어서 숙기 판단을 잘못하고 조기 수확하므로서 맛없는 포도로 인식되는 사례가 많으므로 과실이 충분히 성숙된 후에 수확하도록 해야 한다.

③ 델라웨어(Delaware)

미국 뉴저지(new jersey)주에서 1850년경 프로보스트(provost)에 의하여 발견되어, 1855년경 오하이오 주 델라웨어 지방의 톰슨(Thompson)에 의하여 발표된 품종이다.

수세가 강하여 큰 나무로 자라는 성질이 있고 내한성도 강하며, 결실성이 좋아 1결과지당 3~4과방이 착생하며, 꽃떨이 현상이 없고 풍산성(豊産性)이다.

과방은 원통형으로 크기가 작아 120g 내외밖에 안되며, 어깨송이(肩房)가 있으므로 포도송이를 솎아 줄때 제거한다. 과립은 원형으로 2g정도되고 과피색은 적색이며, 육질은 연하고 과즙이 많다.

당도는 극히 높아 18~20%나 되며, 과립이 밀착하고 수송성이 좋다. 숙기는 수원지방에서 8월 하순~9월 상순경이며, 주로 생식용으로 이용된다.

적응지역은 내한성이 극히 강하여 중부지방(최저 극기온 -25℃ 이상 지역)에서 겨울에 묻어주지 않고 재배가 가능하다.

재배상의 유의점은 내건성이 강하고 적지범위가 넓으나 적당한 토양은 사질양토로서 점질토에서는 착색이 불량하다. 지베렐린(gibberellin) 처리를 할 경우 숙기가 3주일정도 촉진되며 종자가 없어지고 과립 및 과방비대 효과도 겸하여 상품성을 높일 수 있으므로 경제적인 재배를 위해서는 반드시 지베렐린 처리를 해야 한다.

④ 거봉(巨峰 Kyoho)

일본에서 오오이(大井上)씨가 캠벨얼리 품종의 4배체 품종인 석원조생(石原早生)에 유럽계(european nations) 4배체 품종인 센테니얼(centenial)품종을 교배하여 1937년에 육성한 4배체 품종으로서 1945년 발표한 품질이 극히 우수한 대립계 품종이다.

수세가 극히 강하고 특히, 개화기에 웃자라는 성질이 있으며 내한성은 약하지만, 유목기에 수관의 확대가 빠르고 큰 나무로 자란다.

결실성은 1결과지에 2과방이 열리는 품종으로 풍산성이나 꽃떨이 현상이 심한 것이 이품종의 단점으로서 재배시에 유의해야 한다.

과방은 크고 원추형인데 착립이 좋으면 500g 정도 되기도 하나 착립수를 제한하여 350g 내외로 조절하는 것이 좋다. 과립은 짧은 타원형으로 대립이며, 과립중이 12~14g 정도된다. 육질이 연하고 과즙도 많으며 당도가 16~18% 정도로서 생식용으로 맛과 품질이 우수하다.

과피색은 자흑색으로 산광(散光)에도 착색되지만 결실이 과다하면 착색이 불량해진다. 열과는 거의 없으나 과립이 크므로 수송중 탈립이 되기 쉬우며, 숙기는 수원지방에서 9월 중순경으로 캠벨얼리의 출하가 끝난 다음에 수확된다.

재배상의 유의점은 강전정(强剪定)을 할 경우 꽃떨이 현상이 심하고 착립이 불량해지므로 장초전정을 해야 한다. 그러므로 수형은 울타리식보다 덕식이 적합하며, 품종특성상 새 가지가 웃자라기 쉬우므로 질소질 비료가 과다하지 않도록 주의해야 한다.

재배적지는 보수력이 있는 양토나 사양토이며, 착과량은 결과지당 1과방 정도로 제한하는 것이 좋은데 착과가 과다하면 착색이 불량하고 품질이 저하된다. 내한성이 약하여 중부지방에서는 겨울에 묻어 주어야 하므로 남부지방에서 재배하는 것이 좋다.

⑤ 마리오(Mario)

일본에서 리자마트(rizamat)품종에 네오 뮈스까(neo muscat)품종을 교배하여 육성한 품종으로 리자마트와 유사한 특성을 가지고 있다.

수세는 왕성하고 내한성은 약하나, 보르도액의 약해에 강한 특성이 있다.

숙기는 9월 하순으로 과방은 400g 정도로 크고 화진성이 적어 결실이 잘되고, 원추형이며 과립은 9g 이상 되는 대립종이다. 과립모양은 장타원형으로 리자마트와 같고 당도는 18% 정도로 높고 산미는 약해 품질이 우수하다. 또한 육질은 아삭아삭하여 씹는 맛이 상쾌하다.

재배상의 유의점은 내한성이 약하므로 남부지방이 적지이며, 과방이 크므로 개화기 화수의 지경을 15단 정도 남기고 선단을 절단해 준다. 축과 현상이 나타나는 경우가 있으므로 수세 안정 및 결실조절에 유의하여야 한다.

⑥ 뮈스까 베일리 에이(Muscat Bailey A)

일본에서 1928년 베일리(bailey)에 뮈스까 함부르크(muscat hamburg)품종을 교배하여 육성한 품종으로 1950년에 생식, 양조 겸용품종으로 발표되었다.

수세가 강하고 유목기에 발육이 왕성하며, 결실이 시작되면 수세가 조금 떨어져서 델라웨어보다 약간 작은 수관을 이루고, 내한성은 약하다.

과방은 원추형으로 400g정도이며, 1kg이상 되는 것도 종종 있다. 과립은 자흑색 원형으로 6g 정도인데 산광하에서도 착색이 양호하며, 당도는 18% 정도로 높으며 뮈스까 향기가 있다.

육질은 연하고 과피가 비교적 강해서 수송성도 있고, 숙기는 수원지방에서 10월 상순경인 만생종이며, 생식, 가공 겸용으로 이용된다.

재배상의 유의점으로 재배적지 범위는 넓으나 양토나 사양토가 좋으며, 결실이 과다하면 착색이 나빠지고 품질이 저하되므로 결실량 조절에 유의하여야 한다. 착색기간이 길어 미숙과를 수확하기 쉬우므로 숙기판정을 잘해서 수확해야 한다.

꽃떨이 현상이 생기기 쉬우므로 개화 전에 어깨송이와 송이 끝을 잘라 주어 과방중이 400~450g 정도로 되게 조절해 준다. 내한성이 약하므로 대전이북 지방에서는 겨울에 묻어주어 월동시키는 것이 안전하며, 흑두병에 매우 약하므로 방제에 유의해야 한다.

⑦ 피오네(Pione)

일본 시즈오카(靜岡縣 shizuoka)에서 민간 육종가인 이가와(井川 Igawa)씨가 거봉 품종의 개량을 목표로 1957년 거봉에 캐논 홀 뮈스까(cannon hall muscat)품종을 교배하여 육성한 것으로 최초로 육성번호는 이가와(井川) 210호였던 것을 1969년에 土屋長男씨에 의하여 파이오니아(pioneer)로 명명되었으나 그 후 1975년에 피오네(pione)로 다시 명명된 4배체 품종이다.

수세는 거봉과 같이 강하고 나무의 특성도 모두 비슷하나 잎은 거의 5편엽으로서 열각이 깊고 잎 뒷면에 솜털이 없으므로 거봉과 쉽게 구별된다. 거봉보다 유럽계 특성이 더 많아 보르도액(bordeaux mixture)이나 고온장해에 대한 저항력도 거봉보다 강한 편이지만, 내한성은 약하다.

과방은 거봉과 같거나 약간 작은 원추형으로 과방중은 400g 내외이며, 과립은 짧은 난형으로 과립중은 12g 정도이고, 과피색은 자흑색을 띠지만 거봉보다 검은색이 더 진하다. 과육은 거봉보다 약간 단단하고 과피와 과육의 분리는 거봉보다 어렵다.

당도는 17%이고 산미가 적어 식미가 우수하며, 숙기는 수원지방에서 9월 상순으로 거봉보다 약간 빠른 편으로 캠벨얼리에 이어서 출하되므로 판매에 유리하다.

재배상의 유의점은 약간 점토질이고 배수가 잘되는 경사지가 적지이다. 적산온도 요구량이 높으므로 한지에서는 재배가 어려우며, 특히 개화기의 온도가 20℃ 이상 되는 곳이 좋다. 거봉보다 신초가 웃자라기 쉽고 꽃떨이 현상이나 무핵 소과립의 착생방지 등에 집약적인 관리를 하지 않으면 과실 품질 저하가 거봉보다 더 심하다.

⑧ 리자마트(Rizamat)

소련에서 카타쿠르간(kattakurgan)품종에 파겐트 품종을 교배하여 육성한 품종이다.

수세는 왕성하고 내병성, 내한성은 약하며, 숙기는 9월 중순경이고 수확기에 비가 오면 열과가 심하게 발생하므로 비가림 시설재배가 안전하다. 과방은 500g 내외로 매우 크고 원추형이며, 과립은 13g 내외로 대립이고 대추모양으로 길쭉하다. 과피는 자적색으로 과육과 쉽게 분리되지 않아 껍질과 함께 먹으며, 당도는 18% 내외로 산미가 약하므로 단맛이 강하게 느껴진다. 특히 육질이 씹으면 대추처럼 아삭아삭하게 느껴져 특이한 느낌을 준다.

재배상의 유의점은 내한성이 약하므로 겨울에 방한 대책이 필요하고, 열과가 심하게 발생되기 쉬우므로 특히 비가림 시설재배를 하여야 한다. 탈립성이나 수송성이 약한 편이므로 수확, 포장, 수송에 유의하여야 한다.

⑨ 세리단(Sheridan)

미국 뉴욕 농업시험장에서 허버트(herbert) 품종에 워든(worden)품종을 교배하여 육성한 품종으로 1921년에 선발, 명명한 품종이다. 우리나라에는 1961년 일리노이(illinois) 주립대학에서 도입하여 1986년에 깐포도 통조림용 캠벨얼리 대체 품종으로 선발하였다.

수세가 강하고 내한성도 강하여 재배하기 용이하며, 결실이 비교적 잘 되나 단초전정을 하면 결실이 불량해지기 쉬우므로 중 · 장초전정이 좋다.

과방은 원추형으로 과방중은 300g정도로서 캠벨얼리보다 약간 작고, 과립은 원형으로 밀착하나 열과는 생기지 않으며 과립중은 6g정도되고 과피는 자흑색으로 과육과 분리가 잘 된다.

당도는 17%로 높으며 산미도 적으나 육질이 너무 질긴 것이 단점이다. 숙기는 캠벨얼리보다 1개월 이상 늦으며, 수원지방에서 10월상순부터 수확할 수 있는 만생종이다.

재배상의 유의점은 비교적 재배하기 쉬운 품종이나 신초가 너무 웃자라지 않도록 수세관리를 잘하여야 한다. 완숙된 다음에도 나무에 오래 둘 수 있으므로 수확기를 늦추어 품질을 높일 수 있다. 장초전정을 하면 크고 고른 과방이 착생되어 덕식재배에 적당하며, 내한성이 강하여 중부지방에서도 겨울에 묻지 않고 재배할 수 있다.

⑩ 타노 레드(Tano Red)

일본에서 다노(田野)씨가 육성한 품종으로 교배양친은 알 수 없으나 구미잡종에 유럽종을 교배하여 얻은 것으로 추정되며, 1961년에 명명되었다.

수세는 켐벨얼리 정도로 강한편이나 성목기에 결실이 과다하면 극히 쇠약하게 되며, 내한성은 중정도이고 가지는 등숙(登熟 ripeness)[1]이 잘된다.

결실력이 좋고 풍산성으로 1결과지당 2~3송이가 착과(着果)[2]되며, 꽃떨이 현상이 거의 없어 비교적 재배가 용이하다.

1) 개화 후 종자의 배젖 또는 떡잎에 녹말 등이 축적되는 현상, 또는 그 과정
2) 과일나무에 열매가 열림

과방은 원추형으로 500~600g 정도로 크고 외관이 좋으며, 과립은 난형으로 과립중은 6~8g 정도되고, 과피색은 완숙시 적자색 또는 자색으로 되어 착색이 잘된다. 육질은 연한 편이고 당도는 16% 정도로 그다지 높지 않으나, 산미가 강하지 않아 맛이 좋으며 약간 미숙상태에서도 품질은 그다지 떨어지지 않는다.

숙기는 수원지방에서 9월 하순~10월 상순경으로 만생종이며 주로 생식용으로 이용된다.

재배상의 유의점은 단초전정을 실시하여도 결실력이 좋고 종종 과다결실의 우려가 있으므로 적방을 철저히 해야 한다. 수세약화도 방지하고 과립이 밀착하여 열과(裂果)[1]되는 것을 방지하기 위해 적립도 해주는 것이 좋다.

내한성이 약하여 중부이북지방에서는 겨울에 묻어 주어야하므로 나무가 상처를 입지 않도록 재식당초부터 주의해야 한다. 완숙 후 나무에 오래두면 과피색이 암자색으로 변하여 외관이 나빠지는 경우가 있으므로 유의해야 한다.

⑪ 고처 리자마트(高妻 Rizamat)

일본에서 피오네(pione)품종에 센테니얼(centenial)품종을 교배하여 육성한 품종이며, 일본에서 1992년에 종묘 등록된 신품종이다.

잎이나 나무특성은 피오네와 유사하나 도장성이 적고 결실이 비교적 잘된다.

숙기는 9월 하순 내지 10월 상순경으로 과방은 400g 이상 되며, 과립은 17g 정도로 대립이고 단타원형이며 자흑색으로 착색된다. 당도가 18% 정도로 높고 산미가 적으며, 과즙이 많아 품질이 우수하다.

재배상의 유의점은 내한성이 약하므로 안전 월동에 유의하여야 하며, 피오네 품종이나 거봉 등 대립계 품종의 결점인 결실 불안정성이 상당히 개선되어 재배가 비교적 용이하며, 적립을 알맞게 하여 품질을 유지토록 해야 한다.

⑫ 자옥(紫玉)

고묵(高墨)의 조숙(早熟)변이 품종으로 1982년 일본에서 선발되었으며 조생고묵(早生高墨)으로 불리기도 한다.

수세는 왕성한 편이나 거봉보다는 약하고, 내병성은 비교적 강한 편이나 내한성은 약하다.

숙기는 8월 중순으로 대립종(大粒種) 중에서는 가장 일찍 성숙되며, 과방은 300g내외로 작은 편이고 원추형이다. 과립은 11g 내외로 대립종이며 과피는 자흑색이다. 당도는 16%로 높은

1) 열매의 한 형태. 익으면 건조하여 껍질의 일부가 벌어져서 종자가 떨어지는 건조과(乾燥果)의 한 가지

편이고 산미는 적으며, 육질은 거봉처럼 연한 편으로 품질이 우수하다.

재배상의 유의점은 내한성이 약하므로 월동에 유의하여야 하며, 화진현상이 나타나기 쉬우므로 전엽 7~8매시 후라스타(mepiquat chloride 44% 액제) 500배를 살포하여 주는 것이 안전하다.

⑬ 후지미노리(藤捻)

일본에서 이가와(井川) 682호에 피오네(pione)품종을 교배하여 육성한 품종이다.

대립계(大粒系) 포도 중에서 수세는 강하지 않고 결실이 잘되는 품종으로 내병성도 비교적 강한 편이다.

숙기는 9월 중하순경으로 적립을 알맞게 하면 이보다 일찍 성숙한다. 착립이 잘되어 그대로 두면 거봉보다 과립이 작게 되지만 적립을 많이 하면 과립중이 18g 내외로 비대해 진다.

대립계 품종 중에서는 결실이 매우 잘되는 품종으로 당도가 18% 이상으로 높고 착색이 흑색으로 잘되며 산미가 적어 모양이나 맛이 우수하다.

재배상의 유의점은 내한성이 약하므로 월동에 유의하고 적립을 철저히 하여 과립이 충분히 비대하도록 한다.

⑭ 홍서보(紅瑞寶)

1966년에 일본에서 육성된 품종으로 교배친은 홍부사(紅富士)와 같으며, 수세가 왕성하고 내병성이 강한 편이다.

숙기는 9월 하순경으로 모양이 홍부사와 유사하고, 과립은 홍부사보다 약간 길쭉한 난형으로 홍색이며 18g 내외로 대립이다. 당도가 18% 내외로 높고 품질이 우수하며 홍이두, 홍부사와 외관이나 품질이 유사하다.

재배상의 유의점은 내한성이 약하므로 남부지방이 적지이며, 착립 및 착색이 다소 불량한 경향이 있어 결실조절에 유의해야 한다. 또한 건조에 약하므로 관수를 알맞게 해야 한다.

그림 3-16 주요 아시아 포도품종

청수(W)
(淸水, Cheongsoo)

힘로드시들레스(W)
(Himrod Seedless)

홍단(W)
(紅丹, Hondan)

네오 뮈스까(W)
(Neo Muscat)

홍부사(W)
(紅富士)

홍이두(W)
(紅伊豆)

자옥(R)
(紫玉)

블랙 올림피아(R)
(Black Olympia)

캠벨얼리(R)
(Campbell Early)

델라웨어(R)
(Delaware)

거봉(R)
(巨峰, Kyoho)

뮈스까 베일리 에이(R)
(Muscat Bailey A)

피오네(R)
(Pione)

고처(高妻)(R)
리자마트(Rizamat)

리자마트(R)
(Rizamat)

타노 레드(R)
(Tano Red)

2. 국가별 포도품종 재배현황

1) 구세계 와인지역

(1) 그루지야(Georgia)

그루지야는 남쪽으로 터키와 아르메니아가 위치하고 있으며, 북쪽으로는 러시아가 인접해 있는 국가로서 수도는 트빌리시(tbilisi)이고, 수림 산맥이 서쪽과 동쪽으로 양분하고 있다. 동쪽은 내륙과 연결되어 있는 지역이고, 서쪽은 흑해를 끼고 있는 연안지역이다.

서쪽의 바투미(batumi)와 쿠타이시(kutaisi) 지역은 지중해성 기후의 아열대성 기후 지역이며, 추운 1월의 평균기온은 6℃ 정도이고, 무더운 7월의 평균기온은 25℃ 정도이다. 연 평균 강수량은 지역에 따라 많은 차이가 나지만 대략 1,200mm~2,500mm 이다.

표 3-3 그루지야 포도품종

구 분	품 종
청포도품종	알렉산더(Alexandria), Tsolikauri, 샤르도네(Chardonnay), Khikhvi(Kardanakhi), 엠트스바네(Mtsvane, Mtsvani), 리슬링(Riesling), 알카트시테리(Rkatsiteli), Tetra, Tsitska, 바지수바니(Vazisubani)
흑포도품종	Aladasturi, Alexandrouli(Alexandreuli, Alexsandrouli), Asuretuli, 아라자니(Alazani), 까베르네 쏘비뇽(Cabernet Sauvignon), 까리냥(Carignan), Dzvelshava, 크반치카라(Khvanchkara), Krakhuna, Mujuretuli, 무쿠자니(Mukuzani), 킨즈마루우리(Kindzmarauli), Ojaleshi, 삐노 누아(Pinot Noir), 사페라비(Saperavi), Tavkveri, Usakhelauri

(2) 레바논(Lebanon)

레바논은 지중해 동부 연안에 위치한 국가로서 북과 동쪽으로는 시리아와 국경을 접하고 있으며, 남쪽으로는 이스라엘과 국경을 접하고 있다. 포도재배를 위한 알맞은 위도는 북반구의 경우 30~50° 인데, 레바논의 경우 북위 33~34.4°, 동경 35~36.4° 사이에 위치해 있다.

아열대성 기후는 지중해성기후와 건조기후대로 구분할 수 있는데, 레바논의 경우 지중해와 인접해 있어 지중해성 기후대에 속하며, 여름에는 아열대 고압대의 영향을 받아 고온건조하고, 겨울에는 편서풍대에 속하여 우기가 시작되고 온난 다습한 기후를 보인다.

레바논의 대부분의 토양은 적갈색의 테라로사(terra rossa)이며, 테라로사는 지중해성 기후에서 발달한 토양으로 석회암이 풍화되고 남은 토양이다. 적갈색을 띠는 테라로사는 보통 염기포화도[1]가 높게 나타나며, 베카(bekaa)계곡과 해안을 따라 충적토가 나타나는데, 이는 하천이나 바람으로 운반되어 저지(低地)[2]에 퇴적한 토양으로, 자갈 · 모래 · 진흙 · 점토 등으로 되어 충적평야를 형성하여, 농경지로 이용되고 있다.

특히, 포도가 재배되는 베카계곡의 토양은 점토층, 백악질 토양, 석회층, 미사층, 자갈층 등으로 다양한 토양환경을 가지고 있는데, 점토층은 진흙으로 이루어진 층이고, 백악질 토양은 시멘트질 토양이라고 할 수 있다. 석회층은 탄산석회가 침전되어 생기는 회백색의 지층이며, 미사층은 가늘고 고운 모래층을 나타낸다. 이러한 토양은 포도나무가 자라는데 좋은 환경이 되고 있다.

레바논의 포도 품종의 경우 유럽국가의 영향을 받아 세계적으로 널리 알려진 포도 품종을 재배하여 와인을 만들고 있는데, 레바논의 자연환경으로 인해 유럽 국가들과는 다른 고유의 맛을 느낄 수 있으며, 대부분의 와인은 블렌딩하여 양조하기 때문에 전혀 새로운 와인을 만들게 된다.

표 3-4 레바논 포도품종

구분	품종
청포도품종	샤르도네(Chardonnay), 끌레레뜨(Clairette), 게뷔르츠트라미너(Gewürztraminer), 메르와(Merwah), 뮈스까(Muscat), 오바이데(Obaideh), 쏘비뇽 블랑(Sauvignon Blanc), 쎄미용(Semillon), 위니 블랑(Ugni Blanc), 비오니에(Viognier)
흑포도품종	알리칸데(Alicante), 까베르네 프랑(Cabernet Franc), 까베르네 쏘비뇽(Cabernet Sauvignon), 까리냥(Carignan), 생쏘(Cinsault), 그르나슈(Grenache), 메를로(Merlot), 무르베드르(Mourvedre), 시라(Syrah), 템쁘라니요(Tempranillo)

(3) 이스라엘(Israel)

전반적인 기후환경은 전형적인 지중해성 기후로 여름은 건조하고 기온이 30℃ 이상이지만 겨울에는 강수량도 많고 온화한 기후이다. 겨울철 북부 고원에서는 강설을 볼 수 있으며, 강수량은 북부지역의 800mm 이상에서 남부 네게브(negev) 지방의 100mm 이하까지 심한 차이가 있다. 남부지역은 시나이 사막(sinai desert)과 북아프리카 사막지대의 건조한 남서풍으로 인하여 매우 건조하다.

1) 전체 교환성 양이온에 대한 교환성 염기의 백분율
2) 지대가 낮은 땅

이스라엘의 토양은 크게 석회암과 현무암과 누비아 사암(nubia sandstone) 등으로 구성되어 있으나 부분적으로 특징적인 토양을 이루며, 이에 맞는 농업이 발달하였다. 화강암은 매우 단단하고 풍화침식에 저항력이 강하여 산악과 구릉지대를 이루고 있어 나무가 잘 자라지 못하지만 석회암은 성벽과 건축 재료로 많이 사용되고 있다. 현무암은 요단강 동편 지역의 바산(bashan) 고원과 갈릴리 호수 부근에서 볼 수 있는데, 현무암이 풍화한 황갈색의 토양은 점성이 강하여 비옥한 농경지로 이용되고 있다. 누비아 사암은 요르단 동편 지역에 많이 나타나며, 석회암처럼 단단하고 풍화침식에 강하여 높은 산지를 이루고 있다. 사암지대의 특징은 빗물이 잘 스며들지 않아 상시 천을 이루는 것이 특징이다. 몇 가지 특징적인 토양 가운데 석회암이 변하여 형성된 테라로싸 토양은 짙은 붉은 색을 나타내는 것으로 매우 비옥하여 여러 가지 농작물이 재배되고 있다. 테라로싸 토양이 있는 지역으로는 이즈르엘(jezreel) 평야 지대와 요단강 동편의 중앙 부분이다. 또한 많은 바람의 영향으로 충적토가 쌓여 비옥한 토양을 가지고 있는 곳도 있는데, 주로 이즈르엘 평야지대와 해안 평야지대가 바로 대표적인 충적토 지대이며, 이곳에서도 많은 농작물이 재배되고 있다. 또 하나의 특징적인 토양은 바람에 의하여 사막에서 날라 온 미세한 토양이 쌓인 황토색의 로이스(loess) 토양으로 주로 네겝(negeb) 북쪽 지역에 형성되며, 물만 공급되면 비옥한 농토로 변할 수 있는 좋은 토질의 땅이다. 요단강 동편 지역의 주된 토양은 두껍고, 단단한 모래 토양인 누비아 사암이며, 색이 붉기 때문에 누비아 사암이 주로 분포된 요단 동편의 남쪽 지역을 에돔(edom)[1]이라고 부른다.

표 3-5 이스라엘 포도품종

구 분	품 종
청포도품종	샤르도네(Chardonnay), 슈냉 블랑(Chenin Blanc), 에메랄드 리슬링(Emerald Riesling), 게뷔르츠트라미너(Gewürztraminer), 요하니스베르크 리슬링(Johannisberg Riesling), 뮈스까델(Muscadelle), 무스카트 오브 알렉산더(Muscat of Alexandria), 뮈스까 까넬리(Muscat Canelli), 리슬링(Riesling), 쏘비뇽 블랑(Sauvignon Blanc), 쎄미용(Semillon), 비오니에(Viognier)
흑포도품종	Argaman[2], 까베르네 프랑(Cabernet Franc), 까베르네 쏘비뇽(Cabernet Sauvignon), 메를로(Merlot), 쁘띠 베르도(Petit Verdot), 쁘띠 시라(Petite Sirah), 삐노 누아(Pinot Noir), 산지오베제(Sangiovese), 시라/시라즈(Syrah/Shiraz), 진판델(Zinfandel)

1) 히브리어로 붉음이라는 뜻
2) Carignan 품종과 포르투갈의 Suzao품종을 교배한 품종

(4) 터키(Turkey)

터키는 거대한 초원국가로서 위도 35~42°, 경도 25~44° 사이에 위치하고 있으며, 유럽과 중동에서 가장 큰 국가 중의 하나이다. 이웃국가로는 북서쪽으로 그리스와 불가리아가 있고 북동쪽으로는 아르메니아(armenia)와 그루지야(georgia)가 있으며 남동쪽으로는 이란과 이라크, 남쪽으로는 시리아가 있다. 터키에서 가장 큰 산으로는 동쪽에 있는 아라라트(ararat) 산이며, 흔히 노아의 방주가 있는 곳이라고 한다. 아라라트산에서 멀리 떨어져 있지 않은 거리에 역시 터키에서 가장 큰 호수인 반(van) 호수가 있다.

서지중해는 일반적으로 겨울에 매우 온화하고 여름(6월)에는 약 30℃ 정도이며, 흑해는 약 10℃ 정도이지만 육지는 고도의 영향으로 매우 춥거나 매우 무더우며, 화산지형이 있는 곳에서는 포도재배 하기에 적합한 토양이 분포되어 있다.

터키의 포도 주산지는 마르마라해(sea of marmara) 지역, 중앙 아나톨리아(anatolia) 지역)[1] 연안으로 터키는 세계 4위의 포도 생산대국이지만, 생산량의 2%만이 와인생산에 이용되고, 나머지는 수출되거나 건포도 등으로 가공되고 있다.

난쎄(narnce) 품종은 북부 아나톨리아의 토카트(tokat) 지방에서 생산되는데, 다른 터키산 와인에 비해 연령이 오래될수록 맛이 있어 라이트 한 화이트와인 양조에 적합하며, 외래품종으로는 쏘비뇽 블랑이 터키에 적합한 것으로 알려져 있다.

표 3-6 터키 포도품종

구 분	품 종
청포도품종	Beylerce, Bornova Misketi, 샤르도네(Chardonnay), 끌레레뜨(Clairette), 꼴롱바르(Colombard), 되퀼겐(Dökülgen), 에미르(Emir), 하산데데(Hasandede), 카바르칙(Kabarcik), 케이세리(Kayseri), Misketi, Narince, 니이네(Nigde), 리슬링(Riesling), 루미(Rumi), 쎄미용(Sémillon), Vasilaki, Yapincak, 쏘비뇽 블랑(Sauvignon Blanc)
흑포도품종	Adakarasi, Alicante Bouschet, 보가쯔커(Boğazkere), 부르부르(Burdur), 부르부르 딤니트(Burdur Dimrit), 까베르네 쏘비뇽(Cabernet Sauvignon), CalKaras, 까리냥(Carignan), 생쏘(Cinsault), 딤니트(Dimnit), 가메(Gamay), 그르나슈(Grenache), 호로즈 카라시(Horoz Karasi), Kalecik Karasi, Karalahana, Kuntra, 메를로(Merlot), 오쿠쯔고쭈(Ökuzgözü), 파파즈카라시(Papazkarasi), 삐노 누아(Pinot Noir), 세르기 카라시(Sergi Karasi), 시라즈(Shiraz)

1) 지중해 동부의 해역. 남북 640km, 동서 320km. 영어로는 Aegean Sea라고 한다. 동쪽은 소아시아 연안제도, 남쪽은 크레타 섬이 끝이 되며, 서쪽은 그리스반도, 북쪽은 마케도니아 및 트라키아지방이 둘러싸고 있다. 북동부의 차나칼레해협을 거쳐 마르마라 해 통한다.

(5) 이집트(Egypt)

이집트는 아프리카의 북동쪽에 위치하고, 사하라 사막 안에 있으며, 북쪽으로는 지중해, 남쪽으로는 수단, 서쪽으로는 리비아, 동쪽으로는 이스라엘과 아카바 만(the gulf of aqaba)과 홍해를 접하고 있다. 이집트의 기후는 전체적으로 온화한 편이며, 한여름에는 매우 덥지만, 대신 습도가 낮기 때문에 더위는 그다지 못 느끼는 편이다. 여름철을 제외한 나머지 기간 동안의 이집트 기후는 이상적이며, 하늘은 태양빛으로 밝게 빛나고 비오는 날이 거의 없다. 카이로(cairo)를 비롯한 내륙은 아열대 기후, 지중해 연안은 지중해성 기후이며, 연간 강수량이 알렉산드리아(alexandria)는 190mm, 카이로는 25mm 정도이다. 기온은 여름에 사막의 온도가 37~40℃에 이르고, 온화한 지중해 연안에서도 32℃에 이른다. 겨울에는 대체로 따뜻한 편이지만, 바람이 불면 매우 쌀쌀하다.

표 3-7 이집트 포도품종

구 분	품 종
청포도품종	삐노 블랑(Pinot Blanc)
흑포도품종	까베르네 쏘비뇽(Cabernet Sauvignon)

(5) 그리스(Greece)

정식명칭은 헬레니공화국(hellenic republic)으로 반도의 본토와 그 주변에 산재하는 섬들로 이루어져 있으며, 본토의 서안은 이오니아해(ionian sea) 동안과 북동안은 에게 해(aegean sea)에 둘러싸여 있다. 북쪽은 연장 800km에 이르는 긴 국경으로 알바니아, 마케도니아, 불가리아에 접하고 있고, 동쪽은 마리차강(maritsa river)을 사이에 두고 터키에 접하고 있으며, 발칸반도에 위치한 국가로서 수도는 아테네(athens)이다.

반도부의 남부 및 도서부는 여름에 아주 건조한 전형적인 지중해성 기후를 나타내며, 북부는 여름에도 비교적 강수량이 많고, 겨울에 추위가 심한 대륙성 기후이다. 특히 겨울에 추위가 심한 곳은 마케도니아와 트라케(trakai) 지방이다. 그리스 남부와 키클라데스제도(cyclades islands)는 북동풍인 보라(bora)와 남풍인 시로코(sirocco) 등 지방풍의 영향을 받아 여름에는 아주 건조하다.

그리스의 지형은 발칸반도의 중앙부에서 남쪽으로 뻗은 디나르알프스산맥(dinar alps mts.)의 연장인 제3기 습곡산지에 의해 생긴 핀도스산맥(pindhos mt.)이 있고, 다시 여러 갈래로 나뉜 제3기 습곡산지는 그리스를 동서로 구분한다. 이오니아해(海)에 면한 서쪽사면은 다소 강우량이 많아 삼림지대를 이루고 있으며, 지형이 험준하여 산간분지는 고립되어 있다. 남북 방향으로 뻗은 습곡산지는 반도 남쪽에서 다시 갈라져 로도스(ródhos)섬과 크레타(creta)섬 등과 연결되며, 또한 동서쪽에 산맥을 만들어 그리스는 산악국이 되었다. 이들 신기(新期)습곡산맥은 주로 석회암으로 이루어져 있으나, 사암과 편암 등도 혼합되어 있다.

삼림이 적고 곳곳에 석회암의 흰 암석이 노출되어 있으며, 또한 양질의 대리석이 많다. 북부와 에게 해 남부에는 트라키아(thracia) 산지 · 키클라데스(kyklcdhes) 산지 등의 고기(古期) 결정질 암석으로 이루어진 고기산지가 있으며, 알프스조산운동에 이르기까지 여러 번에 걸친 지각운동을 받아 반도부에서는 산지 · 구릉 · 분지 등의 복잡한 지형을 이루고, 그리스 최고봉을 이루는 올림포스산(olympos mt. 2,917m)은 트라케 산지의 서쪽 끝에 있다. 키클라데스 산지의 대부분은 침강운동의 결과 다도해를 이루고 있다. 이와 같이 전국토가 산지이며, 평야는 산간분지와 주요 하천의 하류부에 국한되어 있어 고대 그리스의 도시국가는 이와 같이 분산된 산간분지와 작은 평야지대를 차지하여 발달하였다.

표 3-8 그리스 포도품종

구 분	품 종
청포도품종	알다니 아스프로(Aldani Aspro), 아스프라우드(Asproudes), 아시르티코(Assyrtiko), 아티리(Athiri), 샤르도네(Chardonnay), 다프니(Daphni), 데비나(Debina), 필레리(Fileri), 그르나슈 블랑(Grenache Blanc), 카코트이스(Kakotryghis), 라코르티(Lagorthi), 말라구시아(Malagousia), 말바지아 아로마티카(Malvasia Aromatica) 모넴바시아(Monemvassia), 모스코필레리(Moschofileri), 모스코필레로(Moschofilero), 뮈스까트 블랑 아 쁘띠 그랭(Muscat Blanc a Petits Grains), 무스카트 오브 알렉산더(Muscat of Alexandria), 무스카트 스피나스(Muscat Spinas), 플리토(Plyto), 리슬링(Riesling), 로볼라(Robola), 로디티스(Rhoditis), 쏘비뇽 블랑(Sauvignon Blanc), 사바티아노(Savatiano), 쎄미용(Semillon), 시데리티스(Sideritis), 트라미너(Traminer), 타우시(Tsaoussi), 위니 블랑(Ugni Blanc), 빌라니(Vilana), 비오니에(Viognier), 볼리차 아스프리(Volitza Aspri)
흑포도품종	아이오르이티코(Agiorgitiko), 애다니 마브로(Aidani Mavro), 아티리 마브로(Athiri Mavro), 아브구스티아티스(Avgoustiatis), 까베르네 프랑(Cabernet Franc), 까베르네 쏘비뇽(Cabernet Sauvignon), 쌩쏘(Cinsaut), 그르나슈 루쥬(Grenache Rouge), 그트시팔리(Kotsifali), 크라사토(Krassato), 리아티코(Liatiko), 림니오(Limnio), 말바지아(Malvasia), 만델라리아(Mandelaria), 만딜라리아(Mantilaria), 마브로다핀(Mavrodaphne), 메를로(Merlot), 무르베드르(Mourvedre), 네고스카(Negoska), 쁘띠 시라(Petite Syrah), 삐노 누아(Pinot Noir), 레포스코(Refosco), 산지오베스 그로쏘(Sangiovese Grosso), 스타브로토(Stavroto), 시라(Syrah), 티니아티코(Thiniatiko), 볼리차 마브리(Volitza Mavri), 시노마브르(Xynomavro)

그리스는 고대의 포도 품종이 변하지 않고 지금까지 그대로 이어져 내려오고 있는데, 무려 250여 가지의 그리스 고유 포도 품종으로 인해 그리스만의 독특한 와인을 생산하고 있다.

또한, 세계적으로 유명한 까베르네 쏘비뇽, 샤르도네 등의 품종도 함께 재배하고 있으며, 그리스 토양과 기후 속에 자란 특성으로 인하여 프랑스와 미국 등지에서 재배되고 있는 것과 차별화된 맛과 향이 난다.

(6) 키프로스(Cyprus)

지중해 동부에 있는 섬나라로 소아시아와 인접해 있으며, 지리적 중요성 때문에 제1차 세계대전 개전 시 영국의 식민지가 되었다. 그 후 1925년 로잔(lausanne)조약[1]으로 영국의 정식 직할 식민지가 되었지만 그리스와 터키의 갈등을 잠재우기 위해 1959년 영국이 런던에서 미국의 중재 아래 키프로스 독립협정에 서명한 후 1960년 8월 16일 정식으로 독립을 선언하였다.

키프로스는 시칠리아 섬, 사르네냐 섬 다음으로 지중해에서 세 번째로 큰 섬 국가이며, 해상으로 그리스 동쪽에서 800km, 터키 남쪽에서 65km, 시리아 서쪽에서 96km, 이집트 북쪽에서 385km 떨어져 있다. 소아시아와 가까운 지중해 동단부에 위치하여 유럽 · 아시아 · 아프리카 세대륙을 연결하는 교통의 요충지로서 중요하다. 섬 전체의 지형은 산악지대가 많아 북부 해안을 따라 키레니아산맥이 100km 이상의 길이로 동서 방향으로 뻗어 있고, 중앙부에는 험준한 트로도스산지가 가로놓여 있다. 두 산지 중간에 니코시아(nicosia)를 중심으로 한 비옥한 메사오리아저지(mesaoria 低地)가 펼쳐진다. 섬의 최고점은 트로도스산지의 주봉인 올림푸스산(일명 트로도스산)으로 높이가 1,951m에 이른다.

섬 면적의 10.81%가 경작 가능한 땅이며, 농경지 4.32%, 삼림 및 기타 84.87% 이다. 농경지는 전체 국토 면적 9,250㎢ 중에서 400㎢에 불과하다. 협소한 농경지는 용수 부족에 기인하며 많은 농경지가 관개용지이다. 전형적인 지중해성 기후(온대하계건조 기후)를 나타내어 연평균 483mm의 강수량이 10월에서 3월 사이에 내리고, 연평균 기온은 20.3℃이다.

키프로스는 오래 전부터 와인을 통해 해외 시장을 개척해 왔지만 쉐리와인의 값싼 대체품 수준에 머무르고 있는 수준이다. 키프로스 와인 역사는 약 4000년 전으로 알려져 있으며, 세계적으로 오래된 유명한 코망데리(commanderie) 와인이 있는데 그 기원은 1191년으로 거슬러 올라간다. 코망데리 와인은 알코올 도수 12℃로서 80%의 메를로와 20%의 까베르네 쏘비

1) 1922년과 1923년에 스위스 로잔에서 터키와 제1차 세계 대전 연합국이 맺은 조약. 1922년에 연합국 및 그리스와 싸워 이긴 터키가 주도한 것으로, 1920년의 세브르 조약을 개정하여 터키를 완전한 독립국으로 인정하였다.

표 3-9 키프로스 포도품종

구 분	품 종
청포도품종	뮈스까트 오브 알렉산더(Muscat of Alexandria), 니스테리(Xynisteri)
흑포도품종	알리칸데 부쉐(Alicante Bouschet), 까베르네 쏘비뇽(Cabernet Sauvignon), 까리냥 누아(Carignan Noir), 생쏘(Cinsaut), 그르나슈(Grenache), 마라테프티코(Marathef tiko), 마브로(Mavro), 메를로(Merlot), 말라가(Malaga), 무르베드르(Mourvédre), 시라(Syrah), 오프탈모(Ophthalmo), 빨로미노(Palomino)

뇽 품종을 주 품종으로 블렌딩하여 산뜻하면서도 신선하고 부드러운 맛으로 누구나 쉽게 즐길 수 있는 레드와인이다. 신선한 과일향, 제비꽃, 붉은 사과의 향이 잘 어우러져 있으며, 블랙베리 등 신선한 붉은 과일열매의 과실 맛이 산뜻하고 경쾌하면서도 부드러운 탄닌의 질감과 적절한 밸런스를 느끼게 한다.

키프로스는 18,000ha의 포도원에서 연간 약 503,000hl의 와인이 생산되고 1인당 연간 와인소비량은 15.16ℓ이다.

(7) 이탈리아(Italian Republic)

이탈리아는 마치 긴 장화 모양으로 생긴 반도(半島)국으로 지중해 중앙부에 위치하고 있으며, 이러한 지형으로 인해 북서에서 남동까지의 길이가 약 1,200km에 이른다. 지도상으로 보면 최북단은 북위 47°이며, 최남단은 북위 35°의 위치에 있다. 북쪽은 알프스를 경계로 프랑스와 스위스, 오스트리아의 3개국과 접하고 있으며, 토리에스테 항을 경계로 슬로베니아와 가까이 한다. 총연장 8,600 ㎞의 해안선은 동쪽으로는 아드리아 해(海), 서쪽으로는 리구리아 해(海)와 티레니아 해(海), 남쪽으로는 이오니아 해(海)에 둘러싸여져 있다. 이탈리아 반도는 이베리아, 발칸반도와 함께 남유럽의 3대 반도에 포함되지만 다른 반도와는 달리 동 · 서 지중해 사이에 위치해 있어 가장 유럽적인 자연과 문화를 지닌 곳이다. 이탈리아의 국토는 지형적인 면에서 북부쪽의 대륙부, 평야부, 반도부, 도서(島嶼)부로 나눌 수 있는데, 대륙부는 알프스산맥쪽, 평야부는 포 평원, 반도부는 중남부 지대, 도서부는 시칠리아 섬과 사르데냐 섬, 엘바섬, 스트론보리 섬을 포함한 70여개의 섬이 있다.

이탈리아의 기후는 온대지역에 속하지만 반도가 남북으로 길게 뻗어 있기 때문에 다양한 기후가 나타난다. 알프스 산맥은 서풍과 북풍을 부분적으로 막아주며, 북부 평야와 아펜니노 지역은 다양한 기후를 보인다. 사르데냐 섬은 대서양, 시칠리아는 아프리카의 바람으로부터 영향을 받는다. 대체로 겨울에는 지중해성 저기압, 여름에는 알프스성 저기압, 가을에는 대서양성 저기압과 동시베리아 고기압이 이탈리아 기후를 지배한다. 최북단인 알프스 지역은 대륙성 산악기후로 기온이 낮은데, 동부와 서부를 비교하면 동부는 강우량이 1,053mm, 평균기온은 6.6℃이고 서부는 각각 660mm와 7.4℃를 나타낸다. 가을과 늦겨울에는 푄(fohn)이라는 고온 건조한 바람이 스위스와 오스트리아에서 불어온다. 적설량은 서부가 동부보다 많고, 포 강 유역은 여름에 덥고 겨울에 몹시 추우며 내륙지역이 동부 해안보다 기온차가 극심하다. 여름과 겨울의 평균기온이 각각 23℃와 0.3℃이고, 강우는 봄 · 가을에 집중되며 고도가 높아짐에 따라 증가한다. 연평균기온은 15℃ 내외이고 강우량은 660mm 정도이다. 아펜니노 산맥지역은 고도에 따라 평균기온이 15.3℃ 내외이며, 평균 강우량은 947mm가량이다. 아펜니노 산맥이 찬 북풍을 막아주며, 동부가 더 온난하고 강우량이 많다. 칼라브리아와 시칠리아 섬은 지중해로 둘러싸인 산악지역으로 본토보다 기온이 높다. 평균기온과 강우량은 칼라브리아가 18.2℃와 569mm이며, 시칠리아 섬은 18℃와 970mm이다. 고온다습한 시로코(sirocco)는 아프리카에서 불어온다. 한편 사르데냐 섬은 북서쪽으로부터 한랭한 미스트랄(mistral)과 남동쪽으로부터 시로코 국지풍의 영향을 받는다.

이탈리아 북부의 기후구는 포 평원을 중심으로 기온의 교차가 큰 것이 특색이다. 연교차는 일반적으로 23℃ 이상이며, 알레산드리아에서는 24℃ 이상이 된다. 겨울철의 평균기온은 낮아서 빙점 이하로 떨어지며 동결되는 때가 많다. 강렬한 열방사(熱放射)에 의해서 냉각된 공기는 무겁게 되어 낮은 곳으로 집적되기 때문에 포 평원의 최저부는 한랭하다. 따라서 이 최저부에서 주위의 산지로 올라가면 기온의 역전현상(逆轉現象)이 나타난다.

알프스 산록의 호수지대는 호수의 조절작용과 북풍에 대한 보호 외에, 기온의 역전현상으로 유리한 기후를 나타낸다. 포 평원의 여름철은 기온이 높은 편으로 7월의 평균기온이 24℃에 달한다. 또한 코모 호안(湖岸)의 카를로타의 1월 평균기온은 3.1℃로 밀라노의 2.4℃보다는 높지만 여름에는 반대로, 카를로타의 7월 기온이 21.5℃로 밀라노의 24.6℃보다 낮다.

연평균 강수량은 600~1000mm이며, 북부(알프스 방향)로 갈수록 강수량은 증가한다. 비는 가을에 많으며 계절적으로 비교적 균등하게 분포하여 한발(旱魃)의 피해는 거의 없다. 눈은 겨울에 집중해서 내려 철도 교통에 커다란 방해가 된다. 또한 지방풍으로는 알프스 및 아펜니노에서 불어 내려오는 푄이 있다. 중부의 기후구는 반도부의 중앙 이북의 기후구로 특색은 저지와 고지의 기온차가 현저하다는 것이다. 해안과 평야의 저지에서는 지중해성 기후로 온화하나 같은 저지일지라도 내륙의 피렌체(firenze) 분지 등은 겨울에 기온이 내려간다. 티레니아 해안(tyrrhenian sea)과 아드리아 해안(adriatic Sea) 에서는 지중해성 기후가 지배적이다. 불모의 고지는 강한 열방사로 인해서 기온의 일교차가 크게 나타나며, 겨울에는 저지보다 춥고 여름에는 서늘하다.

리구리아 해안(liguria sea)은 산맥에 의해서 북풍으로부터 보호받으며, 동시에 지중해에 면하기 때문에 겨울은 상당히 온화한 편이다(1월 평균기온 7~9℃). 따라서 이 해안은 겨울철에 요양지대를 이룬다. 강수량은 여름에 적은 것이 특색이며, 남쪽으로 내려갈수록 이 특색은 더욱 현저하다. 로마는 평균적으로 3년마다 7~8월에 거의 비가 오지 않는다. 겨울은 우계(雨季)로 구름낀 날이 많지만 여름에는 비가 소나기 형태로 갑작스럽게 내렸다가 갠다. 특히 고지는 저지보다 비가 많아 하천의 물은 마르지 않으며 연강수량은 해에 따라 다르다.

남부 기후구는 중부 기후구와 명확하게 구별할 수는 없지만, 두 기후구는 로마와 나폴리 사이에서 점이(漸移)되고 있다. 반도의 해안지대 및 시칠리아 섬에서는 전형적인 지중해성 기후가 나타나며 아열대 기후에 가깝다. 온난 다우한 겨울과 고온 건조한 여름이 교차하며 여름이

표 3-10 이탈리아 포도품종

구분	품종
청포도품종	알바나(Albana), 아르네이스(Arneis), 아로마티코(Aromatico, 자생종), 봄비노(Bombino), 카타라토(Catarratto), 샤르도네(Chardonnay), 코르테제(Cortese), 팔랑기나(Falanghina), 피나오(Fiano), 가르가네가(Garganega), 게뷔르츠트라미너(Gewürztraminer), 그레게토(Grechetto), 그레코(Greco), 그릴로(Grillo), 인졸리아/안소니카(Inzolia, Ansonica), 말바지아(Malvacia), 말바지아 비앙카(Malvasia Bianca), 말바지아 네로(Malvasia Nero), 모스까토(Moscato), 누라구스(Nuragus), 팜파누토(Pampanuto), 피가토(Pigato), 피콜리트(Picolit), 삐노 블랑코(Pinot Bianco), 삐노 그리지오(Pinot Grizio), 프로세코(Prosecco), 리볼라(Ribolla), 리볼라 지알라(Ribolla Gialla), 리슬링(Riesling), 리슬링 레나노(Riesling Renano), 리슬링 이탈리코(Riesling Italico), 쏘비뇽 블랑(Sauvignon Blanc), 사케트라(Sciacchetra), 토카이(Tocai), 토카이 프리울라노(Tocai Friulano), 트레비아노(Trebbiano), 베르디끼오(Verdicchio), 베르두초(Verduzzo), 베르멘티노(Vermentino), 베르나치아(Vernaccia), 지비보(Zibibbo)
흑포도품종	알리아니코(Aglianico), 알레아티코(Aleatico), 알리아니꼬(Alianico), 바르베라(Barbera), 보나르다(Bonarda), 브라케토(Brachetto), 까베르네 프랑(Cabernet Franc), 까베르네 쏘비뇽(Cabernet Sauvignon), 카나이올로(Canaiolo), 칸노나우(Cannonau), 카리냐노(Carignano), 체사네세(Cesanese), 코르비나(Corvina), 크로아티나(Croatina), 돌체토(Dolcetto), 프라파토(Frappato), 갈리오포(Gaglioppo), 그레코네로(Greco Nero), 그로펠로 젠틸레(Groppello Gemtile), 라그레인(Lagrein), 람브루스코(Lambrusco), 말바지아 네라(Malvasia Nera), 마르제미노(Marzemino), 메를로(Merlot), 몬테풀치아노(Montepulciano), 네비올로(Nebbiolo), 네그로 아마로(Negro Amaro), 네렐로(Nerello), 네렐로 카푸치오(Nerello Cappuccio), 네로 다볼라(Nero d' Avola), 레포스코(Refosco), 쁘띠 루쥬(Petit Rouge), 삐노 누아(Pinot Noir), 삐노 네로(Pinot Nero), 프리미티보(Primitivo), 푸르놀로(Prugnolo), 라보조(Rabosso), 사그란티노(Sagrantino), 산지오베제(Sangiovese), 스키아베(Schiave), 테놀데고(Teroldego), 우바 디 트로이아(Uva di Troia)

길다. 여름에는 소나기 같은 비가 일시에 내리기 때문에 농작물과 교통에 손해를 자주 끼친다. 또한, 하상(河床)은 말라서 사력의 벌판으로 변하는데, 이 현상은 남쪽으로 갈수록 현저하다. 겨울은 구름 낀 날과 비오는 날이 많으며 기온도 꽤 내려간다. 나폴리에서는 1월 최저 -1℃가 되어 얼음이 얼게 되며 팔레르모(palermo)에서는 최저 4℃이나 로마의 최저 -5℃에 비하면 높은 편이다. 산지의 기후, 특히 에트나(etna)의 고봉에서는 저지와는 달리 기온이 아주 낮으며, 특히 겨울에 더욱 낮아 만년설이 덮여 있다.

다양한 기후조건과 고도에 따라 여러 가지 형태의 토양을 볼 수 있는데, 대표적인 것은 흑갈색 포드졸토로 강우량이 많은 100m 이상의 알프스 지역에 분포한다. 아펜니노 산맥에는 포드졸화된 갈색토양이 삼림과 목초 지역에 덮여 있다. 또한 갈색의 지중해성 토양도 있어 농경에 적합하다. 테라로사는 석회암 적색토로 남부의 풀리아(puglia)와 베네치아(venezia) 등지에서 포도 · 올리브 경작에 이용된다. 철분을 함유한 점토로 구성된 적색양토(페레토)도 있다.

이탈리아 와인의 다양성은 재배되는 포도 품종의 다양성에서 원인을 찾을 수 있는데, 와인을 만들 수 있는 비티스 비니페라 품종이 약 1,000여종에 이른다. 더욱 중요한 것은 이탈리아 내에서만 주로 재배되고 있는 품종이 많다는 것이며, 이탈리아 이외 지역에서 재배되지 않은 토착 품종이 많다는 사실은 매우 주목할 만하다. 대표적인 품종으로는 네비올로와 산지오베제의 흑포도품종은 세계적인 와인을 만드는 주 품종으로 널리 알려져 있다.

(8) 스페인(Spain)

정식명칭은 에스타도 에스파뇰(estado español)이며, 스페인은 영어명이다. 서쪽으로 포르투갈, 북쪽으로 프랑스에 접하고, 남쪽으로 지브롤터(gibraltar) 해협을 사이에 두고 모로코와 마주하며, 동쪽으로 지중해, 북쪽으로 비스케이 만(bay of viscay 灣), 북서쪽으로 대서양에 면한다. 국토는 이베리아 반도의 대부분을 차지하며 발레아레스 제도(baleares islands), 카나리아(canaria) 제도에 흩어져 있고, 모로코 북부에도 에스파냐령(領)인 세우타(ceuta), 멜리야(melilla) 및 모로코 해안으로부터 떨어져 있는 3개의 작은 섬이 있다. 행정구역은 17개 주, 2개 해외 자치시인 세우타, 멜리야로 구성되어있다. 위도는 우리나라와 같은 북위 33~38℃ 사이에 위치하고 있다.

지중해와 접해 있는 스페인의 동부 쪽으로 가면 갈수록, 겨울에는 중위도 편서풍 기후 아래 놓여, 온대 저기압이나 전선(前線)의 영향으로, 비교적 온난한 우기를 맞이하며, 여름에는 아열대 고기압의 지배하에 들기 때문에, 비교적 고온의 맑은 날씨가 계속되는 건기가 되는 지중해성 기후의 특성을 나타내고 있고, 태평양과 접해있는 서부로 가면 갈수록 기온의 일교차, 연

표 3-11 스페인 포도품종

구분	품종
청포도품종	아리렌(Airen), 알바리뇨(Albarino), 아린뚜(Arinto), 블랑카(Blanca), 블랑코(Blanco), 샤르도네(Chardonnay), 가르나차 블랑카(Garnacha Blanca), 마까베오(Macabeo), 말바지아(Malvasia), 모스카텔(Moscatel/Muscat of Alexandria), 빨로미노(Palomino), 뻬드로 히메네스(Pedro Ximenes), 빠렐라다(Parellada), 리슬링(Riesling), 베르데호(Verdejo), 비우라(Viura/Macabeo), 자렐로(Xarel-lo)
흑포도품종	보발(Bobal), 까베르네 쏘비뇽(Cabernet Sauvignon), 센시벨(Cencibel), 가르나차(Garnacha), 가나슈(Garnache), 그라챠노(Graciano), 모나스트렐(Monastrell), 마주엘로(Mazuelo/Carignan), 삐노 누아(Pinot Noir), 템쁘라니요(Tempranillo), 띤뚜 피노(Tinto Fino), 울 드 리브레(Ull de Llebre)

교차를 비롯하여 기압, 바람 등의 일변화, 연변화량이 큰 대륙성 기후의 특성을 띄고 있다. 전체적으로 보면 무덥고 건조한 나라라고 할 수 있다.

스페인의 토양은 주로 백악질이며 진흙, 모래와 충적토로 이루어져 있다. 무더운 기후와 건조한 산악지대인 스페인은 와인 생산에 비교적 적합하여 전 국토에서 포도재배가 이루어지고 있다. 포도제배 면적이 약 1,600,000ha 규모로서 세계 1위의 포도재배 면적과 연간 약 3,600만~3,900만hl의 와인을 생산하여 세계 3위의 와인생산국가이다. 스페인 고유의 토착 품종이 대략 600여종이 있으며, 이중 약 200여종이 재배되고 있는데 이중 10여종이 전체 생산의 80% 이상을 차지하고 있다. 특히 세계 최고의 강화와인인 쉐리와인을 생산하고 있어 스페인을 대표하는 와인으로 인식되고 있다.

(9) 포르투갈(Portugal)

포르투갈은 유럽대륙의 서쪽, 이베리아 반도 서남단에 위치하고 있으며, 남북으로는 약 600km, 동서로는 약 200km로 서쪽과 남쪽은 대서양에 접하고 동쪽과 북쪽은 스페인과 국경선을 이루고 있다.

대서양과 지중해성 기후이며 강우량은 북부지역은 연간 약 1500~2000mm, 내륙지역은 약 500~900mm이다. 연간 평균기온은 약 10℃, 남부지역은 여름에는 35℃ 까지 올라가기도 한다.

포르투갈은 이탈리아, 스페인과 같이 많은 자생 또는 원생종(indegenous grape variety) 포도 품종이 있는데, 19세기까지는 원생종을 주로 재배하였으나, 1986년 EU 회원국이 되면서부터 전통적인 유럽종을 도입하여 널리 재배하고 있으며, 최근에는 고품질의 와인 생산을 위하여 재배지역이 더욱 늘어나고 있는 추세이다.

표 3-12 포르투갈 포도품종

구 분	품 종
청포도품종	아린뚜(Arinto), 알부아리뉴(Alvarinho), 부알(Bual), 엔크루사도(Encruzado), 피나(Fina), 고우에베이오(Gouveio), 로우르씨로(Lourciro), 맘지(Malmsey/Malvasia), 말바씨아(Malvacia), 마리아 고메스(Maria Gomes), 세르샬(Sercial), 베르델로(Verdelho), 비오지뉴(Viosinho)
흑포도품종	알바렐웅(Alvarelhao), 바가(Baga), 바스타르도(Bastardo)[1], 까베르네 프랑(Cabernet Franc), 까베르네 쏘비뇽(Cabernet Sauvignon), 게뷔르츠트라미너(Gewürztraminer), 모우리스코(Mourisco), 나씨오날(Nacional), 라미스코(Ramisco), 소우숭(Souzao)[2], 띤타(Tinta), 띤타 바로까(Tinta Barroca), 띤타 사웅(Tinta Cao), 띤타 프란시스카(Tinta Francisca), 띤타 로리스(Tinta Roriz/Templanillo), 띤타 삥네이라(Tinta Pinheira), 또우이가(Touiga), 또우리가 나씨오날(Tourga Nacional)[3], 빈웅(Vinhao)

(10) 프랑스(France)

정식명칭은 프랑스공화국(la fépublique francaise)이며, 동쪽은 이탈리아 · 스위스 · 독일, 북동쪽은 룩셈부르크 · 벨기에와 접하고, 북서쪽은 영국해협을 건너 영국과 마주하며, 서쪽은 대서양, 남쪽은 지중해와 스페인으로 이어진다. 육각형 모양의 본토 외에 해외 프랑스령으로는 마르티니크 · 과들루프 · 레위니옹 · 프랑스령(領) 기아나가 있고 그밖에 3개 해외공동체(마요트, 생피에르미클롱, 왈리에푸투나 제도), 1개 특별 공동체(뉴칼레도니아), 1개 해외국가(프랑스령 폴리네시아), 1개 해외영토(프랑스령 남부 지역)가 있다. 중앙아프리카 · 콩고 · 가봉 · 세네갈 · 차드 등과 프랑스 공동체를 구성하고 있다. 행정구역은 주 단위의 22개 레지옹(regions)과 각 주 아래 96개의 데파르트망(departments), 그리고 해외의 4개의 속령(overseas regions)으로 이루어져 있다.

프랑스의 기후는 유럽 기후의 축소판이라 할 수 있다. 유럽의 기후는 보통 해양성 · 대륙성 · 지중해성으로 나누어지는데, 프랑스에는 이 세 가지 기후가 모두 나타난다. 이는 산지의 위치 · 높이와 더불어 기후에 지역차가 나타나는 요인이 된다. 겨울에는 쥐라 · 알프스 · 마시프상트랄(masssif central) 등의 산지가 고기압 지역이 되는데, 때에 따라서는 아조르즈 고기압, 아시아 대륙 고기압과 연속하여 기압의 산맥을 형성한다. 이때 기압 산맥의 양쪽, 즉 영

1) 노블 롯(noble rot 귀부병) 포도품종
2) 와인의 균형과 색 형성
3) 포트와인의 대표품종

국 · 지중해는 저기압이 되고 사이클론성(性)의 바람이 자주 분다.

비스케이 만(bay of biscay 灣)에서 발생하는 사이클론은 이따금 카르카손(carcassonne) 관문을 거쳐 지중해까지 도달하는 수도 있으나 일반적으로는 영국해협 쪽으로 향한다. 이 사이클론으로 말미암아 겨울에도 비가 오는 경우가 많으며, 미스트랄이라고 불리는 차가운 북풍이 부는 것도 이 사이클론 때문에 발생하였다. 여름이 다가오면 고기압은 북쪽으로 이동하는데, 이 기간 동안 알프스에서는 비가 내린다. 이와 함께 사이클론의 경로도 북쪽으로 이동한다. 따라서 프랑스의 중부나 동부에 내리는 여름비는 주로 국지적 대류(對流) 현상에 의한 것이다.

겨울과 여름 사이에 지중해안에도 비가 내리기는 하지만 봄은 아주 짧으며, 5월에 들어서면 이미 건조한 여름을 맞이하게 된다. 여름에는 이베리아반도에서 프랑스의 남서부로 밀려가는 안티아조르즈사이클론의 영향으로 서해안에 약간의 비가 올 뿐 일조량이 가장 커진다. 그러나 비스케이 만의 냉수대(冷水帶) 때문에 기온은 그리 많이 올라가지 않는다. 한편 피레네의 서부에서는 가을에 강수량이 가장 많지만 여름에 호우가 쏟아지기도 한다. 또한 아키텐분지 · 파리분지의 한복판은 건조하며, 주변지역으로 나갈수록 강수량이 많아진다.

연평균 강수량은 600~2,000mm인데 강수량이 많은 곳은 피레네 서부, 마시프상트랄 · 보주 · 알프스 산맥 등의 높은 지대이다. 기온은 남쪽에서 북쪽으로 갈수록 점점 낮아진다. 특히 리비에라 해안의 겨울 기온이 높으며 북쪽으로 갈수록 기온은 떨어진다. 이 밖의 산지에서도 기온은 낮아진다. 연평균기온을 비교하면 몽블랑 산 정상이 −6.5℃로, 이는 샤모니몽블랑보

표 3-13 프랑스 포도품종

구분	품종
청포도품종	알리고테(Algote), 부르블랭(Bourboulenc), 샤르도네(Chardonnay), 슈냉 블랑(Chenin Blanc), 생쏘(Cinsault), 끌레레뜨(Clatrette), 꼴롱바르(Colombard), 폴 블랑슈 (Folle Blanche), 게뷔르츠트라미너(Gewürztraminer), 그로 망상(Gros Manseng), 마까뵈(Macabeu), 마르산(Marsanne), 모작(Mauzac), 뮈스까데(Muscadet), 쁘띠 망상(Petit Manseng), 삐노 그리(Pinot Gris), 리슬링(Riesling), 루싼느(Rousanne), 쏘비뇽 블랑(Sauvignon Blanc), 사바냥(Savagnin), 쎄미용(Semillon), 실바너(Sylvaner), 위니 블랑(Ugni Blanc), 베르멘티노(Vermention), 비오니에(Viognier)
흑포도품종	까베르네 프랑(Cabernet Franc), 까베르네 쏘비뇽(Cabernet Sauvignon), 까리냥(Carignan), 가메 누아 아 쥐 블랑(Gamay Noir a jus Blanc), 그르나슈(Grenache), 말벡/꼬(Malbec, Cot), 메를로(Merlot), 무르베드르(Mourvedre), 니엘뤼치오(Niellucio), 삐노 뫼니에(Pinot Meunier), 삐노 누아(Pinot Noir), 뿔사르(Poulsard), 씨아까렐로(Sclacarello), 시라(Syrah), 탄나(Tannat), 트루쏘(Trousseau)

다 23.6℃나 낮은 기온이다. 또한 클레르몽페랑(388m)이 10℃인데 비해 퓌드돔산(1,468m)은 3℃이다.

프랑스의 포도 재배면적은 약 914,000㏊이며, 생산량은 5,300hl/㏊이고, 포도재배 비율은 청포도품종이 약 35%, 흑포도품종이 약 65%정도로써 포도재배 품종은 약 150여종에 이른다. 프랑스에서 재배되는 포도 품종은 세계적으로 다양한 지역과 환경에서 재배되고 있는 유명한 포도 품종이 많으며, 우수한 와인을 생산하는 기본 품종들로 쓰이고 있다. 대표적인 품종으로는 샤르도네, 까베르네 쏘비뇽, 메를로, 삐노 누아 등이 있다.

(11) 오스트리아(Austria)

중유럽에 위치한 오스트리아 공화국(republic of austria)은 북쪽으로는 독일과 체코, 동쪽으로는 슬로바키아와 헝가리, 남쪽으로는 슬로베니아와 이탈리아, 서쪽으로는 스위스와 리히텐슈타인(Liechtenstein)에 국경을 접하고 있다. 최고봉 그로스글로크너(grossglockner 3,797m)를 비롯하여 3,000m 정도의 봉우리들이 늘어선 알프스 산지 지역과 호수, 도나우 강변(river donau)과 보헤미아(bohemia)의 숲들 그리고 동유럽으로 퍼져 나가는 평원으로 이루어져 있다.

동부지역은 대륙성 기후, 서부지역은 해양성 기후를 나타내며, 여름(6~8월)의 평균기온은 20~25℃이고, 겨울(11~3월)까지의 평균기온은 -5℃정도이다. 10월에서 12월에 걸쳐 강수량이 많으며, 11월 하순부터는 눈이 오기 시작하고 3월까지 많은 적설량이 기록된다. 겨울에는 습기가 많아 상당히 추우며, 저지대에는 비가 자주오고 고지대에는 눈이 내린다. 여름에는 소나기가 내리기도 하며, 전체적으로 겨울을 제외하면 온난한 기후를 나타낸다.

오스트리아의 토양은 다양하지만 크게 2가지로 구분된다. 즉 황토 같은 모래는 열을 잘 흡수하여 포도의 당도를 높게 하고, 충분한 수분이 있으면서 품질과 생산량에도 좋은 영향을 준다. 점토질의 토질은 수분을 흡수하여 생산량을 증가시키고 강한 와인을 만들며, 바위 등을 포함한 부식토는 와인에 과일맛과 섬세함을 주는 등 지역적으로 다양한 토양이 있다. 바인 피어텔(weinviertel)과 도나우텔(donautel)에는 황토, 크렘스(krems), 랑겐로이스(langenlois), 박샤우(wachau)에는 바위가 많은 부식토, 테르멘레기온(thermenregion)에는 석회질 토양, 부르겐란트(burgenland)는 다양하여 점판암, 양토, 이회암, 황토, 자갈 , 모래 등으로 분포되어 있고 스티리아(styria)에는 갈색 석회암 토양이 분포하고 있다.

오스트리아 대부분의 와인은 니더외스터라이히(niederoesterreich 남부오스트리아) 주와 부르겐란트(burgenland 동부오스트리아) 주에서 생산되는데, 이는 오스트리아 국토 대부분이 산지이기 때문이다. 오스트리아의 산악지대는 보통 2,000~3,000m 고도의 높은 지형이

표 3-14 오스트리아 포도품종

구분	품종
청포도품종	부비예(Bouvier), 샤르도네(Chardonnay), 게뷔르츠트라미너(Gewürztraminer), 그뤼너 펠틀리너(Grünre Veltliner)[1], 뮐러(Müller), 뮐러-투르가우(Müller-Thurgau), 로트깁퍼(Rotgipfer)[2], 노이부르거(Neuburger), 리즐링(Riesling), 삐노 블랑(Pinot Blanc), 룰렌더(Rulander/Pinot Gris), 실라너(Silaner), 바이스 부르군더(Weiss burgunder/Pinot Blanc), 웰치리슬링(Welschriesling)
흑포도품종	블라우부르군더(Blauburgunder/Pinot noir), 블라우프랑키쉬(Blaufränkisch), 블라우어 포르투기저(Blauer Portugieser), 생-로랑(Saint-Laurent), 쯔바이겔트(Zweigelt)

많아 고산지대에 적응할 수 있는 포도품종이 주를 이루고 있으며, 비교적 포도재배 여건이 좋은 니더외스터라이히주와 부르겐란트 주에서 좋은 포도가 생산되고 있다.

(12) 독일(Germany)

독일연방공화국은 중앙 유럽에 위치하며, 북쪽으로 덴마크와 북해, 발트 해, 동쪽으로 폴란드와 체코, 남쪽으로 오스트리아와 스위스, 서쪽으로 프랑스, 룩셈부르크, 벨기에, 네덜란드에 인접한 국가이다.

16개 주로 이뤄진 연방 공화국이며, 역사적으로 여러 독립국으로 나뉘어 있었으나 1871년 프랑스-프로이센 전쟁(franco-prussian war)[3]을 거치면서 하나의 국가로 통합되었다.

전통적인 와인 생산국 가운데서도 가장 북쪽(북위 50도 선)에 있어 해마다 예측 못할 기후 변화로 인하여 완숙한 포도를 수확한다는 것이 어려울 정도로 열악한 자연환경에 있는 지역이다.

이런 이유로 대부분의 독일 포도밭은 찬바람을 막아주는 숲이 무성한 언덕이나 급경사지 또는 햇볕을 반사하는 동시에 주변 온도를 일정하게 유지하는 강 주변과 그 지류 가까이에 위치해 있으며, 특히 라인 강변에 많이 있다.

포도재배지의 기후는 대륙성으로 지역마다 조금씩 차이를 보이고 있는데, 모젤(moselle) 강변은 여름은 서늘하고 겨울은 온화한 반면 프랑켄(franken)지역은 여름은 덥고 겨울은 매우 춥다.

1) 토착품종, 청포도의 1/3차지
2) 레드와인과 화이트와인 둘 다 생산
3) 1870~1871년 프로이센의 지도하에 독일 통일을 이룩하려는 비스마르크의 정책과 그것을 저지하려는 나폴레옹 3세의 정책이 충돌하여 일어난 전쟁

독일의 강우는 어느 한 시기에 집중적으로 내리는 것이 아니고 일 년 내내 꾸준히 내리기 때문에 가뭄이라는 시기는 흔하지 않다.

강수량과 일조량의 적절한 조화 속에 재배된 독일의 포도는 서서히 익으면서 당분을 축적시키면서도 쾌활한 산미를 유지할 수 있게 한다.

독일의 여러 포도재배지역 중에는 1,000여 개의 다양한 토양으로 구성되어 있는데, 아르(ahr)지역은 화산 토(volcanic soil), 미텔 라인(mittelrhein)와 모젤-자르-루버(mosel-saar-ruwer)지역은 슬레이트(slate 점판암), 나헤(nahe)지역은 사토와 황토, 라인가우(rheingau)지역은 점판암과 황토의 혼합토, 라인헤센(rheinhessen)지역은 황토, 라인팔츠(rheinpfalz)지역은 부식한 사토와 석회석토로 이루어져 있다.

독일의 포도재배 면적은 약 100,000ha로 전 세계 재배면적 1,000만ha의 약 1%에 해당하며, 생산량은 약 3%에 이른다. 독일 내에서 생산되는 와인은 대부분이 화이트와인으로 전체 생산량의 85%를 차지하고 있으며, 나머지 15%는 레드와인과 로제와인이다. 독일 와인은 과거 대부분 드라이한 와인이었으나, 여과기술과 스테인리스 탱크 등의 발달로 발효를 중지시키거나, 발효되지 않은 포도즙(sussreserve)을 블렌딩하는 방법 등의 개발로 독일 와인의 대부분은 약간 단맛이 있는 와인이 되었다. 이러한 양조기술은 1930년경부터 시작되었으나, 본격화된 것은 1950년 이후이며, 이러한 특성이 독일 와인의 특징이 되어 전 세계에 널리 알려지게 되는 요인이기도 하였다. 그러나 독일내의 와인 소비가 급격히 늘어남에 따라 다시 드라이

표 3-15 독일 포도품종

구 분	품 종
청포도품종	바쿠스(Bacchus), Chardonnay, 엘블링(Elbling), 파버레베(Faberrebe), 구테델(Gutedel), 그라우부르군더(Grauburgunder/Pinot Gris), 그라우부르군더(Grauburgunder/Pinot Gris), Gutedel, 케르너(Kerner), 훅셀레베(Huxelrebe), 모리오-무스카트(Morio-Muskat)[1], 뮐러-투르가우(Müller-Thurgau), 오르테가(Ortega), 리슬링(Riesling), Sauvignon Blanc, 슈레베(Scheurebe), 실바너(Silvaner), 트라미너(Traminer), 바이스부르군더(Weissburgunder/Pinot Blanc)
흑포도품종	Acolon, 블라우어 포르투기저(Blauer Portugieser), Cabernet Mitos, Cabernet Sauvignon, Domina, 돈펠더(Dornfelder), 던켈펠더(Dunkelfelder), 렘베르거(Lemberger), Merlot, 포르투기저(Portugieser), Regent, 슈바르즈리슬링(Schwarzriesling), 슈패트부르군더(Spätburgunder/Pinot Noir), St. Laurent, 트롤링거(Trollinger)

1) 실바너와 바이스부르군더 교배종

와인의 소비가 늘어나, 1970년대까지 전체 5% 정도였던 드라이 와인과 미디엄 드라이 와인의 비율이 현재에는 약 30% 가까이 차지하고 있다. 이로 인해 타펠바인(tafelwein)[1] 안에 란트바인(landwein)[2]이라는 와인 등급 규정이 만들어졌으며, 이것은 드라이와 미디엄 드라이 와인만을 허용하여 일반 독일 타펠바인보다 개성을 확실히 구분하기 위한 것으로 베레이히(bereiche)[3]까지 자세히 표현하는 것이 허용되고 있다.

(13) 스위스(Switzerland)

면적은 약 41만1천㎢로 남한의 반 정도이며, 독일, 이탈리아, 오스트리아, 리히텐슈타인(liechtenstein), 프랑스 등의 국가와 접해 있다. 국토의 70% 이상이 산악지대로 인문 지리학적으로 보면, 스위스는 북쪽에서 남쪽으로 가면서 쥐라산맥, 미텔란트(mittelland), 알프스 산맥 등의 3지대로 나눠진다. 쥐라 산맥은 이 나라의 10%를 차지하며, 일부 지역의 숲을 제외하면 대부분은 질 좋은 목초지로 덮여 있다. 평균 해발 450m 고도인 미텔란트는 국토의 30%를 차지하며, 이 나라 경제 활동의 대부분과 도시들이 집중되어 있는 윤택한 농업지역이다. 알프스 산맥은 높은 바위산, 눈 덮인 정상, 깊은 골자기, 거대한 빙하 등으로 이루어졌다. 이 산맥의 최고봉인 뒤푸르스피체 봉(dufourspitze 몬테로사봉이라고도 함 4,634m)은 스위스 최고봉으로 이탈리아 국경 근처에 있다. 그밖에 마터호른 봉(4,477m)을 비롯하여 50개가 넘는 알프스 산맥의 봉우리들이 해발3,600m 이상이다. 상트 고타르트(saint gothard)고개 주변의 중앙 알프스 산맥 지역은 유럽의 중요한 분수령이며, 라인, 론, 티치노(ticino), 도나우(상류의 인 강)의 발원지이기도 하다. 이강들은 각기 북해(북서부), 지중해(남부), 아드리아 해(남동부), 흑해(동부)로 흘러 들어간다.

스위스의 기후는 대서양, 동부 유럽 대륙, 지중해, 중부 유럽 순환기후 등이 영향을 받기 때문에 날씨 변화가 심하다. 예컨대, 호수를 끼고 이탈리아와 마주하고 있는 티치노 지방은 온난한 지중해성 기후로 스위스에서 가장 날씨가 좋은 곳이다. 반면에 발레(Valais) 지방은 기후가 건조한 편이며, 그 밖의 지방은 20℃에서 25℃를 오르내리며, 겨울에는 2~6℃를 유지한다. 봄철과 가을철에는 4~7℃인데, 이때 비가 가장 많이 내리며, 연평균 기온은 중앙지대에는 7℃, 산간지대에는 2℃정도 차이가 난다. 연평균강수량이 론 강 유역(남서부)에서는 533mm, 아펜젤(appenzell) 지방에 있는 센티스(Säntis)산 근처에서는 2,896mm 정도로 천차만별이

1) 프랑스의 vin de table, 이탈리아의 vino da tavola에 해당하는 보통의 테이블 와인
2) 타펠바인보다 더 강하고 드라이한 상급 타펠바인
3) 포도원지구, 13개 지역

표 3-16 스위스 포도품종

구 분	품 종
청포도품종	구테델(Gutedel), 도랭(Dorin), 샤슬라(Chasselas), 샤슬라/펜단트(Chasselas/Fendant), 페르람(Perlam)
흑포도품종	가메(Gamay), 메를로(Merlot), 삐노 누아(Pinot Noir)

다. 해발 3,500m가 넘는 곳에서의 강수는 모두 눈으로 인한 것이다.

스위스는 알프스 산맥과 호수의 영향으로 그 인근 지역의 기후가 상당히 온화하여 포도재배에 적당하다. 강수량이 적어 관개시설을 이용하지만 단위 면적당 생산량은 프랑스의 2배정도로 일반적으로는 80hl/ha에서 많은 경우 120hl/ha 정도가 된다. 포도원은 호수 연안에서부터 700m 고지에까지 조성되어 있고 지방에 따라서는 1,200m 높이까지도 포도원이 있다.

스위스의 토양은 점판암이 분해된 빙퇴석과 석회암, 진흙과 모래 등이 주로 분포되어 있다.

스위스에서 경작되는 대부분의 포도 품종은 6종류의 포도 중 하나에 해당 될 정도로 그 종류가 많지 않다. 주요산지로는 발레(valais) 주, 보(vaud) 주, 뉴샤텔(neuchatel) 주, 티치노(ticino) 주 그리고 동부 스위스 일부가 있으며, 각 지역의 기후와 토양에 따라서 다양한 포도품종이 재배되고 있는데, 생산량은 청포도품종이 많이 재배되고 있다.

(14) 영국(United Kingdom)

영국제도는 유럽대륙 북서쪽의 대륙붕에 있으며, 남북은 거의 북위 50~60°, 동서는 거의 동경 2°에서 서경 10° 사이에 걸쳐 있다. 지질학적으로는 유럽대륙의 일부로서, 지질구조상 북쪽의 스칸디나비아반도(scandinavia pen.)로부터 스코틀랜드(scotland), 아일랜드(ireland), 웨일스(wales) 북부로 뻗는 칼레도니아(caledonia)산계(山系)와, 유럽대륙 중앙부에서 프랑스의 브르타뉴반도(bretagne pen.)를 거쳐 영국 남부의 데번(devon), 콘월(cornwall), 웨일스 남부, 아일랜드 남부를 잇는 헤르시니아(hercynian)산계로 뚜렷이 구별된다.

지형적 특성으로 영국의 서쪽은 대서양의 난류와 접해있어 동쪽에 비해 더 따뜻하고 동쪽은 스칸디나비아와 시베리아의 찬 기류를 만나 비가 자주 오고 구름 낀 하늘이 대부분이며, 바람도 자주 부는 편이다. 남쪽은 북쪽보다 기온이 높아 스코틀랜드 북단의 연평균 기온은 6℃에 불과하고 영국의 남쪽은 11℃이다.

전체적으로 겨울기온이 영하10℃ 이하로 떨어지는 경우는 드물고 여름기온도 30℃를 넘는 경우 또한 좀처럼 드물다.

표 3-17 영국 포도품종

구 분	품 종
청포도품종	오세루아(Auxerrois), 바쿠스(Bacchus), 샤르도네(Chardonnay), 파버레베(Faberrebe), 훅셀레베(Huxelrebe), 마들렌 앤저빈(Madeleine Angevine), 뮐러-투르가우(Müller-Thurgau), 뮈스까(Muscat), 오르테가(Ortega), 삐노 블랑(Pinot Blanc), 스콘버거(Schönburger), 슈발 블랑(Seyval Blanc)
흑포도품종	까베르네 쏘비뇽(Cabernet Sauvignon), 까리냥(Carignan), 돈펠더(Dornfelder), 무르베드르(Mourvedre), 삐노 뫼니에(Pinot Meunier), 삐노 누아(Pinot Noir), 론도(Rondo), 시라(Syrah), 위니 블랑(Ugni Blanc)

잉글랜드와 웨일즈 지역에는 약 200여 개의 와인농장이 있어 화이트와인, 레드와인, 로제와인의 일반 와인과 스파클링 와인을 생산하고 있다. 와인농장은 한 사람이 운영하는 소규모 와인 농장에서부터 면적이 최대 200에이커에 이르는 대규모 와인 농장까지 규모가 다양하다. 그 중 글루체스터셔(gloucestershire)의 쓰리 콰이어스(three choirs)와 켄트(kent)의 텐터든(tenterden) 등은 상당히 유명한 와인 농장이다. 규모가 큰 와인 농장에는 관광객이나 방문객들이 와인을 시음하고 구매할 수 있는 공간이 따로 마련되어 있고, 잉글랜드 및 웨일즈 산 와인은 대부분의 슈퍼마켓에서 판매하고 있으나, 일반 와인보다 품질이 우수하기 때문에 값은 조금 비싼 편이다. 보통 와인이 한 병에 5파운드 정도인데 비해 잉글랜드 산 와인은 7~8파운드 정도이다.

영국 와인은 주로 웨일즈 지역에서만 와인을 생산하고 있는데, 포도재배에 긍정적인 날씨 변화로 인해 점점 더 생산량과 종류가 많아지고 있으며, 온화한 날씨 변화는 레드와인 생산에 긍정적인 효과가 있을 것으로 기대하고 있다.

(15) 헝가리(Hungary)

헝가리는 유럽 중동부에 위치하며, 주변에는 슬로바키아, 우크라이나, 오스트리아, 루마니아, 슬로베니아, 세르비아, 크로아티아 등의 국가와 국경을 접하고 있다. 카르파티아(kárpá tok) 산맥 근처에 위치하여 있고 나라 가운데에 있는 다뉴브(danube) 강이 헝가리를 크세 두 지역으로 구분하고 있는데, 두 강이 국토의 중앙부를 관통 하면서 다뉴브 강은 수도인 부다페스트(budapest) 주변과 남부에서, 티서 강은 동북지방의 슬로바키아 접경에 있는 토카이(tokaj) 지방으로 포도원을 형성하고 있다.

기후는 우리나라와 비슷하여 사계절이 있고, 겨울은 다른 유럽국가와 마찬가지로 우리나라보다 길고 더 추우며, 특히 겨울철 혹한으로 인한 피해가 자주 있다. 남부지방은 지중해성 기

표 3-18 헝가리 포도품종

구 분	품 종
청포도품종	Cserszegi Fűszeres, 푸르민트(Furmint), 하르쉬레벨류(Harslevelű), Irsai Olivér, Juhfark, 케큰에류(Kéknyelű), Királyleányka, Leányka, 뮈스까 루넷(Muscat Lunet), 무스코타리(Muskotaly), 올라즈 리슬링(Olasz Riesling)[1], 오레무스(Oremusz), 리슬링(Riesling), 술케바라트(Szurkebarat), 토카이(Tokaji)
흑포도품종	까베르네 쏘비뇽(Cabernet Sauvignon), 에제르요(Ezerjó), 카다르카(Kadarka), 케크프랑코쉬(Kekfrancos), 메를로(Merlot), 오포르토(Oporto), 삐노 누아(Pinot Noir)

후, 동부는 동유럽의 대륙성 기후, 서부는 아틀란틱(atlantic) 기후로 분류된다.

연 평균 기온은 10.3℃(여름평균 25~30℃, 겨울평균 -2℃)이며, 여름최고 온도는 41.3℃, 겨울 최저 온도는 -31.9℃를 기록한 바 있다. 최근 10년간 연평균 강수량은 570mm를 기록하였으며, 헝가리의 여름은 기온이 높으나 습도가 낮은 편으로 포도 재배에 유리한 기후를 지닌다.

헝가리의 토양은 대평원(great plain)에는 주로 모래가 많으며, 에게르(eger), 토카이(tokaj), 발라톤(balaton) 호수 인근에는 화산암 토질이 많고, 기타 지역의 대부분은 황토, 자갈, 진흙, 석회질 등으로 되어있다.

헝가리 와인 산업이 오늘날처럼 발전하게 된 배경에는 다른 나라보다 일찍 와인에 대한 법령 체계를 정비하였기 때문이며, 포도 품종에 대한 지역표시 원산지 호칭제도가 이미 1893년에 법제화 되었고, 이 법규를 엄격히 적용하여 우수한 와인을 생산하게 되었다.

헝가리는 전통적으로 세계적인 와인 명산지 중에 하나이며 일찍부터 국제적인 명성을 얻었지만 2차 세계대전 후 불행하게도 공산화 과정을 거치면서 전통을 제대로 잇지 못하였다. 그러나 풍요한 경작지와 이상적인 기후 그리고 오랜 기간 전수된 와인의 양조 기법을 바탕으로 최근에 지난날의 명성을 되찾으면서 국제 와인 유통시장에 새로운 와인생산국으로 일면을 보이고 있다.

(16) 루마니아(Romania)

루마니아는 영어로는 'Rumania' 로 표기하며, 루마니아어로는 로므니아(românia)라고 한다. 북쪽으로는 우크라이나와 몰도바, 동쪽으로는 몰도바, 서쪽으로는 헝가리, 남서쪽 및 남쪽은 도나우 강을 경계로 유고슬라비아 · 불가리아와 각각 국경을 접하며 남동쪽은 흑해에 면한다. 국명은 로마제국의 후손이라는 뜻에서 유래하였으며, 2004년 북대서양조약기구(NATO)

1) 최다 재배 품종

에 가입했고, 2007년 유럽연합(EU)에 가입하였다. 행정구역은 41개 주(judet)와 1개 지방자치시로 이루어져 있다.

루마니아의 지형은 변화가 많으며, 북서에서 남동 방향으로 뻗은 카르파티아산맥은 국토의 중앙부에서 서쪽으로 만곡(彎曲)하여 남(南)카르파티아산맥(트란실바니아알프스)을 이루어 서쪽으로 향하고, 그 서쪽 끝에서 북남 방향으로 분기하여 북쪽은 아프세니산지가 되고, 남쪽으로 향하는 산맥은 도나우 강에 이르러 철문협곡(iron gate)을 지나 발칸산맥에 이어져 있다. 그래서 전 국토는 중앙부의 해발고도 800~2,300m의 산지, 중앙부를 둘러싼 200~800의 구릉 · 대지, 서쪽과 동쪽의 200m 이하 평야로 나눌 수 있다.

중앙부의 해발고도 2,500m 이상에 달하는 남카르파티아산맥은 서쪽으로는 소메슈강 · 무레슈강 · 올트강의 유역인 트란실바니아 대지를, 동쪽으로는 프루트강 · 시레트강 유역인 몰다비아 대지를 이루어 양쪽 간의 자연적인 경계가 된다. 또한 남카르파티아산맥은 남쪽으로는 도나우 강 유역인 루마니아평야와 경계를 이룬다. 남카르파티아산맥으로부터 남류하는 프루트, 비스트리차, 시레트, 부자우, 이알로미차, 아르제슈, 올트, 지우 강은 그 어느 것이나 모두가 풍부한 자연미를 보여주는 계곡을 형성하고, 상류에서는 수력발전에 이용되고 있다. 이들 지류들은 헝가리평원을 지나 남류해 온 도나우 강과 합류하고 도나우 강은 불가리아와의 국경을 따라서 동쪽으로 흐른 뒤 도브루자 대지 서쪽에서 북으로 만곡하고 다시 몰도바와의 국경 근처에서 동으로 방향을 바꾸어 3개의 큰 지류에 의한 삼각주 지대를 이루면서 흑해로 흘러 들어간다. 루마니아의 가장 비옥한 평야가 도나우 강과 그의 지류에 의하여 이루어지게 된다.

기후는 전체적으로 대륙성 기후로서 흑해 연안과 평야부의 평균기온은 11℃, 산지의 평균기온은 4℃이며, 강수량은 연평균 600~700mm이다.

전 국토 중 경작이 가능한 땅은 39.6%, 산림 및 잡목지는 26.7%, 작물재배지는 3%, 목초지는 19.9%, 포도원 및 과수원은 2.5%, 강 · 호수는 3.8%이며, 농축 산업으로 이용 가능한 면

표 3-19 루마니아 포도품종

구 분	품 종
청포도품종	알리고테(Aligote), 샤르도네(Chardonnay), 페테아스카 알바(Feteasca Alba), 프랑쿠사(Francusa), 그라사(Grasa)[1], 이탈리안 리슬링(Italian Riesling), 삐노 그리(Pinot Gris), 쏘비뇽 블랑(Sauvignon Blanc), 타미이오아사(Tamiioasa), 트라미너(Traminer)
흑포도품종	까베르네 쏘비뇽(Cabernet Sauvignon), 삐노 누아(Pinot Noir)

1) 루마니아 토착 품종

적은 전 국토의 62%이다. 수도 부쿠레슈티(bucuresti)를 포함한 남부 및 남서부 지역은 지진 위험 대이며, 약간의 호우에도 산사태가 발생한다.

루마니아는 지역에 따라 기후조건이 다양하여 지역에 적합한 포도 품종을 선택하여 재배하고 있으며, 포도재배 면적이 약 330,000ha에 이른다. 기후조건에 따라 포도재배지역을 구분하고 있는데, 기온이 낮고 강우량이 높은 지역과 기온이 높고 평균이상의 강우량을 나타내는 지역의 평원 그리고 강우량이 적고 기온이 높은 평지로 분류하여 포도재배가 이루어지고 있다.

(17) 세르비아와 몬테네그로(Serbia and Montenegro 구 유고슬라비아)

세르비아는 남동부 유럽의 발칸반도 중앙부에 위치하고 있는 나라로서 1918년 12월 남부슬라브계 다민족국가인 세르비아-크로아티아-슬로베니아 왕국(일명 베오그라드왕국)의 일원이었으며, 제2차 세계대전 후에는 구유고슬라비아 사회주의연방의 하나였다. 비록 티토에 의하여 견제를 받았지만 구유고슬라비아연방 내에서 세르비아민족의 세력이 제일 강하였다. 1992년 구유고유고슬라비아연방 해체시 몬테네그로와 신유고연방을 결성하였고, 또 다시 2006년 몬테네그로가 분리되어 연방이 해체되면서 세르비아라는 이름으로 오늘에 이르게 되었다.

세르비아는 발칸반도 중서부에 위치하여 서쪽의 디나르알프스 산맥과 북쪽의 카르파티아산맥 및 동쪽의 발칸산맥 등으로부터 흘러나온 다뉴브 강 · 티사강 · 티미시강에 의하여 이루어진 비옥한 평야가 북부지방에 펼쳐지고, 중부 · 남부지방에는 산악지대와 모라바 강이 북류하면서 이루어놓은 좁고 긴 계곡이 펼쳐진다. 동부는 석회암지대로 분지를 이루며, 디나르알프스산맥의 지맥에 걸쳐있는 남동부는 산과 구릉이 많다. 알프스 산지와 카르파티아산지 및 디나르알프스산지로부터 흘러나온 하천의 여러 지류들이 베오그라드 부근에서 합류하여 다뉴브강을 이룬다. 다뉴브 강은 세르비아 중북부를 남동 방향으로 흐르다가 루마니아와 국경을 이룬 다음 흑해로 유입된다. 전체 국토 면적 중 55%는 경작지이고 27%는 산지를 이룬다. 국경선의 길이는 2,114km이다. 북부는 대체로 대륙성 기후로 온화한 편이지만 가끔 급변하고, 중부는 대륙성과 지중해성 기후가 함께 나타난다. 7월 평균기온은 21℃, 1월 평균기온은 0℃, 연강수량은 635~890mm이다.

몬테네그로는 발칸반도 남서부에 자리 잡고 있으며, 북쪽으로는 보스니아-헤르체고비나, 동쪽으로는 세르비아, 서쪽으로는 보스니아-헤르체고비나와 아드리아 해에 면하고 남쪽으로는 알바니아와 국경을 접한다. 국명은 세르비아어로 '검은 산' 을 뜻하며, 디나르알프스산맥의 경사면에 가려 어두운 산지가 많기 때문에 붙여졌다. 1992년부터 신유고연방에 속한 세르비아가 보스니아 등 주변국 내전에 개입하고 코소보사태와 인종청소 등의 문제를 일으키며 국제

표 3-20 세르비아와 몬테네그로 포도품종

구 분	품 종
청포도 품종	벨리 부르군다쯔(Beli Burgundac, Pinot Blanc), 샤르도네(Chardonnay), 크라토시아(Kratosija), 이탈리안 리슬링(Italian Riesling), 쉬폰(Sipom), 스메데르브카(Smedervka), 뜨리미나쯔(Triminac/Traminer), 바나쯔(Vanac)[1], 질라브카(Zilavka)
흑포도 품종	바비치(Babic), 보고니아(Bogonja/Gamay), 부르군다쯔(Burgundac/Pinot Noir), 까베르네 쏘비뇽(Cabernet Sauvignon), 메를로(Merlot), 플라바치(Plavac), 플라비나(Plavina), 프로꾸빠치(Prokupac), 스카다르카(Skadarka), 떼란(Teran)[2], 자찌낙(Zacinak)

사회로부터 고립되고 경제제재를 받자, 같은 연방국인 몬테네그로도 경제적 어려움이 심해졌고 이것이 신유고연방을 해체하고 독립하게 된 계기가 되었다. 아직까지 신유고연방의 잔류를 원하는 지지자들과의 갈등이 해소되지 않은 상태이며, 행정구역은 21개 자치구(opstina)로 이루어져 있다.

남북으로 길게 뻗은 디나르알프스산맥 남단부 상의 전형적인 산지 · 고원 지형에 위치한 몬테네그로는 코소보 및 알바니아와의 접경지대를 따라 높은 봉우리가 펼쳐진다. 북쪽으로 피바강 · 타라강 · 림강이 다뉴브 강으로, 남쪽으로 모라차강 · 제타강이 스카다르호로 흘러 들어가며, 이들 하천에 의해 산간계곡이 전개된다. 남서부에서는 건조한 구릉지대로 이루어진 카르스트지형이 탁월하게 나타난다. 최고봉인 보보토브산(bobotov mt. 2,522m), 최대 호수인 스카다르호(lake skadar 391㎢), 최대길이의 타라강(tara river 1,300m)이 유명하다.

두르미토르산(durmitor mt.), 로브첸(lovcen), 비오그라드스카 고라(biogradska gora), 스카다르호 등의 국립공원이 있고, 타라 협곡을 낀 두르미토르산과 고도(古都)인 코토르(kotor)는 유네스코의 세계문화유산으로 등재되어 보존되고 있다. 614km의 국경선 중에서 해안선이 293.5km이며 해안선을 따라 무덥고 건조한 여름, 가을과 상대적으로 춥고 눈이 많이 오는 아드리아 해(海)성 기후를 보인다. 연평균기온은 14℃, 1월 평균기온은 5℃, 7월 평균기온은 25℃이다. 연강수량은 매우 많은 편으로 체티네(cetinje)의 경우 3,810mm 이상이다.

세르비아와 몬테네그로의 포도재배 지역은 6개 지역으로 구분하고 있는데, 각 지역의 지형과 기후조건이 다르기 때문에 다양한 포도 품종을 재배하고 있다. 지방별 생산량은 북쪽의 슬로베니아(slovenia)에서 약 9%, 크로아티아(croatia) 35%, 세르비아(republic of serbia)

1) 세르비아 몬테네그로 토착품종
2) 세르비아 몬테네그로 토착품종

45%, 보스니아와 헤르체고비나(republic of bosnia and hercegovina) 2%, 마케도니아(macedonia) 9%, 몬테네그로(montenegro)에서 소량 생산하고 있다.

(18) 슬로바키아(Slovakia)

정식 명칭은 슬로바키아공화국(the slovak republic)이며, 북쪽으로 폴란드, 서쪽으로 체코 · 오스트리아, 남쪽으로 헝가리, 동쪽으로는 우크라이나와 접한다. 1993년 1월 19일 체코와 함께 UN에 가입하여 국제사회의 일원이 되었고, 2004년 5월 염원해오던 NATO와 EU 가입에 성공하였다. 슬로바키아에 거주하는 50만 명(전체 인구의 10%)의 헝가리인에 대한 차별 문제로 헝가리와 갈등을 빚고 있으며, 행정구역은 8개주(kraj)로 되어 있다.

슬로바키아는 카르파티아산맥 서단부와 이어지는 타트라산맥에 걸쳐 있어 국토의 대부분이 750m 이상의 높은 산지이다. 타트라 산맥에는 아름다운 호수와 계곡이 많고 최고봉은 켈라초브스키산으로 높이가 2,655m에 이른다. 이에 따라 평야가 적은편이며, 평야는 바흐강(江)을 비롯한 도나우 강(江)의 여러 지류가 발달한 남서부 및 동부 지역에 약간 분포하고 있다. 기후는 대체로 대륙성기후에 속해 한서의 차가 심한 편이나 지역에 따라 약간씩 다른 기후를 나타낸다. 서부지역은 서안해양성기후, 중앙부는 한국과 비슷한 온대습윤 하계고온기후, 동부는 냉대습윤 하계 냉량기후에 속한다. 연평균기온도 지역에 따라 3.7~10℃로 차이가 난다. 일부 고지대에는 연간 130일 동안 눈이 덮여 있으며, 전 국토 중 경작가능지역은 29.23%, 농경지는 2.67%, 삼림 및 기타 68.1%이다.

슬로바키아의 대표적인 포도재배지역인 슬로바키아의 남부(slovakia' s southern)와 브라티슬라바(bratislava)[1]는 프랑스의 유명한 포도재배 지역인 부르고뉴 및 알자스와 비슷한 위

표 3-21 슬로바키아 포도품종

구 분	품 종
청포도품종	샤르도네(Chardonnay), 데빈(Devín), 푸르민트(Furmint), 뮐러 투르가우(Müller Thurgau), 뮈스까(Muscat)[2], 루란드스케 비에레((Rulandské Biele), 파라바(Pálava), 리즐링 린스키(Rizling Rýnsky), 리즐링 브라스키(Rizling Vlašský), 쏘비뇽(Sau vignon), 트라민(Tramín)
흑포도품종	프란코브카 모드라(Frankovka Modrá), 스배토바브리넥케(Svätovavrinecké), 아리베르네트 & 네로네트(Alibernet and Neronet), 루란드스케 모드라(Rulandské Modré), 모드리 포르투갈(Modrý Portugal)

1) 슬로바키아 수도

도에 위치하고 있어 위치적으로 포도재배 하기 좋은 지역에 속한다.

(19) 슬로베니아(Slovenia)

슬로베니아는 중부 유럽의 약 2%에 해당하는 20,251㎢의 면적을 지닌 나라이며, 이스라엘이나 웨일즈와 그 크기가 비슷하다. 북쪽에는 오스트리아, 남쪽으로는 크로아티아가 있으며, 서쪽으로는 이탈리아, 동쪽으로는 헝가리와 짧은 국경선을 이루고 있다. 슬로베니아는 국토의 90% 이상이 해발 300m 이상 되는 산이 많은 지형이다. 국토의 거의 절반을 숲이 덮고 있어 세계에서 가장 녹지가 많은 나라 가운데 하나이며, 경작지, 과수원, 포도밭, 목장 등이 국토의 43% 이상을 이루는 농업국가이기도 하다.

기후 환경은 알프스 기후지역이며 대륙성 기후와 지중해성 기후지역에 속한다. 슬로베니아 날씨는 지리적인 영향으로 변화가 좀 심한 편이며, 북부 및 북동부 지역에는 산악지역으로 남쪽 해안지역 및 평야보다 대체적으로 기온이 떨어진다.

표 3-22 슬로베니아 포도품종

구 분	품 종
청포도품종	벨리 피놋(Beli Pinot), 샤르도네(Chardonnay), 케르너(Kerner), 라스키 리즐링(Laski Rizling), 말바지야(Malvazija), 뮈스까트 오토넬(Muskat Otonel), 렌스키 리즐링(Renski Rizling), 루메니 뮈스카트(Rumeni Muskat), 뮈스카트니 실바넥(Muskatni Silvanec), 피코리트(Pikolit), 피넬라(Pinela), 래곤스카 라니나(Radgonska Ranina), 레블라(Rebula), 리스바넥(Rizvanec), 시폰(Sipon), 시비 피놋(Sivi Pinot/룰란덱, Rulandec), 트라미넥(Traminec), 젤레니 실바넥(Zeleni Silvanec)
흑포도품종	바베라(Babera), 까베르넷 프랑크(Cabernet Frank), 까베르넷 쏘비뇽(Cabernet Sauvignon), 메를로(Merlot), 모드리 피놋(Modri Pinot), 레포스크(Refosk), 자메토카(Zametovka), 자멧나 크니나(Zametna Crnina)

(20) 불가리아(Bulgaria)

정시 명칭은 불가리아 공화국(republic of bulgaria)이며, 북쪽은 도나우 강을 국경으로 루마니아와 접하고, 동쪽은 흑해, 남쪽은 터키와 그리스, 서쪽은 세르비아 · 마케도니아와 국경을 접한다. 2001년 798만 명이던 인구가 2006년 738만 명으로 줄어들었고, 인구증가율은 -0.86%로 세계에서 인구증가율이 낮은 나라에 속한다. 발칸반도에 있는 국가 가운데 유일하게

2) 주로 토카이(Tokaji)와인 생산 품종

평화적으로 민주화된 나라이다. 2004년 북대서양조약기구(NATO)에 가입하였고, 2007년 유럽연합(EU)에 가입했으며, 행정구역은 28개주(oblast)로 이루어져 있다.

불가리아는 디나르 알프스산맥과 연결된 발칸산맥(스타라플라니나산맥)이 국토 중앙부에서에서 동으로 뻗어 있어 국토를 남과 북의 두 개의 유역 분지로 나눈다. 루마니아와 공유하는 북쪽 분지는 사면이 도나우 강변의 저지(低地)를 향하여 완만한 경사를 이루며, 남쪽분지는 발칸산맥과 평행하게 달리면서 그보다 작고 낮은 스레드나고라산맥, 수르네나고라산맥이 로도페산맥과 함께 급사면을 이룬다. 이들 산맥은 삼림이 풍부하며, 남쪽 분지에 전개되는 북 트라키아 평야는 풍요한 농업지대로서 로도페 · 피린 · 릴라의 세 산맥이 서남 방향에서 둘러싸고 있다. 삼림으로 덮인 릴라산맥의 무살라산(2,925m)은 발칸반도의 최고봉이다.

북쪽 분지의 사면을 따라 흐르는 이스쿠르강(江)과 안드라 강은 짧지만 도나우 강과 합쳐져 흑해로 흘러가고, 남쪽분지에 흐르는 마리차 강과 툰자강, 아르다강은 완만하게 곡류하면서 한 곳에서 모여 지중해의 일부인 에게 해로 유입된다. 기후는 바다가 가까운데도 대륙성기후이며, 사계절이 있다. 발칸산맥의 북부는 겨울이 길면서 춥고 강설량이 많으며, 여름은 덥고 건조하다. 발칸 산맥의 남부는 겨울이 온화하고 여름은 매우 덥다. 기온은 연평균 섭씨 10.5℃이고 강수량은 일부 고지대를 제외하고는 전 지역에 걸쳐 평균 530~685mm이며, 국토의 38%는 산림, 14%는 초원이다.

불가리아의 와인생산량은 200,000ha에서 약 350,000~490,000hl를 생산하고 있는데, 포도재배지역은 발칸산의 북쪽과 남쪽에서는 흑포도품종을 주로 재배하고 있고, 흑해 연안지방에서는 주로 청포도품종을 재배하고 있다. 발칸산 남쪽지역으로 불가리아의 중앙에 위치한 카를로보(karlovo)에서는 우수한 청포도품종인 미스케트(misket) 품종이 생산되고 있다.

불가리아는 포도품종 명을 와인명으로 사용하는 경우가 대부분이기 때문에 생산지를 명확히 파악하기가 어렵고, 일반적으로 여러 포도원의 포도를 블렌딩하여 와인을 양조하여 왔으며, 최근에는 산지명을 표기한 와인이 늘어나고 있는 추세에 있다.

표 3-23 불가리아 포도품종

구분	품종
청포도품종	샤르도네(Chardonnay), 디미아트(Dimiat), 미스케트(Misket)[1], 르카트텔리(Rkatsiteli), 리슬링(Riesling)
흑포도품종	까베르네 쏘비뇽(Cabernet Sauvignon), 간자(Ganza)[2], 마프루드(Mavrud), 멜닉(Melnic), 메를로(Merlot)

1) 불가리아 토착품종
2) 불가리아 토착품종

(21) 체코(Czech Republic)

정식 명칭은 체코공화국(the czech republic)이며, 북쪽으로 독일 · 폴란드, 서쪽으로 독일, 남쪽으로 오스트리아, 동쪽으로는 슬로바키아와 국경을 접한다. 체코슬로바키아는 동유럽공산주의 국가 중 최고의 생활수준과 높은 문화를 유지한 공업국가 이었다. 체코인과 슬로바키아인의 민족적 · 언어적 · 문화적 이질감과 경제적 차이를 해소하기 위하여 1990년 슬로바키아공화국과 연방제를 구성하였다가 평화적으로 분리 · 독립하여 체코공화국이 되었다. 행정구역은 13개주(kraj), 1개 특별시(hlavni mesto)로 되어 있다.

체코는 북쪽으로 수데티산맥, 서북쪽으로는 에르츠산맥, 서남쪽으로는 보헤미아산맥, 동쪽으로는 베스키트산맥 등과 같은 1,000~1,600m의 높은 산지로 둘러싸여 있어 국토의 대부분이 산지이다. 체코의 국토는 다시 프라하를 중심으로 하는 북쪽의 보헤미아(bohemia)지방과 동남부의 모라비아(moravia) 지방으로 구분된다.

보헤미아지방은 다시 해발 200~400m 높이의 분지와 해발 700~900m에 이르는 고원지대로 나뉘는데, 분지에는 엘베(elbe)강이 북쪽으로 흐르고 블타바강 · 사자바강 · 베로운카강 · 엘베강 · 오흐르제강 등의 지류가 엘베강으로 흘러든다.

모라비아지방의 북 · 동 · 서부는 산지 및 구릉지대로 되어 있으나, 남부에는 도나우 강의 지류인 모라바강이 남쪽으로 흐르면서 좁고 긴 평야지대를 이루고 있다. 최저지점은 엘베강(115m)이고, 최고지점은 스네츠카(1,602m)이다. 체코는 해안선이 전혀 없는 완전한 내륙국가이지만 북부 유럽의 폴란드 평원에서 중부유럽의 다뉴브 강 유역으로 통하는 관문이 모라비아지방에 놓여 있어 지리적으로 중요하다. 전국토의 경작 가능지는 38.82%, 농경지는 3%, 삼림 및 기타 58.18%이다.

기후는 편서풍과 바다의 난류에 의해서 나타나는 기후로 여름에는 서늘하고 겨울에는 따뜻하여 기온의 연교차가 작은 서안해양성기후와 총 강수량이 적은 대륙성 기후이다. 국토의 대부분이 서안해양성 기후에 속해 연평균기온 약 7~10℃로 온화한 편이며, 프라하의 경우 최한월(1월) 평균기온이 -1.9℃이고, 최난월(7월)의 평균기온은 17.5℃를 나타낸다. 연평균 강수량은 500~700mm 정도이나 산악지대가 조금 많은 편이며, 계절적으로는 여름철에 강수량이 많아 자연재해로는 홍수가 자주 발생한다.

보헤미아 지역은 연평균기온이 8.7℃, 연평균강수량은 547mm이며, 모라비아 지역은 연평균기온이 9.42℃, 연평균강수량은 510mm이다.

체코는 대부분의 포도원이 산악이나 구릉 중턱에 위치하고 있어서 포도를 재배하기에 유리하며, 보헤미아, 모라비아 지역으로 크게 나누어진다.

보헤미아 지역은 멜니크(melnik), 리토머리체(litomerice)로 나누어지고 모라비아 지역은

표 3-24 체코 포도품종

구 분	품 종
청포도품종	샤르도네(Chardonnay), 데빈(Devin), 프뤼로터 벨트리너(Frühroter Veltliner), 게뷔르츠트라미너(Gewürztraminer), 그뤼너 벨트리너(Grüner Veltliner), 히베르널(Hibernal), 이르사이 올리버(Irsai Oliver), 케르너(Kerner), 레나(Lena), 모라비안 뮈스까(Moravian Muscat), 뮐러 투르가우(Müller Thurgau), Muškát moravský /Moravian Muscat, Neuburské/Neuburger, 팔라바(Palava), 삐노 블랑(Pinot Blanc), 피노 그리(Pinot Gris), 리슬링(Riesling), Rulandské bílé/Pinot Blanc, Rulandské šedé/Pinot gris, Ryzlink rýnský/Riesling, Ryzlink vlasský/Welschriesling, 쏘비뇽 블랑(Sauvignon Blanc), 실라너(Silaner), Tramín červený /Gewürztraminer, 트라미너(Traminer), Veltlínské červené rané/Frühroter Veltliner, Veltlínské zelené/Grüner Veltliner, 브르보스카(Vrboska)
흑포도품종	아그니(Agni), 아리아나(Ariana), 블라우부르군더(Blauburgunder)[1], 블라우어 포르투기저(Blauer Portugieser)[2], Cabernet Sauvignon, 도미나(Domina), Frankovka/Lemberger, 라우로(Laurot), 프란코브카(Lemberger), 메를로(Merlot), 모드리 포르투갈(Modry Portugal/Blauer Portugieser), 뮈스까 생-로랑(Muscat Saint-Laurent), 네로네트(Neronet), 삐노 누아(Pinot Noir), 루비네트(Rubinet), Rulandské modré/Pinot Noir, Svatovavřinecké/Saint Laurent, 쯔바이겔트레베(Zweigeltrebe/Zweigelt)

즈노즈모(znojmo), 미클로프(mikulov), 벨케 파블로비체(velke pavlovice), 슬로바코(slovacko) 지역으로 나누어진다.

(22) 러시아(Russia)

러시아는 약 2000년 전부터 흑해(black sea)와 카스피해(caspian sea) 연안에서 와인을 생산하였는데, 1985년 당시 세계 4위의 와인 생산국이었으나 점점 감소하여 1991년 25위에 머물고 있다. 러시아는 여름에 덥고 건조하며, 겨울에는 -30℃ 이하로 내려가기 때문에 포도재배에 적당한 기후는 아니지만 흑해와 카스피해 해안에는 바다의 영향으로 기온이 조금 온화하여 이 지역에서 포도재배가 이루어지고 있다. 러시아의 와인 생산지역은 체체노-인구쉬(checheno-ingush), 다겐스탄(dagenstan), 크라스노다르(krasnodar), 로스토브-나-도누(rostov-na-donu), 스타르브로폴(starvropol) 등 크게 5개 지역이 있으며, 1890년에는 마산드라(massandra)에 세계에서 가장 훌륭한 와인공장을 건설하여, 화이트 마산드라 뮈스

1) 오스트리아품종
2) 오스트리아품종

표 3-25 러시아 포도품종

구 분	품 종
청포도 품종	알리고테(Aligote), 끌레레뜨(Clairette), 뮈스까델(Muscadelle), 뮈스까(Muscat), 삐노 그리(Pinot Gris), 플라베이(Plavai), 리슬링(Riesling), 실바너(Silvaner), 트라미너(Traminer), 르카티스텔리(Rkatsiteli)
흑포도 품종	까베르네(Cabernet), Cabernet Sauvignon, 까베르네 세베르니(Cabernet Severny), Merlot, 삐노 누아(Pinot Noir), 포르투기저(Portugieser), 사페라비(Saperavi)

까트(white massandra muskat)와 로제 뮈스까트(rose massandra muskat)를 생산하고 있다.

(23) 크로아티아(Croatia)

정식명칭은 크로아티아공화국(republic of croatia)이며, 북쪽으로 헝가리, 동쪽으로 세르비아, 서쪽으로 슬로베니아, 남쪽으로 보스니아-헤르체고비나와 국경을 접하며 서남쪽으로 길게 아드리아해에 면한다. 독립 선언 후 세르비아가 크로아티아 내 세르비아인의 학대를 우려하여 연방 탈퇴를 반대함으로써 전쟁상태에 돌입하였고, 크로아티아 내의 세르비아인들은 '크라이너' 라는 공화국을 수립하여 연방군과 함께 크로아티아에 맞서 싸우다가 1994년 휴전했으며, 행정구역은 20개주(zupanija)와 1개시(grad)로 되어 있다.

크로아티아는 헝가리의 영토였던 크로아티아(croatia), 슬라보니아(slavonia)와 제1차 세계대전 이전 오스트리아에 속해 있던 달마치야(dalmatia) 및 이스트라(istra)반도 등의 지역으로 이루어져 있다. 동쪽으로 도나우(donau) · 드라바(drava) · 사바(sava) 강 사이에 있는 비옥한 평원에서 시작하여 서쪽으로는 베네치아(venezia) 만까지, 남쪽으로는 아드리아(adria)해를 따라 몬테네그로(montenegro)까지 펼쳐지면서 전체적으로 초승달 모양으로 좁고 긴 달마티아 해안평야, 디나르알프스산지, 동부의 도나우평원 등 세 지역으로 구분된다.

헝가리평야의 일부인 동부의 도나우평원은 도나우 강의 지류인 사바강과 드라바강 유역의 매우 비옥한 충적평야로서 농업에 아주 적합하다. 남서부의 디나르알프스산계에는 디나르알프스산맥 외에 엘리카카펠라 · 말라카펠라 · 플레세바카산맥 등이 아드리아해안을 따라 뻗어 있다. 달마티아 해안평야는 침강해안으로 해안에는 익곡(溺谷)이 발달되어 있으며, 연안의 1,000여 개 섬이 열도를 이루고 있어 경관이 빼어나다. 특히 해안평야는 지중해성 기후로 유명한 관광지가 많다. 서부 유럽으로부터 에게 해와 터키에 이르는 교통의 요충지이며, 아드리아 해의 긴 해안선은 연안 교통에 영향을 준다. 경작가능지는 25.82%, 경작지는 2.19%, 삼림 및 기타 71.99%이다.

표 3-26 크로아티아 포도품종

구 분	품 종
청포도품종	보그다누사(Bogdanusa), 까베르네 쏘비뇽(Cabenet Sauvignon), 샤르도네(Chardonay) 데비트-지알케이(Debit-Grk), 게뷔르츠트라미너(Gewürztraminer), 말바지야(Malvazija), 삐노 블랑(Pinot Blanc), 삐노 그리지오(Pinot Grigio), 부가바(Vugava), 쯔라티나(Zlahtina)
흑포도품종	바비치(Babic), 도브리시치(Dobricic), 메를로(Merlot), 플라바치 말리(Plavac Mali), 브라낙(Vranac)

기후환경으로 크로아티아는 달마치야와 이스트라는 비교적 따뜻한 지중해성 기후가 나타나고 내륙 안쪽에는 보다 심한 대륙성 기후가 나타나며, 아드리아 해 연안은 지중해성 기후로 겨울이 따뜻하며, 리에카의 1월 평균기온은 5.3℃이다. 디나르알프스산맥에서 동부 지방 사이는 온난습윤기후와 서안해안성 기후이나 겨울의 추위는 심한 편이다.

(24) 우크라이나(Ukraine)

우크라이나의 남쪽에는 흑해와 아조프해(海)가 있으며, 남서쪽에는 동(東)카르파티아산맥(우크라이나 카르파티아)이 북서방향에서 남동방향으로 자리 잡고 있고, 그 동쪽에는 볼리노포돌스크 구릉과 도네츠 구릉 등이 차례대로 전개된다. 남쪽으로 돌출해 있는 크림반도(krym pen.)에는 크림산맥이 있으며, 카르파티아(carpathian), 크림반도 지역은 주로 산악지대로서 최고높이가 2,061m에 이른다. 그밖에는 광활하고 낮은 구릉지, 대지, 저지가 넓게 펼쳐져 있다.

또한, 러시아 서부 흑해 연안에 위치하며, 서쪽으로 폴란드, 슬로바키아, 헝가리, 남서쪽으로 루마니아, 몰도바, 북쪽으로 벨로루시(belarus), 동북쪽과 동쪽으로 러시아연방에 접하고, 남쪽으로 흑해와 아조프해(海 sea of azov)에 면한다. 동유럽에서 인구가 가장 많고, 러시아를 제외한 유럽 전체에서 영토가 가장 넓은 국가이다.

우크라이나는 흑해 연안 지대로서 따뜻하며, 인접한 남부 지방은 온화한 대륙성 기후를 나타내지만, 북쪽으로 올라갈수록 추위가 심해진다. 북부지방과 서북부지방은 폴란드 · 벨로루시의 기후와 같은 대륙성 기후를 나타낸다. 크림반도는 아열대성 기후로 1월과 7월의 평균기온은 각각 4℃와 23℃이고, 수도 키예프(kiev)의 1월과 7월의 평균기온은 각각 −6.1℃와 20.4℃이다. 동카르파티아산맥 중에서도 강수량이 가장 많은 지역은 연평균 강수량이 1,600mm나 된다. 키예프에서는 연평균 강수량이 615mm이고, 강수량이 가장 적은 남동부의 흑해 연안에서는 연평균 강수량이 300mm에 불과하며, 눈은 보통 11월 말부터 내리기 시작한다.

표 3-27 우크라이나 포도품종

구 분	품 종
청포도품종	알리고테(Aligote), 샤르도네(Chardonnay), 페테아스카(Fetească), 뮈스까(Muscat), 리슬링(Riesling), 삐노 블랑(Pinot Blanc), 삐노 그리(Pinot Gris), 르캇시텔리(Rkatsiteli), 트라미너(Traminer)
흑포도품종	까베르네 쏘비뇽(Cabernet Sauvignon), 이사벨라(Isabella), 메를로(Merlot), 삐노 그리(Pinot Gris), 삐노 누아(Pinot Noir)

우크라이나는 대부분이 평지로 전국토의 53.8%가 경작 가능지역이며, 이중 60%가 비옥한 흑토 지대로서 농경지는 1.5%이다. 많은 지역에서 체르노좀토, 밤색토 등의 비옥한 초지 토양이 발견되며, 이러한 토양이 분포하는 지대를 모두 합쳐서 흑토지대라고 부른다. 식생은 삼림지대와 초원지대를 포함하며 수도 키예프는 양 식생군의 점이지대[1]에 입지 해 있다. 키예프 이북 지대에는 삼림과 소택지가 많고, 경작에 부적합한 산성토양 포드졸이 분포하는 지대는 전국토의 19%에 해당되며, 키예프 이남 지대에는 흑토가 널리 분포한다.

(25) 몰도바(Moldova)

정식 명칭은 몰도바공화국(republic of moldova)이며, 영어로는 몰다비아(moldavia), 독일어로는 몰다우(moldau)라고 부른다. 동 · 북 · 남쪽으로는 우크라이나, 서쪽으로는 루마니아와 접한다. 구소련으로부터 독립한 이후 1992년에는 드네스트르(dnestr)강 동안(東岸)에 드네스트르 공화국을 건설하려는 슬라브족들과의 무력 분쟁이 일어났다. 이외에도 루마니아와의 통합 문제, 러시아와의 관계정립 문제, 우크라이나와 국경 조약체결을 통한 국경 확정 등이

표 3-28 몰도바 포도품종

구 분	품 종
청포도품종	알리고테(Aligote), 샤르도네(Chardonnay), 피테스카 알바(Feteasca Alba), 피테스카 레가라(Feteasca Regala), 이탈리안 리슬링(Italian Riesling), Müller-Thurgau, 뮈스까(Muscat), 라인 리슬링(Rhine Riesling), 르캇시텔리(Rkatsiteli), 삐노 블랑(Pinot Blanc), 삐노 그리(Pinot Gris), 플라베이(Plavai), 리슬링(Riesling), 쏘비뇽 블랑(Sauvignon Blanc), Silvaner, 트라미너(Traminer)
흑포도품종	까베르네 쏘비뇽(Cabernet Sauvignon), 피테스카 네그라(Feteasca Neagra), Gamay, Malbec, 메를로(Merlot), 삐노 누아(Pinot Noir), 라라 네그라(Rara Neagra), 사페라비(Saperavi)

1) 어떤 지역에서 다른 지역으로 옮길 경우의 경계대(境界帶)

국가적 문제이다. 행정구역은 32개 주(raionul)와 3개 자치시(municipiul), 1개 자치 준주(unitatea teritoriala autonoma), 1개 준주(unitatea teritoriala)로 이루어져 있다.

몰도바의 기후는 대륙성 기후이지만 흑해와 가까워서 여름이 길고 따뜻하며, 겨울이 비교적 춥지 않은 편이기 때문에 농업에 좋은 기후조건을 갖추고 있다. 평균기온은 1월 -3~5℃, 7월 20~25℃이다. 수도 키시네프(kishinev)의 1월 평균기온은 -4℃이고 7월 평균기온은 21℃이다. 연평균 강수량은 남서부에서 400mm 정도이고 북부에서 560mm 정도이며, 6월과 7월에 강수량이 많다.

2) 신세계 와인지역

(1) 미국(United States of America)

정식 명칭은 아메리카합중국(united states of america)이며, 본토와 알래스카 · 하와이로 구성된 연방공화국이다. 남쪽으로 중앙아메리카의 꼭지를 이루는 멕시코와 국경을 마주하고, 북쪽으로 캐나다와 접해 있다. 서쪽으로 태평양, 동쪽으로 대서양에 접해 있고 남동쪽으로는 카리브 해(海)가 있다. 북아메리카 대륙의 온대 주요부를 차지하며, 50개주(state)와 1개 수도구(district 컬럼비아구, 약칭 D.C) 외에 해외속령(海外屬領)으로 푸에르토리코 · 사모아 제도 · 웨이크섬 · 괌섬과, UN(United Nations 국제연합)의 신탁통치령인 캐롤라인 제도 등이 있다.

툰드라(tundra)와 타이가 기후(taiga climate)가 나타나는 알래스카와 상하의 나라로 알려진 하와이를 제외한 미국 본토는 대부분이 온대 또는 냉대에 속한다. 그러나 기후의 특성은 지형의 배치, 바다나 해류의 영향, 바람 등에 따라 혹은 동서의 너비 4,500km에 이르는 육괴 때문에 해안과 내륙에서 큰 차이를 나타내는 등 지역에 따라 다양한 유형을 볼 수 있다. 대체로 로키 · 애팔레치아 등의 산맥이 해안 가까이 남북으로 장벽을 이루어 바다의 영향이 내륙까지 미치지 못하며, 특히 로키산맥은 높고 험준하여 바닷바람을 막아주기 때문에 내륙 쪽에는 넓은 건조대를 형성하고 있다.

토양은 체르노좀(흑토의 일종) 내지 밤색 토양이 탁월하여 농업에는 적당하나 프레리(prairie)[1]보다 더욱 수리의존도가 높다. 이와 같은 단초초원은 로키 산맥 기슭까지 연속되며, 코르디예라(cordillera)[2]의 식생은 지형이 복잡한데다 기후차가 크기 때문에 다양하게 나타난

1) 북아메리카의 로키산맥 동부에서 미시시피강(江) 유역 중부에 이르는 온대 내륙에 넓게 발달한 초원
2) 낮은 지형을 포함한 산맥의 집합을 말한다. 남아메리카의 안데스산계에 붙여 서코르디예라, 중앙코르디예라, 동코르디예라라고 한다. 중앙아메리카에서 알래스카에 이르는 대산계도 가리킨다.

다. 북위 50°에 가까운 지역의 평지에서는 상록침엽수림이 전개되고 워싱턴 주, 오리건 주(州), 몬태나 주 등의 임산자원이 되어 있으나, 컬럼비아 고원상에는 수림이 적고 단초의 프레리가 전개되어 있다. 남부 로키의 산중턱, 콜로라도고원, 캘리포니아분지 등 침엽수림대의 하한(下限)에는 떡갈나무가 분포한다.

미국은 최고의 와인을 생산하는 국가 중의 하나로 캘리포니아의 기후와 토양은 좋은 유럽 포도 품종으로 높은 품질의 레드와인과 화이트와인을 재배할 수 있는 이상적인 환경을 가지고 있다. 또한 캘리포니아 이외의 지역으로는 뉴욕, 워싱턴, 오레곤 텍사스 주가 있다.

미국의 와인 재배지역들은 1983년에 처음으로 토양과 기후에 따라 지역의 명칭(appellation)을 지정하여 보다 더 구체화 하였다.

미국은 다양한 범위의 뛰어난 와인들이 생산되는데 특히, 화이트와인으로는 샤르도네와 쏘비뇽 블랑 그리고 레드와인으로는 까베르네 쏘비뇽, 메를로 그리고 진팔델 등이 유명하며, 품질 좋은 스파클링와인도 생산하고 있다.

캘리포니아는 미국에서 와인을 가장 많이 생산하는 지역으로 미국 전체 생산량의 85%를 담당하고 있으며, 나파 밸리(napa valley)는 미국에서 가장 유명한 포도 재배지역으로 샌프란시스코 북쪽에 자리 잡고 있는데, 나파(napa)라는 말은 인디언말로 '많다' 라는 뜻으로 이 지역이 아름답고 토질이 비옥하여 여러 산물이 생산되는데서 유래하였다. 나파 밸리지역은 프랑스와 같이 좋은 레드와인이 생산되고 있으며, 프랑스에서 재배되는 품종의 화이트와인도 생산되고 있다. 소노마(sonoma)는 나파 밸리 다음으로 유명한 와인 생산지역으로서 태평양 해안에 가깝고 기후가 온화하여 포도 재배에 적합하며, 와인라벨에 포도 재배지역을 표기하고 있다.

표 3-29 미국 포도품종

구 분	품 종
청포도품종	샤르도네(Chardonnay), 슈냉 블랑(Chenin Blanc), 에메랄드 리슬링(Emerald Riesling)[1], 게뷔르츠트라미너(Gewürztraminer), 그레이 리슬링(Gray Riesling), 뮈스까 블랑(Muscat Blanc), 리슬링(Riesling), 쏘비뇽 블랑(Sauvignon Blanc)[2], 쎄미용(Sémillon)
흑포도품종	바르베라(Barbera), 까베르네 프랑(Cabernet Franc), 까베르네 쏘비뇽(Cabernet Sauvignon), 까리냥(Carignan), 가메(Gamay), 가메 보졸레(Gamay Beaujolais), 그르나슈(Grenache), 메를로(Merlot), 쁘띠 시라(Petite Syrah), 삐노 누아(Pinot Noir), 루비 까베르네(Rudy Cabernet), 진판델(Zinfandel)

1) 교배품종 : 뮈스까델(muscadelle) + 리슬링(riesling)
2) 일명 퓨메 블랑(fumé blanc)

워싱톤(washington)은 워싱톤주 동쪽의 야키마 밸리(yakima valley)에서 포도를 많이 재배하는데, 이 지역은 강우량이 극히 적어 인근 콜롬비아 강에서 강물을 끌어다 관개를 한 후 포도를 생산하고 있다. 이곳에서 생산된 포도를 시애틀 근처 공장으로 150마일 정도 차로 운반하는데, 90개의 와인공장이 있고, 상위 8개의 공장이 이 지역 와인의 95%를 생산한다.

오리건(oregan)은 대부분 최근에 만들어졌고 규모도 작은편이며, 윌러메트 밸리(willamette valley)에서 많이 재배하고 있다. 오리건 주에서는 일반와인을 금하고 있으며, 품종와인도 해당 품종이 90% 이상이어야 하는 엄격한 규정을 적용하고 있다.

뉴욕(new york)은 캘리포니아 다음으로 와인을 많이 생산하고 있는 지역으로 자극적인 향이 풍부한 자생종 라부르스카(vitis labrusca)종을 많이 재배하였으나, 최근에는 프랑스 포도 품종과의 교배잡종(hybrid)이 많이 보급되어 자극적인 향이 약하게 나도록 개량되었다. 미국에서는 1970년대 이후에 유럽 포도 품종을 많이 도입하여 재배하고 와인을 생산하고 있다.

(2) 캐나다(Canada)

북아메리카 대륙 북부에 있는 국가로서 영국연방에 속한다. 1763년 영국이 프랑스와 맺은 피리조약 이후 영국의 식민 상태로 있다가 1867년 캐나다자치령으로 독립하여 1951년 정식국명을 캐나다로 변경하였다.

서쪽으로 미국 알래스카 주(州), 남쪽으로 미국 12개주에 접하고, 서쪽으로 북태평양, 북쪽으로 북극해, 동쪽으로 대서양 · 데이비스 해협 · 배핀 만(灣)에 면한다. 러시아에 이어 세계에서 두 번째로 넓은 나라로서 북아메리카 대륙 면적의 1/3을 차지하지만 사람이 거주할 수 있는 곳은 한정되어 있다. 서경 144°(알래스카 국경선 근처)에서 동쪽으로 배핀 제도까지의 북극해상 섬들이 캐나다에 속해 있다. 행정구역은 10개주(province), 3개 준주(準州 territory)로 이루어진다. 국명은 휴런-이로쿼이(huron-iroquois)족의 언어로 '마을', '정착지'를 뜻하는 '카나타(kanata)'에서 생겨났다.

캐나다의 기후는 남쪽의 온난한 기후부터, 북쪽의 (亞)북극성 또는 북극성 기후까지 매우 다양한데, 크게 12기후구로 나뉜다. 툰드라 지역 서부는 삼림지대의 북쪽에 있으며 건조한 툰드라 지역이다. 7월 평균기온 10℃ 이하, 연강수량 250mm 이하의 지역이 많다. 툰드라 지역 동부는 서부에 비해서 연강수량이 400~500mm로 많으며, 코르디예라 북부의 산지 부분은 극기후를 나타내지만, 골짜기 부분은 침엽수림대를 이루고 중앙대지 지역은 매우 건조하다. 이곳은 위도의 변화보다 고도의 변화에 의하여 기후가 달라지는데 북부보다 따뜻하다.

내륙 북부는 침엽수림대 북부에 해당되며, 생육기는 5개월 이하로 겨울이 길다. 연강수량은 적고 북쪽으로 갈수록 적어진다. 로렌시아(laurentia) 북부는 침엽수림대의 동부에 해당

표 3-30 캐나다 포도품종

구분	품종
청포도품종	카토바(Catawba), 샤르도네(Chardonnays), 슈냉블랑(Chenin Blanc), 델라웨어(Delaware), 엘비라(Elvira), 게뷔르츠트라미너(Gewürztraminer), 나이아가라(Niagara), 삐노 블랑(Pinot Blanc), 리슬링(Rieslings)
흑포도품종	까베르네 쏘비뇽(Cabernet Sauvignon), 까베르네 프랑(Cabernet Franc), 콩코드(Concord), 가메(Gamay), 메를로(Merlot), 삐노 누아(Pinot Noir), 진판델(Zinfandel)

되며, 생육기는 5개월 이하로 겨울이 길고, 6개월 이상 눈에 덮여 있다. 로렌시아 남부는 침엽수림대 남동부에 해당되며, 연평균기온 6℃ 이상으로 겨울은 추우나 로렌시아 북부보다는 짧다.

캐나다에서의 포도재배는 1800년대 신대륙의 발견으로 유럽인들이 미주대륙으로 이주 해 오면서, 유럽에서 재배해 온 유럽종 포도를 신대륙에 재배를 시도하면서 부터인데, 선천적으로 기후의 영향을 많이 받고, 병충해에 약한 유럽종은 캐나다의 추운기후를 견디지 못하여 재배의 많은 어려움을 겪었으나 병충해에 강한 토착 품종을 재배하여 와인을 만들기 시작한 이후 1960년대에 본격적으로 고품질의 와인생신올 위한 포도재배 방법의 변화가 시작되었다. 그러나 당시에는 캐나다에 금주법이 시행되고 있어 와인생산은 금지되고 있었는데, 1970년대 이후에 금주법이 폐지되자 와이너리들은 본격적으로 포도 품종을 유럽종으로 변화를 시도하여 다양한 유럽종 중에서 병충해에 강하고 캐나다의 추운기후에도 적합한 육종개발에 다양한 방법을 시도하였다.

온타리오(ontario)의 샤또 드 카르마스(château des charmes), 케이브 스프링 셀러(cave sprong cellars), 브리티시 콜럼비아주(british columbia)의 그레이 몽크(gray monk), 틴혼 크릭(tinhorn creek)등의 소형 부띠끄(boutique)를 중심으로 위와 같은 시도가 계속되었다. 또한, 이시기에 퀘벡(quebec)과 노바 스코티아(nova scotia)에서 와인을 위한 포도를 생산하기 시작하였다.

(3) 멕시코(Mexico)

정식 명칭은 멕시코 합중국(united mexican states)이며, 중부아메리카 최대의 연방공화국으로 국명은 아스텍족의 군신(軍神)인 멕시틀리(mexictli)에서 유래한다. 북쪽은 미국, 남쪽은 과테말라 · 벨리즈(belize)와 접하고, 서쪽은 태평양, 동쪽은 멕시코 만(灣)에 면한다. 북서 태평양 연안에는 본토와 병행해서 1,200km 길이로 돌출한 캘리포니아 반도가 있고, 남동 대서양 연안에는 북쪽을 향해 유카탄 반도가 멕시코 만과 카리브 해를 나눈다. 1846년 미국과의 전쟁으로 북부 지역 일부를 잃었고, 1910~1917년 혁명으로 봉건주의가 무너졌다. 1994년 북미자유무역협정(NAFTA) 출범과 함께 마이너스 성장률을 기록하다 미국의 긴급 지원에 힘입어 회복세로 돌아서는 등 대미 의존도가 높으며, 행정구역은 31개 주(estado)와 1개 연방 구(distrito federal)로 이루어져 있다.

멕시코의 기후는 지형에 따라 다르게 나타나고 있는데, 고원 지대는 대부분 건조하지만, 남부 지역은 비교적 강우량이 많은 편이며, 전반적으로 11월부터 5월 중순까지는 건기이고, 5월 말부터 10월 말까지는 우기이다. 특히, 6월에서 9월 사이에는 계속되는 무더위와 많은 비가 내리며, 지역적으로 남부해안은 습윤한 기후로 고원지역에 비해 비도 많이 오고 기온도 높은 편이다.

지역에 따라서 거의 수목이 분포하지 않는 사막도 있고, 만년설이 덮인 지역도 있으며, 우림 지역에는 40m의 수목으로 덮여 있고, 연평균 강우량이 4,000mm까지 이른다.

기후는 고도에 따라 상이한 기후 분포를 보이고 있는데, 해안지대는 열대성 기후 특징이 나타난다. 국토의 대부분이 고원성이고 북회귀선이 남북을 가로지르기 때문에, 열대기후권이 전국토의 25%, 건조기후권이 50%, 온대기후권이 25%를 차지한다. 연중 고온다습한 기후로 중부 고산지대는 우기를 제외하고는 건조한 온대성 기후이며, 나머지 국토는 아열대 기후이다. 즉 멕시코의 중심부는 열대 고원의 상춘(常春) 지역이며, 특히 1,500m 내외가 최적온(最適溫) 지대를 이룬다. 해발 2,300m에 위치한 멕시코시티의 경우 연중 온난한데, 6~9월에는 우기로서 기온이 온화하고, 11~1월은 기온이 낮은 겨울 기후이며, 나머지 2~6월은 한국의 봄 기후와 비슷하다. 연중 기온은 평균 5~25℃ 사이이다. 강우량은 일반적으로 적은 편인데, 북서부는 435mm, 북동부는 685mm, 중부는 879mm, 남부는 1,301mm 정도의 분포를 나타낸다. 그러나 설선을 지닌 화산의 융설수(融雪水)가 풍부하여 옥토를 만들고, 멕시코분지에서는 수향(水鄕)의 경관을 나타내는 지역도 볼 수 있다.

멕시코는 가장 오래된 아메리카 대륙의 와인 생산국가로서 스페인 정복자들이 도착하기 이전의 콜롬비아 이전시대에 인디안(indian) 사람들은 포도나무에 다른 과일과 꿀을 넣어서 음료를 만들어 마시기 시작하였다. 이러한 전통이 현재에도 남아있어 어떤 지역에서는 아카슐(acachul) 이라는 와인이 여전히 포도와 야생과일로 생산되고 있다.

표 3-31 멕시코 포도품종

구분	품종
청포도품종	빨로미노(Palomino), 쎄미용(Semillon)
흑포도품종	네비올로(Nebbiolo), 쁘띠 시라 (Petit Syrah), 삐노 누아 (Pinot Noir)

(4) 칠레(Chile)

정식 명칭은 칠레공화국(republic of chile)으로서 북쪽으로 페루, 북동쪽으로 볼리비아, 동쪽으로 아르헨티나와 국경을 접하며 서쪽으로 태평양, 남쪽으로는 남극해에 면한다. 볼리비아가 태평양 연안 해양출구를 요구하면서 외교관계가 단절되었고 영사관계만 유지하고 있다. 국명은 페루의 잉카족이 아라우칸족을 정복하는데 실패한 뒤 틸리(tili)라는 당시 족장의 이름에 빗대어 아콩카과 계곡을 칠리(chili) 계곡이라고 불렀다는 설과 아콩카과 계곡이 칠리라는 이름의 계곡과 도시가 있는 카스마(casma) 계곡과 유사한 데서 유래하였다는 등의 설이 전해지며, 행정구역은 13개주(region)로 되어 있다.

칠레의 국토는 약 757,000㎢로 한반도 면적의 3.4배, 남한 면적의 7.7배 크기에 해당한다. 남위 18~56°에 걸쳐 길게 뻗어 내린 칠레는 국토 길이가 약 4,270㎞에 이르러, 위도에 따라 아열대, 사막, 지중해성, 온대, 한랭기후 등 다양한 기후가 나타난다. 또한 안데스산맥과 훔볼트 한류가 기후에 영향을 미친다. 칠레는 크게 세 지역, 즉 사막기후의 북부, 지중해성 사막기후의 중부, 온대성 한랭기후의 남부 지역으로 나눌 수 있다.

칠레에서 생산되는 포도 품종은 매우 다양하며, 포도 경작지의 절반 정도는 여전히 파이스(pais)라고 불리는 크리올라(criolla)포도로 와인을 대량으로 생산하고 있지만 외국 자본의 투자로 설립된 포도 농장들은 대개 프랑스 포도 품종을 많이 재배하고 있다.

표 3-32 칠레 포도품종

구 분	품 종
청포도품종	샤르도네(Chardonnay), 로카 블랑카(Loca Blanca), 리슬링(Riesling), 쏘비뇽 블랑(Sauvignon Blanc), 쎄미용(Sémillon), 트라미너(Traminer), 트라비아노(Traviano), 삐노 블랑(Pinot Blanc)
흑포도품종	까베르네 프랑(Cabernet Franc), 까베르네 쏘비뇽(Cabernet Sauvignon), 까르메네르(Carmenere), 말벡(Malbec), 메를로(Merlot), 삐노 누아(Pinot Noir), 쁘띠 베르도(Petit Verdot)

(5) 페루(Peru)

페루는 남미 서부에 위치해 있는 국가로 남쪽의 칠레, 남동쪽의 볼리비아, 북동쪽의 브라질, 북쪽의 콜롬비아, 북서쪽의 에콰도르 등과 국경을 접하고 있다. 국내는 세 개의 주요 지역 즉, 좁은 해안 지대와 넓은 안데스 산맥지대, 그리고 아마존 유역으로 나뉜다.

해안 지대는 주로 사막이지만 이곳에는 페루의 주요 도시들과 가장 좋은 고속도로인 카라테

표 3-33 페루 포도품종

구 분	품 종
청포도품종	알빌라(Albilla), 슈냉 블랑(Chenin Blanc), 쏘비뇽 블랑(Sauvignon Blanc), 쎄미용(Semillon)
흑포도품종	까베르네 쏘비뇽(Cabernet Sauvignon), 말벡(Malbec), 탄나(Tannat), 퀴브란타(Quebranta), Petit Verdot(쁘띠 베르도)

라 판아메리카나(caratera panamericana)가 있으며, 안데스 산맥 지대는 두개의 큰 능선인 코르디예라 옥시덴탈(cordillera occidental)과 오리엔탈(oriental)로 이루어져 있고 이곳에는 페루에서 가장 높은 산인 와스까란(huascarán 6770m)이 있다. 아마존 유역에는 열대 저지대로 마라논(maranon)과 우카얄리(ucayali)강이 흘러 들어간다.

지역에 따라 차이는 있지만 페루의 기후는 10~4월의 우기와 5~9월의 건기로 나눌 수 있고, 5~11월의 동절기(리마 기온 10~15℃)와 12~4월의 하절기(22~30℃)로 나눌 수 있다. 전 지역이 열대기후 지역에 속하지만 한류와 고도의 영향으로 특색 있는 기후를 보인다.

(6) 아르헨티나(Argentina)

정식 명칭은 아르헨티나공화국(republica de argentina)이며, 남아메리카에서 브라질에 이어 두 번째로 크고 세계에서는 여덟번째로 큰 국가이다. 국토는 남북으로 긴 모습이며, 서쪽의 안데스 산맥과 남쪽의 애틀랜틱해(海) 사이에 자리 잡았다. 북쪽으로 파라과이와 볼리비아, 북동쪽으로 브라질과 우루과이, 서쪽과 남쪽으로는 칠레와 국경을 면한다. '아르헨티나' 는 라틴어로 '은(銀)' 이란 뜻이며, 탱고와 목축으로 유명하다. 행정구역은 23개주(provincia)와 수도 부에노스 아이레스인 1개의 자치시(distrito federal)로 되어 있다.

국토가 남북방향으로 길게 펼쳐져서 위도에 따른 기온차가 크다. 전반적으로 북부는 아열대, 중부는 온대, 남부는 한대(남극) 기후특징을 보인다. 중앙지역은 평균기온 18℃로 살기에 좋으며, 안데스(andes) 지방과 파타고니아 남부는 일반적으로 한랭하다. 아르헨티나는 10~3월이 우기이고, 4~9월이 건기에 해당된다.

아르헨티나는 와인 생산국이지만 칠레에 비하여 와인생산국가로서 비교적 알려지지 않았다. 안데스 산맥의 영향을 받은 포도나무들은 가파른 경사면에서 재배되고 있으며, 강하고 스파이시한 느낌의 말벡, 시라 그리고 템쁘라니요 품종이 이곳에서 생산되고 있다. 따뜻하면서도 건조한 기후와 안데스 산맥의 눈이 녹아 흐르는 물을 흡수하며 자란 포도나무들이 와인을 만드는 최상의 기후조건을 지니고 있다. 15세기 중반 스페인 사람들에 의해 아르헨티나에 포도나무가 심어진 이후 이탈리아와 스페인 사람들에 의해 포도원이 설립되고 홍보되기 시작하

표 3-34 아르헨티나 포도품종

구 분	품 종
청포도품종	Chardonnay, 슈냉 블랑(Chenin Blanc), 갈리씨안 토론테스(Galician Torrontes), 뻬드로히메네스(Pedro Ximenez), Riesling, Sauvignon Blanc , 쎄미용(Sémillon), 토론테스(Torrontés), 비오니에(Viognier)
흑포도품종	바르베라(Barbera), 보나르다(Bonarda), 까베르네 쏘비뇽(Cabernet Sauvignon), 람브루스코(Lambrusco), 말벡(Malbec), Merlot, Pinot Noir, 시라(Syrah), Sangiovese, 템쁘라니요(Tempranillo)

였다. 1853년에 프랑스인이 처음 농업학교를 설립하여 프랑스의 포도나무들이 아르헨티나에 소개되고 포도재배 기술이 전파되었는데, 1880년에는 아르헨티나의 사막지대에 수로가 개발되어 포도재배에 큰 전환점이 되었다. 아르헨티나에는 4개의 와인산지로 구분되고 있는데, 멘도사(mendoza), 산 후안(san juan), 리오하(la rioja)[1] 그리고 리오 네그로(rio negro) 지역이다. 가장 많이 생산되는 지역으로는 멘도사로 아르헨티나의 90% 이상의 포도원을 가지고 있으며, 생산되는 와인들 중 약 70% 이상이 이곳에서 생산되고 있다.

(7) 브라질(Brazil)

브라질은 남미 대륙의 중동부에 위치해 있는 국가로 북위 5°~남위 34°까지 남북으로 4,320km, 동서로 4,328km에 걸쳐 펼쳐져 있다. 북부 국경에 연한 기아나 고지(guiana)와 동해안을 따라 남북으로 뻗은 산계(山系)를 제외하고는 대부분이 평원이며, 최고봉도 해발고도 3,000m 정도에 불과하다. 대서양 연안에 접해 있으며, 면적은 851만 4,047㎢로 남미에서는 가장 크고 세계에서는 5번째로 면적이 넓은 나라이다.

표 3-35 브라질 포도품종

구 분	품 종
청포도품종	샤르도네(Chardonnay), 게뷔르츠트라미너(Gewürztraminer), 리슬링 이탈리코(Riesling Italico), 말바지아(Malvasia), 모스까토(Moscato), 쎄미용(Semillon), 실바블랑(Syval Blanc), 트레비아노(Trebbiano), 삐노 블랑(Pinot Blanc)
흑포도품종	가메(Gamay), 바르베라(Barbera), 보나르다(Bonarda), 까베르네 프랑(Cabernet Franc), 까베르네 쏘비뇽 (Cabernet Sauvignon), 크리올라(Criolla), 델라웨어(Delaware), 이사벨라(Isabella), 메를로(Merlot), 뮈스까(Muscat), 네비올로(Nebbiolo), 삐노 누아(Pinot Noir), 시라(Syrah)

1) 스페인의 리오하 지역과 무관함

열대기후부터 서안해양성 기후에 이르기까지 다양한 기후대를 나타내는 브라질은 공통적으로 덥고 습한 기후를 나타낸다. 이런 기후는 비티스 비니페라 포도에게는 치명적이나, 교배품종(hybrid)이나 비티스 라부르스카(vitis labrusca)는 비교적 재배할 만하다. 브라질에서는 비티스 비니페라 품종이 약 10%정도 재배될 뿐이며, 높은 습도 때문에 곰팡이 등의 병충해로 빈티지에 따라 수확량이 많이 감소하기도 한다. 그리고 포도가 완전히 익기 전에 수확하는 경우가 많아서 산도가 높은 와인이 많으며, 이러한 기후로 인하여 브라질의 좋은 와인은 해발 약 700m 높이에 있는 포도원에서 생산되고 있다.

(8) 우루과이(Uruguay)

정식 명칭은 우루과이 동방공화국(oriental republic of uruguay)이며, 서쪽으로 우루과이 강을 경계로 아르헨티나와 접하고, 북쪽으로 브라질, 남쪽으로 대서양에 면한다. 남아메리카에서 수리남에 이어 두 번째로 작은 나라지만 국토의 대부분이 낮은 구릉과 초원지대로 이루어져 세계적인 축산국이 되었다. 국명은 원주민이 쓰던 과라니(guarani)말에서 유래했는데, '우루스(urus 새의 한 종류)의 강(江)' 또는 '화려하고 유채색을 띤 새의 강' 이란 뜻이다.

우루과이는 남북으로 약 500km, 동서로 약 470km 펼쳐져 있으며, 위도 30°~35° 사이에 위치하고 있어 포도가 성장하기에 좋은 조건을 가지고 있다.

우루과이는 겨울에도 온화하고, 서리 조차 거의 내리지 않으며, 온화한 해양성기후의 영향으로 프랑스 보르도지방을 연상시키기까지 한다. 사계절이 뚜렷하며, 평균 강우량이 1,000mm 정도이고 수도인 몬테비데오(montevideo)의 평균기온은 여름에 25℃, 겨울에 12.8℃로 연평균기온이 18℃정도로 포도재배에 적합한 기후를 지니고 있다.

표 3-36 우루과이 포도품종

구 분	품 종
청포도품종	샤르도네(Chardonnay), 게뷔르츠트라미너(Gewürztraminer), 쏘비뇽 블랑(Sauvignon Blanc), 쎄미용(Semillon), 트레비아노(Trebbiano), 토론테스(Torrontés), 위니 블랑(Ugni Blanc), 비오니에(Viognier)
흑포도품종	까베르네 프랑(Cabernet Franc), 까베르네 쏘비뇽(Cabernet Sauvignon), 메를로(Merlot), 네비올로(Nebbiolo), 삐노 누아(Pinot Noir), 시라(Syrah), 탄나(Tannat)

(9) 오스트레일리아(Australia 호주)

정식 명칭은 오스트레일리아 연방(commonwealth of australia)으로 북쪽은 티모르해, 동쪽은 산호해 · 태즈먼해, 남쪽과 서쪽은 인도양으로 둘러싸여 있으며, 오스트레일리아 섬은 세계에서 제일 작은 대륙이다. 6개주, 오스트레일리아 수도주 · 노던준주(準州)와 노퍽섬, 매쿼리섬, 로드하우스섬, 크리스마스 섬, 허드섬 · 맥도널드 군도, 코코스(킬링) 제도, 산호해(珊瑚海)군도, 오스트레일리아 남극령 등으로 구성되어 있으며, 각주와 특별구역은 722개의 작은 지방자치구역으로 구분된다.

북반구는 계절이 반대인 오스트레일리아는 대체로 온대기후에 속하지만, 국토면적이 한반도의 약 35배로 넓어 기후가 매우 다양하며, 이는 주로 위도와 격해도(隔海度)에 의해 좌우된다. 국토의 60% 이상이 연강수량 50mm 이하인 사막기후지대이고, 나머지 10%는 연강수량 100mm 정도인 반건조기후지역이다.

내륙은 대부분 사람이 살기 어려운 메마른 불모지이거나 반사막이어서 인구의 대부분이 해안지대에 살고 있다. 연강수량은 150~2,000mm로 다양하며, 연평균기온은 10~30℃로 서리의 피해는 적지만 태즈메이니아(tasmania) 섬의 고지에는 만년설이 쌓여 있다. 중위도 고기압대의 영향권에 있는 호주는 남쪽에서부터 극전선의 침입을 받기도 하지만 대부분의 지역은 남동무역풍과 편서풍의 영향을 주로 받으며 북부는 몬순(monsoon)의 영향을 받는다.

호주 북부의 경우 여름에는 강수량이 충분하지만 열대성 강우대가 적도 쪽으로 이동하는 겨울에는 건조하며, 요크만을 제외하면 사바나(savanna) 기후가 나타날 정도로 연중기온이 대체로 높다.

동부의 좁은 해안지역에는 연평균 800~1,500mm의 비가 내리고 겨울에는 온난하고 여름에는 그리 덥지 않은 온대기후가 나타난다.

호주는 남반구에 위치해 있기 때문에 지리 및 기후가 다양하며, 여름은 12월에 시작하고 겨울은 6월에 시작한다. 일년의 3분의 1이 평균 온도가 20℃도인 열대에 속해 있으며, 남부 지방은 온화한 지역이다.

표 3-37 호주 포도품종

구 분	품 종
청포도품종	샤르도네(Chardonnay), 슈냉 블랑(Chenin Blanc), 꼴롱바르(Colombard), 게뷔르츠트리미너(Gewürztraminer), 마르산(Marsanne), 뮈스까(Muscat), 삐노 그리/삐노 그리지오(Pinot Gris/Pinot Grigio), 리슬링(Riesling), 쏘비뇽 블랑(Sauvignon Blanc), 쎄미용(Semillon), 베르델로(Verdelho), 비오니에(Viognier)
흑포도품종	바르베라(Barbera), 까베르네 프랑(Cabernet Franc), 까베르네 쏘비뇽(Cabernet Sauvignon), 그르나슈(Grenache), 메를로(Merlot), 무르베드르(Mourvedre), 삐노 누아(Pinot Noir), 산지오베제(Sangiovese), 시라즈(Shiraz), 템쁘라니요(Tempranillo), 진판델(Zinfandel)

(10) 뉴질랜드(New Zealand)

남서태평양에 있는 섬나라로, 영국연방에 속하며, 북섬과 남섬 2개 섬으로 된 본토와 여러 섬 및 제도를 국토로 한다. 1840년 영국이 와이탕기 조약(treaty of waitangi)을 통해 식민지로 삼았고, 67년 후인 1907년 독립하였다.

편서풍대에 속하여 고산지를 제외한 대부분의 지역에서 연중 습윤하고 온화한 서안해양성 기후가 나타난다. 연평균 기온은 북섬의 오클랜드가 15℃, 남단의 인버카길(invercargill)이 10℃로서 기온의 지역차가 적으며, 연교차도 적어 여름과 겨울의 기온차도 8~9℃ 정도에 불과하다. 강수량은 대체로 600~2,000mm에 달하는데, 남섬의 남알프스 산맥 서쪽 사면과 편서풍의 바람받이 사면은 2,500~3,000mm 정도로 비가 많은 반면 동쪽 사면은 500mm로 비교적 건조하다.

포도가 숙성하는 시기에 적당한 비와 강한 햇살로 천혜의 자연조건을 갖추고 있으며, 특히, 기후가 10~12℃ 정도이고 여름철에는 30℃ 정도이며, 연간 강수량이 700~1,000mm 정도여서 화이트와인 생산에 아주 좋다.

주요 포도 품종으로는 레드와인으로 까베르네 쏘비뇽, 메를로 등이 생산되고 있으며, 삐노 누아도 생산되기 시작하고 있다. 그러나 뉴질랜드는 레드와인보다 화이트와인으로 훨씬 유명한데, 특히 맛이 매우 풍부하고 산도가 강한 편인 뉴질랜드의 쏘비뇽 블랑은 세계 최고 수준이다. 신선하고 품질 좋은 샤르도네와 드라이한 타입의 리슬링, 게뷔르츠트라미너도 성공적이며, 뮐러-투르가우도 널리 재배되고 있다.

주요 와인 생산지역으로 현재 뉴질랜드에는 수천개의 포도밭이 있으며, 대표적인 와인 재배지역으로는 우선 쏘비뇽 불랑으로 유명한 말보로(marlborough) 지역이 있다. 말보로에서는 스파클링와인도 함께 생산하고 있으며, 그 외에 샤르도네로 유명한 기스본(gisborne)과 프리미엄급 레드와인이 많이 생산되는 호크스 베이(hawkes bay) 지역, 삐노 누아가 가장 적합하게 자란다는 마틴버러(martinborough), 독일 스타일의 와인을 생산하는 센트럴 오타고(central otago)를 비롯한 다양한 지역에 300여개가 넘는 와이너리들이 있다.

표 3-38 뉴질랜드 포도품종

구 분	품 종
청포도품종	샤르도네(Chardonnay), 슈냉 블랑(Chenin Blanc), 게뷔르츠트라미너(Gewürztraminer), 뮐러-투르가우(Müller-Thurgau), 리슬링(Riesling), 라인 리슬링(Rhein Riesling), 쏘비뇽 블랑(Sauvignon Blanc), 쎄미용(Sémillon)
흑포도품종	까베르네 쏘비뇽(Cabernet Sauvignon), 메를로(Merlot), 삐노 누아(Pinot Noir), 삐노타지(Pinotage)

(11) 남아프리카공화국(Republic of South Africa)

정식 명칭은 남아프리카 공화국(republic of south africa)이며, 북쪽으로 나미비아, 보츠와나, 짐바브웨와 동쪽으로 모잠비크, 스와질란드와 접해 있고 영토 내에 독립국 레소토왕국(kingdom of lesotho)이 있다. 서쪽으로는 대서양, 남 · 동쪽으로는 인도양과 접한다. 인종차별정책으로 말미암아 1974년 국제연합(UN)에서 축출되기도 하여 한동안 국제적 고립 상황에 처하였으나, 1994년 5월 넬슨 만델라 집권 이후 인종차별정책을 철폐하였다. 그 후 영국 연방에 재 가맹하였고 UN 총회 의석도 회복했으며, 미국과 유럽공동체(EC)의 경제제재도 풀렸다. 행정구역은 9개 주(provinces)로 이루어져 있다.

남아프리카공화국 남서부 지방의 기후는 적도 35° 남쪽에 위치하여 조금은 시원하며, 아틀란틱 오션(atlantic ocean)과 인디안 오션(indian ocean)의 합류점에 위치하고, 남극에서 부는 바람과 벵겔라 해류(benguela current)[1]의 영향을 받아 선선한 기후에 해당된다.

지중해성 기후의 특성으로 매년 5월~8월에 450~1,000mm의 강수량을 나타내고 있는데, 여름은 뜨겁기보다는 따뜻하고 선선한 겨울날씨를 나타내며, 산악성 지형과 인근바다에 근접하여 다양한 중간성 기후대를 나타내고 있다.

주요 포도 품종으로 스틴(steen), 샤르도네 품종과 남아프리카공화국에서 가장 오랫동안 재배되어온 까베르네 쏘비뇽이 재배되고 있다. 그리고 삐노타지(pinotage)는 1924년 삐노 누아와 생쏘 품종을 교배하여 만든 포도 품종으로 남아프리카공화국에서 재배를 시작하여 거의 남

표 3-39 남아프리카공화국 포도품종

구 분	품 종
청포도품종	샤르도네(Chardonnay), Chenin Blanc, 클레레뜨 블랑슈(Clairette Blanche), 꼴롱바르(Colombar), 게뷔르츠트라미너(Gewü rztraminer), 하너푸트(hanepoot)[2], 캅스 리슬링(Kaapse Riesling), 라인 리슬링(Rhine Riesling), 쏘비뇽 블랑(Sauvignon Blanc), 쎄미용(Semillon), 스틴(Steen)[3], 비트프랑스(Witfrans)
흑포도품종	까베르네 쏘비뇽(Cabernet Sauvignon), 생쏘(Cinsault), 가메(Gamay), 메를로(Merlot), 삐노 누아(Pinot Noir), 삐노타지(Pinotage), 퐁탁(Pontac), 루비 까베르네(Ruby Cabcrnct), 시라즈(Shiraz), 틴타 바로코(Tinta Barocca)

1) 남대서양의 서풍표류(西風漂流)와 아프리카 남동 연안을 흐르는 아굴라스 해류의 일부로 이루어진 한류(寒流)이며, 북상과 동시에 서서히 해안에서 벗어나, 남적도해류로 이행한다. 해류역에서는 남동풍이 강하기 때문에, 연안역에서는 하층에서 용승(湧昇)이 일어나 표면 수온이 몹시 낮아져, 아프리카 서부의 기후에 영향을 미친다. 해류역은 생물이 풍부한 것으로 유명하며, 유속은 시속3km(5.55 km)에 이르기도 한다.

2) 일명 뮈스까 달렉쌍드리(Muscat d' Alexandrie)

3) 일명 슈냉 블랑(Chenin Blanc)

아프리카공화국에만 존재하는 포도 품종이다. 주로 까베르네 쏘비뇽과 블렌딩하는 메를로 품종과 많이 보급되지는 않았지만 잠재력을 지니고 있는 시라즈(shiraz) 그리고 삐노 누아, 루비 까베르네(ruby cabernet), 틴타 바로코(tinta barocca), 퐁탁(pontac) 등이 재배되고 있다.

(12) 알제리(Algeria)

정식 명칭은 알제리 민주인민공화국(people' s democratic republic of algeria)이며, 아프리카 대륙에서 수단에 이어 두 번째로 큰 나라이다. 북동쪽으로 튀니지, 동쪽으로 리비아, 남동쪽으로 니제르, 남서쪽으로 말리 · 모리타니, 서쪽으로 모로코와 각각 국경을 접하고 북쪽으로는 지중해에 접한다. 헌법에서 이슬람 · 아랍 · 베르베르 국가로 정의하고 있다. '알제리'는 '섬들' 이라는 뜻을 가진 수도(首都) 알제(algiers 아랍어로 al-jaz' ir)에서 유래하였으며, 행정구역은 48개주(wilaya)로 되어 있다.

북부의 여름은 뜨겁고 습하며 겨울은 온화하고 습한 지중해성 기후이고, 남부는 열대성 기후이다. 사하라(sahara)의 여름은 굉장히 뜨겁고 겨울에도 낮기온이 25℃ 이하로 내려가는 날이 거의 없지만 밤에는 매우 춥다. 중간의 고원지대는 대륙풍의 반건조기후로 차가운 날씨가 계속되며, 10~5월까지는 0℃정도의 기온에 습한 날씨를 보이고 4~9월까지는 건조하고 30℃정도의 더운 날씨가 나타난다. 땅은 비교적 비옥하고 경작에 적합하여 포도, 올리브, 감귤류 등을 재배되고 있다.

이슬람의 출현 후 알제리는 아랍의 영향권으로 편입되면서 북아프리카에 와인양조가 보급되는 계기가 되었는데, 이 시기에 알렉산드리아(alexandria)의 뮈스까(muscat)나 아라비아 북쪽의 파유미(fayoumi) 등의 포도 품종이 지중해 동쪽으로부터 유입되었다. 14세기부터는 스페인, 포르투칼, 투르크 등지에서도 다양한 품종이 유입되었는데, 알제리의 포도 품종은 매우 강인하여 해발 500~1,000m에 이르기까지 밭을 일구어 수확할 수 있을 정도였다. 그러나 당시의 포도재배는 마실만한 와인을 양조하려는 목적보다는 단순히 정원 안에서 즐기는 취미활동 정도로 간주되었다. 그러나 1830년 프랑스가 알제리를 지배하기 시작하면서 프랑스인들은 알제리의 와이너리에 관심을 갖고 남부 프랑스나 스페인에서 알리칸테(Alicante), 부쉐(Bouchet), 까베르네, 무르베드르 등의 품종을 들여와 테이블 와인을 양조하기 시작하였다.

표 3-40 알제리 포도품종

구 분	품 종
청포도품종	Chardonnay, 끌레레뜨(Clairette), 위니 블랑(Ugni Blanc)
흑포도품종	알리칸테 부셰(Alicante Bouchet), 까베르네(Cabernet), Cabernet Sauvignon, 까리냥(Carignan), 생쏘(Cinsault), Merlot, 무르베드르(Mourvedre), Syrah

(13) 모로코(Morocco)

정식 명칭은 모로코왕국(kingdom of morocco)으로 수도는 라바트(rabat)이며, 공용어로는 아랍어를 사용한다. 지브롤터 해협(strait of gibraltar)을 사이에 두고 유럽의 이베리아 반도와 접하고, 북쪽으로는 지중해, 북서쪽으로는 대서양에 면한다. 동쪽과 남동쪽으로 알제리와 접경하며, 남서단은 서(西)사하라와 국경을 접한다. 지중해 연안에는 스페인의 속령인 세우타와 멜리야가 있다. 행정구역은 15개의 지역으로 나뉘는데, 모로코는 이 15개 지역 외에 서사하라 내부에 완전히 포함되는 Oued Eddahab-Lagouira 지역도 영토에 포함된다고 주장하고 있다.

모로코는 지중해 해안을 따라 리프산맥(rif mountains)과 지중해 연안에서 대서양 연안에 걸쳐 북동~남서 방향으로 사하라(sahara) 사막과 경계를 이루면서 아틀라스(atlas) 산맥이 뻗어 있다. 산맥은 북으로부터 미들아틀라스(middle atlas) · 하이아틀라스(high stlas) 및 안티아틀라스(anti atlas)로 나뉘며, 하이아틀라스에는 투브칼산(toubkal mountain, 4,165m) 등 4,000m가 넘는 고봉이 많다. 아틀라스산맥의 남쪽은 사하라사막에 이어지는 건조 지대이나 그 북쪽과 북서쪽은 북아프리카에서 가장 비옥한 농업지대이며, 주민들은 아틀라스산맥 서쪽과 모로코 북부, 중서부 대서양 연안지역에 전체 국민의 70% 이상이 거주하고 있다.

전 국토가 북위 28~36°에 있어 온대기후에 속하나 북부는 지중해성기후, 중부는 대륙성기후, 남부는 사막기후로 지역별 특성이 있다. 크게 우기와 건기로 구분되며, 겨울 평균기온은 10℃ 이하이고 우기를 이룬다. 여름 평균기온은 30℃ 전후이며 건기를 이루는데, 내륙 오지에서는 여름에 40℃에 이를 때도 있다. 해안지역은 연중 부는 서풍으로 불규칙적인 강우가 있으나 내륙은 대륙적 특색을 나타내고, 동부평원 지역에서는 사막풍(chergui)이 기온을 35~45℃까지 상승시킨다. 강수량은 리프산맥과 아틀라스산맥에서 많으며, 가장 많은 곳에서는 연평균 1,500mm 이상에 이른다.

표 3-41 모로코 포도품종

구 분	품 종
청포도품종	뮈스까(Muscat)
흑포도품종	까리냥(Carignan), 까베르네 쏘비뇽(Cabernet Sauvignon), 메를로(Merlot), 시라(Syrah)

(14) 튀니지(Tunisia)

정식명칭은 튀니지공화국(republic of tunisia)이며, 북쪽과 동쪽은 지중해에 면하고, 서쪽은 알제리, 남동쪽은 리비아와 국경을 접하고 있다. 아프리카 대륙에서 가장 북쪽 끝에 위치하

표 3-42 튀니지 포도품종

구 분	품 종
청포도품종	샤르도네(Chardonnay), 뮈스까(Muscat), 위니 블랑(Ugni Blanc)
흑포도품종	까베르네 쏘비뇽(Cabernet Sauvignon), 까리냥(Carignan), 무르베드르(Mourvedre), 시라(Syrah)

며, 마그레브(maghreb)[1] 중 가장 면적이 좁은 나라이지만 가장 좋은 자연환경을 갖추고 있다. 공화국 선포 이래 1987년까지 부르기바(bourguiba)가 이끄는 '네오데스투르당'의 일당제 정치가 31년간 존속하였다. 국명은 아랍어로 'tunis' 인데, '벼랑' 또는 '밤을 보내다' 라는 뜻의 베르베르어(berber語)에서 유래한 것으로 전해지며, 행정구역은 24개주(governorate)로 되어 있다.

알제리의 아틀라스산맥에 이어지는 노던(northern) 산맥은 해발고도 600m 이하로 북단부의 해안에 병행하며, 그 남쪽에 사하라아틀라스산맥에 이어지는 하이텔 산맥이 최고 1,500m의 산봉을 가진 본곶(串) 반도에 이어진다. 북부는 여름에는 덥고 건조하며 겨울에는 온화하고 비가 내리는 습한 날씨를 보이는 전형적인 지중해 기후이다. 남쪽으로 가면서 강우량이 적어져 스텝기후(steppe climate)가 되고, 다시 가프사(gafsa)와 스킬라를 잇는 선에서 남부는 연강수량 150mm 이하의 사막기후가 되어 다갈색 대지가 펼쳐진다. 북부 튀니지의 겨울(11월부터 4월까지)은 서북부 산악지대를 제외하고는 영하권으로 내려가기도 하며, 여름(5월부터 10월까지)은 35~42℃의 무더운 날씨이나 일몰 후에는 기온이 크게 내려가 일교차가 심하게 발생한다.

3) 아시아 와인지역

(1) 우즈베키스탄(Uzbekistan)

정식 명칭은 우즈베키스탄공화국(republic of uzbekistan)이며, 중앙아시아의 중심부에 자리 잡고 있는데, 대체로 남서쪽의 아무다리야 강(amudarya 고대 이름은 옥수스 강)과 북동쪽의 시르다리야 강(syrdarya 고대 이름은 자카르테스 강) 사이에 위치한다.

동쪽으로 키르기스스탄(kyrgyzstan)과 타지키스탄(tadjikistan), 남쪽으로 아프가니스탄(afghanis tan), 남서쪽으로 투르크메니스탄(turkmenistan), 북쪽으로는 카자흐스탄과 국

1) 튀니지 · 알제리 · 모로코 등이 자리한 북아프리카의 서부

표 3-43 우즈베키스탄 포도품종

구 분	품 종
청포도품종	뮈스까트(Muskat), 리슬링(Riesling), 바얀 쉬레이, 오키쉬미쉬, 기쉬미쉬
흑포도품종	까베르네 쏘비뇽(Cabernet Sauvignon), 사페라비(Saperavi)

경선을 맞대고 있다. 북서 일부는 아랄 해에 인접하고 125개 민족이 공존하는 다민족국가이며, 국명은 '우즈베크인의 나라' 라는 뜻의 페르시아어에서 유래하였다. 행정구역은 1개 자치공화국(respublika), 12개주(viloya), 1개시(shahar)로 되어 있다.

우즈베키스탄은 국토의 대부분이 대륙성기후 지대로, 한서의 차가 심하고 연간 강수량이 적으며, 증발량이 강수량보다 많은 건조기후지대이다. 여름은 길고 무더워 7월 평균기온이 북부는 26℃, 남부는 30℃이나, 32℃ 이상인 지역도 있으며, 낮 기온 40℃ 이상인 경우도 자주 발생한다. 겨울은 짧고 대체로 온화한 편인데, 남부의 경우 2개월 정도이며 북부는 5개월이나 된다. 1월 평균기온은 북부는 -8℃, 남동부는 3℃이지만 혹한이 빈번하며, 북부에서는 최저기온이 -38℃ 이하인 날도 있다. 강수량은 평야지대에서는 80~90mm에 불과하나 남동부는 산지로 갈수록 증가하여 890~1,000mm나 된다. 강우량은 봄이 30~50%, 여름이 1~6%, 가을이 4~44%, 겨울이 25~40%를 차지한다.

1880년대 양조용 포도 품종이 처음 도입되었지만 1927년 M.A. 호브렌코 교수가 우즈베키스탄 집단 농장에서 체계적으로 포도재배를 조직하고 운영하기 시작하였다. 와인 생산을 위해 까베르네 쏘비뇽, 이탈리아와 헝가리의 뮈스까트(muskat), 독일의 리슬링과 같은 품종을 선택하여 재배하고 있다.

(2) 중국(China)

정식 명칭은 중화인민공화국(people' s republic of china)이며, 세계 최대의 인구와 광대한 국토를 가진 나라로, 국토는 남북 55,00km, 동서로 우수리 강과 헤이룽 강의 합류점에서부터 파미르 고원까지 5,200km에 달한다. 북동쪽으로 한국 · 러시아연방, 서쪽으로는 카자흐스탄 · 키르기스스탄 · 타지키스탄, 남서쪽으로는 인도 · 파키스탄 · 네팔 · 부탄, 남쪽으로는 미얀마 · 베트남 · 라오스, 북쪽으로는 몽골 · 러시아연방과 각각 국경을 이룬다. 행정구역은 22개성(省), 5개 자치구(自治區), 4개 직할시(直轄市), 2개 특별행정구로 되어 있다.

중국기후의 대경계선인 친링산맥~화이허 강(淮河) 선은 토양의 분포에서도 경계선이 된다. 화베이지방에는 석회토양이 발달하고 화난(華南)에는 알루미나 · 철분 토양이 발달되었다. 화베이의 석회토양은 염분은 풍부하나 유기물이 적고, 수분이 부족하여 생산성이 낮다. 화난의 산성 토양은 염분이 적고 비료분도 적어, 항상 비료를 주지 않으면 농작물의 생육이 충분하지 못하며, 따뜻한 기온과 넉넉한 수분으로 벼를 성장시킨다. 둥베이(東北) 지방에서는 북부 · 동부에서 알루미나 · 철분 토양이 분포하고, 중부와 서부에는 석회토양이 많다. 북서 지방에는 회색사막토가 널리 분포하고 티베트는 산지와 초원지대를 이룬다.

지형적으로 서쪽은 고원지대로 산이 많고, 동쪽은 평원지대로 형성되어있어 인구가 밀집되어 있다.

중국의 기후는 최남단의 열대에서 서부의 건조기후, 동북삼성의 냉대에 이르기까지 지구상의 다양한 기후가 대부분 나타나고, 지형고도면에서도 동부의 저지에서 서부의 8,000m급 고산지에 이르기까지 차이가 크게 나타난다. 이로 인해 중국의 식생도 열대우림에서 냉대의 타이가에 이르기까지 매우 종류가 많고 다양하다.

여름에 남동부는 기온과 습도가 모두 높아서 7월 평균 기온이 우한(武漢) · 창사(長沙) · 충칭(重慶) · 난징(南京) 같은 곳은 25℃ 이상 올라가며, 이 네 도시는 모두 40℃ 이상을 기록하기도 하였다. 이와 유사하게 서부의 건조한 분지에도 7월 평균기온은 높게 나타나는데, 투루판(吐魯蕃)은 47.6℃까지 올라간 경우도 있다. 이는 해면하 155m에 위치하는 분지의 형태이기 때문이며, 그에 비해 차이다무분지와 같은 한랭한 고도가 높은 사막은 7월 평균기온이 5℃에 불과하다. 여름 강수량은 지역에 따라 상이하여 고산지의 산맥에서의 강설(降雪)은 차고 건조한 겨울보다 여름에 많이 발생하며 주요 하천의 유입량을 늘리게 하여 덥고 습윤한 남동부에 홍수를 일으키기도 한다.

광대한 국토와 다양한 지형에 따라 적도대, 열대, 아열대, 난온대, 온대, 한온대 등 6개의 온도대가 복잡하게 분포되어 중국의 기후적 특성을 쉽게 정의할 수는 없지만 내륙에서 불어오는 편북풍의 한랭 건조한 바람에 영향을 많이 받는 겨울과 온난 습윤한 해양성 편남풍의 영향을 받는 여름의 계절변화와 기온의 연교차가 심한 편이다. 또한 강수량의 계절적 차이도 커서

표 3-44 중국 포도품종

구분	품종
청포도품종	샤르도네(Chardonnay), 주펭 누아(Jufeng Noir), Long Yang(용안)[1]
흑포도품종	Beichun(베이춘)[2], 까베르네 쏘비뇽(Cabernet Sauvignon), 드래곤 아이(Dragon's Eye), 메를로(Merlot), 뮈스까 함부르크(Muscat of Hambourg), 삐노 누아(Pinot Noir), 시라(Syrah)

1) 다수확 화이트와인 품종
2) 테이블 와인, 추위와 저항력이 강한 품종

여름에는 연 강수량의 50%가 내리는 반면 겨울에는 10%정도에 불과하다. 이러한 기후적 특성으로 본다면 중국은 대체로 대륙성 계절풍기후에 속한다고 파악할 수 있다.

(3) 한국(Korea)

한국은 유라시아(eurasia) 대륙의 동단에 돌출한 반도로, 북위 33~43°에 걸쳐 남북으로 뻗어 있으며, 반도를 따라 척량부(脊梁部)를 이루는 태백산맥이 위치하고 있어 국토가 작은 데 비해 동서남북의 기후가 다양하다. 또한 중위도의 온대에 위치하여 지역적인 다양성과 함께 계절적 변화에도 다채로운 추이를 볼 수 있다. 기후의 특색은 기온의 측면에서는 대륙성기후로 규정할 수 있고, 강수나 바람의 측면에서는 몬순(계절풍)기후로 규정할 수 있다. 춥고 건조한 대륙성 기단인 시베리아 기단에 영향을 받는 겨울철에는 비가 적고 매우 건조하며, 여름철은 6월 말부터 장마전선의 영향으로 집중호우가 내려 많은 피해가 일어나기도 한다. 이러한 장마 시기가 지난 7~8월에는 북태평양 기단의 영향으로 고온다습한 기후를 보이며, 뚜렷한 성격의 겨울과 여름에 비해 봄과 가을은 짧지만 맑고 쾌청한 날씨가 연속되어 나타난다.

표 3-45 한국 포도품종

구 분	품 종
청포도품종	힘로드시들레스(Himrod Seedless), 네오 뮈스까(Neo Muscat), 로자리오 비앙코(Rosario Bianco), 사이벨 9110(Seibel 9110), 청수(淸水), 홍단(紅丹), 홍부사(紅富士), 홍이두(紅伊豆)
흑포도품종	블랙올림피아(Black Olympia), 캠벨 어얼리(Campbell Early), 델라웨어(Delaware), 거봉(Kyoho), 마리오(Mario), 뮈스까 베일리 에이(Muscat Bailey A), 피오네(Pione), 리자마트(Rizamat), 세단(Sheridan), 타노 레드(Tano Red), 고처 리자마트(高妻 Rizamat), 자옥(紫玉), 후지미노리, 탐나라

(4) 일본(Japan)

일본어로는 '니혼' 또는 '닛폰'으로 공식 국호는 닛폰코쿠(日本國)북쪽으로 홋카이도 북쪽의 소야(宗谷) 해협 및 북동쪽의 네무로(根室) 해협을 끼고 러시아의 사할린 및 쿠릴 열도 남단의 구나시리섬과 대하며, 남쪽으로는 난세이(南西) 제도가 타이완(臺灣) 근해까지 이어진다. 서쪽으로는 동해와 대한해협을 사이에 두고 러시아의 연해주(primorskij kraj) 및 한국과 대하는데, 대한해협 중간에 있는 쓰시마섬(對馬島)은 부산에서 50km 거리에 있다. 동쪽으로는 오가사와라 제도(小笠原諸島) 등이 산재하면서 태평양에 면하며, 행정구역은 43개현, 1개특별도(都), 1개도(道), 2개부(府)로 되어 있다.

표 3-46 일본 포도품종

구분	품종
청포도품종	고슈(甲州)종, 샤르도네(Chardonnay), 뮐러-투르가우(Müller-Thurgau), 무스카트 오브 알렉산더(Muscat of Alexandria), 네오 뮈스까(Neo Muscat), 리슬링(Riesling), 류간(Ryugon), 쏘비뇽 블랑(Sauvignon Blanc), 사이벨(Seibel), 쎄미용(Semillon), 쯔바이겔트(Zweigelt)
흑포도품종	블랙퀸(Black Queen), 까베르네 프랑(Cabernet Franc), 까베르네 쏘비뇽(Cabernet Sauvignon), 콩코드(Concord), 델라웨어(Delaware), 키요미(Kiyomi), 메를로(Merlot), 뮈스까 베일리 에이 (Muscat Bailey A)

겨울에는 시베리아 기단, 여름에는 오가사와라 기단의 영향을 받으며, 시베리아 기단의 영향을 받는 겨울은 현저하게 한랭하고, 동해사면은 북서계절풍이 가져오는 강설로 인해 세계 굴지의 적설지(積雪地)를 이룬다. 여름에는 전국토가 오가사와라 기단의 영향하에 들어 고온 다습한 날씨가 지속되며, 봄 · 가을에는 양쯔강(揚子江)기단이 이동성 고기압이 되어서 일본을 덮고, 그 뒤를 저기압이 이동해 오기 때문에 날씨가 주기적으로 변화한다. 장마는 오호츠크 해 기단의 영향에 의한 현상이고, 열대성 저기압(태풍)은 여름에서 가을에 걸쳐 연평균 4~5회 정도의 빈도로 혼슈 · 규슈에 내습한다.

일본에서는 수백 년 전부터 포도가 재배되었다고 알려지고 있으며, 포도가 처음 일본에 소개된 것은 718년 불교승려들에 의하여 중국으로부터 전래되어 카쑤누마(katsunuma)에 포도를 재배하여 와인을 만들어서 주로 의약품으로 사용되었던 것으로 기록되어 있다.

(5) 태국(Thailand)

정식국명은 타이왕국(kingdom of thailand)이고, 프라테트 타이(prathet thai) 또는 무앙 타이(muang thai)라고도 한다. 국명은 타이어로 '자유' 를 의미하며, 주민의 대부분을 차지하는 타이족을 가리키기도 한다. 북서쪽으로 미얀마, 북동쪽으로 라오스, 동쪽으로 캄보디아, 남쪽으로 말레이시아 · 타이만(灣)과 국경을 접하고, 서쪽으로 안다만해(海), 남동쪽으로 시암만(灣)에 면한다. 동남아시아에서 유럽 국가의 식민 지배를 받지 않은 유일한 나라로, 제2차 세계대전 중에는 일본과 동맹을 맺어 연합군 측과 갈등을 빚기도 하였으며, 행정구역은 76개주(changwat)로 구성되어 있다.

태국은 열대몬순기후(고온 다습)로 1년 내내 기온이 높고, 연간 평균기온은 25~28℃로 우리나라의 한여름 날씨 수준이며, 계절은 한기(11~1월), 여름(2~4월), 우기(5~10월)의 삼계절로 분류된다. 태국은 지리상 북쪽은 대륙에 인접해 있고 남쪽은 해양반도에 인접해 있어 각 지

표 3-47 태국 포도품종

구 분	품 종
청포도품종	슈냉 블랑(Chenin Blanc), 꼴롱바르(Colombard), 말라가 블랑(Malaga Blanc), 뮈스까(Muscat)
흑포도품종	블랙 퀸/포크둠(Black Queen/Pokdum), 까베르네 쏘비뇽(Cabernet Sauvignon), 삐노 누아(Pinot Noir), 시라즈/시라(Shiraz/Syrah), 템쁘라니요(Tempranillo)

역에 따라 기온과 기압이 서로 달라 태국의 계절 중 가장 추울 때는 12월로 중국으로부터 차고 건조한 바람이 불어와 일부 북부지방에서는 영상 5~6℃까지 내려가는 경우도 있다. 그러나 이러한 경우는 아주 드문 경우에 불과하고 일반적으로 전국 최저 평균기온이 약 18℃인 반면, 가장 더울 때는 3월과 5월 사이로 평균 40℃까지 올라가기도 한다. 따라서 태국의 평균기온은 아주 높으나 습도가 70%내외로 우리나라의 여름 날씨처럼 무더운 날씨는 아니다.

한편, 이처럼 고온 · 저습한 태국의 연중 강우량은 5월과 9월 사이에 남서계절풍이 불어와 전국적으로 비가 집중적으로 내려, 약 1,000~1,600mm정도이다. 동부지역의 뜨랏(trat)지방은 태국 최대 강우지역으로 연간 강우일수가 150~200일이나 되며, 강우량도 4,000mm를 넘기도 한다. 태국에서 비가 적게 오는 지역은 북부지방으로 연간 강우량이 150mm 미만이다.

(6) 베트남(Vietnam)

정식 명칭은 베트남 사회주의공화국(socialist republic of vietnam)이며, 북쪽은 중국과, 서쪽은 라오스 및 캄보디아와 접하고 동쪽은 바다를 면하고 있다. 베트남의 동쪽 해안은 북쪽으로부터 내려오면서 통킹 만, 남중국해, 보르네오해, 시암만과 접해있고, 남북으로 긴 해안선은 무려 3,444km에 달한다. 1945년 2차 대전의 종전으로 외세들이 다시 들어오면서 베트남은 1954년까지 정치적 혼란기를 맞게 되었다. 1954년에는 북베트남의 공산당정권이 북베트남에서 프랑스 식민세력을 완전히 패퇴시킨 후, 베트남은 북위 17° 선을 경계로 남북으로 분단되어 남과 북사이의 20여년에 걸친 긴 전쟁을 가져왔다.

통일 전쟁 중 남베트남의 공산화를 우려한 미국이 1961년 참전하였으며, 한국과 필리핀, 타이, 오스트레일리아, 뉴질랜드도 지원군을 파병하였으나, 구소련과 중국의 지원을 받은 북베트남이 1975년 사이공을 함락시킴에 따라 전쟁은 북베트남의 승리로 끝이 났다. 세계에서 유일하게 미국과의 전쟁에서 승리를 통해 공산화를 이룬 나라로써 한국과는 1992년에, 미국과는 1995년에 국교를 정상화하였다. 행정구역은 하노이, 호치민, 다낭, 하이퐁, 껀터의 5개 직할시(centrally administered city)와 59개의 성(省)으로 이루어져 있다.

베트남은 북위 8° ~23° 에 걸쳐있어 영토 전체가 북회귀선(北回歸線)의 남쪽에 위치하기 때

표 3-48 베트남 포도품종

구 분	품 종
청포도품종	샤르도네(Chardonnay)
흑포도품종	까베르네 쏘비뇽(Cabernet Sauvignon), Cardinal, Chambourcin, 시라즈/시라(Shiraz/Syrah)

문에, 기후는 고지를 제외한 전 지역이 열대몬순기후를 이룬다. 대체로 5~10월이 우기, 11월에서 이듬해 4월까지가 건기이다. 북부에서는 6~7월, 중부와 남부에서는 8~9월에 강우량이 많다. 남부의 평균 강수량은 2,330mm, 평균기온은 26.5℃이고, 북부의 산악지역은 평균 강우량이 3,000mm이고 평야지역은 2,000mm 정도인데 연평균 기온은 23℃이지만 겨울의 평균기온은 15.5℃이다.

해발고도의 연평균기온은 남부에서 27℃이지만 북부 지역은 21℃이다. 해발고도에 따른 연평균기온의 변화는 매 100m 마다 0.5℃가 감소하며, 베트남의 1/3 이상이 해발고도가 500m 이상이기 때문에 대부분의 지역은 아열대기후이고 해발고도가 2,000m 이상인 지역은 온대기후이다. 대부분 베트남의 연간강수량은 2,000mm이지만, 중부고원지대의 일부는 약 3,300mm가 내리기도 한다.

북부의 경우 건기가 거의 없으며, 도시별 연강수량은 하노이 1,761mm, 후에 3,860mm, 호치민시(구 사이공) 1,808mm 정도로 우기에 84% 가량이 내리고 남쪽으로 내려갈수록 우기와 건기의 차가 뚜렷하다. 하노이를 비롯한 북부 및 중부 지역은 연중 기온차가 심하며, 태풍의 영향권에 있어서 매년 피해가 발생한다. 남부 메콩 델타 지역도 태풍이나 침수 피해를 당하는데, 고도가 매우 낮아 강 수위가 조금만 올라가도 큰 피해를 입는다. 일조량과 비가 많고 증발량은 적어 베트남은 열과 습기가 풍부한 곳으로 생물이 자라기에 좋은 조건을 가지고 있어 수많은 야생식물과 동물이 다양하게 분포한다.

(7) 인도(India)

인도는 동쪽으로는 히말라야(himalayas)를 넘어 중국과 이어져 있고 서쪽으로는 중동지방과 연결되어 있다. 여기에서 터키와 지중해를 건너면 곧바로 유럽과 연결되며, 북부의 히말라야를 제외한 삼면이 바다로 둘러 싸여 있는 나라이다. 이러한 지리적 조건으로 인해 인도는 예로부터 동서양의 길목 역할을 해오던 지역이기도 하다.

인도는 위도상 기후가 아열대에서 온대에 위치하지만, 히말라야산맥이 장벽을 이루어 전체적으로 열대몬순기후를 나타낸다. 몬순(계절풍)은 태양이 북반구로 북상하고, 또한 남반구로 남하함에 따라 겨울과 여름의 두 계절이 나타나고, 남서와 북동의 바람이 교대하는 것으로 인

표 3-49 인도 포도품종

구분	품종
청포도품종	Arkawati, Arkashyam, Anab e Shahi, 블랙 씨 없는 포도(Black Seedless Grapes), 샤르도네(Chardonnay), 슈냉 블랑(Chenin Blanc), 끌레레뜨(Clairette), 플레임 씨 없는 포도(Flame Seedless Grapes), 가르가네가(Garganega), Karnatake, Pinot Blanc, 쏘비뇽 블랑(Sauvignon Blanc), 쏘나카 씨 없는 포도(Sonaka Seedless Grapes), 톰슨 씨 없는 포도(Thompson Seedless Grapes), Tamil Nadu, 위니 블랑(Ugni Blanc)
흑포도품종	까베르네 프랑(Cabernet Franc), 까베르네 쏘비뇽(Cabernet Sauvignon), 생쏘(Cinsault), Gulabi(Black Muscat), 메를로(Merlot), 시라(Syrah), 삐노 누아(Pinot Noir), 삐노타지(Pinotage), Turkish, Bangalore Blue(이사벨라 isabella), 진판델(Zinfandel)

도양을 항해하던 아라비아인이 명명한 것이라 전해진다.

10월 하순에 시작되는 겨울은, 인도 북부에서는 곳에 따라 영하로 내려가고 강수량이 적고 건조한 것이 특색이다. 3월부터는 기온이 급상승하고 강우가 없으며 상대습도는 급감하고 열풍이 불 때도 있다. 5월 말에는 인도 북서부에 저기압이 형성되고, 6월 중순에 걸쳐 많은 강우를 동반하는 여름의 몬순이 시작된다.

인도 북동부 메갈라야(meghalaya) 주 체라푼지(cherrapunji)는 연강수량 1만mm가 넘는 세계 제1의 다우지역이며, 여름의 몬순이 인도 각지 연강수량의 대부분을 내리게 한다. 4,000mm 이상 되는 곳은 아삼(assam)지방과 서고츠 산맥 서쪽 사면이며, 2,000mm 이상은 벵골(bengal) 평야이고, 갠지스강(ganges river) 중류에서는 1,000mm, 델리 부근에서는 600mm로 감소한다. 라자스탄에서는 200mm 이하로 되어 타르 사막을 이르고, 마드라스 부근과 같은 반도 남동부는 벵골 만을 건너오는 겨울몬순이 비를 가져와서 1,000mm 이상이 된다.

인도의 계절은 3~5월에 이르는 건조혹서기와 6~10월 상순에 걸친 습윤고온기, 그리고 10~2월에 이르는 건조한랭기 등의 삼계(三季)로 되어 있다. 최고기온은 하지와 우계 직전에 나타나며, 해안 가까이 있는 캘커타(calculta)에서는 낮에도 그늘의 기온이 40℃를 넘는 경우가 가끔 있고, 갠지스강 중류지역에서는 43℃ 정도로 오르는 것은 보통이다.

주요 포도재배지역은 크게 3지 지역으로 구분되는데 히마찰(himachal)주, 마하라쉬트라(maharashtra)주, 카르나타카(karnataka)주이다. 특히 마하라쉬트라주 나식(nasik) 지역의 인다지(indage) 와이너리와 술라(sula) 와이너리, 카르나타카(karnataka)주의 방갈로르 지역의 그로버(grover)와이너리가 인도 전체 와인생산의 90%를 차지하고 있으며, 유럽 원생종과 미국 원생종 모두 재배되고 있다.

IV. 와인의 양조

E & GRAPE WINE & GRAPE WINE & GRAPE WINE & GRAP

Wine & Grape

01 와인양조의 이해

1. 와인의 양조원리

포도를 양조하여 만드는 와인의 양조 원리는 매우 단순하다. 포도는 과피에 천연효모가 부착되어 있어 포도당과 과당 등 발효에 필요한 모든 조건을 갖추고 있다. 따라서 포도를 으깨어 그대로 두면 스스로 발효가 시작되지만 이러한 상태로 방치하면 좋지 않은 미생물의 번식을 초래할 수 있기 때문에 오늘날 많은 와인 양조업자들은 순수효모를 배양하여 발효시키는 방법을 주로 사용하고 있다. 그러나 아직까지도 오랜 와인 양조역사를 가진 일부지방에서는 자연발효를 하는 곳이 많다.

일반적으로 알코올 발효는 당분이 효모(yeast)의 효소작용으로 당이 알코올과 탄산가스(CO_2)로 분해되는 화학변화를 말하는데, 알코올 발효를 화학식으로 나타내면 다음과 같다.

$$C_6H_{12}O_6 \rightarrow 2CH_3CH_2OH + 2CO_2$$

포도당 → 에틸알코올 + 탄산가스

100g → 51.3g/64.1ml + 48.7g

식물은 태양에너지를 이용하여 엽록소의 촉매작용으로 물과 탄산가스로 포도당을 만들며 이 포도당은 고분자의 집합체로 식물의 몸을 만드는 역할을 한다.

발효는 미생물이 자신이 가지고 있는 효소를 이용해 유기물을 분해시키는 과정을 말하며, 발효반응과 부패반응은 비슷한 과정에 의해 진행되지만 분해 결과, 우리의 생활에 유용하게 사용되는 물질이 만들어지면 발효라 하고 악취가 나거나 유해한 물질이 만들어지면 부패라고 한다.

사람이나 동물은 탄수화물과 같은 유기물을 섭취하면 산소호흡을 통해 유기물을 이산화탄소와 물로 분해하고 에너지를 얻는다. 그렇지만 무산소호흡을 하는 생물들은 유기물을 완전히 분해시키지 못하고 다른 종류의 유기물을 만들어내기도 하며, 발생하는 에너지의 양도 적다. 또한, 발효과정에서 역시 유기물이 분해되어 또 다른 유기물이 만들어지고 적은 양의 에너지를 생성하게 된다.

동물 : 포도당 + 산소 → 탄산가스 + 물 + 에너지
식물 : 탄산가스 + 물 + 에너지 → 포도당 + 산소

알코올 발효 포도당을 담은 그릇에 효모를 넣고 뚜껑을 닫으면 미생물인 효모가 효소를 이용해 유기물인 포도당을 분해한다. 이때 뚜껑이 덮여 있기 때문에 산소를 통한 호흡이 불가능하며 무산소호흡이 이루어진다. 따라서 효모는 포도당을 완전히 분해시키지 못하고 에틸알코올(ethanol)을 만드는데, 이러한 발효를 알코올 발효라고 한다.

위에서 언급한 화학식은 아주 간단하게 처음과 끝의 물질만을 나열하였지만, 실제로는 훨씬 복잡한 12단계에 걸쳐 각각의 단계에 다른 효소가 작용하여 분해하게 되며 효모의 종류가 바뀌면 생성하는 효소의 종류도 변하기 때문에 각 단계에 알맞은 효모를 선택할 필요가 있다.

일반적으로 순수효모를 배양하여 발효하는 경우가 많으나, 자연효모를 사용하는 경우도 있으며 자연효모를 사용할 경우에는 순수효모보다 복잡한 풍미를 얻는 장점은 있지만, 실패하면 와인을 버리게 되는 위험성이 있으므로 오늘날에는 배양효모를 주로 사용하고 있다.

2. 와인의 양조과학

와인의 양조에는 다양한 영양요소와 미생물, 미생물의 생육조건 등에 대한 지식이 필요하다. 또한 와인의 양조에 쓰이는 단위에 대한 인식이 필요하며, 당분에 대한 용어 및 농도에 대한 판단 능력이 와인의 양조에 필수적인 요소로 작용하고 있다.

1) 영양요소

(1) 탄수화물(Carbohydrate 녹말, 포도당, 셀룰로오스)

녹말(starch)은 포도당 등으로 분해되어 에너지원이 되는 것으로 생명체가 생산하는 당이

기본이 되는 중합분자이며, 대개 $Cn(H_2O)m$의 화학식으로 쓸 수 있으므로 탄수화물이라고 부른다. 탄수화물은 그것을 구성하는 단위가 되는 당의 수에 따라 단당류 · 소당류 · 다당류로 구분한다. 예를들어, 포도당은 단당류의 일종으로 녹말을 형성하는 기본 단위이며, 녹말은 그 단위가 되는 포도당이 무수히 많이 연결되어 만들어진 분자로 다당류에 속한다. 단당류는 한 개의 분자가 가지는 탄소의 수에 따라 다시 삼탄당(트리오스 triose)부터 칠탄당(헥토오스, heptose)까지 분류된다. 포도당(글루코오스 glucose)은 탄소수가 여섯 개이기 때문에 육탄당(헥소오스 hexose)이라 부르고 소당류는 몇 개의 단당류가 글리코시드(glycoside) 결합을 통해 연결된 것으로 단당류가 2개 결합한 것을 이당류라고 하며, 수크로오스(sucrose) · 말토오스(maltose) 등이 그 예이다. 같은 식으로 3개가 결합한 것을 삼당류, 4개가 결합한 것을 사당류라 부르고, 다당류는 수없이 많은 단당류가 글리코시드 결합으로 연결된 것이며, 분자량은 수천에서 100만을 넘는 것도 있다. 대표적인 탄수화물로는 녹말, 셀룰로오스(cellulose)가 있으며, 두 가지 모두 포도당의 중합분자이다.

(2) 단백질(Protein)

단백질은 아미노산(amino acid)이라고 하는 비교적 단순한 분자들이 연결되어 만들어진 복잡한 분자로, 대체적으로 분자량이 매우 큰 편이다. 단백질을 이루고 있는 아미노산에는 약 20종류가 있는데, 이 아미노산이 화학결합을 통해 서로 연결되어 폴리펩티드(polypeptide)를 만든다. 이때 아미노산들의 결합을 펩티드결합이라 하며, 이러한 펩티드결합이 여러(poly-)개 존재한다는 뜻에서 폴리펩티드라 부른다. 단백질도 넓은 의미에서 폴리펩티드라 할 수 있지만, 일반적으로 분자량이 비교적 작으면 폴리펩티드라 하고, 분자량이 매우 크면 단백질이라고 한다.

단백질과 폴리펩티드라는 용어는 반드시 구분해서 쓰는 것은 아니지만, 폴리펩티드가 둘 또는 그 이상 모여서 하나의 집합체를 형성하고 있을 때는 반드시 단백질이라고 부른다.

단백질은 생물체 내의 구성 성분, 세포 내의 각종 화학반응의 촉매 역할(효소), 항체를 형성하여 면역을 담당하는 등 여러 가지 형태로 중요한 역할을 수행한다.

(3) 지방(Fat)

상온에서 고형(固形)을 이루는 것을 특히 지방이라 하여 액상인 기름과 구별하지만, 본질적인 차이는 없다. 지방은 3개의 지방산과 1개의 글리세롤(glycerol)로 이루어져 있다. 지방산은 매우 여러 종류가 존재하며, 따라서 지방산과 글리세롤의 결합으로 이루어진 지방의 종류도 다양하다. 그러나 공통적으로 물에 거의 녹지 않고, 에테르 · 클로로포름 · 벤젠 · 이황화탄소 · 석유 및 뜨거운 알코올에는 녹는 성질이 있다.

지방은 동물성 지방과 식물성 지방으로 분류되는데, 동물성 지방은 동물체 피하의 지방조직이나 장기의 표면에 축적되고, 식물성 지방은 주로 종자에 축적되어 있다. 식물성 지방은 리놀레산(linoleic acid) · 리놀렌산(linolenic acid) 같은 불포화지방산을 많이 함유하고 있으며, 공기 속의 산소에 의해서 산화되어 불쾌한 냄새나 맛이 나는데, 이것을 산패(酸敗)라고 한다. 이 때문에 불포화 결합에 수소를 첨가한 다음 식용유로 쓰는 일이 많다. 수소 첨가에 의해서 액상인 지방이 고체가 되므로, 이 조작을 경화(硬化)라고 한다.

(4) 무기질(Mineral)

광물질(鑛物質)이라고도 하고 단백질 · 지방 · 탄수화물 · 비타민과 함께 5대 영양소의 하나이며, 인체 내에서 여러 가지 생리적 활동에 참여하고 있다. 무기염류 중 인체를 구성하는 원소인 칼슘(Ca) · 인(P) · 칼륨(K) · 나트륨(Na) · 염소(Cl) · 마그네슘(Mg) · 철(Fe) · 요오드(I) · 구리(Cu) · 아연(Zn) · 코발트(Co) · 망간(Mn) 등의 원소는 미량으로도 충분하지만 없어서는 안 되는 것들이다. 따라서 이들 무기염류의 섭취가 부족하면 각종 결핍증을 유발하는데 예를 들어, 칼슘은 뼈의 구성성분이며 근육운동에 관여하기 때문에 칼슘이 부족하면 구루병이 생기거나 근육운동의 부조화가 일어난다. 또한 나트륨은 우리 몸의 삼투압이나 ph를 조절하는 성분으로 부족하면 신경에 이상이 생기고, 망간은 효소의 기능을 도와주는 역할을 하는 무기염류로서 부족할 경우 불임을 초래하기도 한다. 헤모글로빈(hemoglobin)의 성분인 철이나 적혈구를 만드는데 사용되는 구리, 코발트 등의 섭취가 부족하면 빈혈이 생길 수 있다.

(5) 비타민(Vitamin)

비타민은 소량으로 신체기능을 조절한다는 점에서 호르몬(hormone)[1]과 비슷하지만 신체의 내분비기관에서 합성되는 호르몬과 달리 외부로부터 섭취되어야 한다. 비타민은 체내에서 전혀 합성되지 않거나, 합성되더라도 충분하지 못하기 때문이다. 이렇게 체내합성 여부에 따라 호르몬과 비타민이 구분되기 때문에 어떤 동물에게는 비타민인 물질이 다른 동물에게는 호르몬이 될 수 있다. 예를들어 비타민 C는 사람에게는 비타민이지만 토끼나 쥐를 비롯한 대부분의 동물은 몸속에서 스스로 합성할 수 있으므로 호르몬이다. 비타민은 탄수화물 · 지방 · 단

1) 동물체 내의 특정한 선(腺)에서 형성되어 체액에 의하여 체내의 표적기관까지 운반되어 그 기관의 활동이나 생리적 과정에 특정한 영향을 미치는 화학물질

백질과는 달리 에너지를 생성하지 못하지만 몸의 여러 기능을 조절한다. 대부분은 효소나 효소의 역할을 보조하는 조효소의 구성성분이 되어 탄수화물 · 지방 · 단백질 · 무기질의 대사에 관여한다. 효소나 조효소는 화학반응에 직접 참여하지 않기 때문에 소모되는 물질이 아니므로 비타민의 필요량은 매우 적다. 하지만 생체 반응에 있어 효소의 기능이 매우 중요하기 때문에, 소량이라 할지라도 필요량이 공급되지 않으면 영양소의 대사가 제대로 이루어지지 못하며 비타민의 종류로는 수용성비타민 B, C와 지용성 비타민 A, D, E 등이 있다.

(6) 섬유질(Fibroid Material)

식물이나 해조류 등의 광합성을 하는 생물들의 몸을 구성하는 주된 물질인 셀룰로오스(cellulose)를 일컫는 말로서 이 중에서 인간이 섭취할 수 있는 섬유질을 식이섬유라고 하며, 채소 · 과일 · 해조류 등이 이에 해당한다.

2) 미생물 종류

(1) 곰팡이(Mold)

곰팡이는 보통 그 본체가 실처럼 길고 가는 모양의 균사로 되어 있는 사상균을 가리킨다. 일반적으로 균류 중에서도 세균(細菌, bacteria) · 고초균(枯草菌) · 버섯(mushroom) 등이나, 경우에 따라서는 효모와도 구별하지만 엄밀하게 구별하기에는 어려움이 많다.

균류(菌類 mycota)는 조균류 270속 1,500종, 자낭균류 1,850속 15,000종, 담자균류 550속 15,000종, 불완전균류 1,450속 15,000종, 그 밖의 것을 포함하면 합계 4,400속 50,000종으로 분류된다.

이 가운데서 버섯을 형성하는 것은 자낭균류의 일부와 담자균류가 대부분이므로 나머지는 모두 곰팡이류로 다루게 된다. 그러므로 곰팡이류의 종류는 아무리 적게 보아도 30,000 종 이상이 된다고 할 수 있다.

(2) 세균(Bacteria)

현재까지 2,000여 종이 알려져 있는데 엽록소가 없기 때문에 광합성을 할 수 없으므로 땅속, 물 속, 공기 속, 사람의 몸 속 등 어느 곳에서나 양분이 있으면 기생한다. 세균이 자라기 위해서는 양분과 함께 알맞은 온도와 습도 및 산소가 필요한데 20℃ 이하에서 잘 자라는 것을 저온성세균, 55~60℃에서 잘 자라는 것을 고온성세균이라고 하며, 그 중간 온도에서 자라는 것을 중온성세균이라고 한다. 그리고 산소를 필요로 하는 세균을 호기성세균, 산소 없이도 살 수 있는 세균을 혐기성세균이라 한다. 세균은 인간에게 이로운 유용세균과 해를 끼치는 유해세균이 있는데 유용세균은 식품을 가공하거나 항생물질로 이용하고, 유해세균은 여러 질병을 일으키는 세균으로 파상풍균 · 콜레라균 · 디프테리아균 · 결핵균 등이 있다.

인체에 유해한 미생물 중에는 세균, 바이러스(virus), 리케차(rickettsia) 등이 있는데, 감염증의 대부분은 세균으로 인한 것으로 모든 장기가 감염될 수 있다. 원래 인체에 병원성 세균이 침입하면 기본적인 면역계에서 방어하지만, 효과적으로 병원성 세균을 제거하지 못할 경우에 인체에 질환이 나타나는데 감염된 장기에서는 열이 나고, 염증 반응이 생기며, 세균의 수가 증가한다. 반면 세균 중에는 질환을 일으키지 않는 것도 있다.

(3) 효모(Yeast)

곰팡이나 버섯 무리이지만 균사가 없고, 광합성능이나 운동성도 가지지 않는 단세포 생물의 총칭으로서 전형적인 효모는 출아에 의해 증식하는 크기 8㎛의 타원형 · 구형인 세포이다.

효모의 어원은 그리스어로 '끓는다'는 뜻을 가지며, 이것은 효모에 의한 발효 중에 이산화탄소가 생겨 거품이 많이 생기는 것에서 유래한다. 대부분 토양 속에 살지 않으며, 꽃의 꿀샘이나 과실의 표면과 같은 당 농도가 높은 곳에 많이 생육하고 있다. 당을 발효시켜 에탄올과 이산화탄소를 생산하는 능력을 가진 것이 많은데 이 성질은 맥주의 제조나 빵의 발효에 이용되고 있으며, 기원전 수천년경에 이미 상당히 완성된 형태로 행해졌던 것이 바빌로니아의 고도 발굴이나 로제타석(石), 이집트의 유적 연구 등에서 확인되었다. 과실주와 같은 간단한 술은 더 일찍 만들어졌고, 부모로부터 자식에게 전승 되었던 것으로 추정된다.

효모 자체는 값싼 지방 · 단백질원으로 사료에 사용하는데 비타민 B군을 풍부하게 함유하고, 또한 비타민 D를 함유하는 것도 있으며, 의약품 공업에도 사용되고 있다.

효모를 처음으로 관찰한 것은 현미경의 발명자 네덜란드의 안톤 반 레벤후크(Antonie van Leeuwenhoek 1632-1723)이며, 1680년 맥주효모를 발견하였다. 그러나 효모 발효의 생물학적 의의가 알려진 것은 1861년이었으며, L.파스퇴르(Louis Pasteur 1822~1895)는 포도주 발효가 효모에 의해 일어난다는 것을 처음으로 밝혔다.

효모의 발효현상에 대한 더 진보적인 해명은 부흐너(E. Buchner)에 의하여 1897년 치마아제(zymase)가 발견됨으로써 비약적으로 진전되어 효모는 생화학적으로 가장 잘 해석된 미생물이 되어 생화학의 발전에도 큰 역할을 하였다.

효모의 세포벽은 주로 글루칸(glucan)과 만난(mannan)에 의하여 구성되며, 그 밖에 지질 펩티드(lipopeptide) · 단백질과 소량의 키틴질(chitinous substance)[1]을 함유한다. 세포 내에는 핵(nucleus)[2] · 미토콘드리아(mitochondria)[3] · 액포(vacuole)[4] · 글리코겐(glycogen)[5] 과립을 가지며, 발효뿐만 아니라 호흡도 잘한다. 또한 효모는 다량의 RNA[6]를 함유하며, 1967년까지 전구조가 결정된 5종의 tRNA(transfer RNA)[7]는 모두 효모에서 유래한 것이며, 분자 유전학의 진전에 큰 기여를 하고 있다. 알코올 발효에 가장 많이 이용되는 효모의 종류로는 야생효모와 배양효모가 있다.

3) 미생물 생육조건

(1) 영양물질

각 미생물에 따라 다르지만, 영양물질이 부족하면 미생물은 생장이 정지되거나 사멸하게 되므로 외부로부터 섭취하는 영양에 관여하는 물질을 통틀어 영양소라고 한다. 그러나 섭취하는 물질 전부를 영양소라고는 하지 않으며 물은 모든 생물에 필요한 물질이지만 영양소라고는 하지 않고, 호흡할 때 들이마시는 산소나 녹색식물이 광합성 과정에서 섭취하는 이산화탄소도 영양소에 넣지 않는 것이 보통이다.

생물은 영양섭취의 방식에 따라 크게 2부류로 구분하는데, 하나는 다른 생물이 만든 유기화합물을 영양으로 삼아 생활하는 종속영양 생물(또는 他養性生物)로서, 동물이나 클로로필(엽록소, chlorophyll)[8]이 없는 식물 · 균류 · 세균의 대부분이 이에 속한다. 이들 생물은 무기 영

1) 곤충류나 갑각류의 외골격을 이루고 있는 물질로 키틴 외에 키논경화 단백질이 함유되어 있는 것이 밝혀져 물질명이 아니라 생물학적 의미만을 가지는 것으로 이해되고 있다. 이런 점에서 종래 생물학적 용어였던 큐티클(cuticle)과 같은 뜻이 되고 있다.
2) 유전물질인 DNA가 들어있고 세포의 모든 활동을 조절하는 세포내 기관. 세균이나 남조류를 제외한 대부분의 세포에 있으며 대개 세포의 중앙에 있다.
3) 세포 소기관의 하나로 세포호흡에 관여한다. 따라서 호흡이 활발한 세포일수록 많은 미토콘드리아를 함유하고 있다. 최근 전자현미경의 발달로 그 미세구조가 상세하게 연구되었으며 세포분획법에 의해 미토콘드리아의 화학적 성분과 생물학적 기능이 밝혀졌다.
4) 주머니 모양의 세포기관으로 성숙한 식물세포에서 잘 발달하며 세포 안에서 수용액을 가득 채우고 있다.
5) 글루코오스(포도당)의 집합체로 생체 내 간에서 글루코오스를 즉시 이용 가능한 형태로 저장하고 있다가 필요시 분해되어 부족한 글루코오스 양을 채운다.
6) 리보핵산이라 불리는 염기, 펜토오스, 인산 한 분자씩으로 결합된 뉴클레오티드의 연결체. DNA의 염기인 티민(T)대신 우라실(U)을 가진다.
7) 단백질 합성시 상보적인 안티코돈을 가지고 있어 mRNA에 해당 아미노산을 운반해주는 RNA
8) 비 타르계 천연 포르필린계 색소이다. 츄잉껌, 과자류, 면류 수산연제품 등의 착색에 사용된다.

양소에서 유기탄소 및 질소화합물을 합성할 수가 없으므로 무기염류 등 무기영양소 외에 다른 생명체가 합성한 탄수화물 · 지방 · 단백질 · 비타민 등 유기영양소를 필요로 한다.

다른 하나는 영양소로서 유기화합물을 필요로 하지 않고, 자력으로 무기화합물에서 유기화합물을 합성하는 독립영양 생물(또는 自主營養生物 · 自養性生物)로서, 녹색식물을 비롯하여 홍색세균과 같은 광합성세균, 유황세균과 같은 화학합성세균이 이에 속한다.

또한, 생물은 에너지의 획득형식에 따라 태양광선을 에너지원으로 이용하는 것과 화학적으로 산화-환원 반응계를 이용하는 것으로 다시 분류되는데, 전자에는 녹색식물 · 광합성 박테리아가 속하고, 후자에는 모든 고등동물, 대부분의 미생물이 속한다.

프랑스의 화학자 라부아지에(Lavorisier 1743~1794)가 "생명은 하나의 화학적인 과정이다"라고 말한 것처럼 식품의 영양소들이 소화 흡수되면 일련의 화학적 과정에 의하여 여러 가지 물질로 변화되면서 생명현상에 관여하는데, 이 영양소들이 몸 안으로 들어와서 몸 밖으로 배설될 때까지의 변화를 물질대사라 하며, 이것은 영양소를 체성분(體成分)으로 전환시키는 동화작용(同化作用)과 반대로 체성분을 분해시키는 이화작용(異化作用)으로 구분된다.

이러한 대사과정 중에 여러 종류의 영양소들은 독립적으로 기능을 하는 것이 아니라 상호 유기적 관계를 가지고 작용하기 때문에 좋은 영양은 생체가 필요로 하는 모든 영양소를 양적으로나 질적으로 균형 있게 공급하도록 식품의 선택 및 배합을 적합하게 하여 섭취함으로써 이루어질 수 있다.

인체가 필요로 하는 영양소는 탄수화물 · 지방 · 단백질 · 비타민 · 무기질 등 크게 5가지로써, 이를 5대 영양소라 하는데, 물을 영양소로 간주하여 6대 영양소라고도 한다. 이들은 종류에 따라 각각 체내에서 에너지를 발생하거나 체구성 성분으로서 새로운 조직형성 및 보수에 관여하거나 또는 신체기능을 조절한다.

(2) 온도(Temperature)

온도는 물리적으로는 열평형 상태를 나타내는 척도이며, 미시적으로는 물질 구성 입자의 아주 미세한 내부운동(열운동)의 에너지 평균을 정하는 척도이다. 따라서 통계역학에서는 온도를 물질 내에 있는 원자 또는 분자의 평균운동에너지라고 정의하고 있는데 일반적으로 온도계에 새겨진 눈금으로 표시하며 물체의 양(量)과는 무관한 세기 성질이다.

일상생활에서는 열과 혼동하여 사용하는 경우가 많은데, 열은 물체로 이동하는 내부에너지의 변화로서 열의 이동, 외부에 대한 일, 물질의 출입에 의한 에너지의 이동을 모두 포함하는 양인 반면, 온도는 물체가 가지고 있는 에너지의 수준이다. 열과 온도라는 두 개념이 분명하게 구별된 것은 온도계가 고안되어 온도를 인간의 감각에 의존하지 않고 일정한 수치로서 객관적으로 표시할 수 있게 된 18세기 이후이다. 온도는 미생물 종류에 따라 적당한 온도가 유지되어야 하는데 적정온도보다 낮으면 활동이 정지되고, 너무 높으면 사멸한다.

(3) 수소의 이온지수(Chydrogen Ion Concentration PH)

PH는 용액의 산성도를 가늠하는 척도로서 수소이온농도[1]의 상용로그 값을 구한 후 마이너스를 취한 값이다. 일반적으로 용액의 수소이온농도는 매우 작은 값이기 때문에 다루기가 불편하여 새로운 개념을 도입하여 좀 더 간단한 숫자로 용액의 산성도를 나타내고 있다.

PH는 와인의 산도를 측정하는 지표로도 이용되는데 0에서 14까지 있고, 7이 중성이며 7미만부터가 산성이다. 보통 같은 지역에서 나온 화이트와인이 레드와인보다 산도가 더 높으며 화이트와인은 대개 ph3.3~3.0이다. 이보다 산도가 더 높으면 시큼하며, 낮을 경우는 너무 부드럽고 밋밋한 맛이 난다.

레드와인은 ph3.3~3.6이고 화이트와인과 마찬가지로 너무 높거나 낮을 경우 와인의 제 맛을 내지 못한다.

(4) 삼투압(Osmotic Pressure)

농도가 다른 두 액체를 반투막으로 막아놓았을 때, 농도가 낮은 쪽에서 농도가 높은 쪽으로 용매가 옮겨가는 현상에 의해 나타나는 압력으로서 당분이나 염분의 농도가 너무 강하면 미생물은 그 압력 차이에 의한 탈수로 자라지 못한다.

용매는 통과시키나 용질은 통과시키지 않는 반투막을 고정시키고, 그 양쪽에 용액과 순용매를 따로 넣으면, 용매의 일정량이 용액 속으로 침투하여 평형에 이르는데, 이 때 반투막의 양쪽에서 온도가 같지만, 압력에 차이가 생기는 압력차를 말한다. 삼투압 현상은 1867년 독일의 화학자 M.트라우베(Traube)가 발견하였고, 1877년 페퍼가 처음으로 측정하였다.

페퍼는 페로시안화구리(copper(II) ferrocyanide)의 침전막을 가진 질그릇 통(筒)을 써서 설탕 수용액의 삼투압을 측정하고, 삼투압이 온도에 비례한다는 것을 발견하였다. 그 후 1886년 J.H. 반트 호프(Jacobus Henricus van' t Hoff 1852~1911)는 삼투압의 원인은 용액 속에 녹아 있는 물질의 분자가 기체분자와 같은 법칙으로 운동하여 반투막에 압력을 미치기 때문이

1) 용액 속의 수소이온 농도로, 용액 1ℓ 속에 존재하는 수소이온의 그램 이온수를 의미하며, 페하(ph)라는 기호로 표시하는데, 1기압 25℃ 순수한 물의 수소이온 농도인 약 10~7그램 이온을 기준으로 해서 ph=log 1/[H+]=7을 중성, 7 이하는 산성, 7보다 클 때는 알칼리성이라고 한다.

라 생각하고, 이 현상을 이론적으로 설명하였다.

즉, 삼투압을 P 기압, 용질 n mol을 용해하는 용액의 부피를 Vℓ , 용액의 절대온도를 T, 기체상수를 R라 하면, 용액의 농도가 그다지 크지 않은 범위에서 PV=nRT 라는 식이 성립된다. 이 식은 이상기체의 상태방정식과 같은 형이며, 이 유사성으로부터 반트호프가 이끌어낸 것이다. 이 식은 전해질인 수용액의 경우는 보정값 i가 필요하며, PV=inRT라는 식이 적용된다. i 는 1보다 큰 상수이며, 그 값은 물질의 종류와 농도에 따라 변한다.

$$PV=nRT$$

삼투압을 측정함으로써 용질의 분자량을 정하거나, 분자량을 아는 물질의 용액 속에서의 해리도(解離度)를 구할 수가 있다. 특히 고분자 물질의 분자량을 결정하는 데는 삼투압을 이용하는 일이 많은데 생물의 원형질막은 일종의 반투막이며, 삼투압은 생물현상에서도 중요한 의의를 지니고 있다.

4) 측정단위

(1) 온도(Temperature)

일반적으로 사용하는 온도눈금으로 섭씨눈금과 화씨눈금이 있는데 섭씨눈금은 기호 ℃로 표시하며, 1742년 A.셀시우스(Celsius 1701~1744)가 제안한 것을 개량한 것으로서 과학 및 일상생활에서 가장 널리 사용한다. 1기압 하에서 얼음의 녹는점을 0℃, 물의 끓는점을 100℃로 하여 그 사이를 100등분한 것으로 한 눈금의 온도차를 1℃로 한다. 100℃를 넘거나 0℃ 아래의 온도의 경우도 이와 같은 간격으로 눈금을 정한다.

화씨눈금(fahrenheit' s temperature scale)은 G.D.파렌하이트(Fahrenheit)가 제안한 것으로 기호는 °F로 표시한다. 처음에는 소금을 혼합한 눈과 사람의 체온을 온도의 기준점으로 하여 그 사이를 96등분하는 방법을 택하였으나, 후에 얼음의 녹는점을 32°F, 물의 끓는점을 212°F로 한 현재의 방법이 채택되었으며 과학적으로는 많이 사용하지 않지만 미국이나 영국 등에서 일상생활의 온도표시로 사용한다.

$$°F = ℃ \times 9/5 + 32$$
$$℃ = °F - 32 \times 5/9$$

또한, 1730년에는 물의 어는점을 0°R, 물의 끓는점을 80°R로 하는 열씨눈금(기호 °R)이 R.A.F.레오뮈르(R.A.F. de Reaumur 1683~1757)에 의해 제안되었는데, 지금은 거의 사용하지 않는다. 어떤 온도를 섭씨, 화씨 및 열씨눈금으로 표시하였을 때 그들 사이에는 다음과 같은 관계가 있다.

$$C=5/9(F-32)=5/4\ R$$
$$F=9/5C+32=9/4R+32$$
$$R=4/5C=4/9(F-32)$$

(2) 길이(Length)

보통 물체의 길이라고 하면, 그 물체의 한 끝에서 다른 한 끝까지의 거리를 의미하는 것으로 물리학에서는 두 시각(時刻)의 시간적 간격을 시간의 길이라고도 한다.

물리적으로 미터법에서는 미터(m)를 규정하고, 보조단위로서 킬로미터(km) · 데시미터(dm) · 밀리미터(mm) · 마이크로미터(²m) · 나노미터(nm) · 옹스트롬(Å) · 해리(nautical mile) 등이 사용된다. 야드-파운드법에서는 야드(yd) · 피트(ft) · 인치(inch) · 마일(mile) 등이 있고, 원자단위로는 보어반지름을 사용한다.

천문학에서는 천문단위(AU) · 광년(光年) · 파섹(parsec) 등이 사용되고 있으며 길이를 측정하는 공구로는 버니어 캘리퍼스 · 마이크로미터 등이 있는데 정밀한 측정에는 콤퍼레이터 · 캐디토미터 등을 사용한다.

(3) 무게(Weight)

모든 물체는 서로 끌어당기는 힘을 가지고 있는데, 이를 만유인력이라 하며 그 중에 물체와 지구 사이에 작용하는 힘을 중력이라 하고, 이 중력이 물체를 끌어당기는 힘의 크기를 무게라 한다.

무게를 나타내는 단위로는 보통 질량을 나타내는 단위인 g, kg 등올 많이 사용하고 있지민 정확하게는 힘의 단위인 다인(dyn=g · cm/s2) 또는 g중(重 1g의 질량을 가진 물체에 작용하는 중력)을 사용해야 한다. 따라서 몸무게를 말할 때는 60kg이 아닌, '60kg중'이라고 하는 것이 정확한 표현이다.

$$g=mg\times1{,}000$$

Kg=g×1,000
Ton=kg×1,000

(4) 부피(Volume)

입체가 점유하는 공간 부분의 크기를 말하며, 부피는 한 변의 길이가 단위 길이인 정육면체를 취하여 그것을 단위로 측정한 수값으로 나타낸다. 직육면체의 부피는 가로 · 세로 · 높이의 곱으로 표시하며 여러 가지 입체의 부피를 구하는 데는 이탈리아의 수학자 F.B.카발리에리(Cavalieri, Francesco Bonaventura, 1598~1647)가 발견한 '카발리에리의 원리' 가 있다. 즉, 두 입체를 어떤 평면에 평행인 평면으로 잘랐을 때, 그 잘린 부분의 넓이가 항상 같다고 하면, 이 두 입체의 부피는 항상 같다고 하는 원리이다. 이 원리를 응용하면, 각기둥의 부피는 밑넓이와 높이와의 곱이 되는 것을 알 수 있다.

물 1mℓ는 1㎤이며, 이 때 무게는 1g이 된다. 물 1ℓ는 1,000㎤이며, 이 때 무게는 1kg이 된다. 1mℓ와 1cc는 같다.

kℓ : ℓ 의 1,000배
mℓ : ℓ 의 1/1,000
cℓ : ℓ 의 1/100
hℓ : ℓ 의 100배

(5) 넓이(Area)

평면의 크기를 나타내는 양으로 면적(面積)이라고도 하며, 2차원 공간의 직선이나 평면은 평면적(平面積)이라 하고, 3차원 공간의 곡면에 따른 넓이를 곡면적(曲面積)이라고 한다.

1ha(hectare)[1]는 사방 100m×100m의 넓이로 10,000㎡이며, 약 3,000평이 되고, 1 에이커는 약 1,224평이다.

(6) 농도(Concentration)

액체나 혼합기체와 같은 용액을 구성하는 성분의 양(量)의 정도를 나타내는 것으로 용액이

1) 기호는 ha. 제곱미터(㎡)의 보조계량 단위로 쓰이며 1만 ㎡를 의미한다. 아르(a)의 100배, 즉 헥타르를 의미하는 것으로서 야드-파운드법에서는 2.4721044 에이커(ac)이다.

얼마나 진하고 묽은지를 수치적으로 나타내는 수치이다. 또한, 일정 질량이나 부피 등에 대해 해당 성분이 얼마나 많이 포함되어 있는지를 나타내 주는 값으로, 여러 가지 계산법이 있으나 다음과 같은 것이 가장 많이 쓰인다.

① 질량백분율(Weight Percent)

주로 퍼센트 농도라고 표현하는 것으로 용액 100g 속에 녹아 있는 용질의 그램(g)수로서 %로 나타낸다. 물 95g에 소금 5g을 녹인 용액은, 용액 100g에 소금 5g이 녹아 있으므로 5%의 소금수용액이 된다.

② 몰농도(Molarity)

용액 1ℓ 속에 녹아 있는 용질의 몰수를 말하며, M 또는 몰/ℓ로 나타낸다. 몰(mol)은 원자나 분자 약 6.022×1023개를 한 묶음으로 보는, 하나의 단위이다. 설탕분자 약 3.011×1023개를 물에 녹여 1ℓ의 용액을 만들었다면, 0.5몰의 설탕이 1ℓ의 용액에 녹아 있는 것이므로 0.5몰농도(M, 몰/ℓ)의 설탕수용액이 된다. 몰농도는 화학실험에서 가장 흔하게 쓰이는 농도 계산법이다.

③ 몰랄농도(Molality)

용매 1,000g 속에 녹아 있는 용질의 몰수를 말하며, m으로 표시한다. 주로 라울의 법칙(Raoult's Law)이나 삼투압 측정 등에 이용된다. 용액의 질량이 아닌 용매만의 질량을 고려하는 농도 계산법이며, 부피가 아닌 질량을 이용해 계산하는 값이기 때문에 온도나 압력에 의한 영향을 받지 않는다는 장점이 있다. 물 2kg에 염화수소 0.01몰을 넣었다면 0.005몰랄농도(m)의 염산이 만들어진다.

④ 노르말농도(Normality)

용액 1ℓ 속에 녹아 있는 용질의 그램(g)당량수로 나타내며, N으로 표시한다.

⑤ 부피백분율(Volume Percent)

용액 1,000mℓ 속에 녹아 있는 용질의 mℓ수로 용질의 부피백분율을 나타낸다. 단, 알코올이나 물처럼 혼합에 의해서 부피에 변화가 생기는 경우에는 혼합하기 전의 부피를 기준으로 한다.

이 밖에 용질의 몰수를 용액 전체로 나눈 몰분율(分率)을 사용하기도 하며 혼합기체에서는 부분압력으로 농도를 나타내는 등 여러 종류의 농도 계산법이 있다.

5) 당분의 농도

(1) 브릭스(Brix)

한국, 일본, 미국 등에서 사용하는 단위로 10brix는 설탕물 10%와 동일한 농도를 말하며, 미국에서는 포도와 와인에 들어있는 당을 측정하는 단위이다. 독일에서는 '웩슬레(öechsle)'을 사용하고, 프랑스를 포함한 대부분의 유럽 국가에서는 '보메(baumé)'를 사용한다.

1brix란 포도주스 100g에 들어있는 1g의 당을 말하며, 당의 함량이 높을수록 와인의 알코올 함량이 높아진다. 포도의 brix 수치가 20~25정도 되어야 수확이 가능하며, 만약 이 포도로 당의 55%를 발효시키면 알코올함량을 다음과 같이 계산하여 얻을 수 있다.

25(Brix)×.55(55% 발효)=13.75% alcohol

(2) 보메(Baumé)

원래는 소금물의 농도를 표시하는 단위이지만, 프랑스, 호주에서 사용하는 당분 농도 단위로서 발효 후에 생성되는 알코올 도수와 거의 비슷하다.

(3) 웩슬레(Öechsle)

당액의 비중에서 끝 숫자만 인용한 것으로 독일 등지에서 사용하는 당분농도의 단위이며, 과즙 1,000㎖의 무게가 1,090g일 경우 90이라고 표시한다.

6) 와인 발효의 종류

(1) 발효(Fermentation)

포도즙이 와인으로 변하는 과정으로 포도 껍질에 자연적으로 존재하는 효모 또는 인공으로 배양한 효모에 의해서 포도에 들어있는 당이 알코올과 이산화탄소로 변하는 과정을 말한다. 예전에는 오크통이나, 나무로 만든 통에서 발효시켰으나 최근에는 발효과정에서 발생하는 온도를 정확하게 조절할 수 있는 스테인리스 스틸(stainless steel)통에서 발효시키고 있다.

(2) 포도송이 발효(Whole Bunch Fermentation)

포도송이 발효는 줄기를 포함한 포도송이 전체를 발효시키는 것으로 부르고뉴 지방에서 많이 행해지고 있는 발효방법이다. 줄기를 함께 발효시키기 때문에 장 · 단점이 있는데 장점으로는 포도즙의 순환을 좋게해 색 추출과 탄산가스 처리(aeration)에 좋고, 단점으로는 너무 강한 식물성 향이 발생할 수 있다.

(3) 알코올 발효(Alcohol Fermentation)

주정발효(酒精醱酵)라고도 하며 미생물에 의한 탄수화물의 무효소적 분해의 일종으로, 당 또는 다당류에서 최종적으로 에탄올(ethanol)과 이산화탄소(carbon dioxide)를 생성한다.

알코올 발효의 반응식은 $C_6H_{12}O_6 \rightarrow 2CH_3CH_2OH + 2CO_2$로서 이러한 작용을 갖는 미생물 가운데 가장 잘 알려져 있는 것은 효모이며, 글루코오스(포도당) · 프룩토오스(과당) · 만노오스 · 말토오스(맥아당) · 수크로오스(설탕)를 발효시킬 수 있다. 알코올 발효는 미생물(특히 곰팡이)이나 고등식물에서 볼 수 있으나, 대부분의 동물조직에서는 알코올 발효는 일어나지 않고, 탄수화물은 산소가 없는 상태에서 분해되어 젖산을 생성한다.

알코올 발효는 포도당이 에틸알코올과 탄산가스로 변하는 과정이기 때문에 발효가 진행 될수록 포도당은 줄어들어 발효가 끝나면, 단맛 즉 포도당은 없어지게 된다. 100g의 포도당이 발효되면 에틸알코올이 51.3g 탄산가스가 48.7g가 발생하며 당분 농도의 약 0.55배가 알코올 농도가 된다.

(당도×0.465)/0.8=알코올 도수

(4) 글리세롤 발효(Glycerol Fermentation)

당류를 효모로 처리하여 글리세롤을 생성하게 하는 발효로서 알코올 발효 시에도 글리세롤(glycerol)이 부산물(副産物)[1]로 약간 생성되지만, 공기를 차단한 배양기에 아황산염(sulfite)[2]을 가하고 ph를 6.7~7.0으로 유지하면 효모는 발효 가능한 당류의 27%를 글리세롤로 변환시

1) 주산물의 생산과정에서 필연적으로 발생하는 제 2차적 생산물

2) 아황산 H_2SO_3의 수소를 금속으로 치환하면 생기는 염으로, 일반식 $M^I_2SO_3$(M^I은 1가의 금속)인 무색 결정인데, 보통 탄산염 수용액에 이산화황을 흡수시켜 만들며, 환원작용이 있어서 수용액이나 습한 상태에서는 황산염이 되기 쉽다.

킨다. 글리세롤의 수득률(yield)[1]을 높이는 또 다른 방법은 발효 가능한 당류의 30%되는 탄산나트륨(sodium carbonate) 존재 하에서의 알칼리성 발효법이다. 여기서 적합한 균주의 선택은 필수적이며 아황산염 발효는 아황산수소산나트륨의 존재 하에서 효모에 의해 일어난다. 발효 중 중간체인 아세트알데히드(acetaldehyde)가 아황산수소나트륨과 반응하여 첨가생성물을 형성함으로써 생긴 과량의 NADH가 효소의 촉매작용을 받아 1-인산 디히드록시아세톤(dihydroxyacetone)을 1-인산글리세롤로 환원시킨다. 이로써 산화-환원(oxidation-reduction)[2] 순환계(circulatory system, NAD의 환원과 NADH로 부터의 재생)가 유지되며, 1-인산글리세롤은 효소의 작용으로 탈인산화됨으로써 글리세롤로 변환한다.

(5) 젖산 발효(Lactic Acid Fermentation)

락트산 발효 · 유산 발효(malo lactic fermentation)라고도 하며, 알코올 발효와 함께 생물의 2대 발효 중 하나로, 동물조직에서 볼 수 있는 해당 작용도 여기에 해당한다. 미생물 중에서 젖산 발효를 영위하는 대표적인 것이 젖산균(lactic acid bacteria)[3]이다.

당이 젖산으로 변환하는 것은 예전부터 알려진 사실로, 1857년 파스퇴르(Louis Pasteur, 1822~1895)[4]는 이것이 젖산균의 작용에 기인한다는 것을 지적하였다.

젖산균의 종류에 따라 L · D · DL 젖산 중 하나가 생성되며 젖산만을 생성하는 정상발효(호모발효)와 동시에 다른 물질(알코올 · 이산화탄소 · 아세트산 등)을 생성하는 혼합발효(헤테로발효)의 두 형식으로 구분된다.

젖산 발효는 거친 사과산(malic acid)이 부드러운 젖산(lactic acid)으로 변하는 과정으로 1차발효의 알코올 발효 다음으로 2차 발효라 부르기도 하며 젖산 발효(유산 발효)를 거친 와인은 버터향이 풍부해지고 부드러워진다.

1) 원료물질로부터 어떤 화학적 과정을 거쳐 목적물질을 얻는 경우에 실제로 얻은 양의 이론양에 대한 비율을 말한다.
2) 산화란 산소와의 결합, 수소의 떨어져 나감, 산화수의 증가(전자의 수가 줄어듬)의 경우를 말하며, 환원은 산소와의 분리, 수소와의 결합, 산화수의 감소(전자의 수가 늘어남)의 경우를 말한다.
3) 글루코오스 등 당류를 분해하여 젖산을 생성하는 세균으로 유산균이라고도 한다. 젖산 발효에 의해 생성되는 젖산에 의해서 병원균과 유해세균의 생육이 저지되는 성질을 유제품 · 김치류 · 양조식품 등의 식품제조에 이용한다. 또, 포유류의 장내에 서식하여 잡균에 의한 이상발효를 방지하여 정장제(整腸劑)로도 이용되는 중요한 세균이다. 그람양성균이며, 통성혐기성 또는 혐기성이다. 락토바실루스속과 스트렙토코쿠스속에 여러 종류가 알려져 있다.
4) 프랑스의 화학자 · 미생물학자. 화학조성 · 결정구조 · 광학활성의 관계를 연구하여 입체화학의 기초를 구축하였다. 발효와 부패에 관한 연구를 시작한 후 젖산 발효는 젖산균의, 알코올 발효는 효모균의 생활에 관련해서 일어난다는 것을 발견하였다. 식초의 새로운 공업적 제법을 확립하였으며, 저온살균법을 고안하였다.

3. 와인의 양조과정

와인을 양조한다는 것은 포도를 으깨어 발효시키는 지극히 간단한 원리를 활용하는 것으로 오랜 역사동안 근본적인 변화 없이 양조방식은 그대로 이어져 내려오고 있다.

1950년대부터 압착기, 발효 및 저장탱크 등의 양조시설의 현대화가 진행되어 양질의 와인을 만들 수 있게 되었으나 와인은 가장 보수적인 알코올음료이기 때문에 전통적인 양조방식을 고수하는 경우가 많다. 그래서 와인을 양조하는 것은 전통과 과학기술의 결정이라고 이야기 할 수 있으며 와인은 양조방법에 따라 스틸(still)와인과 발포성(sparkling)와인, 주정강화(fortified)와인 등으로 분류된다. 와인을 양조하는데 있어서 포도의 색과 껍질의 사용여부, 발효법 등에 따라 와인의 색상과 맛이 달라진다.

레드와인은 흑포도를 껍질과 함께 넣어 발효시키고, 화이트와인은 흑포도와 청포도의 껍질을 벗긴 과즙만을 발효시켜 만든다. 로제와인은 레드와인 양조과정과 같으나, 발효 도중에 껍질을 압착기로 짜낸 다음 다시 발효시켜 만드는데, 과피의 색소 함유량과 과피 제거의 시기에 따라 와인의 최종적인 색상이 결정된다.

1) 포도의 수확(Harvest)

맨 먼저 포도원에서 잘 익은 포도를 수확해야 하는데, 와인의 품질은 70%가 포도밭에서 결정된다는 말이 있을 정도로 포도수확은 매우 중요하다.

포도는 크게 와인을 제조하는 양조용과 과일로 먹는 생식용으로 구분되는데 양조용 포도는 발효 과정에서 일정 수준의 알코올 성분으로 변할 수 있도록 당도가 높아야 한다. 또한 향기와 감칠맛을 낼 수 있도록 산도가 높아야 하며, 탄닌(tannin), 미네랄(mineral), 페놀릭(phenlolic) 등도 풍부하게 함유되어야 한다. 그러나 포도품질의 우열은 이러한 조건보다는 토양과 기후에서 좌우되며 석회석, 자갈, 모래, 진흙, 암반 등이 섞인 척박한 땅에서 자란 포도일수록 좋은 포도이다. 자갈은 낮 동안 태양의 열을 받아 간직했다가 밤에 이를 다시 발산함으로써 포도나무의 생상에 적합한 시열 조정 역할을 하고, 진흙은 포도나무 뿌리 쪽에서 수분이 완전히 빠져나가는 것을 막아준다. 좋은 포도를 수확하기 위한 기후는 일조량이 충분해야 하며, 생육기간에 섭씨 25~30℃의 낮 온도가 유지되어야 한다. 특히 수확하기 전 1개월 가량은 맑고 건조한 날씨가 계속되어야 하며 수확기에 비가 오면 포도알이 붉어져서 좋은 와인을 기대할 수가 없다. 그러므로 해마다 기상조건의 변화가 심한 서유럽 국가의 경우 빈티지가 중요시 된다.

수확한 포도송이는 가능한 한 신속하게 양조장으로 운송되어 양조를 하여야 하는데 너무 오랫동안 지체하거나 과도하게 적재하여 포도과즙이 자연적으로 발생하여 산화가 진행될 수 있다. 만약 산화가 진행된 포도즙을 양조과정에서 함께 사용할 경우 와인의 맛에 좋지 않은 영향을 줄 수 있으므로 주의해야 한다. 와인의 맛은 자연조건에 따라 달라질 뿐만 아니라 어떻게 양조하느냐에 따라서도 달라질 수 있으며 온도 조절, 발효기간 정도 등의 기술적인 사항에 대하여 양조자가 어떠한 선택을 하느냐에 따라 와인의 맛이 달라지고, 양조자의 개성이 와인에 나타나게 된다.

그림 4-1 포도수확

2) 파쇄와 압착(Crushing and Pressing)

양조장에 들어온 포도송이는 우선 포도 잎이나 일부 섞여 들어온 줄기부터 골라내고 신속하게 압착을 해야 하는데 이렇게 해야 포도즙이 밖으로 흘러나와 발효가 빨리 진행되기 때문이다. 그래서 과거에는 어른들과 아이들이 벌거벗고 포도통 속에 들어가 춤을 추면 포도를 으깼다고 하는데 이는 수확의 기쁨을 함께 나누는 축제의 한 의식이기도 하였다. 그러나 요즘에는 대부분 압착기계를 사용하여 수확한 포도를 파쇄기에 넣어 줄기를 제거한 다음 레드와인의 경우 흑포도를 파쇄하여 과피와 씨를 포함한 과즙이 발효탱크로 보내지게 되지만, 흑포도로 화이트와인을 만드는 경우에는 파쇄하지 않고 바로 압착에 들어간다.

청포도로 와인을 만드는 경우로는 파쇄 후에 압착하는 경우와 파쇄하지 않고 압착하는 경우가 있는데 압착도에 따라서 와인의 풍미가 달라지기 때문에 알맞게 압착을 해야 한다.

파쇄할 때에는 산화방지를 위해 이산화황(SO_2)을 소량 첨가하며 파쇄시 씨가 깨어지면 쓴맛이 강해지기 때문에 씨나 껍질이 갈라지지 않도록 하는 것이 좋다.

현재 가장 많이 사용하고 있는 압착기는 2가지 방식이 있는데, 프랑스에서 주로 채택하고 있는 바스린(vaslin)방식과 독일에서 사용하는 윌메스(willmes)방식이다.

바스린 방식은 장방형의 회전 실린더 형으로 실린더 양쪽의 원반이 압착기 중앙의 나사에 의해 중앙으로 이동하는 방식으로 실린더 내부로 밀어 넣은 포도를 압착해 착즙하는 방식이다.

그림 4-2 바스린방식 압착기

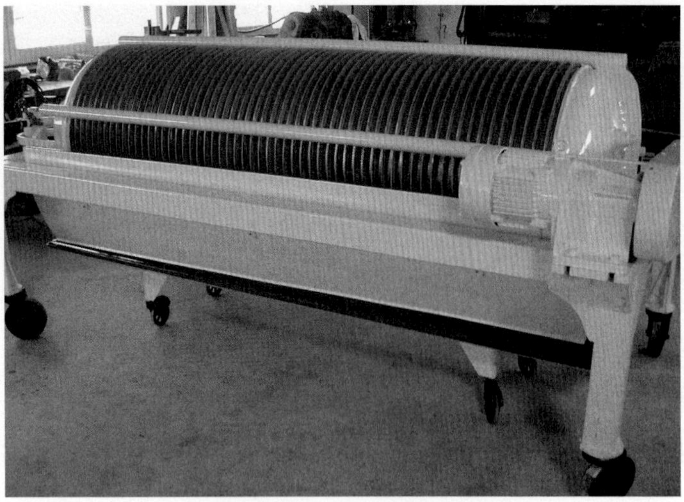

그림 4-3 바스린방식 압축기

윌메스 방식은 작은 구멍이 많이 뚫린 스테인리스 원통내부에 두꺼운 합판과 고무재 튜브를 넣고 압축공기를 보내어 풍선처럼 부풀려 원통과 고무 사이에 들어있는 포도를 원통으로 밀어 착즙하는 방식이며, 포도즙의 압착 외에도 발효 후 흑포도 과즙과 씨를 걸르는데도 사용된다.

포도알을 가볍게 으깨어(crushing) 놓은 상태에서 자연스럽게 흘러내려 모아진 포도즙을 프리 런 주스(free run juice) 또는 뮈 드 구뜨(moût de gǒutte)라고 하며 압착하여 나오는 주스를 프레스 주스(préss Juice)라고 한다.

화이트와인 양조에서 발효에 들어가기 전의 프리 런 주스는 프레스 주스보다 탄닌이 적고 고급의 섬세한 와인을 만드는데 쓰인다. 또한 레드와인 양조에서는 발효가 끝난 후 발효통에서 런닝 오프(running off, écoulage 에꿀라쥬) 과정을 통해 흘러내려 모아진 와인을 프리런 주스라고 하는데, 프리 런 와인에 프레스 와인을 섞으면 와인이 단단한 구조와 골격을 갖추게 된다.

3) 1차 발효(Alcohol Fermentation 주 발효, 주정 발효, 알코올 발효)

발효는 당을 분해하여 알코올과 탄산가스로 분리시키는 알코올 발효와 생성된 알코올의 품질을 향상시키는 유산발효로 나누어진다. 파쇄한 과즙은 발효조로 보내어 효모를 첨가하여 발효를 진행시키는데 효모는 와인의 맛과 향에 많은 영향을 끼친다. 포도 껍질에 묻어있는 천연효모는 포도즙을 알코올로 변화시키는 능력은 있으나 그 품질이 일정하지 않은 경우가 많아 발효능력이 뛰어난 효모를 인공적으로 배양하여 사용하는 곳이 많은데, 상업적으로 순수 배양효모를 건조시켜 분말로 만들어 판매하는 곳도 있다. 순수 배양효모를 건조하여 포장한 것을 드라이 이스트(dry yeast)라 하며, 대부분의 와인 양조자들은 이러한 형태의 와인 이스트를 사용하고 있다. 와인 양조에 쓰이는 발효조는 전통적으로 오크 배럴(oak barrel)이나 콘크리트(concreate) 발효 조를 사용하여 왔는데, 최근에는 온도조절이 가능한 스테인리스 밀폐탱크를 사용하는 곳이 많다.

발효온도는 레드와인의 경우 색과 향의 복잡한 풍미를 얻기 위하여 30℃에 가까운 온도로 하고, 화이트와인은 포도의 향기성분을 잃지 않도록 20℃이하의 낮은 온도로 해야 한다. 레드와인은 주발효시 껍질과 접촉하고 있는 시간이 중요하며 발효가 진행되면 탄산가스의 발생으로 껍질이 위로 떠오르게 된다. 또한 박테리아의 오염을 방지하고 공기를 충분히 공급하여 발효를 촉진시키고, 이스트를 고루 퍼지게 하여 내용물을 균질화시켜야 하며, 효과적인 색소 추출을 위하여 주스를 순환시켜야 한다.

그림 4-4 1차 발효 탱크

발효시에 온도가 30~32℃가 넘게 되면 이스트가 사멸하기 때문에 30℃이하를 유지하는 것이 중요하며, 온도가 높아지면 당의 분해속도가 빨라지는데 보통 온도 10℃ 차이에 반응속도는 2배 빨라진다. 따라서 온도가 1℃ 상승하면 10% 더 빨리 진행되므로 충분한 풍미를 얻기 위한 레드와인의 발효온도는 25~30℃가 적당하며, 주발효 기간은 온도가 높은 경우에는 10일 정도, 낮은 경우에는 20일 정도가 적당하다.

파쇄와 압착 공정에서처럼 발효가 거의 끝나는 단계에서 압착하여 과피와 씨를 제거하는데, 처음에 압력을 가하지 않고 나온 뱅 드 구뜨(vin de gǒutte)와, 압착해서 얻은 쓴맛이 강한 뱅 드 프레스(vin de préss)를 나중에 블렌딩(blending)하여 제품화된다.

4) 2차 발효 (Lactic Acid Fermentation, Malolactic Fermentation 후 발효)

1차 발효가 끝난 와인은 잔류당분이 남아 있기 때문에 오크통과 탱크로 옮겨 2차 발효에 들어가게 되는데 와인의 품질에 중요한 영향을 주는 발효과정으로 1차 발효 때 생긴 탄산가스가 줄어들게 되고, 레드와인의 사과산이 유산균에 의해 유산과 젖산으로 변하게 된다. 또한 와인 내의 탁한 효모의 대부분도 밑으로 침전되고 산도가 약해지기 때문에 감산발효[1]라고도 하며, 이 발효가 제대로 이루어져야 최상의 품질과 생물학적 안정을 기대할 수 있다. 레드와인 양조에 있어서는 2차 발효가 필수적이나 화이트와인은 이 과정을 생략하기도 한다.

1) 감산발효 : 유산발효라고도 하며, 1g 사과산이 유산발효를 거치면 0.67g의 젖산과 0.33g의 탄산가스가 발생한다.

그림 4-5 2차발효 탱크

따라서 2차 발효는 와인의 맛이 훨씬 세련되어지고 향기도 바뀌는 숙성의 첫 단계라고 할 수 있으며 와인은 숙성 중에 불쾌한 맛이 생기지 않도록 수시로 침전물을 제거하여야 한다.

전통적으로 와인의 저장은 오크통을 이용하였으나, 화이트와인은 신선함을 유지하기 위해 스테인리스나 유리 탱크를 사용하는 경우도 많다. 레드와인은 오늘날에도 오크통에 저장하는 경우가 많으며 그 크기가 지방에 따라 다르다. 프랑스 보르도는 전통적으로 225ℓ 용량의 오크통을 사용하고, 부르고뉴는 228ℓ, 다른 지방은 4,000~7,000ℓ의 큰 오크통을 많이 사용하고 있으며, 오크통은 작은 것이 큰 통보다 표면적이 넓어 숙성기간이 단축된다.

표 4-1 2차 발효 전후의 산도비교

분류 \ 비교	발효 전	발효 후
사과산(Malic Acid)	48	8
젖산(Lactic Acid)	1.4	20
총산도(Total Acidity)	100	78

와인의 향을 다양하게 하는 에스테르(ester)는 알코올 또는 페놀(phenol)이 유기산(有機酸) 또는 무기산(無機酸)과 반응하여 물을 잃고 축합하여 생긴 화합물의 총칭으로 유기산과 알코올이 결합되어 생기는 물질이 에스테르로 화려한 향을 지니게 된다. 에스테르는 많은 종류가 있으나 대표적인 것이 에틸이며 다음과 같은 반응에 의해 생성된다.

$$CH_3COOH + C_2H_5OH \rightarrow CH_3COOC_2H_5 + H_2O$$

초산　　에스테르　　초산에스테르　　물

초산에스테르(아세트산에스테르)는 와인 속의 에스테르 중 가장 많은 구성분으로써 숙성향의 중요한 성분이지만 너무 많으면 풍미를 잃어버리게 한다.

5) 정제와 여과(Fining and Filtering)

숙성이 끝난 와인은 병입하기 전에 투명하게 여과를 하게 되는데 때에 따라 청정제를 사용하기도 하며, 청정제는 콜로이드(colloid)[1] 상태의 탁한 단백질과 색소 등을 엉키게 하여 가라앉히는 역할을 한다.

계란 흰자와 젤라틴(gelatin), 카제인(casein), 벤토나이트(bentonite) 등이 전통적으로 와인 양조에 사용되어 온 청정제로서 이들은 성질상 +, -의 전하를 띠기 때문에 결합하는 물질이 서로 달라 주로 2가지 이상을 병행하여 사용한다. 그리고 원심분리기와 필터 등 기계적 여과장치와 병행하여 투명한 와인으로 만들어 병입하는데, 최근에는 마이크로 필터(micro filter)를 사용하는 경우도 많다.

그림 4-6 원심분리기

와인은 다량의 사과산을 함유하고 있는데, 이것은 용해도가 아주 낮은 주석산(tartaric acid)과 칼륨상태로 용존해 있다가 저장 중에 결정형태로 나타나게 되므로 인체에 무해한 것이지만 상품성이 떨어지므로 제거해 주어야 한다. 주석의 제거는 온도를 0℃정도로 떨어뜨리면 결정이 나타나 제거가 용이해진다.

이처럼 와인을 맑게 해주는 정제 작업은 병에 담기까지 몇 차례 시행하지만 고급와인을 만드는 와이너리에서는 와인 맛의 개성을 살리기 위해 자제하는 경향도 있다.

6) 블렌딩(Blending)

와인은 풍미의 균형을 잡기 위하여 필수적으로 블렌딩을 하게 되는데 블렌딩의 목적은 숙성통마다 다른 풍미의 차이를 없애는 목적에서부터 프리 런 주스와 프레스 주스를 적당한 비율로 블렌딩하여 포도원의 개성을 살리기 위한 블렌딩, 다른 품종의 와인과의 블렌딩, 서로 다른 연도 와인의 블렌딩, 서로 다른 포도원과 생산지 와인의 블렌딩 등 추구하는 와인의 타입에 따라 아주 다양하게 이루어진다.

그림 4-7 와인 블렌딩

블렌딩 기술은 곧 상품성과 연결되므로 와인 생산자들은 끊임없는 연구를 거듭하고 특색있는 와인을 생산하기 위하여 부단히 노력하고 있다.

1) 교질(膠質)이라고도 하며 물질이 분자 또는 이온상태로 액체 중에 고르게 분산해 있는 것을 용액이라고 하는데, 이것에 대해서 보통의 분자나 이온보다 크고 지름이 1nm~100nm 정도의 미립자가 기체 또는 액체 중에 응집하거나 침전하지 않고 분산된 상태를 콜로이드 상태라고 하며, 콜로이드 상태로 되어 있는 것 전체를 콜로이드라고 한다.

7) 병입과 숙성(Bottling and Aging)

와인 양조의 모든 과정이 마무리되면 병입을 하게 되는데 와인 생산자들의 규모가 소규모인 경우가 대부분이어서 포도에서 와인의 양조와 병입까지 생산자가 일괄적으로 하는 경우도 있으나 와인 판매 상인이 직접 병입하는 경우도 있다.

와인은 병입시까지도 풍미가 완성되어 있지 않는 경우가 많으므로 병입 후에 보통 3개월에서 6개월 정도의 병 숙성을 거치게 되는데, 이것은 병입시 산소를 빨아들여 깨어진 풍미의 균형을 회복시키는데 필요하다.

보르도의 우수한 샤또(château) 와인처럼 오랜 시간 숙성을 시키는 경우에는 10~15℃ 온도의 냉암소(冷暗所)[1]에 병을 옆으로 뉘어서 저장하여야 하며 습도는 항상 75% 정도 유지하여 곰팡이가 피거나, 코르크 마개가 마르는 일이 없도록 유의해야 한다.

병 안의 와인은 1년에 0.02~0.03㎤ 미세한 산소를 빨아들여 오랜 기간 저온으로 숙성되는 동안에 에스테르(ester)가 생성되는 등 화학변화를 일으켜 성숙한 향이 생겨나게 된다.

오크통 숙성을 산화숙성이라 하고 병숙성을 환원숙성이라 부르는데, 와인에 따라 병숙성에 필요기간은 차이가 있다. 그러나 10년 후에 마셔야 제 맛이 나는 와인도 병입 후 바로 시장으로 팔려나가는 것이 오늘날의 현실이므로 와인의 품질이 완성되기 전에 구입해서 저장하여 두었다가 숙성이 잘 되었을 때 마시는 여유가 필요하다.

보통 2~3주면 효모가 당분을 전부 알코올로 변화시켜서 영 와인(young wine)이 만들어지는데, 이 영 와인은 병에 담기 전까지 지하 저장실에서 숙성시켜야 한다. 이 기간 동안 영 와인에 남아 있는 효모나 고형물 등이 계속해서 침전하고, 여러 물질들이 물리 · 화학적으로 결합 침전하면서 겨울을 나는 동안 와인 속의 일부 칼슘, 칼륨 등이 주석산과 결합하여 주석산염이 만들어지면서 계속 침전을 진행하여 맑은 와인이 된다. 주석산염은 포도의 주석산이 칼슘이나 칼륨 이온과 결합하여 만들어진 것으로 인체에는 전혀 해가 없다.

그림 4-8 와인의 병입

숙성 기간 중에 소량의 산소와 와인의 여러 성분들이 반응하면서 와인의 거친 맛이 부드러워지고 향과 색이 좋아져 마시기 좋은

1) 열과 빛을 동시에 차단할 수 있는 장소이며 대한 약전의 규정에 의하면 냉소는 15℃ 이하인 곳이고 암소는 산란광이 닿지 않는 곳이다.

와인이 되는데 와인은 향과 맛을 높이기 위해서 오크통에 보관하여 두기도 하며, 숙성이 끝난 와인은 여과기로 여과하여 눈에 안 보이는 미세한 고형물까지 완벽히 제거한 후 병에 담는다.

그림 4-9 병숙성

보졸레 누보 같은 와인은 수확하고 발효시킨 뒤 두 달쯤 지나 바로 마실 수 있는 와인이지만, 보르도나 부르고뉴, 미국의 나파지역 같은 고급 와인들은 1년 6개월에서 2년 정도 숙성시킨 후에 마실 수 있는 와인이다. 숙성하는 동안 와인 특유의 복잡한 맛과 향이 충분히 배어나기 때문에 발효가 끝난 와인이 더욱 좋은 맛과 부케향이 나도록 하는 과정을 숙성이라고 한다. 와인을 숙성하는 기간도 어떤 와인이냐에 따라 다른 것처럼, 와인을 숙성시키는 통(tank) 또한 와인에 따라 달라진다. 대부분은 오크통이나 스테인리스 통에 저장하여 와인을 숙성시키고 있으며 와인이 숙성되는 통에 따라 와인의 스타일이 결정된다. 이를테면 오크통에 저장 숙성한 와인은 나뭇결 사이뿐만 아니라 오크통의 각종 향과 성분이 스며들어 와인에서 나무향, 바닐라 향, 구운 토스트 향 등의 여러 향이 풍부해지며, 어느 지역에서 생산된 오크통인지에 따라 다른 특징을 나타나게 되고, 새 오크통에 넣어 숙성된 와인인지 재활용된 오크통에서 숙성된 와인인지에 따라 와인의 맛도 다르게 나타난다.

Wine & Grape

02 화이트와인의 양조과정

1. 화이트와인(White Wine)

화이트와인은 과피를 제거하고 포도주스만을 발효시키는 것으로 추출과정이 없기 때문에 흑포도나 청포도 모두 사용할 수 있으며 색소를 가진 과피와 떫은 산미(탄닌)의 근원이 되는 종자가 필요하지 않으므로 침용(macération) 과정은 필요가 없다. 또한 산지 및 와이너리에 따라서 수확한 포도는 압착하기 전에 제경(除梗)을 하는 경우와 하지 않는 경우 그리고 부분적으로 제경(除梗)하는 경우도 있어 매우 다양하다.

화이트와인은 숙성과정을 거쳐 2차적인 부케향보다 포도 자체에서 발생하는 1차적인 아로마 향을 지니고 있어야 하므로 포도가 완전히 익기 전에 수확해야 하는데, 이는 청포도의 과피에서 아로마 향이 발생하기 때문이다.

화이트와인의 원료인 청포도는 너무 일찍 수확하면 향이 강하여 풋 향이 나기 쉽고 너무 과숙하면 신선도가 떨어지게 되므로 수확의 적기를 잘 선정하여야 한다.

제경 후 압착 시에는 과도한 압력을 피하여 껍질(과피)과 씨가 깨지지 않도록 주의하여야 하며, 가능한 프리 런 주스를 많이 받아 프레스 주스와 분리하여 발효시킨다. 압착은 되도록 빨리 과즙만을 추출하여야 하며 압착시 과즙에 소량의 이산화황(SO_2)을 첨가한다. 저온으로 반일쯤 가만 두어 불순물을 침전(débourbage 데부르바쥬)시킨 후 맑아진 부분의 과즙에 효모를 첨가하여 발효시키는데, 레드와인에 비해 발효온도를 15~20℃로 낮게 하여 효모로 부터 향기성분이 많이 생성시킴과 동시에 과료에서 생기는 향기성분의 휘산(揮散)을 감소시켜야 한다. 명병(銘柄)에 따라서는 부드러운 풍미를 얻기 위하여 유산 발효(malolactic fermentation)를 하기도 한다.

화이트와인은 발효시에 온도관리가 중요하므로 온도가 높으면 발효가 중단되거나, 향의 손실이 커짐으로 가급적 작은 통에서 레드와인보다 낮은 발효 온도인 20℃이하로 발효시키는 것이 좋다. 최근에는 온도조절장치가 부착된 대형 스테인리스 스틸 탱크를 많이 사용하여 자동으로 온도를 조절하는 발효탱크가 보편화되고 있는 추세이다.

화이트와인도 레드와인과 같이 숙성 → 여과 → 병입으로 진행하며 경우에 따라 숙성 중에 바토나쥬(bâtonnage 순환역활)[1] 라는 탱크 또는 나무통 속의 찌꺼기를 교란함으로써 찌꺼기와 효모에 포함되는 지미성분(旨味成分)[2]을 추출함과 동시에 산화를 촉진하는 작업을 한다. 또한 청정제는 주로 젤라틴(gelatine), 벤토나이트(bentonite) 등이 사용된다.

화이트와인은 드라이(dry)에서 스위트(sweet)까지 다양한 맛을 지니게 되는데, 이것은 포도의 당도와 발효의 중지시점에 의해 결정되는 것으로 발효를 중지시키는 방법으로는 온도를 내려 이스트의 작용을 멈추게 하는 방법, 원심분리기로 효모를 제거하는 방법, 포도 과즙에 고압 탄산가스를 넣어 발효의 진행을 멈추게 하는 방법 등이 있다.

포도의 당도는 토양조건과 기후에 따라 큰 차이가 있으며 포도재배 북방한계에 위치한 유럽 북부의 산지에서는 보당을 일정량까지 허용하고 있는데 발효 전에 한하여 포도의 당도를 올리는 것이 가능하다.

독일은 유럽의 와인산지 중 가장 북쪽에 위치하고 있는 국가로 포도의 당도가 낮고 산이 높아 작황이 좋지 않은 해에는 보당이 필연적이다. 독일에서는 과즙의 일부에 고압 탄산가스를 넣어 발효의 진행을 멈추게 하여 당을 보존(sussreserve)해 두었다가 발효가 완전히 끝난 후 제품화할 때 쒸스레제르베(sussreserve)[3]를 일부 첨가하여 과일 향이 넘치고 신맛과 단맛이 균형 잡힌 푸루티(fruity)한 화이트와인을 만든다. 이 방법은 현재 독일 와인에서만 사용하고 있는 특징이나, 아우스레제(auslese) 등급 이상의 스위트 와인은 천연 당분에 의한 것이다.

발효가 끝난 와인은 비중을 측정하여 발효 완결 여부를 판정하고 찌꺼기(앙금)를 제거하여야 하며, 화이트와인의 알코올 도수는 11~12% 정도가 적당하다. 그리고 와인은 알코올의 정도에 따라 느낌이 다르게 나타나는데 향이 적고 알코올이 낮은 와인은 빈약한 느낌을 주고, 알코올이 강하면 무거운 느낌을 주게 된다.

최근에는 발효 전의 과즙을 원심분리기에 넣어 정제한 후 발효시키면 잡미가 없는 산뜻한 와인이 만들어지기 때문에 이 방법도 자주 사용되고 있다.

---

1) 죽은 이스트 세포 등의 찌꺼기들이 효소와의 반응으로 'oxidation(산화 작용)' 과는 상대되는 'A reductive condition' 의 상황에 놓이게 되는데, 이것은 항산화제의 역할을 하는 이산화황을 감소시키고 계란 썩는 냄새를 만든다. 따라서 'A reductive condition' 을 방지하기 위해 숙성 통에 체인으로 연결된 막대를 가지고 지속적으로 저어주는 작업이 'bâtonnage' 라는 작업이다.

2) 감칠맛 성분을 말한다.

3) 발효되지 않은 포도즙

화이트와인 양조공정은 다음과 같다.

포도수확 → 운반 → 제경 · 파쇄 → 이산화황첨가(SO_2) → 압착 → 포도주스 → 1차 발효 → 2차 발효 → 앙금분리 → 숙성 → 여과 → 병입 → 코르크 마개 → 병 저장 → 출하

2. 제경 및 파쇄 (Égrappage 에그라빠쥬 and Crushing, Foulage 풀라쥬)

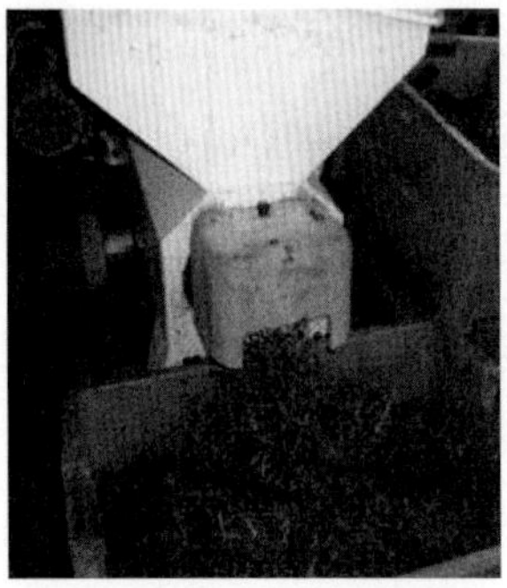

그림 4-10 제경작업

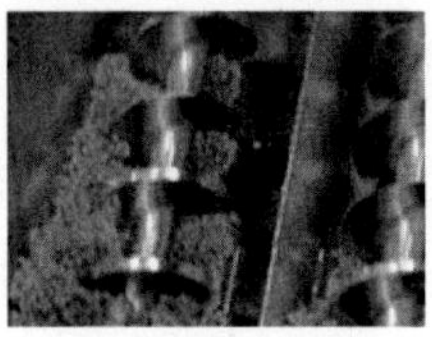

그림 4-11 파쇄작업

화이트와인 양조과정에서도 레드와인 양조과정과 동일하게 와인용 포도를 수확한 후 양조장에 도착하면 제경 작업을 실시하는데 포도송이에서 곰팡이나 이물질 등을 제외하고 알맹이만 분리한 다음 포도를 으깨는 파쇄 작업을 실시하게 된다. 특히 씨나 껍질이 갈라지면서 쓴맛과 풋내가 발생할 수 있으므로 조심스럽게 작업을 실시해야 한다.

3. 이산화황 첨가

화이트와인 양조에서도 이산화황(SO_2)은 산화방지, 잡균 오염 방지를 위하여 정해진 양을 적절하게 사용해야 한다. 이산화황은 포도를 으깰 때부터 첨가되는데, 이는 발효과정에서 부패의 원인이 되는 좋지 않은 미생물의 오염을 방지하고 보존 중이거나 병입 상태에서 산패와 미생물에 의한 오염 방지 목적으로 사용되고 있다. 또한, 이산화황은 표백작용이 있어 와인의 색소와 결합하여 무색의 화합물을 만들기도 하며, 와인 양조에 있어 대부분의 양조장에서 필수적으로 사용하고 있는 첨가제이지만 최근에는 양조기술의 발달에 따라 사용량이 점차 감소하고 있는 추세이다.

4. 압착 및 포도주스

화이트와인의 압착은 산화방지를 위해 신속하게 이루어져야 하며, 압착 과정에서 과피와 씨가 깨지지 않도록 주의하여야 한다. 가능한 프리런 주스를 많이 받는 것이 좋으며 프레스 주스는 별도로 발효시킨다. 특히 과도하게 압착을 해서는 안되며 마지막 압착에 의해서 나온 주스는 버리는 것이 좋다. 압착은 되도록 빨리 과즙만을 추출한 후 저온으로 반일쯤 가만 두어 불순물을 침전(débourbage 데부르바쥬)시킨 후 맑아진 부분의 과즙에 효모를 첨가하여 발효시키는데, 잡균에 오염되지 않도록 주의하여야 한다.

그림 4-12 압착작업

5. 1차 발효(Alcohol Fermentation 주 발효, 알코올 발효)

포도주스를 발효 탱크(오크통, 시멘트, 스테인리스 스틸)에 넣고 효모를 첨가한 후 1차 발효를 시작한다. 이때 지역 및 포도 생산 연도의 포도당분 상태에 따라 보당(샵딸리자씨옹 chaptalisation)을 하게되며 효모의 활동에 의하여 포도과즙의 당분이 알코올과 탄산가스로 분해하여 발효가 시작되는데 통상 화이트와인의 발효온도는 레드와인에 비해 발효온도를 15~20℃로 낮게 하여 효모로부터 향기성분이 많이 생성되도록 해야 하며 필요에 따라 설탕을 첨가하거나 산도를 조절한다.

6. 2차 발효(Lactic Acid/Malolactic Fermentation 후 발효, 젖산 발효, 유산 발효)

1차 발효 후 와인 안에 들어있는 사과산이 유산균의 활동으로 젖산으로 변화하는 현상으로 이때 미량의 탄산가스가 생성되는데 2차 발효를 거친 와인은 보다 더 마시기에 부드러운 상태가 되고 감칠맛이 풍부해져 와인의 풍미와 가치를 좋게 하는 효과가 있다. 강력했던 산도가 약해지고 와인의 품질이 안정적이고 세련되게 변하게 되는데 경우에 따라서는 양조장의 양조자에 따라 신선한 맛과 산도의 풍미를 더한층 강화하기 위하여 2차 발효를 생략하는 경우도 있다.

7. 앙금분리(Soutirage 수티라쥬)

압착에 의해 짜낸 주스에는 줄기, 껍질, 씨, 섬유질, 점성물질, 토양 미립자 등의 찌꺼기(앙금)가 많이 들어있으므로 먼저 분리하여 제거하는 것이 좋다. 찌꺼기를 제거하면 와인이 보다 더 신선하고 깨끗한 맛이 나게 되고 아로마가 더 안정화 된다. 앙금분리 작업은 산화효소를 파괴하고 혼탁의 원인을 제공하는 금속 등의 이물질을 제거할 수 있는 효과가 있으나 과도하게 찌꺼기를 제거하면 이스트가 생육하는데 좋지 않으므로 주의하여야 한다. 가장 일반화된 방법으로는 원심분리기를 이용하여 제거하는 방법과 가라앉히는 방법이 있다.

8. 숙성(Vieillissment, Aging)

발효가 끝난 와인은 효모 냄새와 탄산가스 등이 섞여있어 화이트와인 본래의 아로마를 즐길 수 없으며 맛이 거칠어 마시기에 부담을 줄 수가 있다. 그래서 저장 탱크 또는 오크통에 옮겨 저장고에서 일정기간 숙성시키는데 이러한 과정은 와인을 안정화시키고 성분의 밸런스(balance)를 마시기 알맞게 조정하는 절차이다.

9. 청정(Collage 꼴라쥬, Fining)

화이트와인은 항상 맑고 깨끗하여야 하는데, 와인의 상태가 맑지 못하고 이물질이 떠다니면 와인의 맛에 나쁜 영향을 줄 수 있고 상품 가치도 떨어지게 된다. 와인에 혼탁을 일으키는 원인 물질로는 탄닌(tannin), 색소, 이스트, 박테리아 등으로 이들은 활성상태의 물질로써 음전하를 띠게 되고 여과 시에 사용하는 섬유, 단백질 등은 양전하를 띠게 된다. 이들은 전기적인 성질이 같으면 서로 떨어져 있지만 전기적인 성질이 없어지면 엉겨 붙어 일정한 크기가 되면 서로 가라앉게 된다. 이러한 자기적인 성격을 이용하여 와인을 맑게 하는데 지금까지 전통적으로 사용되어 온 청정제로는 계란 흰자, 규조토, 벤토나이트[1], 카제인[2], 젤라틴[3] 등이 있다.

1) 화산회(火山灰)에서 유래된 미세한 유리질 입자들의 변질로 생긴 점토광물이다.
2) 포유류의 젖 속에 80%나 함유된 단백질. 모든 필수 아미노산을 함유하고 있어 영양상 중요하다. 의약품 · 접착제 · 인조 섬유의 제조 등에 쓰인다. 동의어로는 건락소(乾酪素), 낙소(酪素), 젖흰자질이다.

10. 여과 및 병입(Filtrage and Botting, Enbouteillage)

와인을 병에 담기 전에 저장용기에서 필터 프레스(filter press) 또는 원심분리기, 마이크로 필터 등으로 여과를 한 후에 병입하여 출하하거나 숙성 타입의 와인은 저장고에 눕혀서 병숙성을 진행한다.

그림 4-13 화이트와인 양조과정

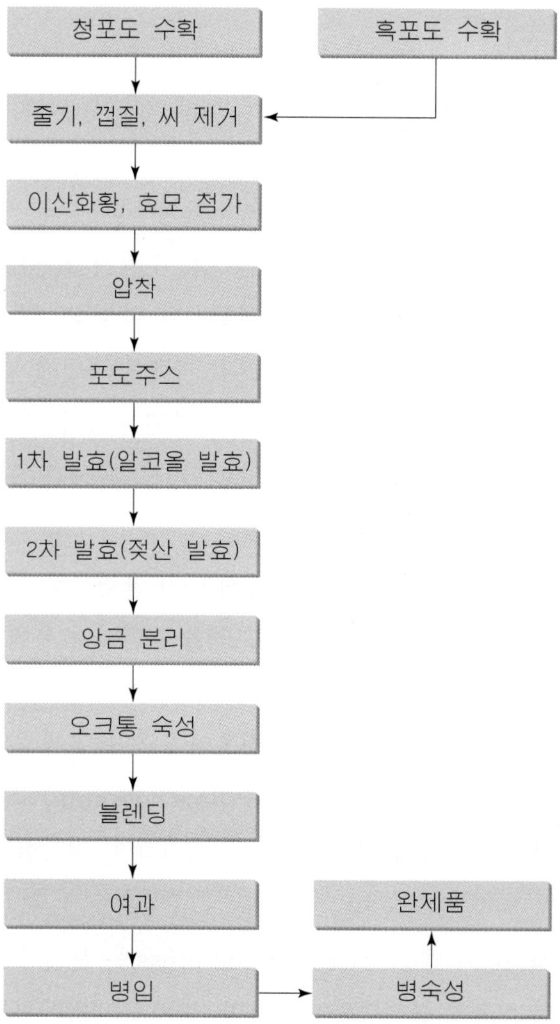

3) 동물의 가죽, 힘줄, 연골 등을 구성하는 단백질인 콜라겐을 이용해 제조하며 녹는 온도는 25°, 굳는 온도는 10°로 굳히는 재료의 3~5% 사용한다.

03 레드와인의 양조과정

1. 레드와인(Red Wine)

레드와인은 흑포도를 원료로 양조하여 만드는 것으로 수확된 포도를 선별하여 파쇄기에 넣고 줄기를 제거하고 파쇄한다. 이때 산화방지와 불필요한 미생물의 활동을 막기 위해 이산화황(SO_2)을 첨가하는데, 첨가시기는 빠를수록 좋으나, 파쇄한 과즙에 넣으면 고형분과 결합하여 보호작용이 없어지기 때문에 착즙을 하면서 바로 첨가해야 초기산화를 방지할 수 있다.

파쇄한 과즙은 과피와 씨를 포함하여 발효조로 보내어진 후 색과 복잡한 풍미를 얻기 위하여 화이트와인보다 높은 온도인 30℃에서 발효한다.

개방식 탱크로 발효할 경우에는 과피(châpeau 샤뽀)가 표면으로 떠올라 와인의 품질에 나쁜 영향을 주는 미생물이 번식할 수 있으므로 발효액을 순환시켜 유해한 미생물의 번식을 막아야 한다.

밀폐식 탱크로 발효할 경우에는 외부 공기와 접촉이 없기 때문에 착지는 불필요하며, 알코올 발효가 시작되면 포도 껍질에 함유된 안토시아닌(anthocyanin)[1] 색소가 용해되어 착색이 시작된다. 발효액은 시간이 경과함에 따라 색도가 진해지지만, 적당한 시기에 껍질과 씨를 제거해야 한다.

뱅 드 구뜨(vin de goǔtte)와 뱅 드 프레스(vin de préss)는 분리하여 발효시키고 저장하였다가 제품화할 때 적당한 비율로 블렌딩하여야 하며, 보르도 지방에서처럼 두 가지 이상의 포

1) 꽃이나 과실 등에 포함되어 있는 안토시아니딘의 색소배당체(色素配當體 : 색소 글리코시드)로 가수분해에 의해 하나 또는 둘의 단당류와 아글리콘(非糖部)으로 분류된다. 펠라르고니딘의 배당체인 펠라르고닌 등 많은 것이 알려져 있으나 이들은 당의 부착방식에 따라 6군(群) 18클래스로 분류된다. 또한, 당은 글루코오스 · 갈락토오스 · 람노오스 · 크실로오스 등으로 자연계에서는 3자리, 5자리 또는 양쪽의 수산기(水酸基)에 결합되어 있다.

도품종을 사용하는 경우에도 포도품종별 수확시기가 서로 다르기 때문에 발효를 따로 하고, 기본적인 블렌딩은 양조 후 빠른 시기에 실시하여 일체감이 잘 이루어지도록 해야 한다.

숙성은 대부분 오크통에서 6개월 내지 2년 정도 숙성시키게 되는데 이 기간 동안 유산발효(malolactic fermentation M.L.F 2차 발효)가 진행되어 산은 줄어들게 되고 부드러움이 늘어나게 된다. 오크통 숙성은 어떤 것을 사용하느냐에 따라 숙성의 진행이 다르게 나타나며, 숙성에 사용된 오크통을 재사용할 경우에는 숙성 중에 와인이 오염되지 않도록 청결히 하는 것이 중요하다.

레드와인 양조과정의 일반적인 공정은 다음과 같다.

포도수확 → 운반 → 제경 · 파쇄 → 이산화황첨가(SO_2) → 1차 발효 → 압착 → 2차 발효 → 앙금분리 → 숙성 → 여과 → 병입 → 코르크 마개 → 병 저장 → 출하

2. 제경 및 파쇄 (Égrappage 에그라빠쥬 and Crushing, Foulage 풀라쥬)

1) 제경(Égrappage 에그라빠쥬)

그림 4-14 제경작업

제경은 포도송이에서 알맹이만 분리하는 작업으로서, 공간이 절약되고 풍미와 색깔이 개선되지만 상당히 번거로운 일이다. 지방에 따라 포도송이를 통째로 양조하는 경우도 있으나 고급 와인을 만들려면 제경을 필수적으로 해야 하며 특수 품종이나 곰팡이가 생긴 것은 제경하지 않는다.

2) 파쇄(Foulage 풀라쥬, Crushing)

그림 4-15 파쇄작업

파쇄는 포도를 으깨는 작업으로서 기계선택에 매우 주의해야 하며 전통적인 방법인 맨발로 밟는 것이 좋은 이유는 씨나 껍질에 손상을 주지 않기 때문인데, 씨나 껍질이 갈라지면 쓴맛과 풋내가 발생하므로 조심스럽게 작업을 실시해야 한다. 포도를 으깨는 작업을 실시하여야 주스를 고형물에서 분리할 수 있으며, 펌프로 이동하는 일이 가능해지고 껍질에서 여러 가지 성분이

쉽게 우러나오게 할 수 있다. 그러나 곰팡이가 생긴 것은 산화될 우려가 있고, 더운 지방에서는 발효가 너무 강렬하게 진행되어 너무 많은 주스가 추출될 수 있으므로 지나친 파쇄는 피하는 것이 좋다.

3. 이산화황 첨가

이산화황(SO_2)은 산화방지, 잡균 오염 방지를 위하여 정해진 양을 적절하게 사용하여야 하는데 이산화황은 항산화제로서 산화방지, 살균작용, 갈변방지 등의 작용 때문에 오래 전부터 널리 사용된 물질이며, 최근에는 와인 뿐만 아니라 일반 식품, 음료, 약품 등의 보존제로도 널리 사용되고 있다.

고대 이집트인들이 와인 용기를 살균할 때 황을 태워서 나오는 연기인 이산화황을 최초로 사용한 것으로 보고 있으며 그 이후 그리스, 로마시대에도 사용했으리라는 추측도 가능하지만, 문헌상으로 확실한 근거는 없고, 중세기 이후 1487년에 공식적으로 사용허가를 받았다는 기록이 문헌상에 최초로 나타나 있다.

17세기 네덜란드에서도 빈 오크통에 황을 태워서 나오는 가스로 소독을 했는데, 이때는 한 번 사용한 오크통은 와인을 나쁘게 만든다고 하여 오크통의 수명을 1년으로 생각하였으며, 와인도 다음 해 6월 1일 이전에 모두 소모해야 된다는 것이 지배적인 생각이었다. 이들은 이때를 넘기면 와인의 품질이 급격히 떨어진다고 생각하였고, 실제로 여름이 되면 와인의 품질이 떨어지기도 했던 때였다. 이어서 프랑스 보르도 지방에서도 네덜란드 식으로 오크통을 소독하였으며, 이산화황이 오크통이나 와인의 오염을 방지한다는 사실을 새롭게 발견한 시기였다.

이후, 미국의 FDA(미국식품의약국 food and drug administration)는 이산화황의 건강에 미치는 영향에 대해 연구하기 시작하였으며, 프랑스의 파스퇴르 연구소에서는 1959년 이산화황보다 단점이 더 적으면서 이산화황을 대신할 수 있는 물질을 발견하는 사람에게 10,000프랑의 현상금을 주겠다고 발표까지 하였다.

이제는 세계 어느 나라에서도 이산화황을 사용하지 않고 품질 좋은 와인을 만드는 일은 거의 불가능에 가까운 일이 되어 버렸다. 포도를 수확해서 으깬 다음부터 이산화황을 첨가하는데 이는 효모(yeast)가 발효작용을 쉽게 할 수 있도록 잡균을 먼저 제거하기 위해서이며, 와인이 완성된 다음에는 보관 중 오염을 방지하기 위해서 조금씩 사용한다.

알코올 농도가 낮은 와인이 여러 가지로 건강에 유익하지만, 오래 보존하기에는 산패될 문제가 있으므로 몇 년씩 보관하려면 이산화황은 필수적이다.

와인에 첨가된 이산화황은 항산화제와 살균제로서 산화를 유도하는 효소의 작용을 방해하고, 산소나 과산화물(peroxide)과 같은 산소 유도체와 직접 반응하여 산화를 방지하지만 항산화반응이 끝난 이산화황은 와인의 맛에 아무런 영향이 없고, 인체에도 아무런 영향이 없는 구조로 변화해 버린다.

이산화황은 포도를 으깰 때부터 첨가되는데, 이는 발효과정에서 부패의 원인이 되는 좋지 않은 미생물의 오염방지를 위해서, 그리고 보존 중이나 병입 상태에서는 산패와 미생물에 의한 오염 방지 목적으로 사용된다. 또한 이산화황은 표백작용이 있어서 와인의 색소와 결합하여 무색의 화합물을 만드는데 이 반응은 와인에서 항상 일어나지만 이산화황 농도가 낮아서 눈에 나타날 정도는 아니다.

이산화황은 기체로서 유황이 탈 때 나오는 것이며, 아주 오래된 보존료로서 와인 양조에 적정량을 사용된 것은 최근 일이며, 사용하기 편리한 형태의 분말로 만든 것을 아황산염이라고 한다.

와인은 그 자체로 보존력이 없기 때문에 그대로 두면 식초로 변해 버리므로 대부분의 와인은 이산화황처럼 보존료 없이 양조, 운반, 저장 등이 불가능하다. 그러므로 이산화황은 와인에 있어서 최고 혹은 최악이라고 할 수 있으며 이산화황의 투입은 수학적으로 정확히 해야 한다. 너무 많으면 맛에 나쁜 영향을 줄 수 있고, 너무 적으면 재발효나 오염될 우려가 있다. 다른 첨가제를 사용할 수도 있으나 이산화황은 오래 전부터 사용되었다는 점이 장점이며, 최근에는 양조기술이 발달함에 따라 사용량이 점차 감소하고 있는 추세이다.

4. 1차 발효(Alcohol Fermentation 주 발효, 알코올 발효)

제경 및 파쇄한 포도의 과즙, 과피, 씨, 포도과육 등이 포함된 걸쭉한 상태의 포도즙(must, moût)을 발효 탱크(오크통, 시멘트, 스테인리스 스틸)에 넣고 효모를 첨가한 후 1차 발효를 시작한다.

이때 지역 및 포도 생산연도의 포도당분 상태에 따라 보당(chaptalisation)을 하게 되며 효모의 활동에 의하여 포도과즙의 당분이 알코올과 탄산가스로 분해되어 발효가 시작하는데 통상 레드와인의 발효온도는 25~30℃이다.

보당이란 당분을 의미하는 것으로 나폴레옹 1세 통치하의 농무성 대신이자 1801년 보당을 인가한 쟌 안토와누 샵딸(Jean Antonie Chaptal)에서 유래하였다. 포도가 당분이 적을 때 만들어지는 와인은 메마르고 불안정한 것이 되기 때문에 여기에 확실한 바디(body)를 잡아주기 위하여 보당을 하게 되며, 보당은 포도과즙 단계에서 하게 되는 것으로 이는 와인에 감미(단맛)를 보충하려는 것이 아니라 알코올 성분을 보강하는 목적으로만 허가되고 있다. 프랑스에서는 날씨(기후)가 불순한 해에는 과즙 1ℓ에 대하여 30g이하의 보당이 인정되고 있다.

발효로 이용되는 용기로는 오크, 시멘트, 코팅된 철제, 스테인리스 스틸 탱크 등의 여러 종류의 발효 통 재질이 있을 수 있으나, 스테인리스 스틸 탱크가 관리하기 쉬워 보편적으로 사용되고 있다. 어떤 재질이든 발효탱크는 독성이 없어야 하며, 화학적으로 안정되고, 방수는 물론 충격에 견디는 견고성이 있어야 한다. 그리고 표면이 매끄러워야 주석(tartrate)이 붙지 않으며 그 외 세제로 세척할 수 있어야 하고 수리 보수가 쉬어야 한다.

1) 개방형 탱크 및 밀폐형 탱크(Open Tank and Closed Tank)

그림 4-16 개방형 탱크

그림 4-17 밀폐형 탱크

개방형 탱크는 더운 날씨나 고온 발효시에 사용되는 것으로 발효가 쉽고 빠르게 진행되며 자연적으로 발효 온도가 낮아지기 때문에 온도조절하기가 쉬워 소규모 양조에 적합하다. 그러나 최근에는 점차 밀폐형 탱크가 증가하고 있는데 이는 개방형 탱크는 알코올이 손실되기 쉽고 산화될 수 있는 위험이 있기 때문이다.

밀폐형 탱크는 초산 발효 위험이 적고, 적정 온도 유지를 할 수 있어 대규모 발효에 적합하며, 젖산 발효가 쉽고 아울러 프레스 와인의 품질이 좋지만 냉각장치는 필수적으로 설치되어야 한다.

표 4-2 개방형 탱크와 밀폐형 탱크

개방형 탱크	밀폐형 탱크
· 무더운 지방이나 고온 발효에 용이	· 초산발효의 위험 감소
· 발효온도가 낮아지고 조절이 용이	· 온도 유지에 용이
· 소규모에 적합	· 젖산발효에 용이
· 알코올의 손실	· 와인의 품질이 안정
· 산화의 위험성	· 냉각장치를 필수적으로 설치

2) 온도 조절

발효기간 중 발효에 적합한 적절한 온도를 유지시키는 일은 매우 중요하며 온도가 너무 높거나 낮으면 이스트가 활동하지 못해 발효가 정지된다. 이스트가 활발히 생육하는 범위 내에서 높은 온도를 유지하면 발효 속도가 빨라지지만 와인의 품질은 좋지 않으므로 적정한 온도 범위를 유지하여 서서히 발효시키는 것이 좋은 방법이다.

온도를 낮추는 방법은 발효실 문을 개방하여 외부에서 시원한 바람이 유입되도록 할 수 있지만, 한계가 있으므로 시원한 물로 탱크 표면을 냉각시키거나 자동온도조절 장치를 설치하여 25~30℃를 유지시키는 것이 좋다.

3) 발효와 이스트(Fermentation and Yeast)

와인의 발효는 미생물에 의해서 좌우되는데 인류는 발효의 원리가 밝혀지기 전부터 미생물을 이용하여 식생활에 이용하였지만 전문적인 지식이 없이 전통적인 방법에 의존하여 실패 확률이 높았으나 현대에 이르러서는 과학적 지식을 활용함으로서 실패 확률을 감소시킬 수 있게 되었다. 알코올 발효란 포도의 당분이 알코올로 변하는 과정으로 살아있는 효모에 의해 이루어지는데 이스트의 생육조건은 다음과 관련이 있다.

(1) 영양소(Nutrient)

포도에는 이스트가 생육하는데 필요한 영양소가 풍부하게 존재하여 적정한 환경을 유지해주면 포도즙의 영양분을 이용하여 오랫동안 생존 할 수 있다.

(2) 적정 온도

알코올 발효를 일으키는 이스트는 15~30℃의 온도가 적당하지만, 와인의 종류에 따라 다르며 발효온도는 30℃이하를 유지해야 한다.

30~35℃가 되면 이스트가 사멸하기 시작하며, 온도가 높아질수록 당이 알코올로 변화되는 속도가 빠르다. 즉, 온도 10℃차이에 반응속도는 2배 빨라지며 온도 1℃상승 시에 10% 더 빠르게 발효가 진행되므로 레드와인의 발효온도는 25~30℃가 적당하다. 작은 오크통의 발효는 외부 온도에 따라 영향을 받지만, 큰 오크통의 온도조절은 현실적으로 불가능하므로 대량으로 발효할 경우에는 온도조절이 용이한 스테인리스 스틸 탱크가 적당하다.

(3) 수소의 이온지수(PH)

포도 자체의 ph는 이스트가 자라는데 적절하지만, ph는 3.3~3.6이상 되지 않는 것이 색상, 안정성, 향미 등에 좋으며, 너무 높거나 낮을 경우 와인의 제 맛을 내지 못한다.

(4) 공기(Air)

발효과정에도 어느 정도의 공기는 필요하며 너무 많으면 알코올 발효보다 이스트 자체의 증식이 잘 일어나 잡균 오염의 우려가 있다. 반면 공기가 너무 부족하면 이스트가 질식 상태에 이르러 발효가 중단될 수 있으므로 적당한 공기상태가 유지되도록 유의하여야 한다.

(5) 삼투압(Osmotic Pressure)

삼투압은 농도가 다른 두 액체를 반투막으로 막아놓았을 때, 농도가 낮은 쪽에서 농도가 높은 쪽으로 용매가 옮겨가는 현상에 의해 나타나는 압력으로서 와인 발효과정에서는 당분의 농도가 너무 높으면 이스트 생육을 방해하게 되므로 발효가 중단되지 않도록 적정 당분이 유지되도록 해야 한다.

4) 보당(Chaptalization)

J. A. Chaptal(샵딸, 나폴레옹 시대 농림장관)이 제안한 것으로 당도가 낮은 포도 주스에 설탕, 꿀 등의 당분을 보충하여 알코올 농도를 높이는 방법을 말하는 것으로 최근에는 포도의 풍미를 높이고자 농축 포도주스를 넣기도 한다.

다음과 같은 식을 이용하면 보충할 설탕의 양을 계산할 수 있다.

$$S = W(b-a)/100-b$$

S(kg) : 첨가해야 할 당분의 양　　W(kg) : 과즙의 무게
a : 과즙의 당도　　b : 원하는 당도

5) 제산(Deacidification)

와인의 양조과정에서 높아진 산도는 와인을 마시기에 부담을 줄 수 있는 것이므로 산도가 강한 과즙은 탄산칼슘, 탄산칼륨 등을 첨가하여 과즙의 산도를 감소시켜 주어야 한다.

6) 가산(Acidification)

더운 지역에서 수확한 포도는 당도는 충분하지만 산도가 약하므로 유기산(주석산)을 첨가하여 산도를 높여 주어 와인에 신선함을 더해준다.

7) 탄닌(Tannie) 첨가

그림 4-18 Oak Chip

일반적인 양조과정은 아니지만 경우에 따라 와인에 떫은맛을 강조하고 보존성을 향상시키기 위해 탄닌을 첨가한다.

5. 침용(Macération 마쎄라시옹)

레드와인 발효가 시작되고 3~4일 지나면 과피에서 붉은 색소인 안토시아닌과 종자(씨)에서 떫은맛의 주성분인 탄닌이 추출되기 시작하고, 과피가 위로 뜨기 시작하면서 색소 추출이 어렵고, 장기간 방치 하면 흰 곰팡이가 발생할 수 있는 상태에 이르는데 이 과정을 "침용(macé ration)" 이라고 하며, 과거에는 탱크 위에서 인위적으로 껍질(과피)을 가라 앉혔으나 최근에는 아래쪽의 와인을 펌프를 이용하여 위에서 뿌려줌으로써 탱크 내용물의 균일화를 이를 수 있어 이스트가 골고루 퍼지게 된다.

천천히 숙성하는 타입의 와인을 만들 때는 침용 기간을 길게 하고, 반대로 일찍 마시려는 타입의 와인은 침용 기간을 짧게 한다. 이 동안 발효로 생긴 이산화탄소의 힘으로 과피와 과육이 과료(果醪) 상부에 떠올라 과모(果帽)를 형성하는데, 과모 부분의 온도조절과 과모 속에 잔존하는 색소와 당분 등의 성분을 추출하기 위하여 과료 하부에 있는 액체 전부를 순환시키는 작업(pumping over, remontage, 르몽타쥬)을 실시하여야 한다.

그림 4-19 포도껍질 및 씨

발효탱크 아래에서 발효 중인 과즙을 빼서 탱크 상부의 과모(과피, 종자) 전부에 뿌려 흐트러지도록 충분히 과모를 침수시키는 방법인 르몽타쥬의 효과는 산소를 공급하고 당분, 효모, 온도를 평균화하는 효과가 있으며 과피에서 페놀(phenol)류 등 기타 성분을 추출하게 한다.

그림 4-20 침용(Macération)

또한, 색소 등의 추출 효과가 커지면서 곰팡이 오염을 방지할 수 있는데 이렇게 과피와 접촉하는 기간을 영어로 Skin Contact Time(과피접촉, S.C.T.)이라고 하며, 레드와인의 가장 핵심적인 작업이라고 할 수 있다. 이 기간을 추출 혹은 침용이라고도 하는데 와인을 양조하는 양조자에 따라 색상이나 맛을 보면서 결정하게 된다.

프랑스 부르고뉴 지방에서는 르몽타쥬를 하는 대신에 설비를 이용하지 않고 사람이 직접 주걱 젓기(pigeage 삐자쥬)를 하는 와이너리도 많으나 최근에는 동력을 이용한 삐자쥬(pigeage)도 개발되어 사용하고 있다.

6. 압착(Pressurage 뿌레쉬라쥬, Pressing)

발효가 끝나면 과모(果帽) 밑에 있는 액체 즉, 와인액을 뽑아내고 뒤에 남은 과피, 종자를 압착기에 넣어 압착한다.

그림 4-21 와인의 압착

먼저 중간층의 액을 뽑아내는데, 힘을 가하지 않고 자연적으로 유출되는 와인을 프리 런 와인이라 하며 고급 와인용으로 쓰인다. 그리고 남아있는 고형물을 압착시켜 나오는 와인액을 프레스 와인이라고 하는데, 이 프레스 와인은 탄닌 함량이 많으므로 분리하여 따로 와인을 만들어 프리 런 와인에 조금 혼합하거나, 저급와인을 만드는데 사용한다.

7. 2차 발효(Lactic Acid/Malolactic Fermentation 후 발효, 젖산 발효, 유산 발효)

1차 발효 후 와인 안에 들어있는 사과산이 유산균의 활동으로 젖산으로 변화하는 현상으로 이 때 미량의 탄산가스가 생성된다.

사과산은 분자구조에서도 나타난 것처럼 산미에 관여하는 수소이온을 발생하고 COOH (carboxyl 카르복실)를 2개 포함하는 이염기산(二鹽基酸)이고 유산은 카르복실기(基)를 하나만 갖는 일염기산(一鹽基酸)이다.

발효를 끝내고 앙금을 분리시킨 것으로 와인이 완성된 것이 아니며 당분이 알코올로 변하고, 그 다음 단계로 와인의 품질에 중요한 영향을 주는 느린 발효가 일어나게 되는데 알코올 발효가 끝난 다음 바로 일어나기도 하고, 따라내기 과정에서 일어나기도 한다. 심한 경우에는 다음해 봄에 가서 시작되는 경우도 있는데 알코올 발효가 끝난 직후 진행되는 것이 와인의 안정성에 가장 좋기 때문에 최근에는 자연발생적으로 발효를 유도하기도 하고, 인위적으로 발효를 일으키기도 한다.

2차 발효는 와인의 산도가 약해지기 때문에 감산 발효라고도 하며, 이 발효가 제대로 이루어져야 최상의 품질과 생물학적 안정성을 얻게 된다. 2차 발효는 포도 중의 사과산(Malic acid)이 박테리아에 의해서 젖산으로 변하면서, 와인의 맛이 부드러워지고 향기도 변하고 훨씬 세련된 와인이 되므로, 숙성의 첫 단계라고 할 수도 있다. 레드와인에는 2차발효가 필수적이지만, 화이트와인이나 로제와인 등은 신선한 맛 때문에 생략하기도 한다.

8. 앙금분리(Soutirage, 수티라쥬)

발효를 막 끝낸 와인은 찌꺼기라는 부유물로 탁한 상태인데 부유물은 포도 과실에서 오는 폴리페놀, 주석, 단백질, 효모균체 등의 혼합물이다. 찌꺼기는 침전하므로 이를 제거하기 위해 다른 용기에 옮기게 되는데 이 작업을 찌꺼기 분리 또는 앙금분리라고 하며, 양조 중에 몇 차례 실시하여야 한다.

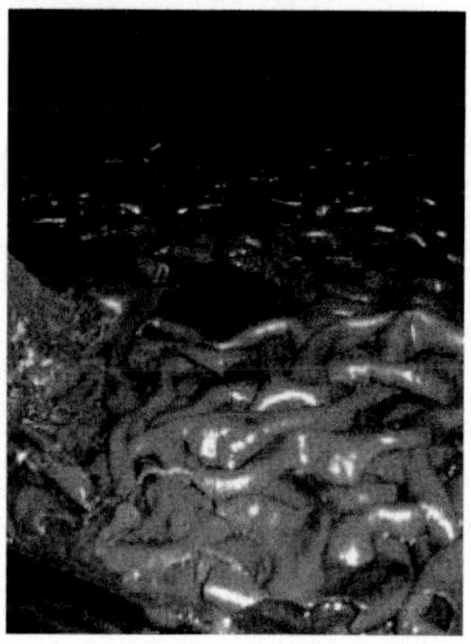

그림 4-22 와인의 앙금

9. 숙성(Vieillissment, Aging)

발효가 끝난 와인은 저장 탱크 또는 오크통(대통, 소통)에 옮겨 저장고에서 1~2년 정도 숙성시키는데 이러한 과정은 와인을 안정화시키고 성분의 밸런스(balance)를 마시기에 알맞게 조정하는 과정이다.

그림 4-23 오크통 숙성

숙성기간 동안 통 안에서 줄어든 만큼을 와인을 보충하여야 하는데 이러한 과정을 우이야쥬(ouillage)라고 하며, 이는 숙성과정에서 날아간 만큼 와인을 보충하여 오크통 사이에 빈 공간을 최소화하므로 산화를 방지하기 위한 것이다.

와인을 저장 · 숙성하는 통은 주로 오크 재질을 사용 것이 일반화되어 있어 오크통을 사용하는데 프랑스산, 슬로베니아산, 미국산(quercus, alba 외 7종), 러시아산이 주를 이루고 있다.

특히, 프랑스에서는 트론세(troncais), 아리에(allier), 리무쟁(limousin), 보쥬(vosges), 느베르(nevers)가 주산지이다.

1) 숙성(Aging)

발효가 끝난 와인은 효모 냄새와 탄산가스 등으로 인해 향이나 맛이 거칠어서 바로 마실 수 없는 상태이다. 와인의 종류에 따라 몇 주 또는 몇 개월, 몇 년까지 맛과 향의 조화를 위해 숙성기간이 필요하며, 이러한 점이 와인의 가장 큰 특색 중에 하나가 되고 있다. 와인의 숙성은 와인이 만들어진 때부터 최종 소비자에게 서빙될 때까지 계속되며 고급 와인일수록 숙성 기간이 오래 소요된다. 대부분의 와인은 양조용 통, 배럴(barrel), 스테인리스 스틸 탱크, 병 속에 담긴 채 숙성되며, 적당한 습도를 가진 어둡고 서늘한 곳에서 서서히 진행된다.

와인은 숙성과정에서 고유한 향을 만들어 숙성이 진행될수록 향이 다양하게 발전하는데 만약 오크통에서 와인을 숙성시켰다면 오크향이 배어나오게 된다. 또한 숙성은 와인에 포함된 탄닌 성분을 부드럽게 하고, 조직을 순하게 만들어 주지만 매우 오랜 기간의 숙성은 소수의 최고급 와인만 필요하다. 고급 화이트와인은 대개 2년이 지나면 마실 수 있으며, 레드와인들은 4~5년이 지나면 마실 수 있는데 너무 긴 시간이 지나면 와인의 향이 감소될 수 있다.

2) 병숙성(Bottle Aging)

병숙성은 오크통 또는 스테인리스 스틸 탱크 등에서 숙성한 와인을 병입하여 적당한 습도와 온도가 유지되는 지하 저장고에 두면 오크통이나 스테인리스 스틸 탱크 등에서 숙성되는 속도보다 아주 제한적으로 병의 코르크의 미세한 공간을 통하여 공기가 유입되이 숙성이 이루어지는데 이를 병숙성이라고 한다.

그림 4-24 병숙성

병에 담겨진 와인은 탄닌과 산도가 적당히 감소하고 부드러워지면서 마시기에 좋은 상태로 숙성을 하게 된다.

10. 청정(Collage 꼴라쥬, Fining)

와인을 맑게 하기 위하여 필요에 따라 청정제를 사용하는데 전통적으로 사용되고 있는 청정제는 계란 흰자, 카제인(kasein), 젤라틴(gelatine), 벤토나이트(bentonite), 규조토(diatomaceous earth) 등이며, 가끔 두 가지 이상을 섞어서 사용하기도 한다.

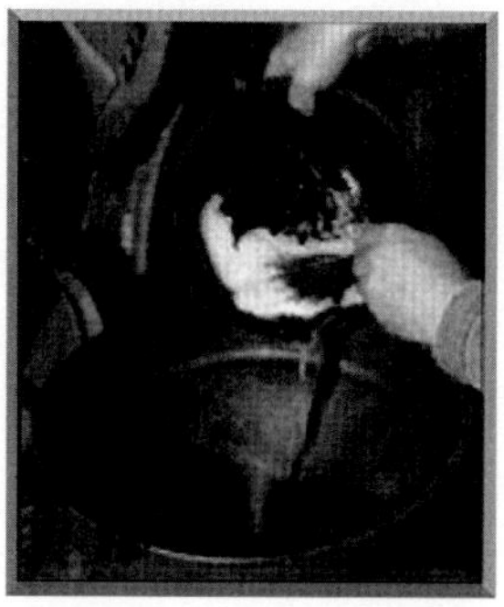

그림 4-25 청정작업

11. 여과 및 병입(Filtering, Filtrage and Botting, Enbouteillage)

와인을 병에 담기 전에 저장용기에서 필터 프레스(filter press) 또는 원심분리기, 마이크로 필터 등으로 여과를 한 후에 일찍 마실 와인은 병입하여 곧 출하하고 숙성 타입의 와인은 저장고에 눕혀서 병숙성을 진행한다.

그림 4-26 와인 여과기

그림 4-27 병입

그림 4-28 레드와인 양조과정

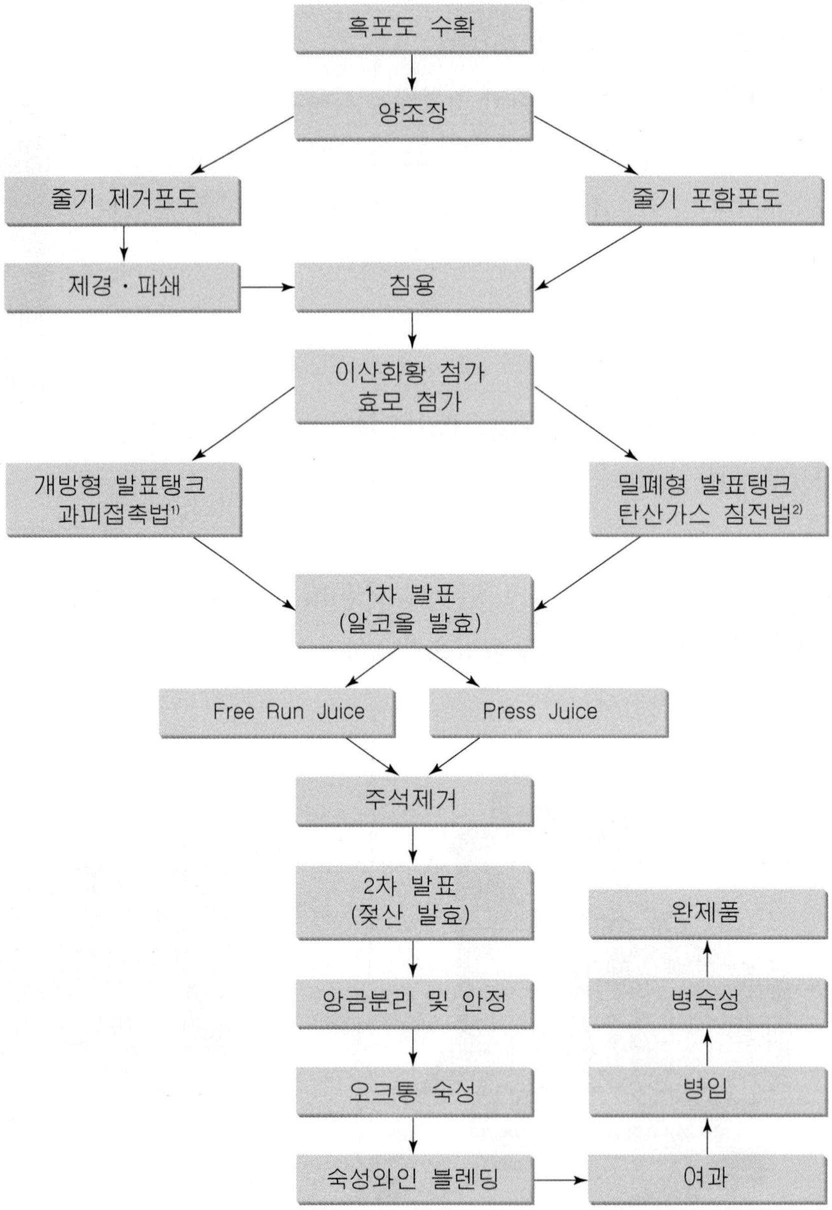

1) 과피 접촉법(skin contact) : 포도의 껍질과 씨를 그대로 발효시킴으로써 포도껍질과 씨속에 들어 있는 탄닌과 색소 등을 용출시키기 위해 하는 과정을 말하며, 고급 와인일수록 과피 접촉을 오래하고 미국의 오프스 원(opus one) 같은 경우는 45일 동안 실시한다.

2) 탄산가스 침전법(macération carbonique 마쎄라시옹 까르보니크) : 발효통 안에 탄산가스를 가득 차게 해서 그 탄산가스의 압력으로 포도껍질을 터트려서 알코올발효가 일어나게 하는 것으로 주로 보졸레 지방에서 사용한다.

Wine & Grape

04

로제와인의 양조과정

1. 로제와인(Rose Wine)

로제와인은 레드와인과 화이트와인의 중간상태로 매혹적인 색깔이 매력 포인트로 색깔로 분류하면 레드와인에 가깝지만 실제 맛은 화이트와인에 가까운 와인이다. 신선한 맛과 분위기 있는 색상으로 식사 중 어느 때나 마실 수 있으며 보통 피크닉이나 특별한 날에 마시면 더 한층 분위기를 좋게 한다.

초기의 양조과정은 레드와인 양조법과 같으나, 색이 어느 정도 추출되면 압착하여 과피를 제거하고 화이트와인 양조와 같은 방법으로 발효한다.

레드와인의 경우 완전발효를 시키기 때문에 대부분 드라이 타입이지만, 로제와인은 완전발효를 하지 않고 당분을 약간 남기는 경우가 많다. 로제와인은 흑포도를 양조하여 만드는데, 색소의 추출 정도에 따라 화이트와인처럼 엷은 색에서부터 레드와인에 가까운 것까지 다양하다. 로제와인도 마쎄라시옹 까르보니크(macération carbonique) 방식으로 만들기도 하는데, 이 방법으로 만든 따벨(tavel) 로제와인은 아주 신선한 맛을 지녀 전통적인 방법으로 만든 따벨 로제와인과는 구별된다.

유럽의 주요 와인생산국에서는 흑포도에 청포도를 혼합하여 로제와인을 만드는 것을 인정하고 있지만, 프랑스에서는 샹파뉴(champagne) 지방을 제외하고는 레드와인과 화이트와인을 섞어 로제와인을 만드는 것은 금지하고 있다.

다음은 로제와인을 양조하는 세 가지 양조법이다.

1) 세니에(Saignee) 포도즙 배출방법

레드와인과 같이 흑포도를 사용하여 양조하는데 최초의 양조과정이 레드와인과 동일하다. 포도를 띄우는 도중 알맞게 색상이 추출되었을 때 압착하고 발효주스를 빼낸다. 그 다음은 화이트와인과 같은 방법으로 양조과정을 진행하며, 2차 발효에서 병에 담고 통상 1년 이내에 출하하는데 이것이 가장 일반적인 로제와인 양조방법이다.

2) 직접 압착(Pressurage Direct) 방법

화이트와인과 같은 양조법으로 흑포도를 파쇄, 압착할 때에 자연히 과즙에 옮겨지는 색이 로제와인처럼 되어 발효, 숙성을 거쳐서 병에 담는 방법이다.

3) 브렌딩(Brending) 방법

독일의 로드링(rod ring)처럼 흑포도와 청포도가 섞인 상태의 과료(果醪)로 발효시키는 양조 방법이다.

2. 제경 및 파쇄 (Égrappage 에그라빠쥬 and Crushing, Foulage 풀라쥬)

포도수확 후 발효 과정을 시작하기 전에 제경작업을 실시하여야 하는데, 이는 포도송이에서 알맹이만 분리하는 것으로 곰팡이 또는 이물질이 섞이지 않도록 주의하여야 한다.

파쇄는 포도를 으깨는 작업으로서 과거에는 전통적인 방법인 맨발로 밟는 것이 대부분이었으나 최근에는 파쇄 전용기기를 사용하여 편리하게 파쇄 작업을 실시하고 있다.

3. 이산화황 첨가

산화방지, 잡균 오염 방지를 위하여 정해진 양에 따라 적절하게 사용하여야 하는데 이산화황은 항산화제로서 산화방지, 살균작용, 갈변방지 등에 효과가 있다.

4. 1차 발효(Alcohol Fermentation 주 발효, 알코올 발효)

레드와인의 발효와 동일하게 포도주스를 발효 탱크에 넣고 효모를 첨가한 후 1차 발효를 시작한다. 효모의 활동에 의하여 포도과즙의 당분이 알코올과 탄산가스로 분해하여 발효가 시작하는데 통상 로제와인의 발효온도는 25~30℃이다.

5. 껍질제거 및 압착(Pressing, Pressurage)

로제와인은 1차 발효 중에 양조자의 판단에 따라 과피와 씨 등을 제거하여 와인의 색상과 맛을 조절하게 되며 압착시에는 프리 런 와인이 충분히 추출되도록 해야 한다.

6. 2차 발효(Lactic Acid/Malolactic Fermentation 후 발효, 젖산 발효, 유산 발효)

1차 발효 후 와인 안에 들어있는 사과산이 유산균의 활동으로 젖산으로 변화하는 현상으로 와인의 맛이 부드러워지고 훨씬 세련된 와인이 되는 과정이다.

7. 앙금분리(Soutirage 수티라쥬)

발효를 막 끝낸 와인은 찌꺼기라는 부유물로 탁한 상태인데 이러한 부유물을 제거하고 와인의 상태를 맑고 깨끗하게 처리하는 과정이다.

8. 숙성(Vieillissment, Aging)

발효가 끝난 와인은 저장 탱크 또는 오크통에 옮겨 저장고에서 1~2년 정도 숙성시키는데 이러한 과정은 와인을 안정화시키고 성분의 밸런스(balance)를 마시기에 알맞게 조정하는 과정이다.

9. 청정(Collage 꼴라쥬, Fining)

와인을 맑게 하기 위하여 필요에 따라 청정제를 사용하는데 전통적으로 사용되고 있는 계란 흰자, 카제인(kasein), 탄닌(tannin), 젤라틴(gelatine), 벤토나이트(bentonite), 규조토(diatomaceous earth) 등을 사용하여 혼탁한 와인을 정제하고 투명하게 처리하는 과정이다.

10. 여과 및 병입(Filtering, Filtrage and Botting, Enbouteillage)

와인을 병에 담기 전에 저장용기에서 필터 프레스(filter press) 또는 원심분리기, 마이크로 필터 등으로 여과를 한 후에 병입하여 상품화 하는 과정이다.

그림 4-29 로제와인 양조과정

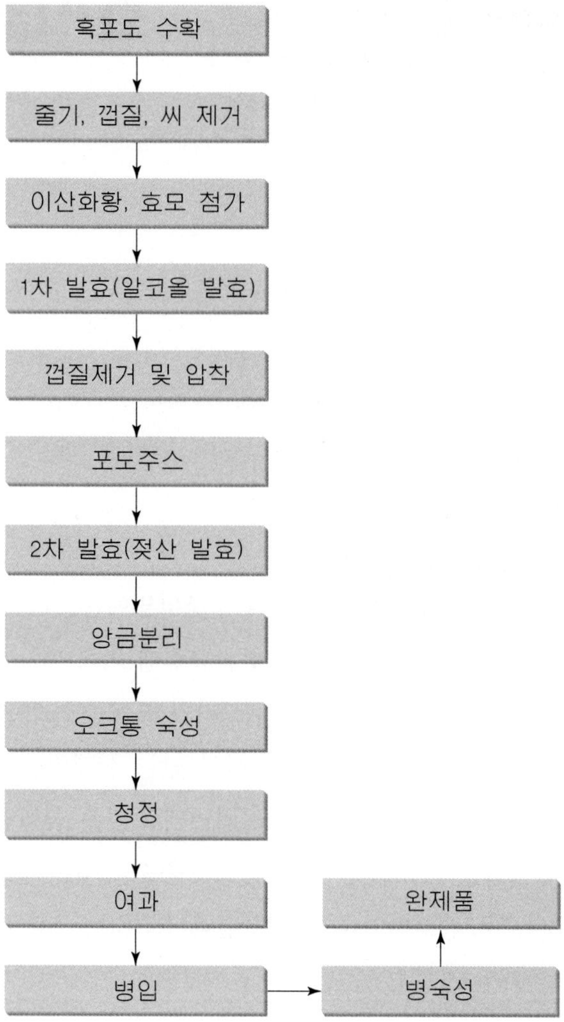

Wine & Grape

05 ▸▸▸ 스파클링와인의 양조과정

1. 스파클링와인(Sparkling Wine)

스파클링와인과 샹파뉴(champagne[1]) 와인의 양조방법에는 약간의 차이가 있는데 특히, 프랑스의 샹파뉴 지방에서는 포도품종을 AOC 등급규정에 의해 삐노 누아(pinot noir), 삐노 뫼니에(pinot meunier), 샤르도네(chardonnay) 3가지 포도품종 만을 사용해야 한다고 규정되어 있으며, 청포도 품종인 샤르도네만을 사용하여 만든 샴페인을 블랑 드 블랑(blanc de blanc)이라 하고, 흑포도 품종인 삐노 누아, 삐노 뫼니에로 만든 샴페인을 블랑 드 누아(blanc de noir)라 한다. 그러나 일반적으로 이 세 가지 포도품종을 섞어서 스파클링와인을 만들며, 같은 해에 수확한 포도만으로 양조하였을 때에만 빈티지(vintage)를 사용할 수 있고 최소한 3년 이상이 숙성해야만 한다.

2. 제경 및 파쇄 (Égrappage 에그라빠쥬 and Crushing, Foulage 풀라쥬)

스파클링와인 양조과정에서도 동일하게 와인용 포도를 수확 한 후 제경 작업을 실시하는데 포도송이에서 곰팡이나 이물질 등을 제외하고 알맹이만 분리한 다음 포도를 으깨는 파쇄 작업을 실시하게 된다.

1) 일반적으로 샴페인이라고 하며 프랑스 샹파뉴 지방에서 생산되는 스파클링와인을 지칭한다.

3. 이산화황 첨가

스파클링와인 양조에서도 이산화황(SO_2)은 산화방지, 잡균 오염 방지를 위하여 정해진 양을 적절하게 사용해야 하며, 미생물로 인한 오염을 방지하고 급속하게 산화를 방지할 수 있도록 해야 한다.

4. 압착 및 포도주스(Pressurage and Juice, Pressing)

샴페인의 경우 대개 흑포도 품종으로 화이트와인을 양조하는 것이기 때문에 압착 과정이 중요하다. 특히, 포도알의 껍질에 함유된 색소가 추출되지 않도록 주의하여야 한다.

5. 1차 발효(Alcohol Fermentation 주발효, 알코올 발효)

서로 다른 수확연도와 포도품종, 생산지역 등이 다른 포도 주스는 압착한 후 발효탱크로 옮겨져 1차 발효과정을 거치게 된다. 발효에 의해 당분은 알코올로 변환되고 자연발생적으로 탄산가스(CO_2)가 생성되는데 이산화탄소는 외부의 공기를 차단함으로써 와인의 산화를 방지하는 효과가 있으며 발효가 종료될 때에는 모두 탱크 밖으로 비산된다. 이 과정은 화이트와인을 만드는 방식과 동일하므로 발효과정을 마치면 화이트와인이 만들어 진다.

6. 뀌베(Cuvée) 만들기(Assemblage 아썽블라쥬)

1차 발효를 통해 양조된 와인을 블렌딩하여 뀌베[1]를 만드는데, 뀌베는 여러 크뤼(cru)와 품종, 서로 다른 연도에 수확된 비발포성 와인의 혼합물이다. 이처럼 스파클링와인은 다양한 종류의 품종과 생산년도, 지역 등의 와인을 블렌딩하여 생산되므로 일반적으로 수확연도를 표기하지 않는다.

1) 여러 가지 포도품종이 들어가는 경우에 서로 다른 품종의 1차 발효한 와인들을 배합하여 하나의 와인을 만드는 것을 뀌베(cuvée)만들기라고 하며, 샴페인의 맛은 이 뀌베에 의해 좌우된다.

1차 발효가 종료된 후 당분이 알코올로 변화되었을 때 각 탱크 속의 와인은 나름대로의 독특한 맛과 향기를 지니게 된다. 까브 마스터(cave master)[1]는 각기 다른 와인의 품질상태를 정확히 파악하여 혼합하는 양이나 비율을 결정하여 자기만의 독특하고 개성있는 맛과 향기를 창출해 낸다.

꿔베를 만들 때 같은 해에 수확된 포도만을 가지고 만든 꿔베에는 빈티지를 사용할 수 있으나 여러 해에 걸쳐 수확한 포도로 만든 꿔베는 빈티지를 사용할 수 없으며, 꿔베 만들기를 전문용어로 아썽블라쥬(assemblage)라고 한다. 이처럼 여러 종류의 포도품종을 섞는 것이 스파클링와인에 맛을 월등하게 한다는 것을 처음 발명한 사람이 바로 돔 뻬리뇽(Dom Perignon) 수사이다.

돔 뻬리뇽은 프랑스 샹파뉴 지방의 오빌레 베네딕틴 수도원(hautvillers benedictine Abbey)의 수도사이며 와인 양조 책임자였다. 17세기 중엽 어느 날 그는 와인 창고에서 아무런 이유 없이 와인들이 터지는 '펑펑' 소리를 듣게 되었는데, 애써 만든 와인들이 터지는 바람에 마실 수 없게 되었다. 이 현상은 샹파뉴 지방이 겨울동안 추워서 발효를 멈추고 있다가 봄이 되자 병 속에서 다시 발효를 시작하면서 발생된 탄산가스가 병마개를 날려 버리는 것이었다. 그는 이러한 현상에서 아이디어를 얻어 발포성 와인에 대한 연구를 하게 되었다. 샹파뉴 지방은 프랑스 파리보다도 북쪽에 위치해 있으므로 햇볕이 부족하여 과거부터 알코올 도수가 낮은 와인 밖에 생산하지 못하던 지방이었는데 발포성와인을 개발하므로 우수한 스파클링와인을 생산하는 지방이 되었다.

돔 뻬리뇽 수도사가 이루어 낸 업적은 크게 4가지이다.

첫째, 병 속에 있는 탄산가스, 즉 거품을 보존하는 방법을 연구하던 중 코르크 마개를 발명하였다.

둘째, 병 속에서의 발효 조절 방법을 개발하여 기포를 조절하는 기술을 개발하였다.

셋째, 샴페인 제조의 핵심인 블렌딩 방법으로 여러 지방에서 생산된 와인을 혼합하여 훨씬 더 우수한 품질의 와인을 양조하였다.

마지막으로, 흑포도를 넣고 얕은 압력장치 속에서 빨리 압착했을 때 투명한 포도 주스를 얻어낼 수 있는 압착기술을 개발하였다.

1) 와인 저장고의 총책임자이며 블렌딩이나 숙성정도를 총괄하는 책임자

7. 효모 및 당분첨가 (Chaptalization 샵딸리자씨옹, Yeast and Sugar)

꿔베가 만들어진 후 여기에 효모와 당분으로 구성된 리퀘르 드 띠라쥬(liqueur de tirage)를 첨가한다. 첨가 뒤 와인은 즉시 병입되어 금속제 뚜껑을 덮은 후 시원한 저장고에 눕혀져 적어도 12개월 동안 보관하게 된다. 이 때 병 속에서 2차 발효가 일어나는데 2차 발효는 효모에 의한 발효로 탄산가스를 발생시키고 침전물이 생기는 과정이다.

8. 병입(Bottling)

꿔베에 효모와 당분으로 구성된 리퀘르 드 띠라쥬(liqueur de tirage)를 첨가한 후 즉시 병입하여 2차 발효가 진행 되도록 한다.

9. 병 돌리기(Remuage 르뮈아쥬)

병 속에서 2차 발효가 끝난 와인에서 침전물을 제거하기 위해 쀼삐트르(pupitre)[1]라고 하는 약 45° 경사진 선반에 병목을 아래로 향하게 하고 매일 조금씩 3주에서 약 4개월 정도를 반복하여 한 방향으로 돌리면 침전물이 병목 부분으로 모아지게 되는데 이 작업을 르뮈아쥬(remuage)라고 한다.

스파클링와인에 있어서 이러한 르뮈아쥬 과정을 발견한 사람이 뵈브 클리코 퐁샤르뎅(veuve clicquot pon sardin) 여사인데, 이러한 과정을 발명하기 전까지 샴페인은 아주 맑은 빛을 나타내지 않았다.

그림 4-30 병 돌리기(르뮈아쥬)

1) 병들을 뒤집어 비스듬하게 병목이 아래로 향하게 45도 경사진 나무판

10. 2차발효(병속 발효) 및 숙성

스파클링와인의 1차 발효는 탱크에서 진행되다가 2차 발효는 병입한 후에 진행된다. 병입하기 전에 미량의 당분과 효모가 동시에 투입되므로 1차 발효 때와 마찬가지로 알코올 성분이 증가되면서 동시에 발포성을 일으키는 이산화탄소가 생성된다. 발포성와인이란 일반적으로 1

표 4-3 탄산가스 함량에 의한 발포성 와인의 분류

구 분	명 칭	온도 및 기압	비 고
프랑스	뱅 무세 (Vin Mousseux)	20℃에서 3기압 이상	샹파뉴 지방 이외에서 만든 발포성 와인의 총칭
	끄레망 (Crémant)	20℃에서 3.5~4기압 이상	샹파뉴 지방 이외에서 만든 발포주 · Crémant de Loire : 3.5기압 이상 · Crémant de Bourgogne : 3.5기압 이상 · Crémant de d' Alsace : 4기압 이상 · Crémant de Limoux : 4기압 이상 · Crémant de Die, Jura, Bordeaux : 4기압 이상
	샴페인 (Champagne)	20℃에서 5기압 이상	샹파뉴 지방에서 만든 발포주, 이 지역 외에서는 샴페인이란 명칭을 쓰지 못함
	뻬띠앙 (Petillant)	20℃에서 1~2.5기압	약발포주
이탈리아	스푸만테 (Spumante)		이탈리아 발포주의 총칭
	프리잔테 (Prizzante)	20℃에서 1~2.5기압 이상	약발포주
독일	샤움바인 (Schaumwein)	20℃에서 3기압 이상	독일 발포주의 총칭
	젝트(Sekt)	20℃에서 3.5기압 이상	기준을 만족시킨 발포주
	페를바인 (Perlwein)	20℃에서 1~2.5기압	약발포주
스페인	에스프모소 (Espumoso)		스페인 발포주의 총칭
	까바(Cava)		병 내에서 2차 발효를 시킨 발포주
미국	스파클링와인 (Spakling Wine)		미국 발포주의 총칭

기압이상의 가스 압력을 가진 와인을 지칭하고 있으나 스파클링와인이라는 명칭으로 통용되는 것은 보통 3기압 이상의 가스 압력을 가진 와인을 지칭 하는 것이며, 그 이하의 와인은 약발포성 와인으로 분류하고 있다. 약발포성 와인에는 프랑스의 뻬띠앙(pétillant), 독일의 페를바인(perlwein), 이탈리아의 프리잔테(frizzante) 등이 있다.

이산화탄소의 생성은 병 내의 기압이 매우 높게 형성되게 하는데 약 6기압 정도이며 강력한 압력을 분산시키기 위해 샴페인 병 밑바닥에는 펀트(punt)라는 움푹 파인 특별한 구조를 가지고 있다. 샴페인 한 병에는 보통 약 25억 개의 이산화탄소 버블(bubble)이 포함돼 있는데, 이렇게 많은 버블이 있다보니 샴페인 병의 내부압력은 2층 버스를 떠받치고 있는 타이어 압력과 맞먹을 정도이다.

스파클링와인을 생산하기 위한 양조방법은 지역에 따라 다르게 나타나고 있는데 다음은 대표적인 양조방식이다.

① 전통 방식(Méthode of Traditionnelle 메또드 트라디씨오넬, Méthode of Champenoise 메또드 샹쁘느와즈)

전통적인 스파클링 양조방법으로 스틸(still) 와인을 병에 담고, 당분과 효모를 첨가하여 밀폐하고, 병 안에서 2차 발효를 일으키는 방식으로 샹파뉴 지방 이외의 생산업자가 이 방법을 택하여 발포성 와인을 양조하면 '메또드 샹쁘느와즈(méthode champenoise)' 라는 표시를 할 수 있으며 다음의 국가에서 표기하고 있는 것도 이 방식으로 만들어진 것이다.

· 이탈리아 : 메토도 클라시코(metodo classico),

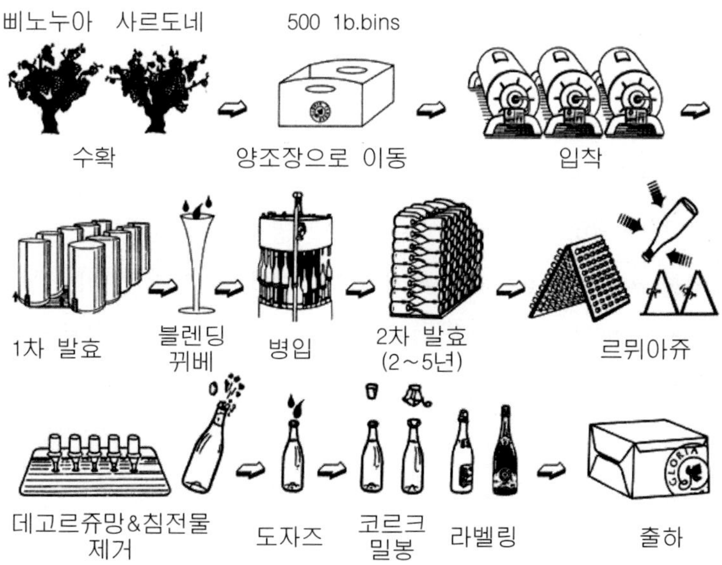

그림 4-31 전통방식의 스파클링 양조과정

· 이탈리아 : 스푸만테 클라시코(spumante classico)

· 독일 : 프라스첸개룬그(flaschengärung)

· 스페인 : 까바(cava)

② 샤르망 방식(Methode of Charmant 또는 Cuve Close)

2차 발효를 병입된 상태가 아닌 큐브(Cuve)[1]를 사용하여 양조하는 방식으로 이산화탄소(CO_2) 압력 하에서 필터링을 진행하며, 스틸 와인을 큰 탱크에 밀폐하고 그 안에서 2차발효를 진행하므로 밀폐 탱크방식(méthode cuve close)이라고도 한다.

단기간에 제품화할 수 있고 공기에 접촉하지 않음으로 포도의 아로마(aroma)를 남기고 싶은 발포성 와인 즉 뮈스까(muscat) 품종과 리슬링(riesling) 품종을 원료로 와인을 만드는 경우와 한 번에 많이 만들 수 없어 원가를 절감하기 위해 발포성 와인을 만드는 경우에 널리 쓰이고 있다. 명칭은 양조방식의 개발자인 샤르망의 이름을 인용하여 붙여졌다.

· 스틸 와인을 큰 탱크 안에 밀봉하여 2차발효를 시키는 방법

· 밀폐탱크 방식

· 1회 대량 생산

· 원가절감을 위한 생산방식

· 일반적으로 저렴한 스파클링와인

③ 트랜스퍼 방식(Méthode of Transfer)

일단 병 속에서 2차 발효시킨 이산화탄소 함유 와인을 가압 탱크에서 넣고 냉각, 침전물을 제거 한 다음 새로운 와인 병에 다시 담는 방식이다. 프랑스, 미국 등에서 서서히 이용하는 새로운 방식이다.

④ 루랄 방식(Méthode of Rurale)

발효 중 와인을 병에 담고, 밀폐하여 남은 발효를 병 안에서 진행하는 방식으로 당분을 남겨둔 상태에서 병입한 후 2차 발효를 계속하기 위해 4℃이하에서 10일 이상 놓아둔 다음 저온의 동일 압력상태에서 이물질을 제거한다. 그러나 리큐어(liqueur)는 첨가하지 않는다.

· 끌레레뜨 드 디(clairette de die)

· 가이약(gaillac)

· 블랑켓(blanquette)

1) 일종의 발효 통으로 큰 압력 탱크

⑤ 탄산주입 방식(Méthode of Gazéifié, Carbonated Sparkling Wine)

외부에서 이산화탄소를 인공적으로 와인이 든 병에 주입시키는 방식으로 만든 스파클링와인이다.

11. 침전물 제거(Dégorgement 데고르쥬망)

병 안 침전물들이 모아져 있는 병목 부분을 영하의 냉동 소금물에 담그는 순간 병목에 있던 침전물들이 얼게 되는데, 이때 뚜껑을 열면 탄산가스의 압력에 의해 침전물이 튀어나오게 된다. 이때 병 안의 탄산가스의 손실 없이 맑고 깨끗한 샴페인을 얻을 수 있는데, 이러한 과정을 데고르쥬망이라고 한다.

그림 4-32 침전물제거

12. 가당 및 와인 보충(Dosage 도자즈)

침전물이 제거된 후 와인과 설탕의 혼합액으로 채우는데, 이 과정을 도자즈라고 하며, 설탕의 정도에 따라 당도를 나타내는 급이 결정된다. 따라서 당분의 정도에 따라 샴페인에 붙여지는 이름이 달라지며 부족분 와인을 첨가할 경우 레드와인을 넣으면 로제 샴페인이 되기도 한다.

그림 4-33 도자즈(Dosage)

1) 당도에 따른 스파클링와인의 분류

보통 샴페인은 등급이나 빈티지가 없는 대신, 당도의 정도에 따라 등급을 결정하는데, 샴페인 라벨에 명기된 당도는 다음과 같다.

표 4-4 스파클링 와인의 당도분류

구 분	그램(g)/Liter	비율(%)	지역 및 특징
엑스트라 브뤼 (Extra Brut)	0~6g	0~0.5%	드라이한 맛이 강함
브뤼(Brut)	0~15g	0.5~1.5%	Very Dry : 약간 드라이하지만 단맛이 전혀 없음
엑스트라 드라이 (Extra Dry/Sec)	12~20g	1.2~2.0%	Dry : 약간의 단맛이 느껴지지만 여전히 드라이한 맛이 남아 있음
섹(Sec)	17~35g	1.7~3.5%	Medium Dry : 단맛이 느껴짐
드미 섹(Demi-Sec)	33~50g	3.3~5.0%	Sweet : 단맛의 강도가 Sec보다 진함
두(Doux)	50g 이상	5.0% 이상	Very Sweet : 디저트 와인처럼 단맛이 농축되어 느껴짐

2) 국가별 와인의 당도 분류기준

스파클링와인은 국가마다 다르게 명칭을 사용하고 있는데 프랑스의 샹파뉴 지방에서는 샴페인, 이탈리아는 스푸만테(spumante), 독일은 젝트(sekt), 스페인은 카바, 미국은 스파클링 와인(sparkling wine)이라고 표현하고 있으며 국가별 당도 또한 다르게 표현하고 있다.

표 4-5 국가별 와인의 당도 분류기준

프랑스	이탈리아	독 일	당 함량(g/ℓ)
울트라 브뤼(Ultra Brut)	파스 도제(Pas Dose)		무감미
엑스트라 브뤼(Extra Brut)	엑스트라 부르트(Extra Brut)	엑스트라 브루트(Extra Brut)	0~6/ℓ
브뤼(Brut)	부르트(Brut)	Brut(브루트)	15/ℓ
엑스트라 섹(Extra Sec)	엑스트라 세코(Extra Secco)	엑스트라 트로켄(Extra Trocken)	12~20/ℓ
섹(Sec)	세코(Secco)	트로켄(Trocken)	17~35/ℓ
드미 섹(Demi Sec)	세미 세코(Semi Secco)	할프트로켄(Halbtrocken)	33~50/ℓ
두(Doux)	돌체(Dolce)	리블리히(Lieblich) 미트(Mild)	50/ℓ 이상

3) 국가별 와인의 색상 및 맛 분류

국가마다 와인의 색상과 맛에 대한 용어가 다르므로 와인 라벨에 표기되는 단어가 다르다. 색상에 대한 명확한 구분과 맛에 대한 단어적인 의미를 알고 있어야 와인을 구매할 경우 정확하게 구매를 할 수 있다. 다음은 국가별 와인의 색상 및 맛에 대한 단어이다.

표 4-6 국가별 와인의 색상 및 분류

영 어	프랑스	이탈리아	스페인	포르투갈	독 일
White	블랑(Blanc)	비안코(Bianco)	블랑코(Blanco)	브랑코(Branco)	바이스바인(Weisswein)
Red	루쥬(Rouge)	로쏘(Rosso)	띤뚜(Tinto)	띤뚜(Tinto)	로트바인(Rotwein)
Rosé	로제(Rosé)	로사토(Rosato)	로사도(Rosado)	로사도(Rosado)	로제바인(Rosewein) 바이스 헙스트 (Weissherbst/Red Grape)[1] 쉴러바인(Schillerwein /Red& White Grapes)
Sweet	두(Doux)	돌체(Dolce)	둘세(Dulce)	도스세(Doce)	리블리히(Lieblich)
Dry	섹(Sec)	세코(Secco)	세코(Seco)	세쿠(Seco)	트로켄(Trocken)

1) 이탈리아에서는 로사토(rosato), 스페인은 로사도(rosado), 오스트리아는 쉴허(schilcher), 프랑스 보르도 지방은 끌레레(clairet), 미국은 블러시 와인(blush wine)으로 표현된다.

그림 4-34 스파클링와인 양조과정

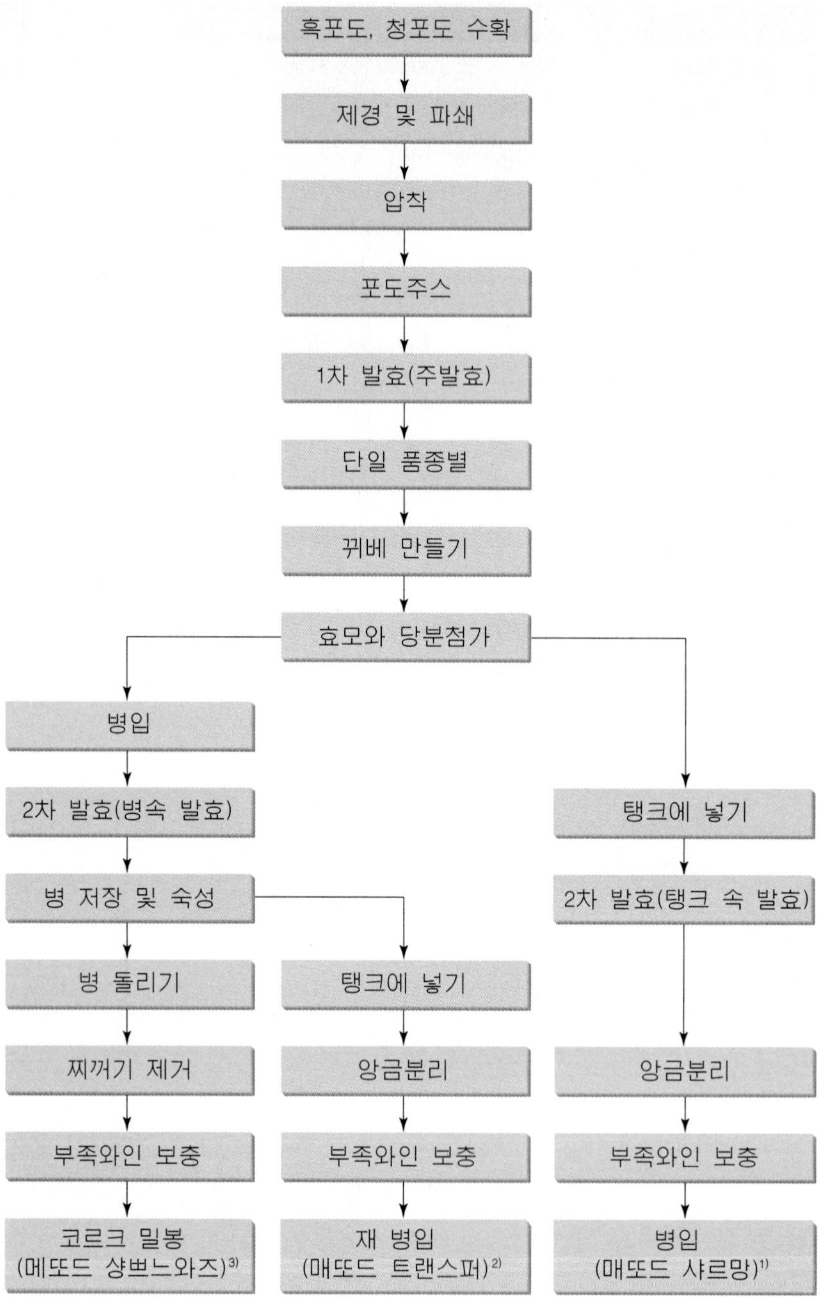

1) 메또드 샤르망(méthode of charmant, méthode of cuvée(밀폐탱크 방식) : 스틸와인을 큰 탱크 안에 밀봉하여 2차 발효를 시키는 방법으로서 1회 대량생산이 가능하고 원가를 절감하며 일반 스파클링와인 제조시에 사용한다.
2) 메또드 트랜스퍼(méthode of transfer) : 병 속의 2차 발효시킨 탄산가스가 있는 와인에 압력을 가하여 탱크에 넣고 냉각, 침전물을 제거하여 새로운 병에 병입하는 방법이다.
3) 메또드 샹쁘느와즈(méthode of champenoise, méthode of traditional, méthode of classico, spumante classico, cava) : 스틸와인을 병입한 후 당분 및 효모를 넣어 밀봉한 다음 병 속의 2차 발효시키는 방법이다.

▶ Wine & Grape

06 기타와인의 양조과정

1. 강화와인(Fortified Wine)

와인의 양조 과정에 알코올 도수를 40° 이상, 또는 80° 가량의 브랜디(brandy), 향신료, 약초 등을 첨가하여 와인 전체의 알코올 도수를 16~22° 정도까지 높여 와인의 맛에 힘을 갖게 하고 와인 자체의 보존성을 높인 와인이다.

대표적인 것으로는 스페인의 쉐리와인(sherry wine), 포르투갈의 포트와인(port wine), 마데이라(madeira), 이탈리아의 마르살라(marsala) 등이 있으며 프랑스의 뱅 두 나뛰렐(VDN, vin doux nature), 뱅 드 리꿰르(VDL, vin de liqueur) 등도 이 부류에 속한다. VDL 중에서 지명도가 가장 높은 것으로는 삐노 데 샤랑트(pineau des charentes)[1]가 있다.

1) 쉐리와인(Sherry Wine)

쉐리와인은 스페인의 헤레즈(jerez)지방에서 생산되는 와인을 지칭하는 것으로 처음 이 지역의 와인이 영국으로 수출되었을 때, 영국사람 누구도 이 발음을 정확히 하지 못했다고 한다. 그래서 이 이름을 영국식으로 고쳐서 발음을 쉽게 하도록 하였는데 세레스(xeres), 에르-레즈(her-rehz), 헤리에즈(jerries), 쉬리에스(sherries) 등의 이름을 거쳐서 지금의 Sherry에 이르게 되었다.

쉐리와인은 백악질(chalk)의 토양에서 재배되는 빨로미노(palomino)라는 포도품종으로 만들어지고 주로 식전주로 많이 마시며 그 강건함과 섬세한 맛이 아주 독특하다.

1) Cognac Wine Aperitif

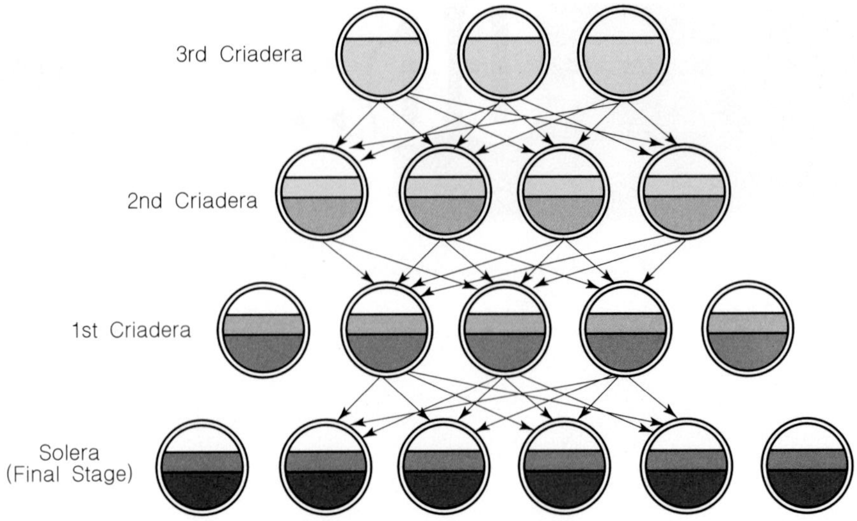

그림 4-35 솔레라 시스템

쉐리와인을 만드는 공정은 다른 와인과 차이가 있는데 일반적인 와인의 생산 공정과는 다르게 '솔레라(solera)시스템'이라고 하는 일종의 블렌딩 과정을 거쳐 생산된다. 솔레라 시스템은 스페인의 쉐리와인뿐만 아니라 포르투갈의 포트와인을 만들 때에도 사용되는 블렌딩 기법으로 같은 크기의 통들을 숙성 년수별로 위로 갈수록 새 와인으로 층을 이루게 쌓고 다음 통들을 파이프로 수평 · 수직으로 연결하여 제일 하단의 제일 오래 숙성된 와인 통에 흐르게 하여 일정량의 와인은 제일 하단의 숙성된 와인 통에서 만 병입하는 시스템이다. 이러한 시스템은 쉐리와인이 매해마다 항상 동일한 맛, 향, 개성, 품질을 가질 수 있도록 해주는 방법이며, 헤레즈 지방에서 생산되는 쉐리와인은 모두 이 솔레라 시스템을 거쳐서 생산된다.

쉐리와인에는 자기들만의 특징을 나타내는 일종의 등급이 있는데 피노(fino), 만자니야(manzanilla), 아몬틸라도(amotillado), 오로로소(olorosos), 빨로 꼬르타도(palo cortado), 크림 쉐리(cream sherry) 등이 있으며, 이 중에서 피노가 80%이상을 차지하는 쉐리와인이고, 크림 쉐리는 아주 달콤한 와인으로 포르투갈의 포트와인과 함께 디저트 와인으로 세계적인 명성을 가지고 있다.

그림 4-36 쉐리와인

- 피노(Fino) : 매우 맑고 우아하며 방향이 나면서도 연하고 신선한 맛이 나는 드라이 와인이다. 대부분의 쉐리와인은 마실 때 실내온도로 많이 마시는데 약간 차게 해서 마시는 것이 좋으며, 피노는 신선한 사과향이 있으나 단맛이 전혀 없어 식전에 마시기가 좋다.
- 만자니야(Manzanilla) : 피노를 숙성 시킨 쉐리이며 이 술을 생

산하는 산루카르 데 바라메다(sanlucar de barrameda) 지방은 해안지대로 해풍에 영향을 받아 쉐리에 독특한 맛을 나게하며 마시고난 다음 뒷 맛이 약간 쓴맛을 느끼는 것으로 자국 내에서 많이 소비되고 많은 애주가들이 좋아하는 술이다. 더욱 연하고 드라이하며 자극적인 소금기가 있는 와인을 생산하는데 기여하고 피노보다 더욱 섬세하고 우아(delicate)하다.

- **아몬틸라도(Amontillado)** : 피노를 일정기간 숙성시킨 것으로 숙성과정에서 색이 호박색으로 변하고 짙은 맛에 알코올 도수도 피노보다 2~3° 높으며, 약간의 단맛이 나는 미디엄 스위트(medium sweet) 형의 쉐리이고, 많은 양은 아니지만 24~25°의 알코올 도수가 높은 것도 있다.
- **오로로소(Oloroso)** : 쉐리 중에서 가장 단맛이 가장 강해 식후용으로 좋다.
- **빨로 꼬르타도(Palo Cortado)** : 대풍년이 든 해에만 생산되는 빈티지 와인(vintage wine)으로 매년 생산이 되지 않으며, 발효를 끝낸 후 20년 이상을 숙성시킨 후 판매되는 것으로 품질이 매우 우수하여 생산이 수요를 따르지 못한다.
- **크림 쉐리(Cream Sherry)** : 영국 서남부의 항구도시 브리스틀(bristol)에서 스페인의 헤레즈(jerez)지방에서 생산한 쉐리를 수입하여 넣고 다시 가공한 것으로 단맛이 강하게 나며 미국에서도 많이 소비하고 있다.

2) 포트와인(Port Wine)

포트와인은 일종의 강화와인으로 와인의 발효 공정에서 와인에 브랜디를 추가하여 양조과정을 거친 와인으로 강한 맛과 향기를 가지며 알코올 도수 또한 통상 19~22°에 이를 정도로 높다.

엄밀한 의미에서 포트와인은 포르투갈에서 생산된 것만을 가리키며, 포르투갈에서도 특히 도우루(douro) 지역에서 집중적으로 생산되고 있다. 유명한 빈티지 포트들은 아직도 수백 년 전과 똑같은 전통적인 수작업 방식으로만 생산되고 있는데, 포르투갈은 프랑스의 AOC 제도와 비슷한 DOC라는 제도를 정하여 포트와인 양조를 엄격히 통제하고 있다. 예를 들면 포도밭의 면적, 재배할 수 있는 포도의 종류, 최대로 허용되는 포도의 수확량, 최소 숙성 기간, 라벨 표기규정 등을 세밀하게 정하고 있다.

정통 포트와인은 포르투갈의 공인 기관에 의해 엄격한 심사를 거쳐 "A"부터 "F"까지의 6단계 등급이 매겨지며, 양조 업체별로 생산량이 엄격하게 제한되어 정해진 쿼터를 초과하는 포도로는 일반 와인만을 만들 수 있도록 제한을 두고 있다. 포트용으로 재배되는 포도의 종류는 무려 90종에 달하지만 그 중에서도 토링가 나시오날(touriga nacional), 띤타 로리스(tinta roriz), 띤타 바로까(tinta barroca), 띤뚜 까웅(tinto cão), 토링가 프란세자(touriga francesa)의 5종류만이 고급 포트의 양조에 사용되고 화이트 포트에 사용되는 품종은 다른 종류이다.

(1) 포트와인의 양조 공정

포트와인의 양조 공정은 수확된 포도를 으깬 후 레드와인을 만드는 것과 비슷한 공정을 거친다. 그러나 포도즙에 함유된 당분이 절반 쯤 발효된 시점에서 발효 통 속에 브랜디를 추가하는데, 추가된 브랜디는 약 77~80° 정도의 알코올 함유량을 가지며 혼합되는 양은 와인 3에 브랜디 1의 비율이다. 브랜디가 추가되면 와인에 남아있던 효모들이 죽어서 발효 진행은 저절로 중단되고 와인 안에 알코올로 발효되지 못한 당분이 대략 10% 정도 남아서 포트 특유의 단맛을 띠게 된다. 이 상태의 포트는 약 20% 정도의 알코올을 포함하고 있지만 여기까지는 포트 양조의 초기 단계에 불과하다. 이렇게 만들어진 포트는 통 속에 넣어져 정해진 기간 동안 숙성 과정을 거친 후 종류에 따라 병입한 후 또 다시 오랜 기간의 재 숙성 과정을 거치게 되며 이러한 숙성 절차와 방법이 포트의 종류를 결정하게 된다.

(2) 포트와인의 종류

포트와인에는 사용하는 원료, 양조 공법, 그리고 숙성하는 방법과 그 기간에 따라 10종류 이상의 종류가 있지만 그 중에서 중요한 것만을 살펴보면 다음과 같다.

① 화이트 포트(White Port)

화이트 포트는 화이트와인으로 만드는 다소 별난 종류의 포트와인이다. 사용되는 포도의 종류도 다른 포트와는 구분되며, 당도 또한 매우 드라이한 것부터 단 맛이 강한 것에 이르기까지 여러 가지가 있다. 다른 포트는 대개 디저트 용도로 마시지만 화이트 포트는 식전주로 주로 이용된다. 스트레이트(straight)로도 마시지만 얼음을 넣은 온 더 락스(on the rocks)로도 마신다. 그러나 화이트 포트는 포트 애호가들로부터는 그다지 좋은 반응을 얻지 못하는 포트 중에 하나이다.

② 루비 포트(Ruby Port)

루비 포트는 포트와인 중에서 가장 싼 종류의 것으로 병에 담은 후의 숙성 과정이 거의 없는 포트를 말한다. 실제로 라벨에 "ruby"라고 표시되는 경우는 거의 없으며 대신 제조업체 나름의 고유한 상표를 붙여 출하한다. 대개 여러 종류의 포도를 섞어서 양조하는데 통상 2년 내지 3년 정도를 금속이나 나무로 된 통 속에서 숙성시킨 후 병에 넣어 판매한다. 일단 병입이 끝난 루비 포트는 더 이상의 숙성 과정을 거치지 않고 바로 마실 수 있다.

③ 타우니 포트(Tawny Port)

타우니 포트는 루비 포트보다는 더 긴 6년 정도를 숙성시킨 포트이다. 숙성 과정에서 자연스럽게 옅은 황갈색의 이른바 타우니 색상(tawny color)을 띄게 되며 맛 또한 다소 드라이해진다. 빈티지 타우니 포트에 비해서 숙성 기간이 짧으므로 영 타우니 포트(young tawny port)라고도 부른다.

④ 빈티지 타우니 포트(Vintage Tawny Port)

빈티지 타우니 포트는 양질의 와인을 사용하여 오랜 기간 숙성 과정을 거친 포트로서 타우니 포트 중에서는 가장 고급에 속한다. 숙성 기간은 라벨에 표시되는데 보통 10년, 20년, 30년 또는 40년의 4 종류가 있다. 타우니 포트는 여러 해 동안에 만들어진 포트를 섞어 숙성시키는 경우도 많은데 라벨에 표시되는 숙성 년 수는 그 평균치이다. 스카치 위스키와 마찬가지로 숙성 기간이 긴 것일수록 값이 비싸진다. 가격을 고려한다면 20년생 빈티지 타우니가 가장 추천할 만 한 것이며 40년 빈티지 타우니는 적어도 100불 이상을 주어야 구입할 수 있다.

⑤ L.B.V(Late Bottled Vintage)

L.B.V는 동일연도에 수확된 포도를 사용하여 빈티지 포트로 만들어졌지만 다소 품질이 떨어져서 빈티지 포트가 되기 어려운 종류의 포트이다. 물론 빈티지 포트만은 못하지만 다른 종류의 포트에 비해서는 훨씬 고급이며 고가이다. 통상 4년 내지 6년의 숙성 기간을 거친 후 정제 공정을 거쳐 병에 넣어 추가 숙성 과정을 거치지만 병입 숙성 기간은 빈티지 포트에 비해 상대적으로 짧다. 빈티지 포트는 통에서 숙성하는 기간이 2년 정도로 L.B.V보다 짧고 정제 공정이 없는 반면 병에 넣어 숙성시키는 기간이 훨씬 길다. 즉, L.B.V는 빈티지 포트에 비해 통에서 더 오래 숙성시키고 대신 병으로 숙성시키는 기간은 짧은 특징을 가진다. 빈티지 포트는 생산이 불가능한 연도가 적지 않은 반면 L.B.V는 비교적 품질 기준이 관대하므로 매년 생산이 이루어지고 가격도 빈티지 포트의 절반 정도 수준이다.

⑥ 빈티지 포트(Vintage Port)

빈티지 포트는 포트와인 중에서 가장 고급에 속하는 것으로 통상 전체 포트 생산량의 약 2%만이 생산되고 있다. 가장 품질이 좋은 단일연도의 포도품종으로만 양조하고 빈티지를 라벨에 반드시 표시한다. 일단 저장통 속에서 2년 내지 3년간 숙성시킨 후, 병에 넣어 다시 오랜 기간 동안 재숙성 과정을 거치는데, 이렇게 병에 넣어서 숙성시키는 기간은 짧게는 15년부터 길게는 50년에 달한다. 따라서 오랜 숙성을 거친 좋은 포트와인의 병을 보면 라벨부터 코르크에 이르기까지 매우 지저분해 보이는 경우도 많다. 해마다 포도가 수확되면 그 때부터 2년 이내에 그 해의 포도로 빈티지 포트를 만들 수 있을 것인지를 선언하게 된다. 즉, 와인을 만든 후 2년 정도 지켜 본 후 그 와인이 품질 좋은 빈티지 포트를 만들 수 있는 것인지의 여부를 공식적으로 결정한다는 것이며 따라서 빈티지 포트가 만들어지지 못하는 해도 많다. 현재 최고의 빈티지 포트로 알려지는 빈티지는 1994, 1992, 1991, 1985, 1977, 1970, 1963, 1955, 1948,

화이트 포트
(White Port)

루비 포트
(Ruby Port)

타우니 포트
(Tawny Port)

빈티지 타우니 포트
(Vintage Tawny Port)

L.B.V
(Late Bottled Vintage)

빈티지 포트
(Vintage Port)

그림 4-37 포트와인의 종류

1945 정도이다. 빈티지 포트는 오랜 세월동안 병 속에서 숙성되면서 고유한 맛을 만들기 위해 여과 과정을 거치지 않고 바로 오크통에서 병에 넣는다. 따라서 많은 찌꺼기가 포함되어 있으므로 마시기 전에 반드시 병에서 디켄터(decanter)에 따라놓은 후 다시 잔에 따라야 한다.

3) 마데이라(Madeira)

마데이라는 대서양의 포르투갈령 마데이라 섬에서 생산되는 알코올 성분이 높은 와인으로 화산토양에서 재배되어 매우 독특한 향을 지니고 있으며, 드라이한 맛의 정도에 따라 여러 종류로 나뉜다.

마데이라 섬은 통상 유럽과 신대륙을 잇는 무역로의 기항지 역할을 해왔기 때문에 마데이라의 독한 와인은 아메리카 대륙 식민지 곳곳에 널리 보급되었다. 마데이라는 마데이라 섬 고유의 제조방법으로 만든 와인으로 보존기간이 길며, 쉐리와인과 포트와인의 사촌이라 할 정도로 매우 비슷한 점이 있으나 제조과정은 조금 다르다. 마데이라는 먼저 드라이 와인을 만든 후 탱크에서 50~60℃의 온도로 3~4개월 동안 가열한다. 이 때 와인은 누른 냄새가 나고 마데이라 고유의 특성을 얻게되며, 이후 알코올 함량을 18~20°까지 높이기 위해 발효 중 브랜디를 넣고 오크통에서 3년 동안 숙성시킨다. 씁쌀한 맛에서 단맛에 이르기까지 독특하고 풍부한 마데이라와인 맛의 비결은 화산섬에 있는 포도밭의 토양과 발효 후 몇 달 동안 에스뚜파스(estufas)라는 열 건조실 숙성과정인 에스뚜화젬(estufagem) 과정을 거친 결과이다.

에스뚜화젬 과정은 우연히 발견되었는데 마데이라와인을 팔기 위하여 배에 싣고 열대지방을 이리저리 향해하며 아프리카와 서인도 제도, 동인도 제도를 돌아다녔다고 한다. 그러나 시기적으로 나폴레옹(Napoleon 1769~1821) 시대 영국과 프랑스가 전쟁을 할 당시였으므로 와인이 잘 팔리지 않아 팔다가 남은 와인을 배에 싣고 되돌아오는 경우가 많았다. 항구에 돌아와 와인 맛을 보니 처음 출항 했을 당시보다 와인의 맛과 향이 더욱 좋아진 것을 알게 되었는데 원인을 분석한 결과 무더운 열대지방을 오랜 기간 항해하는 동안 와인이 자연적으로 숙성 되었다는 것을 알게 되어 에스뚜파스를 이용하게 된 것이다.

주정강화 와인 마데이라는 드라이한 것과 스위트한 두 가지 맛으로 양조하는데, 스위트 와인은 에스뚜화에 들어가기 전에 브랜디를 첨가하며, 드라이 와인은 에스뚜화에 들어가 에스뚜화젬을 마친 후에 브랜디를 첨가한다.

그림 4-38 마데리아와인

마데이라와인은 참나무통 속에서 숙성되며 병입 하기 전에 숙성

연한이 다른 와인을 혼합하기도 하는데 대표적으로 마데이라 종류는 다음과 같다.

- 세르샬(Sercial) : 아몬드 맛과 향이 약간 나는 드라이 와인으로 차게 냉각시켜 식사 전·후로 잘 어울린다(당분 2~3%).
- 베르델로(Verdelho) : 황색으로 약간 단맛이 나며 연기 같은 냄새가 나고 스프(soup)와 잘 어울리는 고전적 타입의 와인이다.
- 부알(Bual) : 짙은 밤색의 단맛이 나는 디저트 와인으로 적격이다(당분 8~10%).
- 맘지(Malmsey) : 짙은 갈색의 단맛이 강한 와인으로 디저트 용도로 잘 어울리는 와인이다(당분 10~14%).
- 레인워터(Rainwater) : 3~4가지의 마데이라를 혼합하여 병에 담겨지며, 상표에는 전통적으로 e.g마크가 있다.

4) 마르살라(Marsala)

그림 4-39 마르살라와인

이탈리아에서 생산되는 마르살라는 알코올 도수 17~19°의 디저트와인으로 DOC 등급으로는 피네(Fine), 슈페리오레(superiore), 베르지네(vergine), 스페시알(speciale)의 4단계로 분류된다.

마르살라는 아라비아어로 '신의 항구'라는 의미로써 1772년 영국의 우트 하우스사가 이탈리아 시칠리아(sicilia) 섬 서부지역에서 영국으로 수출하여 호평 받은 후 서구로 확산되기 시작하였으며, 몇 년 후 마데이라(madeira), 포트(port), 쉐리(sherry) 양조에 경험이 많은 기술자가 시칠리아 섬에 양조 기술을 전파해 그때부터 마르살라는 알코올이 강화된 형태의 와인으로 개량되게 되었다.

현재 마르살라는 카타라토(catarratto), 그릴로(grillo), 인졸리아(inzolia) 포도로 화이트와인을 만든 후 6%의 보강용 와인을 첨가한 다음 당분이 아주 높은 포도주스를 첨가하여 만든다.

마르살라는 4가지 타입으로 만들어지는데 그 내용은 다음과 같다.

- 마르살라 피네(Fine) : 4개월 이상 숙성시킨 것으로 알코올이 17°, 당분은 5%를 가진다.
- 마르살라 슈페리오레(Superiore) : 2년 이상 숙성시키고 알코올이 18°에 드라이한 것과

스위트 한 것이 있으며, 스위트 한 것은 당분 10%를 가진다.

- 마르살라 베르지네(Vergine) : 강화와인은 아니지만 솔레라 방식으로 숙성시킨 것이 많고, 최소 5년 이상 숙성시켜야 한다. 알코올 도수는 18° 이상을 지녀야 하며 특별히 솔레라 방식으로 장기 숙성시킨 것은 스트라베치아(stravecchia) 라는 표시가 붙는다.
- 마르살라 스페시알(Speciale) : 알코올 18° 이상으로 6개월 이상 숙성한다.

5) 뱅 두 나뛰렐(VDN, Vin Doux Naturel)

뱅 두 나뛰렐 와인은 인위적으로 알코올, 향, 설탕 등을 조절하지 않고 순수하게 포도로만 만든 스위트 와인이다.

- 뮈스까 봄 드 브니즈(muscat beaumes de venise)
- 뱅 두 나뛰렐 드 라스토(vin doux naturel de rasteau)

6) 뱅 드 리꿰르(VDL, Vin de Liqueur)

뱅 드 리꿰르 와인은 높은 감미를 가진 와인(very sweet wine)으로 브랜디를 첨가하여 알코올 도수가 약 18° 의 높은 와인이다.

그림 4-40 VDN 와인

그림 4-41 VDN 와인

2. 혼성와인과 가향와인(Aromatized Wine and Flavored Wine)

일반와인에 약초, 향료, 색소, 과일 주스, 감미 재료 등을 첨가하여 독특한 맛과 풍미를 더하게 한 와인으로 베르무트(vermouth), 듀보넷(dubonnet), 릴레(lillet), 레치나(retsina), 상그리아(sangria), 와인 쿨러(wine cooler), 기타 리큐어(liqueur) 등이 있다.

1) 베르무트(Vermouth)

베르무트는 식사 전에 마시는 술로서 허브(herb), 알코올, 설탕, 카라멜(caramel) 등을 특정한 방법으로 혼합한 와인으로 주로 이탈리아의 스위트 베르무트와 프랑스의 드라이 베르무트로 구분되고 있다.

원래는 그리스에 이러한 방법으로 만든 와인이 많이 생산되었는데 그리스에서 베르무트 가 전래되어 이탈리아에서 유명한 와인이 되었다. 지금은 세계 여러 나라에서 베르무트를 생산하고 있는데 베르무트란 어원은 허브 중 하나인 웜우드(wormwood)의 독일어인 베르무트(wermut)에서 유래된 것이다. 처음에는 주로 웜우드를 와인에 넣었으나 요즈음은 향료 성분이 들어 있는 식물을 알코올에 넣어 와인과 혼합하고 알코올을 첨가하므로 알코올 도수는 16° 가량 된다.

드라이 베르무트는 투명하고, 일반적으로 도수는 18°, 5%정도의 설탕이 함유되어 있고 주로 식전주로 애용되고 있으며, 마티니(martini)에 꼭 필요한 술이기도 하다.

스위트 베르무트는 투명한 비앙코(bianco)와 붉은빛의 로쏘(rosso) 두 종류가 있는데 일반적으로 도수는 15~16°, 15%이상의 설탕을 함유하고 있다. 맨하탄(manhattan) 같은 약간 달콤한 칵테일의 재료로 애용되고 있으며, 역시 식전주로 애용된다.

그림 4-42 베르무트

이탈리아 베르무트는 화이트와인으로 만든 스위트와인으로 기본 와인 자체가 스위트하며 이탈리아 법률에는 베르무트는 1년 이상 된 와인으로 만들도록 되어 있어 향 추출에서 최종 여과까지 1년이 더 소요되기 때문에 최소 2년이 소요된다.

대부분 기본 와인에 여러 가지 향료를 첨가해 추출하고, 따라내기를 한 다음 알코올을 첨가한 후 이것을 여과한 뒤 설탕과 카라멜 색소 등을 첨가한다. 대체로 프랑스의 베르무트는 드라이하고, 이탈리아의 베르무트는 스위트하다라고 하지만 꼭 그렇지만은 않으며, 프랑스와 이탈리아 이외의 지역에서 오히려 더 많이 생산되고 있는데 대체적으로 스위트 베르무트의 인기가 높은 편이지만, 미국에서는 드라이와 스위트 타입이 비슷한 비율로 소비되고 있다.

2) 듀보넷(Dubonnet)

여러 가지 방향성 재료를 사용하여 만든 프랑스산 식전주로서 약간의 키니네(kinine 쓴맛)[1] 맛을 가지고 있다.

3) 릴레(Lillet)

프랑스 보르도에서 생산되는 식전주로서 85%의 와인과 15%의 스페인, 모로코에서 생산되는 과일로 만든 리큐어(liqueur)를 섞어서 만든 것이다. 이와 어울리는 것으로는 레몬, 향신료에 절인 사과, 메론과 수박, 샐러드 등과 어울리는 술이며, 색상은 황금색에 스파이시(spicy)하고 민트(mint), 향신료 향 등이 난다.

그림 4-43 듀보넷

그림 4-44 릴레

4) 레치나(Retsina)

레치나는 그리스에서 생산되는 화이트와인으로서 와인을 발효 도중이나 발효 후에 송진을 넣어서 만든 와인이다. 과거에는 와인이 쉽게 상해 버려서 어떻게 해야 와인이 상하지 않을까 고심하였다. 또한 와인은 운반과 보관이 큰 문제였는데 로마인들이 유리병을 발명하기 전에는 주로 암포라(amphora)[2]라는 손잡이 달린 항아리에 와인을 담아 보관하였다. 하지만 와인이

1) 남아메리카 원산(原産)으로 인도네시아의 자바섬 등에서 재배되는 키나나무의 수피(키나皮)에 함유된 키나알칼로이드의 대표적인 것이다.

2) 암포라는 고대 그리스 로마 시대의 몸통이 불룩 나온 긴 항아리로 '손잡이가 두 개'라는 뜻으로, 포도주나 올리브유 등의 저장용 항아리를 말한다. 당시는 검은 색으로 형상을 채색하는 기술이 발달해 있었지만, 후에는 붉은 색으로 채색하는 적색상 양식이 유행하게 된다.

그림 4-45 레치나

자주 새어 나와 쉽게 상하였는데 우연히 회반죽에 송진을 섞어 항아리 내면에 발라보니 와인이 새지도 않고 오랜 기간 보관된다는 것을 발견하게 되었다. 그 후 송진첨가는 와인제조에 있어 필수과정이 되었고 송진을 섞어서 와인을 만들기 시작하였다.

레치나 와인은 전통계승을 위해 양조되는 그리스 고유의 화이트와인이며 독특하고 진한 송진 향 때문에 타국인들에게는 마시기가 부담스러운 와인이지만 식사 중에 마시는 와인으로 그리스인들에게 사랑받고 있다. 레치나는 차갑게 마시는 일반 화이트와인과는 달리 실온으로 마시면 좋다.

5) 상그리아(Sangria)

그림 4-46 상그리아

스페인의 대중적인 술로서 여러 가지 과일을 넣어 차게 해서 마시는 칵테일의 일종이다. 여름에 즐겨 마시며 특히, 스페인 남부와 동부 지방에서 많이 마시는데 품질이 떨어지는 와인은 상그리아를 만들어 마신다.

원래 상그리아는 레드와인 40~60%, 오렌지주스 20~30%, 소다수 20~30%를 섞은 다음 오렌지와 레몬을 잘게 썰어서 넣는다. 그러나 곁들이는 음식이나 기호에 따라 브랜디 · 퀴라소(curraao) · 트리플 섹(triple sec) 등의 술을 섞을 수도 있다. 과일 역시 오렌지나 레몬 대신 복숭아 · 딸기 · 키위 · 포도 · 사과 · 라임 등을 사용할 수도 있다. 오렌지주스 대신 레몬주스를 넣기도 하며 설탕을 첨가해 단맛을 더하기도 한다. 반드시 차게 해서 마시는 것이 좋으며 독하지 않고 달콤한 맛이 있어 해물요리나 닭요리 또는 볶음밥인 파엘라(paella) 등과 잘 어울린다.

3. 귀부와인(Sautérnes)

발효가 불완전하게 끝난 와인은 단맛을 함유하게 되는데, 자연적으로 발효가 중단되거나 인위적인 조절에 의해 환원당이 남게 되면 와인은 스위트 해진다.

일반적으로 20g/ℓ 이상의 당분을 지니게 되면 중감미(semi sweet) 와인이 되고, 36g/ℓ 이상이 되면 아주 감미가 강하게 느껴지는 와인이 된다.

천연 감미 와인이 되려면 포도의 당이 농축되어 과숙성 상태가 되어야 하고, 숙성기에는 당도가 16%정도 포함되어야 하며 포도의 과피에 버섯 곰팡이류의 일종인 보트리티스 시네레아균이 부착되어 과피 표면을 감싸고 있는 피막을 녹여 수분증발을 촉진하고 과피가 수축하여 건포도 형태에 이르게 된다.

수분이 증발된 포도의 과즙은 농축되어 당도는 높아지나, 산은 일부만 분해되어 당분함량이 35~45brix, 산도가 1.5%(정상 0.6%)로 일반적인 건포도와는 다른 형태가 되기 때문에 착즙이 어려워 수율이 낮아지고 발효가 불규칙하여 알코올 농도가 14~15%, 잔당 5~12%의 와인이 된다. 보트리티스 시네레아균의 활동에 의하여 글리세린과 같은 점성물질이 생성되어 포도 고유의 단맛보다는 꿀과 같이 복잡한 풍미를 지닌 와인이 된다.

발효기간은 2~8주로 발효시에는 당분이 높아 발효를 천천히 진행하여야 하며, 이스트에 충분한 영양분을 공급하여 발효기간 동안 활동이 원활하게 하여 독특한 맛을 지닌 감미 와인을 만든다.

인위적인 방법으로 당을 첨가하는 국가로는 독일을 꼽을 수 있는데, 독일에서는 병입 전에 농축 주스를 넣거나 신선한 주스를 넣어 만들기도 하고, 특등급의 와인은 보트리티스 시네레아균에 의한 천연당분에 의해서 만든다.

역사가 가장 오래된 귀부와인으로는 헝가리의 토카이 와인이 있으며, 오스트리아에서도 훌륭한 귀부와인이 생산되고 있다.

귀부현상이 일어나기 쉬운 포도품종은 쎄미용 품종과 리슬링 품종으로 과피가 얇은 포도품종 중에 하나이다.

1) 소테른(Sautérnes)

16~18세기부터 귀부현상에 의한 와인양조를 시작하였는데, 귀부현상이 생기면 일반적인 포도수확보다 수확량이 40% 정도 감소하게 된다.

곰팡이 포자는 겨울에도 생존하는데, 18~19brix 정도 되었을 때 안개비가 살짝 내리고 18~25℃ 정도가 되면 발아하여 포도에 부착된다. 이 곰팡이는 포도에 미세한 구멍을 뚫어 수분이 증발하게 되고 농축이 시작된다. 처음에는 반점형태로 나타났다가 곰팡이가 형성되면서 부분적으로 수축하여 농축 되는데 이 현상은 덥고 건조한 날씨에 급격히 확산된다. 균이 부착된 후 2주 정도 온화하고 시원한 날씨가 계속되면 가장 이상적인 포도가 만들어진다.

정상적인 날씨로 일반적인 작황일 때는 일찍 수확하여 드라이 와인이나 일반적인 스위트 와인을 만들고, 이상적인 조건을 갖추었을 때는 늦가을에 포도가 완전히 과숙하였을 때 선별 수

그림 4-47 Botrytis Cinerea

확하여 와인을 양조하게 된다. 이런 해는 쉽게 찾아오지 않는데, 익는 동안의 날씨와 과숙기간의 날씨가 좋아야 하기 때문에 항상 품질이 같을 수 없다. 밤에 기온이 내려가면서 이슬이 내리고 아침에는 안개가 끼며, 낮에는 햇볕이 강하게 내리 쬐게 되면 곰팡이가 생겨나게 된다. 이렇게 하여 수확되는 양은 평상시의 1/3정도로 감소하여 평상시 22톤(ton)의 포도를 수확하는 포도원은 8.5톤 정도로 수확이 감소한다. 포도 주스량 또한 감소하여 1,000kg 포도에서 270~350ℓ 정도밖에 착즙(수율 : 27~35%)할 수 없다.

2) 뱅 죤느(Vin Jaune)

와인을 오크통에서 오랜 기간 동안 숙성하게 되면 와인의 양이 자연적으로 증발되어 줄어들게 되므로 일정한 시기에 정기적으로 와인을 보충해 주어야 하는데 와인을 보충해 주지 않으면 오크통 안의 와인의 표면이 공기와 접하게 되는 면적이 많아져 액체 표면에 박테리아들이 빠르게 번식하여 그랑 크뤼(grand cru) 와인이라고 해도 몇 주안에 식초로 변해버린다.

그러나 알자스와 부르고뉴 지방 사이의 브장송(besancon) 남쪽과 주위에는 아르부아(arbois)와 폴리니(pollini) 등의 작은 도시들이 있는 프랑스 쥐라(jura) 지방의 쥐라 산맥 서쪽 언덕 약 2,000ha의 소규모 포도밭 지역은 자연 증발된 와인 통을 채우지 않는 방법으로 가장 희귀하면서도 특별하고, 신비스럽기까지 한 뱅 죤느 와인을 만드는 것으로 유명한 지역이다.

쥐라 지역에는 부르고뉴 품종인 샤르도네, 삐노 누아와 함께 쥐라 지역에서만 재배되는 전통적인 청포도품종인 사바냥(savagnin)과 흑포도품종의 뿔사르(poulsard)와 트루쏘(trousseau) 등이 있다.

뱅 죤느를 제외하고 쥐라 지역의 포도품종들은 일반적으로 블렌딩되어 아르부아, 아르부아-뿌삘랭, 꼬뜨 뒤 쥐라(côtes du jura) 그리고 에투알(etoile) 등의 AOC등급의 탁월한 맛의 레드와인, 로제와인, 화이트와인들을 만들어 내는데 에투알은 화이트와인만을 생산하고 있다.

뱅 죤느는 사바냥 품종으로만 생산되는 와인으로 생산량이 적어 ha당 30hl의 뱅 죤느를 생산하는데 사바냥 포도품종은 포도알이 작고 껍질이 두꺼워 기후변화에 덜 민감하다. 이러한 특성으로 포도수확 기간이 비교적 늦은 편으로 10월 말이나 11월 초 포도가 무르익은 상태일 때 수확하며 수확과 동시에 포도즙을 짜내고 알코올 발효와 젖산 발효를 거쳐, 이미 뱅 죤느를 담았던 오크통에 저장한다. 오크통에 저장된 이후부터는 효모의 역할이 매우 중요한데 이전에 사용된 오크통들은 이미 효모가 번식된 상태이므로 오크통을 채울 때는 반드시 어느 정도의 빈 공간을 남겨두어야 하며 약 6년 동안 절대 통을 만져서는 안 된다.

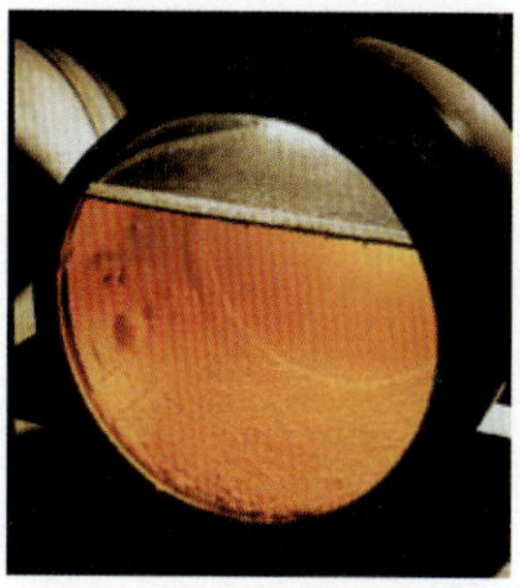

그림 4-48 뱅 죤스 오크숙성

특이하게도 쥐라 지역에서만 오크통 안의 와인 표면에 특수한 효모 막이 형성되어 공기와 와인의 접촉을 막아주고 산화를 방지하여 훌륭한 와인이 식초로 변하는 것을 막아준다. 6~7년 또는 더 오랫동안 오크통에 숙성된 후 뱅 죤느를 '클라블랭(clavelin)' 이라는 62cl짜리 특수한 병에 담는데 이는 뱅 죤느가 수 년 동안 와인 통에서 증발되는 부분을 상징하는 것으로 일종의 꼬냑(cognac)에서의 '천사들의 몫' 과 같은 것이다. 그렇지만 이 특별한 뱅 죤느를 맛보기 위해서는 여전히 몇 년을 더 기다려야 하며 뱅 죤느는 매우 드라이 한 와인으로 입에서는 약간 씁쓸하고 강한 맛이지만 나중에는 환상적인 호두, 삿갓버섯, 아몬드, 말린 과일들의 향이 나며 비교할 수 없는 깊은 여운을 남긴다.

뱅 죤느는 쥐라의 전 지역에서 생산되지만 생산량이 적어서 매년 5,000hl만 생산되며, 그 중 1,500hl는 가장 유명한 샤또 샬롱(château chalon) AOC로서 이 포도원은 쥐라 산맥 절벽에 걸쳐있는 50ha도 안 되는 작은 포도원으로 바로 이곳에서 정확한 연도는 알 수 없지만 17세기 또는 18세기 경에 만들어졌다. 이처럼 50ha도 안 되는 소규모 포도원은 프랑스 혁명이 전까지 베네딕틴(benedictine) 수도회의 소유였는데 당시 수도회에서는 포도를 늦게 수확하여 가끔은 영하로 기온이 떨어진 이후에도 수확했고 와인이 판매되기 전에 와인 통에 10년 이상 저장하였다.

3) 뱅 드 빠이으(Vin de Paille)

빠이으(paille)란 영어의 스트로(straw)라는 의미로 짚 또는 밀짚이란 뜻이며, 포도 수확기에 가장 잘 익은 포도송이들만을 골라 짚 위 또는 건조하고 통풍이 잘되는 곳에 깔아놓거나 매달아 놓고 3개월 정도 말려 양조한 와인으로 건포도와 같이 포도알에 설탕이 농축되어 당도가 높아진다. 발효 후에는 와인 1리터당 3~4%의 천연 당분을 함유한 유질이 풍부한 스위트 와인이 되는데 양조통 안에서 3~4년을 숙성 시킨 후에 출고된다.

그림 4-49 뱅 드 빠이으 건조작업

수확량이 한정되어 있는데다가 양조방법도 특이해서

쥐라 지방의 특산물로 귀한 와인이며, 독일의 트로켄베어렌아우스레제(trockenbeerenauslese)나 아이스바인(eiscewein)처럼 반병(350ml)으로만 생산된다.

4) 토카이 아쑤(Tokaji Aszu)

귀부병에 걸린 포도가 늦가을이 되면 건포도와 같이 되는데, 이것을 헝가리에서는 아쑤(aszu)라고 부른다. 아쑤를 선별적으로 수확하여 줄기를 제거한 후 푸통요스(puttonyos)라 불리는 나무통(25kg/30Liter)속에 넣는다.

12월 말경 약 6~8일이 경과하면 포도의 무게로 인해 매우 농축된 주스가 통 밑에 고이게 되는데, 이것을 아쑤 에센시아(aszu eszencia)라고 한다.

푸통요스 속의 아쑤 에센시아가 만들어지면 포도씨앗이 파괴되지 않도록 조심스럽게 반죽(아쑤 페이스트 aszu paste)과 같이 되도록 으깬다.

으깬 반죽을 1년 숙성된 136ℓ 용량의 드라이 베이스 와인(furmint & harslevelu 품종으로 양조된 와인) 통(gonci barrel 큰 오크통)에 혼합한 후 18~48시간 동안 머물게 하는데, 이 기간의 아쑤의 당은 기초와인에 용해되어 발효가 완료된다.

아쑤가 첨가된 기초와인은 재 발효가 시작되어, 알코올 도수 13~14°로 오르게 되면 발효는 자동적으로 멈추고 엄청난 잔여 당이 와인에 남게 된다. 결과적으로 더 많은 아쑤 페이스트를 드라이 베이스와인에 넣으면 넣는 만큼 잔여 당이 와인에 남게 되어 매우 스위트한 와인이 되는 것이다.

와인의 배합기준을 정하기 위해 푸통요스 또는 푸토니(puttony)와 드라이 베이스 단위를 규정하고 있는데, 1푸토니는 25kg, 30Liter에 해당되고 드라이 베이스 와인 통은 136ℓ의 용량을 정하고 있다.

그림 4-50 Puttonyos

아쑤는 매우 스위트한 와인으로 독일의 아우스레제 급에 속하며, 아쑤 와인이 되기 위해서는 최소한 3년 동안 통속에서 숙성되어야 한다. 많은 헝가리 전문 와인 감식가들은 4푸통요스의 와인이 가장 조화롭고 훌륭한 와인으로 평가하고 있다.

와인의 감미도(度)는 얼마나 많은 푸통요스를 드라이 베이스 와인에 첨가 되느냐에 따라 달라진다.

와인 라벨에는 3~6푸통요스가 표시되는데, 리터 당 당도 함유량은 다음과 같다.

■ 3푸통요스 : 당도 60g/Liter

- 4푸통요스 : 당도 90g/Liter
- 5푸통요스 : 당도 120g/Liter
- 6푸통요스 : 당도 150g/Liter
- 아쑤 에센시아 : 당도 180g/Liter
- 에센시아 : 당도 250g/Liter

이와 같은 와인은 보통 3~6년 동안 큰 오크통에서 숙성 된 이후에 출시되지만 일부는 병입한 후 수십 년 동안 어둡고 습기가 있는 지하 셀러에서 보관된 후에 출시되는 경우가 많다.

(1) 토카이 아쑤 에센시아(Tokaji Aszu Eszencia)

토카이 아쑤 에센시아 와인은 1970년 헝가리의 와인 규정에 의해 새로 인정된 와인으로 양조과정은 아쑤와 같으나 다른 점은 특별한 해, 최고의 포도원에서 생산된 포도로 양조한 와인이다.

아쑤 페이스트를 첨가한 와인은 당도가 매우 높기 때문에 특별히 배양한 효모인 '토카이 22'를 사용해서 2차 발효시킨 와인이다.

(2) 토카이 에센시아(Tokaji Eszencia)

토카이 넥타(tokaji nectar)로 알려진 이 와인은 매우 희귀한 것으로 아쑤가 통에 보관되는 동안 포도알의 무게에 의해 매우 적은 양인 0.25ℓ정도의 즙을 얻게 된다. 놀랍게도 어느 아쑤보다 높은 당도로 인해 즙이 토카이 에센시아의 기초재료가 된다.

그리고 높은 당도로 인해 발효는 매우 느리게 진행되며, 맛의 변화가 거의 없이 100년 이상 숙성시킬 수가 있다. 에센시아는 샤또 디껨과 더불어 세계에서 가장 스위트하고 비싼 와인에 속한다.

그림 4-51 토카이 와인

(3) 숙성

토카이 와인은 좁고 캄캄한 용암 동굴 속의 10℃에서 작은 배럴들이 일렬로 줄지어 있고 둥근 천장은 두껍게 이끼가 끼어 있는 지하 저장고에 보관된다. 유명하고 오랜 된 셀러인 에르도벤예(erdovenye), 샤로스 빠탁(sarospatak), 딸리야(talya), 타르쌀(tarcal)에서 생산된 토카이 와인 중 아직까지도 남아 있는 몇 병은 절정기 때의 잘 숙성된 와인이 현재보다 더 훌륭했다는 것을 보여준다.

그러나 오늘날에도 넷 또는 다섯 푸통요스 아쑤와 아쑤 에센시아는 비단결 같은 부드러움, 끊임없이 솟아나는 향, 과일과 버터, 캬라멜이 섞인 맛을 지니고 있다.

4. 아이스 와인(Ice Wine, Eiscewein)

아이스 와인이란 얼은 포도들을 그 상태로 포도나무로부터 수확해서 만든 매우 진귀한 와인으로 포도들은 자연적으로 어는 과정을 거치는 동안 절묘하게 달콤한 맛을 내게 되어 아이스 와인을 생산할 수 있게 한다. 아이스 와인은 진한 금빛색과 매혹적인 달콤한 맛으로 위대한 명성을 얻게 되었다.

아이스 와인의 원료로 사용되는 포도가 수확되는 시기는 온도가 -8℃ 이하에서 연속적으로 2~3일 지속되는 차가운 겨울기간이다. 이러한 추운 기후에서 포도들은 수확되기 전까지 포도나무에 매달린 채 고체 상태로 얼려지게 되는데 겨울 기후의 전형적인 온도 사이클을 거치게 된 포도의 고체 상태는 인공적인 기술에 의하여 쉽게 만들어질 수 없는 신비한 맛을 지니게 된다.

이상기온으로 따뜻한 겨울이 오면 아이스 와인 생산을 포기해야 하므로 자연적인 기후 영향이 매우 크게 작용하여 아이스 와인은 매우 귀하다.

포도의 수확은 일출 전에 이루어져야 하며 해가 뜨면 얼음처럼 딱딱하게 얼어붙은 포도송이가 녹으면서 상품으로서의 가치를 잃어버리게 된다.

독일에서 처음 만들어져서 '아이스바인(eiswein)' 으로도 불려지고 있는데 아이스 와인은 1794년 독일의 프란코니아(franconia) 지방에서 양조되어 그 뒤 1800년대 중반, 라인가우(rheingau)의 양조장에서 아이스 와인을 계획적으로 생산하기 시작하였다.

캐나다는 독일보다 약 200년 늦은 1978년 왈트 헤이리 포도농장에서 처음으로 상업적인 아이스 와인을 만들었으며, 세계에서 최대 규모의 아이스 와인을 생산하는 곳으로 나이아가라(niagara) 폭포지역에 특히 많은 와이너리들이 있다.

캐나다는 19세기 초 정착한 독일 이민자들이 아이스 와인을 만들기 시작하여 1980년대에 상업적으로 성공을 거둔 이후 독일에 버금가는 아이스 와인의 대국으로 성장하였다.

아이스 와인은 대부분 '리슬링' (riesling 독일)과 '비달' (vidal 캐나다)이라는 포도품종으로 생산되는데 비달은 리슬링보다 껍질이 두꺼워 냉해에 더 잘 견디지만 산도는 리슬링이 풍부하다. 리슬링 아이스 와인은 비달 아이스 와인보다 색상에서 그리고 미각측면에서 약간 더 라이트(light)한 경향이 있으며 세계적인 와인평론가 로버트 파커(Robert M. Parker)로부터 99점 이상을 받은 아이스와인이 10개나 있는 반면 비달을 주로 재배하는 캐나다는 세계 최대의 생산량을 자랑하고 있다.

그림 4-52 아이스 포도 수확

아이스 와인은 산출량이 적고 생산비용이 많이 소요되는데 냉동된 포도들로부터 와인 산출량은 냉동되기 전 포도보다 대략 1/10 밖에 되지 않는다. 더욱이, 포도들이 얼려진 상태로 수확되어야만 하기 때문에 매우 신속하게 수확해야 하고 정확한 타이밍과 빠른 개발단계 그리고 날씨의 행운이 따라 주어야만 우수한 아이스 와인을 생산할 수 있다. 또한 제한된 수확시간 때문에 높은 인건비가 소요되므로 높은 판매비용에 영향을 미칠 수 밖에 없다.

자연적인 기후에 의해서 생산되는 아이스 와인과 구별되는 인공 아이스 와인은 가을에 포도를 수확한 뒤 냉동고에서 얼린 포도송이로 만든 와인으로 미국, 호주, 스위스 등지에서는 '크리요(cryo)' 란 이름으로 팔리고 있으며, 또한 수확 최저 온도(독일 영하 -7℃, 캐나다 -10~-13℃) 규정을 지키지 못한 와인(독일 -5℃, 캐나다 -6℃)은 아이스 와인 이라고 하지 않고 '늦게 수확(late harvest)' 한 와인이라고 불린다.

아이스 와인은 종종 식사 후에 마시므로 디저트와인이라고 불리기도 하지만 개인의 개성에 따라 식사 중에 마셔도 매우 좋은 맛을 음미할 수 있다.

Wine & Grape

07 ▸▸▸ 와인 양조법

1. 마쎄라시옹 까르보니크(Macération Carbonique)

일반적으로 탄산가스 침용(침출)방식이라고 부르며, 일반적인 레드와인을 만드는 방법과는 달리 밀폐형 스테인리스 탱크(closed stainless tank)에 수확한 흑포도를 파쇄하지 않고 포도송이 그대로 채우고 유해한 미생물의 활동을 방지하기 위하여 탄산가스를 채워 수일간 놓아두는 방법이다.

이 기간 동안에 포도는 가볍게 세포 내 발효를 시작하여 세포막이 파열되기 쉬운 상태가 되는데 이를 압착하여 화이트와인 양조방식으로 발효하게 된다. 온도에 따라 차이가 있으나 약 8~10일 정도 세포내 발효를 진행하다가 압착하여 화이트와인 양조방식으로 2~3일 정도 정상발효시켜 알코올 발효를 완성시킨다. 이 방법을 사용하면 극소량의 당분(0.5~2.2%)을 알코올로 바꾸고 탄산가스 등의 2차 물질이 생성되며 이 기간 동안에 과피에 포함된 방향성분이 과립 안으로 발산되어 붉은 과실의 향기, 착색 캔디(candy) 향 등의 2차 아로마(aroma) 즉, 포도품종 자체의 향보다는 내부에서 우러나오는 향이 좋아지고 폴리페놀(polyphenol)의 추출이 줄어들어 쓰고 떫은맛이 약해진다. 따라서 이 방법은 와인의 산도를 낮추는 발효방식으로 알코올 생성과 산소의 부족으로 세포가 파괴되면 반응이 멈추어 신선하고 탄닌이 약한 풋풋한 와인이 만들어 진다.

보졸레 누보 와인은 마쎄라시옹이 단기간에 적용되어 대단히 신선한 향과 맑은 색상을 나타나는 대신 탄닌에 의한 떫은맛이 적은 신선한 맛의 레드와인을 얻게 된다. 그러나 랑그독(languedoc) 지방과 론(rhône) 지방의 남부처럼 10~20일간 마쎄라시옹이 계속되면 장숙(長熟) 타입의 와인이 생산된다.

마쎄라시옹 까르보니크는 탄산가스를 외부에서 주입하는 방법과 포도를 탱크에 채울 때 일부 포도가 터져서 그 발효로 발생하는 탄산가스에 의한 방법 두 가지가 있는데 보졸레 누보는 후자에 속한다.

- 외부에서 탄산가스를 주입하는 방식
- 발효과정에서 자연 발생한 탄산가스 방식

2. 마쎄라시옹 아 쇼(Macération a Chaud)

일찍 마실 수 있는 레드와인의 양조법으로 남 프랑스에서 자주 이용하는 양조 방식이며 수확한 포도를 파쇄한 후 탱크로 보내져 70℃에서 30분 정도 증기로 가열하여 세포막을 파괴시킨 후 색소를 과즙 안에 용출시켜 압착, 발효한 후 와인을 만드는 방법이다.

최근에는 두꺼운 관을 통해 80~85℃로 1~2분 정도 가열하여 세포막을 파괴하고 색소를 과즙 내에서 용해시켜 압즙하여 발효시키는 방법을 사용하고 있다.

이 방법으로 양조된 와인은 색상이 좋고 탄닌 성분이 적어서 일찍 마실 수가 있다.

3. 슈르 리(Sur Lie)

슈르 리는 on the lees(앙금의 위에)의 불어 표현으로써 일반적으로 화이트와인은 발효과정이 끝나면 여과과정을 거쳐 효모 등의 찌꺼기와 분리되고 여과된 상태에서 숙성이 되는데, 이 방식을 따르지 않고 발효 후에도 여과과정을 거치지 않고 그대로 두는 경우를 '슈르리' 라고 한다.

이 용어는 프랑스산 화이트와인 뮈스까데(muscadet)가 맛의 깊이를 더하기 위해서 발효과정이 끝난 후에도 스테인리스 스틸 탱크에 앙금 · 찌꺼기(lees)와 같이 보관 숙성되었음을 나타내기 위해서 사용되었다. 그러나 이와 같은 생산 방식은 프랑스 랑그독 지방 뿐 아니라 다른 국가들까지 확대 도입되었고, 특히 보르도 뻬싹-레오냥(pessac-leognan) AOC 또는 부르고뉴의 뫼르소(meursault) 스타일의 와인이 대표적인 특질을 느끼게 해 준다.

그림 4-53 슈르 리 와인

4. 과피 접촉법(Skin Contact 스킨 콘닥트)

스킨 콘탁트는 레드와인의 침용(macération) 방식이며, 이것을 화이트와인에 응용한 일종의 과즙 전처리를 스킨 콘탁트(skin contact)라고 부른다.

포도즙이나 와인에 포도껍질을 담가놓는 것을 말하는데 짧게는 몇 시간부터 길게는 몇 십일까지이다. 이 과정 중에 껍질에 들어있는 색소, 탄닌, 플레이버(flavor) 등이 와인에 스며들게 되는데 레드와인의 경우는 포도껍질과 함께 발효시키므로 발효 후에 포도껍질과 함께 있는 기간을 말하고, 화이트와인의 경우 발효 전 포도즙 상태에서 포도껍질과 함께 있는 기간을 말한다.

- **화이트와인** : 발효 전 포도즙 상태에서 포도껍질과 함께 있는 기간
- **레드와인** : 발효 후에 포도껍질과 함께 있는 기간

스킨 콘탁트는 과즙에 포도 품종의 특성을 보다 진하게 넣어주기 위하여 과피에서 나오는 성분추출을 의도적으로 하는 것으로 최근에는 파쇄기, 압착기 등의 성능이 비약적으로 향상되어 단시간에 공정을 종료하게 되었는데 1960년대 이전에는 그 공정자체가 스킨 콘탁트에 요하는 시간이었다고 말할 수 있어서 와인 양조의 새로운 기술이라고 말하기보다는 전통의 부활이라고 볼 수 있다.

Wine & Grape

08 와인양조 용어해설

1. A~C

■ Acetic Acid(초산)

식초에서 느껴지는 대표적인 휘발성 산으로 와인이 공기와 접촉하였을 때 발생하므로 반갑지 않은 산이다.

■ Acids(애시드)

혀에서 느끼는 4가지 맛의 하나로 혀의 가장자리에서 느껴진다. 와인의 적당한 산미는 와인을 마셨을 때 기분 좋은 상쾌함을 느끼게 하지만 산도가 너무 낮으면 밋밋하고 생기가 없는 와인으로 지나치면 자극적이고 시큼한 와인으로 느껴지게 된다. 와인에서 느낄 수 있는 대표적인 산의 종류에는 아세트산, 초산(acetic acid), 구연산(citric acid), 사과산(malic acid), 젖산, 유산(lactic acid), 타르타르산(tartaric acid) 등이 있다.

■ Aging(숙성)

와인이 시간이 흐름에 따라 성숙해가는 과정(process of maturing wines)을 말한다. 기간의 차이는 있지만 거의 모든 고급 레드와인과 프랑스 소테른, 부르고뉴, 캘리포니아 샤르도네 등의 몇몇 무게감 있는 화이트와인들이 상대적으로 긴 숙성과정을 거친다. 숙성을 통하여 와인은 거친 탄닌이 부드러워지고 복합적인 풍미와 부케(bouquet)가 생기게 된다. 나무통 숙성(wood aging)과 병 숙성(bottle aging)이 있는데 와인이 숙성되는 장소의 환경이 제일 중요하다.

■ Alcohol(알코올)

와인의 주요 구성요소 중의 하나이며 효모의 작용으로 포도의 당분이 알코올, 탄산가스, 열로 변화하는 알코올 발효 중에 에틸알코올이 생긴다. 일반적으로 와인의 알코올 도수는 7~15% vol.으로, 포도즙의 당도나 첨가되는 당(chaptalisation)의 양에 따라 달라진다. 알코올도수를 1도 높이려면 화이트와인의 경우 1리터당 17g, 레드와인은 18g의 당이 필요하다. 알코올도수가 16%가 넘는 와인은 강화와인(fortified wine)이다. 잠재 알코올량(potential alcohol)은 와인의 잔당이 모두 발효되었을 때 생성될 수 있는 알코올의 함량으로 가끔 레이블(label)에 실제 알코올 함량과 함께 표시되기도 한다.

■ Alcoholic Fermentation(알코올 발효, 1차 발효)

포도즙 속의 당분이 효모의 영향으로 알코올, 탄산가스, 열 등으로 변화하는 과정으로 포도주스가 와인으로 변하는 시기이다.

■ Aldehyde(알데히드)

알코올의 산화 과정에서 산출되는 화학물로 알코올과 산의 중간 단계이며, 아세트알데히드(acetaldehyde)가 와인의 알데히드 중에 가장 일반적인 종류로 와인이 산화되어 초산이 되는 과정에 형성된다. 미량의 아세트알데히드는 와인에 미묘한 맛을 더해주지만, 너무 많이 포함된 경우는 쉐리(sherry)와 같은 향이 나게 한다.

■ Assemblage(아썽블라쥬)

영어의 블렌딩(blending)과 같은 의미로 포도를 지역이나 품종에 따라 각각 다른 통에서 발효, 숙성시킨 다음 다양한 조합으로 배합하는 과정이다. 특히 여러 품종을 블렌딩하는 프랑스 보르도나 론지방의 와인, 여러 해의 뀌베(cuvée)를 혼합하는 샴페인 양조과정에서 중요한 역할을 한다.

■ Barrel(배럴)

와인 숙성이나 운반에 쓰이는 다양한 용량의 나무통으로 오크(oak 참나무), 밤나무(chest nut), 미국 삼나무(redwood) 등이 쓰인다.

■ Barrel Fermentation(배럴 발효)

대용량의 큰통(vat)이나 스테인리스 스틸 탱크가 아닌 소용량의 배럴에서 이루어지는 발효를 말한다. 주로 샤르도네나 쏘비뇽 블랑 등의 화이트와인 발효에서 짧은 기간 동안 하는 경우 과일향이 약간은 손실될 수 있지만 오랜 숙성 보관이 가능한 와인을 만들 수 있다.

■ Barrique(바리끄)

주로 프랑스 보르도에서 쓰이는 용어로 와인 발효에 쓰이는 다양한 용량의 통을 말한다. 영어의 캐스크(cask)에 해당하며, 보르도의 225ℓ 용량의 통이 가장 보편적으로 쓰인다.

■ Blending(블렌딩)

새로운 복합적 풍미를 가진 와인을 만들기 위해서나, 매년 동일한 품질의 와인을 공급할 목적으로 품종이(경우에 따라 지역, 빈티지까지도) 다른 와인들을 다양한 조합으로 배합하는 과정이다. 2개 이상의 품종을 블렌딩한 와인은 blended wine(vin d' assemblage 뱅 다썽블라쥬), 단일 품종으로 만든 와인은 varietal wine(vin de cépages 뱅 드 쎄빠쥬)라고 한다. 증류주를 서로 혼합하는 행위도 블렌딩이라 한다(Assemblage 아썽블라쥬).

■ Cap(캡)

레드와인 발효 중에 포도 껍질, 씨, 과육, 줄기 등의 고형물이 포도즙 위로 부글부글 떠올라 형성된 층을 말한다(불어로는 '모자' 라는 의미를 가진 'chapeau 샤뽀' 라 부른다). 색, 탄닌, 풍미를 충분히 추출하기 위해 아래로 눌러 포도즙과 접촉시키는 과정을 punching down (pigeage 삐자쥬) 혹은 treading이라고 한다.

■ Carbonic Macération(탄산가스 침용)

포도알을 부수지 않고 발효통에 넣고 뚜껑을 닫은 후 발효시키는 방법이다. 윗부분의 포도의 무게에 아래에 있는 포도가 눌려 터지면서 발효가 시작되는데 탄산가스로 가득 찬 발효 통 안에서 30~32℃에서 4~6일 정도 발효가 진행된다. 두 번째 발효는 포도 찌꺼기와 분리된 포도즙만을 가지고 낮은 온도(20℃)에서 이루어진다. 단기간(1~3주)에 특유의 과일향이 풍부하여 쉽게 마실 수 있는 부드러운 와인을 만드는 양조법으로 프랑스 보졸레 지방에서 가메(gamay)품종으로 만드는 보졸레 누보(beaujolais nouveau)가 대표적인 와인이다(macé ration carbonique 마쎄라시옹 꺄르보니크).

■ Caudalie(꼬달리)

와인을 삼키거나 뱉어낸 이후에도 계속되는 와인의 미각, 후각적 자극의 길이를 측정하는 단위로써 1caudalie는 1초에 해당된다.

■ Chaptalization(샵딸리자씨옹)

와인의 알코올 함량을 높이기 위해서 포도즙에 설탕을 첨가하는 작업으로써 일반적으로 와인 1헥토리터(hl)의 알코올 도수를 1% 올리기 위해서는 1.7kg의 설탕이 필요하다고 하지만 레드와인의 경우에는 르몽타쥬(remontage) 또는 punching down(pigeage 삐자쥬) 과정에서 알코올의 일부가 손실되기 때문에 2kg이 필요하다. 유럽 와인 생산 국가들에서는 아직까지 이 방법을 사용하고 있으나, 유럽공동체에서는 1993년 지나친 생산량을 걱정하여 이를 금지하기로 공식 발표한 바 있다.

■ Citric Acid(구연산)

감귤류의 과일에 많이 포함된 산으로 포도에도 아주 소량이 들어 있다.

■ Clarification(클래어피케이션)

맑은 와인을 얻기 위한 과정으로 fining, filtration(filtering), 원심분리법 등 다양한 방법이 사용된다.

■ Cask(캐스크)

나무로 만든 와인 발효통을 통칭하는 용어로 용량은 다양하지만, 일반적으로 225ℓ 용량의 보르도 통(barrique)이 가장 많이 쓰인다. 보르도의 토노우(tonneau) 1개에는 바리끄(Barrique) 4개, 즉 900ℓ가 들어간다. 일반적으로 조금 더 큰 대용량의 통은 배트(vat)라 부른다(barrique, tonneau-프랑스, barrica-스위스, botte-이탈리아).

■ Closed Tank Method(밀폐형 탱크)

1차 발효된 와인을 블렌딩한 후 2차 발효는 리꿰르 드 띠라쥬(liqueur de tirage)를 넣은 후 병이 아닌 상층부가 막힌 발효통에서 하는 방법으로 병 발효법보다 경비면에서 절감이 되므로 저가의 스파클링와인을 만들 때 쓰인다. 샴페인 방식의 복잡한 과정 대신 2차 탱크통 발효 후 와인을 차게 하여 필터링한 후 다른 통에 옮긴 후 마지막으로 샴페인과 설탕을 섞은 시럽(liqueur d' expedition)을 첨가하여 병입하는 순서로 진행 된다.

■ Corking(코킹)

코르크 마개로 병을 막는 과정을 말한다. 와인병을 막는 마개를 코르크로 부를 정도로 와인의 마개로는 코르크가 가장 많이 쓰이는데 일반적으로 코르크의 길이는 $1^{1}/_{4}$~ $2^{1}/_{4}$인치로 고급와인일수록 품질이 좋고 긴 코르크를 사용하며, 와인병을 눕혀 놓아야 코르크가 마르지 않는다.

■ Crushing(크러쉬)

포도즙을 발효시키기 전에 포도즙이 나오도록 하기 위해 포도알을 가볍게 터트리는 과정이다(풀라쥬 foulage).

■ Cuve(큐브)

와인의 발효 · 보관에 쓰이는 여러 가지 용량의 통으로 나무, 시멘트, 콘크리트, 스테인리스 등 재료가 다양하다. 최근에는 punching down(삐자쥬 pigeage)나 pumping over(르뮈아쥬 remontage)를 자동으로 할 수 있는 장비를 갖춘 통도 있다. 샴페인 양조에는 거품을 잡아두기 위해 상층부가 막힌 발효통을 사용하는데 영어로는 탱크(tank) 혹은 배트(vat)라고 한다.

2. D~F

■ Debourbage(데부르바쥬)

압착된 포도즙이 발효되기 전에 거치는 정화과정이다.

■ Décuvage(데뀌바쥬)

보통 포도껍질은 포도즙 위에 뜨게 되지만, 그 외의 다른 찌꺼기들은 발효통 아래에 가라앉게 되는데 포도즙을 다른 통으로 옮기기 위해 비우는 작업을 데뀌바쥬라고 한다.

■ Dégorgement(데고르쥬망)

샴페인 방식(선통방식, traditional method)으로 양조되는 스파클링와인의 2차 병 발효 중 르뮈아쥬(remuage)로 병목에 모아진 침전물을 병으로부터 분리시키는 과정을 말한다. 냉각시킨 소금물에 병목을 거꾸로 담가 병목에 모인 찌꺼기를 얼린 후 뚜껑을 열면 병 속에 모여 있던 탄산가스의 압력으로 찌꺼기가 튀어나오게 된다.

■ Destemming(에그라빠쥬 Égrappage, 에라플라쥬 Éraflage)

포도를 수확한 후 양조의 첫 단계로 줄기(stem)에서 포도알을 분리하는 작업으로 발효과정 중 줄기에서 와인에 강하고 자극적인 탄닌이 전달되는 것을 방지하기 위한 과정이다.

■ Dosage(도자즈)

샴페인 방식(전통방식 traditional method)의 스파클링와인 양조과정에서 데고르쥬망(dégorgement)으로 생긴 공간에 와인과 설탕을 섞은 시럽(liqueur d' expedition)을 채워 넣는 과정으로 이때 시럽의 당도에 따라 스파클링와인의 타입이 결정된다.

■ Draining(에구따쥬 Égouttage)

포도알을 가볍게 으깬 후 포도즙이 흘러 떨어지도록 놓아두는 과정으로 화이트와인 양조에서 압착하기 바로 전에 자연스럽게 이루어진다. 이때 흘러나온 포도즙을 프리 런 주스(free run juice)라고 한다.

■ Élevage(엘르바쥬)

1차 알코올 발효 이후의 단계에서부터 병입까지의 전 과정을 말한다. '키우다, 양육하다' 라는 의미를 가진 élever 동사의 명사형으로 영어로는 정확하게 일치하는 표현을 찾기 어렵다. 자식을 키우는 듯 한 심정으로 정성을 들이는 양조자의 마음을 나타낸 것으로 이해하면 될듯 하다. 프랑스 와인 레이블에 élevé en fût de chêne(오크통에서 숙성된, matured in oak barrel), élevé et mis en bouteille dans nos chais par. 영어로는 maturing에 해당한다.

■ Egrappage(에그라빠쥬)

발효과정을 거치기 전에 포도 줄기를 제거하는 과정으로 거친 탄닌과 식물성 맛을 주기 때문에 제거한다.

■ Fermentation(발효)

미생물이 자신의 효소로 유기물을 분해 또는 변화시켜 특유의 최종 산물을 만들어내는 현상을 말한다. 대표적인 발효식품으로 와인, 맥주, 치즈, 우리나라의 김치 등이 있다. 와인 양조에 있어서는 알코올 발효와 유산 발효가 가장 중요하며 화이트와인은 레드와인보다 낮은 온도에서 발효를 시킨다.

■ Filtration, Filtering(여과)

와인을 병입하기 전에 필터에 통과시킴으로써 와인에 나쁜 영향을 줄 수 있는 이스트 찌꺼기나 미생물, 기타 침전물 등을 걸러내는 정화(clarification)의 한 과정이다. 와인이 숙성되는 과정에서 풍미와 개성을 부여할 수 있는 요소까지도 모두 걸러 내버리는 경우가 있다고 하여 여과 과정을 반대하는 양조자들도 많다. 레이블에 'Unfiltered' 는 와인을 필터에 통과시키지 않았음을 의미한다.

■ Fining(꼴라쥬, 정제 Collage)

와인 병입 전에 첨가물을 사용하여 와인을 탁하게 할 수 있는 미세분자들을 통 바닥에 모이게 하여 제거하는 정화의 한 과정으로 젤라틴(gelatin), 카제인(casein), 벤토나이트(bentonite), 계란 흰자 등이 사용된다.

■ Fortified Wine(강화와인)

와인에 알코올을 첨가하여 알코올 함량을 높인 와인으로 종류로는 포트(port), 마데이라(madeira), 쉐리(sherry)가 있다. 보통 와인의 알코올은 11~14%인데, 강화와인의 알코올은 15~21%이다. 강화와인을 만드는 이유는 발효를 멈추게 하기 위해서 또는 와인의 저장성을 높이기 위해서이다.

■ Free Run(프리 런)

포도알을 가볍게 으깨어 놓은 상태에서 자연스럽게 흘러내려 모아진 포도즙을 프리 런 주스(free run juice)라고 한다. 화이트와인 양조에 있어서 발효에 들어가기 전의 프리 런 주스는 프레스 주스(press juice) 보다 탄닌이 적고 고급의 섬세한 와인을 만드는데 쓰인다. 레드와인 양조에서는 발효가 끝난 후 발효통에서 running off(écoulage 에꿀라쥬) 과정을 통해 흘러내려 모아진 와인을 free-run juice(vin de gǒutte 뱅 드 구뜨)라 한다. free-run wine에 품질이 좋은 press wine(vin de préss 뱅 드 프레스)을 섞으면 와인이 단단한 골격(structure, firmness)을 갖추게 된다.

■ Fût(퓨)

영어의 배럴(barrel)에 해당하며 오크통(oak barrel)은 퓨 드 쉔느(fût de Chêne)라 한다.

3. G~I

■ Glucose(글루코오스)

포도의 당분을 형성하고 있는 당분의 일종으로 녹말이 분해되면 포도당이 된다.

■ Glycerol, Glcerine(글리세롤, 글리세린)

와인의 중요 성분으로 무색의 끈적끈적한 단맛이 있는 액체이며 지방이 분해될 때 지방산과 함께 생성된다.

■ Gǒutte(구뜨)

레드와인 양조시에 데부르바쥬(debourbage) 과정을 통해 나온 자연 과즙의 와인이다.

■ Harsh(하쉬)

탄닌이나 산, 알코올이 지나치게 높은 와인을 묘사할 때 쓰는 표현이다.

■ Head Space(헤드 스페이스)

나무통이나 병에 술을 채우고 남는 공간(ullage 얼리쥐)이다.

4. J~L

■ Lactic Acid(유산)

유산 발효(malolactic fermentation) 과정에서 다량 발생하는 산으로 와인의 맛을 부드럽게 한다.

■ Lie(리)

효모 찌꺼기, 콜로이드 등이 오크통 아래에 가라앉아 있는 미세한 침전물을 말한다. 일반적으로 발효가 끝나면 랙킹(racking, soutirage 수티라쥬)을 통하여 이 침전물을 제거한다. 영어로는 lees(앙금, 찌꺼기)라 한다.

5. M~O

■ Macération(마쎄라시옹, 침용)

포도껍질, 씨, 과육 등을 포도즙과 접촉시킨 상태로 발효를 진행시키는 방법을 말한다. 이 방법을 통해서 색상, 아로마, 탄닌 등이 더 많이 추출된다.

■ Maderized(마데라이즈드)

지나친 산화나 과열, 오랜 숙성으로 와인이 상하게 되는 것으로 이런 와인의 특성이 호박색이며, 마데이라(madeira) 와인의 카라멜 향과 비슷한 향이 난다. 마데이라 와인에서 유래된 표현이다.

■ Malic Acid(사과산)

덜 익은 사과에서 느껴지는 산으로 포도가 익으면서 점차 사라진다. 알코올 발효(alcoholic fermentation)가 끝나면 사과산은 줄어들고 유산이 증가한다.

■ Malo-Lactic Fermentation(유산 발효, 젖산 발효)

알코올 발효 이후에 시큼한 사과산이 요구르트와 같은 유산과 탄산가스로 변화하는 과정이다. 이 과정을 통하여 떫고 시큼한 와인의 맛이 부드러워지고 유연해지므로 대부분의 고급레드와인은 유산 발효를 한다. 하지만 와인의 상큼한 과일향을 감소시킬 수 있기 때문에 부르고뉴 지방이나 캘리포니아 등의 몇몇 샤르도네 와인에서 짧은 유산 발효를 하는 경우를 제외하고는 화이트와인에서 유산 발효는 피하는 편이다.

■ Must(뮈 Moût)

포도알을 으깬 상태에서 나오는 포도주스도 와인도 아닌 상태의 걸쭉한 즙을 말한다. 레드와인의 경우에는 포도즙과 포도껍질, 씨, 포도과육 등이 섞여 있는 must를 발효조에 넣어 1차 발효를 시킨다.

■ Noble Rot(노블 롯, 귀부병, 뿌리튀드 노블 Pourriture Noble)

추수기에 비와 햇빛이 번갈아 내리면 포도알에는 곰팡이가 자라기 가장 좋은 조건이 된다. 보트리티스 시네레아(botrytis cinerea)라 불리는 이 회색 곰팡이 균은 포도알을 말라 쪼그라들게 만들어서 포도알 내에 당분, 산, 글리세롤 등이 응축되게 한다. 잘 마른 포도알을 하나하나 수확해서 만든 프랑스 소테른 지방의 와인, 독일의 트로켄베어렌아우스레제(trockenbeerenauslese), 헝가리의 토카이 아쑤(tokaji aszu) 등이 가장 많이 알려져 있으며, 포도 재배자들에게 환영받는 유일한 곰팡이 균이다.

■ Nouveau(누보)

불어의 새로운 뜻으로 양조한지 몇 주만에 시장에 나온 것으로, 영(young)하고, 과일향이 풍부한, 라이트 바디의 와인을 말한다. 보통 누보 와인은 오크통에서 숙성되지 않았기 때문에 마시기 쉽고, 과일향이 그대로 살아있다. 가장 유명한 누보 와인은 11월 셋째주 목요일에 출시되는 보졸레 누보인데 누보와인은 1년 이내에 마시는 것이 좋다.

■ Oaky(오크향의)

오크통 속에서 숙성시킨 와인은 참나무 태운 향(오크향)의 특징을 보인다. 오크통이 새 것일수록 향은 더 강하며 오크향 속에는 바닐라 향, 연기 향, 토스트 향이 포함되어 있다. 가격이 비싸지 않으면서 오크향 나는 와인이 있는데, 이것은 숙성시킬 때 오크 조각을 넣거나 오크 향 나는 액체를 첨가한 것이다.

■ Off-Dry(오프 드라이)

화이트와인은 잔당에 따라서 dry, off-dry, sweet 세 가지로 구분한다. 잔당이 전혀 없는 것은 드라이로써 0.5~1.5%이면 오프 드라이(off-dry), 그 이상이면 스위트로 나뉜다.

6. P~R

■ PH(수소의 이온지수)

와인의 산도를 측정하는 지표로써 ph0~14까지 있고, ph7이 중성이며 ph7미만부터가 산성이다. 보통 같은 지역에서 나온 화이트와인이 레드와인보다 산도가 더 높다. 화이트와인은 대개 ph3.3~3.0이고 이보다 산도가 더 높으면 시큼하며, 낮을 경우는 너무 부드럽고 밋밋한 맛이 난다. 레드와인은 ph3.3~3.6이고 화이트와인과 마찬가지로 너무 높거나 낮을 경우 와인의 제 맛을 내지 못한다.

■ Pomace(포마스, 마르 Marc)

포도알을 압착해서 포도즙을 빼내고 남은 포도껍질, 씨, 작은 줄기 등이 뭉쳐진 덩어리로 이를 증류해서 오-드-비(eau-de-vie)를 만들기도 한다.

■ Port or Porto(포트)

포트는 포르투갈의 포르토(porto)에서 유래된 달콤한 강화와인으로 양조 과정 중에 브랜디를 첨가하기 때문에 알코올 도수가 18%로 높다. 다음의 종류들이 유명하다. 루비(ruby), 타우니(tawny), 빈티지(vintage), 콜레이타(colheita), 크러스티드(crusted), LBV(late-bottled vintage), 화이트 포트(white port) 등이 유명하다.

■ Pressing(뿌레쉬라쥬 Pressurage)

크러쉉(crushing)보다는 포도알이나 포도의 껍질, 씨, 과육, 작은 줄기 등으로 된 찌꺼기를 좀 더 강하게 압착하는 과정이다(실제적으로는 구별 없이 crushing과 동의어로 쓰이기도 한다). 일반적으로 화이트와인은 발효 전에 양조자의 의도에 따라 포도알을 압착하여 포도 주스를 얻은 후 그 주스만을 발효시킨다. 레드와인의 경우는 으깬 포도에서 나온 즙과 포도 껍질, 씨, 과육 등을 접촉(macération)시킨 상태에서 발효시킨 후 와인을 발효통 밖으로 나오게 하여 free-run wine(vin de goutte)를 얻고, 나머지 발효 통속의 찌꺼기만을 압착한다. 이 압착을 통해서 프레스 와인을 얻게 되며, 이 때 마지막으로 남는 찌꺼기 덩어리가 pomace이다. 프리 런 와인에 품질 좋은 프레스 와인을 약간 블렌딩하면 골격(structure)과 바디가 풍부한 무게감 있는 레드와인이 된다.

■ Pumping Over(르몽타쥬 Remontage)

레드와인 양조에서 색상이나 탄닌 등을 추출하는 동시에 통 위에 떠있는 껍질, 씨, 과육, 줄기 등이 마르지 않도록 하기 위해 와인을 발효통 아래로 뽑아 다시 통 위로 부어 통속에 남아 있는 찌꺼기를 적셔주는 과정을 말한다.

■ Punching Down(삐자쥬 Pigeage, Treading)

레드와인 양조에 있어서 발효통 위에 떠 있는 캡(cap)을 밑으로 눌러 주어 아래의 포도즙과 접촉시키는 과정이다. 이를 통해 색상을 내는 안토시안이나 탄닌 등을 충분히 추출할 수 있으며 과거에는 수동으로 진행되었지만 현재는 기계가 장착되어있는 발효통을 이용한다.

■ Racking(랙킹, 수티라쥬 Soutirage)

와인을 숙성시키는 동안 와인을 통(barrel, fût)밑에 쌓인 침전물과 분리하기 위해 다른 통으로 옮겨주는 과정이다. 침전물 제거와 동시에 와인을 공기와 접촉시키는(aeration) 효과를 가진다. 일반적으로 숙성 첫해에 3~4번, 두 번째 해에 1~2번 racking을 한다.

■ Remuage(르뮈아쥬 Riddling)

전통 샴페인 생산방식(traditional method)의 스파클링와인 양조과정 중 데고르류망(dégorgement)의 전 단계로, 샴페인 병을 비스듬한 나무판(뿌삐트르 pupitre, riddling rack)에 거꾸로 꽂아 효모 등의 찌꺼기가 병목에 모이도록 3~4일에 한 번씩 돌려주는 과정을 말한다.

■ Residual Sugar(잔당)

발효 후 와인 속에 남아있는 당분이다. 발효하는 동안 모든 당분이 이스트에 의해 알코올로 변하는 것이 자연스러우나, 알코올 양조자들은 와인의 달콤한 맛을 위해 인위적인 방법으로 발효를 중지시킨다. 드라이 와인은 잔당이 거의 없는 편이고, off-dry 와인은 0.5%~1.5%, 스위트 와인은 2%이상이다.

■ Running Off(에꿀라쥬 Écoulage)

발효 후에 레드와인을 중력에 의해 밑으로 흘러내리게 하여 껍질이나 씨 등의 찌꺼기와 분리하는 작업으로 데뀌바쥬(décuvage) 과정 중에서 일어난다. 이 과정에서 free-run wine (vin de goûtte)를 얻을 수 있다.

■ Rural Method(루랄 방식)

1차 알코올 발효가 끝나기 전에 와인을 병입하여 병속에서 발효가 진행되면서 생긴 탄산가스가 와인에 녹아나게 하는 방법이다. 프랑스의 디(die), 리무(limoux), 가이약(gaillac)등에서 사용하는 방법으로, 당이 알코올로 완전히 변하기 전에 1차 발효를 정지시켜 병입해야 하기 때문에 세심한 주의가 필요하며 병이 깨지는 수도 있다.

7. S~U

■ Saignee(배출법)

포도를 분쇄, 발효하기 전에 적당한 양의 포도즙을 짜내는 것을 말한다.

■ Secondary Fermentation(2차 발효)

1차 발효(포도즙이 알코올로 변하는 발효) 후에 일어나는 발효로 두 가지 종류가 있다. ① 젖산 발효(malolactic fermentation) : 사과산이 부드러운 젖산으로 변하는 발효 ② 샴페인이나 스파클링와인 양조시에 병이나 발효조 안에서 일어나는 발효

■ Sulphur Dioxide(이산화황 SO_2)

산화방지제나 방부제로 쓰이는 물질로 수확된 포도나 발효 전 · 후의 포도즙에 첨가하는데 많은 양이 쓰였을 경우 두통을 유발시킬 수 있지만 와인 양조에는 사용될 수밖에 없는 물질이다.

■ Sur Lie(슈르 리 On The Lees)

화이트와인을 발효 후 침전물을 제거하지 않고 그대로 숙성을 시키는 양조방법으로 주로 프랑스 뮈스까데(muscadet) 화이트와인에 복합적인 부케와 약간의 탄산가스로 인한 신선감을 부여하기 위한 과정이다.

■ Tannin(탄닌)

포도의 껍질, 씨, 줄기 등에 포함되어 있는 페놀성분으로 와인 양조 중 마쎄라시옹(macé ration) 과정에서 추출되거나 오크통 숙성 중에 오크(oak)로부터 와인에 전달되게 된다. 충분히 숙성되지 않은 탄닌이 많은 와인을 마셨을 때 입이 마르고 텁텁함을 느끼지만, 숙성 중에 부드러워지고 탄닌이 충분한 와인만이 오랜 기간 동안 숙성, 보관이 가능하다. 탄닌은 방부제의 역할도 하여 와인이 변질되지 않게 하며, 골격(structure), 견고한(firmness), 풍미(flavor), 질감(texture) 등을 제공하여 고급 레드와인에는 필수적인 구성요소이다.

■ Tartaric Acid(주석산)

포도와 와인에 들어있는 특수한 산으로 와인의 주석산은 추위에 의해 주석산 결정체로 변화한다. 와인에 들어있는 산 중에서 가장 안정적이며, 고급의 산이다.

■ Topping, Topping-Up(우이야쥬 Ouillage)

와인을 숙성시키는 동안 오크통의 틈새를 통해 와인이 증발하거나 racking(수티라쥬

soutirage)으로 생기는 손실분(얼리쥐 ullage)을 같은 와인으로 채워주는 과정이다. 와인이 공기와 접촉하여 산화되는 것을 막아 최상의 숙성상태를 유지하기 위해 topping을 한다.

■ Transfer Method(트랜스퍼 방식)

샴페인방식과 거의 동일하지만 2차 병 발효 과정 중에 리들링(riddling) 숙성과 데고르쥬망(dégorgement, disgorgement)을 생략하고 와인을 고압상태의 탱크에 부어 여과시킨 후 다시 병입하는 방법이다.

■ Ullage(얼리쥐)

와인통 속에 들어있는 와인과 뚜껑 사이의 빈 공간을 말하며 병 속의 와인과 코르크 사이의 빈 공간을 가리키기도 한다. 이 공간은 통(혹은 병) 속의 와인이 증발해서 생긴 것이므로 이것으로 여러 가지를 유추할 수 있다. 이 공간이 지나치게 많이 생겼다면 코르크가 새거나, 와인이 고온저습의 환경에 있다고 생각할 수 있다. 해결방법으로는 빨리 마시거나, 와인을 다시 채운 뒤 새 코르크를 해서 적당한 환경에서 숙성시키는 것이다.

8. V~X

■ Velvety(벨벳 같은)

원래 '벨벳 같은'의 뜻으로 와인이 벨벳처럼 부드러운 느낌을 줄 때 표현할 수 있다. 탄닌, 산도, 알코올, 과일 향 등의 밸런스가 잘 맞는 풀 바디 레드와인이 이런 느낌을 준다.

■ Vin de Goǔtte(뱅 드 구뜨 Free-Run Wine)

레드와인의 발효가 끝나고 난 후, running off(에꿀라쥬 écoulage) 과정에서 얻어지는 와인을 말한다.

■ Vin de Préss(뱅 드 프레스 Press Wine)

레드와인의 발효가 끝나고 난 후 vin de goǔtte와 분리된 포도껍질, 씨, 과육 등의 찌꺼기만을 압착(pressing, 뿌레쉬라쥬 pressurage)하여 얻은 와인을 말한다.

■ Whole Bunch Fermentation(포도송이 발효)

줄기를 포함한 포도송이 전체를 발효시키는 것으로 부르고뉴 지방에서 많이 이용되는 방법이며 줄기를 함께 발효시키기 때문에 장단점이 있다. 장점은 포도즙의 순환을 좋게 해 색 추출과 공기접촉(aeration)이 좋고, 단점은 너무 강한 식물성 향이 날 수 있다.

■ Woody(나무의)

와인에서 나무 향이 날 때 이런 표현을 쓰는데 나무통에서 너무 오래 숙성을 시키면 이런 향이 난다.

9. Y~Z

■ Yeast(이스트)

효모라고도 하며, 포도껍질에 자연적으로 존재하는 미생물로 포도의 당분을 알코올로 전환시켜 준다. 포도즙이 와인으로 변하는 발효는 이 이스트 때문에 가능하다. 최근에는 발효를 통제하기 위해서 인공 배양된 이스트를 사용하기도 한다.

V. 코르크와 오크통

E & GRAPE WINE & GRAPE WINE & GRAPE WINE & GRAPE

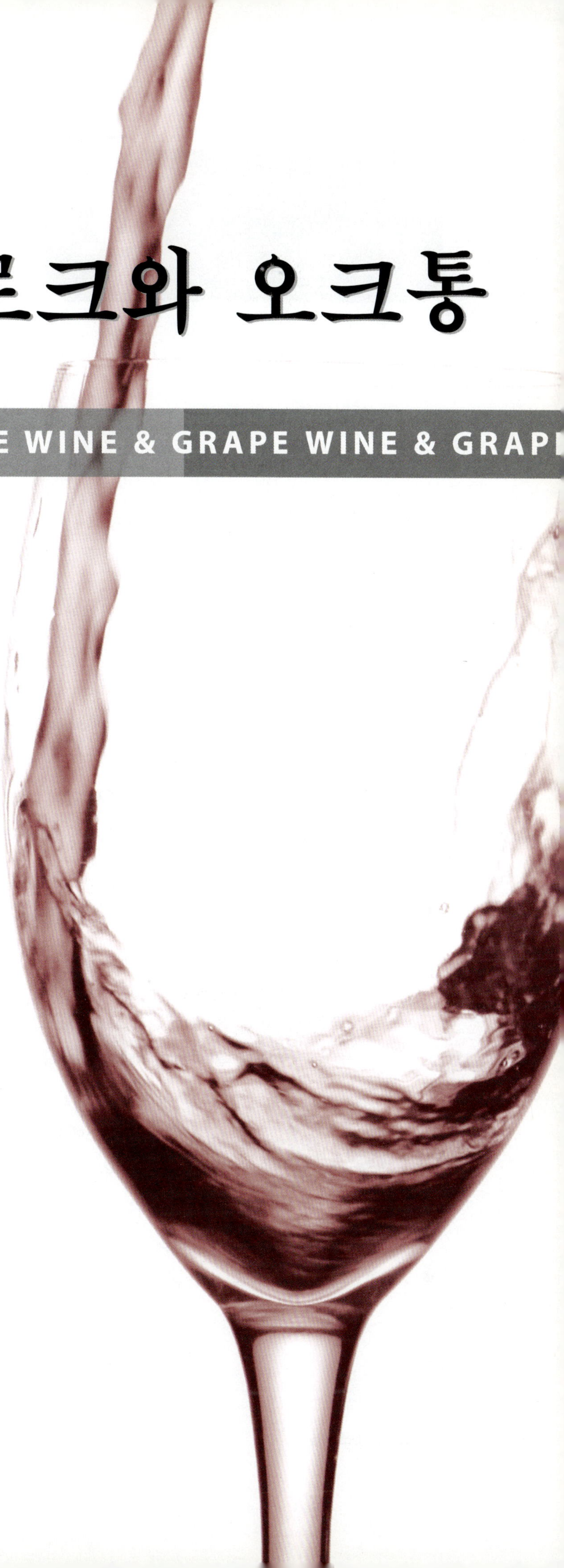

Wine & Grape

01 ▸▸▸ 코르크의 이해

1. 코르크(Cork)의 정의

코르크는 온대지방과 지중해 연안에 자생하는 다년생 교목이며, 우리나라의 굴참나무와 같은 참나무 계통의 나무로 활엽수, 참나무과, 참나무속, 굴참나무에 속한다.

학명은 quercus variabilis blume이고, 영명(英名)은 cork oak 또는 oriental oak로 불려지고 있으며 국내에서는 주로 전국 표고 50~1,200m에서 갈참나무, 신갈나무, 상수리나무와 함께 서식하고 있다.

코르크는 지중해의 서쪽지역에서 많이 자라고 있는데 그 이유는 이 지역이 비가 적고 습기가 많기 때문이다. 코르크를 많이 생산하는 국가로는 포르투갈, 스페인, 알제리, 튀니지, 모로코가 있으며 그 가운데 포르투갈은 전 세계 생산량의 50%를 차지하고 있다.

코르크 나무의 일반적인 수명은 100~500년으로 코르크층은 수령이 20년 정도에 이르면 벗겨 쓸 수 있고, 벗긴 자리에는 다시 껍질이 생겨난다. 보통 9년마다 재생된 코르크층을 벗겨서 코르크 자원으로 활용되며, 한 나무가 평균 20~250kg의 코르크를 만들어 낸다.

코르크는 B.C. 3000년부터 고기잡이 그물의 부표로 사용되었다는 기록이 있으며, 고대 그리스 로마시대부터 항아리나 물병의 주둥이를 막기 위해 사용해 왔다. 와인병을 최초로 사용한 것은 17세기경 포르투갈에서 포트(port) 와인에 사용한 것이 최초이며, 프랑스에서는 샹파뉴지방의 돔 뻬리뇽(Dom Perignon) 수사에 의해 처음 사용되었다.

그림 5-1 코르크의 구조

당시까지는 주로 병 주둥이를 헝겊으로 막고 올리브유를 흘려 산화를 방지하는 정도였으나, 코르크의 발명은 획기적인 일이 아닐 수 없었다.

코르크 마개의 수명은 대략 20~50년 정도이며, 와인을 오랜 기간 보관해야 하는 경우에는 매 7년마다 전문가에게 의뢰하여 코르크를 교체하여야 한다.

코르크는 다른 나무껍질과는 달리 14면체의 특이한 공기주머니로 구성되어 있으며, 1㎤당 4,000만개에 이르는 공기 주머니로 된 세포가 벌집 모양으로 구성되어 있어 매우 가볍고 탄력과 복원력이 뛰어나며 썩지 않는 특성이 있다.

1) 코르크의 재배

코르크 나무(cork oak)의 식생지역은 주로 지중해 주변 지역에 분포하며, 그 중에서도 가장 많이 분포하고 있는 지역은 포르투갈이다. 주요 코르크 생산 국가들의 코르크 생산이 감소해 가고 있는 반면 포르투갈은 임업정책 장려에 따라 실제적으로 코르크 생산에 있어 독점하고 있는 실정이다.

코르크 원자재뿐만 아니라, 마개의 생산에 있어서도 포르투갈은 독점적인 정책을 강화하고 있는데 예를 들어, 스페인에서 생산하는 코르크 원판의 65%를 포르투갈로 보내어져 마개를 제조하고 있으며 프랑스의 코르크 마개 약 40억개의 수요를 포함하여 전 세계 수요량 160억개의 약 70%를 제조하고 있다.

포르투갈에서는 9년 정도 된 나무에서 코르크 껍질을 첫 수확하고 매 8~10년마다 6~9월에 수확을 하고 있으며, 프랑스에서는 11년 이상 된 나무에서 첫 수확을 하고, 5~6년에 한 번씩 코르크 껍질을 벗겨서 일정한 품질의 코르크를 생산한다.

보통 채취한 코르크 껍질은 6개월~1년 정도 방치하여 성분을 균일화시키고 자연 건조시킨 다음 뜨거운 물로 삶아 멸균과 광물성 염류를 제거하고 탄력성을 증가시킨다.

코르크를 필요로 하는 분야로는 일반적으로 사용되는 와인마개를 비롯하여 스파클링와인의 마개를 위한 코르크 부스러기 제조, 장식품 분야, 건축자재 분야 등 다양하게 활용되고 있는데, 최근에는 프랑스, 호주, 뉴질랜드, 미국 등에서 필요로 하는 고품질의 코르크 수요가 늘어나 이들 국가에 공급하는 생산물량 조차 수급하기 어려워 가격 상승 요인이 항상 존재하고 있는 실정이다.

(1) 국가별 재배면적

다음은 국가별 코르크 나무의 재배면적과 국가별 총 재배면적 대비 해당국가의 재배 비율을 나타내는 표이다.

표 5-1 국가별 코르크 재배면적

국 가	재배면적	비율(%)
포르투갈	730,000ha	32.2%
스페인	500,000ha	22.0%
알제리	410,000ha	18.0%
모로코	340,000ha	15.0%
프랑스	100,000ha	4.4%
튀니지	99,999ha	4.4%
이탈리아	90,000ha	4.0%
총 합계	2,269,999ha	11.0%

(2) 국가별 코르크 생산량

다음은 국가별 코르크의 생산량과 국가별 총 생산량 대비 해당국가의 생산 비율을 나타내는 표이다.

표 5-2 국가별 코르크 생산량

국 가	생산량	비율(%)
포르투갈	185,000톤	54.4%
스페인	88,000톤	26.0%
알제리	20,000톤	6.0%
이탈리아	18,000톤	5.2%
모로코	15,000톤	4.4%
튀니지	9,000톤	2.6%
프랑스	5,000톤	1.4%
총 합계	340,000톤	100.0%

그림 5-2 주요 코르크 생산지역

포르투갈 북부의 연평균 강수량은 1,500mm 내외로써 포르투갈에서도 습윤한 지역으로 해양성(대서양형)의 온화한 기후를 나타낸다. 그러나 산악지대는 극심한 대륙성 기후를 나타내고 있고 국토를 따라 남쪽으로 내려오면 연평균 강수량 500mm 이하의 건조지역으로 겨울에 비가 많이 오는 지중해성이 된다. 또한 산림면적은 국토의 28%로 주로 북부 해안지대에 산림이 많고 남부의 코르크는 경제적으로 매우 중요한 자원이 되고 있다.

스페인은 대체로 여름에 심한 건조 상태를 나타내는 지중해성 기후이지만 국지적으로는 대서양의 영향을 받는 곳도 있다. 북서부와 칸타브리아산맥, 피레네산맥에서는 비교적 비가 많아 연간 강수량이 1,500mm를 넘는 곳도 있지만, 레온(leon) 지방과 지중해 쪽의 무르시아(murcia) 지방은 강수량이 적어 연간 400mm 이하이다. 내륙지방도 강수량이 적은데다 여름과 겨울의 기온차가 심하여 국지적으로는 스텝(steppe)기후 또는 사막과 같은 경관을 나타낸다. 이에 비하여 북동부의 카탈루냐(catalun̄ya) 지방은 이탈리아, 프랑스의 리비에라(riviera) 지방의 기후와 비슷하며 해안은 겨울에도 비교적 온난하다. 건조한 기후조건 때문에 일반적으로 식생에 부적당하여 민둥산과 다갈색 토양의 대지가 주를 이루며, 북부의 산지에서만 산림을 볼 수 있고 전 국토 중 경지는 11%, 초원은 18%, 산림지대는 56%이다.

이탈리아의 산림은 순(純)지중해성의 올리브 및 파피루스(papyrus)가 지배적이고 중앙 유럽의 낙엽송 및 아열대의 대추야자를 볼 수 있으며 그 밖에 신대륙 원산의 용설란 · 선인장과 같이 풍토에 적응된 것도 많다. 식물대는 산림 · 마키아(macchia) · 초원으로 나눌 수 있는데, 삼림은 활엽수가 주가 되며 낙엽성의 너도밤나무 · 밤나무 · 떡갈나무 · 월계수 · 올리브 등의 상록활엽수가 대부분이고 침엽수는 거의 나타나지 않는다.

프랑스의 산림은 국토면적의 약 20%로 영국의 5%보다 훨씬 많지만, 독일의 27%보다는 적은 편이며 산림은 동부의 보주(vaud)산지 일대에 많이 형성되어 있다. 빙기(氷期) 한랭기의 프랑스는 현재의 스칸디나비아(scandinavia)와 마찬가지로 침엽수림으로 덮여 있었으며 기후가 온난 · 습윤해짐에 따라 낙엽활엽수림으로 바뀌어갔다. 인간의 손이 닿지 않았다면 지중해 연안의 특히 건조한 지역, 대서양 연안의 돌출지역, 고지, 석회암지역, 소택지를 제외한 프랑스의 전 국토는 낙엽활엽수림으로 뒤덮였을 것이다.

보주 · 쥐라 · 알프스 · 피레네 산맥 등에는 지금도 침엽수림이 남아 있는데 이들 고산지역 산림 한계(限界)의 위쪽으로는 초지(草地)가 전개되고 있다. 침엽수로는 소나무가 많고, 낙엽활엽수로는 떡갈나무가 많으며 이밖에 낙엽활엽수로는 물푸레나무 · 너도밤나무 · 개암나무 · 포플러 등이 많다. 지중해안 저지에는 건조한 여름이 길어서 낙엽활엽수림은 형성되지 않으며, 상록활엽수와 관목이 대신 들어서 있다. 즉 올리브 · 협죽도(夾竹桃) · 측백나무 · 주목(朱木) 등 지중해 식생을 나타내는 것으로 이 중 올리브나무는 지중해 지역을 대표하는 식물이다.

리비에라(riviera) 해안은 겨울에도 따뜻하고 바람이 막히는 위치에 있어 외래종의 야자나무 · 아카시아 · 유칼리 등이 많아, 열대 경관을 나타내며 프로방스(provence) 알프코트다쥐르 주(州) 바르현(縣)에서는 코르크가 많이 재배되고 있다.

2) 코르크의 수확

그림 5-3 코르크 수확

코르크의 채취는 나무의 외피를 벗겨 얻어내는 것으로 전문가인 스트립터(stripper)에 의해 나무 수액의 흐름이 둔화되는 6월초에서 8월 말사이에 이루어진다. 오크나무 껍질을 벗기는 작업을 할 때에는 특별한 모양의 손도끼를 사용하며 나무가 상처 나지 않게 조심한다.

첫 수확은 나무의 수령이 25~30년에 이르고 직경이 60cm정도에 도달했을 때 실시하는데, 이때의 품질은 거칠고 갈라진 틈이 많으며 불균일하기 때문에 부스러기 용도로 쓰인다. 그리고 두 번째 수확부터는 9년을 주기로 한 나무에서 60~70kg정도의 코르크 판을 총 100년의 기간에 걸쳐 수확한다. 세 번째 수확기부터는 연도별 성장 속도에 따라 차이는 있으나, 약 3~5cm두께의 균일한 판을 얻게 된다.

또한, 코르크의 품질에 영향을 미치는 요인으로는 나무성장 지역의 온도와 강우량, 토질의 종류, 고도위치, 숲의 방향, 코르크 나무의 수령, 나무 그늘의 덤불 종류에 따라 다르게 나타나게 된다.

2. 코르크의 기능과 제조

1) 코르크의 기능

16세기에 유리병이 사용되고, 17세기에 들어 와서 코르크가 사용된 것은 와인산업의 발달에 커다란 영향을 끼쳤다. 코르크로 밀봉된 와인은 병에 담을 때 들어간 소량의 공기 중의 산소가 와인과 반응하여 더 이상 공기와의 접촉이 차단된 채 병 숙성이 이루어지면서 와인 중의 유기산, 탄닌 그리고 당분이 적절히 균형을 이루게 된다. 숙성이 잘 된 와인의 경우 현재까지 밝혀진 미량 성분은 400~500가지나 된다.

코르크 마개는 코르크 참나무의 외피로 만든 것으로 내화성, 포장기능, 보호기능이 있는 스폰지로 구성되어 있어 신축성이 뛰어나 오래전부터 병마개로 사랑을 받아 왔다. 코르크 마개가 와인을 밀봉하기에 이상적인 이유는 가볍고 깨끗하며 밀폐성이 있고 재질이 부드러워 병구에 고정이 잘 되며, 온도변화에 거의 변하지 않아 쉽게 부패하지 않는다는 점이다. 특히 신축성이 뛰어나 압축해서 병구에 넣기 쉽고 병구에 들어간 후에 곧바로 팽창하여 병구와 밀착하므로 이상적인 와인 병마개라고 할 수 있습니다.

일반적으로 코르크의 길이는 와인의 수명과 정비례하는 것으로 품질이 좋고 긴 코르크는 고급 와인용으로 쓰이고, 제조시에 생긴 부스러기를 사용하여 만든 압착 코르크는 저급 와인용으로 쓰이며, 특히 고급 샴페인용 코르크는 3개 층을 붙여 만든다.

보통 일반 와인용은 직경 24mm인 코르크를 직경 18mm병구에 많이 사용하며, 샴페인용은 직경 32mm 코르크를 직경 17.5mm병구에 사용하는데 병구 바깥 부분이 버섯 모양이 되게 한다.

코르크의 장점은 통기성과 신축성으로 벌집구조의 작은 방이 1㎤당 4,000만 개의 세포조직으로 이루어진 미세한 세포집이 압축상태에서도 최소한의 산소를 공급하여 와인의 숙성을 도와준다. 와인을 눕혀서 보관할 경우 코르크를 통하여 유입되는 공기의 양은 한 달에 약 0.02~0.03㎤로 알려져 있다.

코르크 마개는 직경 24mm정도로 만들어 기계의 압축으로 약 18mm의 병목에 삽입된다. 샴페인의 경우는 직경 31mm정도로 만들어 병 내부의 압력으로부터 잘 견딜 수 있도록 일반 코르크보다 더 압축하여 만든다.

와인을 보관할 때 눕혀서 보관하는 것은 바로 이 코르크의 접촉면을 와인이 적셔 밀봉성을 유지하기 위해서이다. 병을 장기간 세워서 보관하게 되면 코르크가 말라 밀봉성이 떨어져 필요 이상의 공기가 들어가게 되고 와인이 상하게 되기 때문이다.

와인을 오픈 할 때 코르크의 냄새를 맡아보는 것은 코르크의 상태를 통해 와인의 저장 상태를 간접적으로 확인해 보기 위해서이다.

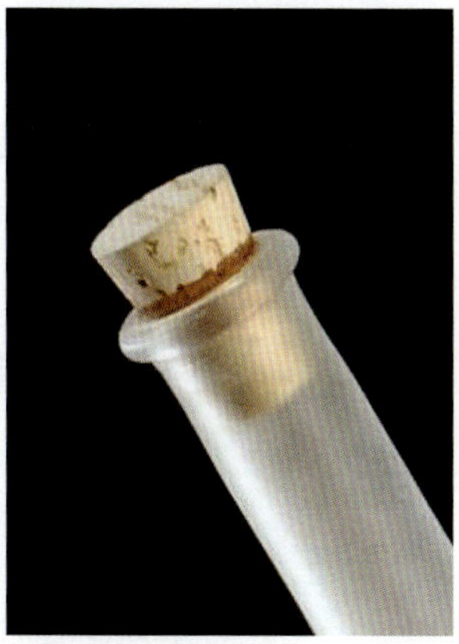

그림 5-4 코르크 밀봉

2) 코르크의 제조

보통 코르크는 하이포아염소산염(hypochlorite)과 옥살산(oxalic acid)을 사용하여 세척한 것으로 부드럽게 된 코르크를 1시간 정도 끓인 후에 습도를 20%정도 함유할 때까지 건조시킨 후 재가열하여 끓여서 구멍을 뚫고 전통적인 방법으로 염소로 세척한 다음 옥살산으로 중화된 물로 세척하여 낸다.

(1) 코르크 판

그림 5-5 채취된 코르크판

코르크 판의 크기는 나무의 규모에 따라 다르며 채취된 코르크 판들은 야외에 적재되어 3개월 동안 건조된다.

가공 공장에서는 최상의 판들을 선별한 후 탄성, 균질성, 평면성을 개선하기 위하여 삶은 과정을 거치는데 1시간 동안 끓는 물에 담가 놓거나, 스팀 오븐에 넣어 둔다.

다음으로 코르크판 더미들은 3~4주간 습도가 매우 높은 곳에 보관되며 숙성단계를 거친 후 각각의 판을 장방향으로 만들기 위하여 테두리를 가다듬는다.

다음으로 검사관에 의해 두께와 전반적인 품질을 평가받은 후 분류되는데, 두께는 7개의 등급, 품질은 6개의 등급으로 나눈다.

나무에서 수확하여 이 단계까지 오는 동안 무게의 손실이 발생하게 되는데, 건조 숙성단계까지 20%, 장방향 가공 및 분류를 거치며 20~30%, 총 수확 당시 무게의 40~50%가 손실된다.

코르크의 생산은 아주·오래된 개발 전통, 고도의 숙련공, 최신설비, 잘 관리된 코르크 오크나무 숲을 갖춘 국가에서 이루어지고 있는데 그 대표적인 곳이 포르투갈이다.

(2) 코르크 마개의 제조과정

다음 단계의 제조과정을 고도의 숙련공에 의해 다루어지면서 완성품이 만들어 지게 된다.

- 절단(cutting) : 장방향 코르크 판을 마개 길이의 폭과 크기의 길쭉한 조각으로 자른다.
- 튜빙(tubing) : 펀치 질을 통하여 길쭉한 조각으로부터 마개를 만든다.
- 손질과 연마 : 설정된 길이와 직경의 마개로 가공 한다.
- 소독(disinfection) : 식품 위생에 적합한 수준으로 소독 한다.

- **선별** : 다양한 전자, 기계 장비에 의해 부적합한 마개 선별한다.
- **메우기** : 균열이나 페인 곳이 있을 경우 코르크 먼지와 식품 등급 수준의 접착제 혼합물로 메우고, 다시 선별 과정을 거친 후 육안으로 검사한다.
- **표시작업** : 잉크나 열로 임의의 문양 표시 후 먼지를 제거 한다.
- **표면처리** : 병을 열 때 잘 미끄러져 나오게 하기 위해 파라핀(paraffin) 혹은 실리콘으로 표면처리 한다.
- **포장 및 출하** : 완성된 제품을 포장하고 출고한다.

(3) 마개 작업

표준형 병목의 내경은 18.5mm±0.5mm이며, 마개의 직경은 24mm이다. 마개 기계는 마개를 압축하여 밀어 넣는데 시간당 작업속도는 4,000~6,000 혹은 그 이상이다. 마개를 압축할 때 마개에 금이 가거나 코르크의 조직을 파손해서 부스러기를 생기게 해서는 안 된다.

3. 코르크의 조건

와인은 발효과정을 거쳐서 태어나고 숙성과정을 통하여 성장하면서, 가장 성숙된 단계에 이르렀을 때 병 속으로 들어가 코르크 마개로 밀봉된 채 소비자에게 전달된다. 병 속에 저장된 와인은 유리, 코르크 그리고 한정된 양의 공기와 접촉하게 되는데, 이들 모두 와인에게 화학적인 변화를 주어서는 안 된다. 어떤 경우든 와인은 일단 병 속에 저장되면 그 상태를 그대로 유지하는 것이 가장 좋다.

코르크는 물과 공기를 통과시키지 않고 탄력성이 좋아서, 힘들이지 않고 병구에 집어넣을 수 있는 우수한 성질 때문에 와인은 물론 약품이나 식품 등의 포장 등에 사용하고 있는데 점차 여러 대체품이 개발되어 코르크를 대체하고 있지만, 와인에 사용하는 코르크는 그 수요가 줄어들지 않고 있다. 이는 실용성보다는 분위기와 멋을 중요시하는 와인의 특성 때문일 것이다.

코르크에는 속이 비어있는 벌집과 같은 육각형의 방이 1㎤ 공간에 수천만 개가 들어있다. 이렇게 코르크 전체 부피의 85%가 독립된 공간으로 구성되어 있어서 특유의 물리적 성질을 갖게 된다. 즉, 아주 연하고 가벼우면서 탄력성이 좋아 압력을 가해도 금방 원상복구가 된다. 그러나 코르크는 표면에 있는 작은 구멍에 곰팡이와 같은 해로운 미생물이 침투하거나 먼지 등이 들어가서 와인에 좋지 않은 영향을 일으키는 수도 있으므로 조심해야 한다.

상업적인 코르크 품질은 코르크 구멍의 크기가 많고 작음에 따라 크게 좌우된다는 것을 알아야 한다.

일반주류의 보관방법과 같이 와인을 보관 할 때 와인병을 세워서 보관하게 되면 코르크가 건조해지면서 바깥쪽 공기가 쉽게 들어와 와인의 품질에 변화를 주게 된다. 그러나 와인병을 눕히거나 거꾸로 두면 코르크는 와인과 접촉하여 팽창하므로 공기가 새어나오는 틈을 주지 않는다. 그래서 와인은 항상 눕혀서 시원한 곳에 보관해야 한다.

와인을 병에 저장하게 되면 그 당시의 맛을 개봉할 때까지 그대로 유지하는 것이 가장 중요하므로 와인을 오랫동안 보관한다해서 더 좋아질 것은 없다. 그렇지만 알코올 농도가 높고 묵직한 레드와인은 세월이 지나면서 미세한 변화를 일으켜 서서히 맛이 부드러워지는 경우가 있다. 이러한 변화는 와인 자체가 바람직한 방향으로 변한 것이지 결코 코르크가 숨쉬기 때문에 와인의 맛이 부드럽게 변화 되는 것은 아니다.

1) 마개의 밀폐성

(1) 코르크의 탄성과 밀폐성

1㎤크기의 코르크에는 질소 성분 위주의 가스로 채워진 2,500~5,000만의 세포가 있다. 코르크는 원 체적의 35%까지 압축되며, 한 시간 이내에 원 체적의 85%, 하루가 지나면 본래대로 돌아온다.

(2) 1차 밀폐 기능

이 기능은 코르크의 탄성에 의지하는 기능으로 복원력에 기인한다. 최초에는 매우 강했으나 해를 거듭할수록 약화되며 병을 세워서 보관할 경우 병 내부에 공기의 유입이 이루어질 수 있다.

(3) 2차 밀폐 기능

이 기능은 병을 눕혀 보관할 경우, 코르크 세포의 흡입 효과와 유리면과 마개면 사이에 있는 액체의 표면 장력 효과의 복합적인 작용에 의해 나타난다.

2) 코르크의 향

코르크 나무는 고유의 자연향을 지니고 있으며 와인에 흡수될 수 있다. 그러나 이 향은 와인의 향에 비하여 아주 약하기 때문에 느낄 수 없을 정도이다.

(1) 코르크의 좋은 조건

코르크의 가장 중요한 역할은 병을 안전하게 밀봉하는 것이다. 즉, 와인이 새어 나오면 안 되고, 병 속으로의 공기 유입이 최소화되어야 한다. 이에따라 숙성기간이 짧은 와인은 코르크 마개가 짧고 숙성기간이 긴 와인은 코르크 마개도 길다.

그리고 어떠한 코르크도 서로 같은 것이 없다. 외형은 같아도 조직이 달라 공기의 투과성도 다르다. 따라서 같은 와인이라도 어떤 병에는 그 맛이 더 상큼하고 어떤 병에는 그 맛이 더 깊다.

코르크의 품질은 비전문가이더라도 육안으로 쉽게 구분을 할 수 있으며 다음과 같다.

■ 좋은 코르크

피목이 거의 없는 코르크는 밀봉력도 그만큼 뛰어나고 코르크 맛이 와인에 베는 일도 없다.

■ 보통 코르크

듬성듬성 보이는 피목 사이로 와인이 스며들기 힘들다.

■ 나쁜 코르크

피목이 굵은 선을 이루듯이 형성된 이 코르크는 쉽게 젖고 부서지며 와인의 맛에 영향을 준다.

(2) 코르크의 나쁜 조건

좋은 코르크는 냄새가 없으나 나무에 사는 곤충, 곰팡이, 박테리아 등이 코르크에 나쁜 냄새를 발생시키는 원인이 되게 한다.

마개의 제조과정을 거치면서 미생물이나 곤충에 의해 상한 부분이 선별 제거되지만 만약 상한 부분이 코르크 판의 내부에 있었다면 그 부분이 마개의 내부에 포함될 수도 있다. 이러한 경우 결국 와인의 숙성과정을 통하여 와인에 나쁜 냄새를 유발시킬 수도 있으나 실제로 심하게 와인에 영향을 주는 경우는 드물다.

코르크는 본질적으로 곰팡이, 악취 등을 모으는 성질이 있는데 코르크 마개의 보관 중 혹은 와인의 숙성 기간 동안 대기 중에 있는 여러 종류의 화학물질이 코르크의 표면 혹은 내부에 축적될 수 있다.

① 곰팡이

많은 지하 숙성 저장고의 벽에 자생하는 곰팡이가 풍기는 냄새의 문제는 심각 할 수 있다. 이 냄새는 와인 내부로 스며들어 농축된 후 세월이 흐른 다음 와인을 열었을 때 시음자의 코앞에 느껴질 수가 있다.

② 염소 화합물

염소 화합물 계통의 세제는 탱크나 병입 시설 혹은 기타 설비를 소독하기 위하여 널리 쓰이고 있다. 코르크의 피목(lenticel)내부에서 발견되는 박테리아는 염소성 화합물을 아주 강한 곰팡이 느낌의 냄새가 나는 사염화물[1] 계통의 화합물로 변화시킨다.

따라서, 관능검사를 통해 향의 결함을 찾는 것은 쉬운 일이 아니다. 냄새의 종류와 강도 또한 제 각각이며 원인도 무수하다. 한편 전문가들의 의견에 의하면 코르크의 결함에서 온다고 간주되는 것들 중 5%정도만이 사실이며, 나머지 대부분의 경우는 병입 전의 문제에 기인한다고 한다.

3) 코르크 벌레

코르크에서 기생하는 성충인 나비 혹은 나방은 늦은 봄 혹은 여름에 지하 저장고 안으로 들어가, 이 중 암컷이 코르크 마개 위 혹은 근처 습기 찬 나무 위에 알을 낳는다. 코르크 벌레는 이것들의 유충이다. 이들 유충들은 코르크 마개를 공격하여 작은 구멍을 만들기 때문에 와인이 새거나 산화되는 것을 촉진하는 원인을 제공한다.

많은 와인 생산국에서는 와인을 병입하고 마개를 봉입 한 후 일정 기간 동안 캡슐 작업을 하지 않고 보관한다. 왜냐하면 이 기간 중에 나비들의 공격을 받을 수 있고 후에 캡슐 밑에서 유충들이 활동을 할 수 있기 때문이다.

---

1) 원소나 원자단에 네 개의 염소 원자가 결합한 염화물

이런 경우 캡슐을 열고 관찰하면 코르크를 뚫고 들어갈 때 생긴 먼지 등을 관찰할 수 있다.

4) 코르키(Corky)

와인의 상태를 표현하는 용어 가운데 '코르키(corky)' 하다는 말이 있는데, 이는 주로 와인에서 불쾌한 듯 한 코르크 냄새가 나거나 코르크에서 곰팡이 냄새가 날 경우에 이 표현을 사용한다. 코르크의 품질이 좋지 않아 발생한 것으로써 와인의 맛이 변질되었다고 볼 수 있다.

뿐만 아니라 코르크를 보면 와인의 보관 상태를 짐작할 수 있는데 예를 들어, 코르크 마개가 너무 무르면 그 와인의 품질에 문제가 있다고 보면 된다. 이런 상태는 병이 확실하게 밀봉되지 않았음을 알려준다. 코르크 일부가 부서졌거나 떨어져 나갔으면 너무 오래된 와인이거나, 와인을 양조할 때 어디서 충격을 받은 경우다. 또한 코르크 마개가 바깥부분 끝까지 축축하게 젖어 있다면 병이 완벽하게 밀봉되지 않았음을 뜻한다. 보통 코르크 마개의 끝이 $\frac{2}{3}$이상 젖어 있으면 곤란하다. 코르크 마개가 부실하다면 와인에 공기가 유입되어 빨리 산화되기 때문이다.

4. 코르크와 와인과의 관계

와인은 병입 후에도 계속적으로 병 속에서 숨을 쉬는 유일한 술이다. 와인이 숨을 쉰다는 것은 병 속에서도 숙성, 즉 제한적이지만 아주 미미하게 2차 발효를 계속한다는 뜻이다.

통상 와인은 마개가 닫혀 있고 알루미늄 캡슐로 다시 한 번 싸여져 있기 때문에 발효가 진행된다는 것은 거의 불가능에 가까운 일이다.

와인 병 입구에 밀봉된 코르크는 아주 미세하고 제한적이지만 공기를 병 안으로 유입하는 역할을 한다.

와인병을 눕혀서 보관하라는 이유도 코르크가 젖어 있으면 밀도가 높아져 산소의 유입을 적게 하여 와인의 맛이 서서히 조화를 이루도록 해주기 때문이다.

1) 코르크 마개의 통기성

코르크 마개는 액체에 대한 밀봉 효과는 있으나, 마개 자체의 공기에 대한 밀봉 효과는 없다. 즉, 코르크 마개는 통기성이 있으며 실제로 미세한 공기의 흐름이 측정된다.

이 수치는 코르크 나무에 따라 오크 쉬트 위의 펀치질 방향에 따라 크게 차이가 나며, 1,000배의 범위 내에서 측정값이 변한다. 코르크의 비균질성은 코르크 조직 내에 있는 대형 기공이나 조직의 비연속성 때문이다.

이러한 비균질성에 의한 숙성의 차이로 인해 같은 와인 두 병의 숙성 정도가 각기 다른 경우도 생긴다.

2) 코르크 마개의 공기교환

와인병을 눕혀서 보관할 경우 코르크 마개의 아래 면은 와인과 직접 닿게 되며, 모세관 효과에 의해 마개 측면과 병목 내 측면 사이로 와인이 스며들어 필름이 형성된다.

이 필름의 외측 부분에서 공기의 교환이 이루어지며, 이것이 와인의 산화에 기여하게 된다. 코르크가 새것이고 와인에 의해 습기가 유지되는 동안에는 마개의 밀착 상태가 좋으므로 산화의 속도는 느리다. 그러나 코르크가 유연성과 탄성을 잃어가면서 밀착면의 미세 간격은 벌어지고 산화의 속도는 빨라진다.

산화의 가속화는 마개의 크기와 품질에 따라 차이가 나며 낮은 품질의 경우 짧게는 3~4년, 좋은 품질의 경우 오랜 기간에 걸쳐 천천히 일어난다.

한편, 와인병을 세워 두는 경우 코르크는 아주 빨리 건조되고 수축된다. 이 경우 병 내부 와인의 표면이 외부 공기와 직접 접촉하는 효과가 발생하여 산화가 가속화된다.

세워서 보관한 화이트와인의 경우 6~12개월이 경과하면 산화에 의한 갈색 톤이 눈에 나타나며 같은 기간 레드와인의 경우 잠재 숙성기간이 짧아진다.

이러한 잠재 숙성기간의 단축이 레드와인의 품질 관점에서는 부정적으로 평가되나, 탄닌이 너무 많아 일찍 마시기에는 부담스러운 와인의 경우 산화에 의한 탄닌 양의 감소 때문에 긍정적으로 평가 될 수 있다.

5. 코르크의 종류

코르크는 와인병 마개로서 가장 이상적인 조건을 갖추고 있다. 부드럽고 탄력적이며 밀착력이 있고 부패하지도 않는다. 그러나 코르크 마개는 마개가 부서질 수도 있고, 말라서 쪼개질 수도 있으며, 박테리아나 세균의 침입을 받을 수 있다는 결점을 가지고 있다. 그래서 좋은 와인일수록 특히 오래된 와인일수록 더 기다란 코르크 마개를 사용한다.

최근에는 칠레, 미국, 호주, 남아프리카공화국 등 요즘 한창 인기를 얻고 있는 신세계의 와인들은 숙성을 많이 시키지 않고 바로 마실 수 있는 대중적인 와인들이 많다. 이런 와인들은 숙성을 많이 필요로 하는 구세계 와인들보다 가볍고 가격도 저렴해서 비싼 코르크 마개 대신 그냥 손쉽게 돌려서 딸 수 있는 금속이나 플라스틱 또는 실리콘 재질의 마개를 쓰기도 한다.

1) 일반적인 코르크

(1) 천연 코르크

주변에서 가장 많이 쓰이고 전통적인 와인 마개가 천연 코르크이다. 천연 코르크는 코르크 나무의 외피를 찍어내서 만들어진 것이기 때문에 가장 비싼 마개에 속한다. 그리고 천연 코르크 마개는 좋은 마개가 가지는 모든 조건을 만족시키고 있다. 병목을 빈틈없이 밀봉하고 수명이 길며 와인의 맛에 영향을 주지 않으며 천연재료라는 것이 장점이다. 보통 천연 코르크가 이상이 있다면 그것은 가공과 보관상의 부주의에 의해서 야기되는 경우가 많다.

그림 5-6 천연 코르크

코르크 나무는 농장에서 경작되며, 제조과정은 자연친화적이다. 그러나 꾸준히 증가하고 있는 와인 생산량에 비해 그 원료는 한정되어 있다는 것이 가장 큰 문제이다.

(2) 라미네이트 코르크(Laminate Cork)

프레스 코르크의 일종으로 아래 부분에 천연 코르크층이 부착된 코르크 마개를 말한다. 천연 코르크층을 부착한 이유는 와인 맛의 변질을 방지하기 위해서이다. 그러나 보관기간이 보통 1년 미만인 와인에만 적합하다. 와인이 프레스 코르크에 닿게 되면 맛이 변질될 확률이 높아진다.

(3) 프레스 코르크(Press Cork)

가장 저렴한 형태로 코르크 나무껍질의 찌꺼기를 모아 이를 분쇄한 후 다시 압축 접착한 형태를 말한다. 프레스 코르크를 사용할 경우 코르크 냄새와 곰팡내가 수반되는 부작용이 일어난다. 그러나 그 사용 빈도는 지난 10년간 배로 증가하게 되었다.

그림 5-7 코르크 종류

2) 새로운 재질의 코르크

고품질 코르크 원자재 수급의 문제, 작업 물량 간의 코르크 품질의 불균일성, 소비자에 의한 코르키(corky) 와인 문제 제기의 증가와 더불어 점점 더 무거워지는 보상에 대한 부담 등으로 새로운 재질의 마개가 개발되고 있다.

천연 코르크 마개의 시장에 영향을 주는 제약에서 벗어나기 위하여 제조업자들은 코르크 마개의 형태와 외양이 비슷한 새로운 마개들을 개발하였다.

- 폐기되는 코르크의 가루를 원료로 한 마개
- 코르크 알갱이와 합성 물질을 조합해 만든 마개
- 플라스틱 중합제를 원료로 하는 순수한 합성 재료의 마개
- 멤브레인(membrane)으로 밀폐된 새로운 형태로 돌려 여는 마개

지난 약 40년간 코르키 와인의 비율은 1,000병당 한 두병에서 최근에는 3~5%로 증가하였다. 40년 전에는 와인에서 나는 나쁜 냄새의 문제가 코르크 마개 때문에 생기는 문제보다 훨씬 많았지만, 기술의 발전에 따라 와인 자체의 문제점은 감소해온 반면 상대적으로 코르크와 관련된 냄새의 문제가 눈에 띄게 부상하는 것처럼 보이고 있다. 그래서 코르크 관련 문제가 증가할수록 합성 재질 마개의 판매는 급증하고 있는 실정이다.

(1) 플라스틱 코르크(Plastic Cork)

최근에 폴리에틸렌 재료로 만들어진 인공 코르크가 큰 인기를 얻게 되었다. 특히 미국, 이탈리아, 스페인에서는 저가형 와인을 양산하기 위해 색상이 화려한 인공 코르크를 사용하고 있다.

플라스틱 코르크의 장점은 곰팡이를 야기하지 않는다는 것이며, 일반 코르크 스크류를 이용

하여 쉽게 딸 수 있다는 것이다. 플라스틱 코르크 중 실리콘을 사출기법으로 제작한 미국산 인공 코르크가 가장 좋으며, 특히 화이트와인을 밀봉 할 때 좋다는 것이 알려지고 있다. 장기 보관되는 레드와인에는 페놀과 발효균이 플라스틱과 반응할 수 있고, 폴리에틸렌이 와인의 산화를 촉진할 수 있기 때문에 기피되고 있다.

그림 5-8 플라스틱 코르크

(2) 크라운 코르크(Crown Cork)

크라운 코르크는 가장 저렴한 병마개이며, 병을 거의 밀봉해 주는 효과가 있다. 크라운 코르크 안쪽에 있는 고무심은 와인의 맛과 품질에 영향을 주지 않는다. 크라운 코르크는 3년 동안 숙성된 가장 고급 샴페인에 주로 사용되지만, 기타 와인에는 별로 좋은 반응을 얻지 못하고 있다.

(3) 스크류 캡(Screw Cap)

스크류 캡은 식음료 산업에서 가장 많이 사용되고 있는 마개 형태이며, 와인에도 최근에 많이 사용되고 있다. 스크류 캡은 병을 완전히 밀봉해 주며 맛에 전혀 영향을 주지 않는다. 개봉하기가 쉽다는 것이 큰 장점이지만 많은 와인 애호가들은 스크류 캡을 부담 없는 저급 와인에만 허용하고 있다.

(4) 유리병 마개

코르크로 인해서 와인에 이상한 냄새나 맛이 나는 현상은 오랫동안 와인 종사자 및 소비자들의 문제였다. 특히 고급 와인의 경우 코르크에 의한 결함은 와인애호가들의 안타까움이었다.

공식적인 통계에 의하면, 코르크에 의해서 맛이나 향이 변질되는 와인은 총 생산량의 3~4%라고 하지만 실질적인 불량률은 5~6%에 이른다고 한다.

이러한 문제점 때문에 코르크를 대신할 대안 병마개에 대한 연구가 계속되고 있다. 특히, 최근에는 플라스틱에서 금속 마개 등을 사용하는 와이너리들이 증가하고 있는 추세이며, 특히 유리로 된 병마개를 사용하기 위하여 준비 중인 곳도 있다.

그림 5-9 스크류 캡과 유리병 마개

6. 코르크의 개봉

1) 스틸와인(Still Wine)

① 소믈리에 나이프로 와인 병목의 호일을 와인을 움직이지 않은 상태에서 조심스럽게 잘라 완전히 벗겨낸다.

② 코르크 스크류 끝을 코르크 마개 가운데에 맞추고 코르크 마개의 거의 끝까지 돌려서 삽입한다.

③ 병을 꼭 잡고 코르크를 천천히 뽑아낸다.

④ 병의 입구를 깨끗한 천으로 닦는다.

2) 스파클링와인(Sparkling Wine)

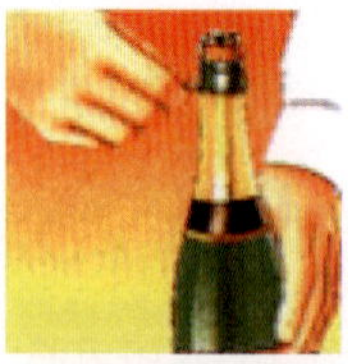

① 코르크 윗쪽을 엄지손가락으로 누르면서 철사줄을 조심스럽게 풀어 철사줄과 뚜껑을 제거한다.

② 한 손으로는 코르크 마개를, 다른 한 손으로는 병을 꼭 잡고 병을 부드럽게 돌려서 압력에 의해 저절로 튀어나오는 코르크 마개를 제거한다.

③ 따를 때는 거품이 나지 않게 잔의 내측 벽으로 흘리면서 채운다.

Wine & Grape

02 오크통의 이해

1. 오크통의 정의

최초로 프랑스에 오크통 사용법을 가르쳐 준 것은 골(gaule)족이었다. 오크통이 사용되기 이전에는 양 가죽부대나 큰 항아리 등에 와인을 보관하여 왔으나, 유리병이 발명된 17세기이전까지는 와인의 보관용기로 가장 널리 사용되었다.

유리병이 발명되면서부터 오크통은 와인의 운반용기로서의 기능은 유리병에 내어주게 되고 지하창고에서 와인을 저장하는 기능만을 수행하게 되었다. 와인을 장기간 오크통에 보관하게 됨으로 생겨나는 여러 가지 변화를 이때에 발견하게 된다.

와인을 오크통에 보관하게 되면 미세한 나무조직 사이로 공기의 출입이 이루어져 와인의 숙성에 필요한 산소가 서서히 공급되어 와인이 안정적으로 숙성할 수 있는 최적의 조건을 제공하게 된다. 스테인리스 스틸이나 유리탱크는 외부공기와 차단되기 때문에 인위적으로 산소를 공급하게 되면 단시간에 너무 많은 양의 산소가 공급되어 와인의 품질을 저하시킬 우려가 있다. 따라서 스테인리스 탱크나 유리 탱크는 숙성이라기보다는 안정화 하는 단계로 보는 것이 옳다.

오크통 숙성은 나무에서 나오는 물질이 와인의 맛을 좋게 만들고 와인의 부케를 형성한다. 오크통은 제작시에 와인 양조자가 기대하는 특성을 와인에 부여하기 위해 오크통 안을 인위적으로 그을려 오크에서 우러나오는 여러 가지 성분이 와인에 작용하게 된다. 새 오크나무 조직에 함유되어 있는 60여 가지의 폴리페놀 성분 중 바닐린(vanillin)과 탄닌(tannin) 성분은 오랜 숙성으로 형성되는 부케의 복잡 미묘함을 더해 준다. 또한 바닐린은 부케 형성에 직접적으로 관여하여 오래 숙성된 고급 와인에서 느낄 수 있는 은은하면서도 향긋한 나무냄새를 만들어낸다.

이것은 와인에 함유된 알코올 성분이 오크에 함유된 바닐린 성분을 추출하여 산소와 결합하여 미세한 산화작용으로 만들어지는 것이다.

그리고 나무에 함유된 고급 탄닌 성분은 와인의 바디(body)를 강화시켜 와인의 골격을 형성하는데 도움을 주며, 와인에 함유된 안토시아닌과 작용하여 색상을 선명하고 깨끗하게 해준다. 일반적으로 새 오크통에서는 1년에 200mg/ℓ의 성분이 나오고, 연간 약 5%정도의 증발이 이루어지는데, 이러한 계산으로 분석한다면 100ℓ의 와인은 2년 정도 지나게 되면 90ℓ 정도로 와인의 양이 줄어들게 된다.

1) 새 오크통

종종 와인 제조업자들이 새 오크통을 사용하여 와인을 만들었다고 자랑스럽게 말한다든지, 새 오크통과 재활용 오크통을 혼용하여 만들었다는 말을 양조장 방문 때마다 듣게 된다. 와인 맛에 영향을 주는, 오크통 자체에서 나는 오크 향과 맛, 그리고 탄닌, 산의 양으로 그 오크통을 얼마나 사용했는지 알 수 있다. 일부 유럽 지역 와인 제조업자들은 전통적으로 숙성용 오크통보다 몇 배나 큰 커다란 오크통을 교환 없이 20여 연간이나 사용하기도 한다.

오크통을 몇 년 사용하면 오크통 안쪽 면이 와인에서 나온 투명한 산 침전물로 덮이게 되는데, 이때부터 그 오크통은 새로 넣은 그 어떤 와인과도 맞지 않는다.

그래서 오크통을 사용하는 와인 제조업자들은 3~4번 사용한 다음 새 것으로 바꾼다. 한꺼번에 큰 비용이 들어가는 것을 막기 위해 매년 전체 오크통의 20~30%만 교체를 한다. 그러면 이들 오크통들은 30% 완전 새 오크통, 30% 1년차, 30% 2년차 하는 식이 된다. 특히 화이트와인들은 새 오크통에서 나오는 오크 향의 영향을 많이 받기 때문에 새것 보다는 몇 번 사용한 오크통을 주로 사용한다. 그래서 와인 양조업자가 자신의 오크통을 20%씩 교체한다면 5년 주기로 전체를 교체하는 것이고 30%씩이라면 3년 주기가 되는 것 이다.

그림 5-10 새 오크통

새 오크통은 맛을 내는 물질들을 깊게 스며들게 한다. 탄닌과 다른 물질들은 와인에 의하여 걸러지며, 와인에서 나온 주석산염 크리스탈(tartrate crystal)은 오크통 속에 쌓인다. 그래서 오크통 내부는 비활성화 되고 와인에는 아무런 영향을 주지 않는 주석산염이 달라붙는다. 그리고 새 오크나무는 헌 것 보다 숨을 더 많이 쉬며, 나무의 기공(氣孔)은 공기 방울과 합하여 최적의 상태에 이른다. 새 오크통은 많은 탄닌을 제공할 뿐만 아니라 오크의 나이테에서는 와인을 부드럽게 하는 물질이 나와서 다양한 바닐라 맛을 낼 수 있다. 1년 동안 한 번 사용했던 오크통이라면 더 작은 량의 탄닌의 생성과 더 적은 양의 산소 흡입으로 이어질 것이며, 해가 더해 갈수록 더욱 더 떨어진다.

2) 재활용 오크통

한번 와인을 담았던 통이라고 해도 재활용을 하는 것이 보통이다. 한번 숙성시킬 때마다 오크통의 품질과 영향력은 떨어지지만 항상 새 오크통만 사용하기에는 오크통이 비싸다는 문제가 있다. 또한 와인의 특성에 따라 새 오크통을 사용하는 것 보다 몇 번 사용한 오크통을 사용하여 은은한 오크통의 효과를 내는 와인을 만들고자 하는 경우도 있다.

통상적으로 고가의 와인들은 새 오크통을 주로 쓰지만 일반적이고 저렴한 와인은 재활용 오크통 비율이 높아진다.

어떤 경우에는 여러 번 사용했던 오크통의 안쪽 표면을 갈아낸 다음에 새 오크 판을 붙이고 표면을 그을리는 방법으로 재활용하여 쓰기도 한다.

그림 5-11 재활용 오크통

2. 오크통의 역사

고대의 와인은 토기에서 제조되었고 보관 및 운반 시에는 '암포라'[1]라고 하는 방수 처리된 가죽 부대를 사용 하였던 것이 오크통의 발명으로 제조 · 숙성 그리고 운송수단으로 오랜 세월 동안 이용되어져 왔다.

아마도 현대와 같이 운송 및 보관에 편리한 유리병이 발명되지 않았다면 오크통은 아직까지도 양조업자에게 가장 중요한 도구일 것이다.

---

1) 목부분(頸部)은 원통형을 이루고 받침부분이 안정되어 있으며 항아리의 목부분에서 몸통에 걸쳐 세로로 2개의 손잡이가 달려 있다. 또한 대부분이 동그란 손잡이가 붙은 뚜껑이 덮여 있다. 물 · 기름 · 술 등을 담아두는 외에도 곡식 · 물고기 등의 식료품을 저장하는 데 쓰인 듯하며, 당시의 도기 중에서는 가장 널리 사용되었다. 특수한 형식으로는 '판아테나이아'의 제전에 사용된 바닥이 뾰족하게 생긴 것도 있다.

그림 5-12 암포라

오크통을 처음으로 사용한 사람들은 이집트인이었는데, 이후 로마시대부터 널리 사용되었다고 전해지지만, 프랑스인들은 프랑스에 와인 제조법을 가르쳐 준 것은 이탈리아(로마)이었지만, 오크통 사용법을 가르쳐 준 것은 자신들의 조상인 골(gaule)족이었다고 믿고 있다.

그러나 역사서에 의하면 와인 통으로 오크통을 맨 처음 사용한 사람들은 고대 이집트인들이었으며, 그리스, 로마시대부터 널리 사용되어졌다고 기록되어 있다. 과거 흙이나 돌로 만든 용기는 무겁고 깨지기 쉽고, 금속 용기는 상대적으로 고가일 뿐만 아니라 쉽게 변질되어서 사용할 수가 없었다. 대신 암포라를 많이 사용했지만 운반하는 데에 한계가 있었다. 또한, 많은 술들이 오크통에서 저장 및 숙성되었기에 오크 향은 숙성된 술들의 공통적인 특징으로 나타나게 된 것이다.

3. 오크통의 기능

동양인들은 전통적으로 도자기에 술을 담가왔으나 서양인들은 오크통을 고안해 낸 이후 줄곧 오크통에서 와인뿐만이 아니라 브랜디, 위스키를 숙성시키는데 사용해 오고 있다.

특히 와인에 있어서 오크통의 역할은 절대적이라 할 수 있는데, 오크나무가 어떤 지형과 기후에서 성장하였느냐에 따라 그 품질과 특성이 다르다. 즉, 빠르게 자란 나무는 나무결이 느슨하고, 느리게 자란 나무는 결이 조밀하여 산소를 더 많이 또는 더 작게 들여오게 된다.

그림 5-13 오크통 내부의 그을림

이처럼 미세하지만 통속에 산소가 들어오는 양은 바로 이 오크나무의 구조에 따라 다르다 이를 오크나무의 통기성(通氣性)이라 하는데 와인이 숙성과정에서 필요로 하는 미량의 산소를 천천히 지속적으로 공급해 주는 역할을 한다.

전통적으로 오크통은 기계화하여 만들지 않고 전 공정을 수작업에 의해 만들고 있는데 통널로 만든 목재의 안쪽을 그을려서 만들기 때문에 오크나무의 자체 향뿐만이 아니라 그을린 향까지 더해져서 아무 와인이나 오크통 숙성을 하는 것은 아니다. 오크나무의 건조 및 숙성도 중요한데 자연 건조가 좋으며 인공적으로 건조를 하면 품질이 떨어진다.

1) 오크통이 와인에 미치는 영향

대체적으로 새 오크통에 와인을 저장하면 바닐라 향이 풍부하게 발생하는 것이 대부분이고 와인 양조업자들의 희망이기도 하지만 모두가 그런 것은 아니다.

보르도와 부르고뉴에서는 레드와 화이트와인을 위한 새로운 특성의 더 작은 오크통을 개발하여 사용하고 있으나 전통적으로 와인을 양조해 오고 있는 지역들인 포르투갈의 포트, 스페인의 쉐리, 샹파뉴지방의 샴페인에서는 새 오크통을 피하고 있다.

(1) 오크통의 통기성(通氣性)

오크나무는 공기와 접촉하여 숨을 쉬므로 와인 또한 오크통 속에서 간접적이지만 극히 제한된 공기와의 접촉으로 서서히 숙성되면서 오크통의 특성에 따라 향이 뒤섞여 세련되고 다양한 부케가 형성된다.

(2) 오크통의 성분이 주는 혜택

오크통 숙성이라는 고난도 양조기술을 적용하는 양조장 주인들은 숙성과정에서 얻어질 수 있는 세련되고 다양한 부케를 얻기 위한 노력으로 오크나무에 함유되어 있는 60여 가지의 페놀성분 중에서 18가지 바닐린 페놀이 부케의 형성에 관여되며, 탄닌성분은 와인의 바디를 강화시켜 탄탄한 바디를 형성하는데 도움을 주기도 하고, 와인의 안료인 안토시안과 작용하여 색상을 선명하고 깨끗하게 해주고 있다.

2) 오크통과 와인의 향

오래 숙성시킨 고급 와인의 향을 주의 깊게 맡다보면 은은하면서도 고소한 느낌의 나무 냄새가 느껴지는 경우가 있다. 이는 와인이 오크통에서 숙성되는 동안 알코올에 의해 추출된 나무 성분이 병 속에서 다시 화학적 변화를 거쳐 나오는 향이다.

오크통은 와인에 나무 향을 배게 하는 역할 외에도 산소와의 접촉을 통해 와인의 화학적 변화를 촉진시킴으로써 색깔을 안정되게 하고 거친 향과 맛을 부드럽게 하는 작용을 한다. 이렇

그림 5-14 오크통 숙성

듯 오크는 와인의 향과 풍미에 중요한 역할을 하기 때문에 고급 와인 양조업체들은 포도 품종 못지않게 오크나무를 선택하는 데 신경을 쓴다.

전통 있는 와인 생산업체의 경우, 지금도 숙성뿐만 아니라 발효를 오크로 만든 큰 통에서 하는데 이 경우 나무 냄새가 더 많이 배어 와인의 향이 더욱 깊고 섬세해진다.

레드와인의 경우 잘 식별이 되지 않으나 오크통 숙성을 한 화이트와인은 그렇지 않은 것보다 색깔이 짙다. 반면 오크통에 와인을 숙성하면 풍부한 과일 향과 신선한 맛이 약해진다는 단점이 있다. 이러한 이유로 포도의 맛을 그대로 살리려는 양조업체의 경우 오크통 숙성을 하지 않는 경우도 있다.

4. 오크통의 조건

오크통은 절대로 빈 통으로 장기간 방치 해 두어서는 안 된다.

와인이 가득 차면 나무가 팽팽해지고 누수가 없어지므로 빈 오크통은 사용하기 전에 물로 문질러 씻어내고 아황산염과 산소의 합성물인 이산화황(sulphur dioxide)으로 살균한다.

오래된 오크통이나 큰통은 내부의 주석산염 크리스탈을 제거하고 새롭게 하거나 때로는 오크의 통을 분리하여 새로 만들기도 한다.

1) 좋은 오크통의 조건

와인의 성질을 해치지 않으면서 은은한 향을 위해서 어떤 오크를 사용해야 할지 결정하는 것은 매우 중요한 일이다. 대체적으로 오크는 새 통과 재활용 오크통(통상 5~6번사용)을 사용하는데, 오크통은 새것 일수록, 크기가 작을수록 와인에 더 많은 영향을 끼친다. 오크통을 제조할 때 그을림은 와인의 향에 직접 영향을 미치는 중요한 요소이다.

그을림에는 세 가지 정도가 있는데 와인 제조업자가 자연적인 나무의 성격을 가장 중요시 여길 때는 라이트 토스트(light toast)를 선호한다. 미디엄 토스트(medium toast)의 경우 대

그림 5-15 토스트 정도

부분 레드 와인을 숙성하거나 화이트와인을 발효시킬 때 사용하기도 한다. 헤비 토스트(heavy toast)의 경우 스모크(smoke)한 성격을 나타내고 싶을 때 사용하는데, 와인에 따라 깊은 색깔을 내기도 하며 위스키 숙성시에 사용하기도 한다.

세계적으로 가장 많이 쓰이는 오크통은 미국산과 프랑스산이며, 미국산 오크의 특징은 성장이 빨라 나무와 결이 넓고 크다. 이에 반해 프랑스산 오크는 성장이 더딘 만큼 촘촘한 결을 지니고 있다. 프랑스산 오크와 달리 미국산은 자연적인 쪼개짐이 없다.

공정 과정에서 프랑스 오크는 자연적으로 쪼개어 건조시키는 반면 미국산 오크는 기계로 자른 다음 구워서 말린다. 미국산 오크는 주로 바닐라 향이나 코코넛 향을 함유하고 있다.

프랑스산 오크는 주로 고급 와인을 생산할 때 많이 사용한다. 특히 리무쟁(limousin oak)산은 최고급 오크로 친다. 프랑스산은 미국산에 비해 입자가 곱고 자연적인 방법으로 건조시켰기 때문에 산소와의 접촉이 더 많아서 복잡한 맛과 향을 품고 있는 와인이 탄생된다. 그러나 대체적으로 와인 양조업자가 어떤 스타일을 원하느냐에 따라서 오크통을 결정한다.

대중적이고 편안한 스타일을 원할 때는 미국산 오크를 사용하고 고급 와인을 생산할 때는 프랑스산 오크를 사용한다.

2) 생산국에 따른 오크통의 차이

오크통을 생산하는 나라들은 여러 곳이 있는데, 가장 유명하고 인기가 좋은 오크통은 프랑스가 많이 알려져 있다.

이탈리아를 비롯한 유럽에서는 슬로베니아산 오크통도 많이 쓰이고 있는데, 최근에는 미국산 오크통도 많이 쓰이고 있다. 그밖에 포르투갈, 러시아, 헝가리, 루마니아와 같은 나라에서도 오크통을 만들고는 있지만 인기가 있는 것은 아니다.

좋은 오크통은 자연과 사람이 함께 해야 하는데, 참나무가 성장하기에 좋은 환경 조건에서 잘 자라야 한다. 나무에 따라서 숙성 때 특성이 차이가 있는데 예를 들어, 나뭇결이 촘촘한 오

그림 5-16 고대 포도재배지역

크는 나뭇결이 덜 촘촘한 오크보다 향이 와인으로 전달되는 속력이 느리다.

아무래도 오크 숙성 기간이 긴 고급 와인일수록 천천히 향이 전달되는 오크를 더 선호하게 된다.

또한, 참나무를 베고 자르고 가공하고 적당히 말리는 과정을 '시즈닝(seasoning)'이라고 하는데, 통을 조립하고 통 안쪽을 적당하게 불로 그을리는 과정까지 사람의 노하우가 결합되어 오크통이 완성되는 것이므로 자연적인 참나무의 성장환경과 인위적인 가공과정이 결합된 조건이 오크통의 품질을 결정한다고 할 수 있다.

오크통을 만드는 마지막 단계에서는 안쪽을 불로 약간 태우는데, 이 과정에서 어떤 와인을 만들고자 하는지 양조자의 의도에 따라 태우는 정도는 차이가 있고, 이 정도에 따라서 와인의 향과 맛에 영향을 미치게 된다. 따라서 비록 같은 지역 같은 포도 품종을 가지고 양조를 했다하더라도 어느 오크통을 사용하여 숙성했는지에 따라 와인의 향과 맛은 차이가 있을 수밖에 없다.

미국에서 프랑스 오크통을 따라 잡아보려고 많은 노력을 시도하였으나 이상하게 프랑스 오크통보다 오크 향이 너무 심하게 와인으로 스며드는 문제점이 발생하였다.

한동안은 이러한 현상이 오크 자체 품질 문제만으로 생각되었으나, 나중에 가서야 제조 과정에서도 문제가 있었다는 것을 알게 되었는데, 그 차이점은 다음과 같다.

그림 5-17 프랑스산 오크통

그림 5-18 미국산 오크통

첫째, 통을 '시즈닝'하는 과정에서 프랑스 오크통은 자연스럽게 천천히 건조하지만, 미국 오크통은 인공적으로 가마에서 열로 건조하는 방법을 사용하였다.

둘째, 프랑스 오크통은 오크를 가공할 때 단번에 쪼개는 방법을 썼지만, 미국 오크통은 톱으로 자르는 방법을 사용하였다.

이러한 오크통 제조과정의 차이점을 개선 한 후 미국 오크통도 프랑스 오크통에 필적할 만큼 품질이 좋아졌지만 고급 와인을 저장할 때는 프랑스 오크통을 수입하여 사용하고 있다.

5. 오크통의 종류

오크통을 만드는 참나무는 온대지방에 널리 분포되어 있는데 양조용으로는 나무결이 탄닌을 함유하면서 향이 좋아야 한다.

와인을 만들 때 포도의 선택 못지않게 오크통 제조업자(cooperage)와 나무 선택 또한 매우 중요하다고 할 수 있다.

오크나무의 구조는 그 나무가 자란 지역의 기후와 생태에 영향을 받는데 대체적으로 빨리 자란 것과 느리게 자란 것의 차이는 나이테가 느슨한가 아니면 조밀한가로 나타나며, 이것은 또 다시 와인 숙성 시 필요로 하는 극소량의 산소를 더 많이 또는 더 작게 공급해 주는 차이로 나타난다. 와인을 좀 더 빨리 숙성시키기를 원한다면 구조가 느슨한 오크통을 선택하고, 좀 더 느린 숙성을 바란다면 좀 더 조밀한 구조의 오크통을 사용해야 한다.

1) 오크나무의 지역적 특징

대체로 와인 양조용 오크의 최고품은 프랑스 중서부 지방인 리무쟁 오크(limousin oak)라는 데에 이의를 제기할 사람은 없을 것이다.

리무쟁 오크나무의 특징은 빠르게 자란 탓에 구조가 느슨하고 많은 탄닌을 함유하고 있는데, 이는 루이 14세 때 재무장관 루이 콜베르(Louis Colbert)가 선박 제조용으로 조성했던 것이다. 반면 프랑스의 동쪽 끝에서 생산된 알리에 오크(alier oak)는 탄닌이 상대적으로 적고 에우게놀(eugenol), 락톤(lactone)과 같은 향을 가지고 있다. 그 밖에 아르마냑(armagnac)의 블랙 오크(black oak cask) 등도 유명하다.

그리고 발트 해(baltic sea)에서 생산되는 오크는 프랑스 산림에 근접해 있지 않음에도 불구하고 보르도 지방에서 많이 사용되어 지고 있는 이유는 와인을 운반했던 배가 되돌아 갈 때 빈 배로 가기보다는 나무를 싣고 가는 것이 경제적이었기 때문이었으며, 이는 또한 이 나라들에 대한 신뢰감까지 생겼기 때문이다.

이 밖에도 세계적으로 북아메리카의 화이트 오크(white oak), 폴란드의 슬로보니아 오크(slovonia oak)등도 양조용으로 많이 사용되고 있는 것들이다.

2) 오크통의 크기와 형태

오크통의 모양과 크기는 지방에 따라 약간씩 차이가 있는데, 프랑스 보르도 지방의 오크통은 바리크(barrique)라 불리며 약간 길쭉한 모양을 한 225ℓ 용량을 주로 사용한다. 삐에스(pièce)라고 불리는 부르고뉴지방은 전통적으로 땅딸보 모양의 228ℓ 용량을 사용하고 있다. 그리고 샹파뉴지방의 샴페인은 220ℓ 용량의 오크통을 주로 사용하고 있다. 바리크나 삐에스는 그 모양 형태에 의해서 이름이 붙여진 것이다.

오크통의 크기는 두 사람이 쉽게 운반할 수 있는 크기가 표준이 되었다. 그러나 이 크기는 운반의 용이성뿐만이 아니라 와인을 위한 오크통의 최적의 공간을 제공하기도 하였다.

작은 오크통일수록 와인과 나무의 표면적이 넓어져 성분 교환이 활발하여 복잡하고 오묘한 성격을 부여하게 되지만, 경제적이지 못하여 일반적으로 프랑스처럼 전통적으로 우수한 와인을 생산하는 나라에서도 고급 와인에만 오크통 숙성을 한다.

따라서 일반적인 레드와인과 화이트와인의 경우 일부 오크통 숙성을 하는 경우에는 4,000~7,000ℓ의 대용량 오크 배럴을 사용하고 있다.

이제는 더 이상 오크통을 와인 운반용으로 사용하지 않고 발효 및 숙성용으로만 사용되어지고 있다. 또한 유리병 제조업의 발달로 인하여 요즈음 프랑스 보르도에서는 얇은 통널을 사용하는데 그 이유는 산소의 흡입이 두꺼운 것보다 용이하다는데 있다.

그림 5-19 지역별 오크통의 크기

3) 오크통의 질감

세계 최초로 오크통을 와인에 사용한 나라는 프랑스이다. 프랑스는 오랜 전통과 축적된 기술로 세계 최고 품질의 오크통을 제조하는 나라이다.

오크통의 제조에는 많은 시간과 경비가 소요되기 때문에 최고 품질의 와인이 오크통에서 잘 숙성되어 그 값어치를 발휘할 때 비로소 그 진가를 발휘하게 된다.

최근에 들어 오크통에 대한 기대가 지나치게 확대되어 신흥 와인생산국에서는 유행처럼 오크통 숙성을 시도하고 있고, 오크 조각을 태워 와인을 숙성시킬 때 집어넣는 현상까지 나오고 있다. 이것은 바람직하지 못한 현상으로 오크통 숙성이 가져다주는 장점을 과신하여 생긴 일로 보여 진다.

오크통 숙성이 가져다주는 효과는 숙성되는 와인의 품질이 우수하고 오크통 숙성에 의해 품질이 향상되는 와인의 경우에만 그 효과가 더욱 크다고 할 수 있다.

오크통을 제작하는 참나무는 나무 자체의 향이 상당히 강한 특징을 지니고 있는데, 오크통을 제조할 때 내부를 불로 그을려 훈향을 강조하게 된다. 따라서 오크통 숙성은 장기 숙성용 고급 레드와인과 일부 지역에서 생산되는 화이트와인용 품종인 샤르도네와 쎄미용에 적합하다.

무조건적인 오크통 숙성은 포도가 지니고 있는 원래의 장점과 특성을 잃어버릴 수 있음으로 세심한 주의가 필요하다고 할 수 있다.

4) 오크통의 명칭

오크통의 각 부분별 명칭과 용도는 다음과 같다.

- Stave : 통널, 통판
- Stave Joint : 통널 이음새
- Bung Hole : 통의 따르는 구멍
- Bilge : 통의 중배
- Bilge Hoop : 통의 $\frac{1}{2}$ 금속 테두리 몰딩 안전 케이지
- Quarter Hoop : 통의 $\frac{1}{4}$ 금속 테두리 몰딩 안전 케이지
- Head Hoop : 통의 상층부 금속 테두리 몰딩 안전 케이지

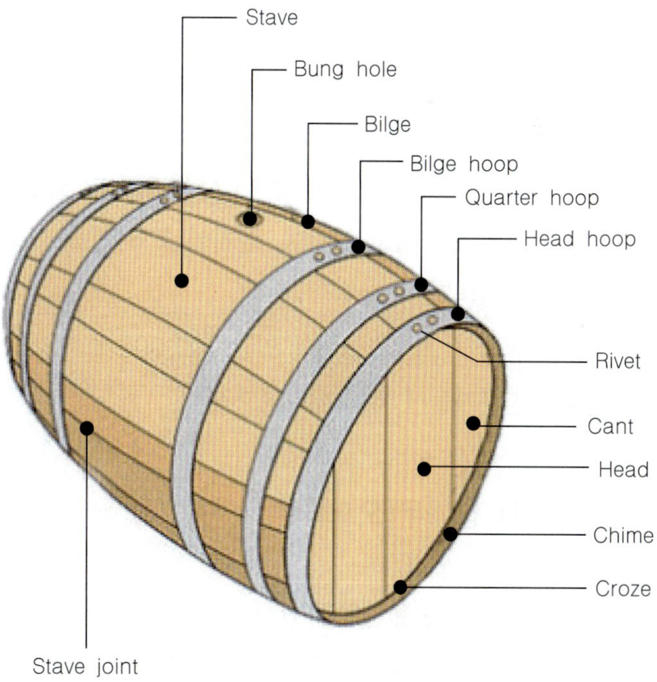

그림 5-20 오크통의 명칭

- Rivet : 리벳으로 고정된 부분
- Cant : 상층부 곡선판 통널
- Head : 상층부 중심판 통널
- Chime : 금속 테두리 몰딩 부분
- Croze : 통판 끝에 난 홈

6. 오크통의 제조

세계에서 가장 비싼 나무로 취급되는 오크나무는 동서양을 막론하고 신성하게 취급되었다. 재질이 단단하여 선박제조용으로도 사용되었는데, 로마시대부터 와인을 저장하고 운반하는 용기로 사용하였다. 와인 양조업자가 포도를 선택하는 것이 중요한 만큼 오크통 제조업자의 나무선택 또한 중요한 작업이다.

가장 유명한 오크나무는 프랑스산 리무쟁으로 프랑스에는 현재 약 4,000,000ha의 참나무 숲을 국가에서 관리하고 있을 정도이다.

오크통 제조는 17세기 이전까지 활발히 이루어졌으나, 17세기에 유리병이 발명되고 부터 그 자리를 한동안 내어 주었다가, 20세기 초에 맥주와 증류주 생산을 위한 다양한 수요로 다시 활황을 맞이하게 되었다.

1930년대부터 일기 시작한 시멘트 발효조의 건설 붐과 20세기 중반의 와인산업의 위기 그리고 온도의 조절이 가능한 스테인리스 스틸조의 개발로 다시 한 번 위기를 맞은 오크통 제조업은 최근에 들어 좀 더 나은 양질의 와인을 만들기 위한 노력으로 오크통의 수요가 급격하게 늘어나고 있으며, 심지어 오크 칩을 사용하여 와인에 특성을 부여하는 일까지 생겨나게 되었다.

오늘날 프랑스에서만 연간 200,000개 이상의 오크통이 오랜 전통을 가진 프랑스의 오크제조전문가들에 의해 제조되고 있다.

1) 참나무(오크나무)

참나무는 유연성과 탄성을 지니고 있어 오크통 제작에 아주 적합한 나무이다. 그리고 방수성과 열전도율이 낮아 내용물의 보관이 용이한 재질이지만 지역의 기후와 제반조건에 따라 그 품질이 매우 상이하게 달라진다.

보통 프랑스 오크를 최고로 인정하는데, 만들고자 하는 와인의 타입에 따라 새 오크통과 재활용 오크통의 사용 비율을 달리한다.

오크통의 제조는 보통 수령이 150~250년 된 나무를 벌목하여 만드는데, 와인용으로는 프랑스 중부 산악지대에서 자란 것이 품질이 가장 좋으며, 리무쟁은 브랜디용으로 최고 품질을 자랑한다.

2) 오크통의 제조공정

오크통 제작은 전통적으로 전 공정을 수작업으로 만드는 것이 일반적이다. 그러나 최근에는 부분적으로 기계를 사용하기도 하지만 모든 공정이 손으로 정교하게 자르고 가다듬어져야 한다.

고대로부터 오크통 제조업은 매력적인 사업으로 가업(家業)의 기술 전수를 통해서 오늘날까지 그 명맥을 이어오고 있다.

배부른 오크통을 만들려면 통널을 잘라서 건조시킨 후, 양쪽 끝을 가운데 보다 더 가늘게 만들어 대패로 가다듬은 후, 링 시이에 나무를 끼워서 통 모양으로 둥글게 묶어 다발로 만들고 여기에 스팀이나 장작불을 이용하여 열을 가하면서 구부리면 쉽게 휘면서 둥근 통 모양을 갖추게 된다. 마지막으로 미리 만들어 놓은 뚜껑 혹은 바닥판을 기술적으로 끼워 넣으면 오크통이 완성된다. 통 내부의 그을림(toasting) 정도에 따라 와인용은 좀 작게, 위스키나 브랜디 등 증류주용은 보다 더 많이 그을린다. 왜냐하면 나무의 당분이 타면서 카라멜로 변하고 이 카라멜에 의하여 술의 색깔과 향의 엷고, 진한 차이가 나기 때문이다.

또한, 좀 더 높은 열을 가하면 연기 향이 첨가되며 그을린 오크에서는 다량의 또 다른 페놀이 생산된다. 반면 증기로 굽힌 오크는 이런 특성이 부족하므로 일부 와인업자들은 장작불에 그을린 오크통을 더 선호하는 경향이 있다.

(1) 벌목

프랑스는 벌목할 나무를 7~9월경에 산림청의 감독 하에 선정하여 놓고, 나무가 성장을 멈추는 휴지기인 11~2월 사이에 벌목을 한다. 오크통 제작에 쓰이는 참나무는 조직이 좋은 양질의 나무만을 사용하기 때문에 엄격한 선별과정을 거치게 된다. 전체 벌목량의 1/4 정도만 오크통 제작에 사용될 정도이다.

그림 5-21 벌목작업

(2) 제재

오크통 제작에 쓰이는 널판지는 열처리를 할 때 갈라지거나 뒤틀리지 않도록 경험이 풍부한 기술자들이 나무의 결을 잘 맞추어 켠다.

나무의 손실이 가장 많이 발생하는 과정으로 수령이 150년 이상 된 큰 참나무 한 개로 두께 27mm의 오크통을 2개밖에 만들 수 없다.

(3) 야적과 관리

품질 등급과 원산지별로 분리하여 적재한다. 건조시에 뒤틀림이 없도록 널판지의 길이를 잘 맞추어 우물 정(井)자 형태로 규칙적으로 적재하여 빗물이 잘 빠지고 통풍이 잘 되도록 한다. 야적 건조기간은 1㎝의 두께에 1년 정도 필요함으로 완전히 건조될 때까지 보통 2년 6개월에서 3년 정도의 기간이 걸린다.

건조는 자연풍에 의한 건조가 가장 이상적이며, 건조시에 다른 불쾌한 냄새가 배지 않도록 주의해야 한다. 건조된 널판지는 검사 후 최종 합격된 것만 공장으로 옮겨지게 된다.

그림 5-22 야적작업

그림 5-23 제제작업

그림 5-24 제작공정

(4) 오크통 제작

공장으로 옮겨진 널판지는 주문한 크기에 맞추어 자르고 강철밴드를 끼워 기본 틀을 만든다. 널판지를 자른 참나무 조각들을 태워 그 열로 널판지를 구부리게 되는데, 수시로 분무기로 물을 뿌려 수분을 계속 공급해 주어야 나무의 섬유질이 잘 늘어나 널판지가 뒤틀리거나 부러지는 일이 없이 자연스럽게 휘어지게 된다.

(5) 열처리

오크통의 형태가 만들어지면 주문자의 요구에 맞게 오크통 내부를 그을리게 된다. 이것은 저장할 와인의 포도품종과 기대하는 와

천연 감미 와인이 되려면 포도의 당이 농축되어 과숙성 상태가 되어야 하고, 숙성기에는 당도가 16%정도 포함되어야 하며 포도의 과피에 버섯 곰팡이류의 일종인 보트리티스 시네레아균이 부착되어 과피 표면을 감싸고 있는 피막을 녹여 수분증발을 촉진하고 과피가 수축하여 건포도 형태에 이르게 된다.

수분이 증발된 포도의 과즙은 농축되어 당도는 높아지나, 산은 일부만 분해되어 당분함량이 35~45brix, 산도가 1.5%(정상 0.6%)로 일반적인 건포도와는 다른 형태가 되기 때문에 착즙이 어려워 수율이 낮아지고 발효가 불규칙하여 알코올 농도가 14~15%, 잔당 5~12%의 와인이 된다. 보트리티스 시네레아균의 활동에 의하여 글리세린과 같은 점성물질이 생성되어 포도 고유의 단맛보다는 꿀과 같이 복잡한 풍미를 지닌 와인이 된다.

발효기간은 2~8주로 발효시에는 당분이 높아 발효를 천천히 진행하여야 하며, 이스트에 충분한 영양분을 공급하여 발효기간 동안 활동이 원활하게 하여 독특한 맛을 지닌 감미 와인을 만든다.

인위적인 방법으로 당을 첨가하는 국가로는 독일을 꼽을 수 있는데, 독일에서는 병입 전에 농축 주스를 넣거나 신선한 주스를 넣어 만들기도 하고, 특등급의 와인은 보트리티스 시네레아균에 의한 천연당분에 의해서 만든다.

역사가 가장 오래된 귀부와인으로는 헝가리의 토카이 와인이 있으며, 오스트리아에서도 훌륭한 귀부와인이 생산되고 있다.

귀부현상이 일어나기 쉬운 포도품종은 쎄미용 품종과 리슬링 품종으로 과피가 얇은 포도품종 중에 하나이다.

1) 소테른(Sautérnes)

16~18세기부터 귀부현상에 의한 와인양조를 시작하였는데, 귀부현상이 생기면 일반적인 포도수확보다 수확량이 40% 정도 감소하게 된다.

곰팡이 포자는 겨울에도 생존하는데, 18~19brix 정도 되었을 때 안개비가 살짝 내리고 18~25℃ 정도가 되면 발아하여 포도에 부착된다. 이 곰팡이는 포도에 미세한 구멍을 뚫어 수분이 증발하게 되고 농축이 시작된다. 처음에는 반점형태로 나타났다가 곰팡이가 형성되면서 부분적으로 수축하여 농축 되는데 이 현상은 덥고 건조한 날씨에 급격히 확산된다. 균이 부착된 후 2주 정도 온화하고 시원한 날씨가 계속되면 가장 이상적인 포도가 만들어진다.

정상적인 날씨로 일반적인 작황일 때는 일찍 수확하여 드라이 와인이나 일반적인 스위트 와인을 만들고, 이상적인 조건을 갖추었을 때는 늦가을에 포도가 완전히 과숙하였을 때 선별 수

그림 4-47 Botrytis Cinerea

확하여 와인을 양조하게 된다. 이런 해는 쉽게 찾아오지 않는데, 익는 동안의 날씨와 과숙기간의 날씨가 좋아야 하기 때문에 항상 품질이 같을 수 없다. 밤에 기온이 내려가면서 이슬이 내리고 아침에는 안개가 끼며, 낮에는 햇볕이 강하게 내리 쬐게 되면 곰팡이가 생겨나게 된다. 이렇게 하여 수확되는 양은 평상시의 1/3정도로 감소하여 평상시 22톤(ton)의 포도를 수확하는 포도원은 8.5톤 정도로 수확이 감소한다. 포도 주스량 또한 감소하여 1,000kg 포도에서 270~350ℓ 정도밖에 착즙(수율 : 27~35%)할 수 없다.

2) 뱅 죤느(Vin Jaune)

와인을 오크통에서 오랜 기간 동안 숙성하게 되면 와인의 양이 자연적으로 증발되어 줄어들게 되므로 일정한 시기에 정기적으로 와인을 보충해 주어야 하는데 와인을 보충해 주지 않으면 오크통 안의 와인의 표면이 공기와 접하게 되는 면적이 많아져 액체 표면에 박테리아들이 빠르게 번식하여 그랑 크뤼(grand cru) 와인이라고 해도 몇 주안에 식초로 변해버린다.

그러나 알자스와 부르고뉴 지방 사이의 브장송(besancon) 남쪽과 주위에는 아르부아(arbois)와 폴리니(pollini) 등의 작은 도시들이 있는 프랑스 쥐라(jura) 지방의 쥐라 산맥 서쪽 언덕 약 2,000ha의 소규모 포도밭 지역은 자연 증발된 와인 통을 채우지 않는 방법으로 가장 희귀하면서도 특별하고, 신비스럽기까지 한 뱅 죤느 와인을 만드는 것으로 유명한 지역이다.

쥐라 지역에는 부르고뉴 품종인 샤르도네, 삐노 누아와 함께 쥐라 지역에서만 재배되는 전통적인 청포도품종인 사바냥(savagnin)과 흑포도품종의 뿔사르(poulsard)와 트루쏘(trousseau) 등이 있다.

뱅 죤느를 제외하고 쥐라 지역의 포도품종들은 일반적으로 블렌딩되어 아르부아, 아르부아-뿌삘랭, 꼬뜨 뒤 쥐라(côtes du jura) 그리고 에투알(etoile) 등의 AOC등급의 탁월한 맛의 레드와인, 로제와인, 화이트와인들을 만들어 내는데 에투알은 화이트와인만을 생산하고 있다.

뱅 죤느는 사바냥 품종으로만 생산되는 와인으로 생산량이 적어 ha당 30hl의 뱅 죤느를 생산하는데 사바냥 포도품종은 포도알이 작고 껍질이 두꺼워 기후변화에 덜 민감하다. 이러한 특성으로 포도수확 기간이 비교적 늦은 편으로 10월 말이나 11월 초 포도가 무르익은 상태일 때 수확하며 수확과 동시에 포도즙을 짜내고 알코올 발효와 젖산 발효를 거쳐, 이미 뱅 죤느를 담았던 오크통에 저장한다. 오크통에 저장된 이후부터는 효모의 역할이 매우 중요한데 이전에 사용된 오크통들은 이미 효모가 번식된 상태이므로 오크통을 채울 때는 반드시 어느 정도의 빈 공간을 남겨두어야 하며 약 6년 동안 절대 통을 만져서는 안 된다.

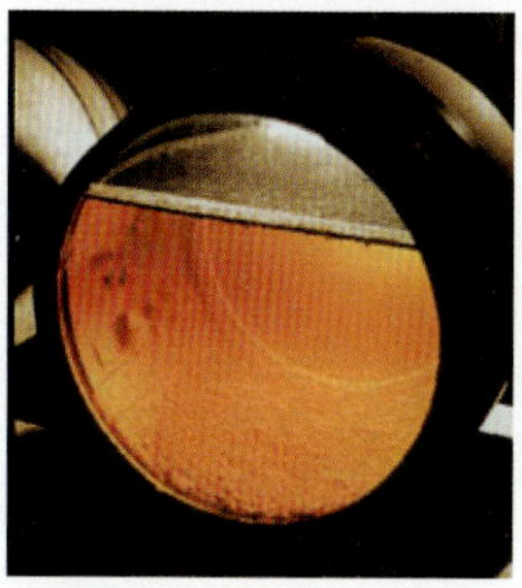

그림 4-48 뱅 죤스 오크숙성

특이하게도 쥐라 지역에서만 오크통 안의 와인 표면에 특수한 효모 막이 형성되어 공기와 와인의 접촉을 막아주고 산화를 방지하여 훌륭한 와인이 식초로 변하는 것을 막아준다. 6~7년 또는 더 오랫동안 오크통에 숙성된 후 뱅 죤느를 '클라블랭(clavelin)' 이라는 62cl짜리 특수한 병에 담는데 이는 뱅 죤느가 수 년 동안 와인 통에서 증발되는 부분을 상징하는 것으로 일종의 꼬냑(cognac)에서의 '천사들의 몫' 과 같은 것이다. 그렇지만 이 특별한 뱅 죤느를 맛보기 위해서는 여전히 몇 년을 더 기다려야 하며 뱅 죤느는 매우 드라이 한 와인으로 입에서는 약간 씁쓸하고 강한 맛이지만 나중에는 환상적인 호두, 삿갓버섯, 아몬드, 말린 과일들의 향이 나며 비교할 수 없는 깊은 여운을 남긴다.

뱅 죤느는 쥐라의 전 지역에서 생산되지만 생산량이 적어서 매년 5,000hl만 생산되며, 그 중 1,500hl는 가장 유명한 샤또 샬롱(château chalon) AOC로서 이 포도원은 쥐라 산맥 절벽에 걸쳐있는 50ha도 안 되는 작은 포도원으로 바로 이곳에서 정확한 연도는 알 수 없지만 17세기 또는 18세기 경에 만들어졌다. 이처럼 50ha도 안 되는 소규모 포도원은 프랑스 혁명이 전까지 베네딕틴(benedictine) 수도회의 소유였는데 당시 수도회에서는 포도를 늦게 수확하여 가끔은 영하로 기온이 떨어진 이후에도 수확했고 와인이 판매되기 전에 와인 통에 10년 이상 저장하였다.

3) 뱅 드 빠이으(Vin de Paille)

빠이으(paille)란 영어의 스트로(straw)라는 의미로 짚 또는 밀짚이란 뜻이며, 포도 수확기에 가장 잘 익은 포도송이들만을 골라 짚 위 또는 건조하고 통풍이 잘되는 곳에 깔아놓거나 매달아 놓고 3개월 정도 말려 양조한 와인으로 건포도와 같이 포도알에 설탕이 농축되어 당도가 높아진다. 발효 후에는 와인 1리터당 3~4%의 천연 당분을 함유한 유질이 풍부한 스위트 와인이 되는데 양조통 안에서 3~4년을 숙성 시킨 후에 출고된다.

그림 4-49 뱅 드 빠이으 건조작업

수확량이 한정되어 있는데다가 양조방법도 특이해서

쥐라 지방의 특산물로 귀한 와인이며, 독일의 트로켄베어렌아우스레제(trockenbeerenauslese)나 아이스바인(eiscewein)처럼 반병(350ml)으로만 생산된다.

4) 토카이 아쑤(Tokaji Aszu)

귀부병에 걸린 포도가 늦가을이 되면 건포도와 같이 되는데, 이것을 헝가리에서는 아쑤(aszu)라고 부른다. 아쑤를 선별적으로 수확하여 줄기를 제거한 후 푸통요스(puttonyos)라 불리는 나무통(25kg/30Liter)속에 넣는다.

12월 말경 약 6~8일이 경과하면 포도의 무게로 인해 매우 농축된 주스가 통 밑에 고이게 되는데, 이것을 아쑤 에센시아(aszu eszencia)라고 한다.

푸통요스 속의 아쑤 에센시아가 만들어지면 포도씨앗이 파괴되지 않도록 조심스럽게 반죽(아쑤 페이스트 aszu paste)과 같이 되도록 으깬다.

으깬 반죽을 1년 숙성된 136ℓ 용량의 드라이 베이스 와인(furmint & harslevelu 품종으로 양조된 와인) 통(gonci barrel 큰 오크통)에 혼합한 후 18~48시간 동안 머물게 하는데, 이 기간의 아쑤의 당은 기초와인에 용해되어 발효가 완료된다.

아쑤가 첨가된 기초와인은 재 발효가 시작되어, 알코올 도수 13~14°로 오르게 되면 발효는 자동적으로 멈추고 엄청난 잔여 당이 와인에 남게 된다. 결과적으로 더 많은 아쑤 페이스트를 드라이 베이스와인에 넣으면 넣는 만큼 잔여 당이 와인에 남게 되어 매우 스위트한 와인이 되는 것이다.

와인의 배합기준을 정하기 위해 푸통요스 또는 푸토니(puttony)와 드라이 베이스 단위를 규정하고 있는데, 1푸토니는 25kg, 30Liter에 해당되고 드라이 베이스 와인 통은 136ℓ의 용량을 정하고 있다.

그림 4-50 Puttonyos

아쑤는 매우 스위트한 와인으로 독일의 아우스레제 급에 속하며, 아쑤 와인이 되기 위해서는 최소한 3년 동안 통속에서 숙성되어야 한다. 많은 헝가리 전문 와인 감식가들은 4푸통요스의 와인이 가장 조화롭고 훌륭한 와인으로 평가하고 있다.

와인의 감미도(度)는 얼마나 많은 푸통요스를 드라이 베이스 와인에 첨가 되느냐에 따라 달라진다.

와인 라벨에는 3~6푸통요스가 표시되는데, 리터 당 당도 함유량은 다음과 같다.

■ **3푸통요스** : 당도 60g/Liter

- 4푸통요스 : 당도 90g/Liter
- 5푸통요스 : 당도 120g/Liter
- 6푸통요스 : 당도 150g/Liter
- 아쑤 에센시아 : 당도 180g/Liter
- 에센시아 : 당도 250g/Liter

이와 같은 와인은 보통 3~6년 동안 큰 오크통에서 숙성 된 이후에 출시되지만 일부는 병입한 후 수십 년 동안 어둡고 습기가 있는 지하 셀러에서 보관된 후에 출시되는 경우가 많다.

(1) 토카이 아쑤 에센시아(Tokaji Aszu Eszencia)

토카이 아쑤 에센시아 와인은 1970년 헝가리의 와인 규정에 의해 새로 인정된 와인으로 양조과정은 아쑤와 같으나 다른 점은 특별한 해, 최고의 포도원에서 생산된 포도로 양조한 와인이다.

아쑤 페이스트를 첨가한 와인은 당도가 매우 높기 때문에 특별히 배양한 효모인 '토카이 22' 를 사용해서 2차 발효시킨 와인이다.

(2) 토카이 에센시아(Tokaji Eszencia)

토카이 넥타(tokaji nectar)로 알려진 이 와인은 매우 희귀한 것으로 아쑤가 통에 보관되는 동안 포도알의 무게에 의해 매우 적은 양인 0.25ℓ정도의 즙을 얻게 된다. 놀랍게도 어느 아쑤보다 높은 당도로 인해 즙이 토카이 에센시아의 기초재료가 된다.

그리고 높은 당도로 인해 발효는 매우 느리게 진행되며, 맛의 변화가 거의 없이 100년 이상 숙성시킬 수가 있다. 에센시아는 샤또 디껨과 더불어 세계에서 가장 스위트하고 비싼 와인에 속한다.

그림 4-51 토카이 와인

(3) 숙성

토카이 와인은 좁고 캄캄한 용암 동굴 속의 10℃에서 작은 배럴들이 일렬로 줄지어 있고 둥근 천장은 두껍게 이끼가 끼어 있는 지하 저장고에 보관된다. 유명하고 오랜 된 셀러인 에르도벤예(erdovenye), 샤로스 빠탁(sarospatak), 딸리야(talya), 타르쌀(tarcal)에서 생산된 토카이 와인 중 아직까지도 남아 있는 몇 병은 절정기 때의 잘 숙성된 와인이 현재보다 더 훌륭했다는 것을 보여준다.

그러나 오늘날에도 넷 또는 다섯 푸통요스 아쑤와 아쑤 에센시아는 비단결 같은 부드러움, 끊임없이 솟아나는 향, 과일과 버터, 캬라멜이 섞인 맛을 지니고 있다.

4. 아이스 와인(Ice Wine, Eiscewein)

아이스 와인이란 얼은 포도들을 그 상태로 포도나무로부터 수확해서 만든 매우 진귀한 와인으로 포도들은 자연적으로 어는 과정을 거치는 동안 절묘하게 달콤한 맛을 내게 되어 아이스 와인을 생산할 수 있게 한다. 아이스 와인은 진한 금빛색과 매혹적인 달콤한 맛으로 위대한 명성을 얻게 되었다.

아이스 와인의 원료로 사용되는 포도가 수확되는 시기는 온도가 -8℃ 이하에서 연속적으로 2~3일 지속되는 차가운 겨울기간이다. 이러한 추운 기후에서 포도들은 수확되기 전까지 포도나무에 매달린 채 고체 상태로 얼려지게 되는데 겨울 기후의 전형적인 온도 사이클을 거치게 된 포도의 고체 상태는 인공적인 기술에 의하여 쉽게 만들어질 수 없는 신비한 맛을 지니게 된다.

이상기온으로 따뜻한 겨울이 오면 아이스 와인 생산을 포기해야 하므로 자연적인 기후 영향이 매우 크게 작용하여 아이스 와인은 매우 귀하다.

포도의 수확은 일출 전에 이루어져야 하며 해가 뜨면 얼음처럼 딱딱하게 얼어붙은 포도송이가 녹으면서 상품으로서의 가치를 잃어버리게 된다.

독일에서 처음 만들어져서 '아이스바인(eiswein)'으로도 불려지고 있는데 아이스 와인은 1794년 독일의 프란코니아(franconia) 지방에서 양조되어 그 뒤 1800년대 중반, 라인가우(rheingau)의 양조장에서 아이스 와인을 계획적으로 생산하기 시작하였다.

캐나다는 독일보다 약 200년 늦은 1978년 왈트 헤이리 포도농장에서 처음으로 상업적인 아이스 와인을 만들었으며, 세계에서 최대 규모의 아이스 와인을 생산하는 곳으로 나이아가라(niagara) 폭포지역에 특히 많은 와이너리들이 있다.

캐나다는 19세기 초 정착한 독일 이민자들이 아이스 와인을 만들기 시작하여 1980년대에 상업적으로 성공을 거둔 이후 독일에 버금가는 아이스 와인의 대국으로 성장하였다.

아이스 와인은 대부분 '리슬링'(riesling 독일)과 '비달'(vidal 캐나다)이라는 포도품종으로 생산되는데 비달은 리슬링보다 껍질이 두꺼워 냉해에 더 잘 견디지만 산도는 리슬링이 풍부하다. 리슬링 아이스 와인은 비달 아이스 와인보다 색상에서 그리고 미각측면에서 약간 더 라이트(light)한 경향이 있으며 세계적인 와인평론가 로버트 파커(Robert M. Parker)로부터 99점 이상을 받은 아이스와인이 10개나 있는 반면 비달을 주로 재배하는 캐나다는 세계 최대의 생산량을 자랑하고 있다.

그림 4-52 아이스 포도 수확

아이스 와인은 산출량이 적고 생산비용이 많이 소요되는데 냉동된 포도들로부터 와인 산출량은 냉동되기 전 포도보다 대략 1/10 밖에 되지 않는다. 더욱이, 포도들이 얼려진 상태로 수확되어야만 하기 때문에 매우 신속하게 수확해야 하고 정확한 타이밍과 빠른 개발단계 그리고 날씨의 행운이 따라 주어야만 우수한 아이스 와인을 생산할 수 있다. 또한 제한된 수확시간 때문에 높은 인건비가 소요되므로 높은 판매비용에 영향을 미칠 수 밖에 없다.

자연적인 기후에 의해서 생산되는 아이스 와인과 구별되는 인공 아이스 와인은 가을에 포도를 수확한 뒤 냉동고에서 얼린 포도송이로 만든 와인으로 미국, 호주, 스위스 등지에서는 '크리요(cryo)' 란 이름으로 팔리고 있으며, 또한 수확 최저 온도(독일 영하 -7℃, 캐나다 -10~-13℃) 규정을 지키지 못한 와인(독일 -5℃, 캐나다 -6℃)은 아이스 와인 이라고 하지 않고 '늦게 수확(late harvest)' 한 와인이라고 불린다.

아이스 와인은 종종 식사 후에 마시므로 디저트와인이라고 불리기도 하지만 개인의 개성에 따라 식사 중에 마셔도 매우 좋은 맛을 음미할 수 있다.

Wine & Grape

07 ▶▶▶ 와인 양조법

1. 마쎄라시옹 까르보니크(Macération Carbonique)

일반적으로 탄산가스 침용(침출)방식이라고 부르며, 일반적인 레드와인을 만드는 방법과는 달리 밀폐형 스테인리스 탱크(closed stainless tank)에 수확한 흑포도를 파쇄하지 않고 포도송이 그대로 채우고 유해한 미생물의 활동을 방지하기 위하여 탄산가스를 채워 수일간 놓아두는 방법이다.

이 기간 동안에 포도는 가볍게 세포 내 발효를 시작하여 세포막이 파열되기 쉬운 상태가 되는데 이를 압착하여 화이트와인 양조방식으로 발효하게 된다. 온도에 따라 차이가 있으나 약 8~10일 정도 세포내 발효를 진행하다가 압착하여 화이트와인 양조방식으로 2~3일 정도 정상 발효시켜 알코올 발효를 완성시킨다. 이 방법을 사용하면 극소량의 당분(0.5~2.2%)을 알코올로 바꾸고 탄산가스 등의 2차 물질이 생성되며 이 기간 동안에 과피에 포함된 방향성분이 과립 안으로 발산되어 붉은 과실의 향기, 착색 캔디(candy) 향 등의 2차 아로마(aroma) 즉, 포도품종 자체의 향보다는 내부에서 우러나오는 향이 좋아지고 폴리페놀(polyphenol)의 추출이 줄어들어 쓰고 떫은맛이 약해진다. 따라서 이 방법은 와인의 산도를 낮추는 발효방식으로 알코올 생성과 산소의 부족으로 세포가 파괴되면 반응이 멈추어 신선하고 탄닌이 약한 풋풋한 와인이 만들어 진다.

보졸레 누보 와인은 마쎄라시옹이 단기간에 적용되어 대단히 신선한 향과 맑은 색상을 나타나는 대신 탄닌에 의한 떫은맛이 적은 신선한 맛의 레드와인을 얻게 된다. 그러나 랑그독(languedoc) 지방과 론(rhône) 지방의 남부처럼 10~20일간 마쎄라시옹이 계속되면 장숙(長熟) 타입의 와인이 생산된다.

마쎄라시옹 까르보니크는 탄산가스를 외부에서 주입하는 방법과 포도를 탱크에 채울 때 일

그림 5-25 그을림 작업

그림 5-26 봉합작업

인의 품질 및 타입에 따라 그 정도가 달라진다.

(6) 봉합

오크통은 강철밴드로 강하게 조여 널판지의 틈이 없게 하고 오크통 밑면은 접착제와 나무의 쐐기로 밀봉한다. 오크통이 완성되면 따뜻한 물을 넣어 방수상태를 확인하여 마무리하고, 대패로 전체를 한 겹 벗겨 내어 작업과정에서 묻은 이물질을 완전히 제거한다.

7. 와인의 숙성과 오크통

와인 발효가 끝 난 후에는 보통 오크나무로 만들어진 통 속에서 숙성시키는데, 최근에는 이러한 오크통을 사용하지 않고 스테인리스 통에서 숙성시키는 경우도 있다. 오크통의 경우에는 전 세계적으로 그 지역의 전통에 따라 다양한 크기의 오크통을 사용하고 있는데, 까베르네 쏘비뇽(cabernet sauvignon), 시라(syrah), 샤르도네(chardornay) 경우에는 흔히 보는 식탁 높이의 작은 통에 숙성시키는 경우가 많고 이탈리아의 네비올로(nebbiolo), 바르베라(barbera), 산지오베제(sangiovese)의 경우에는 대형 용량의 오크통에 숙성시키는 경우도 있다.

그리고 쏘비뇽 블랑(sauvignon blanc), 리슬링(riesling)과 같은 경우는 오크통을 사용하지 않고 스테인리스 스틸통을 사용하는 경우가 많다.

그런데 대개의 레드와인과 일부 화이트와인은 숙성 과정 전에 2차 발효(malolactic fermentation) 라는 과정을 거치게 되는데, 이 과정은 와인 안에서 가장 강건하다는 사과산(malic acid)을 조금 덜 신 유산(lactic acid)으로 바꾸는 과정으로 이는 대부분의 와인에서 완전히 이루어지며, 화이트와인의 경우에는 이러한 능금산은 신선함을 나타내므로 선택적으로 이루어지거나 통상 50%정도가 이루어지기도 한다.

또한, 숙성되는 과정에서 와인은 계속 증발하기 때문에 항상 지나친 산소에 의한 산화를 방지하기 위해 오크통 안의 일정한 선까지 계속 채워주어야 한다.

이러한 것을 토핑(topping)[1]이라고 부르고 있으며, 하나의 오크통 안에 너무 오랜 기간 와인을 보관하면 와인에 피로가 누적되고 아래, 위의 교환이 없어서 같은 통 안의 와인이라도 맛의 차이가 나기 때문에 아래 위의 교환을 위하거나 숙성 과정에서 배출되는 찌꺼기를 제거하기 위해 와인을 다른 오크통으로 옮기는 과정을 거치게 된다. 이러한 과정을 랙킹(racking)이라고 부른다.

그러나 지나친 산소 접촉을 피하기 위해 가능하면 적은 횟수의 랙킹을 하여야 하며 특히, 화이트와인의 경우에는 신중하게 하여야 한다.

그리고 병입 과정에 이르기 전에 오크통 안에서 생기는 찌꺼기는 피닝(finning)을 통해 제거하는데 보통 계란 흰자(보르도의 경우 한 통 안에 계란 6개의 흰자를 넣음) 혹은 젤리(gelatine), 아교(fish glue)등을 오크통의 바닥에 가라앉힌 후 랙킹을 할 때 제거한다.

또한, 가끔 와인의 온도를 급격히 떨어뜨려 품질이나 맛에 전혀 영향을 주지 않는 주석산을 제거하는데 주석산은 온도가 낮아지면 석출[2]되어 나온다.

1) 보르도에서는 레드와인을 숙성시킬 때 첫 1년간은 주1회 정도한다.
2) 온도를 녹는점 이하로 낮춰 액체상으로부터 고체상을 만들어 내거나, 온도에 따른 용해도 변화에 의해 용질이 결정화되는 현상을 말한다.

참/고/문/헌

- 김준철(2006), 와인 인사이클로피디아, 세종서적.
- 로드 필립스(2002), 도도한 알코올 와인의 역사, 이은선 옮김, 시공사.
- 류철 · 최성만(2005), 와인 이야기, 현학사.
- 최영수 · 김복래 · 김정하 · 김형인 · 조관연(2005), 와인에 담긴 역사와 문화, 북코리아.
- A Short History of Wine by Rod Phillips
- André Dominé Wine(2003). KÖNEMANN
- Encyclopedia, L.(1994). Larousse Encyclopedia of Wine, Larousse, paris.
- Euro Wine(2004, April & May)
- Johnson, H.(2005). The Story of Wine-New Illustrated Edition, Mitchell Beazley.
- Johnson, H., Robinson, J.(2005). The World Atlas of Wine, Mitchell Beazley.
- MacNeil, K.(2001). Wine Bible, Workman Publishing Company.
- Mitchell Beazley(1998). TERROIR, Octopus Publish Group Ltd.
- OZ Clarke's Encyclopedia of Wine.
- Robinson, J.(1994). The Oxford Companion To Wine, Oxford University Press.
- The New Sotheby's Wine Encyclopedia.
- The University Wine Course, Marian W. Baldy, 1997.
- Wine and Spirit Education Trust.
- http://kin.naver.com, 지식검색
- http://kr.dic.yahoo.com, 백과사전
- http://search.empas.com, 백과사전
- http://www.google.co.kr, 학술검색

한국와인아카데미협의회(KWAC) 자격검정 응시규정

2009년 시행(2009년 4월 6일)

<table>
<tr><th>구 분</th><th colspan="2">자격검정 응시자격</th></tr>
<tr><td rowspan="3">1급
소믈리에</td><td colspan="2">· 한국와인아카데미협의회 주관 와인소믈리에 2급 자격을 취득한 후 2년 이상 경과된 자
· 국내 · 외 와인관련 전공 석박사과정을 수료하고, 와인관련 산업체 및 교육기관에서 2년 이상 근무한 자
· 한국와인아카데미협의회 인증 교육기관에서 소정의 와인 · 소믈리에 교과목을 240시간 이상 강의한 자
· 한국와인아카데미협의회 주관 2급 와인강사자격증을 취득하고 와인 · 소믈리에 교과목을 192시간 이상 강의한 자
· 한국와인아카데미협의회 인증 교육기관의 와인관련 학과를 졸업하고, 와인관련 산업체 및 직무분야에서 3년 이상 실무에 근무한 자
· 한국와인아카데미협의회 인증 교육기관에서 96시간 이상 와인과정을 수료하고, 와인관련 산업체 및 직무분야에서 4년 이상 근무한 자
· 와인관련 산업체 및 직무분야에서 5년 이상 실무에 근무한 자
· 외국와인교육기관에서에서 동일한 등급 및 종목에 해당하는 자격을 취득한 자</td></tr>
<tr><th>필기시험 과목 : [중 · 고급수준]</th><th>실기시험 과목</th></tr>
<tr><td>· 와인의 역사
· 와인의 재배환경, 포도의 품종
· 와인의 양조, 코르크와 오크통
· 와인의 라벨, 와인의 보관
· 와인리스트 작성, 와인과 음식
· 소믈리에업무, 와인서비스 및 와인서비스 기물
· 와인과 레스토랑, 와인과 건강
· 와인과 관광, 와인 마케팅
· 국가와인 : 구세계, 신세계, 아시아
· 일반 음료학, 일반 주류학</td><td>· 블라인드 테이스팅 평가표 작성 : 체크형 및 단답형 유형
· 청포도품종 : 협의회에서 지정한 4품종
· 흑포도품종 : 협의회에서 지정한 4품종
(협의회 웹사이트에 검정 2개월 전 공지)
· 와인서비스 및 디켄팅실기
· 구술 및 면접시험
· 와인전문지식 및 와인추천기법
· 소믈리에 직업관
· 음식과 와인의 조화</td></tr>
<tr><td rowspan="6">2급
소믈리에</td><th colspan="2">필기시험 일반전형 규정</th></tr>
<tr><td colspan="2">· 한국와인아카데미협의회 인증 교육기관에서 소정의 와인 · 소믈리에 교과목을 36시간 이상 이수한 자
· 한국와인아카데미협의회 인증 교육기관에서 소정의 와인 · 소믈리에 교과목을 96시간 이상 강의한 자
· 와인관련 산업체 및 직무분야에서 1년 이상 실무에 근무한 자
· 외국 와인교육기관에서 동일한 등급 및 종목에 해당하는 자격을 취득한 자</td></tr>
<tr><th colspan="2">필기시험 면제 특별전형 규정</th></tr>
<tr><td>· 한국와인아카데미협의회 인증 교육기관(학점 인증 교육기관 포함) : 3학기를 수료한 자로서 와인교과목을 15학점 이상 취득하고, 학기 성적이 매학기 평균 80(B학점)점 이상 취득한 자
· 한국어 구술 면접 검정 : 외국인(귀화인 포함)은 필기시험을 한국어 구술면접으로 대체할 수 있다.</td><td>· 와인관련 과목 :
· 와인학개론, 음료학개론, 주류학개론, 양조학개론, 와인과 소믈리에론, 와인과 레스토랑, 와인과 음식, 와인과 관광, 와인과 국가, 와인테이스팅 실습, 와인서비스 실습
· 협의회에서 공지된 와인관련 과목</td></tr>
<tr><th>필기시험 과목 : [초급수준]</th><th>실기시험 과목</th></tr>
<tr><td>· 와인의 역사 , 와인의 재배환경, 포도의 품종
· 와인의 양조, 코르크와 오크통, 와인의 라벨, 와인의 보관
· 와인리스트 작성, 와인과 음식, 소믈리에업무, 와인서비스 및 기물
· 와인과 레스토랑, 와인과 건강, 와인과 관광, 와인마케팅
· 국가와인 : 구세계, 신세계, 아시아
· 일반 음료학, 일반 주류학</td><td>· 블라인드 테이스팅 평가표 작성 : 체크형 및 단답형 유형
· 청포도품종 : 협의회에서 지정한 2품종
· 흑포도품종 : 협의회에서 지정한 3품종
(협의회 웹사이트에 검정 2개월 전 공지)</td></tr>
<tr><td>합격 기준</td><td colspan="2">· 필기시험(60문항) :
· 1급소믈리에 : 42개 이상 합격, 2급소믈리에 : 36개 이상 합격
· 실기시험 :
· 1급소믈리에 : 70점 이상 합격, 2급소믈리에 : 60점 이상 합격
· 실기시험 : 필기시험 합격 후 1년 이내 응시가능</td></tr>
<tr><td>검정 비용</td><td colspan="2">· 2급 필기응시료 : 40,000원, 2급 실기응시료 : 60,000원
· 1급 필기응시료 : 40,000원, 1급 실기응시료 : 110,000원</td></tr>
<tr><td>접수 및 문의</td><td colspan="2">· 홈페이지 : http://www.kwac.or.kr
· 카 페 : http://cafe.daum.net/wine-kwac
· 이 메 일 : kdc9090@hanafos.com
· 팩 스 : 0303-0393-4648</td></tr>
</table>

저자소개

● 김대철 ●

· 백석문화대학 외식산업학부 조교수
· 한국와인아카데미협의회 사무총장
· 한국와인아카데미연구소 소장
· (사) 한국외식경영학회 이사
· 월간 와인매거진 더 와인(The Wine) 발행인

와인과 포도

2009년 4월 25일 초판1쇄 인쇄
2009년 4월 30일 초판1쇄 발행

저 자 김 대 철
펴낸이 임 순 재
펴낸곳 한올출판사
등록 제11-403호
121-849
주 소 서울특별시 마포구 성산동 133-3 한올빌딩 3층
전 화 (02)376-4298(대표)
팩 스 (02)302-8073
정 가 35,000원

홈페이지 www.hanol.co.kr
e - mail hanol@hanol.co.kr

저자와의 협의하에 인지생략

□ ISBN 978-89-8325-595-2